朝倉世界地理講座
—大地と人間の物語—
2

立川武蔵　安田喜憲【監修】

# 東北アジア

岡 洋樹　境田清隆　佐々木史郎【編】

朝倉書店

**朝倉世界地理講座 −大地と人間の物語−**

**監修**

立川 武蔵　愛知学院大学

安田 喜憲　国際日本文化研究センター

**編集委員**

海津 正倫　名古屋大学

大森 博雄　東京大学名誉教授

小泉 武栄　東京学芸大学

平川 一臣　北海道大学

矢ケ﨑典隆　東京学芸大学

**編集幹事**

池谷 和信　国立民族学博物館

熊谷 圭知　お茶の水女子大学

坂井 正人　山形大学

瀬川 昌久　東北大学

藤巻 正己　立命館大学

（五十音順）

口絵1　東北アジア全図

本書で扱う「東北アジア」とは，ロシアのシベリアと極東，モンゴル国，中国北部の内モンゴルと東北三省（遼寧省・吉林省・黒竜江省）である．時代によって国境線や行政区分が変更されているので注意されたい．（＊補注；ロシアの自治管区（地図中で共和国・州が付いていない地域）は，かつては共和国とならぶ連邦構成主体であったが，上記ではチュクチ，ヤマル・ネネツを除き，21世紀に入り各州などに統合されている）

# 東北アジアの自然と環境問題

口絵2　エゾマツートドマツ林（図1.29）
サハリン南部．所々ダケカンバが混生する．北海道とほとんど同じ林相である．（沖津進・撮影）

口絵3　グイマツ-地衣類林（図1.32）
ロシア・マガダン州．林床の地衣類が白く見える．斜面上部が樹木限界．（沖津進・撮影）（極東ロシアの植生分布については1.4節参照）

口絵4　ツンドラ
ヤクーチア・チクシ．ツンドラ中の小山からの遠望．（北海道大学総合博物館，高橋英樹・撮影，1993年7月21日）

口絵5　永久凍土上のタイガ（図2.5）
レナ川の支流・アルダン川沿い．タイガの下に光ってみえるのは氷塊．（五十嵐八枝子・撮影）

植生指数（NDVI）（1995.7.1～10）

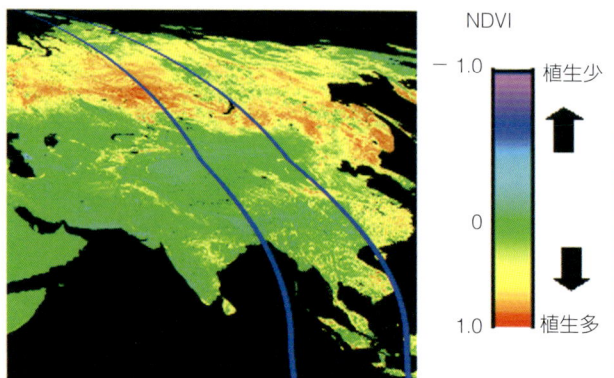

口絵6　ユーラシア東部の植生指数分布（図2.26）
衛星画像による．東北アジアは気候条件が厳しいが，実は植生が豊かな地域である

口絵7　森林火災により，棒杭状態になったカラマツ林（図2.36）
立木の先端まで燃えてしまっている．大規模森林火災の多発には地球温暖化が影響しているとされる（2.3節参照）．（福田正己・撮影）

口絵8 オホーツク海の海氷（図1.13）
背後にあるのは知床連山（砕氷巡視船「そうや」より，木村詞明・撮影）

口絵9 氷結したバイカル湖（図2.19B）
枝のように見えるのは氷盤の破断．この「最古の湖」では，国際協力で古気候を研究するプロジェクトが進んでいる（2.2節参照）．（箕浦幸治・撮影）

口絵10 ウレンゴイガス田開発大型倉庫
シベリアでは石油やガスの開発が進んでいるが，これに伴いツンドラの荒廃など，環境問題も進んでしまっている（3.4節参照）（吉田 睦・撮影，1996年）

口絵11 アムール川
中口国境を流れる大河（コラム5参照）．冬になると，流れてきた氷に覆われる．点々と見えるのは人．（寺山恭輔・撮影）

口絵12 衛星画像による牧地の状態（図3.6）

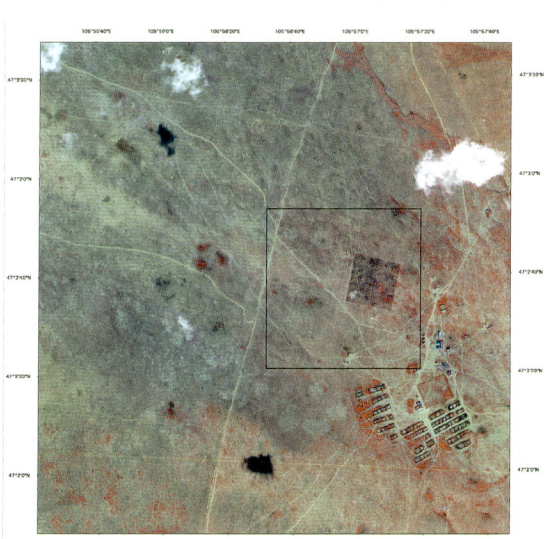

口絵13 過放牧による砂丘の再活動（図3.8）
過放牧など人為的要因による砂漠化がモンゴルでも進んでいる（3.1節参照）（篠田雅人・撮影，2004年8月4日）．口絵12でも，黒線枠内の牧地の中には植生が多い．

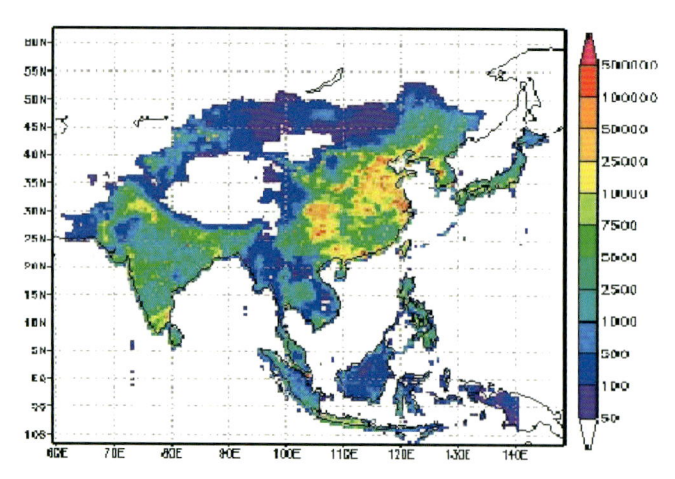

口絵 14　アジア地域から放出される硫黄酸化物の量（2000 年）
酸性雨の原因となる．石炭が大量に使用されている北京から上海にかけてが特に多い．（図 3.27 も参照）

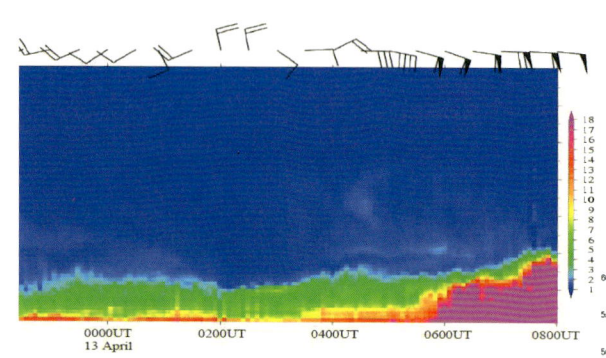

口絵 15　レーダーで観測された砂塵嵐（図 3.22）
タクラマカン砂漠のオアシス都市アクスにて（2000 年 4 月）．強度の高さは，黄砂がそれだけ激しく舞い上がっていること（右下）を表している．

地上風と黄砂の量（$\mu g/m^3$）06-06-30, 14：00

口絵 16（上）　黄砂予報（中国内）（図 3.39）
ベクトルは地上風．黄砂（砂塵）の量が色で表されている．中国では数値シミュレーションモデルの開発により，4～5 日前の予報を目指している．

口絵 17（左）　黄砂は日本にも達する
名古屋上空の様子．上は通常．下が黄砂が来た日．黄砂については 3.2 節参照．（甲斐憲次・撮影）

口絵 18　ウシ
　モンゴルなどのステップでは遊牧が行われ，ヒツジ，ウマ，ウシ，ヤギ，ラクダの五畜が飼われてきた．（9.4 節参照）
（吉田順一・撮影）

口絵 19　ヒツジ（白）とヤギ（茶色）

## 人々の営み

口絵 20　トナカイ牧夫の祭り（図 9.8）
　晴れ着をまとった森林ネネツ人の家族と装飾されたトナカイ．ロシア・ヤマロネネツ自治管区（高倉浩樹・撮影，2008 年 3 月）

口絵 21　夏のトナカイ放牧地
　ヴェルホヤンスク山脈東麓のバタガイアリタから，ヘリで 1 時間ほど山中へ入ったところ（斎藤晨二・撮影，1993 年 8 月 1 日）．

口絵 22　トナカイゴケ
　ツンドラ中にあり，トナカイの冬のえさとなる（コラム 4 参照）．生育が遅いために，長年の間に放射性物質がトナカイゴケの中にも蓄積したともいわれる（斎藤晨二・撮影，1990 年 7 月 22 日，インジギルカ川上流の山地）

口絵23　古儀式派教徒セメイスキー（図6.11）
フォークロア・アンサンブルの衣装．ブリヤート共和国ビチュラ村にて．（伊賀上菜穂・撮影，2003年）

口絵24　学校での民族舞踊の練習風景
ロシア連邦ブリヤート共和国ウラン＝ウデ市の中等学校にて．民族舞踊や民族的伝統は，学校教育の中で演じられる行事として存在し続けている（ソ連時代の文化政策については10.1節参照）．（渡辺日日・撮影，2004年．）

口絵25　モンゴルの学校の教室にて
日本のNPO法人が，モンゴルの学校に黒板を贈る活動をしている（コラム9参照）．（前川愛・撮影，ウブルハンガイ県）

口絵26　9月1日の新学期を前に，衣類や布団を積んで，学校の寄宿舎へ向かう親子
送ったら親は草原に帰る（前川愛・撮影，モンゴル国ドルノド県）

口絵27　ツンドラ・ネネツのキャンプにおけるトナカイ捕獲作業風景
ロシアのチュメニ州ヤマル・ネネツ自治管区（ギダン半島）にて．朝，キャンプから遠い所に離れていた家畜トナカイの群を，ネネツの牧人が牧犬の助けを借りて集群し，橇牽引用のトナカイを選別して投げ縄で捕獲しようとしている．右側のテント（ロシア語で「チュム」）は，被覆はトナカイの毛皮を二重にして使っている．橇がその前と左側に数台見える．（吉田　睦・撮影，2001年）

# 歴史の表象

口絵28 バーリン右旗の寺院
内モンゴル東部の著名な寺院の一つ．清朝時代の内モンゴルではチベット仏教が栄えていた．
（広川佐保・撮影，内モンゴル自治区赤峰市バーリン右旗大板鎮）

口絵29 旅蒙商「大盛魁」本店の跡地（フフホト市内）
（中国社会科学院，賈建飛・撮影）

口絵30 旅蒙商を描いた絵（図6.7b）（ナイマンホット跡地，華立・撮影）
清代，モンゴル草原を駆けめぐる内地商人のことを，清国内では「旅蒙商」，モンゴルでは「売買人」とよんでいた（6.2節参照）．「大盛魁」は，その代表的な商号．右の絵からは当時のキャラバンを組んで移動した当時の姿がうかがえる．

口絵31 漢文と満州文で銘が書かれた1877年の墓碑（図7.9）
墓碑銘も歴史的に多民族であったことの証人となっている．墓主はソロン（エヴェンキ）人．黒竜江省．（柳沢明・撮影）

口絵32 「モンゴル民主化の星」ゾリックの像（図5.5）
彼を長とするモンゴル民主同盟が，「民主化」を要求して1989年12月に初めて反政府デモを行った．彼は1998年10月に27歳で暗殺される．
（生駒雅則・撮影）

口絵33 モンゴル国内に今でも残るレーニン像
かつてモンゴルは，史上2国目の社会主義国家であった
（生駒雅則・撮影）

口絵34 ノモンハン博物館
モンゴルも「ノモンハン事件」の交戦国である．モンゴルではハルハ河戦争とよばれている．（広川佐保・撮影，内モンゴル自治区フルンボイル市）

口絵36 港内の太平洋艦隊の軍艦

口絵35 展望台「鷹の巣山」から見た「金角湾」（図8.2）
ウラジオストクは，不凍港を求めたロシア帝国の軍港から発展してきた．帝政時代の建物が今でも残る．（藤本和貴夫・撮影）

# 刊行のことば

　朝倉書店より，世界地理についての講座監修の依頼をうけたとき，まっさきに頭をよぎったタイトル名は「世界地域研究」だった．出版社の強い地理学への思い入れから，『朝倉世界地理講座——大地と人間の物語』というシリーズタイトルになったが，本書の目指すところは「未来を生き抜くための世界地域研究」である．

　2008年末のアメリカの市場原理主義の崩壊によって，人々はグローバル化の脅威を思い知らされた．そして人類に残されたものは，自らのよってたつ足元の故郷の風土と歴史，そして伝統文化しかないことを気づかされた．地球環境の悪化が人類の未来に暗い陰を投げかけはじめたこの時代に，地域の風土と歴史・伝統文化に立脚したライフスタイルの見直しがはじまっている．自然と共生した伝統文化を維持しつづけたライフスタイル，美しい自然と共存するライフスタイル，自然と共生する心，それらはすべて地域に暮らす世界の人々が，それぞれの風土に適応して築き上げてきたものである．地球環境の危機に直面した今，私たちは世界の各地域に残されたこうした自然と共存する叡智に学ぶとともに，地域を守る新たなイノベーションの創出が必要な時代なのである．

　21世紀は環境と文明の世紀になるだろう．地球環境の危機の世紀を生き抜く新たな文明とはいかなるものか．どのようにすれば，われわれ人類は自然と共存できる文明を構築できるのか．どのようにすれば農山漁村を活性化でき，豊かな自然と共存する社会を構築できるのか，どのようにすれば資源循環型社会を構築できるのか．どのようにすれば自然と共存型の都市を構築できるのか．地球環境問題は文明への問いかけでもある．地球環境問題の真の解決をもたらす，新たな文明の潮流を創造する叡智は，世界各地の地域の中に隠されているのである．その解明のために，私たちはこの世界地域研究『朝倉世界地理講座』を刊行する．

　21世紀初頭の世界で，緊急に対応をせまられているのは，気候変動，海面変動，森林保全，水資源保全，エネルギー問題，食糧問題，都市環境，ジェンダー・人種民族問題，環境難民，宗教問題，民族紛争や核戦争など，さまざまな地域がかかえた課題である．その課題の解決のために，過去から現在を見通し，現在という時の断面を，環境史と文明史の中に正しく位置づけ，未来を予測するという歴史的アプローチに基づいて挑戦する視点を，この講座で初めて導入した．未来への正しい予測評価・未来

ビジョン・危機管理モデルは，過去から現在を見通す中でしか得られないからである．

しかもそれは地を這うようなローカルな，人肌感覚のアプローチによってのみ初めて可能なのである．本講座の執筆者は，それぞれの世界の地域を長年にわたって調査研究してきた総勢500人以上の研究者である．それぞれの地域を愛し，その大地の息吹を感じ，森のささやき，川のせせらぎに耳を澄まし，小鳥のさえずりに，人々の暮らしに生命の輝きを見出し，地域の文化や産業そして歴史を調査研究してきた研究者である．その研究者による世界地域研究は，まさに21世紀初頭の日本人による世界認識の記録であり，100年後も200年後も貴重な記録として語り継がれるであろう．

本講座が目指す世界地域研究は，フェルナン・ブローデルの『地中海』に代表される．世界各地の大地と人類の進化が，それぞれの巻において手に取るようにわかる世界地域研究である．これまでに前例がなく，まったく新たな試みである．読者の期待を裏切らない，きわめて魅力あふれる世界を開くことができると思っている．

監修者が学生時代の頃（1960年代）は，高度経済成長期のまっただ中で，地球の資源は無限にあり，開発すればいくらでも人類は豊かになれると人々が錯覚していた時代だった．人間の暮らしや考え方も環境の制約を受ける．文明の在り方や歴史も環境の影響を受ける．気候が少し変化したり，森がなくなれば文明は大きな影響を被るなどという話は，まったく非科学的な環境決定論だとして排斥されていた．しかし，地球環境問題の出現によって，われわれは，風土的な過去を背負って生きた地域的存在であり，環境の制約の中でしか生きることができないことを多くの人々が実感するようになった．日本に生まれたからには，日本の森や海や川といった風土が染みついているのである．つまり，地理学者も風土的な存在であり，風土的な過去から自由であることはできないのである．人々は地域から自由であることはできないのである．

そして，人の心さえも地域の風土の影響を受けることが解明されるようになってきた．いうまでもなく地球環境問題の解決には人の心を変えることがもっとも重要である．文明の価値観の転換が必要なのである．その人の心を変えることができるもっとも有効な手段は，地球観・生命観・歴史観・世界観を転換し，新たな倫理観を創出することである．考古学・歴史学・地理学・文化人類学・生態学・農学・地球科学・環境科学・社会学・経済学・政治学・文学・芸術学など，多岐にわたる分野の研究者が，時間と空間を総合して描出するこの世界地域研究が，かならずや自然と人間が共存可能な持続型文明社会を創出する，新たな地球観・生命観・歴史観と倫理観を構築してくれると確信している．

2009年8月

監修者・編集委員・編集幹事を代表して　　安　田　喜　憲

# まえがき

**東北アジアをみる歴史的視座**

　本巻は，東北アジアと呼ばれる地域に属するロシア連邦のシベリアと極東，モンゴル国，中国北部の内モンゴルと東北三省を主な対象として扱っている．

　今回の「朝倉世界地理講座」に，1971年に刊行が開始された朝倉書店の「世界地理」にはなかった『東北アジア』の巻が登場することとなったのは，偶然ではないと思われる．この40年近い歳月が，このアジアの一角の意味を大きく，根底から変えてしまったといっても過言ではないからである．いまやこの地域を東北アジアの名の下に論じることの意義が，認識されつつあるのだと考えてよいと思われる．

　第2次世界大戦後の冷戦体制と1960年代に始まる中ソ対立は，この地域を分断し，世界の裏側にしてしまった．戦後ソ連とその衛星国モンゴル（人民共和国）は東側世界においてヨーロッパ部を中心とするソ連圏社会主義体制を構成し，中国と北朝鮮（朝鮮民主主義人民共和国）は独自の社会主義建設を進めた．ソ連圏と中国・北朝鮮は，アメリカとの同盟で結びついた日本・韓国・台湾と対立していた．この3つの陣営の間の緊張関係は，相互の交流を極めて限定的なものとしていた．それゆえ，この時代の東北アジアとは，アジア極東における冷戦構造の対立線上に存在する軍事的な境界地域だったといえる．

　このような凍てついた情況は，20世紀の最後の四半世紀に入って急速に変化する．1978年に始まる中国の開放政策は，着実な市場経済体制への移行を実現しながら西側諸国との関係を深める一方，1989年に中ソの和解が成立したことによって，この地域を支配していた対立構造は，北朝鮮を除いて基本的に除去されたのである．以後中国の経済発展を主たる起動因として，西側との経済関係が緊密化するとともに，モンゴル，ロシアとの関係も政治・経済の両面で深まっていった．特に2001年に組織された上海協力機構は，ロシアと中国が中心となることで東北アジア地域における多国間調整機構としての実質をもつに至っている．これらすべては，東北アジアが有効な地域概念として成立しつつあることを示すものである．

　しかしその一方で，中国における開発の進展や，シベリアにおける資源開発は，温暖化の進行と相まって環境問題を深刻化させている．乾燥に伴う砂漠化や，黄砂や汚染大気の越境といった問題は，皮肉なことに，地域としての東北アジアの重要性を端的に示す要素なのである．

　他方で東北アジアは，数多くの民族や文化が共存する多様性に富んだ地域でもある．このことは，東北アジアがロシア・中国という2つの巨大国家が地域の大半を支配していることから，立論の角度によって時として忘れられがちである．しかし東北アジアの文化的多様性と大国支配の共存という一見相反した事実こそが，この地域の歴史展開を理解する

上で重要な要素なのである．我々はこのような東北アジアの現在を理解しようとするならば，地域の今を規定する歴史的な文脈の所在を知ることが重要である．

　本巻が地域の歴史を17世紀から始めるのもこれにかかわる．17世紀は，中国における大清国（ダイチン・グルン）の成立と拡大，シベリア・極東における帝政ロシアの支配の成立がなされた時代である．東北アジアを2分したこの2大帝国の統治のあり方は，帝国崩壊後の20世紀における歴史展開の基盤を作り出したといえる．

　そして20世紀は，東北アジアにとって近代化の時代であった．近代化のプロセスには，ソ連の社会主義や，日本の植民地主義，そして近代国家へと脱皮する中国の存在が大きく関わっている．それが，21世紀初頭の東北アジアのもうひとつの基盤となっている．

　我々は，地域を理解する上で歴史的文脈への着目は不可欠の要素であると考えている．

　地域研究は，さまざまな専門領域の研究による知見を総合することによって達成される総合的な学問である．地域研究に学際的方法が重視されるゆえんである．本巻も，自然地理学や人文地理学のみならず，文化人類学，社会人類学，歴史学，言語学，経済学など，文理の多様な学問分野からの知見を動員することによる東北アジアの多面的な理解を目指している．

## 3つの環境

　そこで我々は，東北アジアを理解する枠組みとして，自然・歴史・社会文化の3つの視座を設定し，これを環境と呼んでいる．本巻の総括において詳述するように，ここでいう環境とは，単なる自然環境のみを意味するものではない．東北アジアの現在を規定するさまざまな要因の総体として環境を考え，自然環境・歴史環境・社会文化環境の3つの視座から地域の現在を照射しようとするのである．たとえば砂漠化の問題は，人類一般と自然との関係においてのみ定位される課題ではない．ここでの自然環境問題は，人間活動の結果としてとらえられることによって，当該の社会・経済と結びつけて論じられる．同時に，それが地域住民の多様な文化に対してもつ意味や，歴史的な自然利用のあり方とそれをめぐる異文化間の矛盾，対立，さらには文化的相異に由来するさまざまな課題と結びついている．本巻が論述の対象とした地域は，かかる構図における矛盾の現れとしての課題群が，もっとも先鋭に具現する地域であるといえる．

　本巻では，自然・歴史・社会のいずれに関しても，地域大の課題や国家にかかわる課題と同時に，この地域の現場の実情や現地社会における歴史や文化にかかわる認識のあり方に視座を定めた論述をとろうとしている．現場主義は地域を考える際に不可欠の立ち位置である．しかし単に現場を粗述するばかりでなく，現場とより高次の国家レベル，地域レベルの視点をあわせ検討することも重要である．

　つまり我々は，東北アジアを理解しようとするとき，地域を何らかの共通性においてとらえるよりは，その多様性が生み出すさまざまな課題群として構築しようと考えている．

## 本巻の構成

　本巻第Ⅰ部は「自然環境」を論じた論文を収録した．ここでは，地域の「自然」の概観ではなく，むしろ人間の活動が地域の「自然」にかかわることによって生み出された地域の自然環境の変容を主題としている．

　第Ⅱ部では，地域の歴史的展開を17世紀を起点として論述している．これは地域の今を

強く規定している東北アジアにとってのもうひとつの環境,「歴史環境」にほかならない.地域の現状況の歴史的文脈といってもよいだろう.

　そして第Ⅲ部では,地域の社会・文化の現在が論じられる.それは東北アジアの「社会環境」である.そこでは,国際関係・経済・社会の変容・先住民文化・民族関係などの問題が扱われる.

　最後の総括では,東北アジアを規定する3つの環境に関する各章の論述内容を統合的に整理しながら,地域の全体像を論じた.

　巻末に附した参考文献は,各章で挙げられた文献から邦文によるものに,東北アジアの理解に有益な概説的文献を付け加えて,課題別に排列したものである.

　本巻の編集にあたったのは,自然地理学の境田清隆,東洋史の岡洋樹,文化人類学の佐々木史郎である.第Ⅰ部は境田と佐々木が,第Ⅱ部は岡が,第Ⅲ部は岡と佐々木が内容の決定と編集に当たった.総括文は岡が作成した原案を3名の編集者で検討したものである.

　2009年10月

岡　　洋樹
境　田　清　隆
佐々木　史　郎

**補注**：本文中の地名・人名などの表記については,歴史的に複数の言語がかかわること,日本国内での慣用などといった事情を考慮し,出版社の方針として,本書ではあえて統一せず,各執筆者の表現をそのまま活かした.なお近年は,表記を現地音に近づける趨勢になっており,本書のそれと一致しない場合があるので注意されたい.

## 2巻　東北アジア

**編集者**

| 岡　洋樹 | 東北大学東北アジア研究センター |
| --- | --- |
| 境田清隆 | 東北大学大学院環境科学研究科 |
| 佐々木史郎 | 国立民族学博物館 |

**執筆者**（執筆順）

| 宮崎　真 | 北海道大学大学院地球環境科学研究院 |
| --- | --- |
| 大島慶一郎 | 北海道大学低温科学研究所 |
| 沖津　進 | 千葉大学大学院園芸学研究科 |
| 五十嵐八枝子 | 北方圏古環境研究室 |
| 箕浦幸治 | 東北大学大学院理学研究科 |
| 酒井孝幸 | 東北大学大学院理学研究科 |
| 福田正己 | アラスカ大学国際北極圏研究センター |
| 高橋邦秀 | 北海道大学名誉教授 |
| 篠田雅人 | 鳥取大学乾燥地研究センター |
| 甲斐憲次 | 名古屋大学大学院環境学研究科 |
| 森永由紀 | 明治大学商学部 |
| 吉田　睦 | 千葉大学文学部 |
| 斎藤晨二 | 前　岐阜聖徳学園大学 |
| 岡　洋樹 | 東北大学東北アジア研究センター |
| 寺山恭輔 | 東北大学東北アジア研究センター |
| 生駒雅則 | 大阪市立中央高等学校 |
| 広川佐保 | 新潟大学人文学部 |

| 上野稔弘 | 東北大学東北アジア研究センター |
| --- | --- |
| 石濱裕美子 | 早稲田大学教育・総合科学学術院 |
| 華　立 | 大阪経済法科大学教養部 |
| 伊賀上菜穂 | 中央大学総合政策学部 |
| 楊　海英 | 静岡大学人文学部 |
| 風間伸次郎 | 東京外国語大学大学院総合国際学研究院 |
| 柳澤　明 | 早稲田大学文学学術院 |
| 藤本和貴夫 | 大阪経済法科大学 |
| 勝木英夫 | ヤクーツク国立大学名誉教授 |
| 前川　愛 | 総合地球環境学研究所 |
| 栗林純夫 | 東京国際大学経済学部 |
| 窪田新一 | 笹川平和財団 |
| 高倉浩樹 | 東北大学東北アジア研究センター |
| 吉田順一 | 早稲田大学文学学術院 |
| 思沁夫 | 大阪大学グローバルコラボレーションセンター |
| 渡邊日日 | 東京大学大学院総合文化研究科 |

# 目　　次

## I　自　然　環　境

### 1章　自然環境概説

1.1　モンゴルの気象観測 ……………………………………………〔宮崎　真〕… 3
気候の概況／北部草原・中部草原における観測
1.2　オホーツク海と海氷—その特殊性と重要性— ……………〔大島慶一郎〕… 10
北半球の海氷域の南限／海氷生成と高密度水形成／地球温暖化／オホーツク海の循環と東樺太海流／海氷と東樺太海流の気候への役割
1.3　極東ロシアの植生分布 …………………………………………〔沖津　進〕… 20
生物気候帯と植生分布の概要／主要植生／主要優占種の交代要因

### 2章　自然環境変動

2.1　花粉分析からみた環境変遷 …………………………………〔五十嵐八枝子〕… 31
植生帯／永久凍土の分布／シベリアの氷期編年／植生変遷史
2.2　バイカル湖—地球を写す時間と空間の鏡— …………〔箕浦幸治・酒井孝幸〕… 42
東アジアの古気候復元／東アジアの地勢／バイカル湖集水域の地質と環境／水循環／湖の表層生産／表層堆積物／堆積物柱状試料／最終氷期／バイカル湖集水域の植生・古植生／古植生の復元／シベリアにおける気候の形成
2.3　シベリアの森林火災と地球温暖化 ………………………〔福田正己・高橋邦秀〕… 55
シベリアタイガ成立の条件／最近の火災発生増加／森林からの二酸化炭素放出／火災跡地永久凍土融解とメタンガス放出／火災や攪乱による温室効果ガス放出の抑制

### 3章　開発と環境問題

3.1　砂漠化 ………………………………………………………………〔篠田雅人〕… 64

定義／砂漠化の分布／モンゴル高原の砂漠化の歴史的背景／事例
- 3.2 黄　砂 ……………………………………………………………〔甲斐憲次〕… 71
黄砂現象とは何か／最近の発生傾向／河西回廊の黒風と黄砂の長距離輸送／タクラマカン砂漠／2000年4月の黄砂と酸性雨／東アジアにおける黄砂の気候学／アジア大陸内部の環境変動／予報と観測
- 3.3 モンゴル国の自然災害ゾド ………………………………………〔森永由紀〕… 91
遊牧をとりまく環境／ゾドとは何か／ゾドへの対応
- 3.4 石油・天然ガス開発とツンドラの荒廃 …………………………〔吉田　睦〕… 99
資源の宝庫としてのロシア極北地域／資源開発と環境問題／極北先住民の環境利用とトナカイ牧畜／西シベリアの開発とトナカイ牧畜／環境対策
- 3.5 シベリアの放射能汚染 ……………………………………………〔斎藤晨二〕…109
核実験とネネツ人／サハ共和国における放射能汚染

# II　歴史環境

## 4章　帝国の統治

- 4.1 帝政期ロシアのシベリア統治 ……………………………………〔吉田　睦〕…119
ロシアにとってのシベリア／ロシアの東方進出／地理的発見・学術探検と先住民／18〜19世紀のシベリア統治と先住民
- 4.2 清朝の満洲・モンゴル統治 ………………………………………〔岡　洋樹〕…130
大清国／帝国の満洲部分・帝国の外藩部分／清代満洲・モンゴルの文化／清朝統治の変質

## 5章　近代化と社会主義

- 5.1 社会主義時代のシベリア・極東 …………………………………〔寺山恭輔〕…140
ロシア革命後の内戦／極東共和国とロシアとの合併／ネップ時代／スターリン時代／第2次世界大戦／スターリン死後／極東と民族
- 5.2 モンゴルの近代 ……………………………………………………〔生駒雅則〕…150
モンゴル民族の分布状況／モンゴル民族解放運動／コミンテルン／民主化運動とモンゴル国再興
- 5.3 日本の満洲・内モンゴル支配 ……………………………………〔広川佐保〕…161
日本の「満洲国」建国／満洲国の土地政策と地域社会／蒙古連盟自治政府の設立／蒙疆政権
- 5.4 現代の中国東北 ……………………………………………………〔上野稔弘〕…171
中国東北の形成／社会主義政策の展開と統合の強化／多民族状況／内外の政情／政治の急進化と中国東北の非漢民族／改革開放

## 6章　歴史環境としての文化圏

- 6.1 チベット仏教世界からみた満洲王朝・清 ………………………〔石濱裕美子〕…186

多面的な性格をもつ満洲王権／チベット仏教世界／満洲王朝初期／盛京四塔四寺の建立／北京一塔二寺の建立／康熙帝の五台山西巡／乾隆帝による仏教政治の完成
　6.2　中国文化圏としての東北アジア………………………………………〔華　　立〕…196
　　　万里の長城と「中華世界」の拡大／中国東北部の変貌／農耕文化と旅蒙商人／近代の開幕
　6.3　ヨーロッパ文化圏としての東北アジア…………………………〔伊賀上菜穂〕…208
　　　シベリアにおけるヨーロッパ系住民の多様性／ロシア人移住者／ヨーロッパ系住民／ソ連時代以降
　6.4　中国が語りはじめた遊牧文明………………………………………〔楊　海英〕…220
　　　遊牧文明の語り方／モンゴル人研究者／虚言としての「中華民族」論

## Ⅲ　社　会　環　境

## 7章　東北アジア地域の複合的構造

　7.1　東北アジアの言語………………………………………………………〔風間伸次郎〕…231
　　　系統と人口／変遷と系統／東北アジアの諸言語の構造と類型
　7.2　多民族国家の構造………………………………………………………〔柳澤　　明〕…243
　　　17〜18世紀の人口移動／清代東北における住民のカテゴリー／「民族」の区分と再編／ロシア統治下

## 8章　国　際　関　係

　8.1　ロシアのアジア太平洋地域戦略………………………………………〔藤本和貴夫〕…254
　　　ゴルバチョフ政権／ソ連崩壊とロシア／ユーラシア国家としてのロシア／プーチン政権
　8.2　モンゴルをめぐる国際関係……………………………………………〔前川　　愛〕…270
　　　日本との関係／貿易／出稼ぎ移民／軍事関係

## 9章　経済とグローバリゼーション

　9.1　市場経済化………………………………………………………………〔栗林純夫〕…282
　　　中国／モンゴル／中国とモンゴルにおける市場経済化の光と影
　9.2　日本の対モンゴル支援…………………………………………………〔窪田新一〕…292
　　　草原の国から地下資源の国へ／わが国の対モンゴル支援
　9.3　シベリアの狩猟・牧畜をめぐる歴史と現代ロシア…………………〔高倉浩樹〕…301
　　　人口統計と都市社会／狩猟・牧畜民と先住民概念／伝統的生業経済／社会主義体制下／市場経済
　9.4　モンゴルの遊牧経済……………………………………………………〔吉田順一〕…314
　　　伝統的な遊牧／遊牧の変容
　9.5　中露，中蒙の国境貿易の実態…………………………………………〔思泌夫〕…325
　　　現在／少数民族／展望

## 10章　社会・文化の変容

10.1　社会主義時代の文化政策と国家儀礼の創出 ……………………………〔渡邊日日〕…335
　　　ソヴィエト社会主義の政策とシベリア先住諸民族ソヴィエト文化政策における儀礼／ソ連の儀礼政策
10.2　エスニック・マイノリティの覚醒，伝統文化への傾斜―社会主義・多民族統治・国民国家を
　　　めぐって― ……………………………………………………………〔高倉浩樹〕…344
　　　帝国としてのソ連の解体／民族の階層性と文化・アイデンティティ／東シベリアのサハ人

## IV　総括・資料

A.　総括：東北アジア地域のパースペクティヴ ………〔岡　洋樹・境田清隆・佐々木史郎〕… 357
B.　参考図書 ……………………………………………………………………………… 372
C.　研究参考情報 ………………………………………………………………………… 376

索　　引………………………………………………………………………………………… 379

## コラム目次

1　海氷と氷山の違い ……………………………………………………〔大島慶一郎〕… 11
2　海洋の中深層循環 ……………………………………………………〔大島慶一郎〕… 13
3　国際バイカル湖掘削計画 …………………………………〔箕浦幸治・酒井孝幸〕… 53
4　トナカイゴケ ягель（ヤーゲリ） …………………………………〔斎藤晨二〕…115
5　冬のアムール川 ………………………………………………………〔寺山恭輔〕…143
6　シベリア鉄道 …………………………………………………………〔寺山恭輔〕…145
7　図們江開発の意義とその影響 ………………………………………〔上野稔弘〕…184
8　サハ人：禿げない人びとの困苦と夢 ………………………………〔勝木英夫〕…268
9　モンゴルの学校に黒板を贈る ………………………………………〔前川　愛〕…280

# I

## 自 然 環 境

## I 自然環境

# 第1章

# 自然環境概説

## 1.1 モンゴルの気象観測

### 1.1.1 気候の概況

　東アジアおよび東北アジアの冬の気候はシベリア高気圧[*1]とアリューシャン低気圧の状態の変動に支配されている．モンゴルはシベリア高気圧の中心すなわち冬季の気候を左右する作用中心に位置している (吉野, 1978)．一方，初夏には，タクラマカン砂漠から，華北，モンゴル高原にかけての半乾燥域における地表面からの加熱は，梅雨前線[*2]の構造変化やユーラシア大陸上の寒帯前線の北上と密接な関係がある (Kato, 1985, 1987)．

　気候変動の観点では，モンゴルは近年の昇温傾向が著しい地域の1つで，夏季の降水量がモンゴル中部と南東部で明瞭な減少傾向を示している (Yatagi and Yasunari, 1994, 1995)．

　モンゴルの気候植生帯としては，タイガ森林，山岳域，森林ステップ，ステップ，砂漠ステップ，砂漠が存在しているが，国土の約80％はステップ草原で放牧地として使用されている．本節では，モンゴルにおける気候と地表面状態の季節変化および大気との相互作用について，現地の現業機関による観測データと筆者らが行った観測データを用いて論ずる．

　モンゴルの気候の特徴を明らかにするために，モンゴルの現業機関で取得されたデータや一般公開されている気象データを用いて，海面気圧（気圧のみモンゴルの周辺部も含める），気温と降水量の空間分布の解析結果を示す．図1.1(a)と(b)のそれぞれに，1月と7月の海面気圧の空間分布図を示す (Miyazaki et al., 1999)．モンゴル国内の気圧データはモンゴル国水文気象研究所により編集されたデータ（1961～1990年の平均値）を用いた．一方，周辺部については米国海洋大気庁気候データセンター（NCDC: National Climate Data Center）が世界の気候変動の監視に供するために整備したGHCN（Global Historical Climatology Network）のデータ（1951～1988年の平均値）を用いた．

　1月と7月では海面気圧に顕著な差がみられる．1月にはシベリア高気圧の中心がモンゴルの北西部にみられる．7月にはモンゴル全土でほとんど気圧の差はみられず，太平洋上の高気圧と比べると低圧部になっている．

　図1.2 (a) と (b) のそれぞれに最暖月と最寒月として1月と7月のモンゴルにおける月平均気温の平年値（1961～1990年の平均値）の分布を示す．1月の気温の空間分布は南北格差が大きく

---

[*1] シベリア高気圧（またはシベリア・モンゴル高気圧）とはシベリアからモンゴルにかけて冬に発達する高気圧のことで，地表における強い放射冷却と，南部にチベット高原があるために冷気がこの付近に溜まることにより，形成される．
[*2] 東アジアに5月から7月にかけて形成される停滞前線で，日本の梅雨の要因となる．

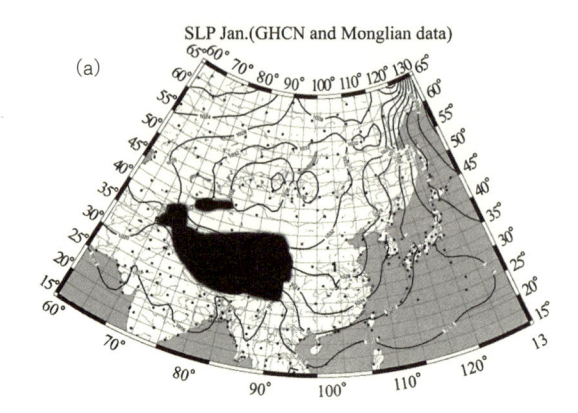

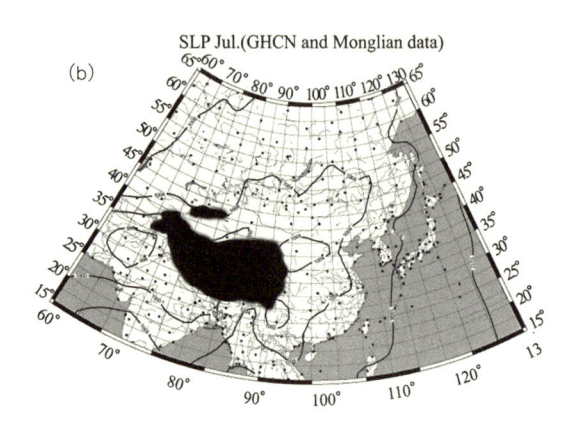

**図1.1** モンゴルと周辺部における平均海面気圧分布図 (a) 1月と (b) 7月 (Miyazaki et al., 1999)
等値線の間隔は4hPaで，黒丸は観測地点の位置．黒く塗りつぶしてある部分は標高3000m以上の山岳地域で，海面気圧のデータに誤差が大きいために除去してある．

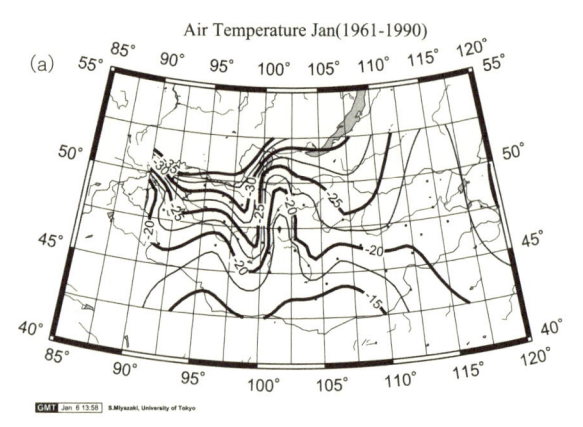

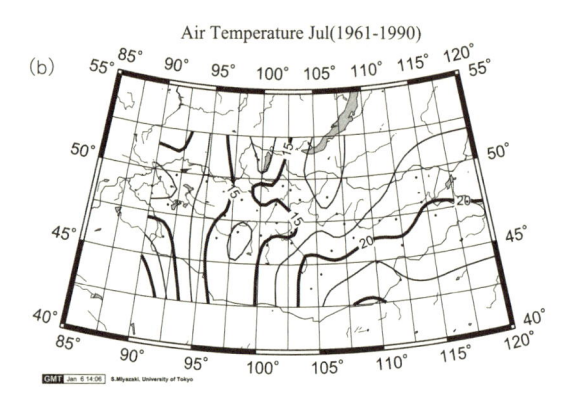

**図1.2** モンゴルにおける平均気温分布図 (1961～1990年の平均) (a) 1月と (b) 7月
等値線の間隔は2.5℃ごとで，黒丸は観測地点の位置．

（南部は－15℃で，北部は－35℃）ではあるが，モンゴルは西部に山岳（3000m以上）がある関係上，北西部（－30℃以下）では北東部（－25℃程度）に比べて低温となっている．モンゴル北西部は前述のとおり，シベリア高気圧の中心付近に位置しており，シベリア高気圧の形成や発達と密接な関係があると考えられる．一方，7月の気温の空間分布は南北の気温の差が小さく，大体15℃ぐらいの地域が多いが，南東部の低地のみ20℃以上の地点がみられる．

図1.3 (a) と (b) それぞれにモンゴルにおける年降水量と夏季降水量が年降水量に占める比率を示す．年降水量は南北格差（南部の約70mmから北部の330mm）が大きく，南部ほど少なくなっている．夏季（5～9月）の年降水量に占める割合はほとんどの地点で0.8を超えており，平均的には0.86でモンゴルの降水はほとんどが夏季にもたらされるといえる．

図1.4に図1.2と図1.3で用いたモンゴルの主要な測候所40地点の平均の月平均気温と月降水量の時系列を示す．5～9月までの降水が多い時期には気温も5℃以上となっている．一般に植生の成長できる期間は月平均気温が5℃を超えている期間といわれており，モンゴルではこの5カ月間が草原の成長に適した期間と考えられる．

### 1.1.2 北部草原における観測

筆者らは1993年9月にモンゴル高原北部のセ

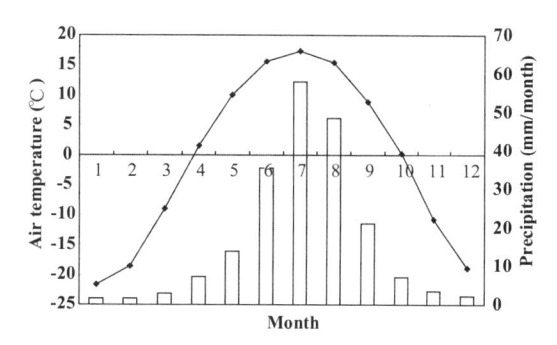

図1.4 モンゴルの主要な測候所（40地点）の平均の月平均気温と月降水量の時系列

折れ線グラフ（左側の縦軸）は月平均気温で，棒グラフ（右側の縦軸）は月降水量を示す．

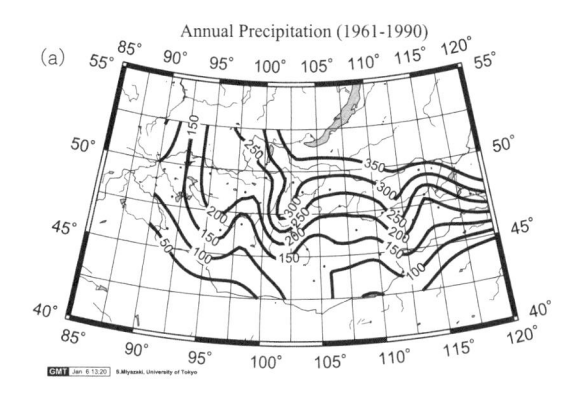

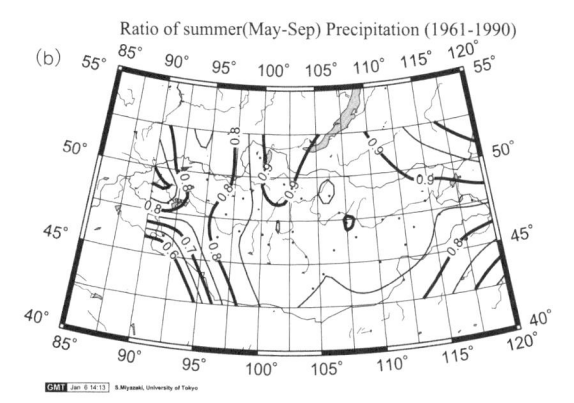

図1.3 モンゴルにおける降水量分布図（1961〜1990年の平均）(a) 年降水量と (b) 夏季降水量の占める割合

等値線の間隔は (a) 50 mm ごと，(b) 0.05 ごとで，黒丸は観測地点の位置．

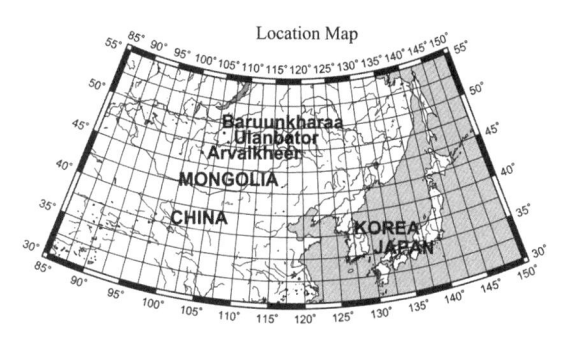

図1.5 モンゴルに設置した AWS 観測点の位置

図1.6 バルンハラの AWS 観測点の様子
(a) 夏，(b) 冬．

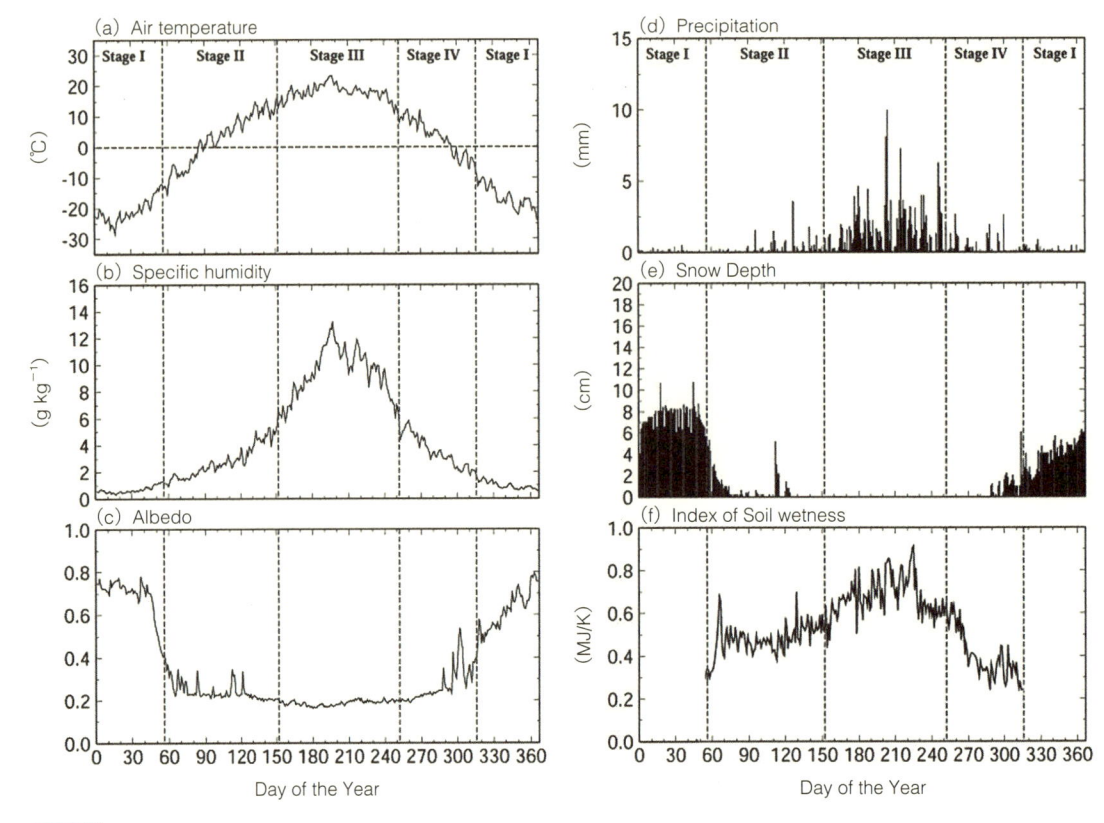

**図 1.7** モンゴル・バルンハラにおける (a) 気温, (b) 比湿, (c) アルベード（太陽放射反射率）, (d) 降水量, (e) 積雪量, (f) 土壌湿潤度の時系列（5年平均値（1993年〜1998年）, 大石（2001）を改変）

レンゲ（Seleng）県バルンハラ（Baruunkharaa）村の測候所内（北緯48度55分, 東経106度4分, 標高806.9 m, 図1.5）に自動気象観測装置（AWS: automatic weather station）を設置した. バルンハラは森林ステップ気候に属しており, 年平均気温と年降水量はそれぞれ-1.4℃と265.1 mmである (Miyazaki et al., 1999).

このAWSでは, 気温, 湿度, 風速, 太陽放射量（全天日射量と反射の両方）, 地表面温度の計測を30分間隔で行った. 降水量, 気圧, 積雪, 雲量の同測候所におけるデータをモンゴル水文気象研究所より提供を受けた.

図1.6 (a) と (b) にそれぞれバルンハラ測候所の夏と冬の様子を示す. 図にみられるように夏は草が生い茂り, 冬は薄い積雪に覆われている.

図1.7に気温, 比湿[*1], アルベード（太陽放射反射率）[*2], 降水量, 積雪量, 土壌湿潤度[*3]の5年平均（1993〜1998年）の日平均値の時系列を示す. 気温と比湿, アルベードの季節変化の中で, 急激な変化が起こる時期により, 1年間を4つのステージに分離した.

ステージIは1月から2月中旬（気温の急激な上昇）と11月中旬（気温の急激な低下）から12月末までの期間で, 地表面に根雪があるため, アルベードが常に0.4以上と高く, -15℃以下の低温が続いていた. この時期には比湿も小さく大気は非常に乾燥している.

ステージIIは2月下旬（積雪の消失）から5

[*1] 大気の絶対湿度を表す指標である.
[*2] 太陽の放射の反射率で, 地表面に積雪があるときには0.4以上の値を示す.
[*3] 正味太陽放射量を地表面温度の日較差で割ったもので, この値が大きいほど土壌湿潤度が高い. これは, 土壌の水分量が多く蒸発が盛んになると日中の地表面温度の最高値が蒸発に伴う潜熱の影響で低くなるために, 日較差が小さくなることによる.

**図 1.8** (a) アルベイヘールの AWS 観測点の様子
(a) 夏, (b) 冬.

月下旬までの期間で, 積雪が地表面からなくなり, 気温も比湿も上昇傾向を示す.

ステージ III は 6 月上旬（比湿の急増）から 9 月上旬までの期間で, 降水量はこの期間に最も多く, 比湿も土壌湿潤度も最も高い値となっていた. 土壌湿潤度が高くなったときには, アルベードが徐々に低下しているのがみられた. これは草の出芽に伴い, 可視光線の吸収量が増加したためだと考えられる.

ステージ IV は 9 月中旬から 11 月上旬までの期間で, 気温, 比湿ともに低下傾向がみられた. 土壌湿潤度が低下したと同時にアルベードの増加がみられる. このときに, 草が枯れて, 葉による吸収が減ったからだと考えられる. ここで示したステージとはすなわち季節のことでステージ I から IV にかけて冬・春・夏・秋ともいえる.

### 1.1.3 中部草原における観測

前述のバルンハラでの観測では, 土壌水分量の長期観測や, 地表面での蒸発散量の直接観測を行っていなかったが, 草原の成長と地表面状態との関係をよりよく理解するために, モンゴル中部のウブルハンガイ（Uburkhangai）県アルベイヘール（Arvaikheer）市（北緯 46 度 14 分, 東経 102 度 49 分, 標高 1813 m, 図 1.5）の空港の敷地において, 1997 年 9 月に AWS を設置した.

アルベイヘールはステップ気候に属し, 年平均気温と年降水量はそれぞれ 0.4℃と 245 mm である. アルベイヘールのサイトの付近での主な植生はイネ科, カヤツリグサ科, キク科ヨモギ属の牧草などであった.

図 1.8 (a) と (b) にそれぞれアルベイヘールの夏と冬の様子を示す. この AWS では, 気温, 湿度, 風向風速, 気圧, 短波放射・長波放射（上下）, 正味放射量, 地表面温度, 地温, 地中熱流量, 顕熱輸送量[*1], 潜熱輸送量（蒸発散量）, 降水量, 土壌水分量を観測した.

アルベイヘールでは, 前述のバルンハラだけでなく, モンゴルのほとんどの地域と同様に年降水量の約 90 % が 5 月から 9 月にもたらされ, 草原の成長もこの時期が中心なので, この時期を生育期と定めて解析対象期間とした. 気温と葉面積指数（LAI：Leaf Area Index）[*2]の間には有意な相関はみられなかった.

表 1.1 に降水量と LAI の相関マトリクスを示す (Miyazaki et al., 2004). 7 月の降水量と 7, 8, 9 月の LAI（相関係数がそれぞれ 0.538, 0.826, 0.564）の間には 99 % で有意な相関がみられた (Miyazaki et al., 2004). 5 月の降水量と 6 月の LAI（0.482）, 6 月の P と 7 月の LAI（0.458）の間には 95 % で有意な

---

[*1] 地表面付近で起こる乱流によって熱が大気と地表面の間で交換される量のことで, 潜熱輸送量（蒸発散量）とともに地表面の熱収支（地表面と大気の間のエネルギーの交換）の主要な項となっている.

[*2] 単位面積（1 m$^2$）あたりに葉が占める面積の割合のことで, 葉面積指数が 1 ならば, 単位面積すべてを葉が覆っている状態のことで, 2 ならば, 二重に敷き詰めた量を示し, 植生の量を示すのによく用いられる.

# 1. 自然環境概説

**表 1.1** 降水量（P）と葉面積指数（LAI）の相関マトリクス（Miyazaki et al., 2004）

| P-month | LAI 5 | 6 | 7 | 8 | 9 |
|---|---|---|---|---|---|
| 5 | 0.245 | **0.482*** | 0.074 | 0.069 | 0.086 |
| 6 | – | **0.458*** | 0.445 | 0.050 | 0.053 |
| 7 | – | – | **0.538**** | **0.826**** | **0.564**** |
| 8 | – | – | – | –0.141 | –0.065 |
| 9 | – | – | – | – | –0.009 |

太字は有意な相関
*：有意水準 95％
**：有意水準 99％

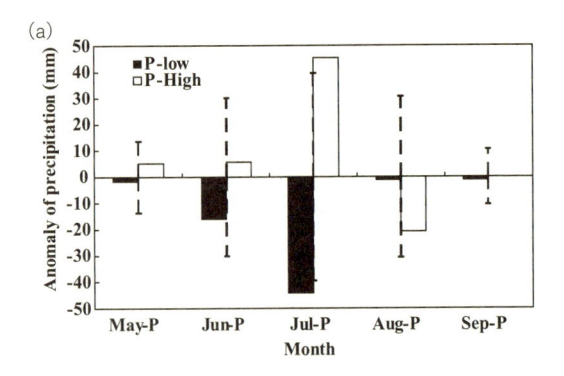

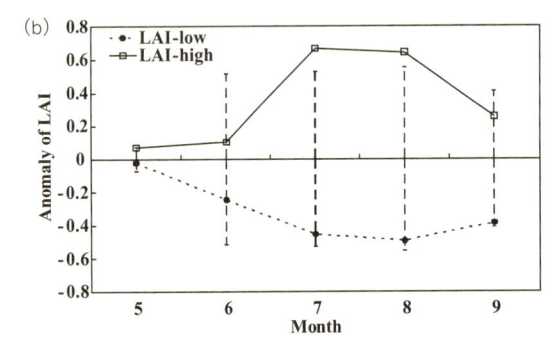

**図 1.9** モンゴル・アルベイヘールにおける生育期間平均の LAI の上位5年と下位5年の (a) 降水量と (b) LAI の平年からの偏差の比較時系列 (Miyazaki et al., 2004)
エラーバーは標準偏差を示す．

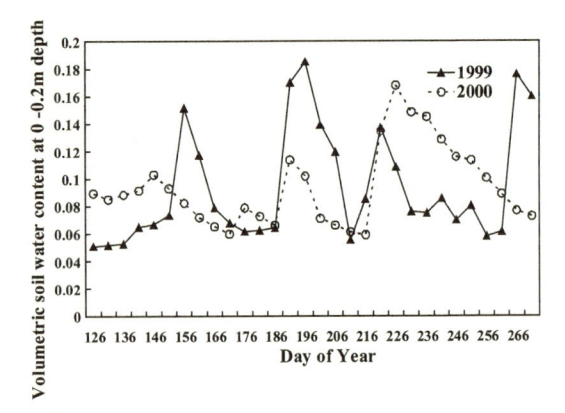

**図 1.10** モンゴル・アルベイヘールにおける生育期間の表層土壌水分体積含水率の時系列（1999年と2000年の比較）（Miyazaki et al., 2004）

相関がみられた．

図1.9に生育期の平均 LAI が19年間で上位5年と下位5年の降水量と LAI の合成した平均値を比較した時系列を示す (Miyazaki et al., 2004)．LAI 上位5年の7月の降水量は下位5年に比べて有意な差があるほど大きく，8月の LAI も同様の結果

となっている．これは，相関解析結果とも一致しており，7月に降水量が多いことが草原の成長に大きな影響を及ぼすことを示唆している．

次に相関と合成図解析で得られた降水量と LAI の関係の物理過程を明らかにするために，1999年と2000年の2年間の地表面熱水収支と水文気象要素の観測データの事例解析を行った．1999年と2000年はともに生育期全期間の降水量は130 mm であったが，その季節配分が大きく異なった．

1999年は7月までに生育期の降水量の約70％が降ったのに対し，2000年は約40％であった．この降水量の季節配分の違いが表層土壌水分量の違いをもたらし，6，7月は1999年の方が2000年より高くなっていた（図1.10）．LAI も1999年の方が LAI より高く平均値では2000年の約2倍近くになった．

図1.11に1999年と2000年の日蒸発散量の時系列を示す．1999年には，蒸発散量が7月中旬に 1.74 mm/day で年最大に達したのに対し，2000年には 1.48 mm/day で8月に最大に達した．2000年は7月までの降水量が少なかったことにより，土壌水分量も1999年より低く，草の成長も悪かったために，蒸発散量も低かった．

植生の成長と気候との関係をより明らかにするために，生育期全体を積算した水収支を図1.12に示す．1999年は7月まで土壌水分の貯留量変

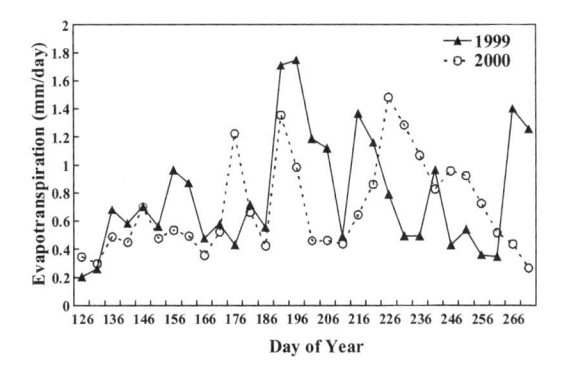

**図 1.11** モンゴル・アルベイヘールにおける生育期間の日蒸発散量の時系列（1999 年と 2000 年の比較）（Miyazaki et al., 2004）

化量（$\Delta W$）が 20 mm 近くに達しているときが何度かあったが，2000 年には 8 月まで $\Delta W$ はほぼ 0 となっていた．GS の平均水収支は 1999 年には蒸発散量（$ET$）と $P$ の比（$ET/P$）と $\Delta W$ と降水量の比（$\Delta W/P$）が 0.79 と 0.15 に対し，2000 年は 0.94 と 0.0 であった．

以上のことから 7 月までの降水量と $\Delta W$ の量が草原の成長に大きく影響を与え，水収支の分配も左右することが示唆された．前述のとおり，モンゴルでは，9 月中旬以降は気温が 10℃ 以下に低下するので，8 月以降に降水があっても草原の成長のための温暖な期間が足りないからだと考えられる．　　　　　　　　　　　　〔宮崎　真〕

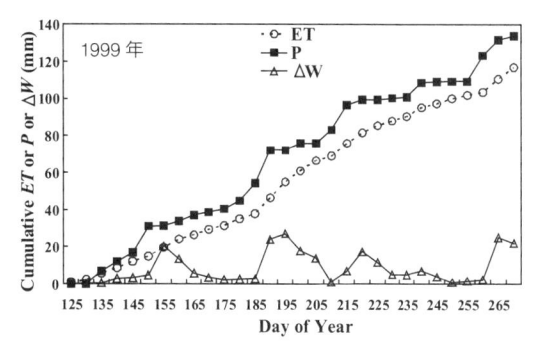

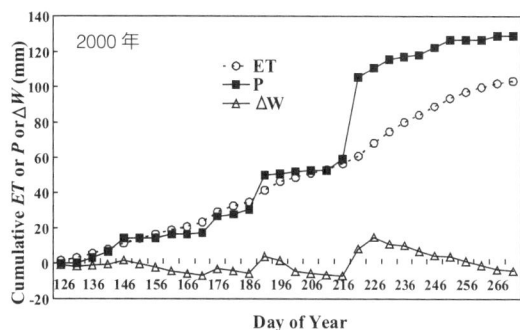

**図 1.12** モンゴル・アルベイヘールにおける生育期間の水収支の時系列（1999 年と 2000 年の比較）（Miyazaki et al., 2004）

▶ 文　献

大石　斉（2001）：モンゴルにおける地表面熱収支の年々変動．平成 12 年度筑波大学自然学類卒業論文，88pp.
吉野正敏（1978）：気候学，大明堂，350pp.
Kato, K.（1985）：On the abrupt change in the structure of the Baiu front over China Continent in late May of 1979. *Journal of Meteorological Society of Japan*, **63**, 20-36.
Kato, K.（1987）：Airmass transformation over the semiarid region around North China and abrupt change in the structure of the Baiu front in early summer. *Journal of Meteorological Society of Japan*, **65**, 737-750.
Miyazaki, S., Yasunari, T. and Adyasuren, T.（1999）：Abrupt seasonal changes of surface climate observed in Northern Mongolia by an automatic weather station. *Journal of Meteorological Society of Japan*, **77**, 583-593.
Miyazaki, S., Yasunari, T., Miyamoto, T., Kaihotsu, I., Davaa, G., Oyunbaatar, D., Natsagdorj, L. and Oki, T.（2004）：Agrometeorological conditions of grassland vegetation in Central Mongolia and their impact for leaf area growth. *Journal of Geophysical Research-Atmospheres*, **109**, D22106, doi：10.1029/2004JD005179.
Yatagai, A. and Yasunari, T.（1994）：Trends and decadal-scale fluctuations of surface air temperature and precipitation over China and Mongolia during the recent 40 year period（1951-1990）. *Journal of Meteorological Society of Japan*, **72**, 937-957.
Yatagai, A., and Yasunari, T.（1995）：Interannual variations of summer precipitations in the arid/semi-arid regions in China and Mongolia：Their regionality and relation to the Asian summer monsoon. *Journal of Meteorological Society of Japan*, **73**, 909-923.

## 1.2 オホーツク海と海氷―その特殊性と重要性―

### 1.2.1 はじめに

オホーツク海は，北半球では流氷（海氷）域の南限である．沿岸付近のみ結氷する海域はもっと南にも存在するが，本格的な海氷域としては南限である．用語としては「流氷」がよく使われているが，海水が凍った氷を表すより一般的な用語である「海氷」をここでは以後使用することにする（コラム 1 参照）．

比較的低緯度にもかかわらず海氷が存在するということが，オホーツク海の自然・気候・生態系を特徴づける最も大きな要素となっている．海氷が到来する最南端の北海道知床周辺は，海氷が育む豊かな海洋生態系などをもって，2005 年 7 月に世界遺産に認定されている（自然遺産としては日本では，屋久島，白神山地についで 3 番目となる）．

図 1.13 は，知床連山を背後に臨むオホーツク海の海氷域の写真である．海氷域は数 m から数 km の氷盤の集合によってなっており，多くの場合海氷表面には雪が積もっている（オホーツク海の海氷については，青田 (1993) に詳しい解説と多くの写真が載っている）．オホーツク海南部では海氷の平均の厚さは 70 cm 程度である．

オホーツク海では，例年 11 月頃に北西部より最初の海氷生成が起こり，それが南方および東方へと拡がっていき，1 月下旬くらいに北海道沖へ到達する（図 1.14 (a)）．海氷は例年，2～3 月に最大の拡がりをみせ（拡がりの大きさは年によって異なるが），オホーツク海の 50～95％を占める．太平洋から相対的に暖かい海水が流入してくる東部の千島列島付近が最も海氷が出現しにくい海域である．3 月より海氷域は後退しはじめ，6 月までにはオホーツク海では大方の海氷は融解する（図 1.14 (b)）．このように冬季にのみ海氷

**図 1.13** 知床連山を背後に臨むオホーツク海の海氷（口絵 8）
砕氷巡視船そうやより木村詞明撮影．

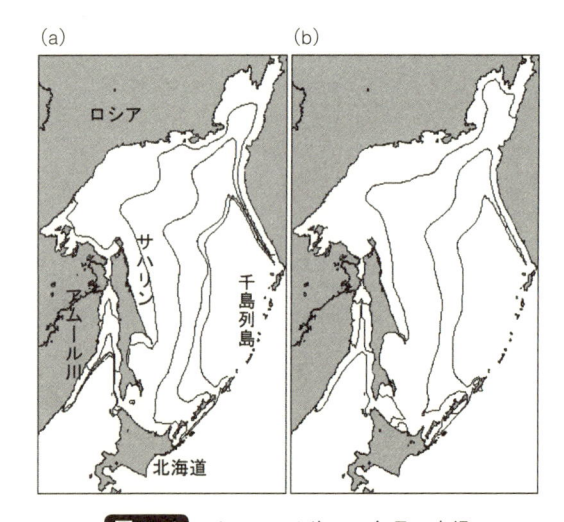

**図 1.14** オホーツク海での各月の氷縁
(a) は海氷発達期（11～3 月），(b) は海氷後退期（3～5 月）．人工衛星マイクロ波放射計により観測された 1979～2002 年の平均値．二橋創平作成．

が発達する海域を季節海氷域という．これに対し北極海のように 1 年中海氷が存在する海域を多年氷域という．オホーツク海は北半球の季節海氷域の南限，ということになる．

## 1.2.2　北半球の海氷域の南限

　図1.15には，全球での2月の海氷分布の気候値（1979～2002年の平均値）を白で示している．2～3月は北半球では最も海氷が大きく拡がる月である．この時期，北極海はほぼ全域海氷に覆われている．太平洋および大西洋とも西岸域の方がより南へ海氷が張りだすが，南端の緯度が44度であるオホーツク海は本格的な海氷域としては北半球の南限であることがわかる．対照的な例として，ノルウェー沿岸域は緯度70度でも海氷が出現しない．

　オホーツク海が海氷域の南限となるのはなぜか．図1.15には，2月の平均気温の気候値（1979～2002年の平均値）を等値線で示している．北半球の寒極（最も寒い地域）がユーラシア大陸北東部にあることがわかる．ここはオホーツク海の風上にあたる．秋季から冬季になると，オホーツク海上にはこの寒極からの厳しい寒気が季節風として吹き込んでくる．オホーツク海の風上が北半球の寒極であることが，海氷域の南限となっている一番の要因なのである．

　このほかに，北・北西季節風と後述する東樺太海流（サハリン東岸を南下する海流）によって海氷がより南へと運ばれることも海氷域をより南へと拡げている要因となっている．さらに，オホーツク海に多量の淡水をもたらすアムール川も海氷生成を有利にする一因になっている．このアムール川の淡水流入の影響を受ける海域（サハリン東岸沖から北海道沖にかけて）では，冬季の海の対流が（淡水の影響で表層水が重くなれずに）深く

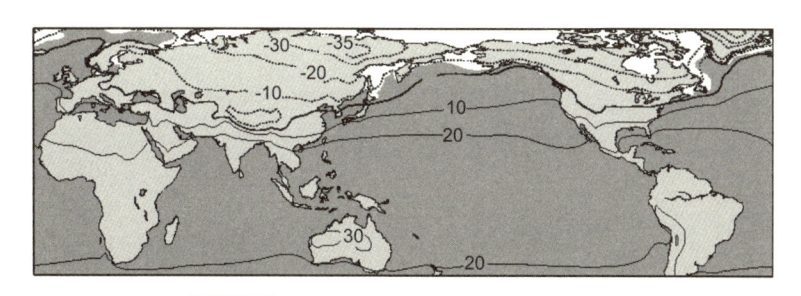

**図 1.15**　全球での2月の海氷分布と平均気温
海氷分布の気候値（1979～2002年の平均値）を白で，表面平均気温の気候値を等値線で示す．二橋創平作成．

---

**Column……1　海氷と氷山の違い**

　海に浮かぶ氷には海氷のほかに氷山があるが，これらは成因からまったく異なるものである．海氷（sea ice）は海水が凍ったもので，海水の塩分が多少取り残されているため，少し塩辛い．厚さは数十cmから厚くても十数m．一方，氷山（iceberg）は，南極またはグリーンランドで厚く積った雪が圧縮されて氷になったもの（氷床・氷河）が，海洋上へ張りだし，折れて流出したもので，厚さは300mにも及ぶ．もとは雪なので真水でできている．なお，流氷（drifting sea ice）は，海水が凍った氷である海氷（sea ice）のうち，流動しているもののみをいい，動かない海氷は定着氷（landfast ice）という．海氷の多くは流氷であるが，学術的には，より一般性のある海氷という言葉を使用することがふつうである．

〔大島慶一郎〕

まで及ばない．つまり，表層の水だけを冷却すれば海氷は生成される．これに対し，たとえば同緯度の太平洋では，表層の海水は冬季に冷却されると下の水より重くなりどんどん対流が深まっていく．そして，深い対流層が結氷温度まで冷えきらないうちに春を迎えてしまう．なお，アムール川の水そのものが凍るというのではなく，この淡水によって塩分濃度が薄まった表層の水が結氷しやすくなるという意味であることに注意したい．

## 1.2.3 海氷生成と高密度水形成

オホーツク海では寒極からの厳しい寒気が吹き込むため，海氷の生成量も大きなものとなる．図1.16は，人工衛星のマイクロ波データによる海氷の情報と熱収支計算から，オホーツク海での年間の海氷生産量分布を示したものである．オホーツク海の北および北西部の沿岸域，特に北西陸棚域で多量の海氷生産があることがわかる．生産が大きいところではその生産量は厚さに換算すると5mにも及ぶ．

この海域は，厳しい寒気に加え沖向きの風が卓越するため，生成された海氷が吹き流されすぐにまた新しい海氷ができるということが繰り返され，多量の海氷が生成される．このような海域（生成された海氷が吹き流されるために疎氷・薄氷域が維持されている沿岸域）は，沿岸ポリニヤ（coastal polynya：polynyaはロシア語が語源）と呼ばれ，いわば海氷の生産工場になっている．

これに対し，海氷が厚く集積される海域は，海氷自身が断熱材として働き，厳しい寒気の中でも海氷はあまり成長しない．オホーツク海の海氷も多くこのような沿岸ポリニヤで生成されて拡っていく．しばしば，「オホーツク海の流氷（海氷）は，アムール川の水が凍ったもの．それが漂流して北海道沖まで到来する」という言い方をされるが，これは間違いである．アムール川の水が凍った分の氷はオホーツク全体の氷からするとごくほんのわずかでしかない．

オホーツク海北西部は，北半球でも最も海氷生

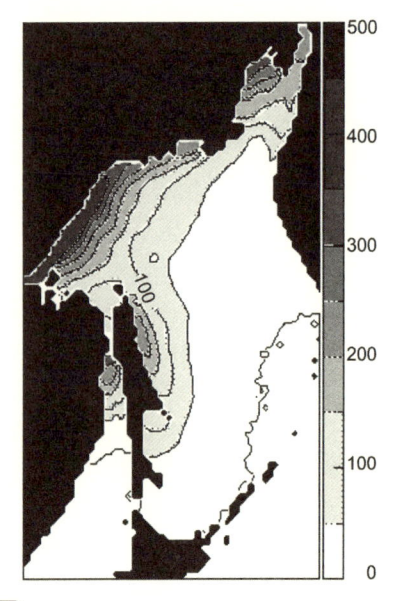

**図1.16** オホーツク海での年間の海氷生産量分布（Ohshima et al., 2003）
海氷の厚さ(cm)に換算して示す．人工衛星のマイクロ波放射計による海氷データと熱収支計算から見積ったもの．

産が大きい海域の1つである．海氷ができるときには，塩分の一部しか氷に残らないので，冷たくて重い高塩分水がはきだされることになる．そのためにオホーツク海北西部では，北太平洋で（表面でつくられる海水としては）一番重い水が生成されることになる (Shcherbina et al., 2003)．

このオホーツク海でできた重い水は北太平洋全域の中層に潜り込み，北太平洋スケールでの大きな鉛直（上下方向）循環もつくっていることになる（海の大きな循環・対流がどう起こるかはコラム2参照）．オホーツク海北西部でできた高密度水は，オホーツク海の中層から千島海峡を抜け，北太平洋の中層全域に拡がる．そして，北太平洋中層水（NPIW：North Pacific Intermediate Water）の1成分をもなし，大気に接した水という観点からはNPIWの起源水とみなされる．以上からわかるように，オホーツク海は大気に接した水が北太平洋では唯一海洋中層（水深200～800mくらい）まで運ばれる海域であるといえる．

### 1.2.4 地球温暖化とオホーツク海

オホーツク海は海氷域の南限ということもあって，海氷面積の年々変動が大きい．たとえば，1991年では最大張り出し時でも海氷域面積はオホーツク海の50％程度しかなかったが，2001年ではほぼ100％近くにまでなった（図1.17参照）．海氷の拡がりや面積がある程度正確に観測できるようになったのは，人工衛星によるマイクロ波放射計の観測が可能となった1970年代からである．マイクロ波は，雲のあるなし昼夜をとわず，海氷を検知することができ，現在（2009年）では12〜25 kmの分解能でほぼリアルタイムで全球の海氷をモニターしている．

図1.18には，衛星観測から得られたオホーツク海の2月の海氷面積の年々変動を示す（太実線．上であるほど海氷面積が小さいことに注意）．1990年代は海氷面積の小さい年が続いたが，2001年前後に海氷面積が一時的に大きくなり（図1.17），その後また小さくなる傾向が続いている（2009年現在）．

オホーツク海の海氷面積の年々変動は何によるのか．今までの研究で，① 海が大気からどれだけ冷やされるか，② 風が吹き流すことによる拡

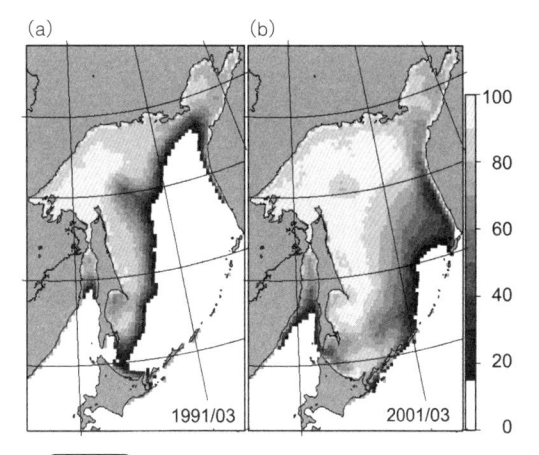

**図1.17** オホーツク海の2月の海氷密接度分布
(a) が1991年の場合，(b) が2001年の場合．人工衛星マイクロ波放射計 SSM/I による．密接度（％）のスケールについては右隅を参照．

大作用，③ 海水温（特に太平洋から流入してくる水の），の3つの効果が重要ということがわかってきた（Yamazaki, 2000; Ohshima et al., 2005）．特に①の効果の中では，秋〜冬のオホーツク海風上側での気温が海氷面積を決めている大きな要素となっていることがわかってきた．

図1.18にはオホーツク海の風上での秋〜冬の地上気温の年々変動も示している（細実線）．図1.18からわかるように，この気温は衛星から得

---

### Column……2　海洋の中深層循環

世界の海洋の中深層まで及ぶ大きな循環（対流）は密度差で駆動される．すなわち，重い水が沈み込んでそれが徐々に湧き上がってくるという循環である．深層・底層まで及ぶような重い水は地球上では北大西洋と南極海の2ヵ所でのみ作られる．それらが深層水・底層水として全地球上の深・底層に拡っていき，約2000年くらいかけてゆっくりと湧き上ってくる．北太平洋では深層までに及ぶような重い水はつくられないが，中層にまで及ぶ程度の重い水がオホーツク海で海氷生成に伴ってつくられ，北太平洋スケールでの中層の循環をつくっている．ちなみに，表層から500〜1000 mくらいまでの水平方向の循環（海流）は主に風で駆動され，この循環による流速は一般的に中深層循環によるものよりずっと大きい．後述するオホーツク海の東樺太海流は風によって駆動される海流である．海洋の構造や循環についてのさらに詳しい解説は，たとえば『海をさぐる1 海の構造』（T. デイ著，木村龍治監訳，朝倉書店）などが参考となる． 〔大島慶一郎〕

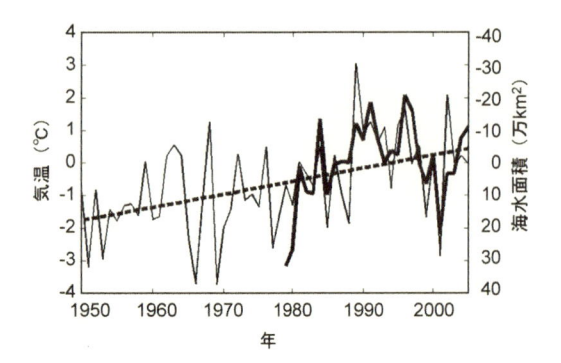

**図 1.18** オホーツク海の海氷面積とその風上での地上気温の年々変動（Nakanowatari et al., 2007）
衛星観測によるオホーツク海全域の2月の海氷面積偏差（1979〜2005年）を太実線で，極東ユーラシア大陸（北緯50〜65度，東経110〜140度）における秋・冬（10〜3月）の地上気温偏差（1950〜2005年）を細実線で示す．破線は気温偏差の線形トレンド成分．気温偏差の軸は左端に示す．海氷面積偏差の軸は右端に示しており，上であるほど小さい．

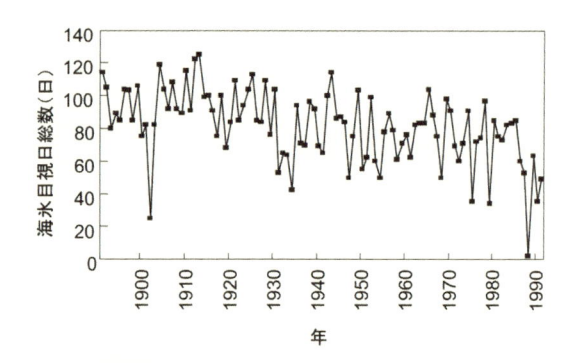

**図 1.19** 網走での海氷出現総日数の年々変動
目視により海氷が確認された日の各年ごとの総数の時系列（1892〜1992年）（青田ほか，1993の図を加筆）

られた2月の海氷面積とよい相関があることがわかる（相関係数＝−0.62）．気温が低いほどその年の海氷面積は大きくなる．注目されるのは，この気温が明らかに有意な正のトレンドをもっていることである．50年で2.0℃もの気温の上昇がみられる．図1.15からもわかるように，オホーツク海の風上には北半球の寒極がある．地球温暖化では全球一様に昇温しているわけではなく，北半球の寒極の秋・冬が特に温暖化の影響が大きく出る場所・季節のようである．

海氷面積のデータとしては，衛星観測からは30年程のデータしかなく，それによるとオホーツク海の海氷面積のトレンドはこの30年で約20%の減少となっている．衛星観測以前には客観的な海氷面積データはないが，風上の気温との相関から推定すると，この昇温トレンドに対して，海氷面積の減少傾向が50年の時間スケールで起こっている可能性が高い．

実際に衛星観測以前に時々行われていた船や航空機での海氷の観測は多くの場合，最近の海氷張り出しより大きいという結果を示している．古くから連続してある数少ない客観的なデータとしては，網走での目視海氷観測がある（青田ほか，1993）．

図1.19は，この目視観測により海氷が確認された日の各年ごとの総数を100年にわたって時系列で示したものである．この海氷目視観測からもこの50〜100年スケールでオホーツク海の海氷が減少傾向にあることが示唆される．

前項では，オホーツク海の沿岸ポリニヤでの海氷生成に伴ってできる冷たい高密度水が，北太平洋の中層にもぐり込み北太平洋を冷却し，鉛直（上下方向の）循環をつくっていることを述べた．もし温暖化によって海氷生成量が減ったとすれば，北太平洋の中層全体にも影響が出てくる可能性がある．

図1.20は，北太平洋およびオホーツク海の中層（同じ密度面 $\sigma_\theta = 27.0$ で比較したもので，水深にするとおよそ300〜500mの層）でのこの50年間における水温のトレンドをみたものである．オホーツク海の中層に最も大きな昇温トレンドがあり，50年で0.6℃にも及ぶ．海は熱容量が大きいので，オホーツク海の中層全体の昇温を熱量に換算すると，直上の大気全体を100℃以上上げる熱量に相当する．通常，中深層の水の性質は安定していて変動は極めて小さい．0.6℃/50年の変化は，中層水の変動としては地球上で最も大きいものの1つと考えられる．これは，海氷生成が減ったために冷たい高密度水の形成量も減り，そのためにオホーツク海の中層水が昇温したと考えられる．

注目されるのは，この昇温トレンドが北太平洋

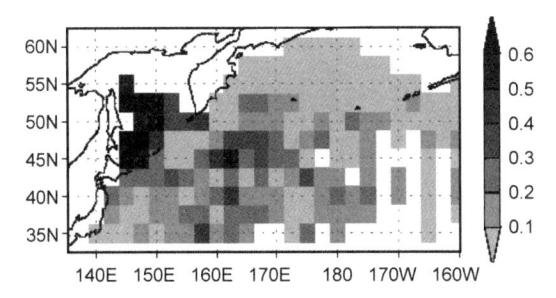

**図 1.20** 北太平洋およびオホーツク海の中層水温のトレンドマップ（Nakanowatari et al., 2007）
同じ密度面 27.0 σ_θ 面で比較したもので、水深にすると約 300～500 m の層での、この 50 年間（1955～2004 年）における昇温のトレンド（線形回帰係数：℃/50 年）を示す。白抜きはデータが十分ない海域。

に拡がっていることである。オホーツク海の水は千島海峡を流出すると、親潮の一部をなし東北沖まで南下し、その後流れは北東方向へ転じ、北太平洋西部に反時計回りの西部亜寒帯循環をつくっている。昇温トレンドは、このようなオホーツク水が拡がっていく海域に沿って拡がっていることがわかる。

昇温トレンドがみられるオホーツク海とこれらの海域では中層の海水中に含まれる酸素も有意に減っていることもわかっている (Ono et al., 2001)。表層から絶った時間が長いほど、海中の酸素は生物に消費され減少するので、表層水が中層へ送り込まれる上下方向の循環が弱まっていることを示唆していることになる。海氷ができるときにつくられる高密度水が中層に潜り込む際に同時に鉄分も送り込まれる、という仮説がごく最近提唱された（中塚武私信）。鉄分が海の生物生産量を決めているのだ、という最近有力視されている説も含めて考えると、オホーツク海中層からの鉄分が北太平洋西部の高い生物生産を支えている、という仮説も成り立ちうる (Nishioka et al., 2007)。

オホーツク海の海氷生産が弱まると北太平洋まで含めて鉄分の供給が弱まり、ついには海の生物生産量まで減少させるというシナリオも可能性としてはありえる（あくまでも仮説であることに注意）。オホーツク海およびそこでの海氷の変動は、オホーツク海のみならず北太平洋での生物生産・

漁業資源量が今後どうなっていくかを予測する上でも、鍵を握っている可能性がある。

以上をまとめると、オホーツク海は地球温暖化の高感度域といえ、この 50～100 年スケールで海氷生産量が減っており、そのために低温の高密度水の生成が減少し、北太平洋スケールでの中層の昇温および上下方向の循環の弱化を生じさせている可能性がある。

### 1.3.5 オホーツク海の循環と東樺太海流

少氷年の 1991 年 2 月の海氷分布（図 1.17 (a)）をみると、西側では南端まで海氷が張りだしているのに対し、北東部および中央部（の水深の大きい海域）では開水面域が南側からくいこんだような分布になっている。このような分布はオホーツク海に反時計回りの循環があることを示唆している。

しかし、オホーツク海の循環については日本・ロシアの古い文献などによる模式的な抽象以上のことはよくわかっていなかった。それらによると、オホーツク海には大きな反時計回りの循環があり、最も顕著な流れはその循環の西側、サハリン東岸沿いにできる南下流（東樺太海流）ということになっている。ただし、これらは十分な実測に基づいたものではなく、船のドリフトや水塊・海氷の動きなどから類推したものである。東樺太海流（East Sakhalin Current）という用語は 1960 年代より使われているが、この海流の流量・構造やその季節変化といった定量的なことは、ほとんどわかっていなかった。

冷戦の終結によりオホーツク海内での国際共同観測が可能になったことなどで、長くベールに包まれていたこの海流の実態が一挙に明らかになった。特に、1998～2001 年の 4 年間にわたって行われた日露米国際共同観測プロジェクト[*1]によ

---

[*1] 科学技術振興事業団のサポートによる、戦略的創造研究推進事業—地球変動のメカニズム—「オホーツク海氷の実態と気候システムにおける役割の解明：代表若土正曉」によって主導された共同研究プロジェクト。

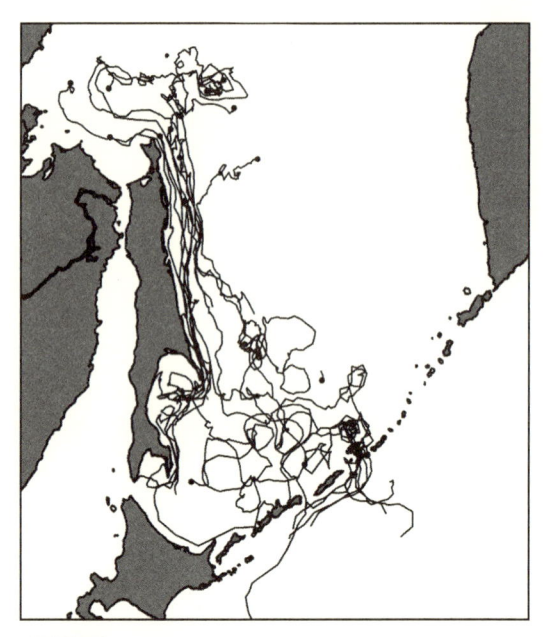

**図 1.21** 表層漂流ブイの軌跡（Ohshima et al., 2002）
漂流期間は 1999 年 9 月～ 2000 年 2 月．黒丸印はブイを投下した点（始点）を示す．

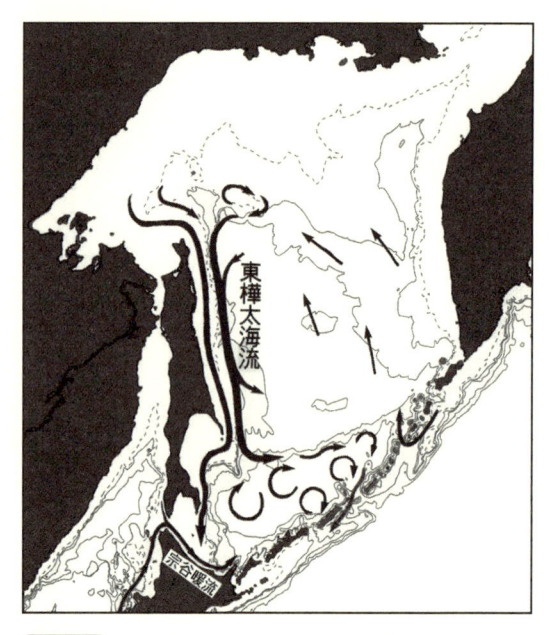

**図 1.22** オホーツク海の表層循環の模式図（Ohshima et al., 2002 を加筆）
表層漂流ブイの結果などに基づいたもの．

って，オホーツク海の循環の多くが明らかになった．

図 1.21 は 1999 年に投下された 20 個の表層漂流ブイの軌跡を示したものである．ブイからは人工衛星による追尾システムによって，表層下 15 m の流れをモニターすることができる．サハリン島（樺太）北方および東方に投下されたブイはすべてサハリン沖を海底地形に沿って 0.2～0.4 m/s のスピードで南下しており，この観測によって東樺太海流の存在がはじめて明確になった．海流の幅は 150 km 程度で，北海道沖まで南下するものと，途中北緯 48～52 度あたりで東へ向かうものとの 2 つに分かれる．一方，水深の大きい南部の千島海盆では，渦的な動きが卓越していることもわかる．オホーツク海に投下されたブイの多くは半年以内に千島海峡（主にウルップ水道）から太平洋に抜ける．

図 1.22 は，表層漂流ブイの結果などに基づいて，オホーツク海の表層循環を模式的に示したものである．詳しく見ると，東樺太海流は大きな反時計回り循環の西岸境界流の成分（沖合い分枝）と，沿岸に沿って北西陸棚から北海道沖まで達する成分（沿岸分枝）の 2 つの分枝からなっている．

共同プロジェクトでは，長期海中に測器を係留して流れの場を測るなどの観測も行われた．図 1.23 は，その観測を基に東樺太海流の流量の季節変化を，日本海の主海流である対馬暖流と比較して示したものである．海流の強さの示標としては，海流の断面を毎秒横切る水の体積で定義される「流量」がよく使われる．図 1.24 は，同様の観測から 1 月における東樺太海流（南下流成分）の鉛直断面構造を示したものである．東樺太海流の年平均の流量は約 7 Sv（1 Sv = $10^6$ m$^3$/s）と見積もられる．これは黒潮の流量の 2～3 割，日本海の対馬暖流の流量の約 3 倍に相当し（図 1.23），縁海の流れとしてはかなり大きなものである．これは流れが表層のみでなく海底まで達するような深い構造をもつという特徴による（図 1.24）．

また東樺太海流は，流量・流速が冬季に最大で夏季に最小となる大きな季節変動をすることも特徴の 1 つである（図 1.23）．夏季に比べ冬季は 3～5 倍もの流量になる．対馬暖流も夏に強く冬に

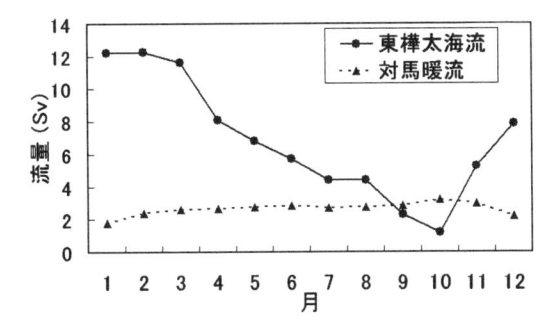

**図 1.23** 東樺太海流と対馬暖流の流量の季節変化
単位は $10^6 \text{m}^3/\text{s}$（＝1 Sv）．東樺太海流は北緯 53 度に沿って横切る長期係留測流の結果（Mizuta et al., 2003）に基づく．対馬暖流は対馬海峡でのフェリーによる超音波流速プロファイラーの結果（Takikawa et al., 2005）に基づく．

弱いという季節変動をするが，東樺太海流の季節変動に比べるとずっと小さい（図 1.23）．サハリン東岸に沿う海氷の南下も，海流によって運ばれる効果が半分以上あると考えられる．

東樺太海流および反時計回りのオホーツク海の循環は主に風によって駆動されている．冬季季節風の吹き出しが強くなるのに応じて，反時計回りの循環や東樺太海流も強まる．このほか，東樺太海流にはアムール川の淡水効果による密度流成分もあるが，この成分は流量にするとわずかである．

## 1.2.6 海氷と東樺太海流の気候への役割

海氷は結氷する際に負の潜熱（液体の水と固体の氷との相変化に伴う熱）をもらい，融解時にそれを放出する．オホーツク海では北で結氷した海氷が移流されて南で融解するので，結果的に負の熱を南へ運ぶことになる．海氷が結氷・融解する際の潜熱は大きく，たとえば厚さ 1 m の海氷を融解するのに必要な潜熱は，10 m の水柱なら 6～7℃，全大気柱なら 25～30℃を暖めるのに必要な熱量に相当する．

図 1.25 は，年平均での正味の表面熱収支（大気と海洋・海氷の間での熱のやりとり）の空間分布を示す．大気から海洋に熱が与えられる場合を正としている．最も顕著な特徴は北西部に負の大

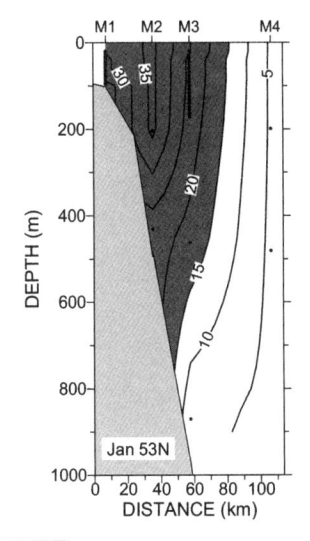

**図 1.24** 東樺太海流の鉛直断面構造
北緯 53 度に沿って横切る長期係留測流（Mizuta et al., 2003）から，1999 年 1 月における南下流成分を示したもの．単位は cm/s．陰影は 15 cm/s 以上の領域．

きな値，南部に正の値という大きなコントラストがあることである．すなわち，北で海洋が大気から多量に熱を奪われ，南で海洋が大気から熱をもらっていることを示す．これは 1 つには上で述べたように，負の熱が（潜熱として）海氷により南に運ばれる（熱輸送としては北向き）ことによるが，これだけでは熱量を説明しきれない．

もう 1 つ重要になるのが，東樺太海流が冷たい水を南へ運ぶ効果である．オホーツク海の冷水や融氷の効果は太平洋の北海道道東沖まで浸みだしている．北海道のオホーツク沿岸域や東部（道東）は特に夏季に冷涼となることで知られる．この寒冷な気候形成には，海氷と東樺太海流が負の熱を北から運んでくることが大きな役割を果たしている．

図 1.25 の結果には少なくない誤差が含まれるが，オホーツク海全体としての正味の表面熱収支は平均 $-22 \text{ W/m}^2$ と見積られ，オホーツク海全体では大気により 35 TW（＝$10^{12}$ W）の熱量が奪われる，という結果になる．同緯度の北太平洋亜寒帯域では海は大気に暖められていると考えられているが，オホーツク海では熱の移動が逆になっている．すなわち，寒極の風下にあるオホーツク

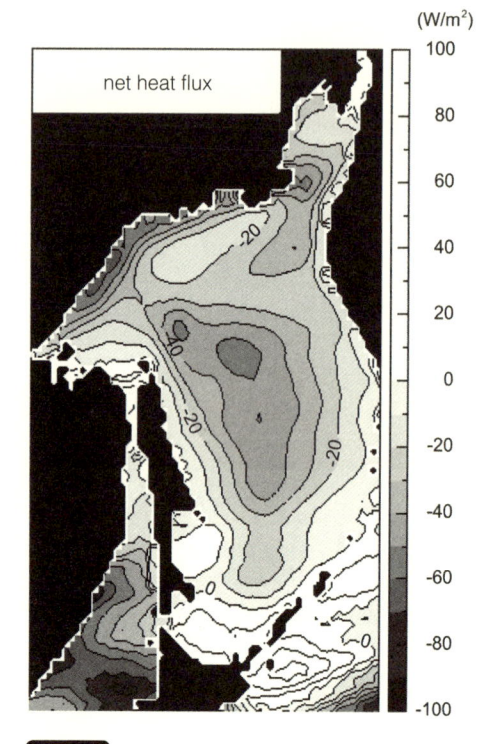

**図 1.25** オホーツク海における，年平均の正味の表面熱収支（Ohshima et al., 2003）1987～2001年の平均．単位は W/m²．陰影は正味の熱収支が負（海が大気により熱を奪われる）の領域．コンタは 10 W/m² ごと．

海が北太平洋に対して低温のソース（冷却源）となっているわけである．

北西部の海氷生成によってできた結氷温度の高密度水は中層まで達する密度をもっており，それが東樺太海流によって南へ運ばれ，さらに北太平洋中層へと運ばれる．このように，オホーツク海では単に（負の）熱が水平方向に輸送されるだけでなく，鉛直的に海洋内部へも輸送されることも重要な点である．と同時に，生物生産に不可欠な鉄分や二酸化炭素など種々の物質も中層へ輸送されている．東樺太海流は，流量が大きく中層まで及ぶ海流であることで，それらを極めて効率よく南へ，そして海洋中層へと運ぶ役割をもっており，気候形成や物質循環にも重要な役割を果たすと考えられる．

## 1.2.7 東樺太海流と社会とのかかわり

サハリン東岸沖の大陸棚では石油・ガス開発が1970年代よりはじめられ，すでにいくつかの鉱区では採掘・生産が開始されており，今後さらに大きく開発が進むことが予想される．これらの開発には1つ大きな問題が懸念されている．それはサハリン油田周辺の油流出に対する危惧である．将来，もしサハリン油田周辺で油流出が起こるようなことがあると，東樺太海流は流出油を北海道沖まで運んでしまうことになる（図1.22）．北海道オホーツク沿岸は，ホタテの養殖等漁業に重要な海域というほかに，知床自然遺産など豊かな自然を維持している海域でもある．流出油に対する防御対策や漂流・拡散予測は社会的に急務な問題といえる．

また，近年の中国の高度経済成長によりアムール川上流域での汚染も懸念されている．アムール川から流出した汚染物質も東樺太海流によって北海道沖まで運ばれる可能性がある．これらに対する防御対策や予測も重要な問題である．

予備的ではあるが，流出油やアムール川汚染物質の漂流・拡散予測は行われつつある（Ohshima and Simizu, 2008）．それらによると，アムール川およびサハリン油田からの海水・物質の一部は東樺太海流に乗って北海道沖に到達することが示される．東樺太海流は大きな季節変動をするので，南下流が強くなる秋から初冬の場合，アムール河口やサハリン油田起源の海水は1.5～3ヵ月で北海道沖まで到達しうる．一方春先の場合，春から夏は南下流が弱いので，沖へ拡散してしまうか，北海道沖まで到達する場合でも半年近くかかるという結果になる．このように海流の動態を解明・予測することは社会的にも重要性を増すようになってきた．

以上は，東樺太海流は現社会では汚染物質を運んでしまうという，負の部分の話であったが，一方で過去においては，この海流はオホーツク文化圏の形成に一翼を担っていた可能性がある．この海流が海氷や海獣を運び，過去には東樺太海流沿

いに1つの文化圏形成がなされていたという見方もできうるのだ(菊池, 2003).　　　　〔大島慶一郎〕

▶ 文　献

青田昌秋 (1993)：白い海, 凍る海―オホーツク海のふしぎ―, 東海大学出版会. 62pp.

青田昌秋・石川正雄・村井克詞・平田稔雄 (1993)：オホーツク海・北海道沿海の海氷密接度の長期変動. 海の研究, **2**(4), 251-260.

菊池俊彦 (2003)：考古学からみた環オホーツク海交易. 天気, **50**(7), 4-9.

Mizuta, G., Fukamachi, Y., Ohshima, K.I. and Wakatsuchi, M. (2003)：Structure and seasonal variability of the East Sakhalin Current. *Journal of Physical Oceanography*, **33**, 2430-2445.

Nakanowatari T., Ohshima, K.I. and Wakatsuchi, M. (2007)：Warming and oxygen decrease of intermediate water in the northwestern North Pacific, originating from the Sea of Okhotsk, 1955-2004. *Geophysical Research Letters*, **34**, L04602, doi：10.1029/2006GL028243.

Nishioka, J., Ono, T., Saito, H., Nakatsuka, T., Takeda, S., Yoshimura, T., Suzuki, K., Kuma, K., Nakabayashi, S., Tsumune D., Mitsudera, H., Johnson, W. K. and Tsuda, A. (2007)：Iron supply to the western subarctic Pacific：Importance of iron export from the Sea of Okhotsk. *Journal of Geophysical Research*, **112**, C10012, doi：10.1029/2006JC004055.

Ohshima, K.I., Wakatsuchi, M., Fukamachi, Y. and Mizuta, G. (2002)：Near-surface circulation and tidal currents of the Okhotsk Sea observed with the satellite-tracked drifters. *Journal of Geophysical Research*, **107**, 3195, doi：10.1029/2001JC001005.

Ohshima, K.I., Watanabe, T. and Nihashi, S. (2003)：Surface heat budget of the Sea of Okhotsk during 1987-2001 and the role of sea ice on it. *Journal of the Meteorological Society of Japan*, **81**, 653-677.

Ohshima, K.I., Riser, S. and Wakatsuchi, M. (2005)：Mixed layer evolution in the Sea of Okhotsk observed with profiling floats and its relation to sea ice formation. *Geophysical Research Letters*, **32**, L06607, doi：10.1029/2004GL021823.

Ohshima, K. I. and Simizu, D. (2008)：Particle tracking experiments on a model of the Okhotsk Sea：Toward oil spill simulation. *Journal of Oceanography*, **64**, 103-114.

Ono, T., Midorikawa, T., Watanabe, Y.W., Tadokoro, K. and Saino, T. (2001)：Temporal increases of phosphate and apparent oxygen utilization in the surface waters of western subarctic Pacific from 1968 to 1998. *Geophysical Research Letters*, **28**(17), 3285-3288.

Shcherbina, A.Y., Talley, L.D. and Rudnick, D.L.(2003)：Direct observations of North Pacific ventilation：Brine rejection in the Okhotsk Sea. *Science*, **302**, 1952-1955.

Takikawa, T., Yoon, J.-H. and Cho, K.-D. (2005)：The Tsushima Warm Current through Tsushima Straits estimated from ferryboat ADCP data. *Journal of Physical Oceanography*, **35**, 1154-1168.

Yamazaki, K. (2000)：Interaction between the wintertime atmospheric circulation and the variation in the sea ice extent of the Sea of Okhotsk. *Seppyo*, **64**, 345-354.

# 1.3 極東ロシアの植生分布

極東ロシアの植生は森林が主体であるが，そのほかに低木ヒース群落や亜寒帯・高山ツンドラなども現れる．これらの分布は，南北の緯度方向とともに，内陸域から海洋域にかけての大陸性−海洋性の気候傾度に沿っても変化する．そのため，極東ロシアの植生分布は複雑な様相を示す．本節では，大陸性−海洋性の気候傾度に着目しながら，極東ロシアの植生内容と分布を概述する．さらに，植生の主要優占種の交代要因を議論する．植物名の表記については，煩雑になるので本文中では和名だけとし，学名との対応は附表として最後にまとめた．引用文献は紙幅の都合上必要最小限にとどめてあるので，詳細は沖津 (2002, 2005)，Okitsu (2002, 2003) を参照されたい．

## 1.3.1 生物気候帯と植生分布の概要

極東ロシアの植生分布を検討する場合，大陸性−海洋性の気候傾度に着目して区分された生物気候帯（bioclimate）(Tuhkanen, 1984) に基づいて考察してゆくことが有効である．表1.2に森林植生が主体となる冷温帯（northern temperate zone）および亜寒帯（boreal zone；このあたりの用語はやや混乱しているので，ここでは便宜的に冷温帯と亜寒帯を用いる．亜寒帯ツンドラ帯はまた別である）の生物気候帯とそれらの代表的植生タイプと優占種，および温度条件を示す．

極東ロシアにはこれらの北方にさらに亜寒帯ツンドラ帯（subarctic tundra zone）(Aleksandrova, 1980) が分布するが，後述するように，そこでの植生は亜寒帯・高山ツンドラが主体で，冷温帯，亜寒帯の主体である森林植生とはまったく異なるので，

**表1.2** 極東ロシアの冷温帯，亜寒帯における生物気候帯とそれらの代表的植生タイプと優占種および温度条件（沖津，2002より作成）

| 生物気候帯 | 大陸域 | 沿岸域 | | | 海洋域 | 超海洋域 |
|---|---|---|---|---|---|---|
| 植生タイプ | グイマツ−ハイマツ林 | モンゴリナラ−ヤエガワカンバ林 | チョウセンゴヨウ−落葉広葉樹混交林 | エゾマツ−トウシラベ/トドマツ林 | ダケカンバ林 | 低木性ヒース群落 |
| 優占種 | グイマツ | モンゴリナラ | チョウセンゴヨウ | エゾマツ | ダケカンバ | 矮性低木（ガンコウランなど） |
| 観測点 | セイムチャン | ウラジオストク | オルガ | ポロナイスク | ペトロパブロフスク−カムチャツキー | シムシル島 |
| 位 置 | 北緯64.5度，東経152.8度 | 北緯43.1度，東経131.9度 | 北緯43.7度，東経135.3度 | 北緯49.4度，東経143.3度 | 北緯53.1度，東経158.7度 | 北緯50.7度，東経156.3度 |
| 最暖月平均気温（℃） | 14.8 | 20.3 | 18.9 | 15.8 | 13.0 | 10.6 |
| 最寒月平均気温（℃） | −38.7 | −13.4 | −12.4 | −17.8 | −8.6 | −5.2 |
| 暖かさの指数（℃・月） | 27.1 | 56.6 | 47.2 | 30.4 | 21.1 | 17.0 |
| 大陸度指数 (Conrad, 1946) | 81 | 58 | 54 | 52 | 27 | 18 |

## 1.3 極東ロシアの植生分布

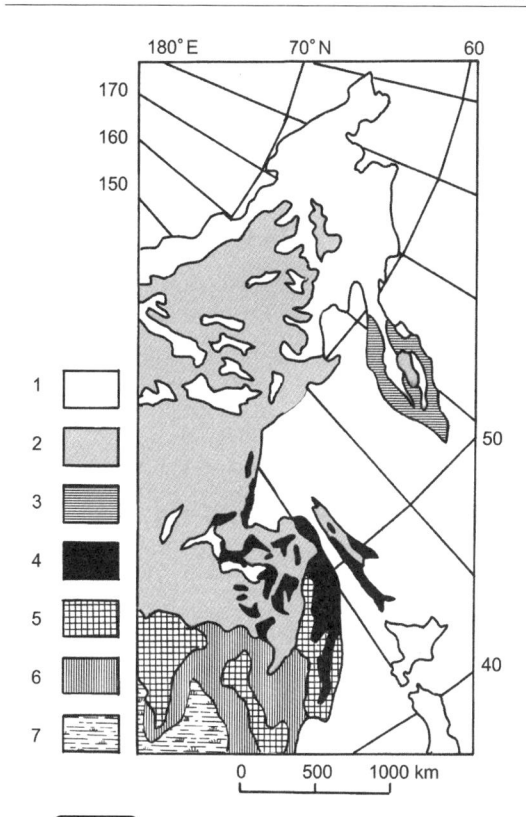

**図1.26** 極東ロシアの植生図（沖津, 2005）
植生の区分は相観優占種に基づく。日本については示していない。
1：亜寒帯・高山ツンドラとミヤマハンノキおよびハイマツ低木林, 2：グイマツ-ハイマツ林, 3：ダケカンバ林, 4：エゾマツ-トウシラベ/トドマツ林, 5：チョウセンゴヨウ-落葉広葉樹混交林, 6：モンゴリナラ-ヤエガワカンバ林, 7：温帯ステップ.

同一の表には含めていない。ここでは，極東ロシアの冷温帯，亜寒帯域における生物気候帯を，Conrad (1946) の大陸度指数に基づき，以下の4つに区分する．

① 大陸域（continental）
② 沿岸域（maritime）
③ 海洋域（oceanic）
④ 超海洋域（extra oceanic）

Conradの指数は最暖月と最寒月の気温差をもとに算出されるもので，値が0～100の間におさまるように係数を調整する．この値が大きいほど最暖月と最寒月の気温差が大きく，大陸度が高くなり，逆に，値が小さいほど海洋度が高くなる．なお，ここでの生物気候帯は植生分布を理解する

ために筆者が便宜的に区分したもので，必ずしも普遍的なものではないことに注意願いたい．各生物気候帯の代表地点での大陸度指数は次のようである（表1.2）.

① 大陸域セイムチャン（マガダン州）：81
② 沿岸域ウラジオストク（沿海地方）：58
③ オルガ（沿海地方）：54
④ ポロナイスク（サハリン中部）：52
⑤ 海洋域ペトロパブロフスク-カムチャッキー（カムチャッカ半島）：27
⑥ 超海洋域シムシル島（北千島）：18

これらは，ユーラシア，北米両大陸の中で，大陸度が最も高い地域から海洋度が事実上最も高い地域までを含む，極めて大きな大陸性-海洋性の気候傾度である．

気温をみると，大陸域に属するセイムチャンでは最暖月の平均気温14.8℃，最寒月の平均気温-38.7℃で気温の年較差は53.5℃に達する．一方，超海洋域である北千島は最暖月の平均気温10.6℃，最寒月の平均気温-5.2℃で，気温の年較差は15.8℃と小さいものの，極めて冷涼な夏が特徴である．生育期間の積算気温を指標する暖かさの指数は，南部に位置する沿岸域で高いが，それ以北では大陸域の方が海洋域，超海洋域よりも高い値を示す．

南北の緯度方向に沿って植生の分布を整理すると（図1.26），極東ロシア南部はほぼ全域が沿岸域に属し，そこではモンゴリナラ-ヤエガワカンバ林，チョウセンゴヨウ-落葉広葉樹混交林，エゾマツ-トウシラベ/トドマツ林が順次北上する形で現れる．それ以北では，沿岸域は，該当地域がオホーツク海になるために，存在しない．植生分布はカムチャッカ半島の海洋域から北千島の海洋域生へ，またはマガダンの大陸域へと，生物気候帯の両極に分化する．前者はダケカンバ林から低木性ヒース群落への変化，後者はグイマツ-ハイマツ林への変化である．これらのさらに北側には亜寒帯ツンドラ帯が現れ，無樹木の亜寒帯・高山ツンドラが分布する．このように，極東ロシアの植生分布はかなり複雑で，単純に南北の緯度方向に沿った形で植生分布が決定されれているわけ

表1.3 極東ロシア最南部ハサン付近のモンゴリナラ-ヤエガワカンバ林の主要樹種構成(沖津, 2005)

| 調査区 | 1 | 2 | 3 | 4 |
|---|---|---|---|---|
| 最大胸高直径 (cm) | 18 | 22 | 41 | 65 |
| 最大樹高 (m) | 14 | 15 | 18 | 22 |
| 樹種 | | | | |
| モンゴリナラ | 72.3 | 58.7 | 54.0 | 41.7 |
| ヤエガワカンバ | 25.6 | 31.8 | 35.9 | 26.0 |
| エゾイタヤ | ・ | 1.6 | 1.2 | 4.7 |
| トウハウチワカエデ | ・ | 1.4 | + | + |
| アムールシナノキ | ・ | + | + | 20.1 |
| キハダ | ・ | 0.2 | 1.8 | 2.6 |
| イヌエンジュ | ・ | 0.1 | ・ | 0.1 |
| チョウセンミネバリ | ・ | ・ | 2.3 | 4.6 |
| マンシュウボダイジュ | ・ | ・ | + | 0.1 |
| シラカンバ | 2.2 | ・ | 1.4 | ・ |
| ハリギリ | ・ | + | + | ・ |
| アズキナシ | ・ | 0.2 | ・ | ・ |
| アオダモ | ・ | 3.1 | ・ | ・ |
| ヤチダモ | ・ | 3.1 | ・ | ・ |
| ケヤマハンノキ | ・ | ・ | 3.4 | ・ |

数字は胸高断面積合計に基づく相対優占度(%). 発達段階(最大胸高直径)の異なる4林分について示す.

ではない.

## 1.3.2 主要植生

極東ロシアの植生図(図1.26)の凡例に基づいてそれぞれの植生の内容を,主に沖津(2002), Krestov(2003)に準拠して,相観優占種を中心として概説する(表1.2も参照).同時に,関連の深い北海道の植生との比較にも触れる.

### a. 沿岸域の植生
#### 1) モンゴリナラ-ヤエガワカンバ林

モンゴリナラが優占し,ヤエガワカンバ,エゾイタヤ,トウハウチワカエデなどを伴う落葉広葉樹林である.極東ロシアでは最南部の狭い範囲にしか分布しないが,南に続く中国東北地方の低地にも現れる(図1.26).モンゴリナラやヤエガワカンバは朝鮮半島中・北部にも広く分布する.この林は北東アジアを代表する大陸型落葉広葉樹林である(沖津, 2005).

図1.27 沿海地方ボリシャヤ-ウスルカ川沿いに分布するモンゴリナラ-ヤエガワカンバ2次林
中央の樹木がヤエガワカンバ.胸高直径25 cm程度.

この林の樹木組成を極東ロシア最南部,北朝鮮との国境に位置するハサン付近での調査例から確認してみよう(表1.3).林分サイズ(最大胸高直径,最大樹高)の小さい調査地①から大きい調査地④の順に発達が進んでいると仮定すると,モンゴリナラとヤエガワカンバは発達初期の2次林段階からすでに優占し(図1.27),発達後期まで継続して優占を保っている.

そのほかの樹種としては,エゾイタヤ,トウハウチワカエデ,アムールシナノキ,マンシュウボダイジュ,キハダ,イヌエンジュ,ハリギリなど,いずれも北海道の落葉広葉樹林と共通種かごく近縁種である.

北海道低地に分布する落葉広葉樹林であるミズナラ-エゾイタヤ-シナノキ林の樹種構成は,このモンゴリナラ-ヤエガワカンバ林のものと極めて近い.しかし,北海道の落葉広葉樹林にはヤエガワカンバが事実上ほとんど分布しない.このことから,北海道の落葉広葉樹林は,大陸型落葉広葉樹林であるモンゴリナラ-ヤエガワカンバ林からヤエガワカンバが欠落したものとみることができる.

日本ではモンゴリナラ-ヤエガワカンバ林はあまり認識されていない.それは,モンゴリナラは,

**図1.28** 沿海地方アルム川とボリシャヤ-ウスルカ川の合流点付近に分布するチョウセンゴヨウ-落葉広葉樹混交林（後方の斜面）

深緑にみえるのがチョウセンゴヨウ（樹高30 m，胸高直径60 cmに達する），落葉広葉樹は紅葉している.

**表1.4** ロシア沿海地方ウスリー保護区におけるチョウセンゴヨウ-落葉広葉樹混交林の主要樹種構成（石川，1996より作成）

| 調査区 | 1 | 2 | 3 | 4 |
|---|---|---|---|---|
| 最大胸高直径 (cm) | 57 | 72 | 64 | 104 |
| 最大樹高 (m) | 25 | 28 | 25 | 33 |
| 樹種 | | | | |
| チョウセンゴヨウ | 46.4 | 46.6 | 38.0 | 59.8 |
| アムールシナノキ | 24.4 | 5.4 | 9.3 | 20.4 |
| チョウセンモミ | 12.7 | 23.4 | 15.0 | 1.3 |
| エゾイタヤ | 1.2 | 2.2 | 11.1 | 8.6 |
| モンゴリナラ | 4.0 | 3.6 | 21.9 | — |
| トウハウチワカエデ | 2.6 | 1.3 | 0.2 | — |
| サワシバ | 0.4 | 1.7 | — | 0.1 |
| チョウセンアサノハカエデ | 0.2 | 0.3 | — | 0.3 |
| チョウセンミネバリ | 4.0 | 2.8 | — | — |
| アズキナシ | 0.1 | 0.1 | — | — |
| マンシュウシラカンバ | 3.4 | — | 4.4 | — |
| オオツノハシバミ | 0.1 | — | 0.2 | — |
| チョウセントネリコ | — | 4.5 | — | 3.0 |
| マンシュウカエデ | — | 0.4 | — | 2.8 |
| ドロヤナギ | — | 5.6 | — | — |
| チョウセンヤマナラシ | — | 2.1 | — | — |
| ハルニレ | — | — | — | 3.0 |
| オヒョウ | — | — | — | 0.1 |

数字は胸高断面積合計に基づく相対優占度（%）.

仮に大陸と同じものが分布しているとしても，ミズナラと比べてごく少なく，また，ヤエガワカンバは分布量が極めてわずかな上に本州中部と北海道十勝地方に隔離していて，落葉広葉樹林の主要な構成要素とはみなされていないためである．しかし，この林は，ミズナラ林，コナラ林やアカシデ林，さらにはコナラ-イヌシデ2次林をも含めた日本の大陸型落葉広葉樹林の成立過程を明らかにする重要な存在である (沖津, 2006).

### 2）チョウセンゴヨウ-落葉広葉樹混交林

この林は常緑針葉樹のチョウセンゴヨウが優占し，落葉広葉樹が混生する，針広混交林である（図1.28）．極東ロシア沿岸域の沿海地方，ハバロフスク地方の低地から山岳中・下部にかけて分布する（図1.26）．中国東北地方でもごく一般的なものである (沖津, 1993). 主要構成樹種は，針葉樹としてチョウセンゴヨウ，エゾマツ，トウシラベ，落葉広葉樹としてモンゴリナラ，アムールシナノキ，チョウセンミネバリなどがある．

表1.4に，チョウセンゴヨウ-落葉広葉樹混交林の樹木組成の一例を示す．これはこの林の分布域中でも南部に位置する例で，針葉樹としてチョウセンモミを多く含むことが特徴である．チョウセンゴヨウが優占し，落葉広葉樹としてはアムールシナノキ，エゾイタヤ，モンゴリナラ，トウハウチワカエデ，サワシバ，チョウセンアサノハカエデなどの出現頻度が高い．落葉広葉樹の構成は北海道の落葉広葉樹林（ミズナラ-エゾイタヤ-シナノキ林）のものとよく類似する．

北海道にも相観的に類似した針交混交林が分布する (Tatewaki, 1958). 北海道と極東ロシアの針広混交林の樹種構成を比較すると，針葉樹は共通種としてはエゾマツ，トドマツ（近縁種としてトウシラベ）があるが，極東ロシアでの優占種であるチョウセンゴヨウは北海道には分布しない．

極東ロシアでは，エゾマツやトウシラベがモンゴリナラ（ミズナラの近縁種）と優勢に混交して針広混交林を形成することはほとんどない．このことから，大陸型のチョウセンゴヨウ-落葉広葉樹混交林は1つの独立した森林帯を構成していると理解できる (沖津, 1993). 一方，北海道の針広混交林は，沿岸域において，落葉広葉樹林（ミズナラ-エゾイタヤ-シナノキ林）と常緑帯針葉樹林(エゾマツ-トドマツ林）との間に現れた，移行帯的性格が強い森林とみなせる (沖津, 1993).

表1.5 サハリン南部のエゾマツ-トドマツ林の主要樹種構成（沖津, 2002）

| 場所 | ネベリスク | アインスコエ湖 | ポロナイスク |
|---|---|---|---|
| 北緯 | 47度05分 | 48度50分 | 49度30分 |
| 標高 (m) | 388 | 15 | 36 |
| 最大樹高 (m) | 27.5 | 18.5 | 18.5 |
| 最大胸高直径 (cm) | 62.5 | 35.2 | 52.1 |
| 樹種 | | | |
| トドマツ | 67.2 | 58.2 | 28.1 |
| エゾマツ | 28.5 | 36.2 | 54.5 |
| グイマツ | — | 5.6 | 17.4 |
| ナナカマド | 0.4 | 0.1 | — |
| ダケカンバ | 3.9 | — | — |
| オガラバナ | 0.1 | — | — |

数字は胸高断面積合計に基づく相対優占度（%）.

### 3) エゾマツ-トウシラベ/トドマツ林

エゾマツとトウシラベ/トドマツ（南千島, サハリン）が優占する常緑針葉樹林である. 極東ロシアでの分布をみると, おおむね北緯35〜58度, 東経128度以東の範囲にあり, チョウセンゴヨウ-落葉広葉樹混交林分布域の北側, 山岳斜面ではその上部に現れる（図1.26）. 全体としては小さなまとまりに分断してシホテアリニ山脈などの山岳中腹斜面に点在しており, 低地で比較的まとまって分布するのはサハリン南部とシャンタル諸島だけである. ヨーロッパや北米大陸の亜寒帯（boreal zone）ではトウヒ属（エゾマツが属する）主体の常緑針葉樹林が広く分布し, 北方針葉樹林の代表となっている. 一方, 極東ロシア沿岸域では, これと異なり, 分布域が狭い. これは, 沿岸域では山岳地形が卓越するためである.

この林の樹種構成は比較的単純で, 上記2種以外にはダケカンバ, ナナカマド, オガラバナなどが主なものである. こうした樹木組成の代表例として, 表1.5にサハリン南部のエゾマツ-トドマツ林（図1.29）の主要樹種構成を示す. エゾマツ-トドマツ林の場合, 分布域の南部ではトドマツが量的に多く, 北上するにつれてエゾマツの分布量が増加する. グイマツ-ハイマツ林分布域に近い中部のポロナイスクではグイマツの混生量が多くなっている. ただし, 大陸部に分布するエゾマツ-トウシラベ林の場合, 分布域全域でエゾマツが優占し, トウシラベの分布量は南北を問わず少ない（沖津, 2002）.

図1.29 サハリン南部のエゾマツ-トドマツ林（口絵2）
エゾマツの樹高は25 m, 胸高直径は60 cm以上に達する. 所々ダケカンバが混生する. 北海道のエゾマツ-トドマツ林とほとんど同じ林相である.

エゾマツ-トドマツ林は, 針広混交林とは異なり, 樹種構成は極東ロシアと北海道とで大きな違いはない（沖津, 2002）. 北海道とサハリンに分布するトドマツが, 沿海地方などの大陸部ではごく近縁種のトウシラベに置き換わるほかは, 林床植物も含めて構成植物は極めて類似する. このことから, 北海道のエゾマツ-トドマツ林は, 極東ロシアの常緑針葉樹林が南に張りだした, 最南端の一群を形成しているとみなせる.

### b. 海洋域の植生
### 1) ダケカンバ林

ダケカンバが純林状に優占し, 極相林となっているものである. 極東ロシアでは, 海洋域のカムチャツカ半島（小島, 1994）から南千島（Okitsu, 2003）にかけて現れる. ダケカンバ以外の高木性樹種はほとんど出現しない. 主な草本植物としてイワノガリヤス, ヤマブキショウマ, チシマフウロなどがある. ダケカンバは陽樹なので, 通常はこの林は遷移途中の2次林と考えられているが, カムチャツカ半島（沖津, 2002）や大雪山（沖津, 1987a）での調査結果から, 森林の量的構成や構造からみて, ダケカンバが連続して更新する, 安定林であることが明らかになっている（図1.30）.

北海道ではダケカンバ林は日高山脈や大雪山上

**図1.30** カムチャツカ半島に分布するダケカンバ極相林内部
林内は比較的明るい．左の太い樹木で胸高直径60 cm程度．さまざまなサイズの個体がみられ，ダケカンバは継続的に更新していることがうかがえる．

**図1.31** 北千島パラムシル島エベコ山中部（標高400 m付近）に拡がる低木性ヒース群落

部を代表として，エゾマツ-トドマツ林の上方に顕著に現れる．この林はカムチャツカ半島と北海道とで種類組成の共通性が高い．カムチャツカ半島中部ダリナヤ-プロスカヤ山の森林限界付近のダケカンバ林構成種34種では28種，82％が北日本との共通種であった（沖津，2002）．大雪山のダケカンバ林とカムチャツカ半島のダケカンバ林は極めて近縁で，植生地理学的には互いに相同の関係にあるといえる．

#### c. 超海洋域の植生
##### 1) 低木性ヒース群落

ガンコウラン，コメバツガザクラ，ミネズオウ，イワヒゲなどの矮性低木が優占する群落である．極東ロシアでは超海洋域の北千島に分布する（図1.31）．ただし，広がりが狭いため，植生図（図1.26）には示されていない．この群落は，樹木を欠くという点では後述の亜寒帯・高山ツンドラと類似している．しかし，ここで優占する矮性低木はツンドラ植生では主要な構成要素ではないので (Okitsu, 2002)，この群落は亜寒帯・高山ツンドラに相当するとみなすことはできない（沖津，2002; Okitsu, 2002）．むしろ，この群落は，亜寒帯の超海洋域に特有に発達する群落ととらえた方がより適切である．事実，こうした低木性ヒース群落は中・北千島やアリューシャン列島など，ユーラシア大陸北部でも極めて高い海洋性気候下に発達する（沖津，2002）．

北海道では，この低木性ヒース群落に該当するものとして，大雪山上部などに現れる風衝矮性低木群落があげられる．大雪山の風衝矮性低木群落で出現頻度の高い種は北千島の低木性ヒース群落でも出現頻度が高い．両者は，矮性低木主体という相観のみならず，構成する植物の組成そのものについても共通性が高い（沖津，2002）．

#### d. 大陸域の植生
##### 1) グイマツ-ハイマツ林

グイマツ疎林の林床にハイマツ低木林が拡がる森林である．極東ロシアではマガダンから東シベリアにかけて，エゾマツ-トドマツ林分布域の北側や内陸側に広く分布する．極東ロシアでは最も大陸度の高い生物気候帯に位置する．極東ロシアでは，ハイマツ分布域はグイマツ分布域とほぼ一致する．

このことから，ハイマツは本質的にはグイマツ疎林の林床要素といえる．マガダンでは，グイマツ疎林の林床にハイマツを伴うタイプ以外に，亜寒帯ツンドラ要素の地衣類（図1.32）あるいはヒメカンバを伴うタイプも分布する．この3タイプの斜面方位分布をみると（沖津，2002），ハイマツタイプは南斜面でより多く出現し，逆に，地衣類タイプとヒメカンバタイプは北斜面により多く出現する．こうした斜面分布から，地衣類タイプおよびヒメカンバタイプは北方の亜寒帯ツンドラ帯への移行的性格強いの植生，ハイマツタイプは南方

**図 1.32** マガダン州に分布するグイマツ-地衣類林（口絵 3）
グイマツの樹高は 10 m, 胸高直径は 30 cm 程度. 林冠は完全には閉鎖しないので, 林床の地衣類が白くみえる. 斜面上部には樹木限界がある.

**図 1.33** カムチャツカ半島中部ダリナヤ-プロスカヤ山（遠景の雪を覆っている山. 標高 4500 m）中腹（標高 1000 m 付近）の森林限界以上に拡がる高山ツンドラ

につながる亜寒帯的性格の強い植生とみなすことができる. したがって, ハイマツ自身も亜寒帯要素と考えてよい.

北海道ではハイマツ低木林が山岳最上部, 森林限界の上方に拡がり, ハイマツ帯を形成している. ハイマツ帯の温度条件は森林成立可能な範囲にあり, 無樹木の亜寒帯ツンドラ帯には相当しない(沖津, 1987b). このことと極東ロシアでのハイマツ分布を合わせると, 北海道のハイマツ低木林は, 極東ロシア大陸域に分布するグイマツ-ハイマツ林からグイマツが欠落して生じた植生と理解できる(沖津, 2008).

### e. 亜寒帯ツンドラ域の植生
#### 1) 亜寒帯・高山ツンドラ

以上に概観してきた冷温帯, 亜寒帯植生分布域の北側樹木限界以北に, 極東ロシアでは, 無樹木で特徴づけられる亜寒帯・高山ツンドラが分布する（図 1.26）. 生物気候帯では亜寒帯ツンドラ帯にあたる(Okitsu, 2002). この領域は夏の気温が低いため樹木植生が成立できない(沖津, 2002). 亜寒帯・高山ツンドラの特徴は寒帯・高山帯要素（arctic, alpine elements）であるナナカンバ, ヒメカンバ, ポロナイカンバ, プルフラヤナギ, クロマメノキ, チョウノスケソウなどが優占することである (Aleksandrova, 1980).

この代表例としてカムチャツカ半島中部ダリナヤ-プロスカヤ山に分布している高山ツンドラをみてみよう (図 1.33 (沖津, 2002)). この群落高はせいぜい 50 cm である. 平均植被率ではヒメカンバやクロマメノキなどの矮性低木が優占する. 草本植物としてはカラフトゲンゲ, エレクタオヤマノエンドウ, アルタイウシノケグサなどが量的に多い. これらの植物は低木性ヒース群落では出現しないか優占しない. したがって, 分布域のみならず, 植物組成の面からも, 亜寒帯・高山ツンドラは超海洋域に分布する低木性ヒース群落とは別の, 亜寒帯ツンドラ帯の植生と位置づけられる.

北海道では, 亜寒帯・高山ツンドラと類似のものは大雪山小泉岳周辺などにわずかに断片的に分布するのみで, 事実上は欠けている(Okitsu, 2002). このため, 北海道には（日本列島全体としても）真の亜寒帯・高山ツンドラは分布しない.

## 1.3.3 主要優占種の交代要因

極東ロシアの植生における主要優占種の交代要因を理解するために, それぞれの生物気候帯の環境とそれに対応する優占種の生態的性質を検討してみよう. 気温の年格差が大きい方から小さい方へ, 大陸域から沿岸域, 海洋域, 超海洋域へと順に概観してゆく（表 1.6）.

大陸度が強い大陸域は冬の寒さが厳しく（表 1.2）, 同時に夏の乾燥も著しい(沖津, 2002). しかし,

表1.6 優占種の交代要因 (Okitsu, 1995)

| 優占種交代パターン | 生物気候帯の交代 | 耐陰性の交代 | 葉の性質の交代 | 主要地域 | 交代要因 |
|---|---|---|---|---|---|
| ①モンゴリナラ-チョウセンゴヨウ | 沿岸域-沿岸域 | 陰樹-陽樹 | 落葉広葉-常緑針葉 | 沿海地方南部 | 夏期の気温低下による耐陰性の高い落葉広葉樹の衰退 |
| ②チョウセンゴヨウ-エゾマツ | 沿岸域-沿岸域 | 陽樹-陰樹 | 常緑針葉-常緑針葉 | 沿海地方中部 | 常緑針葉樹間での陽樹から陰樹への交代 |
| ③エゾマツ-グイマツ | 沿岸域-大陸域 | 陰樹-陽樹 | 常緑針葉-落葉針葉 | アムール盆地北部 | 永久凍土による春先の乾燥での常緑針葉樹の破綻 |
| ④エゾマツ-ダケカンバ | 沿岸域-海洋域 | 陰樹-陽樹 | 常緑針葉-落葉広葉 | サハリン/カムチャツカ | 常緑針葉樹にとって光合成限界閾値以下の夏期の気温 |
| ⑤ダケカンバ-矮性低木（ガンコウランなど） | 海洋域-超海洋域 | — | — | カムチャツカ/北千島 | 日照不足による高木性の破綻 |

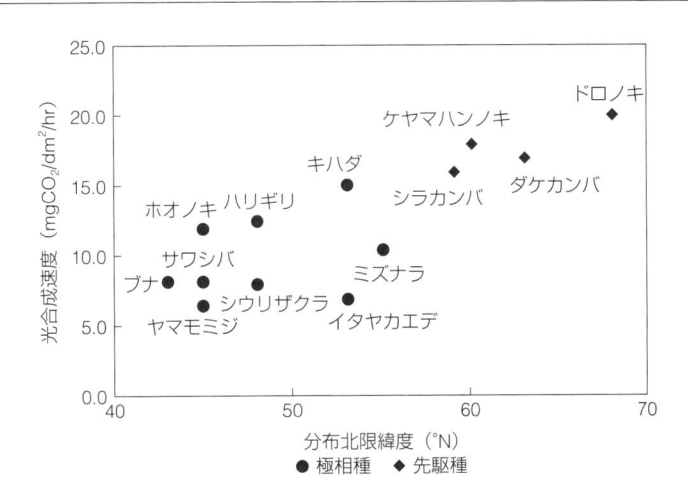

図1.34 落葉広葉樹の光合成速度と分布北限緯度との関係
光合成速度は小池（1988）による．分布北限は各種資料から決定．

夏の気温は十分高く，暖かさの指数も大きいので（表1.2），高木林の分布が可能な範囲にある．ここでは，冬の厳しい寒さを反映して永久凍土の発達が著しい(木下, 1984)．このため，常緑樹の場合は，永久凍土地表の活動層がいまだに凍結している春先に，長い日長と強い日射のために葉から水分が蒸発し，しかも根系からの水の供給は凍結のため不可能なので，枝の乾燥が激しくなり(Berg and Chapin, 1994)，樹木は枯死に至る．したがって，ここでは針葉樹，広葉樹を問わず常緑性は維持できず，活動層が融解してから葉を展開する落葉樹のみが分布可能である．同時に，夏の激しい乾燥のために，ダケカンバなどの広葉樹は，葉の単位面積あたりの気孔数が針葉樹よりもはるかに多いので，夏には葉から水分が大量に蒸発してしまい，乾燥・枯死の危険にさらされる．したがって，大陸域では，高木性樹木がとりうる生態的性質は春先および夏の乾燥に強い落葉針葉樹（グイマツ）しかありえない（優占種交代パターン③エゾマツ-グイマツ）．

針葉樹で落葉性を採択すると，ひと夏で葉のコストを上回る生産を上げる必要から，最大光合成速度を針葉樹としては限界近くまで高くしなければならない．そうすると，耐陰性は完全に犠牲になる．それでもグイマツが優占種となるのは，エゾマツやダケカンバなどの競合種がほとんど分布

できないためである．森林内でもある程度の更新が可能なように，マガダンのグイマツ林は，一般に，林床に光が十分に届く疎林状である．極東ロシアではグイマツが広範囲に分布するが，それは，大陸度の高い地域の広がりが大きく，それに呼応して永久凍土の分布が広範囲に及ぶためである．

沿岸域になると永久凍土の分布はとぎれ (木下, 1984)，夏の乾燥，冬の寒さともに大陸域と比べると和らぐ．そうした環境下では，樹木は落葉広葉，常緑針葉いずれも選択可能である (沖津, 2002)．その場合，最大光合成速度を低くしても耐陰性を高めた方が，結局は森林で優占する．耐陰性の高い落葉広葉樹と常緑針葉樹とが共存可能な場合，通常は生長がより早い落葉広葉樹が優占する (Okitsu, 1995)．したがって，両者の分布境界は，耐陰性の高い落葉広葉樹が十分な生産をあげられなくなる夏の低温によって決まる (Okitsu, 1995)．

極東ロシアの最南部では，夏が比較的高温なため（表 1.2），モンゴリナラ-ヤエガワカンバの落葉広葉樹林となる．沿岸域をやや北上すると，夏の気温の低下を反映して（表 1.2），落葉広葉樹の分布量は減少する．しかし，常緑針葉樹のチョウセンゴヨウは陽樹で針葉樹としては最大光合成速度がある程度高いため（表 1.6），いまだ分布可能である．そのため，耐陰性の高い落葉広葉樹にかわって優占する（優占種交代パターン① モンゴリナラ-チョウセンゴヨウ (Okitsu, 1995)）．

沿岸域をさらに北上して夏の気温がより低下すると（表 1.2），耐陰性が高い落葉広葉樹は最大光合成速度が低いためにプラスの生産を確保できず，ほとんど分布しなくなる（図 1.34）．

落葉広葉樹がさらに北上するためには，最大光合成速度を高める代わりに，耐陰性を犠牲にして先駆種となるしか方法がない（図 1.34）．その場合，森林の主要構成種にはなりえない．沿岸域北部でもチョウセンゴヨウは分布可能である．しかし，耐陰性のより高いエゾマツの方がチョウセンゴヨウを凌駕して優占する（優占種交代パターン② チョウセンゴヨウ-エゾマツ）．以上のように，沿岸域では優占種の交代は夏の気温および暖かさの指数の変化とよく対応する（表 1.2）．

海洋域は，沿岸域に比べて，夏がさらに冷涼になる（表 1.2）．そのような気温環境下では，耐陰性を犠牲にしてでも光合成速度を極度に高めないとプラスの生産を確保できない．しかも，常緑針葉樹のエゾマツにとって夏の気温が光合成可能温度の閾値前後，あるいは下回っているため（表 1.2），ここではエゾマツが安定して分布を維持することは困難である．カムチャツカ半島では，エゾマツは夏の気温が高い半島中央部に限られる．そうした場合，とりうる高木性樹種の性質として，落葉広葉樹の中でも最大光合成速度が高い，陽樹しかないであろう．これに該当するのはダケカンバである（優占種交代パターン④ エゾマツ-ダケカンバ）．なお，グイマツは，仮に温度環境的には分布できても，ダケカンバと競合した場合には生長がより早いダケカンバが優占する可能性が高いので，海洋域では優占林を形成できない．

さらに海洋性が強くなり，超海洋域になると，夏の気温や暖かさの指数自体は高木分布可能範囲にあるものの（表 1.2），夏の日照時間が極端に不足し，ダケカンバすら分布を維持できず，低木性ヒース群落やハイマツ，ミヤマハンノキの低木林が卓越する（優占種交代パターン⑤ ダケカンバ-矮性低木）．

以上をまとめると，極東ロシアの複雑な植生分布は，多様な自然環境――大陸性-海洋性の極めて大きな気候傾度，永久凍土の存在，沿岸域，海洋域での山岳地形の卓越など――が複合して作用した結果もたらされたものである．そのために，平坦地形で構成されるヨーロッパや北米大陸東部の冷温帯，亜寒帯で普遍的な落葉広葉樹林-常緑針葉樹林という交代が現れる領域はごく限られる．

〔沖津 進〕

▶ 文献

石川幸男 (1996)：ロシア共和国沿海州南部の森林における主要樹種の分布と生長特性．専修大学北海道短期大学紀要，**29**，15-73．

沖津 進 (1987a)：ダケカンバ帯．伊藤浩司編：北海道の植生，北海道大学図書刊行会，pp.168-199．

沖津 進 (1987b)：ハイマツ帯．伊藤浩司編：北海道の植生，北海道大学図書刊行会，pp.129-167．

沖津 進 (1993)：シホテ・アリニ山脈に分布するチョウ

### 表1.7　和名-学名対応表

| 和　名 | 学　名 |
|---|---|
| アオダモ | *Fraxinus lanuginosa* Koidzumi form. *pseudoborealis* Ko. Ito |
| アカシデ | *Carpinus laxiflora*（Siebold et Zuccarini）Blume |
| アズキナシ | *Sorbus alnifolia*（Siebold et Zuccarini）K. Koch, ap. Miquel |
| アムールシナノキ | *Tilia amurensis* Ruprecht |
| アルタイウシノケグサ | *Festuca altaica* Trinius |
| イヌエンジュ | *Maackia amurensis* Ruprecht et Maximowicz subsp. *buergeri*（Maximowicz）Kitamura |
| イヌシデ | *Carpinus tschonoskii* Maximowicz |
| イワヒゲ | *Cassiope lycopodioides*（Pallas）D. Don |
| イワノガリヤス | *Calamagrostis canadebsis*（Michaux）Nuttall var. *langsdorffii*（Link）Inman |
| エゾイタヤ | *Acer mono* Maximowicz subsp. *mono* |
| エゾマツ | *Picea jezoensis*（Siebold et Zuccarini）Carriere |
| エレクタオヤマノエンドウ | *Oxytropis erecta* Komarov |
| オオツノハシバミ | *Corylus mandshurica* Maximowicz |
| オガラバナ | *Acer ukurunduense* Trautvetter et Meyer, ap. Middendorf |
| オヒョウ | *Ulmus laciniata*（Trautvetter）Mayr |
| カラフトゲンゲ | *Hedysarum hedysaroides*（Linnaeus）Schinz et Thellung |
| ガンコウラン | *Empetrum nigrum* Linnaeus var. *japonicum* K. Koch |
| キハダ | *Phellodendron amurense* Ruprecht |
| グイマツ | *Larix gmelinii*（Ruprecht）Ruprecht |
| クロマメノキ | *Vaccinium uliginosum* Linnaeus |
| ケヤマハンノキ | *Alnus hirsuta* Turczaninow ex Ruprecht |
| コナラ | *Quercus serrata* Thunberg ex Murray |
| コメバツガザクラ | *Arcterica nana*（Maximowicz）Masters |
| サワシバ | *Carpinus cordata* Blume |
| シナノキ | *Tilia japonica*（Miquel）Simonkai |
| シラカンバ | *Betula platyphylla* Sukatschev var. *japonica*（Miquel）Hara |
| ダケカンバ | *Betula ermanii* Chamisso |
| チシマフウロ | *Geranium erianthum* De Candolle |
| チョウセンアサノハカエデ | *Acer barbinerve* Maximowicz |
| チョウセンゴヨウ | *Pinus koraiensis* Siebold et Zuccarini |
| チョウセントネリコ | *Fraxinus rhynchophylla* Hance |
| チョウセンミネバリ | *Betula costata* Trautvetter |
| チョウセンモミ | *Abies holophylla* Maximowicz |
| チョウセンヤマナラシ | *Populus tremula* Linnaeus var. *davidiana*（Dode）Schneider form. *tomentell* Schneider |
| チョウノスケソウ | *Dryas octopetala* Linnaeus var. *asiatica*（Nakai）Nakai |
| トウシラベ | *Abies nephrolepis*（Trautvetter）Maximowicz |
| トウハウチワカエデ | *Acer pseudosieboldianum*（Pax）Komarov |
| トドマツ | *Abies sachalinensis*（Fr. Schmidt）Masters |
| ドロヤナギ | *Populus maximowiczii* Henry |
| ナナカマド | *Sorbus americana* Marshall ex Willdenow subsp. *japonica*（Maximowicz）Kitamura |
| ナナカンバ | *Betula nana* Linnaeus |
| ハイマツ | *Pinus pumila*（Pallas）Regel |
| ハリギリ | *Kalopanax pictus*（Thunberg）Nakai |
| ハルニレ | *Ulmus davidiana* Planchon var. *japonica*（Rehder）Nakai |
| ヒメカンバ | *Betula exilis* Sukaczev |
| プルフラヤナギ | *Salix pulchra* Blume |
| ポロナイカンバ | *Betula middendorffii* Trautvetter et Meyer |
| マンシュウカエデ | *Acer mandshuricum* Maximowicz |
| マンシュウシラカンバ | *Betula mandshurica*（Regel）Nakai |
| マンシュウボダイジュ | *Tilia mandshurica* Ruprecht |
| ミズナラ | *Quercus mongolica* Fisher et Ledebour var. *grosseserrata*（Blume）Rehder et Wilson, ap. Sargent |
| ミネズオウ | *Loiseleuria procumbencs*（Linnaeus）Desvaux |
| ミヤマハンノキ | *Alnus crispa*（Aiton）Pursh subsp. *maximowiczii*（Callier）Hulten ex Hara |
| モンゴリナラ | *Quercus mongolica* Fisher et Ledebour var. *mongolica* |
| ヤエガワカンバ | *Betula davurica* Pallas |
| ヤチダモ | *Fraxinus mandshurica* Ruprecht var. *japonica* Maximowicz |
| ヤマブキショウマ | *Aruncus dioicus*（Walter）Fernand var. *tenuifolius*（Nakai ex Hara）Hara |

センゴヨウ-落葉広葉樹混交林からみた北海道の針広混交林の成立と位置づけ．地理学評論，**66A**，555-573．

沖津　進（2002）：北方植生の生態学．古今書院，212pp．

沖津　進（2005）：北海道の植生垂直分布と極東ロシアの対応植生．植物地理・分類研究，**53**，121-129．

沖津　進（2006）：ロシア極東沿海地方南部に分布するモンゴリナラ-ヤエガワカンバ林の構造，更新とヤエガワカンバの植生地理学的意義．植物地理・分類研究，**54**，135-141．

沖津　進（2008）：北東アジアの北方植生としてのハイマツ群落の生態地理．植生情報，**12**，22-33．

木下誠一（1984）：永久凍土の分布と特徴．福田正巳・小疇　尚・野上道男編：寒冷地域の自然環境．北海道大学図書刊行会，pp.99-121．

小池孝良（1988）：落葉広葉樹の生存に必要な明るさとその生長に伴う変化．林木の育種，**148**，19-23．

小島　覚（1994）：カムチャッカ半島のダケカンバ林の植生と環境．日本生態学会誌，**44**，49-59．

Aleksandrova, V.D. (1980): *The Arctic and Antarctic: Their Division into Geobotanical Areas* (English translation by Loeve, D.), Cambridge University Press, Cambridge, 247pp.

Berg, E.E. and Chapin, F.S. III. (1994): Needle loss as a mechanism of winter drought avoidance in boreal conifers. *Canadian Journal of Forest Research*, **24**, 1144-1148.

Conrad, V. (1946): Useful formulas of continentality and their limits of validity. *Transactions of American Geophysics Union*, **27**, 663-664.

Krestov, P. (2003): Forest vegetation of easternmost Russia (Russian Far East). In Kolbek, J., Srutek, M. and Box, E.O. eds.: *Forest Vegetation of Northeast Asia*, Kluwer Academic Publishers, Dordrecht, pp.93-180.

Okitsu, S. (1995): Regeneration dynamics of the Abies sachalinensis-deciduous broadleaved mixed forest of Hokkaido, northern Japan with reference to its phytogeographical perspective. *Geographical Reports of Tokyo Metropolitan University*, **30**, 33-44.

Okitsu, S. (2002): Phytogeographical relationships of plant communities of the upper part of the Taisetsu mountain range, central Hokkaido, northern Japan, to those of Far Eastern Russia. *Natural Environmental Science Research*, **15**, 25-35.

Okitsu, S. (2003): Forest vegetation of northern Japan and the southern Kurils. In Kolbek, J., Srutek, M. and Box, E.O. eds.: *Forest Vegetation of Northeast Asia*, Kluwer Academic Publishers, Dordrecht, pp.231-261.

Tuhkanen, S. (1984): A circumboreal system of climatic-phytogeographical regions. *Acta Botanica Fennica*, **127**, 1-50.

Tatewaki, M. (1958): Forest ecology of the islands of the north Pacific Ocean. *Journal of the Faculty of Agriculture*, Hokkaido University, **50**, 371-486 + 50 plates.

# I 自然環境

# 第2章

# 自然環境変動

## 2.1 花粉分析からみた環境変遷

　世界地図で日本列島から北を眺めると，はるか北極海に至る膨大なロシアの大地が拡がっている．レナ川から東，ベーリング海までの東北アジアの北部地域を北東シベリアと呼び，オホーツク海を挟んでサハリン，カムチャツカ，千島列島および日本海北部に面する沿海州を含めた地域を極東ロシアと呼ぶ（図2.1）．これらの地域は，地図上では日本列島のすぐ北に位置していて近いようでありながら，しかしなかなか近づきがたい地域なのである．

　北極圏は厳しい寒さや強風，長く続く暗い冬など，苛酷な気象条件に支配される地域である．高木はまったくみられず，丈の低い植物が地面にへばりつくように生えている．南に向かうと，夏の気温が少し上がって，高木が生育できる条件が整い，やがて森林が発達する．森林帯の夏は，気温が高い．しかし，冬は非常に厳しく，北東シベリアの内陸には地球の寒極と呼ばれる低温の地域がある．さらに，この地域は永久凍土地帯でもある．

　地球は誕生以来，惑星としての運命によって，気候変動の大きな波に繰り返し見舞われてきた．地球の歴史の中で，最も新しい時代の第四紀についてみると，現在に比べてはるかに氷河が発達した寒冷な時代と，現在くらい，またはもっと暖かった時代が繰り返し訪れた．植物の世界も激しい気候変動に伴って変遷を繰り返したに違いない．

　地質時代の植物を研究する方法の1つに花粉分析という研究分野がある．花粉はそれぞれの母植物固有の形と大きさをもった1つの細胞である．花粉の膜は非常に強く，泥炭や湖底の泥などに半永久的に保存される．化石花粉を堆積物から抽出して，母植物を同定してその組成から過去の植生を復元するのである．次に，北東シベリアと極東ロシアにおける最終氷期亜間氷期以降の6万年間にわたる植生変遷史を花粉分析から復元してみよう．

### 2.1.1 植　生　帯

　本地域には，北から南へツンドラ帯，森林ツンドラ帯，タイガ帯，針広混交林帯が発達している（図2.2）．ツンドラは東シベリア海に浮かぶ島々とその沿岸に沿って分布している．北緯70度から北では，7月でも平均気温が5～10℃と低いため，高木は生育できないのだ．さらに，年間の降水量は250 mm以下で，しかも水分の大部分は降雪でもたらされるため，夏は極めて乾燥し，草本類，地衣類と灌木だけの世界なのである．ツンドラは気候条件の違いによってイネ科，カヤツリグサ科，ヨモギ属などの草本類を主とする極地ツンドラ（図2.3）と，カバノキ属，ハンノキ属，ヤナギ属，ツツジ目などの低い灌木と草本類からな

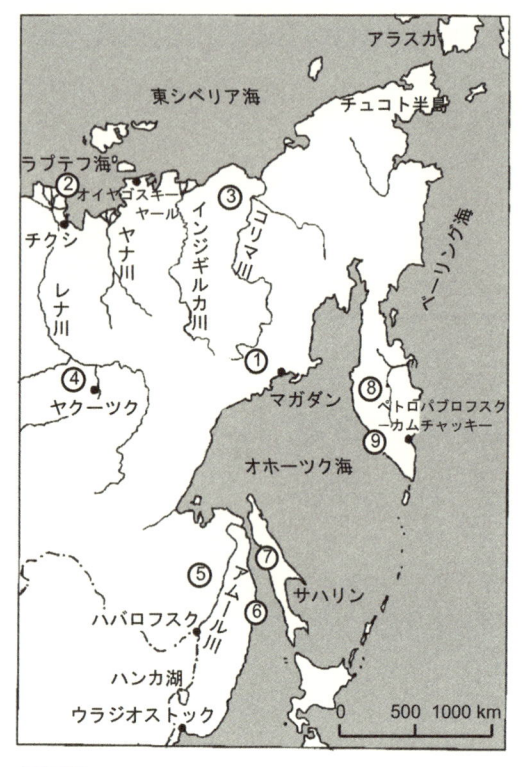

**図2.1** 北東シベリアおよび極東ロシアにおける試料採取地点の位置図
①アルート湖，②マモントフ・カヤタ，③プラヒンヤール，④コムスターク，⑤グルスキー，⑥アクリニン，⑦コエ，⑧キルガニック，⑨ウスチ-ボルシェレスク

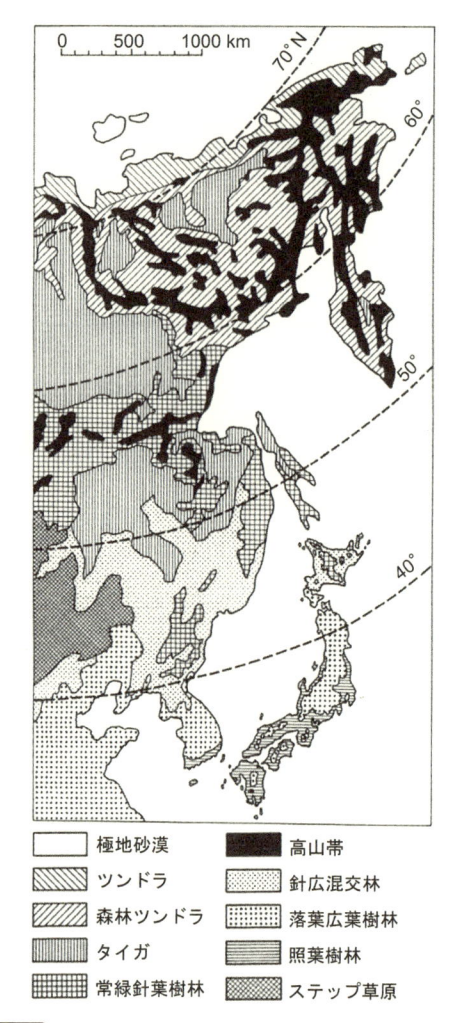

**図2.2** 東・北アジアの植生図 (小野・五十嵐，1991)

凡例：極地砂漠，ツンドラ，森林ツンドラ，タイガ，常緑針葉樹林，高山帯，針広混交林，落葉広葉樹林，照葉樹林，ステップ草原

る典型的なツンドラと，ハンノキ属，ハイマツなど比較的丈の高い灌木からなる高灌木ツンドラに分けられる (Chernov, 1985)．極地ツンドラの北には植物の生えない極地砂漠が存在する．

ツンドラに接して，高木が単木や疎林で混じる森林ツンドラ帯が発達する．森林ツンドラ帯では冬の気温は低く，年間降水量もツンドラ帯とあまり変わらないが，夏の気温がやや上昇して高木が生育できる環境ができはじめている．グイマツやカバノキ属からなる疎林とハイマツやハンノキ属からなる灌木ツンドラがモザイク状に混じった植生である．谷沿いにはケショウヤナギやハコヤナギが疎林をつくる（図2.4）．

森林ツンドラの南からオホーツク海沿岸までの広大な地域には，世界最大の規模を誇る亜寒帯針葉樹林（タイガ）帯が発達する．タイガ帯の気温と降水量は地域によって変化に富むため，タイガの構成種は北から南へ変化する．最も北に分布するタイガはグイマツを主とし，ハイマツ，ヨーロッパアカマツ，シベリアトウヒ，カバノキ属やハンノキ属などを伴う（図2.5）．その南には，上記の樹種のほかにモミ属が加わる．さらに南では，トウヒ属とモミ属に冷温帯広葉樹のシナノキ属やニレ属などが混じる．沿海州とサハリン南部には，タイガの南にチョウセンゴヨウ，トウヒ属，コナラ属，ニレ属，クルミ属などからなる針広混交林が発達する．

北東シベリアのグイマツを主とするタイガは明るいタイガと呼ばれる．グイマツは日本のカラマツの仲間で落葉針葉樹である．実際にタイガの中

図2.3 ラプテフ海沿岸・チクシ（図2.1）極地のツンドラ（露崎史朗撮影）

図2.4 コリマ川下流・森林ツンドラ帯のグイマツ疎林（筆者撮影）

図2.5 レナ川の支流・アルダン川の永久凍土上に成立する明るいタイガ（筆者撮影：タイガの下に光ってみえるのは氷塊．口絵5）

図2.6 ヤクーツ地方の明るいタイガを歩く（筆者撮影）

を歩いてみると，グイマツの葉量が少ないせいか林内は明るく，下草は大雪山の高山植物によく似た草本類や地衣類であるため，大変歩きやすい森である（図2.6）．他方，西シベリアから北アメリカ大陸にみられる常緑針葉樹の森は暗いタイガと呼ばれ，林内は鬱蒼としていて暗い．明るいタイガは主にエニセイ川から東に分布している．

## 2.1.2 永久凍土の分布

明るいタイガがユーラシア大陸の東に多いわけは，永久凍土の発達の違いにある．北半球の北極圏には，大地が凍ったままの状態の「永久凍土」が発達している．東シベリアには，世界の永久凍土の半分が集中しており，しかもその厚さは300 mを超すのである．このように東シベリアに永久凍土が広く，厚く発達しているわけは，氷期に氷床が発達しなかったためといわれる．

最終氷期には，北半球に2つの巨大な氷床が発達した．1つは，北アメリカ大陸を覆ったローレンタイド氷床であり，ほかの1つ，フエノスカンジナビア氷床は，スカンジナビア半島からロシア平原を越えてエニセイ川まで拡がったが，東シベリアには達しなかった．そのため，東シベリアの大地は，直接厳しい寒さにさらされることになり，地下深くまで凍って永久凍土が形成されたのであった（福田，1996）．

永久凍土は，現在の気候の下では夏に上面30～50 cmが融けて活動層ができる．融けた水は氷にしみこまずに，活動層にとどまる．こうした活動層の中に平らに根を伸ばして生育する樹種がグイマツなのである．そのため，極度の乾燥気候の下でも生きてゆけるのであり，グイマツこそ本

地域に特徴的な樹木なのである．なお，これまでエニセイ川以東のカラマツ属は，地域によって異なる種とされてきたが，シュミット（1992）に従い，本地域に分布するカラマツ属をグイマツ（*Larix gmelinii*）と呼ぶことにする．

### 2.1.3 シベリアの氷期編年

シベリアでは，最終氷期（北アメリカではウイスコンシン氷期）を2回の亜氷期と1回の亜間氷期に分けている．最終氷期の初期をズイリヤンカ亜氷期（7万4000～6万年前）と呼び，後期の最寒冷期をサルタン亜氷期（2万7400～1万2400年前）と呼ぶ．その間にカルギンスキー亜間氷期（6万～2万7000年前）が挟まれる（図2.7）．

東北アジアでは最終氷期に氷床は発達しなかったが，山岳氷河が形成された．ズイリヤンカ亜氷期には，中央シベリアの高地を氷河が覆い，押しだされたモレーンが現在の海底に堆積している．また，ヴェルホヤンスク地域ではアイスキャップ状に発達した氷河の末端はレナ川の谷に達した．サルタン亜氷期には，ズイリヤンカ亜氷期より規模の小さな山岳氷河が発達して，モレーンや河岸段丘，氷河湖の湖沼堆積物などを形成した．サルタン亜氷期の厳しい気候条件を示すものとして，アイスウェッジ（氷楔）の形成やレスによる砂丘の形成がある．

### 2.1.4 植生変遷史

**a．北東シベリア**

本地域は，主に山岳および高原からなり，200 m以下の低地は東シベリア海の沿岸域に発達する．大河レナ川，ヤナ川，インジギルガ川，コリマ川は北流して東シベリア海に注ぎ（図2.1），アナジリ川だけが東流してベーリング海に注ぐ．植生はツンドラと森林ツンドラおよびタイガが発達する．次に連続的な堆積物によって植生史が編

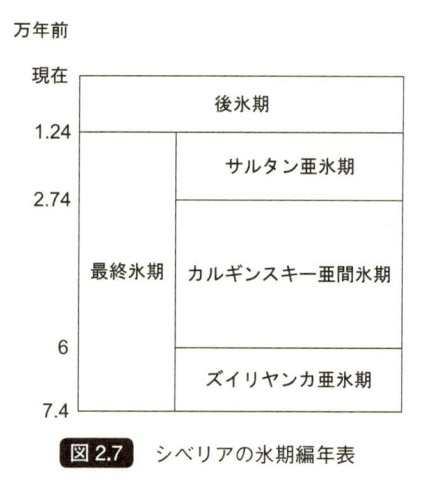

**図2.7** シベリアの氷期編年表

まれている4地点を紹介する．

**1）　アルート湖**（図2.1の①；北緯60度08分，東経152度19分，標高450 m（Anderson and Lozhkin eds., 2002））

コリマ川上流のアルート湖の湖底から長さ11 mのコアが採取されて花粉分析が行われた．湖周辺の現在の植生は，グイマツにハイマツ，カバノキ属，ハンノキ属，ヤナギ属，ツツジ目を伴う明るいタイガである．

花粉分析の結果は花粉組成図（図2.8）に示されている．右端の花粉帯（AT1～AT9）は，花粉組成の変化に注目して堆積時代を区切ったものである．湖底堆積物は，$^{14}$C年代の測定によっておよそ3万年前から現在までに堆積したことがわかった．花粉帯AT1～AT5はカルギンスキー亜間氷期後半で，チェルノフ（Chernov, 1985）の分類による典型的なツンドラ（AT1と2）から高灌木ツンドラ（AT3）へと移行し，さらに極地ツンドラ（AT4）から典型的なツンドラ（AT5）へと変遷したことが読みとれる．

サルタン亜氷期（AT6）は，湿地から乾燥地までの分布域をもつ多種の草本からなる極地ツンドラが発達した．シダはイワヒバ科が最も多かった．当時は最も寒冷で乾燥した気候であった．晩氷期（AT7）には，灌木が増加しはじめ，完新世初頭（AT8）になってハイマツ，ハンノキ属とカバノキ属，グイマツからなる森林ツンドラへと変遷した．グイマツの出現は7月の平均気温が12

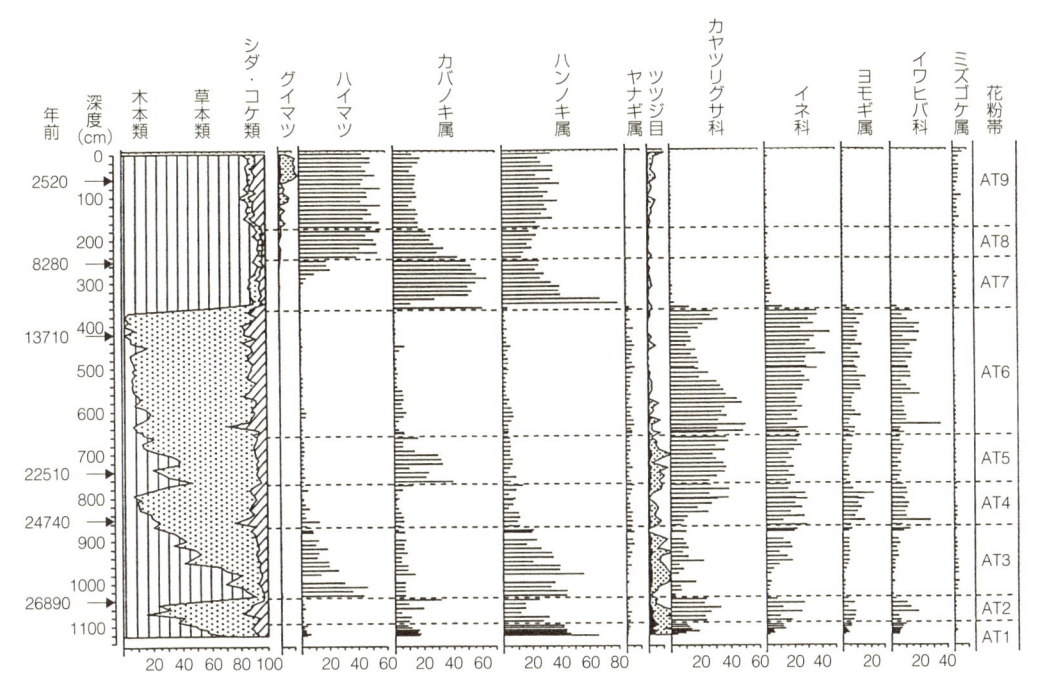

**図 2.8** コリマ川上流のアルート湖から得られた 3 万年間の花粉・胞子組成図（Anderson and Lozhkin eds., 2002 より年代値の一部を省略して示した）

**図 2.9** ラプテフ海沿岸・オイヤゴスキー・ヤールのエドマの露頭（福田正巳撮影）

℃を超えて暖かくなったことを示す．およそ 8000 年前（AT9）よりさらに温暖・湿潤になって，林床にハイマツ，カバノキ属，ハンノキ属，ツツジ目，ミズゴケ属のみられる明るいタイガが出現した．

2）**マモントフ・カヤタ**（図 2.1 の②：北緯 72 度 20 分，東経 128 度 50 分，標高 450 m (Sher et al., 2005)）

試料はレナ川河口デルタに露出する比高 40 m の崖から採取された．崖には寒冷な気候で形成されたアイスウェッジが多数発達している．氷楔以外の堆積物は，氷結した河川性や風成のシルトやシルト質砂で，一般にエドマと呼ばれる．エドマは，動物，植物の保存状態のよい化石を豊富に含む．ここのエドマから得られた花粉，大型植物化石，昆虫，マンモスをはじめとする哺乳類化石の総合的な研究から最終氷期の古環境が明らかにされている．図 2.9 は，マモントフ・カヤタの西にあり，同じエドマが露出するオイヤゴスキー・ヤールの露頭である．現在の植生は，灌木を交えたイネ科と草本類の優勢な典型的なツンドラである．

本地点で特徴的なことは，カルギンスキー亜間氷期（花粉帯 IFZ1 と 2）にはアルート湖の同じ時期にみられたような寒暖に伴う植生変化がまったくみられず，サルタン亜氷期（IFZ3）とほとんど同じ植生だったことである（図 2.10）．シャーほかによれば，イネ科，カヤツリグサ科をはじめ，多種の広葉草本類，中でもキク亜科，アカザ科，ナデシコ科，ヨモギ属とイワヒバ科からなるツンドラ・ステップ型の極地草原がモザイク状に発達

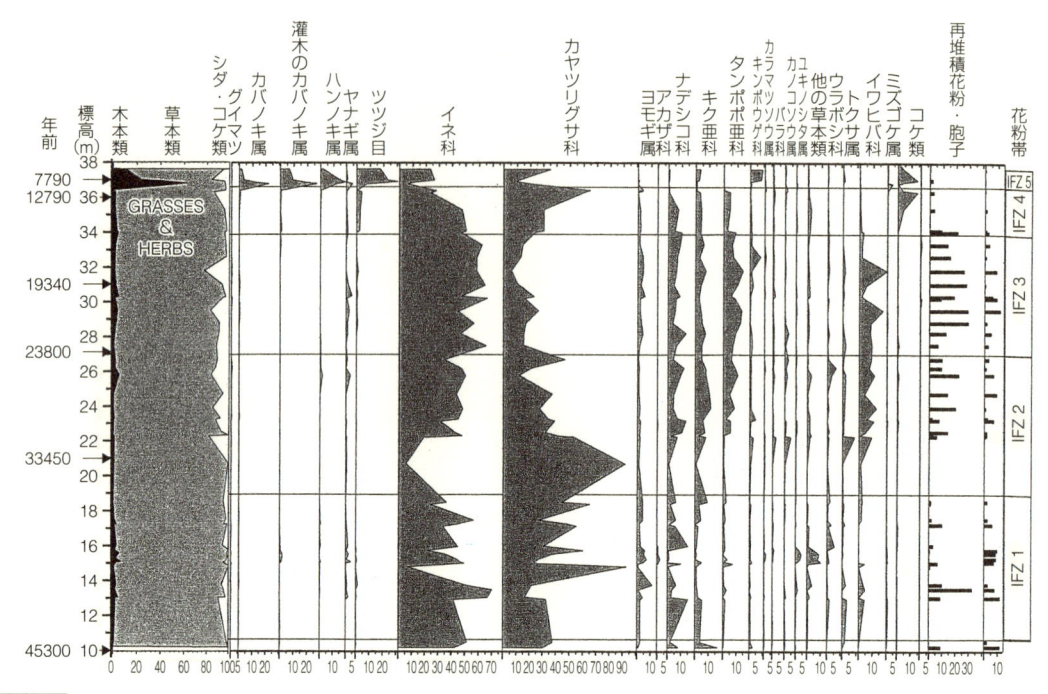

図 2.10　レナ川河口のマモントフ・カヤタのエドマから得られたおよそ5万年間の花粉・胞子組成図（Sher et al., 2005）

した．グイマツや灌木類は条件のよいところに局所的に生えていた．ラプテフ海沿岸のこの生物群集は，海面低下によって巨大な大陸棚が出現して，恒常的な大陸性気候が成立したことにより生じたと考えられた．本地域では，およそ5万年前から1万年前まで，マンモス動物群の化石が連続して多数産出している．これらの大型哺乳類の食料を供給したツンドラ・ステップは，カルギンスキー亜間氷期，サルタン亜氷期を通して大陸棚低地にいつもあったとされる．当時のツンドラ・ステップは現在のツンドラとは基本的に異なり，牧草になる草の多い生態系であった．北アメリカでは同じ植生をマンモスステップと呼んでいる．8000年前（IFZ5）に高木のカバノキ属やハンノキ属が増えて森林ツンドラが成立したが，その後現在のツンドラに移行した．

　3）　プラヒンヤール（図2.1の③；北緯68度40分，東経160度17分 (Igarashi et al., 1997)）

　試料採取地点は，コリマ川河口から約100km南のコリマ川の支流・スタドヒンスカヤ川に面する比高10〜15mの段丘の露頭である．調査は1995年7月初旬に蚊の大群に悩まされながら行われた．本地域は森林ツンドラ帯に位置し，グイマツの疎林と高灌木ツンドラが混交している．本地域には永久凍土が融解して生じたアラスと呼ばれる凹地が無数に発達し，その中に大小の沼が数多くみられる．沼にはミツガシワが茂り，沼の周りには湿原が発達している（図2.11 (a)）．湿原周辺には灌木のカバノキ属-ヤナギ属林がみられた．沼の近くの川沿いに崖があり，そこに泥炭が露出していた（図2.11 (b)）．地表下30cmまで活動層で，その下は泥炭，材化石の密集する粘土層，河川堆積物のシルトと砂の順に堆積していた．花粉分析の結果，コリマ川下流域の森林ツンドラ帯における完新世の植生史が明らかになった（図2.12）．およそ1万年前にグイマツが進出して，永久凍土の上に明るいタイガを形成した．林床にはハイマツや灌木のカバノキ属，ハンノキ属，ツツジ目と氷期にツンドラを構成した多種の草本類とイワヒバ科のシダが残存していた．その頃，森林火災があったことが，炭質物の濃集と火災跡地に真っ先に生えるアカバナ属（ヤナギラン）の花

**図2.11** コリマ川下流・森林ツンドラ帯の (a) 川岸に露出した泥炭 (この露頭から試料を採取した) (筆者撮影)，(b) 無数に発達するミツガシワの生えるアラス (筆者撮影)

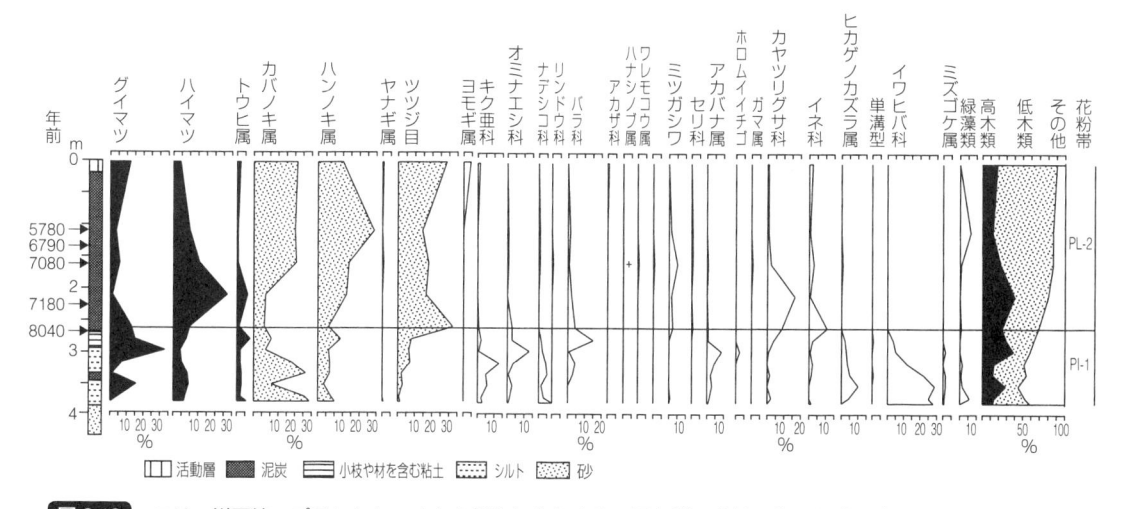

**図2.12** コリマ川下流・プラヒンヤールから得られたおよそ1万年間の花粉・胞子組成図 (Igarashi et al., 1997)

粉が多く産出することから推定される．火災が引き金となったのか，永久凍土の融解が始まり，アラスが生じておよそ8000年前に沼や湿原が誕生して泥炭の堆積が始まった．粘土層の中に多数含まれる小枝や材の化石は，おそらくアラスの誕生時に倒れたグイマツであろう．凹地に沼が生まれたことは，ミツガシワの花粉や緑藻類のボトリオコッカスが産出することから明らかである．およそ8000年前以降は現在と同じ景観の森林ツンドラが成立した．

**4) コムスターク** (図2.1の④；北緯63度，東経121度 (Velichko, Andreev, Klimanov, 1997))

レナ川中流域のコムスタークで採取された厚さ7.8mの湖底堆積物の花粉分析により，中央ヤクーチアのタイガにおける晩氷期以降の植生史が明らかにされた．晩氷期にはヨモギ属，イネ科を主とし，アカザ科，カラマツソウ属，ナデシコ科からなるステップが発達した．完新世初頭には，北ユーラシア一帯でステップから森林への大きな変化が生じたが，中央ヤクーチアでもおよそ1万～1万1000年前にグイマツ-カバノキ属林が成立し，氷期に栄えたステップ要素は，次第に姿を消していった．およそ8500年前にトウヒ属とハイマツが進出した．完新世の最温暖期 (4500～6000年前) には，シベリアトウヒ林が永久凍土のない氾濫原や河川沿いに拡がった．ヨーロッパアカマツ林も6000年前に分布を広げた．グイマツ-カバノキ属林はローム質の浅い活動層に根を

張った．ヨーロッパアカマツ林は，温暖化により活動層が1～1.5mと厚い砂丘や砂質土壌の上に成立した．その後現在まで，何回もの1～2℃程度の寒暖の変化が繰り返されて，ヨーロッパアカマツやグイマツの減少や増加が繰り返されたのである．

### b. 極東ロシア

本地域は，アジア大陸の東縁にあるという地理的な要因から，気候はオホーツク海と日本海を環流する海流の影響を受け，夏は温暖・湿潤であるが，ほかの季節は寒冷・乾燥気候である．植生はタイガから針広混交林まで変化に富む．

沿海州のハンカ-ウスリー平原には極東ロシアで最も暖かい気候下の植生が分布する．モンゴリナラ，カバノキ属，ニレ属，シナノ属，カエデ属，クルミ属，キハダ属，クマシデ属など多種の冷温帯広葉樹とチョウセンゴヨウからなる針広混交林である．サハリンでは，中部以南にエゾマツ，トドマツに冷温帯広葉樹を交える針広混交林がみられる．そのほかの地域は主にエゾマツとグイマツからなる針葉樹林で，東シベリアやカムチャツカとの共通種から構成されるタイガである．次に，沿海州，サハリン中部，カムチャツカから5地点を選び，カルギンスキー亜間氷期以降の植生史を紹介する．

**1) グルスキー泥炭地**（図2.1の⑤；北緯50度04分，東経137度05分，標高15m（Anderson and Lozhkin, 2002））

アムール川下流域のグル川沿岸に露出する厚さ4mの泥炭から1万1400年前以降の植生史が明らかにされた．現在の植生はトウヒ属，チョウセンゴヨウ，モンゴリナラの混交林である．晩氷期は高木のカバノキ属やハンノキ属からなる森林ツンドラで，現在より寒冷であったが，グイマツは分布しなかった．完新世初頭はやや温暖・乾燥気候で，カバノキ属-ニレ属林が形成された．およそ7000～8000年前から完新世最温暖期にかけて，温暖気候のもとカバノキ属，コナラ属，ニレ属が広葉樹林を形成した．その後さらに，クルミ属，キハダ属，カエデ属，シナノキ属などのほか

**図2.13** タタール海峡に面した海蝕崖の露頭
白く見える第三紀の岩石の上に最終氷期以降の泥炭層が堆積している（筆者撮影）．

の広葉樹が加わったが，近年は5葉のマツ属にカバノキ属，コナラ属を交えた混交林に移行した．

**2) アクリニン**（図2.1の⑥；北緯47度03分，東経138度33分，標高20m（Anderson and Lozhkin, 2002））

試料採取地点は，シホテリアン山脈北部・ベニュウコフカ川の段丘の露頭で，カルギンスキー亜間氷期の堆積物である．周辺地域の現在の植生は，トウヒ属-モミ属-カバノキ属林である．

花粉組成はカルギンスキー亜間氷期の寒暖の変化を詳細に記録している．古い時代から，現在より暖かく，マツ属，コナラ属，ニレ属の混交林が発達した時代～現在より冷涼・湿潤でトウヒ属と灌木のハンノキ属，カバノキ属が生育した時代～寒冷で，林床に灌木のハンノキ属，ツツジ目が茂る開けたカバノキ属林の時代～現在に近い気候でトウヒ属，モミ属からなる暗いタイガの時代へと，植生は激しく変化した．

**3) コエ**（図2.1の⑦；北緯51度02分，東経142度08分，標高15m（Igarashi, 2002））

試料採取地点は，サハリン中部の日本海に面する比高約15mの海食崖の露頭である（図2.13）．基盤の第三系に発生した断層などでできた凹地を，およそ3万7000年前以降の泥炭や火山灰質砂，シルトなどが水平に埋積している．本地域は，日本列島に沿って日本海を北上した対馬暖流が，向きをかえて沿海州の沿岸を南へ進む地点にあたり，暖流の影響を受ける北限の地域である．亜寒帯の植物と冷温帯植物の分布を境するシュミット

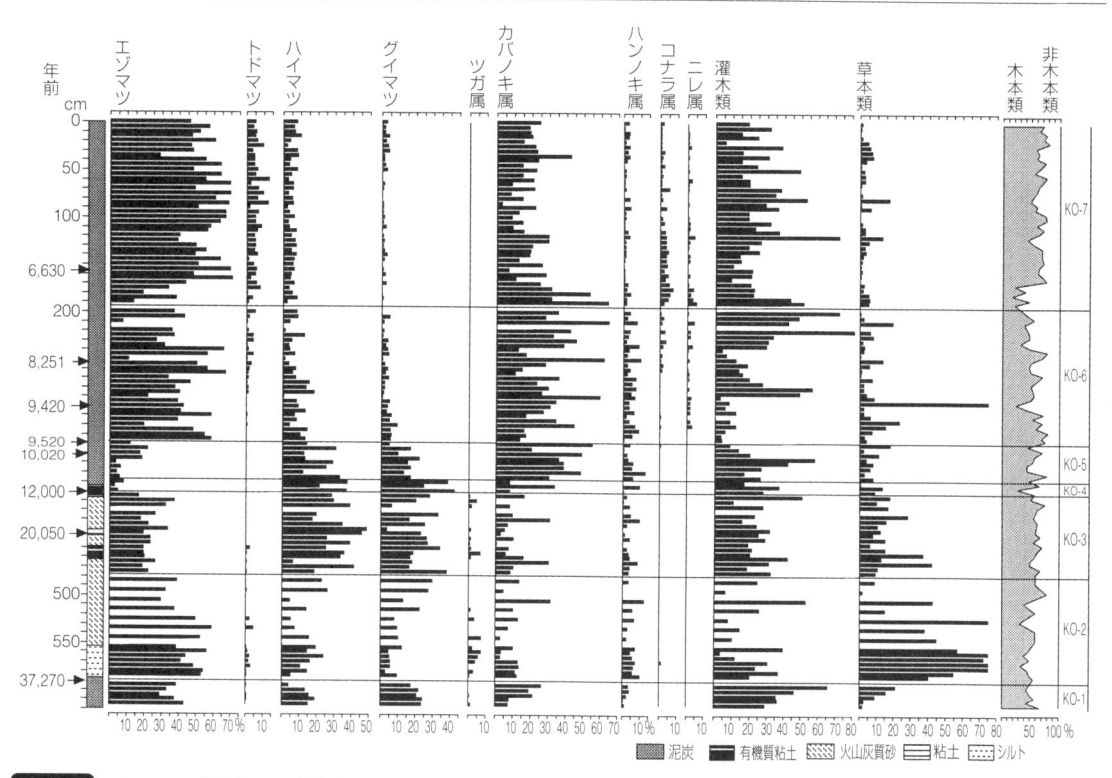

**図2.14** サハリン北西部の日本海岸・コエから得られたおよそ3万7000年間の花粉・胞子組成図 (Igarashi et al., 2002)

線はコエのすぐ南を走る．現在の植生はエゾマツ，トドマツを主とし，グイマツ，カバノキ属，ハンノキ属を交えたタイガである．

カルギンスキー亜間氷期（花粉帯KO1, 2）は，現在より寒冷で乾燥した気候の下，エゾマツを主とし，ハイマツ，グイマツ，トドマツを交えた明るいタイガとツツジ目と多種の草本類からなるステップが成立した（図2.14）．サルタン氷期（KO3）には，さらに寒冷・乾燥化した気候の下，グイマツとハイマツを主とし，エゾマツを交えた明るいタイガとステップが発達した．

しかし，およそ1万2000年前（KO4）にさらに寒冷・乾燥化してエゾマツは急減し，グイマツがおよそ3万7000年間の最大値に達した．晩氷期（KO5）にグイマツ，ハイマツは減少しはじめ，エゾマツ，カバノキ属が増加した．これらの時期には海水面の低下によって現在のタタール海峡は陸化して，シベリアとつながる広大な平原の一部であった．さらに対馬暖流は北上しておらず，日本海北部は春遅くまで凍結していたため，寒冷で乾燥した気候であったと推定される．

完新世前半（KO6）は，温暖・湿潤気候のもとハイマツ，グイマツが現在規模まで減少し，他方エゾマツが急増するとともに，わずかにコナラ属，ニレ属が進出し，トドマツも増えはじめた．およそ6000年前にエゾマツ，トドマツは現在規模に増加した．コナラ属，ニレ属は一旦増加したが，その後シュミット線以南に後退した．グイマツは最近やや増加している．

**4） キルガニック**（図2.1の⑧；北緯54度52分，東経158度44分；標高190 m (Igarashi et al., 1999)）

試料採取地点は，中央低地帯の北，カムチャツカ川の支流に沿って発達する湿原である．本地域は沿岸域に比べて，夏季は比較的高温（最暖月の平均気温15.1℃），冬季は低温（最寒月の平均気温−19.2℃）で年間降水量512 mmと少ない大陸性気候下にある．植生は，トウヒ属，グイマツ，ハイマツ，カバノキ属からなる明るいタイガが分布する．採取した全長2.8 mのコアのうち，泥炭は厚さ2.25 mで，その下は河川性の砂である．

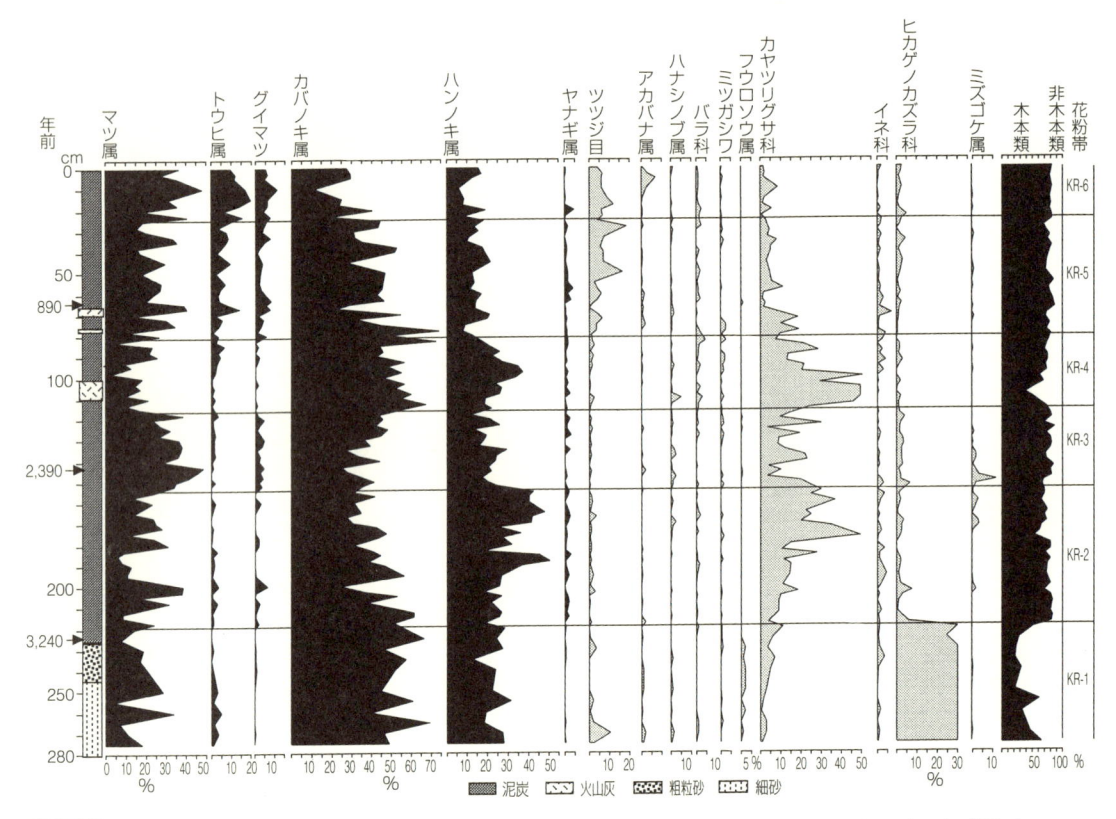

図2.15 カムチャツカ中央低地帯北部のキルガニックから得られたおよそ4000年間の花粉・胞子組成図（Igarashi et al., 1999）

この湿原で，泥炭はおよそ3300年前から堆積した．湿原誕生以前の時代を含めておよそ4000年間の植生史が復元できた（図2.15）．およそ4000年間を通して優勢だった樹種は，カバノキ属，ハイマツ，ハンノキ属であった．グイマツは湿原誕生以前からわずかに分布していた（KR1）が，およそ3000年前（KR2）からやや増加し，その後，およそ1000年前以降（KR5）森林の主要樹種となった．さらに，小氷期（KR6）に増加して現在に至っている．トウヒ属は，グイマツより早く分布していたが，およそ1000年前以降，本地域の森林構成種となり，グイマツと同じく小氷期に増加した．このように，現在の森林は小氷期に成立した．湿原植生については，はじめ砂地にヒカゲノカズラ属が優占したが，その後，ツツジ目，カヤツリグサ科，イネ科，ミズゴケ属などからなる湿原となり，ミツガシワの生える沼が点在した．

5) ウスチ-ボルシェレスク（図2.1の⑨；北緯52度50分，東経156度50分；標高5 m (Igarashi et al., 2001)）

試料は，カムチャツカ南西部の海岸に露出する厚さ2.5 mの段丘堆積物である．2.3 mの厚さの泥炭の下はシルトで，泥炭の$^{14}$C年代値からみて，完新世初頭からの連続堆積物であると推定される．本地域は，最寒月の平均気温-13.6℃，最暖月の平均気温11.4℃，年間降水量620 mmで，ツンドラ帯の気候である．現在の植生は高層湿原である．後背山地にはダケカンバ，ミヤマハンノキ，ハイマツが分布する．完新世初頭は寒冷・乾燥気候の下，典型的なツンドラが発達した．およそ8000年前にツンドラは，ツツジ，灌木のカバノキ属，ミズゴケ属の優勢な高層湿原に移行した．温暖化によって，夏季オホーツク海が解氷して湿潤になったと推定される．6700年前頃，温暖になって湿原にハンノキ属，ヤチヤナギが侵入した．

およそ2000年前にハイマツが進入するとともにミズゴケ属が繁茂した．近年はツツジ目，灌木のカバノキ属，キク亜科の優勢な湿原に遷移したのである．

上記した北東シベリアにおける氷期以降の植生変遷で顕著なことは，現在のツンドラ帯がサルタン亜氷期においても全く植物の生えない極地砂漠にはならずに，ツンドラときにはツンドラ・ステップ型の極地草原であったことである．こうした植生がサルタン亜氷期のマンモスをはじめとする大型哺乳動物の生存を支えたのであった．ここに紹介した東北アジアの植生変遷史は，日本列島と無関係ではない．最終氷期には，少なくとも北海道北東部にシベリアと同じ明るいタイガが発達していた．また，サルタン亜氷期相当のおよそ2万年前に，北海道にマンモスが生存したことは，化石から明らかである．シベリアから北海道へとマンモスが移動できたのは，移動ルートにマンモスステップが存在したからに違いない．しかし，これらの研究は端緒についたばかりである．北の大地を視野に入れつつ，日本の自然を考えることが必要なゆえんである．　　　〔五十嵐八枝子〕

▶ 文　献

福田正巳（1996）：極北シベリア，岩波新書 481，191pp.

Anderson, P.M. and Lozhkin, A.V. eds.（2002）：*Late Quaternary Vegetation and Climate of Siberia and the Russian Far East*（Palynological and Radiocarbon database），NESC FEB RAS, 369pp.

Chernov, Yu.I.（1985）：*The Living Tundra*, Cambridge University Press, Cambridge, 231pp.

Igarashi, Y., Murayama, M., Igarashi, T., Higake, T., Fukuda, M.（2002）：History of *Larix* forest in Hokkaido and Sakhalin, northeast Asia since the Last Glacial. *Acta Palaeontologica Sinica*, **41**(4), 524-533.

Igarashi, Y., Otsuki, Y., Yamagata, K., Saijo, K. and Ovsyannikov, A.A.（2001）：Paleoenvironment in circum Okhotsk region of south Kamchatka — In comparison with north Sakhalin. *Proceedings of the Internationl Symposium on Atmosphere-Ocean-Cryosphere interaction in the Sea of Okhotsk and the surrounding environment,* Institute of Low Temperature Science Hokkaido University, 166-167.

Igarashi, Y., Sone, T., Yamagata, K. and Muravyev, Y.D.（1999）：Late Holocene vegetation and climate history in the central Kamchatka from fossil pollen record. *Studies in Kamchatka II*, Institute of Low Temperature Science, Hokkaido University, 125-130.

Igarashi, Y., Fukuda, M., Saijo, N., Sento, N. and Nagaoka, D.（1997）：Holocene vegetation around Alases, northeast Siberia, *Proceedings of the sixth symposium on the joint Siberian permafrost studies between Japan and Russia in 1997*, 83-91.

Khotinskiy, N.A.（1984）：Holocene vegetation history. In Velichko, A.A. ed.：*Late Quaternary Environments of the Soviet Union*, 179-200.

Schmidt, W.C.（1992）：Around the world with Larix：An introduction. *Proceedings of an International Symposium "Ecology and management of Larix forest：A look ahead"*, International Research Station, Ogden, 6-10.

Sher, A.V., Kuzumina, S.A., Kuznetsova, T.V. and Sulerzhitsky, L.D.（2005）：New insights into the Weichselian environment and climate of the East Siberian Arctic, derived from fossil insects, plants and mammals. *Quaternary Science Reviews*, **24**, 533-569.

Velichko, A.A., Andreev, A.A and Klimanov, V.A.（1997）：Climatic and vegetation dynamics in the tundra and forest zone during he late glacial and Holocene. *Quaternary International*, **41/42**, 71-96.

# 2.2 バイカル湖—地球を写す時間と空間の鏡—

## 2.2.1 東アジアの古気候復元とバイカル湖研究

バイカル湖は最大かつ最古の湖である．その起源は古第三紀始新世にまで遡ることができ，3000万年以上にわたる堆積盆の発達過程を通して，最大7500 mに達する堆積物を湖底に集積したと考えられている (Logachev, 1993)．東アジアのほぼ中央に位置し世界最深にして最大保有淡水量を誇るこの湖は，その空間的・時間的規模の大きさゆえに，北半球の気候変動と環境-生物相互作用の履歴を堆積記録として詳細にとどめていると期待されている (Minoura, 2000)．

地球表層における諸変動の解明は，これまで主として海洋底の堆積物を対象に古海洋学的な観点で進められてきた．しかし，堆積の長期連続性に欠ける場合があり，また海洋の構造的な特異性もあって，特定の地理的位置で環境と気候の経緯を明らかにする試みは困難であった．近年に至り地球の気候形成に大陸の地表条件が大きく関与している可能性が指摘されるようになり (Hay, 1996)，こうした経緯から，陸域での長期にわたる詳細な古環境復元の重要性が認識されつつある (井上ほか, 1998)．

高緯度域にあって巨大な水量を保有するバイカル湖は，シベリア高気圧の直接的な影響を受け，全地球的気候変化に鋭く応答して湖内の生物生産を維持してきたとされている (Colman et al., 1995)．バイカル湖には現在2600種を超える生物種が棲息し，食物網の頂点を，唯一の淡水生息鰭脚類であるバイカルアザラシ (*Phoca sibirica*) が占めている．表層生産性の変動は湖の動物生態系に大きな影響を及ぼしたはずで，湖面凍結（図2.16）が進む氷期の食物連鎖がいかなる状況に維持されたのか，1000種を超す遺存種の進化を解明する上でも非常に興味深い．

我々は，現在の地球環境をつくりあげた最終氷期～後氷期の気候変化がバイカル集水域に及ぼした古生態学的効果を解明すべく，湖内のアカデミア湖嶺上で堆積物を掘削し，柱状試料（VER94 St.16）を得た（図2.17）．本節では現在のバイカル湖および周辺の自然環境の紹介とともに，堆積記録に基づいて復元された最終氷期から後氷期にわたる過去3万年間の湖水環境と集水域植生の変化を解説する．

## 2.2.2 東アジアの地勢

バイカル湖は新第三紀を通して存続した構造湖

図2.16 湖面凍結（筆者撮影）

図2.17 コア掘削現場（筆者撮影）

であり，その巨大な集水域は，少なくとも第四紀後半を通して，最大規模の大気循環の直接的影響下にあった (Sakai et al., 2005)．集水域に影響する主要な大気要素としてはシベリア高気圧と偏西風があり，アジアモンスーンが集水域の南東部に及ぶ．南方と西方にチベットやパミールの高地が展開し，これらの地形的な高まりを超える地表の物質循環は大きく制限されている．西と南に閉塞される一方，東アジアの大地形は東に開け，気候的態勢は東方の島弧域にまで及んでいる．こうした自然地理的条件から，東アジアの古気候変動が，縁海を含む北西太平洋の成り立ちにも影響してきたと推察される．

### 2.2.3 バイカル湖集水域の地質と環境

バイカルリフト帯の中央を占めるバイカル湖は，左横ずれ構造運動の時代的な違いにより地形的な差異が生じ (Arjannikova et al., 2004)，湖は北湖盆と中央湖盆および南湖盆に分けられる (Mats, 1993; Logachev, 1993)．音波探査による湖底の地質構造の解析により，南湖盆と中央湖盆および北湖盆では各々最大で7000 mと7500 mおよび4400 mの堆積層が発達している事実が明らかにされた (Hutchinson et al., 1992)．3つの湖盆のうち南湖盆と中央湖盆の一部は，中期始新世には堆積作用を開始したと考えられている (Logachev, 1993)．南湖盆と中央湖盆での堆積作用は，漸新世に始まり中新世にかけて本格化し，北湖盆での堆積作用はそれに遅れたと推測されている (Hutchinson et al., 1992)．バイカル湖は現在も拡大傾向にあるとされ (Ufimtsev, 1991)，GPSなどを利用した観測により，東西方向に毎年3 mm程度で拡大している事実が明らかにされている (Jin et al., 2007)．

この拡大により湖の深化が予測されるが，堆積盆ごとに構造運動の差があり，湖底地形の発達に関しては明確な評価は得られていない．各湖盆は水深300～400 m程度の地形的な高まり（湖嶺）により隔てられ（図2.18），水域全体の約65%を占めるこれ以深での湖水は，湖盆間で側方交換が

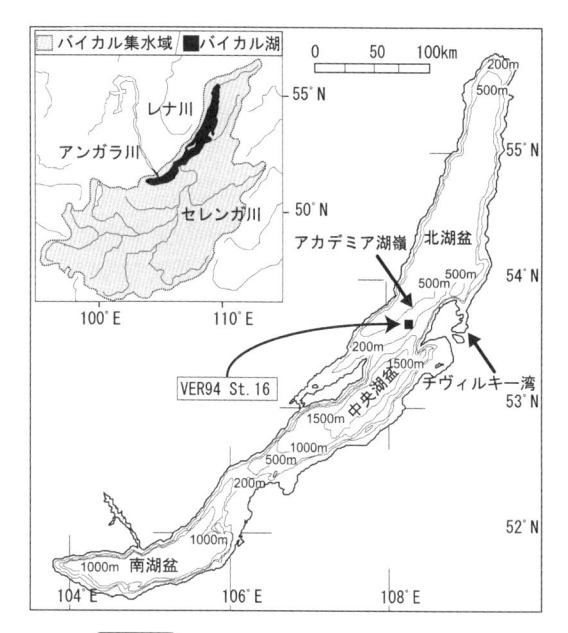

**図 2.18** バイカル湖の地理的位置と地形
セレンガ河沖とアカデミア湖嶺上で堆積物試料を得た．

妨げられている (Shimaraev et al., 1994)．

こうした地形的隔離とこれによる複雑な湖内循環が，湖の多様な生物相を創出している (Mashiko et al., 2000)．バイカル湖の最大の特徴である生物多様性は，地質構造体としてのバイカル湖の成り立ちを反映していることになる．

### 2.2.4 水循環

バイカル湖は，南北に狭長に北緯51～56度および東経104～110度の範囲を占め，456 mの湖面標高を有している．その集水域は，主に山岳地帯にあって，中央シベリアからモンゴル北部に至る面積約54万 km$^2$の広大な地域を占めている．湖は急峻な斜面によって縁どられ，最深部は中央湖盆にあって1643 mに達し (Logachev, 1993)，全保水量は2万3000 km$^3$に及ぶ (藤井, 1994)．

大小300以上の河川が湖に流入しており，最大の流入河川であるセレンガ川は，その河口に広大な三角州（セレンガデルタ）を形成している．流出河川は湖南部のアンガラ川のみで，これは北極

海に注ぐエニセイ川の1支流である．これら河川による水の流入量と流出量の観測結果に基づき，奥田(1994)は湖水の平均滞留時間を約330年と算出した．

湖とその周辺は，高緯度の典型的な大陸性気候の影響下にあり，長く非常に寒い冬と対照的に短く暖かい夏で特徴づけられる．冬季は強力なシベリア高気圧に支配されて極度の寒冷・乾燥状態にあるものの，4月から10月にかけての温暖期には湿潤な西風により集水域に雨がもたらされる．湖岸に近い山岳地帯では年間1400 mm以上の降水がみられる場合もあるが，湖周辺の年間降水量は200〜500 mm程度と比較的少なく夏期においても乾燥している．

湖上の平均気温は，夏期に9.4℃と比較的高く冬季には−15.8℃に達し，年平均気温は−2.2℃である(Shimaraev et al., 1994)．厳冬期の1月から4月までの期間湖のほぼ全面が氷結し，3月の中〜下旬には氷の厚さが最大となる．現在の平均氷結期間と平均氷厚はそれぞれ120日と70〜80 cmであるが，シマレーフら(Shimaraev et al., 1992)によると，最終氷期にはそれぞれおおよそ180日間と140〜160 cmであった．

図2.19はアカデミア湖嶺直上の湖面における3月初旬の氷結状況である(氷盤の被厚はこの時期に最大に達する)．鉛直方向に規則正しく，かつ急速に氷の結晶(C軸)が成長するため，氷盤は極めて透明度が高い．氷盤中には多数の鉛直共役割れ目が発達しており(図2.19A)，急激な冷却により氷盤が収縮して破断面が形成されたと考えられる．破砕された氷塊が積みあげられて蛇行する峰が氷盤周縁部に認められ，その反対側には溝が発達している．

こうした変形構造は氷盤が水平移動した結果であり，峰は氷盤の衝突前面である．極めて透明度の高い氷の結晶を通して氷盤底面に太陽放射が到達し，日中は氷盤下の湖水が暖められる(氷点以上の水温)．この湖面水が夜間急速に冷却されることにより，表層水中に密度の逆転構造が出現し，鉛直対流が生ずると推定される．この対流により，水平方向の水の流れが発生する．流れの継続によ

**図2.19** A：掘削現場への到達，B：氷盤の破断
(口絵9)(筆者撮影)

り水面と氷盤底面の間に剪断力が作用し，これが外力となって氷盤を水平移動させると解釈される．

中貧栄養湖であるバイカル湖では，主に初夏と初冬に発生する湖内の大規模な鉛直循環により，全層でほぼ均一の温度となり，深層に酸素が供給される(奥田, 1994)．湖水中のフロンの測定から，深層水が中層水より若く平均8年の滞留時間となる事実を明らかにされている(Weiss et al., 1991)．こうした湖水循環をもたらす駆動力の説明に対して，いわゆるサーマルバーに求める説(Weiss et al., 1991; Shimaraev et al., 1993; 奥田, 1994)と，風による掃流力や内部波および乱泥流の影響を考慮する説(秋友ほか, 1994)が提示されている．

### 2.2.5 湖の表層生産

バイカル湖沖帯における表層生産変動の研究(Kozhova, 1987)によると，1月の氷面下でもわずかではあるが無機栄養プランクトンの繁殖が認めら

れ，3月には藻類の個体数が急速に増殖し，4月には珪藻（主に *Aulacoseira baicalensis*）の繁殖が始まる．5～6月の融氷が始まりとなって湖水が鉛直に混合する (Watanabe and Drucker, 1999). 栄養塩類が表層に供給されるとピコシアノバクテリアを主とする超小型プランクトンが増殖し，これに伴い珪藻は急速に減少する．8月上旬には超小型プランクトンの増殖が絶頂を迎え，表層の栄養塩類が枯渇する (Boraas et al., 1991). 9月に入って湖水温が大きく変動しはじめると無機栄養プランクトンは急減し，これ以降の冬期には最少の個体数となる (Nagata et al., 1994).

氷盤の底部あるいは底面に付着性藻類が生息する場合，光合成により放出された酸素が氷中に空洞状の気泡を形成することが知られている (Cameron, 1972). 厳冬期のバイカル湖の沖帯氷盤中にはこうした気泡の混入はほとんど認められず（図2.19B），付着性藻類は最大氷結時期に増殖しないと考えられる．したがって，最終氷期における沖帯での生物生産は，温暖期の現在とは大きく異なる機能により駆動していたと推定される．

## 2.2.6 表層堆積物

バイカル湖の最表層（堆積深度～10 cm）堆積物には浮遊性珪藻殻が多く含まれており，珪藻殻の含有量は北湖盆やアカデミア湖嶺で特に卓越する (Williams et al., 1993). 砂やシルトなどの砕屑粒子は河口や沿岸に多く，粘土に富む堆積物はより沖合に分布している．したがって，最表層堆積物に含まれる単位体積あたりの珪藻殻量は，単純に珪藻の生産量に依存するだけでなく，流域に起源する砕屑物の希釈効果によっても変わる．こうした最表層堆積物は，多くの場所で鉄やマンガンの酸化物被殻や褐色～黄褐色酸化層に覆われている．底質表面酸化はバイカル湖の大部分の湖底で観察されており (Granina, 1992), 湖の深部全域に溶存酸素が常に供給され，湖底の風化が進んでいる状況がうかがえる．

表層1次生産者の炭素と窒素の同位体比（以下

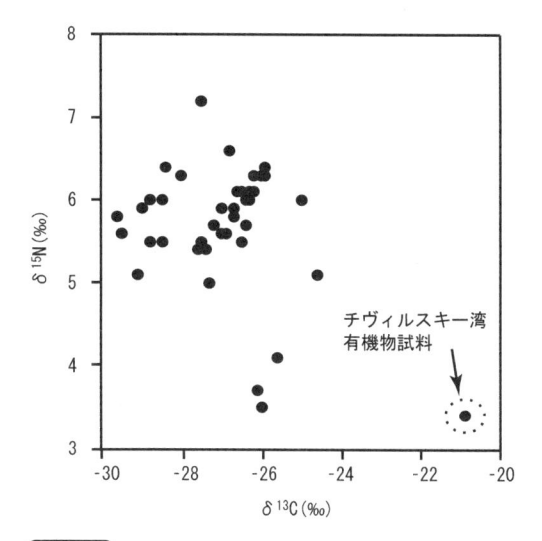

**図2.20** 湖底表層堆積物の全有機物炭素・全窒素同位体比の相関分布

それぞれ，$\delta^{13}$C および $\delta^{15}$N）の値は，基質（$HCO_3^-$, $NO_3^-$など）中の同位体存在度や生育速度（基質の利用効率）あるいは生物種などで変化する．よって，堆積有機物の $\delta^{13}$C および $\delta^{15}$N の値は過去の表層生産の過程を反映していると考えられる (Calvert et al., 1992; Voss et al., 2000).

北湖盆南東縁にあって北から南に深く入るチヴィルキー湾（図2.18）では，窒素固定能をもつ藍藻 *Gloeotrichia* spp. を主とした底生性群落による植被の発達（藻類マット）を確認した．湖内の表層堆積物の同位体分析結果では，チヴィルキー湾より採取された有機物は，$\delta^{13}$C = $-20.9$‰ と $\delta^{15}$N = $3.4$‰ の値をとり，他地域の堆積物試料に比べて特異な値となっている（図2.20）．チヴィルキー湾全域で藻類マット起源有機物の有意な堆積寄与があると考えられる．また，この結果によると，ほかの湖岸に近接した水域の最表層堆積物の $\delta^{13}$C・$\delta^{15}$N 値は外来性有機物を多く含む堆積物の値（$\delta^{13}$C：～$-27.0$‰，$\delta^{15}$N：～$3.0$‰）に近く，陸上高等植物起源有機物の寄与が大きい．こうした事実から，湖沖帯の湖底にはプランクトン起源有機物が主に堆積し，陸起源物質の流入は少ないと考えられる．

## 2.2.7 堆積物柱状試料

古環境解析を目的とし，バイカル湖の北湖盆と中央湖盆を隔てるアカデミア湖嶺上の水深310mの位置で，ピストンコア試料VER94 St.16を採取した（図2.18）．コア最上位1.2m分の堆積相に関する観察結果を図2.21に示してある．堆積物は，珪藻化石殻以外の粗粒の粒子をほとんど含まず，主にシルトと粘土からなる．シルト粒子の多くは珪藻殻の破片であり，粘土粒子は砕屑性である．

採取した堆積物柱状試料を1～2cmごとに分取した後，粒度組成の測定，生物源珪酸および有機物炭素・窒素の定量分析，全炭素・窒素安定同位体比の測定，放射性炭素同位体（以下$^{14}$C）測定による堆積物試料の年代決定，および花粉学的手法による古植生復元を試みた．生物源珪酸含有量は，全体として上位に増加する傾向にある．顕微鏡下での組織観察では生物源珪酸塩の99％近くが珪藻殻であり，珪酸含有量はそのまま珪藻殻含有量に置き換えることができる．試料有機物の$^{14}$C年代測定結果に基づく年代層序による各種測定結果を，図2.22に示してある．

## 2.2.8 最終氷期～後氷期バイカル湖表層生産の変動

VER94 St.16コアの年代層序（図2.22）からは，後氷期を通してバイカル湖では高い湖内1次生産が維持されたと考えられる．これは，退氷期が始まる約1万5000年前以降，集水域から流入する生物制限元素の増大を意味している．最終氷期最盛期直後に夏の太陽放射が増加（図2.22）して山岳氷河や凍土が融解し，その後の温暖化に伴って降水量は増加したと考えられる．

融水や降水は湖周辺の低地に流入し，退氷期には限られた範囲で広葉樹や低木を繁茂させたであろう．約6000年前の最温暖期まで湖内1次生産は緩やかな増加傾向にあったが，その後に生産力が急速に拡大し，集水域では土壌化作用が進んだ

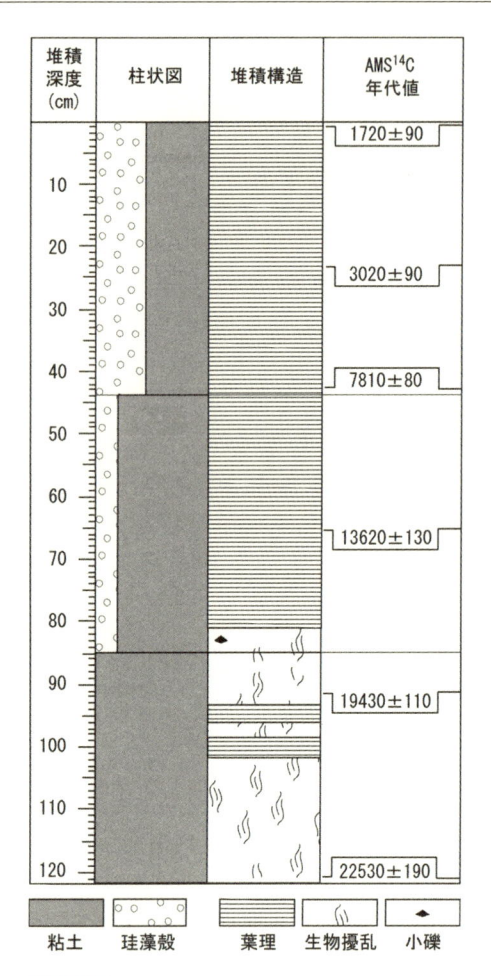

**図2.21** ピストンコア試料（VER94 St.16）の堆積層序

(Sakai et al., 2005)．これにより，流入河川を経て栄養塩類や溶存珪酸が継続的に湖内へ供給され，表層生産性を高めたと考えられる．

約2万年前以前の堆積有機物は，現在の藻類に比べて重い窒素（$^{15}$N）に富んでおり，これは最終氷期最盛期を通した湖の貧栄養状態を反映している．最終氷期最盛期には，地表面の凍結と生物化学的風化作用の停滞により，栄養塩類の供給は極度に制限されていた．堆積作用(Horiuchi et al., 2000)や，粘土の鉱物学的な特性(Sakai et al., 2005)に関する研究結果から，山岳氷河の地殻侵食による細粒の砕屑粒子が夏期の一時期に湖に流入していたと考えられている．この流入により，変成岩起源の鉄分に富んだ鉱物粒子がバイカル湖に供給さ

図 2.22 ピストンコア試料（VER94 St.16）に関する各分析結果の年代層序

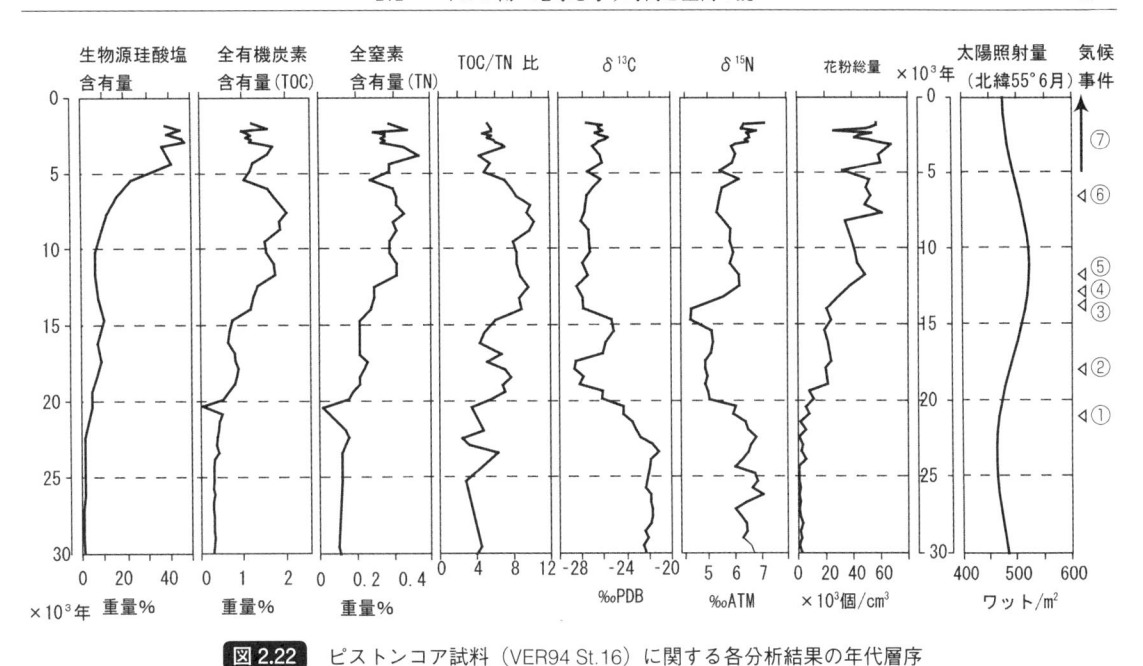

① 最終氷期最盛期（2万1000年前頃），② 夏期モンスーンの開始（1万8500年～1万7500年前），③ ベーリング-アレレード温暖期（1万4700～1万2900年前），④ ヤンガードリアス寒冷化の開始（1万2900年前），⑤ 退氷期-後氷期境界（1万1700年前），⑥ 後氷期温暖化最盛期（8000～5000年前），⑦：太陽照射量減少に伴う夏期モンスーンの後退．太陽照射量の復元はLaskar et al.（2004）に従い計算．

れた．鉄の豊富な育成媒質中で珪藻による珪酸塩の摂取率が減少し，一方で鉄の増加が非珪酸塩型無機栄養プランクトンの成長を促す事実が培養実験で明らかにされている (Franck et al., 2000)．

アカデミア湖嶺で採取された堆積物試料中の光合成色素の分析結果により，最終氷期には珪藻以外の無機栄養プランクトンが主要な1次生産者であった事実が明らかにされている (Tani et al., 2002)．鉄の供給は，溶存珪酸の生物化学的固定能を阻害し，一方で藻類細胞質の成長を促したと考えられる．堆積の記録の背景に，バイカル湖の陸水学的特性がかいま見えてくる．

### 2.2.9 バイカル湖集水域の植生

標高1500～2000mのバルグジンスキー山脈がバイカル湖北東部にあって南北に連なり，その南縁は中央湖盆の東方に至っている．湖の南東部には標高2000m級のハマルダバン山脈が発達している．バイカル湖の西岸は断層崖となっている．これより西側の地形は東側よりも標高が低く1000～1500m程度の山地が拡がり，さらに西方の低山地へと連続している．このような地形に適応するように，多様な植生がバイカル湖周辺に分布している．

東シベリア植生分布図 (Belova, 1985) に基づき，バイカル湖集水域の植生を概観してみよう．バイカル湖の北方には落葉性北方針葉樹林（落葉性のタイガ）が拡がり（図2.23），北部山地ではハイマツ（*Pinus pumila*）やダフリアカラマツ（*Larix dafurica*）あるいはダケカンバ（*Betula ermani*）などが分布し，標高1100～1500m以上の山地には高山草原が認められる．南東部に拡がる山地には，シベリアマツ（*Pinus sibilica*）・シベリアモミ（*Abies sibilica*）・シベリアトウヒ（*Picea obobata*）を中心とする常緑性北方針葉樹林（常緑性タイガ）が分布している．

西南部の標高の低い地域には主としてシベリアカラマツ（*Larix sibilica*）やヨーロッパアカマツ

**図 2.23** タイガ疎林（筆者撮影）

(*Pinus silvestris*) などが分布し，バイカル湖沿岸域には低木とイネ科草本などを主体とするステップが拡がっている．こうした植生には，多くの場合，シラカンバなどのカバノキ (*Betula*) 属の樹木が混生している．カラマツの仲間である *Larix dafurica* と *L. sibilica* の分布境界がバイカル湖付近にあり (堀田, 1974)，植物地理学上非常に興味深い．

### 2.2.10 バイカル湖集水域の古植生

バイカル集水域を含むシベリア東部は，大陸高気圧の気候条件下にあり，北半球の気候形成に大きく貢献している．高緯度域の植生は気候条件に大きく影響を受ける．したがって，気候指標としての植生の重要性が強調される．シベリアにおける最終氷期以降の植生変遷に関しての報告(Grichuk, 1984; Khotinskiy, 1984; Peterson, 1993)を総括し，以下に概説する．

最終氷期の最寒冷期（約2万年前）には，エニセイ川以西の北極海沿岸を被覆していた氷床の南縁に沿ってツンドラ地帯が拡がり，その南側のシベリア一帯にはカラマツ属・マツ属・カバノキ属などの植生を含む森林ステップが分布していた．非常に限られた地域には最終間氷期のなごりである常緑性あるいは落葉性タイガ林や落葉広葉樹林が遺存しており，これより西方のカスピ海東部にかけて草原ステップが拡がっていたようである．

退氷期の地球温暖化に伴って氷床が北へ後退するにつれ，ツンドラも大陸の北縁で帯状に分布域を広げていった．森林ステップが拡がっていたシベリア一帯では，西部がカバノキ属を中心とする落葉広葉樹林，中部がトウヒ属などの常緑針葉樹（常緑性のタイガ）林，東部がカラマツ属を中心とする落葉針葉樹（落葉性のタイガ）林にそれぞれ移行した．

後氷期中期の約6000年前には，ヨーロッパ北東部からシベリア西部にかけてコナラ亜属・シナノキ属・ニレ属などの落葉広葉樹林がそれまでで最大の拡がりを有して分布し，中部はトウヒ属などの常緑性タイガ林に，また東部がカラマツ属を中心とする落葉性タイガ林に覆われていた．後氷期後期にはシベリアの落葉広葉樹林は西方へと拡大し，シベリア中部以東では，山岳地の常緑性タイガ林を除いて，カラマツを中心とする落葉性タイガが繁茂していった．

### 2.2.11 湖底堆積物試料による古植生の復元

VER94 St.16 コアに関する花粉分析の結果を紹介し，花粉年代層序に基づき，最終氷期以降の集水域古植生の変遷を考察する．試料を2cmごと（100〜500年間隔相当）に切り分け，各々の試料に含まれる花粉化石を顕微鏡下で同定し，その個体数および組成について測定を行った．結果を，図2.24に示してある．

産出花粉化石個体数は，最終氷期の層準で極端に少なく，後氷期の場合に較べて100分の1以下である．堆積物に含まれる主要な樹木花粉化石は，現在湖の周辺でタイガ林を構成するマツ科が主であり，カバノキ属とハンノキ属およびヤナギ属がこれに続く．以上の花粉化石群集変化をみると，最終氷期以降のバイカル集水域は5つの分帯（植物相の特徴で分けられる時代区分）に分けることができる．以下に各分帯（BW1-1 〜 BW2-3）の

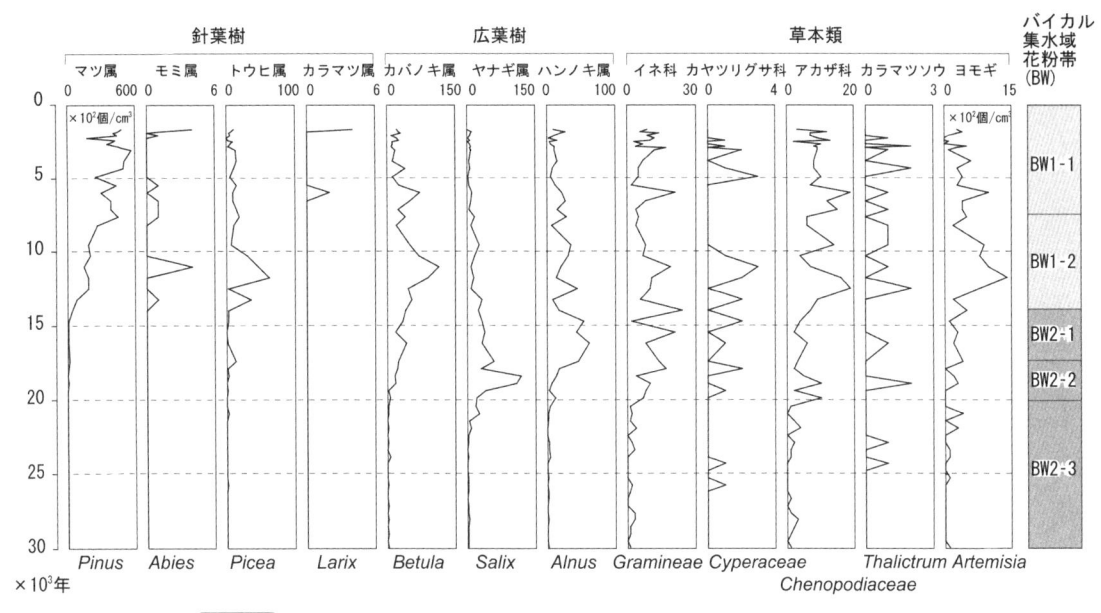

**図 2.24** ピストンコア試料（VER94 St.16）に関する産出花粉化石の年代層序

特徴を記述し，バイカル集水域の植生変遷を概観する．

**a. BW2-3**（3万～2万年前）

この年代層準で産出する花粉化石は極めて少ない．本分帯の植生は非常に疎貧，あるいは場所により皆無で，集水域には寒冷乾燥環境のツンドラあるいは高山性砂礫地が展開していたと考えられる．

**b. BW2-2**（2万～1万7500年前）

堆積物に含まれる花粉化石の個体数はわずかに増加し，この頃，バイカル集水域で植生が拡大しはじめたと考えられる．湿地に生育するヤナギ属の組成比率が分帯 BW2-3 に比べて約2倍の50～55％に増加する事実から，バイカル集水域での陸上植生の拡大は，ヤナギ属の繁茂から開始されたと解釈される．ヤナギ属の生育を促した湿地がバイカル湖沿岸域を含む集水域に広く出現したと推察され，永久凍土あるいはバルグジンスキー山脈の山岳性氷河（Mats et al., 2000）に起源する融水が河川流域を潤したのであろう．

**c. BW2-1**（1万7500～1万4000年前）

産出花粉化石は分帯 BW2-2 に比べ若干増加する．花粉組成をみると，ヤナギ属が以前の半分以下の13～24％に減少し，入れ替わるようにカバノキ属が8％未満から9～18％に，またハンノキ属が10％未満から18～27％にそれぞれ増加している．分帯 BW2-2 に出現し湿地を占めて生育していたヤナギ属の灌木林が，植生遷移によって比較的高木のカバノキ属やハンノキ属の冷温性落葉広葉樹林に置き換わったと考えられる．

**d. BW1-2**（1万4000～8500年前）

堆積物中の花粉化石の個体数が急激に増加する．花粉化石の組成は，カバノキ属が分帯 BW2-1 に引き続き全体の12～19％を維持しているが，ハンノキ属は10％以下に減少し，これにかわってマツ属が2％から77％にまで徐々に増加している．この事実は，この時期の陸上植生の急速な拡大が，マツ属を主体とするタイガ林の進出によるものと解釈される．退氷期に始まる緩やかな気温上昇とこれに続く急速な温暖化により，陸上植生が爆発的に拡大したと考えられる．

### e. BW1-1（8500年前以降）

堆積物に含まれる花粉化石の個体数は，分帯BW1-2と同様，非常に多い．期間後半の3000〜1700年前には花粉化石量が400〜600個体/cm$^3$とさらに増加しているが，これは堆積速度急変層準でのみかけの個体数急増であろう．組成比を詳しくみると，カバノキ属が10％以下で，一方，マツ属は60〜90％の高率をもって安定している．これは，現在バイカル湖周辺域に分布するタイガ林が，7500年前にはすでに出現していたことを示す．

## 2.2.12 シベリアにおける気候の形成

花粉化石群集から描かれるシベリアの気候史は，北半球の気候経過に関する一般的な認識とは幾分異なっている．最終氷期最盛期直後に始まるヤナギ属の繁茂から流域での湿原地の拡大が推定されたが，これは山岳氷河の融解がすでにこの段階で進行しつつあった可能性を示唆している．大気の温暖化は退氷期後のことであり，最寒冷期の山岳氷河融解には，気候温暖化とは別の説明が必要となる．ちょうどこの時期に増加しはじめた日射量（図2.22）に山岳氷河融解の原因を求めることができるのかもしれない．ヤナギ属の植生は退氷期に入って急速に後退しており，融水の供給が縮小していった様子をうかがわせる．ヤナギ属の減少に続く高木の出現とヨモギの増加は，この頃の気候の乾燥化を示唆している．

バイカル湖での珪藻殻の集積は，1万7500〜1万5000年前頃にわずかに増加するものの，退氷期を通して少ない．鉄質鉱物の流入により珪酸殻の生産性は低く維持されたが，有機物生産は増加している．珪藻殻の堆積が示す表層生産の明らかな増加は完新世に入って始まっており，温暖化が始まる頃には鉄は運搬過程から除去されて湖に流入しなくなったと考えられる．生物制限元素を醸成する地殻土壌化には長期間を要し，シベリアの乾燥気候条件下で，融解水に依存した土壌の発達は非常に緩やかに進行したと推察される．乾燥気候は，$\delta^{13}$Cと$\delta^{15}$Nの変動が逆相関をとりはじめる1万6000年前頃までの，約5000年間継続した．

花粉総量の増加は夏季の日射量の増大と調和的であり，軌道要素の変化が直接的にシベリアの植生に反映されている事実は興味深い．日射量が減少する完新世後半では，増減があるものの花粉総量は高く維持されている．タイガ植生（BW1-1）が急速に拡大する7500年前頃に気候が湿潤化し，この傾向は現在も継続している．降水は日射の減少を補償して植物の光合成率を維持し，今後の2000年程度は，人間活動の影響が及ばない限り植生被覆が現状に保たれるであろう．

最終氷期最盛期と後氷期における物質循環を対比して，バイカル集水域の成り立ちを図2.25に模式的に示してある．冬季には湖面が氷結し，最終氷期最盛期には氷盤は相当肥厚したであろう．それでも，連続する堆積の記録が残されており，夏季には短期間ながらも，氷盤の縁辺部は融解したと考えられる．堆積深度83cmの層準に幾分摩滅した小礫が挟在しており（図2.21），漂礫と考えられる．2万1500年前頃の最寒冷期にも，氷盤が浮遊する程度の湖水面露出が，夏の一時期に沖合でもみられたようである．

寒冷気候化下における貧栄養状態の湖では，珪酸殻をもたない無機栄養プランクトンが主要な1次生産を担い，温暖な現在と比べてもそれほど遜色のない食物網が維持されていたと考えられる．温暖期と寒冷期で環境の違いが極端に現れる高緯度圏にあって，バイカルアザラシを頂点とする生態系がバイカル湖で持続しえたのは，食物網を維持する水系と集水域の広がりの大きさゆえであろう．しかしながら，堆積記録にみる集水域植物の変遷を解読すると，奇跡ともいえるこの生態的機能の背景には，1000万年余を費やして地球の寒冷化に適応し発展してきたタイガ植生 (Kawamuro et al., 2000; Maki et al., 2003) の環境対応力がみえてくる．

さまざまな環境指標を高精度で年代層序対比すると，約100万年前以降，律動的な集水域の変動を認めることができる (Sakai et al., 2005)．こうした周期性は，寒冷と温暖の対極する環境が，第四紀後半にわたって繰り返し出現した経緯を物語って

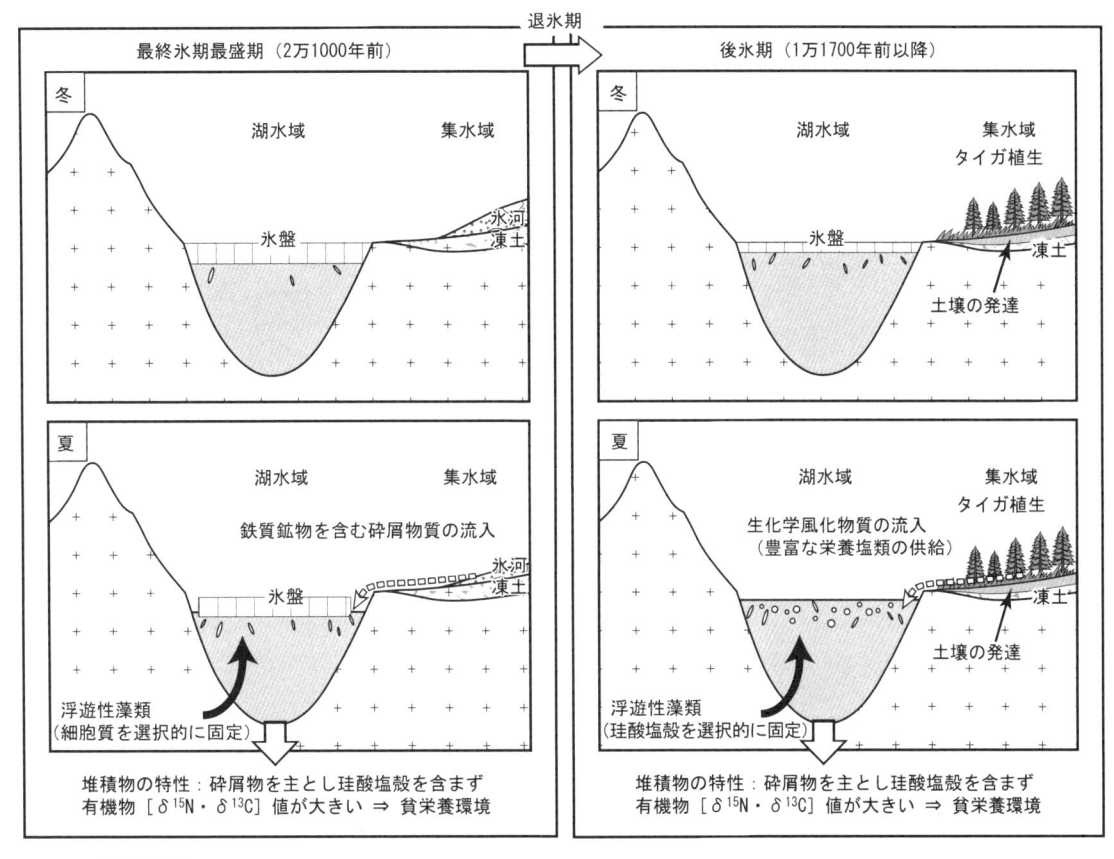

**図 2.25** 最終氷期最盛期（左）および後氷期（右）における集水域物質循環とバイカル湖の生産変動

いる．植生被覆と土壌化は陸の環境を創出し維持する最大の原動力であり，律動を生みだす原因は日射量変動にある．シベリアの大地は，これらを受容する場であり，地球外要因に応答する環境圏である．タイガの地圏システムは100万年ほど前に機能しはじめたことになる．

1000万年は，シベリアが日射量の増減を感受する環境たりうるまでに要した時間である．明瞭に繰り返す温暖と寒冷の気候が火を使う能力を有した旧人とともに地球上に現れたとして，また寒冷の克服をもって道具を利する技能を得たとして，この気候周期に破綻を来たすのが現代人であるとすれば，人間性獲得の進化的矛盾を感ぜざるをえない．悠久の時を駆けた人類が来る100年を展望できないとすれば，後世の負荷は計り知れず，その先の困難を予感せざるをえない．

### 2.2.13 鏡に映る地球の気候

急速な地球温暖化が大いに危惧される現状にあって，温室効果ガスによる今後の気候・気象現象への影響は計り知れず，人類社会の秩序維持が困難となる警鐘もある（文部科学省，2004）．温暖化の回避は困難であろうが，行く先の気候変動の予測は，国際的な約束事を取り決める上で不可避の試みとなる．地球の古気候や古環境の信頼ある復元は，予測モデルに方向性を与えモデル結果に修正を施す必要不可欠の情報である．

社会秩序の範疇外にある自然の応答，たとえば生物の進化は，劇的な変異を原因としてきたのは地球史の上で事実である．気候の大きな変化が原動力となって環境が改変する場合に，進化は最も顕著に機能する（箕浦，1998）．その所産としての新

たな種が環境適応を果たすと，生態的効果が環境に波及して，地球の物質循環自体も変わるであろう．かくして，大陸での堆積記録の連続かつ詳細な解読は，地球を理解し人類行動を計画する目的において，最重要の課題となりつつある．こうした状況を概観すると，いまだ清浄さを保つバイカル湖での地球科学的試みは，自ずとその価値が認識されよう．これまでシベリアを映してきた鏡の中に，これからの地球の姿を予測することができるのかもしれない． 〔箕浦幸治・酒井孝幸〕

▶ 文 献

秋友和典・田中 潔・淡路敏之・今里哲久・奥田節夫（1994）：淡水湖における深い対流．月刊海洋号外, **6**, 161-166.

井上源喜・柏谷健二・箕浦幸治（1998）：地球環境変動の科学——バイカル湖ドリリングプロジェクト, 古今書院, 269pp.

奥田節夫（1994）：バイカル湖の物理的特性．森野 浩・宮崎信之編：バイカル湖——古代湖のフィールドサイエンス, 東京大学出版会, pp.59-80.

藤井昭二（1994）：バイカル湖の地形と地質．森野 浩・宮崎信之編：バイカル湖——古代湖のフィールドサイエンス, 東京大学出版会, pp.23-57.

堀田 満（1974）：植物の分布と分化, 植物進化生物学 III, 三省堂, 400pp.

箕浦幸治（1998）：地球環境と生物の進化．平 朝彦ほか著：地球進化論, 岩波書店, pp.367-445.

文部科学省（2004）：平成16年版科学技術白書 http://www.mext.go.jp/b_menu/hakusho/html/hpaa200401/index.html

Arjannikova, A., Larroque, C., Ritz, J.F., Deverchère, J., Stephan, J.F., Arjannikov, S. and San'kov, V. (2004): Geometry and kinematics of recent deformation in the Mondy-Tunka area (south-westernmost Baikal rift zone, Mongolia-Siberia). *Terra Nova*, **16**, 265-272.

Belova, V.A. (1985): *Vegetation and Climate of South-Eastern Siberia in the Late Cenozoic* (in Russian), Nauka Press, Novosibirsk, 158pp.

Boraas, M.E., Bolgrien, D.W. and Holen, D.A. (1991): Determination of eubacterial and cyanobacterial size and number in Lake Baikal using epifluorescence. *Internationale Revue der Gesamten Hydrobiologie*, **76**, 537-544.

Calvert, S.E., Nielsen, B. and Fontugne, M.R. (1992): Evidence from nitrogen isotope ratios for enhanced productivity during formation of eastern Mediterranean sapropels. *Nature*, **359**, 223-225.

Cameron, R.E. (1972): Microbial and ecologic investigations in Victoria Valley, southern Victoria Land, Antarctica. *Antarctic Research Series*, **20**, 195-260.

Colman, S.M., Peck, J.A., Karavanov, E.B., Carter, S.J., Bradbury, J.P., King, J.W. and Williams, D.F. (1995): Continental climate response to orbital forcing from biogenic silica records in Lake Baikal. *Nature*, **378**, 769-771.

Franck, V.M., Brzezinski, M.A., Coale, K.H. and Nelson, D.M. (2000): Iron and silicic acid concentrations regulate Si uptake north and south of the Polar Frontal Zone in the Pacific Sector of the Southern Ocean. *Deep Sea Research II*, **47**, 3315-3338.

Granina, L.Z. (1992): Ferromanganese formations in Lake Baikal: Formations conditions, composition, distribution. *IPPCCE Newsletter*, **6**, 39-47.

Grichuk, V.P. (1984): Late Pleistocene vegetation history. In Velichko, A.A. ed.: *Late Quaternary Environments of the Soviet Union*, University of Minnesota Press, Minneapolis, pp.155-178.

Hay, W.W. (1996): Tectonic and climate. *Geologische Rundschau*, **85**, 409-437.

Horiuchi, K., Minoura, K., Hoshino, K., Oda, T., Nakamura, T. and Kawai, T. (2000): Palaeoenvironmental history of Lake Baikal during the last 23,000 years. *Palaeogeography, Palaeoclimatology, Palaeoecology*, **157**, 95-108.

Hutchinson, D.R., Golmshtok, A.J., Zonenshain, L.P., Moore, T.C., Scholz, C.A. and Klitgord, K.D. (1992): Depositional and tectonic framework of the rift basins of Lake Baikal from multichannel seismic data. *Geology*, **20**, 589-592.

Jin, S., Park, P. and Zhu, W. (2007): Micro-plate tectonics and kinematics in Northeast Asia inferred from a dense set of GPS observations. *Earth and Planetary Science Letters*, **257**, 486-496.

Kawamuro, K., Shichi, K., Hase, Y., Iwauchi, A., Minoura, K., Oda, T., Takahara, H., Sakai, H., Morita, Y., Miyoshi, N. and Kuzmin, M.I. (2000): Forest-desert alternation history revealed by pollen-record in Lake Baikal over the past 5 million years. In Minoura, K. ed.: *Lake Baikal: A Mirror in Time and Space for Understanding Global Change Processes*, Elsevier, pp.101-107.

Khotinskiy, N.A. (1984): Holocene vegetation history. In Velichko, A.A. ed.: *Late Quaternary Environments of the Soviet Union*, University of Minnesota Press, Minneapolis, pp.179-200.

Kozhova, O.M. (1987): Phytoplankton of Lake Baikal: structural and functional characteristics. *Archiv für Hydrobiologie — Advances in Limnology*, **25**, 19-37.

Laskar, J., Robutel, P., Joutel, F., Gastineau, M., Correia, A.C.M. and Levrard, B. (2004): A long-term numerical solution for the insolation quantities of the Earth. *Astronomy & Astrophysics*, **428**, 261-285.

Logatchev, N.A. (1993): History and geodynamics of the Lake Baikal rift in the context of the Eastern Siberia rift system: A review. *Bulletin des Centres de Recherches Exploration-Production ELF-Aquitaine*, **17**, 353-370.

Maki, T., Hase, Y., Kawamuro, K., Shichi, K., Minoura, K., Oda, T. and Miyoshi, N. (2003): Vegetation changes in the Baikal region during the Late Miocene based on pollen analysis of the BDP-98-2 core. In Kashiwaya, K. ed.: *Long Continental Records from Lake Baikal*, Springer, pp.123-136.

Mashiko, K., Kamaltynov, R., Morino, H. and Sherbakov, D. Yu. (2000): Genetic differentiation of gammarid (*Eulimnogammarus cyaneus*) populations in relation to past environmental changes. In Minoura, K. ed.: *Lake Baikal: A Mirror in Time and Space for Understanding Global Change Processes*, Elsevier, pp.299-305.

Mats, V.D. (1993): The structure and development of the Baikal rift depression. *Earth-Science Reviews*, 34, 81-118.

Mats, V.D., Fujii, S., Mashiko, K., Osipov, E. Yu., Yefrimova, L.M. and Klimansky, A.V. (2000): Changes in Lake Baikal water level and runoff direction in the quaternary period. In Minoura, K. ed.: *Lake Baikal: A Mirror in Time and Space for Understanding Global Change Processes*, Elsevier, pp.15-34.

Minoura, K. ed. (2000): *Lake Baikal: A Mirror in Time and Space for Understanding Global Change Processes*, Elsevier Science, Amsterdam. 337pp.

Nagata, T., Takai, K., Kawanobe, K., Kim, D.S., Nakazato, R., Guselnikova, N., Bondarenko, N., Mologawaya, O., Kostronova, T., Drucker, V., Satoh, Y. and Watanabe, Y. (1994): Autotrophic picoplankton in Lake Baikal: Abundance, growth and grazing mortality during summer. *Journal of Plankton Research*, 16, 945-959.

Peterson, G.M. (1993): Vegetation and climate history of the western former Soviet Union. In: Wright, H.E.Jr. et al. eds.: *Global Climate Since the Last Glacial Maximum*, University of Minnesota Press, Minneapolis, pp.169-193.

Sakai, T., Minoura, K., Soma, M., Tani, Y., Tanaka, A., Nara, F., Itoh, N. and Kawai, T. (2005): Influence of climate fluctuation on clay formation in the Baikal drainage basin. *Journal of Paleolimnology*, 33, 105-121.

Shimaraev, M.N., Granin, N.G. and Kuimova, L. (1992): Possible changes of hydrophysical condition in Lake Baikal during late Pleistocene and Holocene. *IPPCCE News Letter*, 6, 47-52.

Shimaraev, M.N., Granin, N. and ZHADANOV, A.A. (1993): Deep ventilation of Lake Baikal due to spring thermal bars. *Limnology and Oceanography*, 38, 1068-1072.

Shimaraev, M.N., Verbolov, V.I., Granin, N. and Sherstyankin, P.P. (1994): *Physical Limnology of Lake Baikal: A Review*, Okayama-Irkutsk, 81pp.

Tani, Y., Kurihara, K., Nara, F., Itoh, N., Soma, M., Soma, Y., Tanaka, A., Yoneda, M., Hirota, M. and Shibata, Y. (2002): Temporal changes in the phytoplankton community of the southern basin of Lake Baikal over the last 24,000 years recorded by photosynthetic pigments in a sediment core. *Organic Geochemistry*, 33, 1621-1634.

Ufimtsev, G.F. (1991): Morphotectonics of the Baikal Rift Valley, Eastern Siberia.USSR. *GeoJournal*, 23, 197-206.

Voss, M., Larsen, B., Leivuori, M. and Vallius, H. (2000): Stable isotope signals of eutrophication in Baltic Sea sediments. *Journal of Marine Systems*, 25, 287-298.

Watanabe Y. and Drucker, V.V. (1999): Phytoplankton blooms in Lake Baikal, with reference to the lake present state of eutrophication. In Kawanabe, H. *et al.* eds.:

---

**Column……3　国際バイカル湖掘削計画**

1988年11月，ソ連科学アカデミーは，バイカル湖を中心とした新しい国際共同研究組織の設立を全世界に向け提唱した．1990年5月のソ連政府による承認後，直ちに各国の研究機関に共同研究参加の意思表示が求められ，米英の研究者の協力のもとにバイカル国際生態学研究センター設立の準備が進められた．同年12月，研究組織設立に向けた国際会議がイルクーツクの陸水学研究所で開催され，バイカル国際生態学研究センター（略称BICER）の開設が宣言された．この席上我が国も計画への参画を表明し，翌年の1991年12月に基金を拠出し運営委員会に参入した．すでにバイカル湖にかかわりをもっていた研究者を中心に国内研究組織の設立が提唱され，1991年3月30日，日本BICER協議会（略称JABIRP）が発足した．1991年8月にソ連が解体する重大な局面を乗り越えてBICERはロシア科学アカデミーに引き継がれ，日本・ロシア・アメリカ・ベルギー・イギリスの各国研究組織によるバイカル湖研究が開始された．非政府国際共同研究組織であるBICERは，独立した法的権利のもとにこれらの基金拠出国で運営され，以後の多くの画期的な研究成果を生みだす母体となったのである．

〔箕浦幸治・酒井孝幸〕

*Ancient Lakes : Their Cultural and Biological Diversity*, Kenobi Productions, Belgium, pp.217-225.

Weiss, R.F., Carmack, E.C. and Koropalov, V.M.（1991）: Deep-water renewal and biological production in Lake Baikal. *Nature*, **349**, 665-669.

Williams, D.F., Qiu, L., Karabanov, E. and Gvozdkov, A.（1993）: Geochemical indicators of productivity and sources of organic matter in surficial sediments of Lake Baikal. *Russian Geology and Geophysics*, **34**, 111-125.

# 2.3 シベリアの森林火災と地球温暖化

## 2.3.1 シベリアタイガ成立の条件

シベリア北方林(タイガ)は地球の森林面積の約22％を占めている．その成立には気候条件以外の重要な要素が存在する．それは永久凍土の存在である．図2.26はNOAA衛星画像による東ユーラシアの夏季植生指数分布を示す(Fukuda, 2003)．一般に東南アジアの熱帯雨林地域で植生が多く，北に向かうと植生が乏しくなるが，夏季にはシベリアで植生が濃い．タイガからツンドラに移行するためである．図の東経90～110度の範囲で植生指数・年平均気温・年降水量の南北分布を図2.27に示す．熱帯から北に向かって温度も降水も低下するような傾斜があり，それに対応して植生指数も低下している．しかし北緯42度のゴビ砂漠東端付近から北に向かうと低温・寡少降水という気候条件の悪化にも植生指数が急増している．北緯48度付近は永久凍土の分布南限に一致する．図2.28にヤクーツクと札幌の年降水量比較を示す．ヤクーツクの年降水量は236 mmに過ぎず，ケッペンの気候区分によれば，200 mm以下が砂漠に分類されている．タイガの成立はその下の永久凍土の存在に強く依存している(福田・高

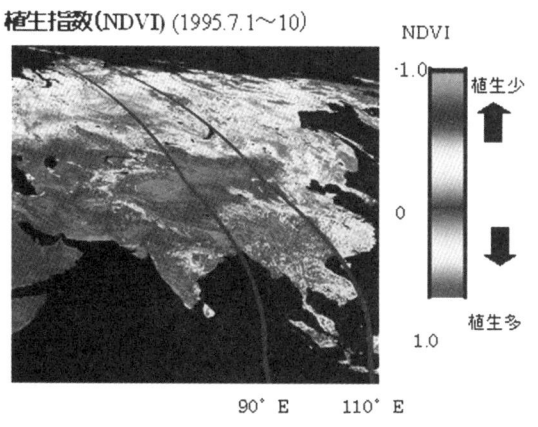

**図2.26** ユーラシア大陸東側の植生指数分布（NOAA AVHRR）（口絵6）

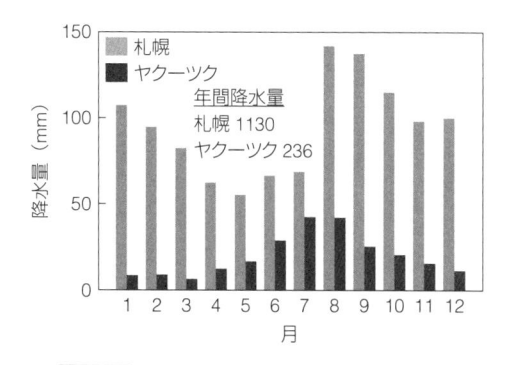

**図2.27** 植生指数と気候指数

**図2.28** ヤクーツクと札幌の降水季節変動

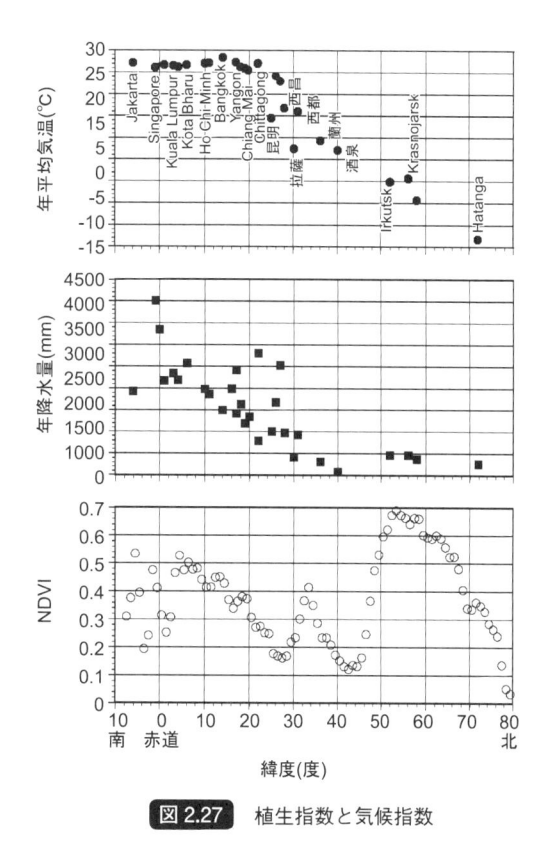

**図2.29** タイガと永久凍土の共生関係（東シベリアサルダッハ湖岸，2001年筆者撮影）

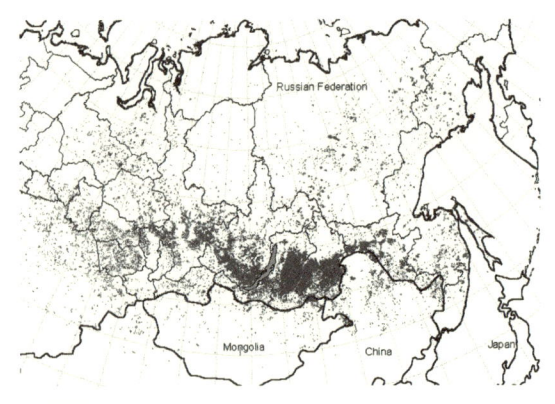

**図2.30** 2003年NOAAによる森林火災検知結果（イルクーツク，太陽地球物理研究所提供）

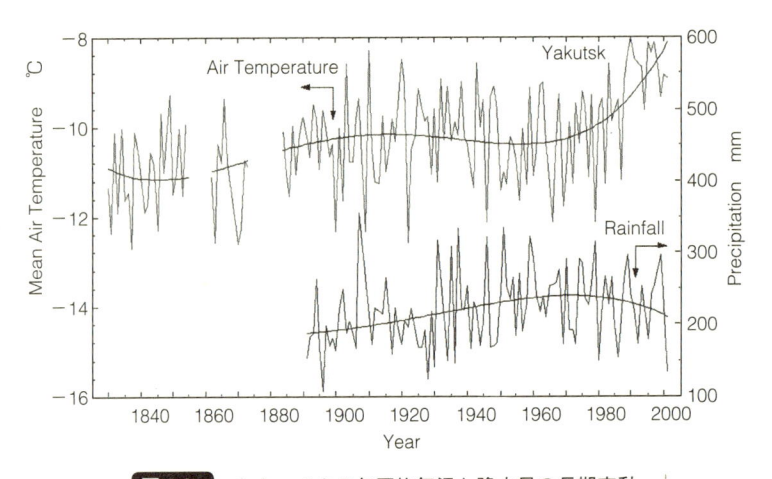

**図2.31** ヤクーツクの年平均気温と降水量の長期変動

橋1999）．図2.29はヤクーツクでのタイガの下に露出する永久凍土と地下氷である．この地域での永久凍土の厚さは400〜250mにも及ぶ．

凍土上層の約1mまでは夏季に融解する活動層である．凍土は水を浸透させないために，降水は上層1mに保持されている．この土壌水がタイガを涵養している．永久凍土からみると夏季に繁る樹木が，強い日射を遮り後氷期以降の地球温暖化での凍土融解を防いでいる．つまりシベリアタイガと永久凍土は相互に依存しあう共生関係にあるといえる．図2.28に示したように5〜7月には雨量も少なく，タイガは乾燥しきっている．

そのために森林火災が発生しやすくなっている．

### 2.3.2 最近の火災発生増加と森林火災の特徴

2003年にシベリアでは広範囲で火災が発生した．図2.30はNOAAで検知した火災発生分布である．推定では焼失面積は2000万haに達した．

こうした大規模森林火災の多発には最近の地球温暖化が影響している．図2.31は過去100年以上のヤクーツクでの気温と降水量の長期変動である（早坂2004）．100年で気温は2.5℃上昇したが，

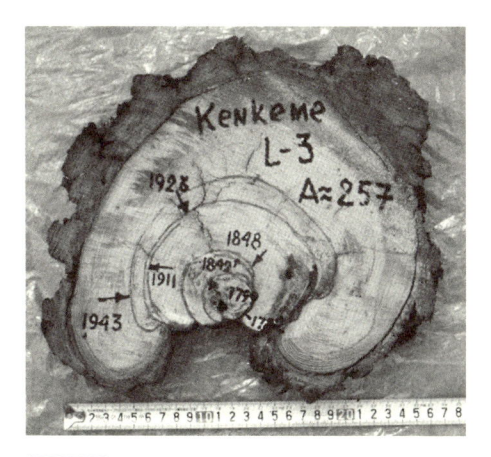

**図 2.32** 根株の年輪（257年）に記録された火災の痕跡

**図 2.33** 地表植生が焼失した比較的軽度の地表火

**図 2.34** 強度の地表火で立ち枯れたカラマツ成木，火傷跡の高さは 7.5±3.4 m（84個体）

**図 2.35** 強度の地表火で倒れたカラマツ成木

降水量は減少傾向にある．夏季の高温と乾燥が火災発生を促進させている．

火災の原因は落雷による自然発生よりも人為に起因する割合が多い．約70%は森林内での火の不始末によって火災が発生している．衛星画像解析で火災発生をみると，道路沿いあるいは河川沿いに多く分布しており，人為によることを示している．

このようなシベリアタイガにおける森林火災については100年以上前から日常的なこととして認識されていたようで，ロシアの有名な劇作家チェーホフの紀行文「シベリアの旅」には，災害というよりむしろ森林の更新に役立つという認識が記されている．しかし，シベリア地域の開発に伴い，同じ森林における火災の繰り返しが多くなっており，森林の再生が危惧される．

図 2.32 はヤクーツク郊外の森林で得たカラマツ根株の年輪に刻まれた火災の歴史である．このような根株年輪を異なる2つの森林で調べると，200年たらずの間に13回もの火災が記録されており，繰り返しの平均は15年，最短は4年，最長は43年であった．

ロシアの森林管理の対象地域約7億haについては1947～1992年までの被災記録がある．その記録によると火災発生回数は年間1万～3万4000回，被災面積は20万～270万haであり，火災のタイプは77%が地表火，22%が樹冠火そして1%以下が地中火となっている (Korovin 1996).

**図2.36** 地表火から樹冠火になり棒杭状態になったカラマツ林（口絵7）

**図2.37** 空洞のある幹に火が入り炎が噴出している

**図2.38** 腐朽で空洞ができた根株に火が入りくすぶっている

永久凍土地帯では90％以上が地表火である．この火災タイプと燃焼強度は，樹種や立木密度，燃焼材料の量とその乾燥状態などにより決まり，その後の森林回復に大きく影響する．

地表火はカラマツ林やアカマツ林で多く発生する．林床植生の灌木・草本や燃焼材料となる地表に蓄積している腐植・落葉落枝・倒木が燃えるものである．図2.33はコケモモなどの林床植生と落葉落枝などが燃えた軽度の地表火であり，立木のカラマツが枯れることは稀である．しかし，林床の蓄積有機物がほとんど焼失するほど強く燃えると，樹高20mのカラマツの樹冠が燃えなくても図2.34のように立ち枯れてしまう．このような強度の地表火になると根系の大部分は表層20cm前後に分布しているため，根系が切断されて立木を支えられなくなり，図2.35のように倒木が次々と発生する．

トウヒ林やモミ林の森林火災はほとんどが立木の先端まで燃えてしまう樹冠火になる．これは下枝がカラマツやアカマツより地表に近いところまで着生し，樹脂分の多い針葉を多量につけているためである．しかし，図2.36にみるようにカラマツでも樹高が低く立木密度の高い林分は地表火が樹冠火になってしまう．また，アカマツやカラマツの高木でも幹内部が腐朽し，空洞ができていると図2.37のように幹が煙突となり，軽い地表火でも樹冠火になることがある．

地中火は泥炭地帯でよくみられるタイプで，堆積有機物層の中に火がくすぶりつづける．永久凍土上は有機物が厚く堆積しやすいので，立木の根に火が入ると地中火となりくすぶりつづけ，強風が吹くと延焼の火種となる．図2.38は前日に鎮火した火災跡地でくすぶっている根株である．この近辺の地表温度は123℃で，表面の燃え残った有機物層を軽く掘ると勢いよく炎が上がる．地中火になると根系が破壊されるため森林は壊滅する．

### 2.3.3 森林からの二酸化炭素放出

シベリアタイガはウラル山脈の東側に拡がる広大な針葉樹林帯で総面積約6億ha（日本の国土面積の約14倍）を占める．地球の肺と表現されることがあるほどその二酸化炭素吸収能力と炭素貯留量は大きい．しかし，前項で述べたように，

**図2.39** 森林の二酸化炭素収支観測タワー（東シベリア，ネレゲル）

**図2.40** 二酸化炭素吸収の盛んな若齢林

シベリアタイガでは大規模な森林火災が発生しており，1998年からの累積火災面積は5000万haを超えている．

森林による二酸化炭素吸収量は森林生態系のバイオマス純生産量（NPP）と土壌呼吸量（R）の差（生態系純生産，NEP）として求められる．1年間のNPPは樹木の体積増加量（＝成長量）にほぼ等しい．生育期における成熟林林床の夏期の植生バイオマス増加量は樹木生長量の10%前後であるが草本類が大部分で冬季には枯死するので無視できる．森林のNPPは樹木成長量に容積密度数と炭素率および拡大係数（枝や根系部分の増加量を補正する）を乗じて求められる．FAOやIPCCでは，容積密度数0.45，炭素率0.5，幹以外の根や枝葉を見積もるための拡大係数1.7（針葉樹）や1.8（広葉樹）が用いられている．このNPPは樹木の成長段階（林齢）により変化するのでNPPが最大となる年数は樹種，立木密度，林齢などによって異なってくるが一般的に若齢林のNPPが高い．最近の研究では図2.39のようなタワーを用いた森林樹冠層を移動する二酸化炭素フラックスのモニタリングから，森林による二酸化炭素吸収量を求める方法が利用されるようになり，地球規模でモニタリング組織が構築されつつある．

ヤクーツク近郊の200年生前後のカラマツ成熟林のバイオマスから推定した例では1haあたり1.24～1.40炭素トンの吸収，23年生の若齢林（図2.40）では2.39炭素トンの吸収となっている

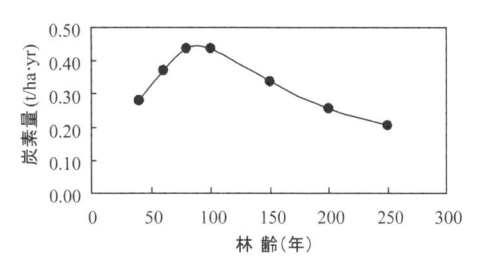

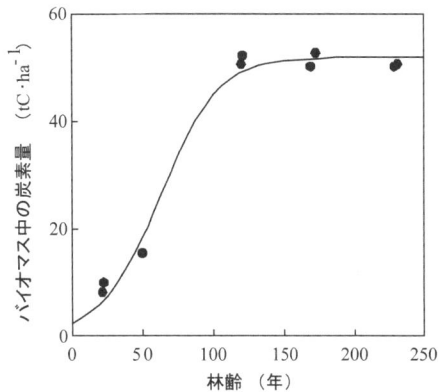

**図2.41** カラマツ林の加齢に伴う炭素固定量（NPP）と炭素蓄積量

（Shibuya et al., 2004）（炭素トンは二酸化炭素を構成する炭素量で表示）．一方，森林火災で5年前にカラマツ成熟林が焼失した林地では0.89炭素トン/haの放出あるいは0.07炭素トン/haの吸収となっており（Sawamoto et al., 2003），森林火災の規模によってはタイガが炭素の放出源になることが示されている．

ヤクーツク周辺の林齢の異なる10林分の森林で推定した炭素現存量から，それぞれの地上部平均年間炭素固定量を求めると図2.41のようにな

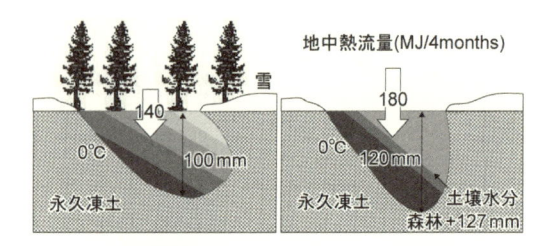

**図2.42** 攪乱後の永久凍土の融解

**図2.43** 攪乱後の永久凍土融解によるアラス形成初期

る。この結果から推定すると永久凍土地帯のカラマツ林では100年前後の森林のNPPが大きい．また，バイオマス成長量と土壌呼吸から求められた200年前後の成熟林のNEPは1.8トンになった(Sawamoto et al., 2000)．シベリア地域のNPPは大部分が1 ha あたり1～3トンと推定されているので，平均炭素固定量を1.5トンとするとシベリアタイガの二酸化炭素の総吸収量は約9億トンとなる．

ロシア全土で発生する森林火災により放出される炭素量についてはいくつかの推定値が出されている．それらによると，バイオマスの燃焼により年平均0.34億～0.78億トン，火災後の残存有機物などの分解により0.42億～2.81億トンと推定値に大きな幅がある(Shvidenko and Nilson, 2000)．火災頻度や規模が大きくなってきた最近では1988～1992年の5年間に直接放出された炭素量は年平均で1.27億トン，1 ha あたり16.6トンと見積もられている．

衛星画像を用いて解析した報告によると，1998年の森林火災は，モンゴル北部の森林も含めて被災面積1100万 ha，3.5億トンのバイオマスが燃焼し，1.76億トンの炭素が放出されたと推定されている(Kajii et al., 2002)．別な報告では，シベリアタイガ1500万～2000万 ha の森林火災により直接放出される炭素量は3.7億～5億トンと推定され，火災後に放出される炭素量はその2倍と見積もられている．すなわち2000万 ha の森林火災により合計15億トンの炭素が放出されることになる．

ただし，火災後の放出量は何年にもわたって土壌有機物や枯死木の分解による放出量の合計であるから，たとえば火災の繰り返し間隔を15年とすれば，火災後の炭素放出量は平均で約7000万トン/年となり，初年度が約5.7億トン，1 ha あたり28.5トンとなる．ヤクーツク近郊で樹冠火により立ち枯れ状態になった50～60年生のカラマツ林（図2.38）では，樹冠火により直接放出した炭素量は1 ha あたり19トン，立ち枯れ木や残存有機物すべてが分解すると合計で38トンとなる．このように森林火災は強力な炭素爆弾といわざるをえない．近い将来ロシアの森林は伐採と森林火災のために炭素の放出源になるだろうとする予測もされている(高橋, 2004)．

### 2.3.4 火災跡地永久凍土融解とメタンガス放出

火災によって表面植生や有機層が焼失すると，地表面熱収支が崩れ地中へ伝達する熱量が増加する．その結果焼けた跡地では大気側から夏季に凍土に伝達される熱量が増加する．ヤクーツク付近での地中伝達熱量の観測結果を図2.42に示す．(Iwahana et al., 2005)．火災の直後では，直達日量の増加，地表面アルベードの増加の結果，約28％の夏季地中熱伝達量の増加が起こった．当然永久凍土の表層部では活動層が深くなる．凍土層には多くの氷が含まれているので，それが融解することで凍土の体積の減少とそれに伴う地表面の陥没が発生する．凹地には融解した水が集積して湖沼となる．湖沼の底の温度は+2℃以上になるため，湖盆の底ではさらに融解が進行する．その結果ま

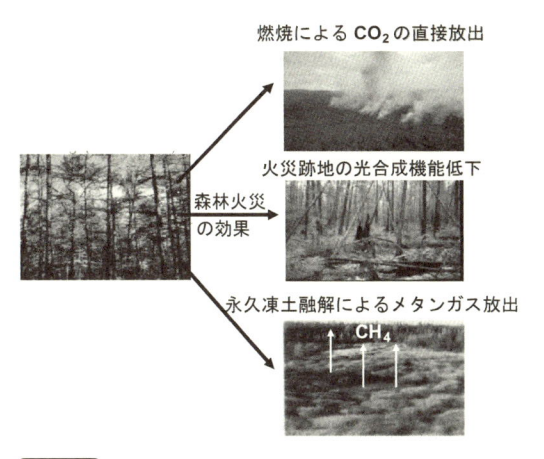

**図2.44** シベリアタイガの火災による温室効果ガスの放出

**図2.45** 森林火災検知事例（2003年5月18日，バイカル湖東側）

すます湖沼は深くなり，集積する水量も増加する．図2.43はそうした火災直後に形成されつつある凹地に形成された湖沼である．永久凍土融解による地面の陥没とそこに形成される湖沼をアラスと呼ぶ．一方永久凍土の上層部には高濃度のメタンガスが集積されている．年代測定などから，最終氷期に当時の地表面で活発にメタン生成があり，これが永久凍土中に閉じこめられたものと考えられている．永久凍土の深さ2～4mでの永久凍土中のメタンガス平均濃度は2000 ppmにも達する．攪乱直後に活動層が深くなる段階では，凍土融解によりこの高濃度のメタンガスが大気へ放出されてくる．また一時的に形成されるアラス湖沼では嫌気的な環境と夏季の高温下で活発なメタン生成が行われ，やはり大気へのメタン放出が発生する．ヤクーツク周辺のアラスでチャンバー法によってメタンフラックスを測定したところ，夏季には200 kg/ha以上となり，この値は日本の水田からのフラックスを上回っている (Takakai et al., 2006)．

以上から火災後の攪乱地では永久凍土の融解過程での過去に生成されたメタンガス放出と融解地での現在の環境でのメタンガス放出という2つの放出源が存在している．完新世以降の温暖化による長期的な永久凍土融解によるメタンガス放出は$3～1\times10^9$ g/年で最近の攪乱跡地での凍土融解での放出は$1.8\times10^{11}$ g/年と見積もられている．形成されつつあるアラス湿原からの放出量は季節変動が大きくまだ見積もられていない．

### 2.3.5 火災や攪乱による温室効果ガス放出の抑制

シベリアで発生する森林火災では図2.44に示すように，数段階の時間差で温室効果ガスを放出する．焼け跡では森林回復までの間土壌呼吸の増加などで数十年間は二酸化炭素の放出源となる．永久凍土融解によるアラスでは数百年間メタンガスを放出しつづける．こうしたシベリアタイガの火災や伐採による攪乱の影響を考慮すれば，もはやタイガは炭素の吸収源ではなく放出源となっている可能性がある．つまりさらなる地球温暖化を促進し，それがまた火災の発生頻度を増加させるという悪循環が起こりつつある．

どのようにしてそれを抑制するか．次の3段階での制御法が現在検討されている．

① 森林火災の早期検出
② 火災延焼予測による拡大抑制
③ 火災跡地の早期回復作業

広大なシベリアでの火災検知は容易ではない．

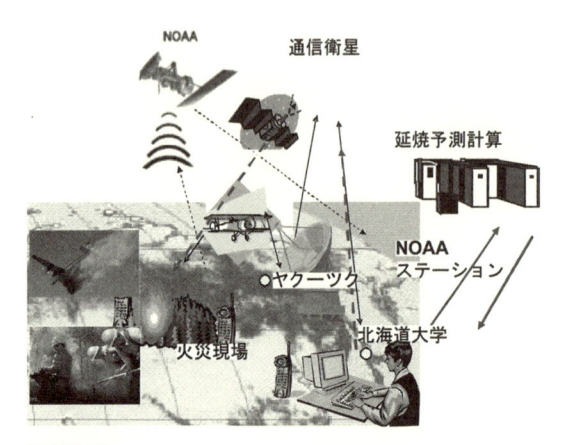

**図 2.46** シベリア森林火災の早期検出と延焼予測による制御システム

そこでNOAAあるいはMODISという周回周期の短い衛星による火災検知を行う．図2.45はNOAA AVHRRによるシベリアでの火災検知事例である．一旦火災を早期検知しても，乾燥しているシベリアでは消火のための水の供給が困難である．そこで，発生を検知した地点でのさまざまな情報（森林のタイプ，樹木密度，地形，風向・風速，気温・湿度など）に基づき，延焼を数値予測する．その結果に基づき延焼の前面に適当な防火帯を設置することで火災の延焼拡大を防ぐことで，火災被害を最小に食い止めることができる．そのためには，いち早く延焼予測を行い，その情報を地上の消火隊に伝達する通信網を確立する必要がある．

図2.46は現在北海道大学を中心に検討されているシベリア森林火災制御のシステムである（福田, 2005）．

さらに火災跡地については，火災の重度や表層有機層の損失状況などを掌握し，最適の種子を選択して航空機による直播などで早期の森林回復を促す．（図2.47）．こうした段階ごとの対応により，シベリアタイガの火災や伐採などの攪乱による影響を抑制し，温暖化効果ガスの放出を削減させることが可能となる．研究段階から実施段階への移行が図られつつある．　〔福田正己・高橋邦秀〕

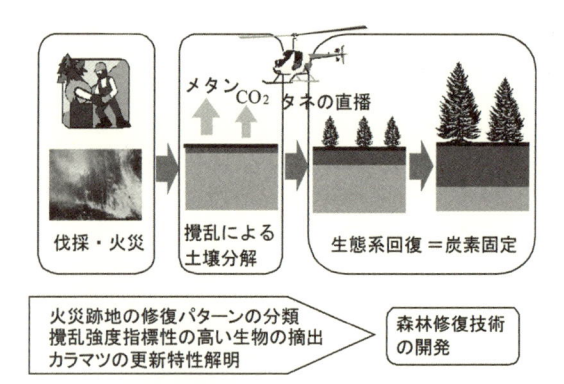

**図 2.47** 火災跡地の早期修復

▶ 文　献

高橋邦秀(2004)：森林火災発生と炭素収支．自然災害科学，**23**(3), 331-333.

早坂洋史（2004）：気候変動に伴う最近の大規模森林火災の発生傾向．自然災害科学，**23**(3), 321-326.

福田正己・香内　晃・高橋修平編著（1997）：極地の科学，北海道大学図書刊行会，179pp.

福田正己・高橋邦秀（1999）：シベリアタイガの破壊が何をもたらすか．科学，**69**, 568-571.

福田正己（2004）：地球温暖化は何が問題か．越智　貢ほか編：岩波応用倫理学講義，2 環境，岩波書店，pp.201-209.

福田正己（2005）：温暖化ガスにかかわる永久凍土攪乱の制御技術．エネルギー・資源，**26**(4), 276-280.

Fukuda, M. (2003)：Siberian permafrost disturbance induced by boreal forest fire and its impacts to global warming in Nakakura, M. and Lee, K. eds.：*Technology Innovation and Its Relations to Humanities and Social Science*, HokkaidoUniversity Press, pp.23-32.

Goldammer, J.G. and Furyaev, V.V. (1996)：*Fire in Ecosystems of Boreal Eurasia*, Kluwer Academic Publishers, 528pp.

Iwahana, G. et al. (2005)：Influence of forest clear-cutting on the thermal and hydrological regime of the active layer near Yakutsk, eastern Siberia. *Journal of Geophysical Research Biogeoscience*, **110**, G02004.

Kajii, Y. et al. (2002)：Boreal forest fires in Siberia in 1998：Estimation of area burned and emissions of pollutants by advanced very high resolution radiometer satellite data. *Journal of Geophysical Research*, **107**, No.D24, 4757.

Korovin, G.N. (1996)：Analysis of the distribution of fires in Russia. In Goldammer, J.G. and Furyaev, V.F. eds.：*Fire in Ecosystems of Boreal Eurasia*, pp.112-128.

Sawamoto, T. et al. (2003)：Changes in net ecosystem production associated with forest fire in Taiga ecosystems, near Yakutsk, Russia. *Soil Science and Plant. Nutrient*, **49**, 493-501.

Shibuya M. *et al.*（2004）: Time trend in aboveground biomass, net primary production and carbon storage of natural Larix gmelinii stands in eastern Siberia. *Eurasian Journal Forest Research*, 7(2), 67-74.

Shvidenko, A.Z. and Nilson, S.（2000）: Fire and the carbon budget of Russian forests. In Kasischke, E.S. and Stocks, B.J. eds.: *Fire, Climate Change and Carbon Cycling in the Boreal Forests, Ecological Studies*, 138, Springer-Verlag, pp.289-311.

Takakai, F. *et al.*（2006）: Greenhouse gas emission from a Siberian alas ecosystem near Yakutsk, Russia. In Hatano, R. and Guggenberger, G. eds.: *Symposium of Environmental Change in Siberian Permafrost Region*, Hokkaido University Press, pp.11-26.

I 自然環境

# 第3章

# 開発と環境問題

## 3.1 砂漠化

### 3.1.1 砂漠化の定義

1992年の地球サミット（国連環境開発会議）で採択された「アジェンダ21」がきっかけとなり，「砂漠化対処条約」は1994年6月に採択，1996年12月に発効となった．砂漠化対処条約によると，「砂漠化」(desertification)は「乾燥，半乾燥および乾燥半湿潤地域における気候変動および人間活動を含むさまざまな要因に起因する土地の劣化」と定義されている．

ここでいう「土地」とは，土壌，植物，水などをさす．「土地の劣化」とは，①風または水による土壌侵食，②土壌の物理的，化学的および生物学的特質の悪化，③自然植生の長期間にわたる消失である（以下，プロセス①～③と参照）．

プロセス①と②は，広い意味での土壌の劣化で，プロセス③は植生の劣化である．実際の砂漠化は，砂漠の拡大という砂漠縁辺に限った現象ではなく，砂漠から離れた場所でも，人間活動により局所的にも生じることから，条約では，「砂漠化」に加えて「土地の劣化」(land degradation)という包括的な語句が併記されている．

砂漠化対処条約には，砂漠化の原因として，気候的要因と人為的要因があげられている．気候的要因とは，干ばつを引き起こす大気循環の変動などである．人為的要因とは，過放牧，過耕作，樹木の過剰採取など生態系の許容範囲を超えた人間活動で，その背景には貧困，人口増加といった社会経済的な要因がある．

### 3.1.2 砂漠化の分布

砂漠化対処条約にある「乾燥，半乾燥および乾燥半湿潤地域」とは，広い意味での「乾燥地」である．これらの地域は，年間の降水量を可能蒸発散量で割った値を「乾燥度指数」と定義し，これによって決める．乾燥度指数が小さいほど乾燥の程度が高い．つまり，乾燥が強くなると，降水量に比べて可能蒸発散量が大きくなる．可能蒸発散量とは水が十分に供給されたときの蒸発散量であり，実際の蒸発散量（実蒸発散量）の上限値を与える仮想的なものである．

乾燥度指数による定義では，寒冷地を除いた乾燥地の合計は，全陸地面積の41.3%である．このうちで，極乾燥から乾燥の地域が，一般的にいう砂漠であり，全陸地面積の17.2%を占める．このなかでも極乾燥地域は，もともと砂漠であるので砂漠化の被害をこうむることはない．砂漠化の進行している地域は，乾燥地のうちでも極乾燥地域周辺に位置し，やや湿潤で植生がわずかにある地域である．

世界的にみると，土壌劣化を受けている土地(植

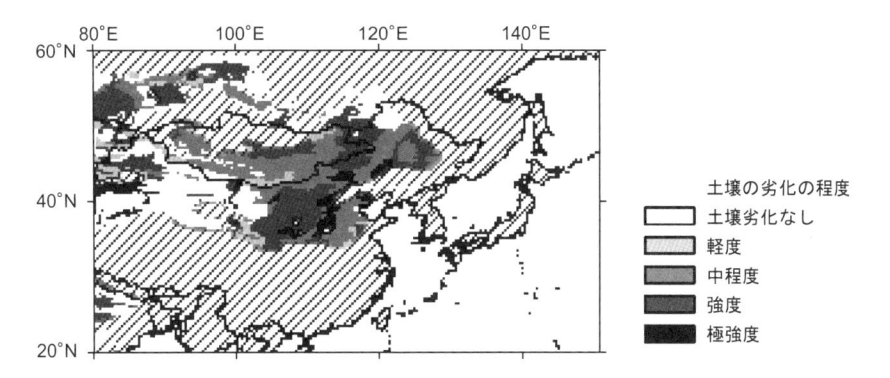

**図 3.1** 土壌劣化データ（GLASOD）による乾燥地における土壌劣化地図（UNEP, 1997）
乾燥地は年平均降水量の年平均蒸発散量に対する比が 0.65 未満の地域（寒冷地を除く）．斜線は乾燥地以外の地域．

生劣化している地域も含む）の面積は約 10 億 ha（地球の全陸地の約 7%）である (UNEP, 1992)．最近のミレニアム生態系評価 (Millennium Ecosystem Assessment, 2005) では，専門家の意見に加えて，リモートセンシングデータとセンサスをもとに，1981～2000 年の土地被覆の変化が評価された．ここで，砂漠化（土壌劣化と植生劣化を含む）の面積は，乾燥地（極乾燥地域を含む）の 10～20%，全陸地の 4.1～8.3% と再評価され，土壌劣化の評価によるもの（7%）と同程度となった．これによると，アジアに急速な土地被覆変化，特に砂漠化の地域が最も集中している．

図 3.1 は，乾燥地の土壌劣化地図であり，土壌劣化という視点からみた砂漠化地図といえる．東北アジアでは，中国・内モンゴル地域において，強度・極強度の砂漠化がみられるのに対して，モンゴル国では砂漠化の程度が比較的小さい．内モンゴルにおける砂漠化のプロセスとして，水と風による土壌侵食（水食と風食）がともに重要であるが，その地域内でも降水の多い地域は水食の方が重要度を増す．また，黄河に沿った地域では塩類化が認められる．このように，地域の気候・水文・地形条件などによって砂漠化のプロセスも異なってくる．詳しくは，3.1.4 項の砂漠化の事例で述べる．

### 3.1.3 モンゴル高原の砂漠化の歴史的背景

今日のモンゴル高原は北中部がモンゴル国領，東から南西部にかけての地域が中国領で，内モンゴル自治区と呼ばれている．20 世紀の初頭まで，モンゴル高原全体が清朝の領土であったが，1921 年に北中部が清朝から独立し，モンゴル国を復国した．その後の 1947 年に残りの地域は内モンゴル自治区となり，中国にとどまった．このときから，それまで同じ自然条件と遊牧生産様式をもっていたモンゴル高原で，国境をはさんで人々の営みが大きく変容しはじめた．

モンゴル国の国土面積は 156.4 km$^2$ であり，1998 年現在，そのうち 82% が放牧用地，すなわち，自然草地であるのに対して，農地は 1% を占めるにすぎない（図 3.2）．モンゴル国では農牧業が就業人口の半数弱，国内総生産の 3 割以上を占め，農牧業生産の約 9 割を牧畜業が占めている．2001 年現在，モンゴル国では 244 万人の人口が 2608 万頭の家畜を所有し，人口と家畜の密度はそれぞれ 1.6 人/km$^2$，16.7 頭/km$^2$ である（図 3.3）．モンゴル国の国家体制が，20 世紀の初頭から封建社会と社会主義を経て，1990 年代に資本主義へと変化したが，伝統的な季節移動遊牧は綿々と引き継がれてきた．この遊牧は，もともと，移動により土地への環境負荷を分散させ，数千年来維持されてきた営みである．

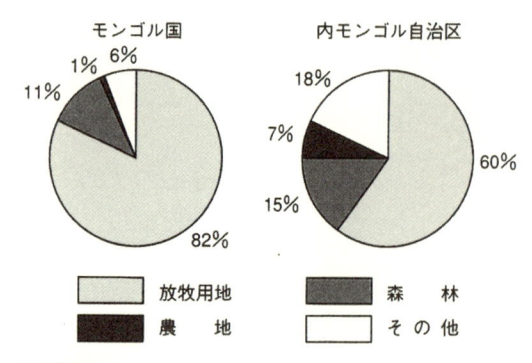

**図3.2** モンゴル高原の土地利用（ナチンションホル, 2003）
データはモンゴル国自然環境省（1998），内モンゴル自治区統計局（1999）による．

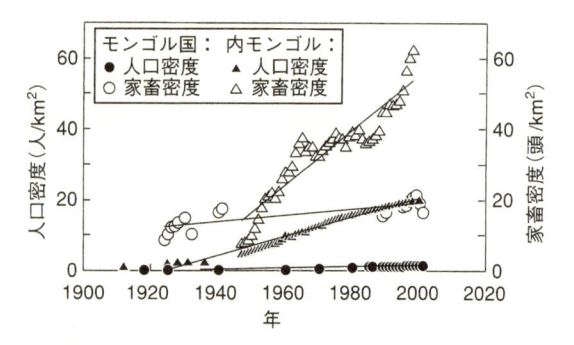

**図3.3** モンゴル高原における人口・家畜密度の推移（ナチンションホル, 2003）
データはモンゴル国家統計局（2002），内モンゴル自治区統計局（1999）による．直線は回帰直線．

一方，内モンゴル自治区の総面積は118.3 km²で，そのうち60％が放牧用地で，農地は7％である（図3.2）．1998年現在，人口密度が19.8人/km²，家畜密度が64.1頭/km²であり，内モンゴル自治区が設立された1947年と比べると，それぞれ4.2倍，7.8倍に増加した（図3.3）．これらの密度はモンゴル国のものと比べて，それぞれ13倍，3倍である．

内モンゴルの人口構成では，漢族とモンゴル族がそれぞれ79％と16％を占め，多数を占める漢族の多くは農業，農牧兼業，農商兼業に従事しているのに対して，少数のモンゴル族が遊牧を営んでいるにすぎない．ここ数十年における増加人口の多くを占める移住農民（漢族）は草地を大規模に農地へ変えていった．草原植生がはがされ，作物が生育する夏以外の季節には，土壌が露出し，春を中心とする強風により，激しい風食を受けることになった．このような歴史的変遷をもつ内モンゴルはモンゴル国と比べて土壌劣化が進んだ（図3.1）．

### 3.1.4 砂漠化の事例

#### a．モンゴル国

ユーラシア大陸東部の内陸に位置するモンゴル国は平均標高1580 mの高原上にある．年降水量はモンゴル国平均で200〜220 mmと少なく，9割近くが暖候季に集中する．日平均気温が氷点下に下がるのは多くの地域で10〜4月と半年以上にわたる．このように，乾燥であると同時に寒冷である厳しい気候ゆえに，基幹産業である遊牧が干ばつとゾド（家畜の大量死につながる寒候季の寒雪害）に繰り返し脅かされてきた．

モンゴル国の気象水文研究所は，2001年から全国1500以上の村（バグ）の家畜頭数と8月中旬の可食バイオマス（家畜が食べる地上1 cm以上の牧草の自然乾燥重量で，8月は通常年間最大値を記録する時期）のデータから見積もった牧養力（植生を劣化させずに維持できる家畜頭数）を8月下旬に発表している．図3.4は2003年8月のものであるが，多くの地域で牧養力は100％以下（家畜にとって十分の草がある状態）となっている．これは，1999/2000年以降3年連続のゾドによって家畜頭数が大幅に減少した（1999年と比べ2002年に29％へと減少）ことと，3年続きの干ばつの後，2003年夏に降雨量が回復し，バイオマス（植物量）が多かったためである．このように，牧養力は年々の気候変動に大きく左右されるが，長期的にみると，過放牧による植生劣化などの砂漠化にも影響を受けている．

モンゴル草原では放牧による砂漠化には，家畜の採食による植生劣化（図3.5, 3.6）と踏みつけによる土壌の圧密（図3.7）がある．前者につ

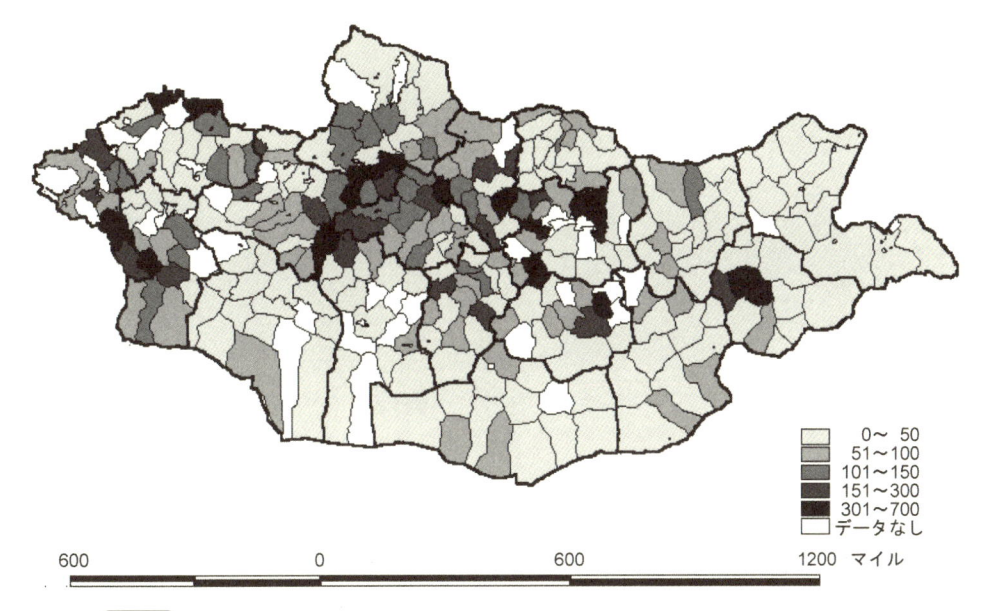

**図 3.4** 2003 年 8 月 25 日の牧養力に対する家畜数の割合（％）（篠田・森永，2005）
約 1500 地点の家畜頭数とバイオマスのデータから算出．300％は，草の量に対して 3 倍もの家畜がいることを意味する．

**図 3.5** モンゴル典型草原，バヤンオンジュル（Bayan Unjuul）郡中心地周辺の牧草地（北緯 47 度 03 分，東経 105 度 57 分）

2005 年 8 月 3 日．約 1 年前に設置した牧柵の内外で草丈が異なる．この地域は図 3.1 では強度の土壌劣化地域となっている．1995～2005 年における年平均降水量は 163.0 mm，年平均気温は 0.1℃．

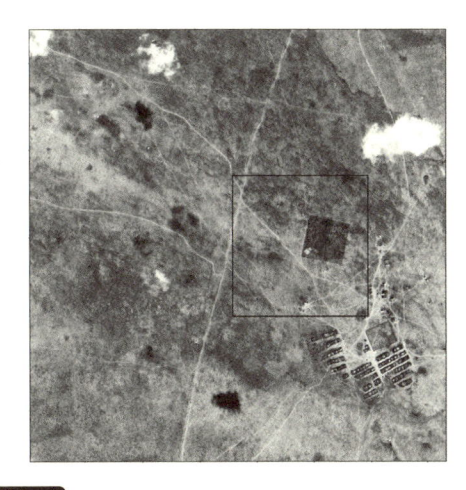

**図 3.6** Quick Bird 画像でみたバヤンオンジュル郡中心地とその北方にある牧柵（口絵 12）

2005 年 9 月 1 日．村を中心としてその周辺が牧草地となっている．黒枠内にある牧柵（300 m×300 m）の中は植生が多い．村の近辺にも植生が多くみえるが，これは家畜の好まない一年草の草本が繁茂しているためである．

**図 3.7** モンゴル典型草原東部，マタッド（Matad）付近（北緯 46 度 53 分，東経 114 度 42 分）の井戸と土壌劣化
井戸の周りは家畜の踏みつけにより植生がない．2003 年 8 月 14 日．図 3.1 では中程度〜強度の土壌劣化地域となっている．

**図 3.8** フロンボイル（呼倫貝爾）市，ツァガーン（磋崗鎮）村の近辺（東経 119 度，北緯 49 度 20 分）における過放牧による砂丘の再活動（口絵 13）
ナチンションホル，2004 年 8 月 4 日撮影．

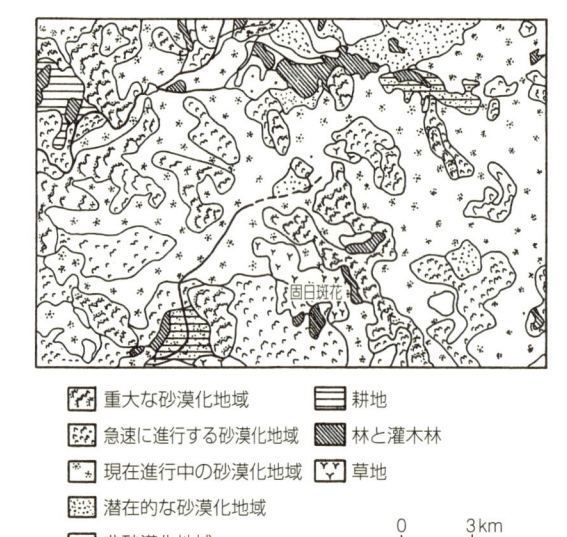

**図 3.9** ホルチン砂地南西端，ナイマン旗（北緯 42 度 58 分，東経 120 度 43 分）のグルバンホァー（固日斑花）における砂漠化（朱ほか（1989）を吉野（1997）より引用）

いては，バイオマス，植被率，群落高が減少するだけでなく，家畜の選択的な採食によって種組成に変化が生じる．すなわち，家畜の嗜好性の高い植物種が減少し，それらにかわって家畜の好まない植物や有毒・有棘植物が増加する．

### b. 中国北部

中国における砂漠化地域は，風食の影響を受ける地域と水食の影響を受ける地域に大きく分けられる．さらに，主として風食が卓越する地域は，東経 105 度付近を境にして，北西部の降水量が少ない地域（年降水量 250 mm 以下）と北東部のやや湿潤な地域（年降水量 250〜500 mm）に分けられる．北西部では，内陸河川上中流域での過度の水資源利用によって，下流域で河川水が枯渇し固定・半固定砂丘の再活動が引き起こされている．また，オアシス周辺での過度の樹木採取によって，同様に固定・半固定砂丘の再活動が起きる．これらの砂漠化地域は，タクラマカン砂漠周辺にある山岳氷河を源とする河川の分布に対応してパッチ状にみられる．

これに対して，北東部は年降水量からみると，温帯草原が成立可能な地域であるが，ここでは「砂地（さち）」と呼ばれる地域で草原の退行が問題となっている（図 3.8）．砂地では表層に砂質堆積物があるため，過放牧などの不適切な人間活動によって植生が破壊されると，3〜5 月を中心に卓越する強い北西季節風により，固定されていた砂丘が再活動を始める．

ホルチン砂地は，中国北東部に広がる草原地帯の東部（東経 118 度 30 分〜123 度 30 分，北緯 42 度 20 分〜44 度 20 分）に位置する．図 3.9 は

表3.1 ナイマンの砂地における放牧圧の植生・土壌への影響（原薗（1996）より作成）

| | 植生量(1992〜1994年平均)(g/m²) | | | | | 歩行数 (step/m²) | 土壌硬度 (kg/cm²) |
|---|---|---|---|---|---|---|---|
| | 5月 | 6月 | 7月 | 8月 | 9月 | | |
| 無牧区 | 17.5 | 67.6 | 166.7 | 315.6 | 289.3 | 0.0 | 2.87 |
| 軽牧区 | 22.2 | 37.7 | 88.7 | 115.3 | 115.3 | 4.0 | 3.50 |
| 中牧区 | 15.3 | 37.0 | 66.4 | 99.0 | 54.1 | 9.8 | 5.57 |
| 重牧区 | 11.9 | 12.9 | 25.7 | 30.8 | 18.1 | 18.4 | 8.66 |

無・軽・中・重牧区では，それぞれ牧柵内1haあたりに0, 2, 4, 6頭のヒツジを放牧した．

ホルチン砂地南西端にあるナイマンの砂漠化の例である．ナイマンの年降水量は371mmで，その65％が6〜8月に集中し，11〜3月の月平均気温は氷点下となる．ここは草原と森林の移行帯に位置し，農耕と牧畜がともに行われている地域である．流動砂丘（図中の砂漠化地域）と固定・半固定砂丘（非砂漠化地域・潜在的な砂漠化地域）が交互に分布するが，この景観は農地，牧場，居住地，あるいは，井戸・泉・湖沼の付近の比較的人為的影響の大きい地域にみられる．同地域で放牧圧をかえた試験区をつくり，放牧による植生・土壌への影響が調査された（表3.1）．これによると，放牧圧が増加すると，草を求めるヒツジの移動量とその踏圧が増加したため，土壌が硬化し，植生が減少したことがわかる．

### c. 黄土高原

中国北部の黄河中流域に広がる黄土高原は，標高1800m，総面積67.8万km²にわたる広大な高原地帯で，北緯33〜42度，東経101〜119度の範囲に位置している．黄土はその名の示すとおり，黄色ないし灰色かかった黄色の土で，0.01〜0.05mmの粒のそろった堆積物（シルト）である．黄土高原の黄土は，タクラマカン砂漠やジュンガル砂漠など中国西北部の砂漠からシルトが北東風にまいあげられて，この地域に堆積したものである．その歴史は約300〜120万年前にもさかのぼり，堆積の厚さは平均40〜50m，最大で400mにも達する．シルトが風に飛ばされて堆積した地域は，ヨーロッパや北アフリカなどにも分布しているが，黄土高原はその面積が格段に大きく，世界最大規模である．

図3.10 黄土高原，オルドスにおける水によるガリー侵食（篠田，2009）
2000年5月2日．植林されているが，侵食をとめるまでにはいたっていない．年降水量約400mm．図3.1では強度の土壌劣化地域となっている．

黄土高原の多くで水食が進行している（図3.10）．図3.1によると，土壌劣化の程度は強〜極強度となっている．黄土高原の年降水量は300〜660mmで，その60〜70％が7〜9月に集中する．黄土は垂直方向に大きな孔隙を発達させ，土壌小動物の穴などが多いため，水食に対してもろい．短期間に集中して降雨があると，雨水が垂直方向に流れて土壌を崩壊させ侵食が生じる．黄土は農耕には容易な土壌であるが，クラスト化（地表面に薄く硬い土の皮膜ができること）しやすいので，傾斜地では雨水が土壌表面を流れだし，1カ所に集中して侵食を生じやすい．

歴史的にみると，かつての黄土高原は緑豊かな土地であったが，清の時代（1616〜1912）に入ると急激に人口が増加し，漢族による大規模な森林伐採と草地開墾が行われた．これが引き金となって，黄土高原では至るところに深いガリー（侵食谷）が形成された．　〔篠田雅人〕

### ▶ 文　献

赤木祥彦（2005）：沙漠化とその対策，東京大学出版会，209pp.
門村　浩・武内和彦・大森博雄・田村俊和（1991）：環境変動と地球砂漠化，朝倉書店，276pp.
小泉　博・大黒俊哉・鞠子　茂（2000）：草原・砂漠の生態，共立出版，249pp.
篠田雅人（2009）：砂漠と気候　改訂版，成山堂書店，169pp.
篠田雅人・森永由紀（2005）：モンゴル国における気象災

害の早期警戒システムの構築に向けて．地理学評論，**78**(13)，928-950．

朱　震達・劉　恕・邸　醒民 (1989)：中国的沙漠化及其治理．科学出版社，北京，126pp．

武内和彦・田中　学編 (1998)：生物資源の持続的利用，地球環境学6，岩波書店，284pp．

恒川篤史 (2005)：緑地環境のモニタリングと評価，朝倉書店，248pp．

ナチンションホル (2003)：日本からみたモンゴルの自然環境——内モンゴルの苦悩．科学，**73**(5)，578-581．

原薗芳信 (1996)：過放牧が引き起こす砂漠化の微気象学的メカニズム．農業環境研究成果情報，第12集，1. http://ss.niaes.affrc.go.jp/sinfo/result/result12/result12_01.html

吉野正敏 (1997)：中国の沙漠化，大明堂，301pp．

Millennium Ecosystem Assessment (2005)：*Ecosystems and Human Well-being : Desertification Synthesis*. Water Reseources Institute, Washinton, DC, 26pp.

UNEP (1992)：*World Atlas of Desertification*. Arnold, 69pp.

UNEP (1997)：*World Atlas of Desertification* 2nd ed. Arnold, 182pp.

## 3.2 黄　　　砂

### 3.2.1 春の風物詩と地球環境

　日本人にとって，黄砂は春の風物詩である．春先，中国の砂漠地帯で強い風によって巻きあげられた砂塵が，上空の風に乗って日本に飛来する．黄砂は日本人の生活にもなじみが深く，黄砂に関する記述（春霞，赤雪など）は平安時代の古文書にもみられる．一方，中国や韓国では黄砂の被害が近年，急激に拡大し，マスコミにも大きくとりあげられるようになった．

　黄砂は風下側のアジア・太平洋地域にさまざまな影響を及ぼす．発生源に近い中国・韓国などでは，交通障害，農業被害，健康被害などが甚大で，黄砂は気象災害としてとらえられている．黄砂の最盛期，中国や韓国の都市では，街行く人々が傘をさし，マスクをするほどである．この黄砂も海を渡って日本に来る頃には，大きい粒子の黄砂は途中で落下し，粒径の小さいものが主体になる．西日本では空が黄色く染まるが，東日本の黄砂は空が白っぽくなる程度である．気象条件によっては，日本を通過した黄砂はまとまった塊として，太平洋のハワイ，アメリカ西海岸のカリフォルニアやアラスカまで輸送されることがある (Duce et al., 1980; Shaw, 1980; Husar et al., 2001)．

　従来，黄砂は砂漠などから発生する自然現象として理解されていたが，近年における黄砂被害の大規模化は過放牧，過耕作，森林伐採などの人為的要因によるとの指摘もある (環境省, 2005)．ここでは，黄砂現象とその定義を説明する．次いで，最近の発生傾向，中国砂漠域での現地観測，地球環境の視点からの研究動向を解説する．

### 3.2.2 黄砂現象とは何か

　黄砂現象の模式図を図 3.11 に示す．シベリア高気圧に覆われた冬が終わり，春になると，アジア大陸内陸部の乾燥地域に低気圧が侵入しはじめる．低気圧に伴う強風により，乾燥した大地からしばしば砂塵嵐が発生する．英語では，ダストストーム（dust storm/sand storm）と呼ばれる．巻きあげられた砂塵は，上空の偏西風に乗って韓国・日本，さらには太平洋域に飛来する．

　黄砂が発生するための基本的な条件は，① 乾燥地域で砂塵嵐が発生すること，そして ② 日本の上空に偏西風帯があることの 2 点である．黄砂の発生は直接的には，ゴビ砂漠やタクラマカン砂漠などの発生源地域での小雨・乾燥・強風などの自然的要因で決まる．その前提条件として地表面の状態，すなわち砂漠化された広大な土地が拡がっていることである．砂漠化の背景には，過耕作，過放牧，森林伐採などの人為的要因が考えられる．

　次に，日本における黄砂の発生頻度を季節別にみてみよう．図 3.12 は，気象台で観測された黄砂の月別発生日数（A），沖縄での発生日数（B）および古文書に記載された黄砂現象で確からしいもの（C）を示す (村山, 1991)．黄砂の発生は，3

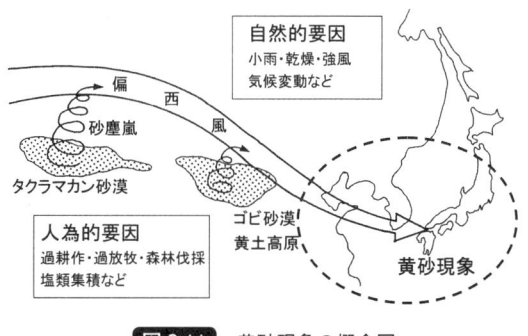

**図 3.11**　黄砂現象の概念図

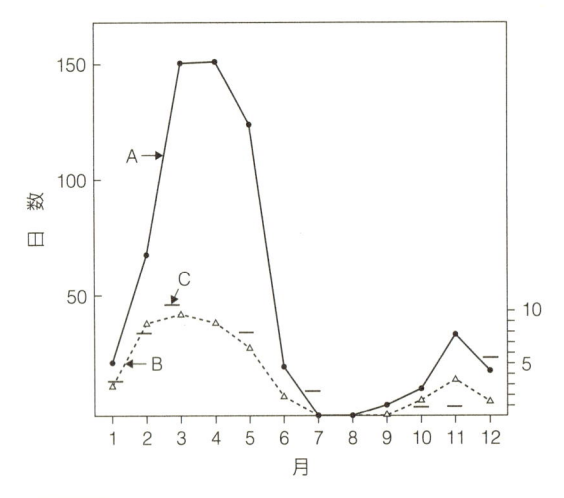

**図3.12** 日本における黄砂発生頻度の季節変化（村山，1991）
A 1914～79年65年間の日本における月別発生日数．
B 1952～79年の琉球における27年間の黄砂現象．
C 古文書に現れた黄砂現象で確からしいもの．

～5月の春季に集中し，大きなピークがある．6月から9末までは，降水量や水蒸気量の増加とともに，黄砂の発生は少なくなる．面白いことに11月に小さなピークがある．これは，秋季は春季同様，日本上空に偏西風帯があり，大陸から黄砂が運ばれてきていることを意味する．秋季のピークが小さいのは，夏季にモンスーンによる降水を経験したアジア大陸が春季よりも相対的に湿潤で，緑が多く，少々の風が吹いても大規模な砂塵嵐にはならないからである．古文書にみられる黄砂の発生頻度も気象台の観測と同様の傾向を示している．江戸時代頃から，書物に「泥雨」「紅雪」「黄雪」などの黄砂に関する記述がみられる．このように，日本では，黄砂は古くから春の風物詩として記録されていた．

さて，発生源の砂漠地域に近い韓国，中国では，黄砂はどのように認識されていたのだろうか．表3.2は，各国における黄砂の定義をまとめたものである（環境省，2005）．中国では，視程（肉眼で目標物を確認できる最大距離，visibility）をもとに黄砂現象がきめ細かく分類されている．視程10 km以下が浮塵，1～10 kmが揚砂，1 km以下が砂塵暴（嵐）に分類される．砂塵暴はさらに，弱・中・強・特強に分類され，その中でも風速25 m/s以上，視程50 m以下のものは，黒風という．黒風は甚大な被害をもたらすので，中国西域ではカラブラン（Kara Bran）と呼ばれ，恐れられている．韓国では，ダスト測定装置の値と視程をもとに分類されている．日本では，視程10 km以下の全天を覆う外来性の砂塵と定義されている．

世界気象機関WMO（World Meteorological Organization）の観測指針では，黄砂の定義はないが，砂塵嵐の定義は「強風のため，塵または砂が空高く舞い上がり，水平視程が1 km未満になる現象」となっている．

### 3.2.3 最近の発生傾向

近年，東アジアで黄砂の被害が拡大している．ここでは，日本，韓国，中国における黄砂の発生状況をみてみよう．

気象庁のホームページに公開された，38年間の黄砂ののべ発生日数（1967～2005）年を図3.13に示す（気象庁，2007）．この統計値は，国内103地点の気象官署で黄砂を観測したのべ日数の合計である．全般的な傾向として，1977年（647回），1990年（574回），2002年（1109回）をピークに，十数年くらいの間隔で黄砂が頻発している．全体的に増加する傾向にあり，その中でも2000～2002年の3年間が特に多い．2003年は一旦少なくなったが，2004～2005年は多い状態が続いている．

韓国の発生傾向を図3.14に示す（韓国気象庁，2007）．観測地点は首都・ソウルと半島南西部の木浦で，期間は1915～2002年である．1940年頃に頻発している時期があり，最近50年では10年くらいの周期で増減している．韓国では，黄砂による被害が1990年頃から深刻になり，韓国気象庁では黄砂警報（情報，注意報など）を出している．特に，2002年4月には，史上最大の黄砂が降り注ぎ，小学校では黄砂による休校が相次いだ．

中国における砂塵嵐観測日数の経年変化（1967～2002年）を図3.15に示す．前世紀は全般に

表3.2 中国，韓国，日本における黄砂の定義（環境省，2005）

中国

| 視程 | 用語 | 備考（中国国家気象局「地面気象観測の手引き（2003）」http://www.weathercn.com/room/shuyu.jsp） |
|---|---|---|
| 10 km 以下 | 浮塵 | 大気中に浮遊している砂粒子あるいは土壌粒子で，水平視程を10 km以下にさせる天気現象 |
| 1～10 km | 揚砂 | 風により地表砂塵が巻きあげられ，大気が混濁し，水平視程が1～10 kmになる天気現象（別称：高吹砂塵） |
| 1 km 以下 | 砂塵暴（嵐） | 風により地表砂塵が大量に巻きあげられ，大気がかなり混濁し，水平視程が1 km以下になる天気現象 |
| 500 m 以下 | 強砂塵暴（嵐） | 大風（強い風）により地表砂塵が巻きあげられ，大気が非常に混濁し，水平視程が500 m以下になる天気現象（参考：大風は一般に風力8級（瞬間風速17.2 m/s）以上） |
| 50 m 以下 | 極強砂塵暴（嵐） | 狂風（非常に強い風）により地表砂塵が大量に巻きあげられ，大気が非常に混濁し，水平視程が50 m以下になる天気現象（参考：狂風は一般に風力10級（瞬間風速24.5 m/s）以上） |

韓国

| 粒径，濃度 | 用語 | 備考（韓国気象庁，2002；Chu, 2004） |
|---|---|---|
| 1～1000 μm | 砂 | 無風あるいは弱い風による一様な空中分布 |
| 1～10 μm | 黄砂，ダスト | 粒径10 μm：数時間～数日間浮遊<br>粒径1 μm：数年間浮遊 |
|  | 黄砂 | 主として春季に，アジア大陸のバダインジャラン，テンゲル，ムウス，フンシャンダーク，ケルチン，ゴビ地域および黄土高原を含む乾燥・半乾燥地域から，砂塵が浮遊・降下し視程・大気質に影響を与える現象 |

日本

| 粒径・視程 | 用語 | 備考（気象庁，2002） |
|---|---|---|
|  | 黄砂 | 主として，大陸の黄土地帯で吹きあげられた多量の砂塵が空中に飛揚し大空一面を覆い，徐々に降下する現象．甚だしいときは天空が黄かっ色となり，太陽が著しく光輝を失い，雪面は色づき，地物の面には砂じんが積もったりすることもある．気象台や測候所が目視により判断 |

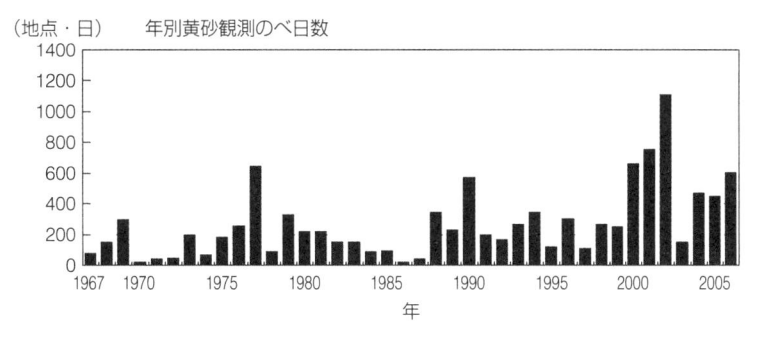

図3.13 年別黄砂観測のべ日数の経年変化（気象庁ホームページ http://www.jma.go.jp/jp/kosa/）
国内の各観測点で黄砂を観測した日数の合計（同じ日に5地点で観測した場合は，5日増える）．

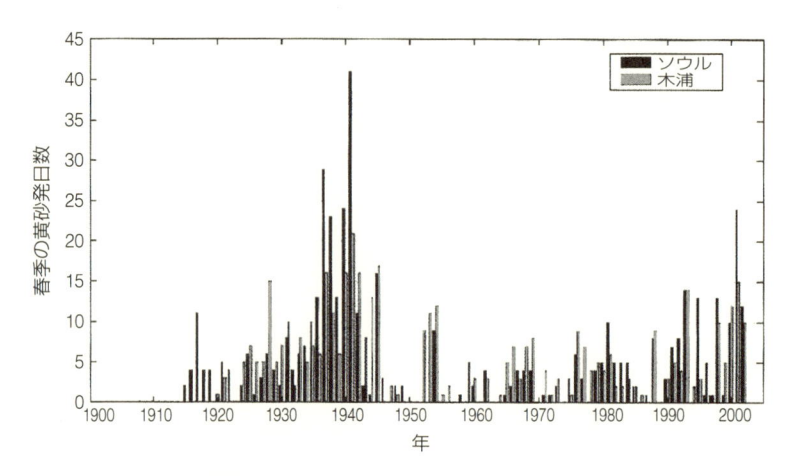

**図3.14** 韓国における黄砂発生頻度の経年変化
春季のソウル（黒）と木浦（グレー）における黄砂の発生回数（韓国気象庁（2007）：http://www.weather.go.kr/，韓国気象庁気象研究所（2002）：「黄砂」パンフレット）

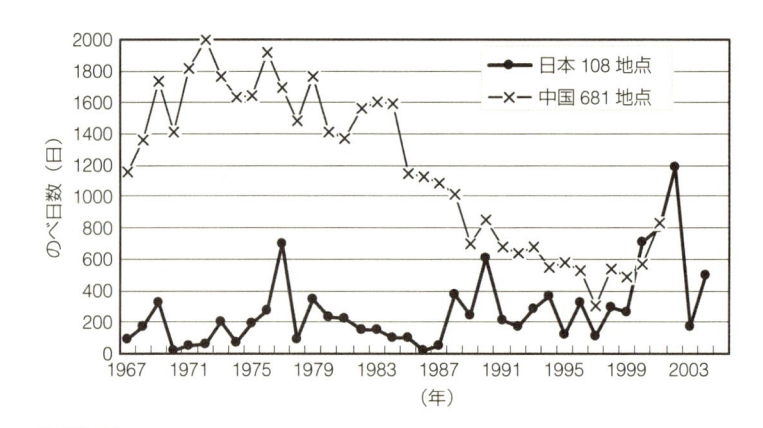

**図3.15** 中国と日本における黄砂発生のべ日数の経年変化（環境省，2005）

は減少傾向で推移した（1972〜1997年くらいまで）．この原因としては，グローバルな地球温暖化があげられる．過去数千年から1万年の気候変動を調べると，中国では寒冷な時期に砂塵嵐の発生が多く，温暖な時期には砂塵嵐が減少している (Qian et al., 2002)．ところが，1997年を境に増加傾向が顕著になっている．

2000年4月，北京で黄砂による大規模な被害が発生し，大きな社会問題になった．中国科学院地学部の緊急報告書によると，① 主要な発生源は内モンゴル・ゴビ砂漠であること，② 過耕作，森林伐採などによる砂漠化の進行を指摘している (中国科学院地学部, 2000)．さらに，1998年，長江の大洪水が発生した．その原因として，長江流域の大規模な森林伐採が指摘された．現在，中国では，砂漠化と洪水防止のため，「退農還林」（農地を森林に戻す）という政策がとられている (小長谷ほか, 2005)．

### 3.2.4 河西回廊の黒風と黄砂の長距離輸送

日本で黄砂が観測されるとき，その数日前，必ず中国大陸内陸部で大規模な砂塵嵐が発生している．最大級の砂塵嵐は，現地では黒風（カラブラン）と呼ばれる．

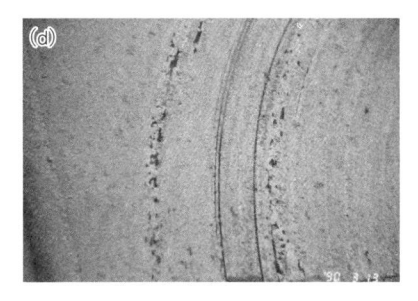

**図 3.16** 中国河西回廊の張掖賓館で遭遇した黒風（1990年3月13日，筆者撮影）
(a) 黒風の前の賓館，(b) 黒風の後の賓館，(c) 砂塵に覆われた車，(d) 車のフロントガラス．

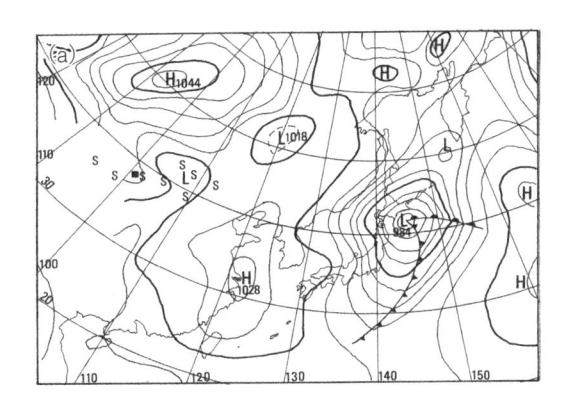

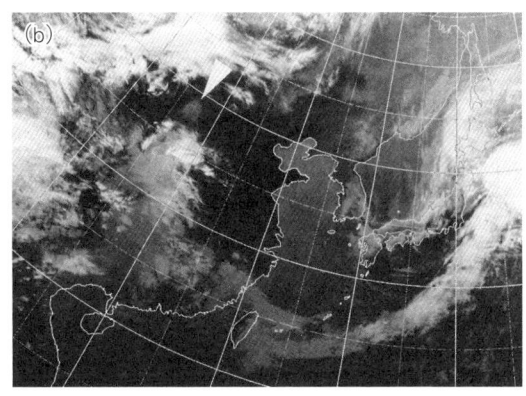

**図 3.17** (a) 砂塵嵐発生時の地上天気図（1990年3月12日21時）と，(b)「ひまわり」赤外画像（1990年3月12日15時）（甲斐・徳野，1997）
(a) の記号■は張掖の位置，Sは砂塵嵐発生地点を表す．(b) の▽は，砂塵嵐の発生した領域（丸いグレーの領域）を示す．

### a. 河西回廊で遭遇した黒風

筆者は1990年3月2〜24日，河西回廊のオアシス都市・張掖（甘粛省）で，砂塵嵐に遭遇した．図3.16に砂塵嵐前後の写真を示す．(a) に示すように，前日の3月12日は青い空が拡がり，非常に乾燥していた．張掖の空は驚くほど青く澄んでいる．その日の夜，風速が20 m/sを超える強風が吹き荒れた．翌朝，ホテルの窓を開けると，張掖の街は黄砂に覆われていた (b)．降り積もった黄砂の厚さは，2〜5 mm．街には黄砂が漂い，視程は500 m以下であった．空は晴れているが，太陽は月のように霞んでいた．車のフロントグラスには，大量の黄砂が降り積もった (d)．

この砂塵嵐が発生した日の天気図（1990年3月12日21時）を図3.17 (a) に示す．図中の記号■は張掖の位置を示す．モンゴルを中心とする

表 3.3 黄砂粒子の元素組成（重量%）(Okada and Kai, 1995)

| 年月日<br>場所<br>気象条件 | 1990年3月13日<br>中国甘粛省張掖賓館<br>砂塵風 | |
|---|---|---|
| 元素 | 小粒子<br>(0.1〜1.0 μm) | 大粒子<br>(1.0〜5.8 μm) |
| 粒子数 | 75 | 42 |
| Na | 1.13 | 1.55 |
| Mg | 9.52 | 8.38 |
| Al | 20.50 | 19.92 |
| Si | 41.49 | 40.75 |
| S | 0.70 | 2.95 |
| Cl | 0.02 | 0.06 |
| K | 6.04 | 7.08 |
| Ca | 12.01 | 8.80 |
| Ti | 0.04 | 0.73 |
| Cr | 0.01 | 0.00 |
| Mn | 0.06 | 0.02 |
| Fe | 8.49 | 10.76 |

図 3.18 1993年5月5日，河西回廊を襲った黒風（カラブラン）(長島・岡田・竹見, 1997)
(a) 黒風のフロント，(b) 砂塵で覆われた農業用水路．「砂あらし襲い子ら43人死ぬ」と日本でも報道された（朝日新聞，1993年5月10日朝刊）.

優勢な高気圧（1044 hPa）と華中付近の高気圧（1028 hPa）の間に気圧の谷がある．日本付近は低気圧の寒冷前線が通過した直後である．優勢な高気圧に挟まれた気圧の谷の領域で，砂塵嵐が発生した．地上気象通報（SYNOP）で砂塵嵐の発生地点を調べると（記号 S），ほぼこの地域に集中している．

気象衛星画像（「ひまわり4号」の赤外画像，1990年3月12日15時）を図 3.17 (b) に示す．雲分布の特徴をみると，まず，日本付近にかかる曲玉状の雲域は低気圧の前線に伴うものである．東経100度付近の雲域は，気圧の谷に対応するものである．その雲の南東方向に丸いグレーの領域があるが，これが今回，砂塵嵐を引き起こした黄砂の塊である．この領域は風が強く，約300 km四方の広域にわたって，黄砂が激しく舞い上がっている．気象衛星画像の輝度温度より，砂塵層の高さは2〜3 kmと推定される（甲斐・徳野，1997）.

現地で採取した黄砂の組成を表 3.3 に示す．採取したサンプルを小粒子（0.1〜1.0 μm）と大粒子（1.0〜5.8 μm）に分け，元素組成を重量%で示したものである (Okada and Kai, 1995)．小粒子では，シリカ（Si, 41.49%），アルミニウム（Al, 20.50%），カルシウム（Ca, 12.01%）などが多い．大粒子の元素組成もほぼ同様である．中国現地で採取された黄砂は，半径 0.1〜6.0 μm の鉱物粒子がエアロゾルの大半を占める．鉱物粒子の60〜70%は，アルミノ珪酸塩を主体とするものであった．

b. 前線構造をもつ黒風

1993年の5月5日，河西回廊で黒風が発生し，43人が死亡し，農作物に約20億円の損害が出た．図 3.18 は，その黒風のフロントと被害の写真である．最大風速 32 m/s の強風が吹き荒れ，黄色い巨大なキノコ状の雲の塊が出現した．この砂塵の塊の中は，日中でも暗く，自動車はヘッドランプを点灯して走行した．死者の多くは，野外にいた子供たちで，風で吹き飛ばされたり，水に落ちたりして死んだという．時刻はちょうど小学校の下校時と重なり，被害を大きくした．このような

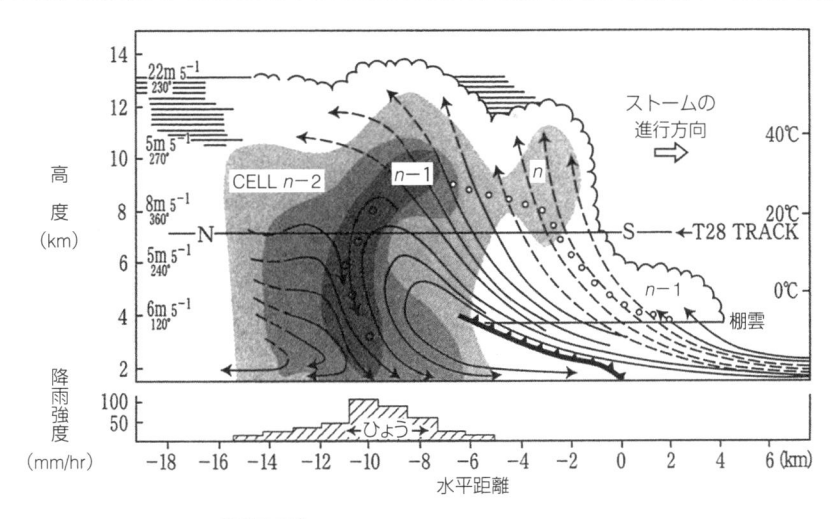

**図3.19** 雷雨系の模式図（Atkinson, 1981）

激しい砂塵嵐は数年に1度発生する.

　図3.18 (a) の写真は, くさび状の前線構造をもつ砂塵嵐が砂を巻き上げながら進行している様子をとらえている. 図3.18 (b) の写真は, 砂塵嵐により埋め尽くされた農業用水路と農耕地の様子である. 広大な土地に堆積した大量の砂塵を取り除くためには, 多くの労力と資金を必要とする. 復旧作業が放棄されると, 小さい集落は砂丘に飲み込まれてしまう. 砂塵嵐は, 砂漠化を加速する要因となっている.

　黒風のような激しい砂塵嵐は, どのようにして起こるのであろうか. 詳しくみると, 砂塵嵐の先端部は, くさび状の前線を形成している. 前線の内部は砂塵が充満しているが, その外側は澄んでいる. 前線の境界面が明瞭である. そのメカニズムは, 雷雨に伴うダウンバースト（downburst）とほぼ同じである（図3.19）. この前線の背後に通常, 巨大な積乱雲がある. 積乱雲の中では猛烈な上昇気流と下降気流がある. この雲の中で冷やされた空気塊が猛烈な勢いで, 下降し, 地面に衝突して, 水平方向に拡がる. このように, 温度の異なる空気塊が存在するとき, 密度差による流れが生じる. これを重力流という（Simpson, 1987）. 日本などの湿潤地域では, 激しい降雨を伴う. ところが, 乾燥地域では下降中に雨滴がほとんど蒸発するので, 地上に雨として降るのはわずかである.

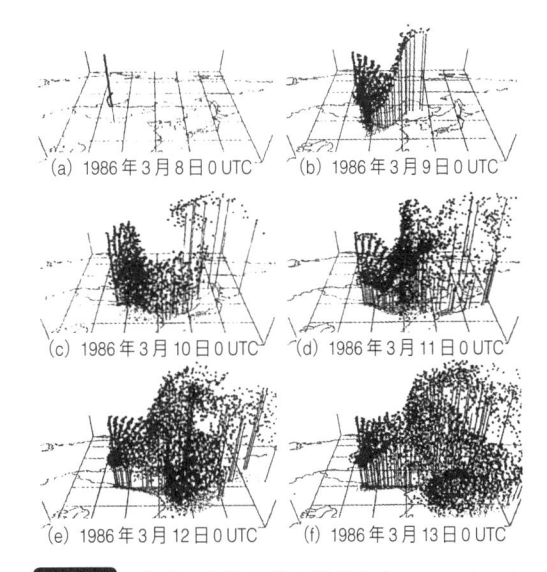

**図3.20** 黄砂の移流拡散の数値シミュレーション（1986年3月8〜13日）（Kai et al., 1988）
1986年3月8日00UTCに発生しはじめたトレーサーを5日間追跡した後のトレーサーの位置. 3月10日, 先に放出されたトレーサーは移動性高気圧に取り込まれ, 下降する. 3月12〜13日, 最終的に, 日本上空で2層構造が形成される.

蒸発する際に大気から気化熱が奪われるので, 下降気流はさらに冷却され, 下降速度が大きくなる（Takemi, 1999）.

### c. ゴビ砂漠で発生した黄砂の長距離輸送

　砂塵嵐によって巻きあげられた黄砂が東アジ

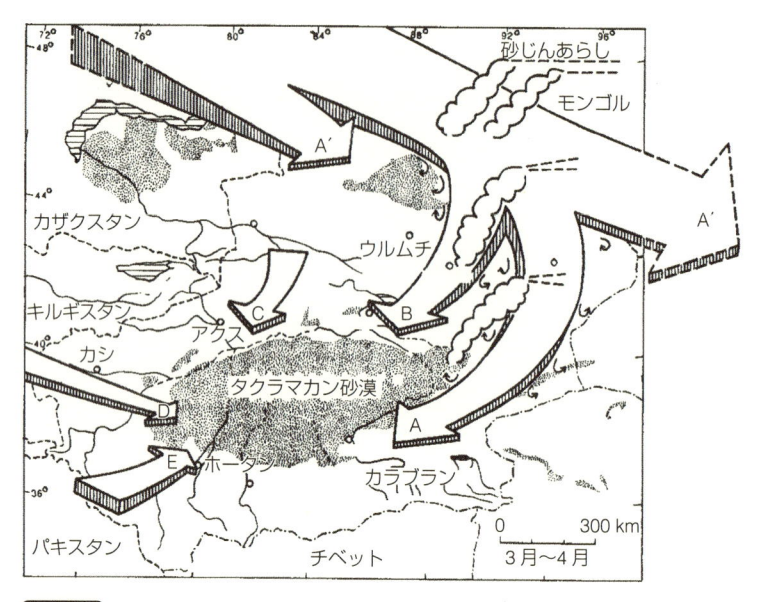

図3.21 春季の新疆における対流圏下部の卓越風系と砂塵嵐など模式図（吉野，1997）

ア・太平洋域に長距離輸送される事例を紹介する．

1986年3月10～11日，ゴビ砂漠と黄河中流域で砂塵嵐が集中的に発生した．3月12～13日，西日本を中心に黄砂が観測された．図3.20は，粒子移流拡散モデルを用いた数値シミュレーションで再現したものである（Kai et al., 1988）．日本へ長距離輸送される過程で，移動性高気圧に取り込まれた黄砂は，日本上空の黄砂層の下層を形成した．一方，発生源地域で低気圧に取り込まれた黄砂は約4kmの高高度に舞い上がる．その結果，日本上空では，黄砂の2層構造（高度4kmと高度1～2km）がライダー（レーザーレーダー）によって観測されている．

### 3.2.5 タクラマカン砂漠の黄砂

タリム盆地は，三方を5000m級の山脈・高原に囲まれ，その面積はほぼ日本の面積に相当する．広大なタリム盆地の大半を占めているのが，タクラマカン砂漠である．地形をみると，ゴビ砂漠が平原に拡がる開放系の砂漠であるのに対して，タクラマカン砂漠は山脈や高原に囲まれた閉鎖系の砂漠といえる．唯一低くなっているのは，東側の楼蘭～敦煌付近である．ここがタリム盆地の出口になっている．

#### a. タリム盆地の大気循環系

地上1.5km付近における大気循環系をまとめると，図3.21になる（吉野，1997）．この模式図は，春季における風系と砂塵嵐との関係を示したものである．上空には冬の状態が残り，天山山脈の北部は比較的強い偏西風が吹いている．天山山脈が壁のように立ちはだかり，冷たい偏西風のタリム盆地への侵入を防いでいる．盆地の東側が低地になっているので，タクラマカン砂漠に入る主要な気流は，天山山脈の東を回って北東気流となって侵入する（A, B）．この北東風が強い場合は，カラブランとなる．そのほか，タクラマカン砂漠に侵入する気流系としては，やや細い気流になるが，天山山脈を越えてタリム盆地に吹き込む気流（C）とパミール高原越えの気流（D）がある．乾燥した時期に，これらの気流がタクラマカン砂漠に侵入すると，大規模な砂塵嵐が発生する．

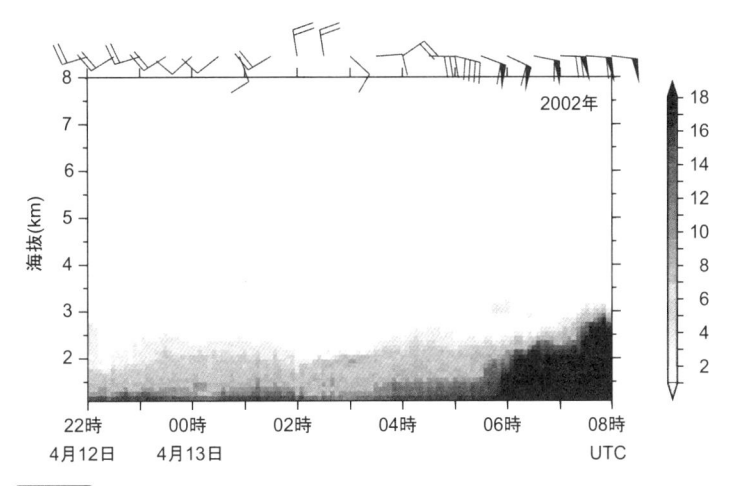

図3.22 ライダーがとらえた砂塵嵐の侵入（2002年4月13日）（Tsunematsu, 2005）（口絵15）

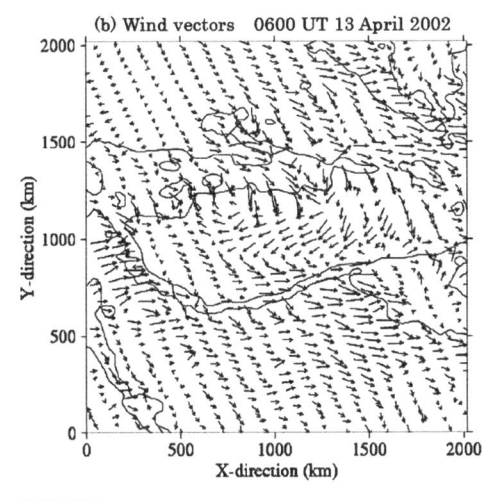

図3.23 数値モデルで再現したタクラマカン砂漠の地上風系（Tsunematsu, 2005）

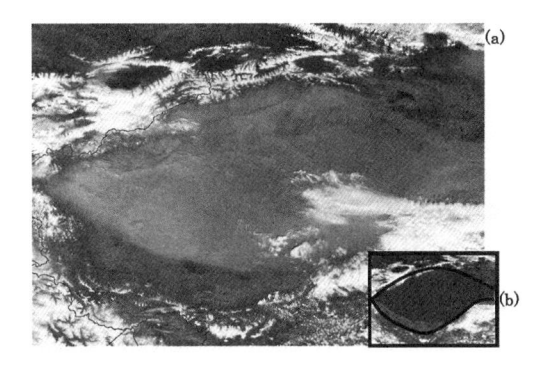

図3.24 衛星MODIS画像がとらえた砂塵嵐（Tsunematsu, 2005）

### b. 東風による砂塵嵐

2000年4月，タクラマカン砂漠北縁のオアシス都市・アクスで砂塵嵐が発生した．図3.22は，この砂塵嵐の発生をとらえたライダー（レーザーレーダー）観測の結果である (Tsunematsu, 2005)．横軸は時間（4月12日22 UTC 〜 13日08 UTC），縦軸は海抜高度（現地・アクスの海抜は約1 km）である．散乱強度は，濃淡で表示される．散乱強度が強いところは，黄砂が激しく舞い上がっていることを示す．図の上の矢羽根は，風向・風速を表す．06 UTC頃に，それまでの西・北寄りの風から，急に東寄りの強風に変わっている．ライダー信号をみると，ちょうどこの頃から急に散乱信号が地面付近から強くなり，その厚さも30分くらいの間に1 kmまで増加した．この黄砂層の形はくさび状になっているので，重力流の性質をもっている．

図3.23は，数値モデルで再現したタクラマカン砂漠の地上風系である．天山山脈を迂回した気流が東風となって，タクラマカン砂漠に侵入している．この東風が乾燥した砂漠域から大量の砂塵を巻きあげた．

このとき，MODIS衛星データがとらえた砂塵嵐の水平分布を図3.24に示す．画像の中で乳白色にみえる部分が黄砂の巻きあげられた領域である．天山山脈・パミール高原・崑崙山脈の白い部

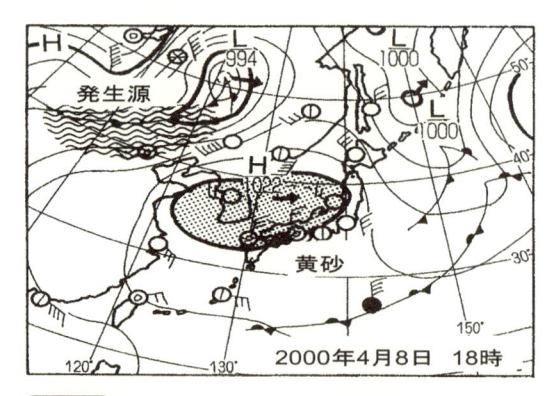

**図 3.25** 黄砂の発生域と地上天気図（2000年4月6〜8日）.
図中のハッチの領域は黄砂を含む移動性高気圧，波線の領域は黄砂の発生源地域.

**図 3.26** 黄砂前後におけるフィルターの色の変化（名古屋大学屋上で観測）
フィルターに吸着した大気微粒子の色. 右から ① 装着前（白），② 通常の状態（黒い），③ 黄砂時（黄色い），④ 黄砂から通常への移行期.

分は雪である．まだ，砂塵嵐の前線が到達していない南西部は，地表面の様子がよく見える．この衛星画像は数値シミュレーションの風系とよい対応がある．このことから，タリム盆地の東部から重力流のような形で侵入した気流が，タクラマカン砂漠の広域にわたって，砂塵嵐を発生させたことがわかる．

日本への影響が強いのは，ゴビ砂漠からの黄砂である．急峻な山脈に囲まれたタクラマカン砂漠から流出する黄砂は，ゴビ砂漠の黄砂よりも高い高度を浮遊し，偏西風で運ばれ地球規模に拡散しやすい．そのため，タクラマカン砂漠の黄砂は気候変動への影響では大きいといわれている．

### 3.2.6 2000年4月の黄砂と酸性雨

#### a. 北京と名古屋の黄砂

中国では，近年，人間活動による地表面の改変（砂漠化）と気候変動が砂塵嵐の発生を加速しているとの報告がある．特に2000年からその傾向が顕著である．

2000年4月上旬，内モンゴルのゴビ砂漠を中心に砂塵嵐が頻繁に発生し，首都・北京が黄砂に覆われた．その中でも4月6日の黄砂の被害が最も大きかった．北京市の視程はわずか数十mとなり，街行く人が傘をさしマスクをするほどである．北京空港ではフライトが30便もキャンセルされた．この黄砂は，2日後の4月8日，日本に到達した．

図3.25は，2000年4月8日の天気図である．中国北部で発生した黄砂が移動性高気圧に取り込まれ，東に移動して，日本に黄砂をもたらした．口絵17は，黄砂前後の名古屋市上空の空の様子である（名古屋大学から撮影）．名古屋市内は黄砂に覆われ，JRセントラルタワーズのビル（7km先）も白く霞んでいた．

黄砂のとき，どのような粒子（エアロゾル）が大気中に浮遊しているのだろうか．その様子がよくわかるのが，図3.26の写真である．これは，ハイボリュームサンプラーで採取したエアロゾルの写真である．4つの試料は右から，① 装着前，② 通常の状態，③ 黄砂時および ④ 移行期のフィルターである．通常，名古屋で1週間ほど吸引すると，白いフィルターは写真②のように真っ黒になる．これは，自動車，工場，住宅などから放出される大気汚染物質（窒素酸化物，浮遊粒子状物質，煤煙など）である．そして，黄砂時にはこのフィルターの色が黄色に変わり，フィルターの重量が通常より4〜5倍も重くなる．一番左の④は，黄砂が終わり通常の状態に移行する時期のフィルターである．黄砂期間中（8〜10日）はpHの値

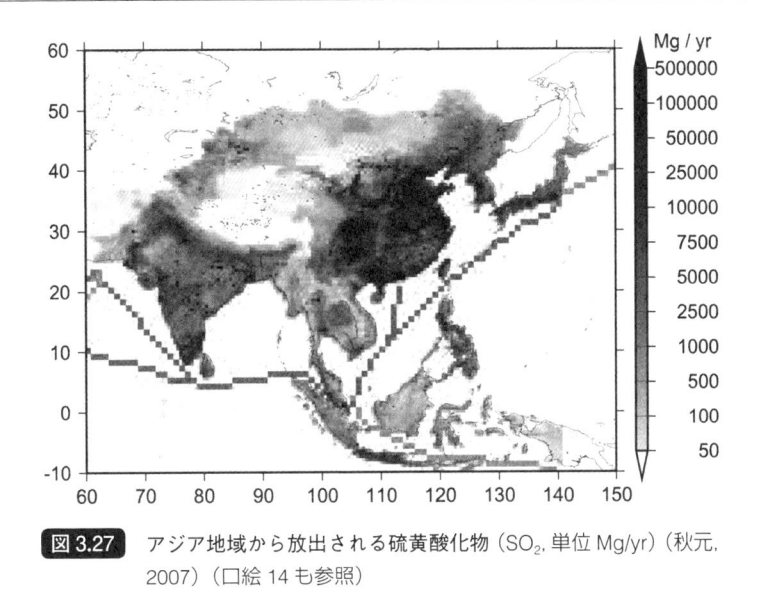

**図 3.27** アジア地域から放出される硫黄酸化物（SO$_2$，単位 Mg/yr）（秋元，2007）（口絵 14 も参照）

が 6 以上に増加する．黄砂は弱アルカリなので，酸性物質を中和する方向に働く．年間を通じても，最も酸性の度合いが低くなるのは，3 〜 5 月の春季である．

### b. 黄砂による酸性雨中和作用

名古屋での結果は，黄砂が酸性雨を中和する作用があることを示している．次に，アジア大陸では，どうなっているだろうか．図 3.27 は，アジア地域から放出される硫黄酸化物放出量の地図（2000 年）である．特に多い地域は，北京から上海にかけての華北，華中，四川盆地，華南である．中国では，エネルギー資源として石炭が大量に用いられている．石炭の燃焼に伴って発生する二酸化硫黄は，酸性雨の原因となる．また，都市部では，酸性雨の原因物質の 1 つである窒素酸化物も多く放出される．

図 3.28 は，中国における降水の pH の分布を示す（中野，2006）．興味深いことに，酸性度が高い長江流域とそれ以南の地域と，酸性度が低い北西部にわかれる．黄砂の発生源とその降下地域である北西部は，酸性度が低いのが特徴である．この明瞭な差は，黄砂に多く含まれる炭酸塩鉱物が酸性物質を中和することを示唆している．

日本では，夏季を除くと，中国大陸から酸性物

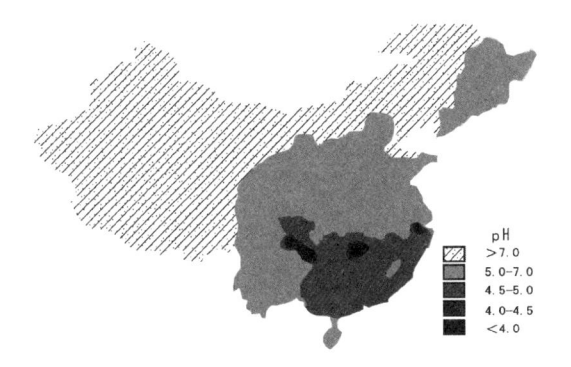

**図 3.28** 中国における降水の酸性度（pH）の地域的変化（中野，2003）

華中と華南，特に長江流域で酸性度が高く，一方，北西部では酸性度が低い．

質がたえずやってくる．ストロンチウム同位体を用いた降水の分析によると，春季の酸性雨に対する黄砂による中和は，30％程度という見積もりがなされている（Nakano and Tanaka, 1977）．

名古屋大学の松見豊教授らのグループが新たに開発した方法によると，日本に飛来する黄砂粒子の一部は酸性雨の原因となる大気汚染物質を吸着していることが直接確かめられている（Matsumoto et al., 2006）．黄砂による酸性雨中和作用の定量的な見積もりは，今後の課題である．

## 3.2.7 東アジアにおける黄砂の気候学

ここでは，東アジアにおける砂塵嵐の地理的分布と季節変化，そして黄砂にかかわる気候学的特徴を概観する．

### a. 砂塵嵐の地理的分布

東アジアにおける砂塵嵐発生頻度の地理的分布（1990～1992年）を図3.29（a）に示す(甲斐・熊・小柴, 1998)．砂塵嵐は，モンゴル中東部のゴビ砂漠，黄河流域の乾燥地帯に沿って，最西端のタクラマカン砂漠までの広い地域に分布している．砂塵嵐発生の中心となっている地域は，第1にモンゴル中東部から中国内モンゴルに分布するゴビ砂漠，第2にタクラマカン砂漠である．

図3.29（b）は，年平均降水量を示す．（a）と比較すると，砂塵嵐の発生回数が多い地点は，ほとんど年降水量が100 mm以下の極めて乾燥した地域に対応する．特に，砂塵嵐の多く発生している晩冬から春季において，その地域の月平均降水量は10 mm以下か，無降水となっている．

図3.29（c）は，月平均気温の分布を示す．0℃の等温線は，モンゴルの南部とチベット高原周辺を通っている．砂塵嵐発生の中心は3月にはタクラマカン砂漠にあるが，4～5月にはモンゴルのゴビ砂漠に移る．これは0℃の等温線の移動とよい対応がある．このことから，0℃の等温線は，中国内陸部への低気圧の侵入，または低温による地面の凍結を表す指標と考えられる．

砂塵嵐の中心は，3月の段階ではタクラマカン砂漠にあるが，4～5月になるとゴビ砂漠周辺でも砂塵嵐が頻発するようになる．華北平原から東北平原にかけての農耕地でも砂塵嵐の発生頻度が多い．

### b. 黄砂の気候学的特徴

気候学的にみると，砂塵嵐の大半は，低気圧が通過する際の寒気の吹き出しによって生じている．図3.30は，寒気の侵入ルートと巻きあげられた黄砂の輸送ルートを示す(Sun et al., 2001)．侵入

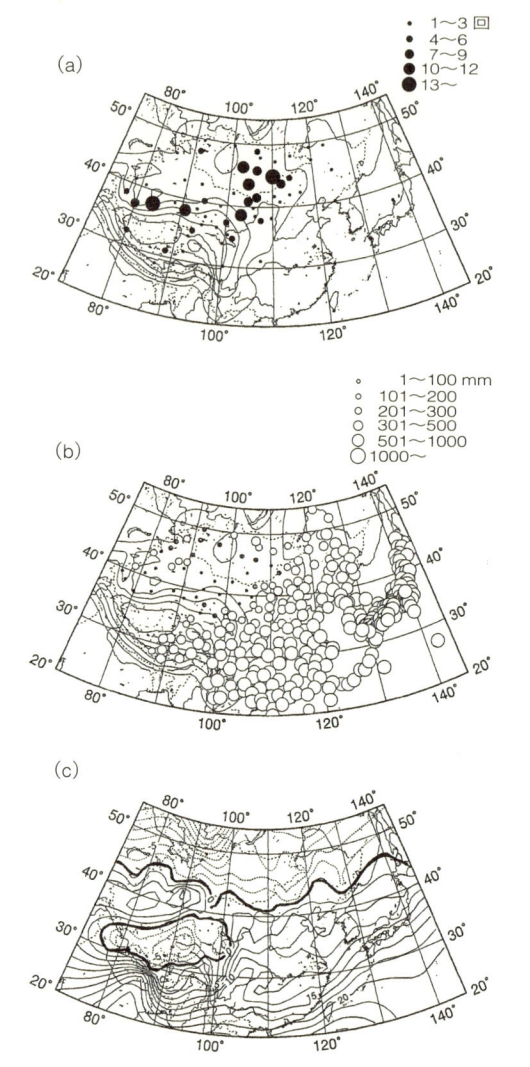

**図3.29** 東アジアにおける砂塵嵐発生頻度，年降水量，3月の平均気温の分布（1990～1992年）(甲斐・熊・小柴, 1998)
（a）砂塵嵐発生頻度，（b）年総降水量，（c）3月の月平均気温．

ルートは3つあり，タイプⅠはシベリアから南下しモンゴル南部から中国北部にまたがるゴビ砂漠に，タイプⅡは主に河西回廊・ゴビ砂漠に，タイプⅢは西から侵入し，タクラマカン砂漠・河西回廊・ゴビ砂漠に至る広い領域に砂塵嵐を発生させる．タイプⅠ，Ⅱ，Ⅲの占める割合は，1960～1999年の平均では，それぞれ32％，41％，27％である．

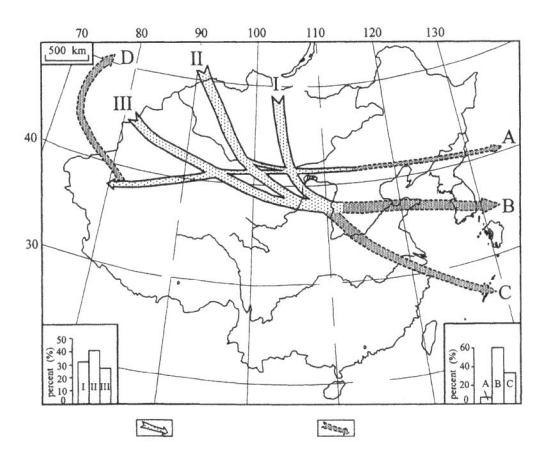

**図 3.30** 低気圧に伴う寒気の侵入ルート（I, II, III）と黄砂の輸送経路（A, B, C, D）(Sun et al., 2001)

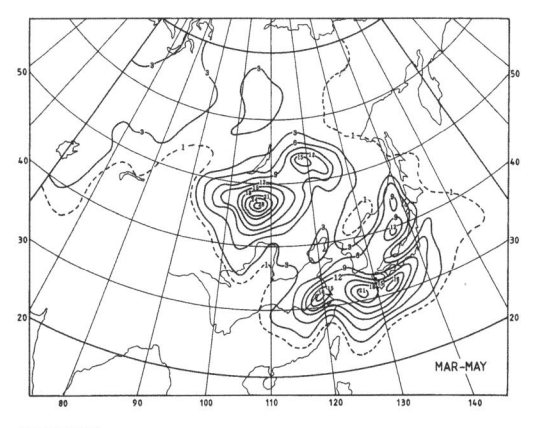

**図 3.31** 春季の東アジアにおける低気圧の発生域 (Chen et al., 1991)

黄砂の輸送は，A, B, Cの3つのルートがあり，それぞれ朝鮮半島北部，華北平原から朝鮮半島南部，長江流域から沖縄を通過して，太平洋に運ばれる．3つのルートの占める割合は，7%, 60%, 33%である．前節で述べた札幌の黄砂は，ルートAである．タクラマカン砂漠で舞い上がった黄砂は，一旦，西進あるいは北進した後，偏西風に乗って東に運ばれる（ルートD）．

次に，春季に黄砂を発生させる低気圧は，どこで発生するのだろうか．図 3.31は，3〜5月，東アジアで発生した低気圧の分布を示す (Chen et al., 1991)．発生源は，大きく分けて，2つある．1つは，モンゴルからゴビ砂漠にまたがる低気圧の発生域である．この領域は，アルタイ山脈・天山山脈などによる山岳効果で，低気圧が発生しやすい場所（山かげ低気圧，風下低気圧）になっている．ここで発生した低気圧がゴビ砂漠，河西回廊，タクラマカン砂漠に侵入するとき，砂塵嵐が発生する．もう1つは，長江流域から日本列島南岸にかかる領域である．これは，黄砂の発生にはかかわらない．

日本における黄砂の経年変化のうち，比較的短い数年あるいは年々変動は，低気圧の発生域および黄砂の輸送経路の変動によって，生じている可能性が高い．黄砂多発年となった2002年は，ゴビ砂漠周辺で多くの低気圧が発生していた．

### 3.2.8 アジア大陸内部の環境変動と黄砂

アジア大陸内陸部は，広大な乾燥・半乾燥地域が拡がっている．内モンゴル，黄河中流域から東北部にかけての半乾燥地域では，灌漑農業が営まれている．これらの地域は慢性的な水不足と気候変動により，砂漠化の危険がある．砂漠化した土地は，新たな黄砂の発生源となる．ここでは，環境変動の兆候とみられる現象を指摘したい．

#### a. 灌漑による塩類集積

乾燥地で灌漑すると，塩類が地表面に集積することがある．図3.32 (a) は，中国甘粛省の河西回廊で撮影した灌漑用水路である．雪解け水を利用して，ゴビ砂漠周辺の広大な土地が灌漑されている．図 3.32 (b) は，灌漑後の農耕地である．白く見えるのは雪ではなく，塩である．このような現象を塩類集積と呼ぶ．

塩類集積の仕組みを図 3.33に示す．乾燥地域では地表面は乾燥しているが，地下に帯水層がある．降水量が少なく蒸発量が多いので，帯水層の塩分濃度は極めて高い．乾湿の度合いの分布では，地表面が乾燥していて，地下に向かって湿潤になっている．この状態で灌漑が行われると，地表と地下の帯水層とが毛細管現象でつながる．灌漑

図3.32 中国甘粛省河西回廊の灌漑設備 (a) と塩類集積が進んだ土地 (b)（1990年，筆者撮影）

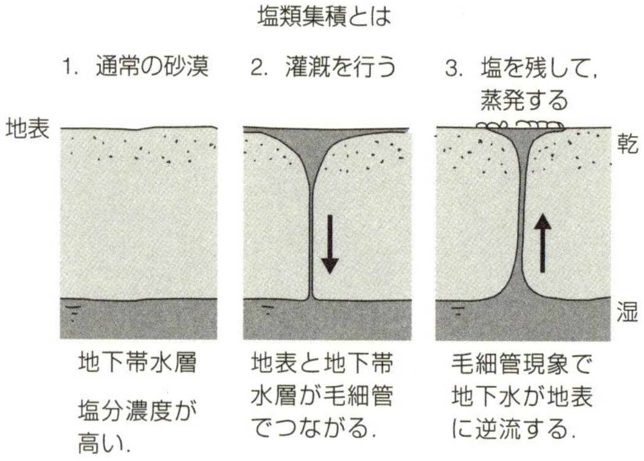

図3.33 塩類集積の仕組み

塩類集積とは
1. 通常の砂漠 　地下帯水層　塩分濃度が高い．
2. 灌漑を行う　地表と地下帯水層が毛細管でつながる．
3. 塩を残して，蒸発する　毛細管現象で地下水が地表に逆流する．

が終わると，毛細管現象で，地下水が地表に引きあげられる．ガーゼの一部を水に浸すと，ガーゼ全体に水がしみ込むのと同じ原理である．地表に到達した地下水は，塩分を地表に残して蒸発する．このプロセスは灌漑をきっかけにして進行し，灌漑農地はスキー場のように真っ白になる．湿潤な日本のような地域では，乾湿の分布が逆なので，このような塩類集積は起こらない．

中国西域の大半は，年間降水量が200 mm以下の乾燥地域である．伝統的な農業は遊牧で，水が豊かなオアシスでは小麦や果実の栽培が行われている．環境に配慮せず灌漑を行うと，塩類集積が起こる．塩類集積は土地の荒廃，すなわち砂漠化を引き起こす．中国西域では，砂漠化は深刻な環境問題となっている(楊, 2000)．塩類集積に対して，有効な対策を講じなければ，農地が放棄される．耕作放棄地は風食にさらされ，新たな黄砂の発生源となる．これを解消するには，大量の水をまいて地表の塩類を洗い流すか，灌漑水が地下帯水層まで到達しないような点滴灌漑が有効である．

### b. 内モンゴル・中国東北部の砂漠化と札幌の黄砂

近年，東日本や北日本まで飛来する大規模な黄砂現象が注目を集めている．実例として，2002年3月21日，札幌で観測された黄砂の例を紹介する．図3.34は，MODIS衛星データによる黄砂発生時の雲と黄砂の分布を示す．2002年3月，発達した低気圧が内モンゴルに侵入し，強風が吹き荒れた．図3.34 (a) は，黄砂を巻きあげた低気圧の渦を示す．白い部分が低気圧の雲で，グレーの部分が黄砂である．低気圧に伴う渦状の強風域で，乾燥した大地から黄砂が広域にわたって巻きあげられている．内モンゴルから中国東北部で発生した黄砂は，上空の偏西風（ジェット気流）によって日本に輸送される．(b) で帯状の部分が黄砂を輸送する偏西風帯である．(c) をみると，偏西風の帯が北海道に達している．これが札幌に大規模な黄砂をもたらした．

通常の年は，黄砂はまず九州から始まり，次第に東日本に移ってゆく．この黄砂の特徴として，①西日本を飛び越えていきなり3月の札幌から始まったこと，②発生場所が中国東北部〜内モンゴルであることなど，時期と場所が従来の黄砂とはやや異なる．布和敖斯尓 (2003) は，中国北部，北西部で人間活動による地表面の改変＝砂漠化が進行している可能性を指摘している．

次に，中国北西部，北部における砂漠と砂漠化地域をみてみよう（図3.35）．北京のすぐ近くまで，砂漠化地域と砂漠が接近している．注目すべ

き点は，耕作放棄地が北京の周辺や東北部にも分布していることである．耕作放棄地とは，水が足りず塩類が集積し，現在は放棄されている土地である．耕作放棄地の増加が新たな黄砂の発生源を生みだしている可能性がある (Buheaosier et al., 2002).

図3.36の写真は，砂漠に飲み込まれた内モンゴルの民家である．数年前までは，この民家の周辺には草原が拡がっていた．モンゴル草原の土壌層は極めて薄く，その下は砂層になっている．草原を少し掘り返すと，下の砂層から砂が地表に現れる．草原を耕作し，風食に弱い大地にかわる．そして，一気に砂漠が拡がった．モンゴルの草原では過放牧・過耕作・過揚水が砂漠化を引き起こすことがある．

### c. 自然的要因

人間活動による地表面の改変は10年，あるいはそれ以上のタイムスケールで起きていると思われる．ところが，図3.13の日本における黄砂の経年変化をみると，年ごとに大きな変動がある．特に激しいのは，黄砂多発年となった2002年と黄砂寡少年となった2003年のコントラストである．1年の間に発生源地域の土地利用が人間活動によって大きく変わることは考えにくい．このような変動は，自然的要因がかかわっているように思われる．

低気圧が通過すると，地上で強風が吹き荒れる．図3.37は，過去10年間の砂塵嵐発生頻度と強風発生頻度の経年変化を示す (Kurosaki and Mikami, 2003). 黄砂が頻発した2000～2002年をみると，強風の頻度が明らかに多くなっている．そのほかの年も，強風の頻度が高い年に黄砂が多く発生する傾向がある．

近年のダストストーム増加の自然的原因としては，強風の発生頻度の増加や低気圧の発生場所や黄砂の輸送経路の変化などがあげられる．黄砂多発年となった2002年の春季は，ゴビ砂漠と内モンゴル周辺で寒気を伴う，強い低気圧が頻繁に発生していた．他方，10年以上のタイムスケールでは，人間活動による土地の荒廃などの砂漠化も潜在的な要因の1つと考えられるが，まだ決定的

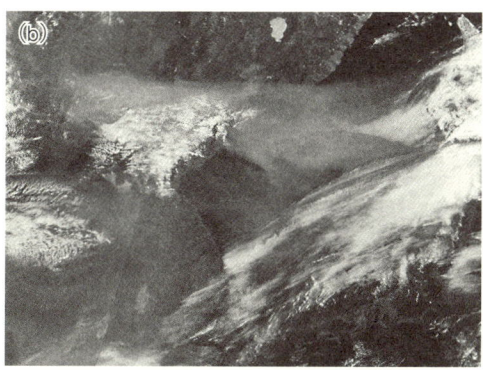

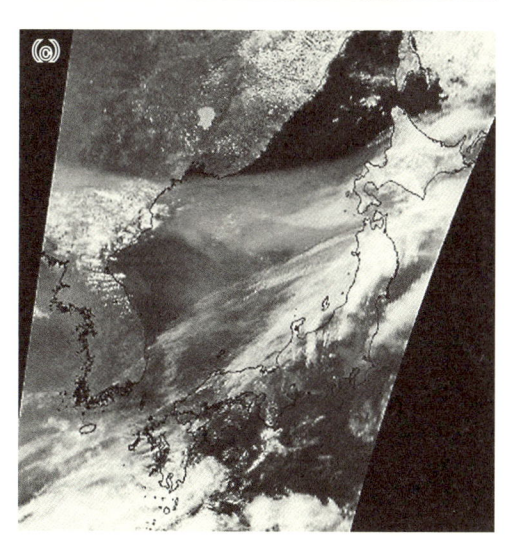

**図 3.34** 札幌の黄砂（2002年3月21日）（布和敖斯尓, 2003）
(a) 中国北東部で低気圧によって，黄砂が巻きあげられる．(b) 偏西風により，黄砂が輸送される．(c) 2002年3月21日，札幌で大規模な黄砂が観測される．

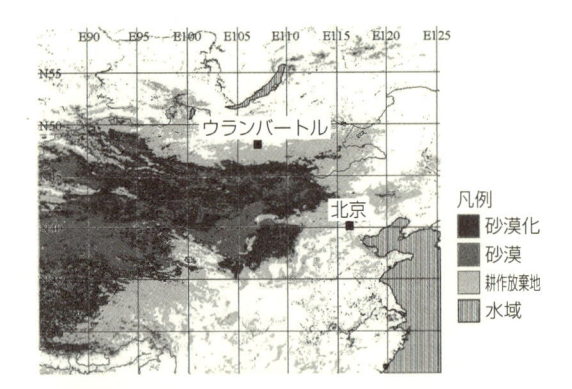

**図 3.35** 中国北西部，北部における砂漠，砂漠化地域，耕作放棄地（Buheaosier et al., 2002）

**図 3.36** 砂漠に飲み込まれた内モンゴルの民家 数年前までは草原が拡がっていた．草原を耕作することにより，薄い土壌層の下にある砂層から砂が表層に出て，砂漠が拡がる．ブホーオーツル氏が 2007 年 4 月内モンゴルの故郷にて撮影．

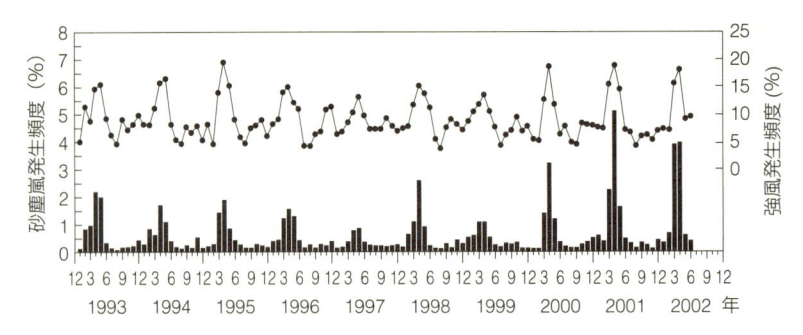

**図 3.37** 東アジアにおける砂塵嵐発生頻度と強風発生頻度の経年変化（Kurosaki and Mikami, 2003）

な結論は出ていない．

### 3.2.9 黄砂の予報と観測

2000 年春，東アジアでは大規模な黄砂が頻発し，被害も拡大した．黄砂の被害を軽減するため，中国，韓国そして日本では，気象庁などで黄砂予報が開始された．ここでは，その概要を紹介する．

#### a. 東アジアの黄砂予報

前項で述べたように，日本で黄砂が観測されるときは，その数日前，アジア大陸の内陸部で黒風のような大規模な砂塵嵐が発生している．図 3.38 は，黄砂の発生から除去までのプロセスをモデル

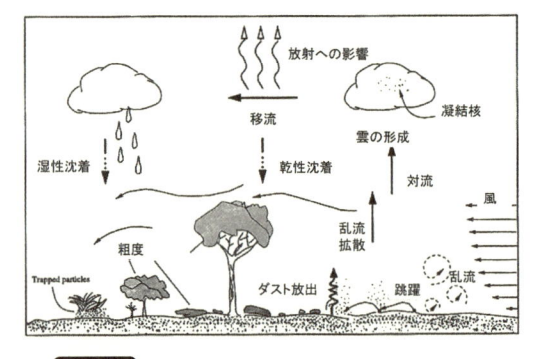

**図 3.38** 黄砂の発生メカニズム（Shao, 2000）

化したものである（Shao, 2000）．乾燥地域で強風が吹き荒れると，地表面との摩擦により，まず砂礫が転がりはじめる．これを跳躍（saltation）という．砂礫の跳躍により，黄砂が地面より大気に放出さ

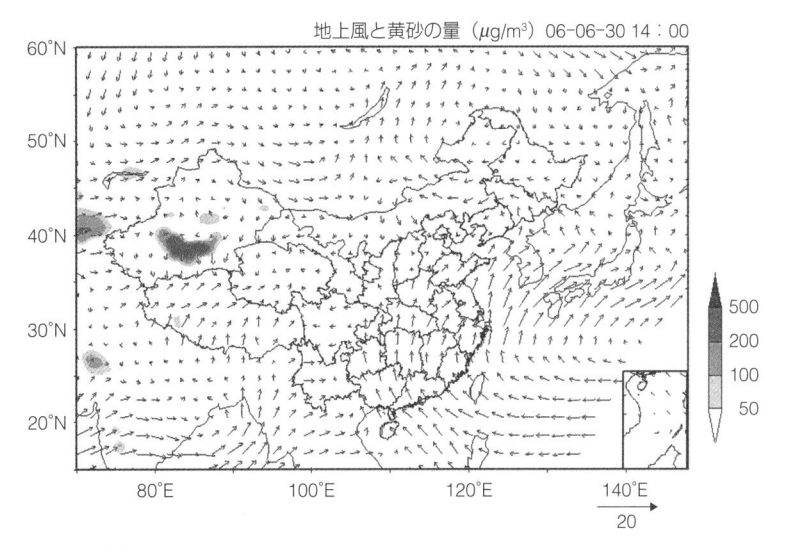

**図 3.39** 中国の黄砂予報（中国気象局気象科学研究院，2007）（口絵 16）
地上風がベクトルで，黄砂の濃度（μg/m³）がグレースケールで表示されている．

れる (Bagnold, 1941)．黄砂の放出が始まる風速を臨界風速と言い，地表面状態にもよるが，6.5 m/s くらいである．大気中では乱流（turbulence）により，黄砂が拡散される．さらに，対流（convection）によって上空 2〜3 km まで舞い上がると，黄砂は凝結核（condensation nuclei）として雲を形成する．この雲が太陽放射を散乱・吸収して，地域または地球の気候に影響を及ぼす．

舞い上がった黄砂は，通常，数日から 1 週間くらいで，大気中から除去される．除去のプロセスは 2 つある．1 つは重力によって黄砂が除去されるもので，乾性沈着（dry deposition）という．粒径の大きい黄砂ほど早く除去される．発生源に近い中国では粒径が 10 μm 以上の大きな黄砂が漂っているが，日本では粒径の小さい黄砂が主体となる．雨によって除去されるプロセスを湿性沈着（wet deposition）という．黄砂のとき雨が降ると，車のフロントガラスが汚れるのは，湿性沈着による．

現在，日中韓で黄砂の予報モデルが開発されている．これらのモデルでは，基本的には図 3.38 の仕組みを取り入れている．

中国の黄砂予報は，従来，衛星からの画像により黄砂の動きを観測することによって行ってき

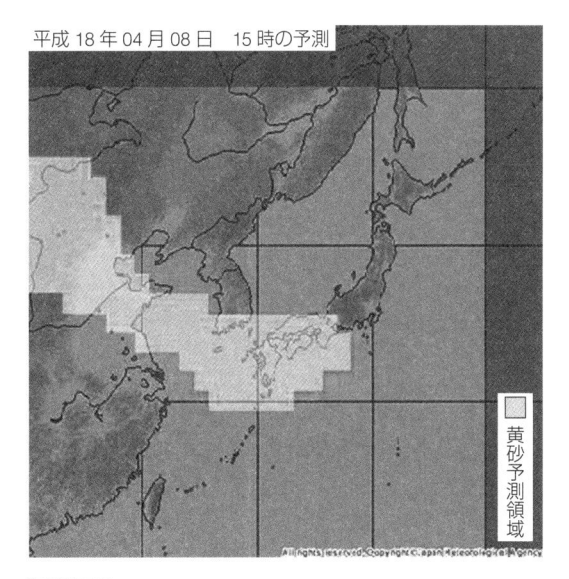

**図 3.40** 日本の黄砂予測（2006 年 4 月 8 日 15 時）（気象庁，2007）

た．そのため，1 日前にならないと予報ができなかった．現在は，数値シミュレーションモデルの開発により，4〜5 日前からの予報を目指している．図 3.39 に中国気象局による黄砂予報の例を示す．北緯 15〜60 度，東経 70〜150 度の領域における地上風（ベクトル）と砂塵の濃度（g/m³）が表示されている（中国気象局，2007）．

韓国では，2002 年 4 月から黄砂予報を実施し

1998年4月20日

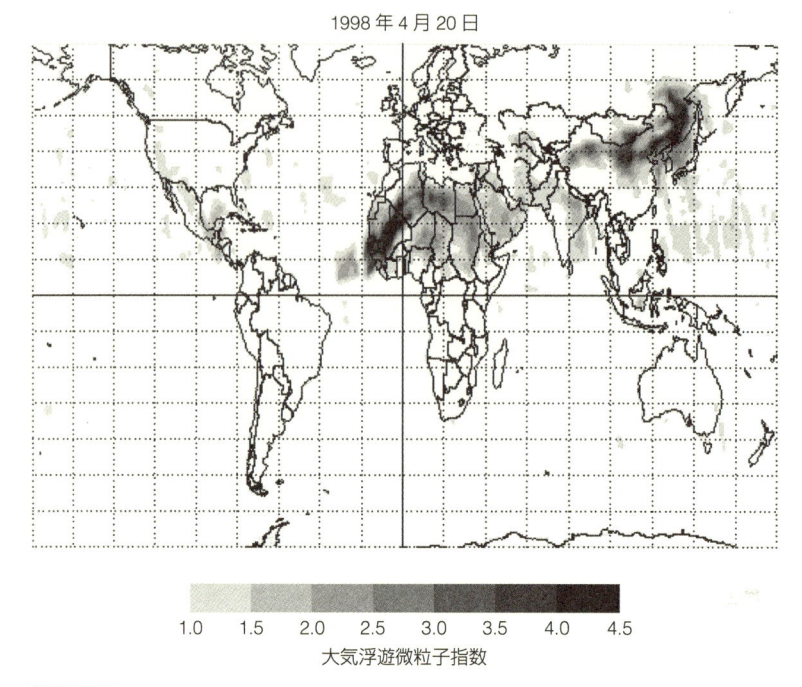

**図3.41** TOMS衛星データによる大気浮遊微粒子指数（aerosol index）（アメリカ宇宙航空局，2007a）

ている（韓国気象庁，2007）．韓国気象庁は，黄砂発生源地域上空の衛星画像を分析し，黄砂の水平分布をモニタリングしている．また，同庁は，韓国環境部が実施している大気浮遊粒子状物質（粒径 $10\,\mu m$ 以下の粒子）の連続観測データを用いて，黄砂の飛来濃度を推定し，3段階の黄砂予報レベル，すなわち情報（watch），注意報（advisory），警報（warning）を発表している．日本の気象庁は2004年1月から黄砂に関する気象情報の発表を開始した．図3.40は，2006年4月8日の黄砂予測例である（気象庁，2007）．

#### b. 衛星による黄砂の観測

黄砂の水平的な拡がりをみるには，衛星観測が有効である．図3.41は，TOMS衛星データによるエアロゾル指数（大気浮遊微粒子指数，aerosol index）の分布を示す．この指数は，大気中に浮遊する微粒子の量に対応するもので，アメリカ航空宇宙（NASA）のホームページに公開されている（アメリカ航空宇宙局，2007a）．1998年4月20日，アジア大陸では大規模な黄砂が発生し偏西風によって太平洋へ，一方アフリカ大陸ではサハラダストが貿易風（偏東風）によって大西洋へ流出しようとしている様子がわかる．

NASAは，2006年4月28日，雲とエアロゾルなどを観測する新しい衛星CALIPSOを打ちあげた（アメリカ航空宇宙局，2007b）．この衛星の特色は，スペース・ライダーを搭載し，雲とエアロゾルの鉛直分布を観測できる点にある．アジアの砂漠域上空の黄砂のほか，アフリカ大陸のサハラダスト，熱帯収束帯の積乱雲などの鉛直構造を見事にとらえている．この衛星データは，地上観測での検証を行うことにより，黄砂の発生と輸送プロセスの解明に役立つものと思われる．

### 3.2.10 黄砂問題と文献解説

今世紀に入って，黄砂問題が顕在化してきた．黄砂に関連した環境変動について，筆者は次のような見解をもっている．

① 黄砂の発生は，気象条件と地表面状態によ

り決まる．1年または数年の比較的短いタイムスケールの変動は気象条件で決まり，それよりも長い10年あるいはそれ以上のタイムスケールの変動は，気候変動のほか，人間活動による地表面の改変が無視できない．1つの要因のみが黄砂の発生を直接支配することはほとんどないであろう．

② 乾燥地域は，「水が少ない」ことが本質的である．水は，まさに，水資源である．気候学的にみると，乾燥限界に近い地域での開発は，砂漠化，ひいては黄砂発生源地域の拡大を引き起こす可能性がある．

その背景にあるアジア内陸部の環境変動については，さらに詳しい研究が待たれる．

最後に，黄砂に関連する基本的な文献を紹介したい．

一般向けの黄砂解説書が最近4点出版された．岩坂(2006)は地球環境の視点からみた黄砂の役割，三上(2006)は科学技術振興調整費「風送ダストの大気中への供給量評価と気候への影響に関する研究（略称：風送ダスト）」の研究成果，成瀬(2007)は世界各地の黄砂を中心に解説し，甲斐(2007)は中国現地の観測をもとにした黄砂の入門書となっている．環境省と気象庁の報告書とWEBは，よくまとまっている（環境省，2005；気象庁，2005）．砂漠化に関しては，篠田(2002)の解説書がある．

専門書としては，名古屋大学水圏科学研究所編(1991)がある．社団法人国際環境研究協会発行の「地球環境」で黄砂の特集号が組まれている．風送ダストに関しては，Mikami *et al.*(2006)の総合報告がある．日本沙漠学会誌の機関誌「沙漠研究」には黄砂を対象とした論文が数多く掲載されて，特集も組まれている．砂漠化に関連した文献としては，吉野(1997)，UNEP(1992)などがある．

〔甲斐憲次〕

▶ 文　献

秋元　肇(2007)：地球環境フロンティア研究センターアジア地域エミッションインベントリ http://www.jamstec.go.jp/frsgc/research/d4/index.html

アメリカ宇宙航空局(2007a)：オゾン全量分光計（TOMS）http://toms.gsfc.nasa.gov

アメリカ宇宙航空局(2007b)：スペースライダー（CALIPSO）http://www.nasa.gov/mission_pages/calipso/main/index.html

岩坂泰信(2006)：黄砂——その謎を追う，紀伊国屋書店．

甲斐憲次(2007)：黄砂の科学，成山堂書店．

甲斐憲次・徳野正己(1997)：衛星画像による黄砂．エアロゾル研究，12(1), 6-12．

甲斐憲次・高杉年且・中村　一(1998)：タクラマカン沙漠を起源とする黄砂の長距離輸送について．沙漠研究，7(2), 107-117．

甲斐憲次・熊　小寧・小柴　厚(1998)：東アジアにおける砂塵嵐の地理的分布と長距離輸送．沙漠研究，8(2), 173-176．

環境省(2005)：黄砂問題検討会報告書，社団法人海外環境協力センター．

環境省(2007)：黄砂（Dustandsandstorm：DSS）http://www.env.go.jp/earth/dss/index.html

韓国気象庁気象研究所(2002)：「黄砂」パンフレット．

韓国気象庁(2007)：http://www.weather.go.kr

気象庁(2005)：異常気象レポート　近年における世界の異常気象と気候変動〜その実態と見通し〜（VII），pp. 277-286．

気象庁(2007)：黄砂情報ページ　http://www.jma.go.jp/jp/kosa/index.html

国際環境研究協会(2002)：特集　黄砂．地球環境，7(2), 135-258．

小長谷有紀ほか編(2005)：中国の環境政策　生態移民——緑の大地，内モンゴルの砂漠化を防げるか？，昭和堂．

篠田雅人(2002)：砂漠と気候，成山堂書店．

中国科学院地学部(2000)：中国華北地区における砂塵天気の成因と対策．

中国気象局気象科学研究院(2007)：http://www.cma.gov.cn/cma_new/product/cawas/surface_wind_dust/index.php

長島秀樹・岡田菊夫・竹見哲也(1997)：中国内陸部のダストストーム．沙漠研究，7(2), 口絵．

中野孝教(2003)：石灰岩の地球化学的情報から地球史と資源環境問題を読む．石灰石，232, 28-39．

中野孝敬(2006)：砂漠化は地球環境に何をもたらすのか？．日高敏隆・中尾正義編：シルクロードの水と緑はどこに消えたか？，昭和堂，pp.131-162．

名古屋大学水圏科学研究所編(1991)：大気水圏の科学——黄砂，古今書院．

成瀬敏郎(2007)：世界の黄砂・風成塵，築地書館．

布和敖斯尓(2003)：アジア内陸部における黄砂の発生メカニズムと長距離輸送．えころぶ北海道（Ecology of Hokkaido），18, 3-4．

三上正男(2007)：ここまでわかった「黄砂」の正体，五月書房．

村山信彦(1991)：黄砂発生の仕組み．名古屋大学水圏科学研究所編：大気水圏の科学 黄砂，古今書院，pp.20-36．

吉野正敏(1997)：中国の沙漠化，大明堂．

楊海英(2000)：モンゴル人からみた沙漠化―日本の緑化運動とも関連づけて―．日本沙漠学会2000年度秋季公

開シンポジウム講演集, pp.31-35.

Atkinson, B.W. (1981): *Meso-Scale Atmospheric Circulations*, Academic Press, 495pp.

Bagnold, R.A. (1941): *The Physics of Blown Sand and Desert Dunes*, Methuen, 265pp.

Buheaosier et al. (2002): Study on remote sensing model for fragile zones of land ecosystem. *China Journal of Remote Sensing*, **6**(3), 212-222.

Chen, S.J. et al. (1991): Synoptic climatology of cyclogenesis over East Asia, 1958-1987., *Monthly Weather Review*, **119**, 1407-1418.

Duce, R.A. et al. (1980): Long-range atmospheric transport of soil dust from Asia to the tropical North Pacific: temporal variability. *Science*, **209**(4464), 1522-1524.

Husar, R.B. et al. (2001): Asian dust events of April 1998. *Journal of Geophysical Research*, **106**, 18317-18329.

Kai, K. et al. (1988): Lidar observation and numerical simulation of a Kosa (Asian Dust) over Tsukuba, Japan during the spring of 1986. *Journal of the Meteorological Society of Japan*, **66**(3), 457-472.

Kurosaki, Y. and Mikami, M. (2003): Recent frequent dust events and their relation to surface wind in East Asia. *Geophysical Research Letters*, **30**(14), 1736, doi: 10. 1029/2003GL017261.

Matsumoto, J. et al. (2006): Scavenging of pollutant acid substance by Asian mineral dust particles. *Journal of Geophysical Research.*, 33(L07816), doi: 10. 1029/2006GL025782.

Mikami, M. et al. (2005): Aeolian dust experiment on climate impact: an overview of Japan-China joint project ADEC, *Global and Planetary Change*, **52**, 142-172.

Okada, K. and Kai, K. (1995): Features and elemental composition of mineral particles collected in Zhangye, China, *Journal of the Meteorological Society of Japan*, **73**(5), 947-957.

Qian, W., Quan, L. and Shi, S. (2002), Variations of the dust storm in China and its climate control, *Journal of Climate.*, **15**, 1216-1229.

Shao, Y. (2000): *Physics and Modeling of Wind Erosion*, Kluwer Academic Publishers, 393pp.

Shaw, G.E. (1980): Transport of Asian desert aerosol to the Hawaiian Islands. *Journal of Applied Meteorology*, **19**(11), 1254-1259.

Simpson, J.E. (1987): *Gravity Currents in the Environment and the Laboratory*, Ellis Horwood Limited, 244pp.

Sun, J. et al. (2001): Spatial and temporal characteristics of dust storms in China and its surrounding regions, 1960-1999: relations to source area and climate. *Journal Geophysical Research*, **106**, 10325-10333.

Takemi, T. (1999): Structure and evolution of a severe squall line over the arid region in northwest China. *Monthly Weather Review*, **127**, 1301-1309.

Tsunematsu, N. (2005): Observed dust storm in the Taklimakan Desert on April 13, 2002. *SOLA*, **1**(21-24), doi: 10. 2151/sola. 2005-006.

UNEP (1992): *World Atlas of Desertification*, Edward Arnold, 69pp.

# 3.3 モンゴル国の自然災害ゾド

## 3.3.1 モンゴル国にとってのゾド

　モンゴル高原では，約3000年にわたり遊牧が生業として営まれてきたという．本節では，今日に至るまで，遊牧を繰り返し脅かしてきた自然災害ゾドについて説明する．ゾドの定義はさまざまであるが，広くは放牧家畜の大量死につながるような寒候季の「寒雪害」を指す．積雪が草地を覆いつくすことが引き金となる場合が多いために，ゾドはしばしば「雪害」と訳されるが，低温をはじめとするほかの気象条件も深くかかわり，積雪が多くなくても発生することがある．

　対象地域について概観すると，モンゴル高原の北側には，1992年に誕生したモンゴル国がある．その前身であったモンゴル人民共和国は，1911年に清朝より独立し，1921年に旧ソ連に次いで世界で2番目に社会主義国家となった．1990年に社会主義体制の崩壊により資本主義体制に移行するまでの70年間あまり旧ソ連の影響を色濃く受けつづけ，1950年代からは遊牧にも計画経済が導入され後述するように牧民は大きな変化を経験した．1990年以降は市場経済化により，遊牧をとりまく環境は再び大きくかわりつつある．一方，ゴビ砂漠をはさんだ南側の地域は中国にとどまり，1947年に内モンゴル自治区となって現在に至る．牧畜地域でも漢民族の影響下で1950年代以降，農耕が活発になり，1980年代以降は草地の請負政策により牧民の定住化が進められている．

　本節のテーマであるモンゴル国のゾドと類似した災害は，南側の内モンゴル自治区をはじめ，ロシアや中央アジアの遊牧地域にもあり，牧畜と天候に関する研究もなされてきたが，ここではモンゴル国の事例に絞って紹介する．

　モンゴル国において農牧業は国内総生産の約2割を占め，鉱業と並んで基幹産業となっている．また，4人に1人は農牧業にたずさわり，農牧業生産の中では9割近くを牧畜業が占めている．農牧業の生産高や輸出額は市場経済化以降に急成長している鉱業より少ないが，広くモンゴル国を支える産業といえよう．牧民にとっての家畜は，食料（乳製品，肉），燃料，交通手段，および貯金と類似した機能を有する．

　1999/2000年以降3年連続の冬・春季の厳しい気象条件により，国全体で家畜頭数が大幅に減少し，2002年の家畜頭数は2390万頭となり，1999年に比べ967万頭（29%）減少した．これにより，2002年には1世帯あたりの家畜頭数は135頭まで低下し，貧困ラインである50頭以下の世帯が46%にまで増加した(小宮山, 2005)．この影響は牧民の健康・教育レベルの低下や都市への人口集中も招いた．また，牧民にとって家畜は，子供と同様に慈しみをもって育てる対象であり，家畜の喪失時の牧民のダメージは，心身ともに激しい．このように基幹産業である牧畜業を脅かすゾドへの対策は，モンゴル国にとって重要な課題であり，海外からの援助も含めていくつもの試みがある．

## 3.3.2 モンゴル国の遊牧をとりまく環境

### a. 自然環境

　ユーラシア大陸東部の内陸に位置するモンゴル国は平均標高1580mの高原上にある．気候は寒冷な上，乾燥で寒暖の差が大きいという内陸の高原独自の特徴を示す．モンゴル気象水文研究所によると，日平均気温が氷点下に下がるのは多くの地域で10～4月と半年以上にわたり，年降水量はモンゴル国平均で200～220mmと少なく，9割近くが暖候季に集中する(Batima and Dagvadorj, 2000)．植物の生育期間は5カ月足らずと短い（図3.42）．

モンゴル国は、アフリカ、中央アジア、東アジアと連なる遊牧ベルトの東端に位置する。遊牧で利用される草食動物は、人間に分解できない植物の細胞壁のセルロースを分解・吸収できる消化器官を有し、乳製品や肉をはじめとする畜産品を提供してくれる。松井(2000)は、草食動物を家畜化し、群として保有して、自分たちの意のままに動かすことができるようになった牧畜民は、農耕を行うことのできる可耕地の外に拡がる原野に出ていくことができたと指摘する。

モンゴル国の遊牧は生業として3000年も続いてきたとされ、そのために、持続可能な土地利用として注目される。遊牧の持続可能性については科学的に十分検証されているわけではないが、遊牧の特徴である移動が、自然の草と水を求めるためだけでなく、干ばつや雪の多寡といった放牧にとっての悪影響を回避する働きもあり、結果的に土地への負荷を分散させると考えられている。

一方で、遊牧は自然環境に大きく依存するがゆえに自然災害の影響も強く受け、古来よりモンゴルの遊牧は繰り返しゾドに脅かされてきたといわれる。モンゴルの家畜は、寒冷である上に乾燥で寒暖の差が大きいという特徴をもつ気候に適応しているとはいえ、これらの特徴が顕在化したときにゾドに見舞われる。また、草原が家畜を養う能力（牧養力）を超えるほどに家畜が増えすぎたときに、ゾドによる大量死で調節されるという見方もある。

近年の深刻なゾドの発生後は、モンゴル国での遊牧の存続が危ぶまれ、定住化に向けた議論も始まった。モンゴル国の遊牧は今後も持続可能性があるといえるのか、あるいは存続には何が必要かを検証する必要があるだろう。ゾドは自然災害とはいえ、その被害の程度は遊牧技術に大きく依存する。そのことは、高度な遊牧技術が確実に伝承されることと、遊牧への適切な科学技術による支援が、被害を軽減することを意味する。

では、遊牧はいかに自然に依存しながら営まれ、定住型の牧畜とはどう異なるのだろうか。遊牧の形態はその時々の社会環境に応じて変化もするので、ここでは、1920年代以来大きく変遷した遊牧をめぐる社会環境と、現在の牧民の土地利用形態を紹介する。

図 3.42　例年より早い雪に見舞われた秋営地の風景（ボルガン県、2006年9月）

### b. 社会環境

遊牧をめぐる社会環境の近年の変化を、小宮山(2003)より概観する。1924年に社会主義国家になったモンゴル人民共和国では封建諸侯の財産没収が行われ、強制的に集団化が試みられたが反発にあい、1932年から急進政策を改め緩和政策がとられた。その後第2次世界大戦終了後までモンゴル共和国の牧畜は大部分が個人経営の遊牧であった。

戦後1948年より本格的な社会主義計画経済による国家建設が開始され、1959年までに農牧業の集団化が行われ、牧民はネグデル（農牧業共同組合）に属し社会主義共有制になった。伝統的遊牧と異なる点は以下の3点である。

① 伝統的には、五畜（ラクダ、ウマ、ウシ、ヒツジ、ヤギ）を組みあわせて飼養していたが、畜群が種類別、年齢別、性別に専門化された。② 草原に手を加えず利用していたのが、畜舎や井戸の建設、飼料生産を行うようになった。③ それ以前にはなかった組織的な獣医療が発展した。この結果ネグデル時代には総家畜頭数は横這いで推移したが、食肉生産量や食肉の輸出は大幅に増加し、よくいわれるように牧畜生産が停滞したというよりも、効率的な生産が行われたとみるべきであると小宮山は指摘する。

1990年の市場経済移行後、ネグデルは崩壊し、ほとんどの家畜が牧民の所有となった。モンゴル

**図 3.43**
秋営地の家畜囲いの柵で放牧されるのを待つヤギとヒツジ（ボルガン県，2006年9月）．

国民は牧民でなくともほぼ自由に遊牧を開始できるようになった．しかし経験不足の牧民と家畜数の急増や，市場や都市のインフラ（教育，雇用，医療など）を求めての遠隔地から都市周辺への移動によって，都市や道路近郊ではかなりの過放牧状態になるなどの問題を引き起こしている．井戸の老朽化，干草生産の急減，獣医サービスの民営化に伴う疾病の急増，というように牧畜をめぐる社会サービスの質の低下が起きている．これらは前述した最近の3年連続のゾドの深刻化の背景にある社会経済的要因として無視できない．

**c. 牧民の土地利用**（図3.43）

モンゴル国における遊牧は，条件のよい草地と水を求めて季節移動しながら放牧する営みを指し，牧民は家畜の群れとともに移動する．ゲルは数名いれば数時間で設営可能な移動に向いたモンゴル式の住居である．移動の距離には地域や年によるばらつきが大きく，年間のゲルの移動が数km以内に留まるものもあれば1000 kmを超える例もある．

尾崎(2004)をもとに牧民の土地利用を俯瞰する．モンゴル国における牧地利用の最大の特徴は，土地の私有化が行われていないがゆえに牧地選択の自由度が高いという点である．しかし現実の牧民の牧地選択は完全な意味での自由でも不規則でもなく，日常的な移動範囲は基本的にソム（郡）の下位単位であるバグ（村）の内部であり，逸脱すると，政府関係者，特にバグ長により非難・尋問などを受ける．

冬営地，春営地については多くの場合，家畜囲いなどの私物である固定施設が付属するために，その場所はソム政府による認可制になっている．つまり，冬営地と春営地は，寒雪害などの緊急事態を除き毎年一定の場所を利用することが期待されており，また牧民の側も利便性を考慮すればあえて別の場所に営地を構える必要性も感じていないというのが現状である．

一方，夏営地と秋営地についてはより緩やかな申告制となっている．さらに，モンゴル国における牧地利用の特徴的形態が，秋季におけるオトルである．これは家畜に越冬可能な体力を付けさせるために新鮮な草を大量に食べさせることを目的として行われ，およそ8月下旬より11～12月の冬営地に入るまでの間，2, 3週間程度で営地移動を繰り返し，結果として畜群の利用可能な牧地面積を増大させる効果をもたせる（尾崎, 2004）[*1]．市場経済移行後は，このような土地利用に関する暗黙の規則がしばしば破られて，牧民間の争いに発展する事例もでてきた．

遊牧の最大の特徴は，行政あるいは地域の一定の規制があるものの移動の自由度が大きく，放牧を阻むような条件（深刻な場合は自然災害と呼ばれるものまで含む牧草や水不足，厳しい天候など）に対する柔軟さが大きいことである．

### 3.3.3 ゾドとは何か

**a. 寒候季のゾドが春の家畜の大量死をもたらす**

放牧されている家畜の体重は，顕著な季節変化を示すのが特徴である．実は，この季節変化こそが，ゾドの発生プロセスの理解に不可欠なのである．ここでは森林草原にある牧畜気象観測点という牧民に委託された観測の結果を利用して，放牧家畜の体重変化と環境要素の季節変化を述べる

---

[*1] オトルは広くは緊急避難的に家畜を移動させることを指し，秋以外にも牧草の状態いかんでは，数日単位で移動する行為に用いる場合もある．

**図3.44** 牧畜気象観測点（ボルガン県，2005年3月）．観測は牧民に委託されている．

**図3.46** 冬は枯草を食べるウマの群（フスタイ国立公園，2005年1月，篠田雅人撮影）

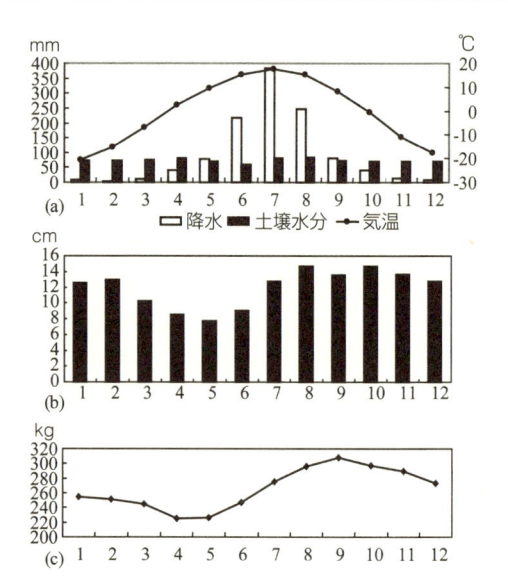

**図3.45** 1982～2002年のボルガン県の（a）中央気象台の気温，降水量およびそれらから計算した土壌水分量，（b）ウシ牧畜気象観測点での牧草の草丈，（c）ウシ牧畜気象観測点の雌ウシの体重（Morinaga et al., 2004）

(Morinaga et al., 2004)（図3.44）[*1]．

　図3.45はボルガン県で1991～2002年に観測された気温，降水量および降水量から見積もった土壌水分，草丈，雌ウシの体重の季節変化である．気温・降水量は県の中央気象台の毎日のデータ，草丈と家畜の体重は移動する牧畜気象観測点のデータで草丈は月5～6回，家畜の体重は月1回の間隔である．降水は6～8月に集中しており，気温が氷点下になる10～4月にかけては降雪となる．土壌は10～4月までほぼ凍結している．土壌水分の最低値は，雨季の始まる直前の5月に出る．草は4月末から芽を出しはじめ，8月に草丈が最大になり，10月からは枯草となる．図3.45中10～4月は枯草の草丈である．（図3.46）

　家畜の体重は春から秋にかけて草を旺盛に食べることで増加する．草のバイオマスの最大値は8月末に観測されるが，家畜は移動しながら食べつづけ，体重は10月前後に最大となる．体重増加期に干ばつが発生すると草が不足し，家畜は十分な肉や脂肪をつけられない．干ばつで家畜が死ぬことはめったにないが，引き続く冬・春に発生する家畜の死亡には潜在的に関係する．

　寒候季には，家畜は低温によりエネルギーを失い，摂取する枯草はバイオマスも栄養価も少ない（8月の5～6割）ため体力を消耗しつづけ，バイオマスが最低となる春（8月の3～4割）に体重も最低となる．春は気温が上がり牧草の新芽が出はじめるものの，風が強まり，家畜の体力消耗を加速する悪天候が出現しやすい．冬から春にかけて出産の時期でもあるため，死亡率が高まる

---

[*1] 牧畜気象観測は，家畜と環境要素の関係を科学的に検証し，畜産の振興に役立てるために1970年代末から始められた．家畜の観察および気象，植生観測を同時に実施する．現在，森林草原・草原・砂漠の3つの気候帯に計7地点ある．図3.44にある百葉箱と雨量計は，ゲルとともに季節移動する．ここで示すボルガン県のウシの牧畜気象観測点は，年間およそ数十km移動している．

(Tuvaansuren and Bayarbaatar, 2002)[*1].

モンゴル国の家畜はこの厳しい気候に適応しており，秋までに蓄えたエネルギーと枯草の摂取で冬・春を乗り越えるが，悪条件が重なると，家畜が大量死する事態が発生する（8月に刈りとって蓄える干草を越冬中に利用する場合もあるが，年によっては必ずしも十分ではない）．

ゾドの定義は複数あるが，現在，モンゴル気象水文研究所などで広く用いられているものによると，ゾドとは「放牧家畜が（十分な草や水を摂取できずに）大量に餓死する直接的要因となる，冬から春の草地の地表面状態あるいは天候」ということができる．具体的には，放牧を阻む草地上の厚い雪氷や，強風・極端な低温などの悪天，牧草の不足などである．暖候季が干ばつだった後は，放牧にとっての悪条件の程度が軽くてもゾドになりやすい．いいかえると，寒候季だけではなく，年間を通じた放牧の条件がゾドに影響する．

**b. ゾドの原因**

ゾドの原因には雪氷が草地を覆うことや，低温，強風，あるいは前の夏の干ばつによる牧草不足など気象条件にまつわることが第一にあげられ，ゾドは気象災害といった側面が大きい．一方，前述したように過放牧，牧民の牧畜技術および牧畜を支える社会的サービスの低下，など人為的要因も社会体制が社会主義から市場経済へと移行した1990年代から大きくなっていることが指摘されているが，ここでは主に自然科学的な側面を扱う．

ゾドの結果は家畜の衰弱や大量死であるが，過去のゾドの発生状況について定量的評価を行うことは難しい．1940年から毎年記録されている全国の家畜死亡数がしばしば定量的なデータとして利用されるが，家畜の数の申告に各種バイアスがかかることは周知のことで，精度には問題がある．また，ゾドの定義がまちまちであるため，発生年がいつであったかが，モンゴル国内の資料の間で

---

[*1] 家畜の体重についてはモンゴルおよび内モンゴル自治区の家畜についても同様な季節変化が報告されており，放牧家畜の体重変化の一般的傾向と思われる（屠・李, 1990）．

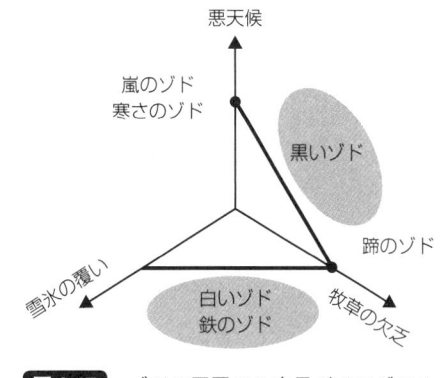

**図3.47** ゾドの原因の3次元ダイアグラム（篠田・森永，2005）

も一致しない．複数の文献の中で共通して大規模なものとされているのは，1945，1968，1977，2000，2001，2002年のゾドである（小宮山，2005）．

ゾドの分類は，冬・春に少なくとも数日以上連続して家畜が草や水を摂取できなくなり飢餓につながる，直接的な原因に基づいて行われている（Natsagdorj and Dulamsuren 2001）．主な原因は3つに分けられ，それを模式的に図3.47の三次元ダイアグラムに示した（篠田・森永，2005）．雪氷軸は草地を覆う雪氷の多さや固さ，牧草の軸は牧草の欠乏，天候軸は草地での草や水の摂取を阻むような数日続く悪天の程度をそれぞれ表す．

まず，「雪氷-牧草」平面からみる．白いゾド（white dzud）とは草が積雪に覆われる状態を指す．鉄（ガラス）のゾド（iron（glass）dzud）とは融解した積雪が再凍結してできた硬い氷に覆われる状態で，気温が0℃付近を上下する秋や春に起こりやすい．「雪氷-牧草」平面の中でも雪氷軸よりに位置するのは草があるのに食べられない場合に起きるゾドで，草が厚い積雪に覆われる白いゾドと，厚い氷に覆われる鉄のゾドがある．牧草が不十分な場合に起きるゾドは，「雪氷-牧草」平面の中で牧草の軸よりに位置する白いゾド・鉄のゾドで，草丈が低いためにわずかな積雪や表面凍結でも草が覆われたり，雪の密度が大きくなってしまう．平面の手前部分は，低い丈の牧草が厚い雪や氷に覆われている状態を指し，採食に最も深刻な影響を及ぼす．

過放牧が原因の蹄のゾド（hoof dzud）は，牧

**図 3.48** 寒候期は雪が飲み水になる（ボルカン県，2005 年 3 月）

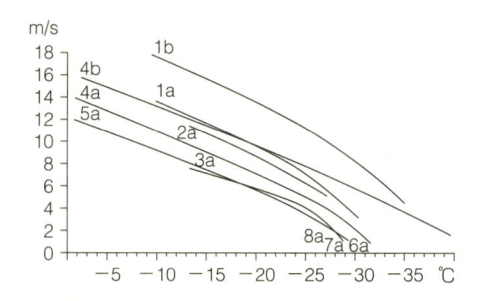

**図 3.49** 家畜が牧草を食べるのを阻む気象条件の臨界値（横軸が気温で縦軸が風速）(Mijiddorj and Tuvaansuren, 2003)
1 ヤク，2 ウマ，3 ラクダ，4 草原のヒツジ，5 アルタイの山と草原，砂漠のヒツジ，6 山岳地域のヤギ，7 草原のヤギ，8 砂漠のヤギ．a は採食が困難になる，b は採食が不可能になる．

草の量が最低になる春先に起きやすく，牧草の軸上に位置する．黒いゾド（black dzud）は解釈が分かれるが，最低条件は積雪がなくて飲み水不足になる状態である（寒候季の家畜は，積雪を食べることで水分を摂取することが多い）（図 3.48）．これに低温，牧草が不十分という条件が付加されることもあるので，「牧草-天候」平面に位置すると考えられる．低温だと表層水が全面凍結しやすく，低温のために水や牧草を求めての長距離移動も体力消耗が大きくて難しくなる．

家畜が摂取する牧草のおよその量は，草地の牧草の量と採食時間の積で決まる．低温や強風（雪嵐，砂嵐も含む）など，家畜が草地に数日間出られなくなる，あるいは出ても食べていられないような天候は牧草の採食時間の短縮につながるので，放牧にとって「好ましくない気象条件」と表現される．嵐のゾド（storm dzud），寒さのゾド（cold dzud）（狭義には，寒さがもたらす積雪や凍結の効果まで含まない）などがこれに該当し，天候軸上に位置する．

図 3.49 はモンゴルの牧畜気象学の成果の一例であるが，冬に家畜が牧草を摂取できる気温と風速の組みあわせによる臨界値を家畜ごとに示している．同様の採食の気象条件に関する臨界値の研究は，高温と風速，積雪深と積雪密度についてもある．

実際には，2 種類以上のゾドが起きる複合ゾド（multiple dzud）もあるし，ゾドが発生した地域から避難した家畜が集中した結果，連鎖的に蹄のゾドが起きることもある．また，複数年持続するような干ばつ，ゾドによる蓄積効果もありうる．図 3.47 では，経年スケールのゾドの原因を示したが，長期的にみると，植生・土壌劣化がゾド発生にかかわっている可能性もある．

図 3.47 からは，冬・春越えをする際の牧草の状態の重要性がみてとれる．牧草が十分にあれば（牧草の軸の原点方向），よほどの悪天か厚い雪氷に覆われない限り草丈が高いために，白いゾド，鉄のゾドなどが起きても程度が軽い．家畜は，夏以来，十分に栄養を摂取していて基礎体力がある．非常時のための干草の備蓄量にも，夏季の牧草の量が反映される．干ばつの後にゾドが深刻化しやすいゆえんである．付け加えると，干ばつ時は通常高温となるが家畜は夏季の高温に弱く，採食時間が短縮して，体重増加が抑制されることも，後のゾドの深刻化に関係する (Tuvaansuren and Bayarbaatar, 2002)．

ゾドが，上記のように，原因によって分類されるとはいえ，タイプ別のゾドに関する記録は断片的で，系統的な記録は白いゾドと黒いゾドに限られている．モンゴル気象水文研究所農業気象課では 10 日ごとの積雪深を用いて，臨界値を超えた積雪がある場合に白いゾドが発生したとみなしている．3 段階ある積雪深の臨界値は，草丈に依存しており，森林，草原，砂漠と草丈が小さくなる

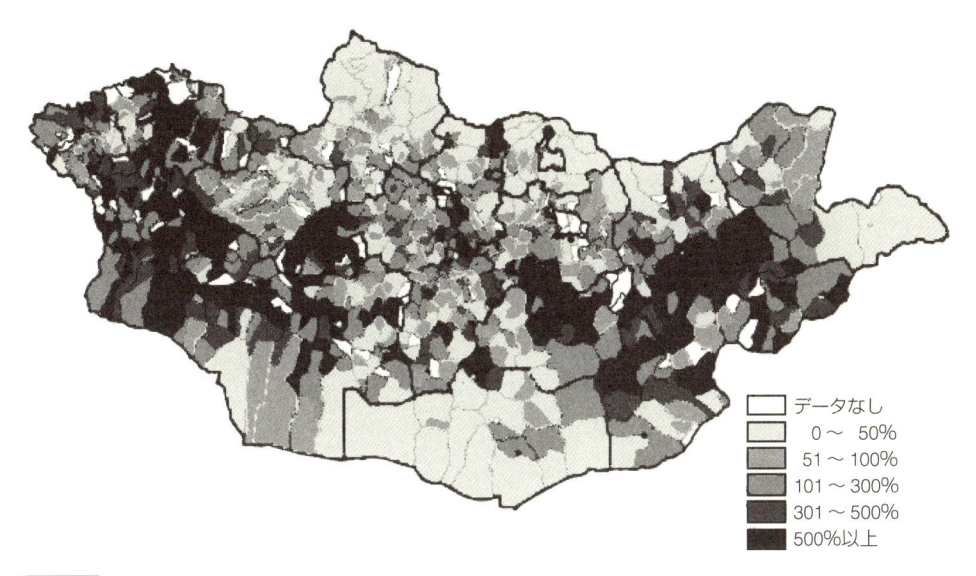

**図 3.50** モンゴル気象水文研究所により公表された 2007 ～ 2008 年の冬春のための牧養力の図．300% は，草の量に対して 3 倍の家畜がいることを意味する（ウヌードル紙，2007 年 8 月 31 日）．

凡例：
- データなし
- 0 ～ 50%
- 51 ～ 100%
- 101 ～ 300%
- 301 ～ 500%
- 500%以上

に従って小さくなる．

1973 ～ 2000 年の白いゾドの発生頻度の分布をみると，多発地域は，積雪の多い北西部と平野の拡がる東部にあり，積雪の少ない南部のゴビ地域では発生が少ない．モンゴル国で観測される最大積雪深は，全国平均でわずか 3.4 cm であるが (Morinaga et al., 2003)，冬季中はほとんど融解しない．地形の複雑な山岳や森林草原では，積雪深に幅があるために牧民は積雪の少ない場所を牧草地として利用する．しかし，平坦な草原はほぼ一様の厚さの積雪に覆われるため，一定の値を超えると，広域的なゾドの発生につながりやすい．一方，黒いゾドは，白いゾドの発生がないような乾燥した地域で多発し，砂漠地域では 2 年に 1 度の割合で起きる (Natsagdorj and Dulamsuren, 2001)．

以上に述べたように，寒冷な上，乾燥で寒暖の差が大きいという気候の特徴こそが，ゾドの発生につながる原因であることがわかる．干ばつと同様に毎年のようにどこかで起きている小規模なゾドは，家畜の移動によって被害を緩和できる一方，発生面積が大きいと回避できずに深刻な被害が発生する．

### 3.3.4 ゾドへの対応

モンゴル気象水文研究所で 1970 年代から続けられている土壌水分，植生，家畜に関する農業・牧畜気象観測システムは，経験に依存することの多かった遊牧技術を科学的に支えるべくつくられた，極めて独自性の高いものである．2005 年より開始した JICA の「気象予測及びデータ解析のための人材育成プロジェクト」により，これらを強化する目的で干ばつ・ゾド早期警戒システムの構築が実施された (Shinoda et al., 2007)．

家畜が餓死するまでの過程のおおもとには天候の平年からの大きな偏差（大気大循環の変動）が存在し，「大気大循環→地域的な天候→土壌水分→植生→家畜」というように，影響が大気から地面を介して家畜へと時差をもって及んでいく．このため，この連鎖現象のメカニズムを解明すれば，上流の現象をモニタリングすることで家畜に影響が及ぶ前に災害の警告，すなわち，早期警戒が可能となるはずである．

具体的には，前年の暖候季は高温，少雨などの影響で徐々に現れてくる牧草や家畜の体重の異常をモニタリングし，寒候季のはじめには牧草の現

存量・積雪のモニタリングと寒波の予報などを，家畜の消耗している春には強風に関する短期予報などを，随時牧民に警告を発していくのがこのシステムである．

図3.50に示すのは，8月の牧養力であるが，草が最大量となる時点のバイオマスと家畜の数（ヒツジ換算）の分布から求められており，秋にむけて最後に脂肪を蓄えるためのオトルの場所，越冬用の干草の必要量，冬営地などの選択などにとって非常に重要な指標である．牧畜に大きな影響を及ぼす監視環境要素の警戒時期・要素・閾値にかかわるガイドラインの作成も行われている．

重要なのは，このような地図情報を適切な時期までに末端利用者である遊牧民まで伝達する手段の確保である．2003年8月には，日本政府の無償資金協力で短波ラジオのネットワークがほぼ全国を網羅したため，牧民への気象情報伝達のインフラは向上した．しかしながら，依然として，県→郡→村→牧民（特に，郡→村→牧民）への伝達手段が十分に確保されていないという問題は残っている（篠田・森永，2005）．

遊牧の持続可能性は，それが3000年存続したという歴史的事実から指摘されてきたものの，遊牧の伝統的技術が科学的に検証される機会は極めて少なかった．今後は遊牧の伝統技術のうち，特に移動にまつわる技術，および移動の草原と家畜への影響を明らかにし，それを各時間スケールの天気予報と合わせていくことにより，ゾドや干ばつのような自然災害の影響緩和を図ることが必要であろう．　　　　　　　　　　　〔森永由紀〕

▶ 文　献

尾崎孝宏（2004）：南北モンゴルの間―内モンゴルとモンゴル国の生業論的比較―．中国21, 愛知大学現代中国学会, **19**, 81-107.

小宮山博（2005）：モンゴル国畜産業が蒙った2000〜2002年ゾド（雪寒害）の実態．日本モンゴル学会紀要, **35**, 73-85.

小宮山博（2003）：モンゴル国畜産業の構造変化と開発戦略―ニュージーランド及び中国内モンゴル自治区との比較研究―．経済研究, 東京国際大学大学院経済学研究科, **6**, 1-19.

篠田雅人・森永由紀（2005）：モンゴル国における気象災害の早期警戒システムの構築に向けて．地理学評論, **78**(13), 928-950.

屠　樑・李永昌編著（1990）：牧業気象学, 高原出版社, 130pp.

松井　健（2001）：遊牧という文化―移動の生活戦略―, 吉川弘文館, 213pp.

Batima, P. and Dagvadorj, D. (2000): *Climate Change and its Impacts in Mongolia*. Ulaanbaatar：JEMR.

Mijiddorj, R. and Tuvaansuren, G. (2003): *The Environment of Pasturing Livestock and Traditions of Mongolian Herdsmen*. Ulaanbaatar, 174pp. (in Mongolian).

Morinaga, Y., Bayarbaator, L., Erdenetsetseg, D. and Shinoda, M. (2004): Zoo-meteorological study of cow weight in a forest steppe region of Mongolia. The Sixth International Workshop Proceedings on Climate Change in Arid and Semi-Arid Regions of Asia, Ulaanbaatar, Mongolia, 25-26 August 2004, 100-108.

Morinaga, Y., Tian, S. and Shinoda, M. (2003): Winter snow anomaly and atmospheric circulation in Mongolia. *International Journal of Climatology*, **23**, 1627-1636.

Natsagdorj, L. and Dulamsuren, J. (2001): Some aspects of assessment of the dzud phenomena. *Papers in Meteorology and Hydrology*, No.23, 3-18.

Shinoda, M. Ito, S. Nachinshonhor, G.U. and Erdenetsetseg, D. (2007): Phenology of Mongolian Grasslands and Moisture Conditions. *Journal of the Meteorological Society of Japan*, **85**(3), 359-367.

Tuvaansuren, G. and Bayarbaator, L. (2002): In Natsagdorj, L. ed.: *Impact and Adaptation Study of Climate Change on Livestock Sector*, Ulaanbaatar：Institute of Meteorology and Hydrology (in Mongolian).

# 3.4 石油・天然ガス開発とツンドラの荒廃

## 3.4.1 資源の宝庫としてのロシア極北地域と石油・天然ガス開発

ロシアの北方地域は，石油・天然ガスをはじめそれ以外の有用地下鉱物資源や森林，漁業資源などの天然資源が豊富である．すなわちロシア全体に占める北方地域の保有する割合は，天然ガスの97％，ニッケルおよびコバルトの90％，石油と銅の60％，森林および漁業資源の半分に達する．とりわけシベリアは，俗に元素の周期律表にある元素がすべてあるといわれるほど，鉱物資源の豊富な土地として語られてきた．銅，ニッケル，金，水銀，タングステン，コバルト，白金などは国内有数の産地である．北方地域においてロシアのダイヤモンド鉱石のほぼすべてを産出している．そのほかにも，世界の埋蔵量のうち，ダイヤモンド鉱石と燐灰石は50％，白金鉱石40％，ニオブの35％，天然ガスの30％，銅とスズの15％，石油（大陸棚を含まない）とコバルトの10％，タングステンと水銀の6～8％を埋蔵している．北方地域はロシア国内総生産の4分の1を提供しているとの試算もある (Голубчиков, 2003)．

### a. ロシアにおける石油・天然ガス資源

現在，このような諸資源の中でも環境問題との関係で最も中心的な資源が，石油と天然ガスであろう．そこでまず，ロシア連邦における石油・天然ガスなどの炭化水素資源開発と生産について概観してみよう．

まず，ロシアは原油生産では2008年の実績で世界の12.4％を占め，サウジアラビアについで世界第2位である．他方，天然ガスは19.6％で第1位であり，アメリカ合衆国（19.3％）とほぼ同量となっている．このように，ロシアは現在石油・天然ガスのいずれにおいても，世界的な産出国として不動の地位を占めている．確認埋蔵量でみても，2008年末のデータで原油は世界の確認埋蔵量の6.3％（世界第7位），天然ガスに至っては23.4％と圧倒的な首位の座を占めている（BP統計）．このうち，将来にわたって採掘できる推定の年数である可採年数では，原油が22.2年にすぎないのに比べ，天然ガスは81.2年と後者の将来性が顕著である (塩原，2005)．

また，石油と天然ガスの両部門については，次のような相違点もあげることができる．すなわち石油部門は，産油地が天然ガスに比して必ずしも集中してないこと，このことにも関連して，探鉱，採掘，輸送，販売といった関連部門に関係する企業が比較的多岐にわたり，有力石油企業10社前後が支配する寡占状態である．これに対して天然ガス部門は，生産地が西シベリアに集中している．そして旧ソ連ガス工業省を母体とする世界最大の天然ガス生産・輸送・販売会社「ガスプロム」が全ロシアの天然ガス採掘量の83％を占め，また全世界のそれの17％を占める（2008年 (ガスプロム社2008年年次報告)）という独占状態にあるのである．

いずれにしても，ロシアは今後ともこれらの炭化水素資源，とりわけ天然ガスの産出で世界的に主導的な地位を占めていくことが予想される．このことは，特に天然ガスの埋蔵地がロシア極北や北極海の大陸棚に分布することから，ロシア北方の開発とそれにより先住民族などの居住民の受ける影響を含む，ロシア北方の環境の保護に重要な意味をもってくるであろう．

### b. ロシアにおける油田開発と国内の分布

ロシアにおける石油開発は，19世紀中頃から開発されてきた現アゼルバイジャン共和国のバクー油田が著名であった．その後，1950年前後より1970年代まで「第2バクー」と呼ばれたヴォルガ・ウラル地方が主要産油地として知られ，さらにそれ以降になると，「第3バクー」ともいわ

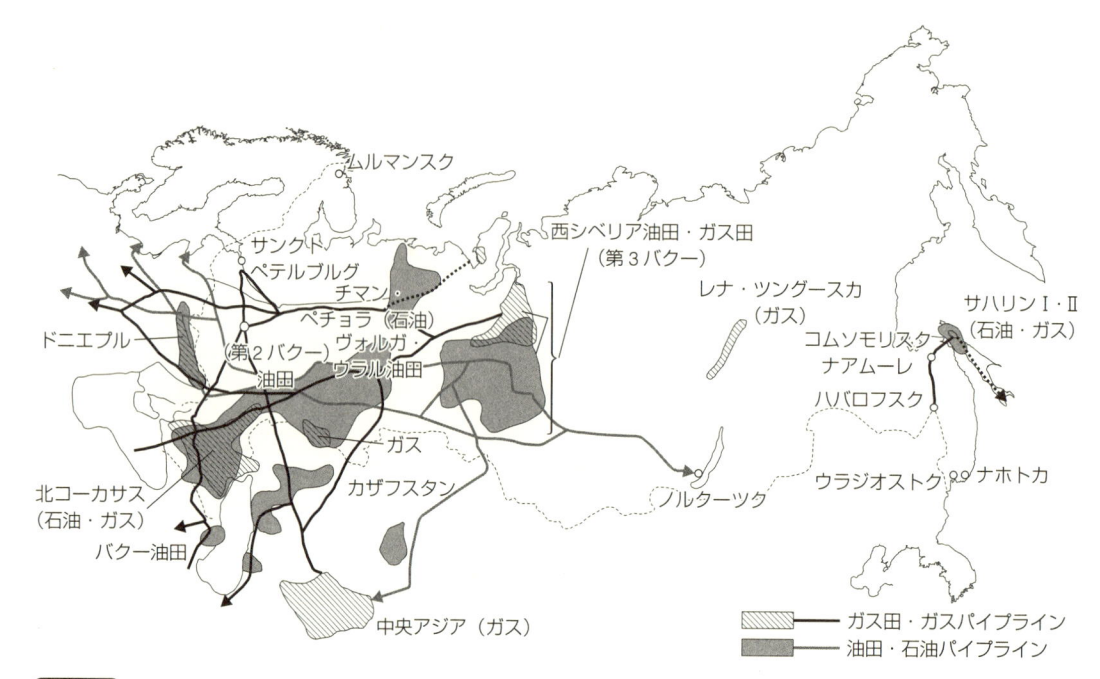

**図3.51** ロシアの石油・ガス田の分布とパイプライン（Energy Map of the CIS, London：Petroleum Economist (n.d.)）

れる西シベリアに生産の中心が移っていった．西シベリアの石油・天然ガス開発は，1953年に開発されたベリョーゾフスコエ・ガス田，そしてその7年後にコンダ川地区で石油が発見されたのが初めである．さらに1961年にオビ川中流域において石油・ガス田が開発され，1970年代以降採掘が本格化した．今日西シベリアでは，地下700～4000 mの深度に分布する300の油田・ガス田が稼動している（Голубчиков, 2003）．

現在の原油産出量を国内の地域別でみると，西シベリアが67％，ヴォルガが12％である．また天然ガスは，西シベリアだけで92％を占める．このように，石油・天然ガスの産出は，西シベリアの一人舞台ともいうべき状況が続いている．さらに埋蔵量（ここでは確認埋蔵量に推定埋蔵量の一部を加えたもの）を地域別でみると，原油については西シベリアが7割以上，後はヴォルガ・ウラル，ヨーロッパ・ロシア北部が7～8％ずつのシェアで続いている．天然ガスも，西シベリアが77％を占める（小森, 2004）．現在，石油・天然ガス開発の波は東シベリア（クラスノヤルスク地方），極東（サハリン大陸棚），あるいはカスピ海沿岸，ヨーロッパ・ロシア北部の北極海（ガス田）へと拡大する傾向もみられる．とはいえ，石油・天然ガスの生産に関しては，西シベリアの優位は当分変わりそうにない．

#### c. 石油・天然ガス産出をめぐる動き

石油・天然ガスの産出量の変動という点からみると，原油生産はソ連解体直前の1990年に5億トンを超えていたのが，その後減少に転じ，1992年から2002年までは3億トン台という低水準で推移した．2000年以降は一転して増産に転じ，2003年には4億トン台に戻り，2004年には4億6000万トン程度まで回復した．これに対して天然ガスは，同じ期間に原油生産ほどの生産の落ち込みは大きくはなく，6400億 $m^3$ 台であった1990～1992年以降も，5500～6000億 $m^3$ 前後で推移し，2003年には5800億 $m^3$ を採掘している（小森, 2004; 塩原, 2005）．

さらに近年の石油および天然ガスのCIS諸国向けの輸出とCIS域外向け輸出との比率の変遷

をみると，過去の国内外政情を反映したものとなっていることがわかる．つまり，1992年までは CIS 向けが半量以上であったが，その後は CIS 域外向け輸出の割合が急増した．2003年には生産量の58％が輸出されたが，そのうちの9割が CIS 域外に輸出されている．天然ガスについても類似の状況で，1992年までは CIS 域内向けが半量以上であったが，その後は CIS 域外向け輸出が増加した．2003年には天然ガス生産量の38％が輸出されたが，そのうち CIS 域外向けが62％を占めるに至っている（小森, 2004）．このように，石油・天然ガスの多くが輸出に回されていることから，これらの資源が貴重な外貨獲得源になっている．ロシア経済は好調とはいえ，輸出には石油・天然ガス，木材などの原材料が依然として大部分を占めている．つまり，経済構造自体には，顕著な変化，変革がみられていないということでもある．近年，石油価格の変動が著しいが，国家財政収入に占める石油・天然ガスのもつ役割は依然として極めて高い状態であり，これらの資源開発を促進する圧力はこれまでと同様に強い状態が続いていくものと予想される．

### 3.4.2 極北の資源開発と環境問題

#### a. 極北の脆弱な自然環境と開発

ロシア北方地域で行われてきた石油・天然ガス開発は，旧ソ連そしてロシア連邦に莫大な利益をもたらしたと同時に，当該地域の環境に多大な影響を与えつつ展開されたといって過言でない．そもそも，高緯度地方の自然環境は，極端な低温と少ない積算温度，気温の年較差の大きさ，永久凍土層の分布とそれによる地表面への影響（地形学的，植物学的影響など），降水量の少なさなどにより，際立った特徴を示している．そのため最北部はツンドラという地衣類や苔類の卓越する植生となり，その南方は森林ツンドラ帯を経て，タイガと呼ばれる北方性針葉樹林帯となる．ツンドラはさらにいくつかに分類される．最北部に分布する木本類のほとんどみられない極地ツンドラ，矮性の木本類の散在する典型的ツンドラ（蘚苔類主体），南方ツンドラ（灌木・谷地坊主の混在）などである．

これらの植生は，急激な改変が外因により加えられると，元の状態に回復するまでに相当の年数を要する．永久凍土層の場合，それを覆う地表の表層の破壊が進行するだけで，深刻な結果をもたらすことが多い．開発行為，たとえば，採油施設や施設従業員用の居住施設建設のため，あるいは車輌などの往来の障害となる場合に，森林が伐採される．森林が伐採されると，それまで森林に覆われていた地表面の温度バランスがより高温の方に崩れることで，永久凍土の融解を招くことになる．そして地表面に水溜りが出現し，やがて池や沼となる．また，大型トラックなどの車輛，特にロシア北方地域で多用されるキャタピラを装備した万能走行車などの行き来が頻繁に行われることで，タイガやツンドラの表層が容易に剥がされることによっても，また，地表面の温度バランスの崩壊が促進されることによっても，植生の改変につながる（図3.52）．

このような一般的な開発行為に随伴する環境破壊とともに，石油ガス開発の場合，より深刻かつ急激な環境破壊が行われている．それは，石油・ガスパイプラインの敷設による森林伐採などによる環境改変，パイプラインなどの老朽化などに起因する破損による汚染，採油地における地表の汚染や余剰の石油・ガスの燃焼による大気汚染などである．具体的に石油・ガスパイプラインの状況をみてみよう．ロシアの主要な幹線パイプラインの総延長20万kmの5分の1がすでに敷設後25年以上経ったものであり，このことが破損の重要な要因となっている（Голубчиков, 2003）．また，ロシア国産の大口径鋼管の品質の悪さを指摘する声も聞かれる．

#### b. 開発と自然破壊

このような開発行為により，ロシアのツンドラ全体で荒廃化した土地は8.3％（1300万ha）に及ぶ．そのうち化学工業関連が126万ha，製鉄・非鉄金属工業関連140万ha，石油関連が56

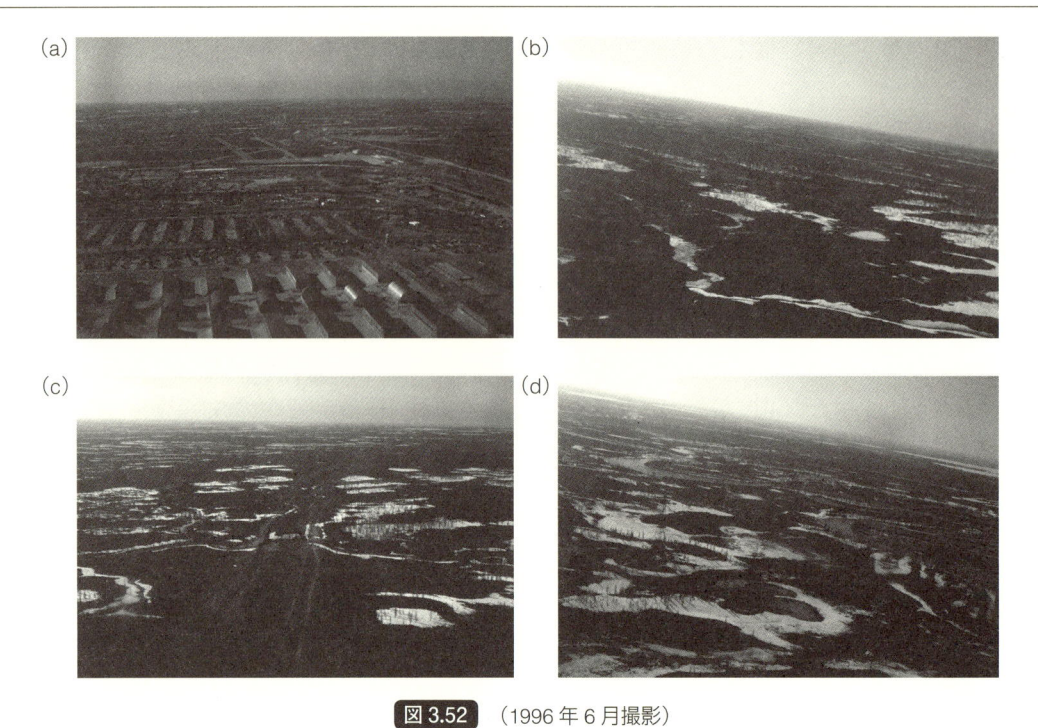

図 3.52　(1996 年 6 月撮影)
(a) ヤマル・ネネツ自治管区
　　西シベリアの石油・ガス採掘中心地ノーヴィイ・ウレンゴイ近郊の光景
(b) 西シベリア北部の森林ツンドラ地帯
　　フレアガスを燃焼させる櫓が 2 カ所みられる
(c) ヤマル・ネネツ自治管区内の開発が進む森林ツンドラ地帯
(d) ヤマル・ネネツ自治管区内の開発が進む森林ツンドラ地帯（左方に燃料タンクや櫓がみられる）

万 ha, 石炭関連が 14 万 ha ということである (Голубчиков, 2003). このようなシベリアという広大な地域の環境への資源開発の影響は，当該地域のみならず，地球環境全体に及んでいることが指摘されている．中でも環境への影響の大きいといわれる石油・天然ガス開発関連のものをもう少し詳しくみてみたい．

ロシア全体において，公的に記録されたものだけでも石油流出事故数は年間約 300 件発生しており，それにより 1 万トンの石油が流出していることになっている．また幹線パイプライン（直径 53～122 cm）4 万 6800 km のうち，3 分の 1 が 33 年以上の歳月を経ており，使用限界に近づきつつある．パイプラインの破損の 70 % 以上がパイプの腐蝕に起因しており，そのほかは不良な建設や車輌の衝突である．事故 1 件あたり，約 400 l の石油が漏出している計算になる．事故の実例をあげよう．1993 年，チュメニ州ソシビンスキー禁猟区近くのニャガン石油基地におけるパイプ破損により 42 万トンの石油が漏出した．1994 年にはヨーロッパ・ロシアのコミ共和国において，やはりパイプの破損によりツンドラに 6 万トン（非公式には 20 万トン以上）の石油が流出した．その結果，ペチョラ川両岸が長距離にわたって石油汚染された．チュメニ州では，毎年パイプの破損により，1000 万トンの石油が流出している．時期は古いが，チュメニ州では 1991 年 1 年間に汚染された土地は 6 万 ha にのぼる．石油・ガスの採掘の全期間では，600 万 ha 以上の土地が汚染されたとされている (Голубчиков, 2003).

そもそも石油採掘業全般において，恒常的に石油の損失が記録されている．たとえば採掘時に 3 %, 輸送時に 1～1.2 %, 精製時に 0.6～0.8 %

という具合である．これにより計算すると，チュメニ州北部においては毎年数十万トンの石油が失われていることになる．そのうち60％は漏出・損失地にとどまるが，残りは河川や湖沼に流出している勘定になる．その結果は北極海沿岸のオビ湾やタズ湾の汚染となって現れている．オビ川下流では，許容量の29倍の石油関連物質が検出されているが，そのほかの地下資源開発地域でも類似の状況が発生している．それはエニセイ川流域，オホーツク海沿岸，沿海地方のアムール湾やウスリー湾などである（Харючи, 2005）．また，ヨーロッパ・ロシアのペチョラ海や白海，バレンツ海などにおいても汚染が問題化している．石油起源の炭化水素濃度は，カラ海において23.7 µg/l，極東のレナ川河口のチクシでは114 µg/lに達している（Голубчиков, 2003）．

そもそも石油や天然ガス開発による汚染は，探鉱時から始まっている．ボーリング施設には余剰の石油やガス（フレアガス）を燃焼させる燃焼塔が付随しているのが常であるが，1基の燃焼塔で年間1500トン程度までの燃料が燃える．その結果，年間2トンの炭化水素やタール，30トン以上の窒素酸化物，8トンの二酸化炭素，5トンの無水硫黄酸化物，その他重金属などが排出されている．ボーリング施設の周囲500 mには，雪とともに1 km$^2$あたり4.4トンの物質が堆積しているということである．石油の浸潤した土地は土壌のアルカリ化，水，空気の循環の悪化が生ずる．仮にボーリング施設において発生する石油起源の液体を無害化するには2000倍に水で薄める必要があり，そのためにボーリング施設1基あたり年間6000〜7000 km$^2$の水系を必要とする勘定になるという（Голубчиков, 2003）．

### 3.4.3 極北先住民の環境利用とトナカイ牧畜

ロシアの極北地域には，ソ連期に「北方民族」や「北方少数民族」などといわれてきた先住少数民族が居住してきた．これらの先住民族は，狩猟・漁労・採集，トナカイ牧畜などを主要な生業活動として生活してきた人たちである．ソ連期にこれらの人々の生計活動の大部分は農業集団化政策の下で再組織化され，ソフホーズ（国営農場）やコルホーズ（協同組合農場）といった国営・公営企業の活動として存続する形となった．

このような先住民族の生業活動は，広範なツンドラやタイガといった植生の土地を前提に行われてきたものである．特にトナカイ牧畜は，地表面の地衣類，蘚苔類などの植生を中心に捕食するトナカイを家畜として移動生活を前提とする生業であり，広大な土地の存在に依存するものである．トナカイ牧畜はタイガ型とツンドラ型に大別されるが，とりわけツンドラ型トナカイ牧畜は移動範囲，距離の大きさに特徴づけられる．つまり，後者は，トナカイの食性に合わせて移動生活を送るが，そのために家畜トナカイに餌を捕食させる面積が非常に広範にわたる．したがって地表面の汚染はまずトナカイに影響を与え，次にそれを摂食する先住民族やそのほかの住民に影響が及ぶのである．

旧ソ連において家畜トナカイ頭数は，集団化措置の導入直前の1930年に219万頭であったが，集団化措置導入時の混乱期から第2次世界大戦期にかけての時期に変動が大きかった．しかしその後は安定して推移した．トナカイ頭数の統計は実態をどの程度反映しているか，という問題はあるが，ここでは公式統計に依拠せざるをえない．それによれば，1960年台からソ連解体の1990年前後までは200〜250万頭台で推移してきた．1994年に200万頭台を割ってからは減少の一途をたどったが，最近は横這いの状況にある．2007年に久々に公表された国家統計によれば，2006年に167万頭とされ，1930年比で7割程度になっている．この頭数の水準は，1930年代に集団化措置導入時の混乱期に140万頭台まで減少して以来のものであり，過去100年余の中での最低の水準であろう．近年の減少の主要因は体制転換によるものと考えられるが，それにより残存してきた伝統生業は，それ自体の継続，維持という課題に加えて，さらに環境破壊や悪化という問題に直面しているのが現実である．

このような環境破壊に対して，極北先住少数民族は，ほとんどの場合，受動的に対応せざるをえなかった．敵対的行動に出たのはほんのわずかであり，それらは報道でもとりあげられている．まだソ連解体前の1990年10月，ハンティ・マンシ自治管区内のネネツ族の下位グループである森林ネネツ族が，道路上に彼らの移動式住居を建ててピケを張った．直接の契機は，個人経営者のトナカイ牧畜従事者の先導トナカイが交通事故で死亡したことである．しかし産油地の建設作業による各種汚染，破壊的行為に対する長年の鬱積した感情が爆発したとも解される．

同じ地区では最近もう1つの紛争が生じた．2000年9月，筆者とも面識のある森林ネネツ族の作家であるユーリイ・アイヴァセダが，家族と海外からの来客とともにハンティ・マンシ自治管区スルグト地区の自宅から地区の中心集落ヴァリエガンに向かう途中，渡ろうとした橋が重機により解体されようとしているところに遭遇した．作業はロシアの大手石油会社「ルクオイル」の作業員により進められており，作業員に工事の証明証などの提示を求めたが断られた．やむなく斧で重機のタイヤを破壊して工事を止めさせたという事例である (Айпин, 1990)．この行動に対し，「ルクオイル」社側は刑事事件として提訴したが，地域先住少数民族協会などの行政的奔走により提訴は取り下げられた．しかし，アイヴァセダ氏の居住地と行政中心地とのアクセスを阻害する形の開発はその後も行われ，問題は解決していないと聞く (Хмелева, 2003)．なお，2005年1月には大陸棚の石油開発の進行するサハリンにおいて，自然資源保護・居住環境保全の観点から不当な開発行為に対する先住民の決起行動が発生していることを付言しておきたい．

ロシア全体における家畜トナカイ頭数の減少は，後述する西シベリアのツンドラ地帯を除くほとんどすべてのトナカイ牧畜従事地域においてみられる．タイガ地帯のトナカイ牧畜地域では軒並みトナカイ頭数が減少しているが，減少の程度を顕著にしているのは，チュコトカ自治管区やコリャーク自治管区（チュクチやコリャークといっ

**表3.4** ロシア国内におけるトナカイ牧地の過放牧地（Голубчиков, 2003）

| コラ半島 | 4万～4万5000 km$^2$ |
|---|---|
| 東部ヨーロッパ地域 | 9万～9万5000 km$^2$ |
| 西シベリア地区 | 15万～16万 km$^2$ |
| 中央シベリア地区 | 12万～14万 km$^2$ |
| 北東シベリア地区 | 7万～8万 km$^2$ |
| 北東アジア地区 | 3万5000～4万 km$^2$ |
| 総計 | 50万～53万 km$^2$ |

た民族が従事），サハ共和国（サハ，エヴェン，エヴェンキなどが従事）などのかつてトナカイ牧畜の中心地である．これらの地域の減少分により，ロシア全体のトナカイ頭数の激減を招いたといえる．

これらの諸地域で共通にいえる減少の要因としては，体制転換による社会的・経済的条件とともに，資源開発，工業化，都市化による土地の奪取，荒廃化，汚染があり，その結果としての牧地の縮小，そしてさらにその結果としての過放牧である．過放牧とは，一定の牧地において飼育可能とされる家畜頭数（可養量）を上回る頭数の個体が飼育されているような状況である．その結果，牧地の植生の状態が悪化して，植生の回復により時間がかかったり，回復不能に近い状況になったりする．したがって，過放牧状態を放置することは，当該家畜飼育に関する生業や事業にとり早晩否定的な状況を招くことになるのである．

1990年代の数値であるが，ロシア全体で表3.4のように過放牧地の面積が報告されている．総面積は日本の国土面積の1.4倍程度に達する．

### 3.4.4 西シベリアの開発とトナカイ牧畜

次に，西シベリアの石油・天然ガスの採掘地の状況について，もう少し詳しくみてみたい．石油については，西シベリアの中でも中部に位置するハンティ・マンシ自治管区において，国内生産の55％（2000年）を生産し，国内最大の産油地方自治体となっている (Мархинин, 2002)．これに対し

**図 3.54** ツンドラ・ネネツのキャンプ移動風景（2005 年 5 月）

**図 3.53** ヤマル・ネネツ自治管区首都サレハルド市内（2005 年 4 月撮影）
(a) 左方の住宅の壁面に「ガスプロム　ヤマル」の文字がみえる．
(b) 右方の壁面に「株式会社ガスプロム　33 万人分の労働市場を提供」と記されている．

て同自治管区の天然ガスの生産シェアは3％にすぎない．その北方に位置するヤマル・ネネツ自治管区は，逆に石油生産シェアは3％にすぎないが，天然ガスの生産シェアは88％に達している．このように，西シベリアにおいては現在のところ，北部のツンドラから森林ツンドラという植生帯において天然ガス，中部の森林ツンドラからタイガ地帯において石油という形で，それぞれ生産が特化されている形である．

このような状況は，石油や天然ガスを産出する地方自治体の実情にも直接関係している．当該自治体においては，開発関連産業は巨大な労働市場の提供の場になっている．筆者が2005年に訪れたヤマル・ネネツ自治管区の首都サレハルドの街頭には，巨大天然ガス企業「ガスプロム」の「ガスプロム　33万人分の労働市場を提供」という宣伝看板が掲げられていた（図3.53）．

同時に地方自治体にとり，石油・天然ガス産出にかかわる企業収益とその税収は，自治体財政の根幹にほかならない．そのことはまた，当該自治体における環境問題是正措置，対先住（少数）民族政策などの依拠する財政基盤の多くの割合を，石油・ガス開発・採掘，輸送，精製関連企業からの税収入に依存している現実を物語っている．現状では，トナカイ牧畜に従事して遊牧生活を送る先住少数民族の保護，優遇のためのさまざまな施策は，これらの燃料採掘企業の存在ゆえに実施されているといった状況が現実である．このような開発とトナカイ牧畜の関係を示す例を西シベリア最北のヤマル・ネネツ自治管区の例でみてみたい．

ヤマル・ネネツ自治管区は，現在でもツンドラ型トナカイ牧畜に従事するネネツ族が少なからず遊牧している地域である（図3.54）．ネネツ族の遊牧地域は，天然ガスの探査・開発地域と重複しているため，特に近年開発と伝統的生業の維持のせめぎ合いが深刻化しているといえる．

そもそも，ヤマル・ネネツ自治管区，特にヤマル半島やギダン半島を主要な遊牧地域としてきたグループにとっては，家畜トナカイを伴って移動する範囲は現在より広範であった．少なくとも1920～30年代までは，ヤマル半島ないしギダン半島のいずれかを夏営地とするネネツ族のグループの一部は，冬季はオビ湾やタズ湾の南岸を冬営地としていた．つまり，夏季と冬季の移動距離が現在より相当大きい遊牧グループがかなり存在していたということである．このことは19世紀末から20世紀はじめにかけての諸資料などでも確

認される．現在このようなグループはほとんどなく，半島内を遊牧範囲とするか，南部諸地域において小規模にトナカイ牧畜に従事するグループが存在するような状況となっている．

このうち，主として北部の半島部に残留した形になっているツンドラ型トナカイ牧畜従事者たるネネツ族の多くは，現在個人経営形態をとっているものが多い．個人経営者が残存しえたのは，ネネツ族のトナカイ牧畜の1つの特徴的な現象である．現在の個人経営者の存在は，ソ連期においても「個人副業経営」として保有が認められた頭数，たとえばギダン半島では70頭までを上限に，トナカイの個人所有が許されたことに起因している．70頭というのは公式の数字であって，実態はそれを上回る個人経営者も相当数存在したようである．集団経営企業（ソフホーズ，国営の水産加工企業など）がトナカイ飼育に従事するのと並行して，個人副業経営の形で存在した伝統性の強いトナカイ牧畜が，現在の個人経営のトナカイ牧畜従事者においても形をとどめた状態で存続していることは，注目してもよい現象である．

さて，現在ヤマル半島にしても，ギダン半島にしても，トナカイ牧畜従事者は半島北部に徐々に追いやられるような状況に陥っている．しかも半島北部は極地ツンドラという植生帯であり，植生は決して豊富ではない．トナカイにとっては，夏季の病害虫予防のための避暑地という性格の場所である．したがって冬季はなるべく南下していきたいところであるが，両半島とも南部は開発の槌音が大きくなりつつあるのが現状である．

ヤマル・ネネツ自治管区北部でトナカイ牧畜に従事するネネツ族の場合，移動範囲を毎年のようにフレキシブルに変化させることが容易な個人経営者の場合は特に，実際にトナカイを伴って移動する範囲，あるいはトナカイの捕食する面積の変化について正確に調査されたことはないであろう．したがって，現在のトナカイの捕食範囲が過去に比べてどのくらい縮小したかについては推測で語るしかすべはない．ひとついえることは，かつて南方地域を遊牧範囲としていたグループの場合は，遊牧範囲を北方に偏移させてトナカイの捕食物を確保してきたことであろう．その場合，仮に遊牧範囲を北偏させることで同等の面積を確保するとしても，南部と北部ではトナカイの捕食対象の植生の種類もバイオマスも異なることから，トナカイ牧畜という生業の構造や様式，そしてトナカイ自体に何らかの影響が及んでいることが推測される．このように，これまで南部を中心とする資源開発行為が行われた結果，ツンドラ型トナカイ牧畜民は遊牧範囲の縮小ないし北偏という形で適応することを余儀なくされたといえる．その結果さらに上述した過放牧という状況を招くことになっているのである．

ヤマル・ネネツ自治管区には2007年はじめの段階で約3万4000人余の先住少数民族（ネネツ族が2万4000人余，ハンティ族が8000人余）が居住し，その約半数が移動（遊牧）生活を送っている．ヤマル・ネネツ自治管区全体の家畜トナカイ頭数は2008年はじめに64万頭で，この数値は20世紀以降最大，1930年と比べて2倍という高水準にある．そのうち60％以上が個人経営のトナカイ牧畜民のトナカイである．ツンドラ地帯の卓越するヤマル地区とターゾフスキー地区のトナカイの合計頭数は46万頭余で，当該自治管区の総頭数の72％を占める．このように，現在の家畜トナカイは大多数がツンドラ地帯で飼育，放牧されているのである．

少し古い1993年のデータであるが，ヤマル・ネネツ自治管区全体のトナカイ牧地の家畜トナカイ可養量37万1600頭に対して，当時の実頭数は48万1600頭で，可養量を11万頭分超過しているとの数値があげられている．上記で話題にした，個人経営者のトナカイ頭数が増加しているヤマル半島を含むヤマル地区の場合，その当時の実頭数は17万100頭で，可養量10万9000頭を6万1100頭も超過している．ギダン半島を含むターゾフスキー地区も3万頭程度の超過がみられるとのことであった (Подкорытов, 1995).

1993年当時より3割以上家畜トナカイが増加している現状では，過放牧の状況が，さらに深刻化していることが容易に予想される．その対策の1つとして地方行政当局が考えた方策が，家畜ト

ナカイの他地区への売却である．ヤマル半島から1000頭単位でヤマル・ネネツ自治管区内や南隣のハンティ・マンシ自治管区のタイガ型トナカイ飼育を行ってきた企業経営体に数回，この売却が行われたそうである．このような物理的な方法での過放牧の程度の緩和が試みられているが，全体としての過放牧状態は深刻化の一途をたどっていると聞く．

このように，資源開発による極北先住民への影響は，まず土地の喪失，植生を中心とする環境悪化による土地からの撤退，遊牧範囲の変更や縮小，その結果として招来される過放牧といった段階で進展してきたといえる．現在の過放牧状態からは，トナカイの捕食の変化に起因する健康状況の悪化，そして疫病の発生時の大量死などが懸念されている．このような懸念は，個人経営によるトナカイ牧畜下のトナカイの増加により一層強まっている．というのは，個人経営者には獣医学的措置が徹底しにくいこと，また彼らは自己のトナカイ頭数の最大化に努めるため，行政の頭数調整などの措置がとりにくく，過放牧状態を解消する方向に導くことが困難なのである．

### 3.4.5 環境対策──共存への模索

上記のようなロシア北方地域の環境の状況については，現在さまざまな形での自然環境の保護・保全への試みや努力が行われてきていることにも言及する必要があろう．それらは公的機関による諸法令の整備，自然保護区・禁猟区の設定，関係企業による自主的規制措置や環境荒廃地の回復措置，開発行為に対する民族学的ないし生態学的環境査定（アセスメント）の実施などをあげることができる．

まず，諸法令による環境保護に関する規制や関係機関・住民間の利害調整，違反者への罰則や賠償などの規程である．現在，ロシアにおいては環境保護に関する諸法令が整備されつつある．連邦レベルで環境保護に関連する主要な法令としては，ロシア連邦憲法，環境保護法，水系法典，土地法典，森林法典，地下資源法，特別保護自然地域法，動物界法，国家環境アセスメント法，そして北方先住少数民族関連法（権利保護法，伝統的自然利用地法）などである．これらに加えて，地方政府（地方自治体）の諸法令も環境対策に関する諸規定を盛り込んでいるのが通例である．これらの諸法令はいずれも環境保護に関する包括的ないし具体的な規定をうたっているが，それらを執行・適用するレベルではさまざまな問題があるといわざるをえない．上記で述べてきたような先住少数民族の生存と地下資源開発行為との対立・敵対的関係も，これら諸法令がそのまま遵守され適用されていれば相当程度軽減あるいは回避されるはずである．

資源開発・採掘企業による自主的な環境対策も実施されてきている．「ガスプロム」のケースをみてみよう．「ガスプロム」では環境対策のために1995年より年次報告を実施しており，最近の報告は同社のホームページで閲覧可能である．それによれば，汚染物質の排出量，その変化や内訳についての説明がなされている．また汚染などにより環境悪化した土地の再生のための措置もとられていることが記されている．全体として，環境保護対策費に94億ルーブル（2008年末現在約296億円）の資金が投入された(ガスプロム社2008年年次報告)．このように，大企業は資金的潤沢さを背景に，環境保護にも一定の資金を充当して対応をするようになってきている．

しかしこのように環境保護に相当額の投資をし，またその活動を公開しているガスプロムのような大企業ですら，周辺地域に居住する先住民にとって環境問題は決して楽観的な状況とはいいがたい．そのための措置として実施されてきているのが，当該先住民や知識人を中心とした民族学的査定である．上記のように「環境アセスメント」については連邦レベルの関係法令（国家環境アセスメント法；1995年制定）も整備されている．一定の経済的，そのほかの活動が生態系に与える潜在的危険性などを査定して，肯定的ないし否定的結果を出すもので，その結果は法的拘束力を有する．このシステムを先住（少数）民族への影響

に関して査定を行うというのが「民族アセスメント」である．民族アセスメントは，その法的枠組みはいまだ策定中と聞くが，すでに各地でその試みがなされている．たとえば，上述の西シベリアのヤマル・ネネツ自治管区のオビ湾およびタズ湾でのガスプロムの開発行為に関する民族アセスメントが実施されている．これは当該地域に居住する先住民族ネネツにとっての両水系の漁業資源の保護を目的とする査定で，結論でガスプロムのいくつかの法令違反を指摘している（Мурашко, 2002）．

とはいえ，今後は地下資源を含む天然資源の開発と先住民を含む住民の共存の方法を模索すること以外に方途は見出せない．それには法令の拡充と同時にその実効的適用のための機構・制度の整備が不可欠である．また関連企業に対する環境保護対策や資源節約，悪化した環境を回復させる措置の義務化，情報公開などを指導していく行政的課題も大きい．これらは当然関係者の長期的な意識改革を要する話でもあるが，実効的な措置を期待したいところである．

2006年現在のロシア全体の家畜トナカイ頭数は，上述のとおり167万頭程度であるが，それでもこれは世界の家畜トナカイ頭数の7割を占める．またロシア極北部には100万頭の野生トナカイが生息するが，これも世界の4割を占める．資源としての家畜・野生いずれのトナカイも，決して壊滅的な状況に陥っているというわけではない．現状を維持回復することができれば，つまり利用の仕方によっては，トナカイ牧畜は，これを生業としてきたこの地域の先住民族の民族文化の健全な再生・復興，地域経済の再活性化，自民族文化の再認識と育成につながる要因でありうる．これはロシア極北地域の地域文化社会の振興や発展につながる要因でもあり，今後石油・天然ガス開発との共存という枠組みの中で，先住民社会の生活と経済の健全化を図る方途を真剣に探ることが要求される．　　　　　　　　　〔吉田　睦〕

## ▶ 文　献

「ガスプロム」社年次報告（Gazprom in figures 2004-2008）http://www.gazprom.com/ 所収．

小森吾一（2004）：ロシアの石油・天然ガス，ユーラシア・ブックレット 67，東洋書店．

酒井明司（2007）：ガスプロム，ロシア資源外交の背景，ユーラシア・ブックレット 111，東洋書店．

塩原俊彦（2005）：ロシア経済の真実，東洋経済新報社．

塩原俊彦（2006）：ロシア資源産業の「内部」，アジア経済研究所．

BP統計（Statistical Review 2009）：http://www.bp.com

本村真澄（2005）：石油大国ロシアの復活，アジア経済研究所．

Айпин Е.（Aipin E.）（1990）：«Чум на дороге раздора» Московские новости No41, 14 окт. 1990 г.

Голубчиков С. Н.（Golubchikov S.N.），Ерохин С. В.（2003）：«Российский Север на переломе эпох» Москва：Издательство Пасьва.

Харючи С.（Kharyuchi S.）（2005）：«Альтернативы сотрудничеству не существует» // «Мир коренных малочисленных народов. Живая Арктика» No17（2005）. Стр. 9-12.

Хмелева Е. Н.（Khmeleva E.N.）（2003）：«Стойбище Юрия Айваседы в осаде». «Мир коренных малочисленных народов. Живая Арктика» No13（2003）. Стр. 122-123.

Мархинин В. В.（Markhinin V.V.），Удалова И. В.（2002）：«Традиционное хозяйство народов Севера и нефтегазовый комплекс» Новосибирск：Наука.

Мурашко О. А.（Murashko O.A.）（2002）：«Опыт проведения этнологической экспертизы. Оценка потенциального воздействия программы ОАО «Газпром» поисково-разведочных работ в акваториях обской и тазовской губ на компоненты устойчивого развития этнических групп малочисленных народов Севера.» Москва

Подкорытов Ф. М.（Podkorytov F.M.）（1995）：«Оленеводство Ямала» Сосновый бор：Типография Ленинградская атомной станции.

# 3.5 シベリアの放射能汚染

## 3.5.1 核実験とネネツ人

　北極海に弓形に伸びるノヴァヤゼムリャ島は，かつてのソ連の核実験場として知られ，ここで大気圏内での爆発実験が1963年まで行われていた．そして，その後30年にわたって，実験による放射能の周辺への影響は秘密にされ，実験の結果が極北の先住民に危険が及んだのではないかとの疑念は否定されていた．以下はトルカチョフのレポート (1995) である．シベリアの範囲を西にはみだす地域にも言及することをお断りする．

### a.　さまざまな事例

　ソ連崩壊後，いくつかの放射能の測定データが明らかにされ，住民の間からもさまざまな噂を含む放射能の影響に関する情報が伝えられるようになった．その場合，先住民にとってトナカイゴケ→トナカイ→人間あるいは，水→魚→人間という食物連鎖を通じての放射性物質の蓄積が極めて重大な問題であると認識された．

　まだソ連時代の1966～67年当時のこととして紹介されている事例では，カラ海沿岸のツンドラで1年間にトナカイ飼育者3人が癌のために死亡したという話をペチョラ川下流域の集落ナリヤンマールの地方保健局で確かめようとしたが，係の者はそのような事実については何も知らないし，コメントの必要もないとして，関係のないよそ者がなぜそうした詮索をするのかとの反応であったという．

　また，元ネネツ民族管区のソ連人民会議代表の1人の記憶では，かれが子供の頃に住んでいたバレンツ海沿岸のワランジの集落での出来事として，あるとき，軍事顧問がヘリコプターで飛来して獲れたばかりの魚の入った器を調べ「その魚は食べてはいけない」といって去ったが，ネネツ人達にはほかに食べ物はなかったとのことである．

　その当時，医師は放射線症という診断を下すことは許されなかったといわれるが，ロシアにおける核汚染の可能性が初めて明らかにされたのは1991年5月のアムステルダムにおける世界反核会議においてであったとされる．

　さまざまな事例が明らかにされてきた．たとえばセミパラチンスク，ノヴォゼメリスクの実験場周辺地域で腫瘍患者が増加したが，それで死亡したのは子供，特殊危険部隊のベテラン隊員，北氷洋航路の船員，ノヴァヤゼムリャでの勤務を行った飛行士などで，いずれも放射性物質にさらされた結果が疑われた．

　極北の場合については，ロシア・エネルギー省の資料がある．

　「放射線の照射量で危険なグループに属するのは牧夫とその家族などトナカイ飼育に従事している極北の先住民である．彼らは平均して1日に250gのトナカイ肉を食べ，飲用水として雪を用い，湖の魚やシャコ（鳥）の肉を食べている．……特にトナカイ飼育者には大気圏核爆発による降下物の照射による障害の特徴が現れている．降下物質に含まれるセシウム-137の線量はストロンチウム-90の線量より多い．しかし，後者はトナカイ飼育者の骨に蓄積するよくない贈り物である．その量は都市住民の20～40倍である．……極北全域で平均して先住民の腫瘍による死者は1961～75年の間で全ソ連の平均の約2倍である．特に食道癌は北方先住民については15～20倍である．」

　ところが，このような事例に対する専門家の見解は慎重である．

　「最近の詳細な分析によって，先住民の死亡と極北の放射線被曝の間の関係では癌発生における主要な原因が放射能をもったセシウム-137，ストロンチウム-90によるという疑いを

抱かせる．しかし，気候の厳しさと，それによる何らかの原因，たとえば熱い茶の嗜好も食道癌の発病に一定の意味をもつ．」

このレポートの筆者もいっているが，熱い茶が好まれたのは1961〜75年に放射性物質がまかれた時期だけのことではないのであり，逆に極北の住民にとって放射性物質のみで健康に重大な障害が起こったのか否かは，にわかには確認できない．生活様式，食生活，ビタミン不足などが，さまざまな障害，さらには癌の発病も生じうるのである．

放射能によるとは必ずしも断定できないが，住民の死亡そのほかの異変については，さまざまな事例が伝えられている．

「1966年秋，カラ・ツンドラ（ボリシェ・ゼメリツカヤ・ツンドラ）のある老トナカイ飼育者が，ツンドラの自然のすばらしさを語った後で，だが，肉や魚を食べると体を悪くするといっていた．翌年の春，かれは医者に診てもらうこともなく死亡した．その数カ月後，壮年のかれの息子も死んだ．同じ頃，いま1人の若い男も死んでしまった．」

「別の年にコルホーズ［ロシア］のトナカイ飼育班長が食道癌で死亡した．」

「ソホーズ［インジーグスキー］のトナカイ販売主任も癌で死亡した．」

「過去20年間のネネツ民族管区，コミ民族管区の先住民の健康状態の資料には，腫瘍，特に甲状腺腫瘍の増加，死産の増加，発育障害児の増加，免疫不全の増加，そして精神障害の増加などが記されている．この最後の障害者についてヴァイガチ島での事例として，60〜70年代にこの島では日常的に泥酔者が多いことのほかに攻撃的あるいは残虐な殺人事件が頻発したり，奇行のはてに自殺する者が何人かあった．ベテランのトナカイ牧夫が，突然海に向かってトナカイ・ソリを走らせて氷の海に消えた，などがその1つである．」

ヴァイガチ島の事件は，単なる社会の歪みに原因があるというのではなく，ノヴァヤゼムリャからきた核汚染によるとするのがトルカチョフの見解のようである．放射能の恐怖が知れわたった後に起こった一種のパニック状態であるという解釈ができる．

何よりもここで問題なのは，核実験に関する確かなデータが極秘にされてきたことである．ようやく明らかになったのはノヴァヤゼムリャで実施された核実験が環境にマイナスの影響を与えたという事実であるが，それでも，まだ不明な点が数多く残されている．つまり，内部および外部被曝の線量はどれだけであったのか，どこにどのような実験の影響が現れたのか，被曝者はどうすればよいのか，などである．

### b. 調査データ

ようやく進められた手探り状態でのネネツ人に対する影響調査の様子が明らかになってきたが，それには相当の困難が伴っている．何よりもノヴァヤゼムリャ群島，ヴァイガチ島などをこの期に及んで調べても核爆発があってから，30年余りもの年数を経ているため実験当時の証拠がすでに失われているのである．

ただ，その調査の過程で出てきた重要な資料の1つというのが1961〜62年に実施されたメガトン級核爆発の10時間後の放射能の強さと気団の流れを示したネネツ民族管区の地図である．それをみるとノヴァヤゼムリャの核爆発から発生した雲（aerosols）が複数回，対岸の大陸側のツンドラとネネツ人の居住区を覆ったことがわかる．特に高い放射能レベルの等値線がヴァイガチ島，カラ・ツンドラのアムジェルマの集落などを囲んで描かれているが，これらの地域の住民には，当時はまったくそのことが知らされなかった．

また，当時の国家水質環境管理委員会の観測所ではアムジェルマで最大の1日の放射能被曝量を記録していたが，それは平常値の1万1000倍であった．

その後進められている調査で，さらに詳細なデータが集められている．アムジェルマの住民が受けた外部被曝の線量は最小でも10〜25レム（100分の1シーベルト）であり，許容量の20〜50倍であったとされる．さらにこのほかに内部被曝，つまり体内に入った放射性物質が骨あるい

は甲状腺の組織に加わることによる被曝もあったはずである．このことは，しかし，1961〜62年の4回の実験による被曝に関するデータによる考察，推測に過ぎず，そのほかの86回の実験で何が起こったのかは，不明であるとしかいえない状態と思われる．

実態の解明が十分に進んでいない深刻な問題としてこの放射能汚染があり，特に住民にとって現在，最も重要なのは核の汚染やその危険についての正確な情報が提供されることであることは上記の事例からも明らかであろう．そして，それと並行して適切な対策がとられなくてはならないはずである．

### 3.5.2 サハ共和国（ヤクーチア）における放射能汚染

#### a. くり返された核爆発

この問題については，アラスカ大学北極圏研究センターの福田正己氏が北海道大学低温科学研究所教授在任中に精力的に資料の収集に努めており，また，マスコミでもとりあげられていた．

それまでに問題にされてきたのは，1965〜1988年にかけて計116回にわたって旧ソ連が地下資源の探査や石油採取のために，いわゆる平和目的の核爆発を行ったこと（朝日新聞1995年3月5日），サハ共和国（ヤクーチア）領内ではその間に12回の爆発があり，技術的な失敗で森林の汚染や作業員の被曝があったという（朝日新聞1995年9月2日）．

同国で非常に問題視している放射能汚染の恐れのある事例にレナ川左岸支流ヴィリュイ川のさらに支流マルハ川流域の通称クリスタルおよびクラントと呼ばれる地下核爆発地点の放射能漏れがあるほか，ミールヌイのダイヤモンド鉱，アルダンの金鉱における核爆発利用に原因する汚染の恐れなどがある．

このほかに原発についてサハ共和国の北東部にに近いマガダン州チュクチ自治管区のビリビノの原発のために地下の永久凍土層が深さ80mまで融解し危険な状態にあること，北極海沿岸に多数設置された航路標識の電源として原子力電池が使用されており，それらの周辺に高いレベルの放射能漏れも起こしていることなども報じられた．

#### b. 「白書」で公表された諸事実

こうしたサハ共和国の放射能汚染問題について同国での調査とその結果の白書の報告 (1996)[*1] を以下に紹介する．ただ，白書には上に述べたすべての事象についての報告があるわけではない．

まず，ビリビノ原発はサハ共和国には影響を与えていないとの報告の後に，大気の放射能汚染の調査が報告されている．

「1995年にミールヌイ，アルダン，ヤクーツクにおいてエアロゾルを採取し，ベータ線量とアイソトープ（同位体）分析，放射化学的分析を行った．年平均大気中放射能濃度では前年のレベルと変わらず $34.8 \times 10^{-5}$ Bq/m$^3$，月平均では $15.4 \times 10^{-5} \sim 68.4 \times 10^{-5}$ Bq/m$^3$，日最大では $30.9 \times 10^{-5} \sim 192.5 \times 10^{-5}$ Bq/m$^3$ であった．この $195.2 \times 10^{-5}$ の数値はアルダンで春〜夏の観測で測定された．エアロゾルの同位体の組成分析ではセシウム-137が検出されたのが特徴的であるが，計器の感度の最低限界点においてであった．」

レナ川河口のチクシ，ヤクーツクでも同様な観測がなされたようであるが，具体的な数値は出ておらず，1994年と同じレベルであるとされている．しかし，1日の最大値として8月にキギリャーハ岬で $430 \times 10$ Bq/m$^3$ という数字があげられているが，10 は $10^{-5}$ の誤植であろう[*2]．

「次に大気中からの放射性物質の降下状況についてである．1995年にヤクーツクの研究機関が23ヵ所，チクシの機関が5ヵ所で24時間の観測を行った」．ガンマ線の分光計分析の後，試料は沿海州の研究機関などへ送ったとあるが，その詳細は報告されていない．「測定・分析結果は1981〜1995年の間を平均している．たとえば，1995年では降下物の1ヵ月間の放射能は 2.5 Bq/m$^2$ を

---

[*1] 白書 p.43 上から10行目．
[*2] 白書の掲載図によれば，数分の1から10分の1ほどに減っている（pp.48〜49）．

示し，過去数年と変わらない．1月のベータ線量は1.3～17.5 Bq/m$^2$で，この最小値はヴィリュイスク，最大値はヤクーツクで8月に記録された．降下物の同位体分析で特徴的なのは半減期の長い放射性物質の存在であり，その中にセシウム-137もあるが，それは測定限界の微量である.」

放射能汚染の地域差に関しては，41カ所の集落にある監視所での定期的なベータ線量の調査結果をもとにして出している．放射線量の最大値は夏季にウスチ・ヤンスク地区（ウルス）で19 $\mu$R/時を示しているが，共和国全域において，7～19 $\mu$R/時であって，自然放射能の範囲内であり，これを超えた例は観測されていない．

1995年には共和国内では，何ら重大な放射能問題は起こらなかったが，国の核監視機関は，平和目的の地下核爆発地，クリスタルとクラトン-3の詳細な調査を実施した．ロシア連邦の法令ではプルトニウム-239,240は0.1 Ci/km$^2$以上については処理の義務がある．クリスタルの場合，0.1～3.0 Ci/km$^2$のプルトニウム汚染を示した5000 m$^2$（100×50 m）のところが1994～1995年にその対象となった．

ここはすでに1991～92年に浄化作業が行われたところであった．この0.1～3.0 Ci/km$^2$の汚染地域の中の最大値3.0を示したところは400×100 mおよび650×100 mの部分である．セシウム汚染（1 Ci/km$^2$以上）はクリスタルではプルトニウムと同じ5000 m$^2$のところ，クラトン-3では4万2000 m$^2$の地域である．

ヤクーツク西方に位置するゴールヌイ地区（ウルス）で放射能調査が行われた．これは，以前，ヴェルフネ・ヴィリュイ地区（ウルス）のトゥオブイ村近くで行われた地下核爆発の住民への影響を懸念するウルス行政機関からの申請に基づいて実施された．ケンケメ川からはじめて道路沿いにベルジゲスチャーハ，アスイマ，オルトスルトケプチンにいたる410 kmを，その後，ベルジゲスチャーハからジキムジャを経てエルタまでを調査した．くり返し測定したところもあり，その結果8カ所の汚染を確認している．カリウム-40，ウラン-238，トリウム-232，およびセシウム-137による

ものである．

3カ所の集落ではラドンが建物（役所，学校，幼稚園，託児所，郵便局，文化の家）の空気の中から検出された．また，ガンマ放射線を調査するために，7カ所で水路の調査を行った．オルト・スルトとケプチン村の用水取り入れ口で水のサンプルをとったが，その際にセシウム，ストロンチウムの検査も行った．検査結果では特に異常はなかった．ラドンについても基準内であり，セシウムについても問題はなかった．トゥオブイ村近くでの地下核爆発地点では大気中および地上の放射能測定をすでに実施しているが，ガンマ線は自然放射能のレベルであるとの結果が出されている．

ナム，ウスチアルダン，コビャイの各地区（ウルス）において農牧地の放射能調査が行われた．土壌84点，植生42点のストロンチウム-90，セシウム-137の検査のためのサンプルを採取した．共和国内の主として農牧業を行っている地区（ウルス）における420点の土壌サンプルから得たストロンチウム-90，セシウム-137の放射能（各0.57，0.45 nCi/kg）を基準値とすると，ストロンチウム-90のコビャイ地区（ウルス）における含有量は，ほぼ基準値（0.58），ウスチアルダン地区（ウルス）は基準値の約半分（0.38），ナム地区（ウルス）は約2.5分の1であった．

セシウムについてはコビャイで1.14 nCi/kgで基準値の2.5倍，ウスチアルダンでは0.33で基準値以下，ナムは基準値の2.8分の1であった．得られた結果からみて，それぞれの地区（ウルス）に放射能の線源はないことが明らかである．

衛生病疫監視機関によるとアルダン地区（ウルス）の7集落で138の住居および公共建物の調査対象が選ばれ，そのうち25％の木造建物の中で数年にわたり季節にかかわらず，空気中にラドンが検出されている．ガンマ線の量は集落では基準値（33 $\mu$R/時）以下である．ただし，アルダンとザレーチェは基準値を超えている．アルダン市のいくつかの建物では，モルタルの中に含まれる放射性物質（トリウム-232）のためにガンマ線が66 $\mu$R/時（処理を要する値）を超えている．アルダン市における建築資材の抽出検査による放射能

測定では，ガンマ線の調査でその30％の建材が使用できない結果となっている．金精錬企業アルダンゾロトの一連の部門で放射能の安全保護上，危険な状態にあり，選鉱の過程で精製品にも廃鉱屑にも放射能の高濃度化が起こっている．同様な問題が共和国北東部，オイミャコン地区（ウルス）の鉱工業企業にも存在する．

1991～95年の間の放射能調査結果の分析によれば，共和国領および住民の環境におけるストロンチウム-90，セイシウム-137による汚染は，基本的にはグローバルな放射性降下物の問題である．平和目的の地下核爆発の影響は共和国の居住地域には現在は及んでいないことが確認される．

肉，ミルク，魚の放射能はこの5年間，年々減少しており，特にセシウム-137において著しい．

若干高い（基準値からみれば，はるかに低い）ストロンチウム-90は，中小の河川，湖で記録されている．共和国の住民の体内に食物とともに摂取されるそれらの放射性物質は放射能安全基準の1％以下である．

クラトン-3における危険な地下核爆発による放射能のマルハ川流域への影響調査の目的で，1995年からニュルバ地区（ウルス）のマルイカン村で調査がはじめられた．食物，マルハ川の水，土壌のストロンチウム-90，セシウム-137に関する同年の測定結果は表3.5のようである．

この測定結果では，現地の食品中の放射能レベルは最大許容値よりかなり低いことを示している．また，1990～95年における共和国のさまざまな年齢層の住民の歯のストロンチウム-90の年平均照射線量の含有量は，ほぼ230～330 pCi/kgの範囲内であった[*3]．

1990～95年の測定で住民の骨に沈着したストロンチウム-90の年平均照射線量は，7歳以下が0.47 $\mu$R，8～16歳で0.62 $\mu$R，成人は0.88 $\mu$Rであって，ロシアの平均値よりかなり低い．

c. トナカイが特に問題

次ページの表3.6は，ヤクーツク畜産試験研究所放射線学部門の資料である．1995年にアルダン，ヴェルホヤンスク，スンタル，ヤクーツクの各地区（ウルス）において186点の試料でセシウム-137とストロンチウム-90，122点の試料で鉛-210の分析を行った結果である．

担当の専門家によると，乾草およびトナカイ骨の鉛-210，牛骨のセシウム-137は1994年に比べると減少している．上表をみる際に，牛は冬の飼料を乾草に大きく頼っていること，トナカイは夏冬とも餌になるトナカイゴケが大きな影響を及ぼしていることに留意する必要があるという．

この表で目立つのは，トナカイゴケ，トナカイ肉，トナカイ骨におけるほかとはケタ違いの放射能レベルである．この理由として考えられるのは，かつて地表面に降下した核爆発による放射性物質が極めて生育の遅い多年生のコケに集積し，それを餌とするトナカイの肉，骨に蓄積された結果であろう．この事実はトナカイ飼育を生業とし，日常的にトナカイ肉を食している北方少数民族にとって，無視できないことがらである．ただ，放

**表3.5** マルイカン村と共和国平均の放射能レベルの比較（「白書」p.51，表15による）

| | マルイカン村（1994年） | | 1990～94年の共和国平均 | |
|---|---|---|---|---|
| | Sr-90 | Cs-137 | Sr-90 | Cs-137 |
| マルハ川の水 | 0.4 (0.015) | 0.5 (0.018) | 0.850 (0.031) | 0.5以下 (0.018) |
| ミルク | 3.2 (0.128) | 3.9 (0.144) | 2.6 (0.096) | 9.6 (0.355) |
| 筋肉組織牛肉 | — | 26.3 (0.973) | — | 86.7 (3.21) |
| 土壌1 | — | 97.3 (3.6) | — | 270.2 |
| 土壌2 | — | 175.6 (6.5) | — | (10.5) |
| 土壌3 | — | 45.9 (1.7) | — | — |
| コケモモ | — | 40.5以下 (1.5以下) | — | 40.5以下 (1.5以下) |
| キノコ | — | 40.5以下 (1.5以下) | — | 775.6 (28.7) |

ガンマ・スペクトル・メーターによる．単位はpCi/kg，pCi/l（Bq/kg，Bq/l）

---

[*3] ただし，白書p.92のグラフによれば，1993年における8～16歳の数値のみが400を超えているが，その理由の説明はない．

**表 3.6** 各地の測定対象別放射能レベル（「白書」p.54, 表 16 による）

| 測定対象 | 地区（ウルス） | Sr-90 | Cs-137 | Pb-210 |
|---|---|---|---|---|
| 乾草 | アルダン | 173.6 | 173.6 | 157.3 |
|  | ヴェルホヤンスク | 149.9 | 165.4 | 127.9 |
|  | スンタル | 172.0 | 168.1 | 166.7 |
|  | ヤクーツク | 164.8 | 166.9 | 171.1 |
| トナカイゴケ | アルダン | 1680.5 | 3561.6 | 3112.1 |
|  | ヴェルホヤンスク | 1660.5 | 3672.6 | 3142.5 |
| 小枝飼料 | アルダン | 163.2 | 149.5 | 157.7 |
|  | ヴェルホヤンスク | 168.7 | 157.8 | 146.2 |
| 牧草 | アルダン | 79.2 | 58.2 | 89.0 |
|  | ヴェルホヤンスク | 74.8 | 66.4 | 157.7 |
|  | スンタル | 80.7 | 68.9 | 93.5 |
|  | ヤクーツク | 48.9 | 45.6 | 76.9 |
| サイロ飼料 | アルダン | 65.9 | 75.9 | 35.7 |
|  | スンタル | 48.7 | 53.9 | 40.3 |
|  | ヤクーツク | 38.2 | 62.8 | 47.3 |
| 配合飼料 | アルダン | 47.0 | 61.8 | 43.3 |
|  | ヴェルホヤンスク | 47.4 | 69.3 | 55.4 |
|  | スンタル | 51.0 | 51.3 | 67.7 |
|  | ヤクーツク | 50.3 | 54.0 | 58.8 |
| ミルク | アルダン | 6.6 | 15.5 | 7.9 |
|  | ヴェルホヤンスク | 5.7 | 7.6 | 6.4 |
|  | スンタル | 7.3 | 16.4 | 13.6 |
|  | ヤクーツク | 5.0 | 13.3 | 12.7 |
| 牛肉 | アルダン | 23.5 | 79.2 | 44.4 |
|  | ヴェルホヤンスク | 23.2 | 62.9 | 41.6 |
|  | スンタル | 20.9 | 109.1 | 47.7 |
|  | ヤクーツク | 14.4 | 58.3 | 35.7 |
| トナカイ肉 | アルダン | 73.0 | 3215.7 | 89.7 |
|  | ヴェルホヤンスク | 70.9 | 2818.4 | 80.3 |
| 牛骨 | アルダン | 552.0 | 186.0 | 317.6 |
|  | ヴェルホヤンスク | 471.9 | 255.7 | 343.7 |
|  | スンタル | 445.1 | 278.1 | 308.5 |
|  | ヤクーツク | 288.0 | 321.2 | 279.9 |
| トナカイ骨 | アルダン | 5357.0 | 1382.3 | 363.2 |
|  | ヴェルホヤンスク | 3765.6 | 1124.4 | 415.5 |

単位は pCi/kg, pCi/$l$, 数値は地区（ウルス）ごとの 4 カ所の算術平均

よる企業などの再編，廃止のために放射性物質の管理ないし処理が的確に行われていない事例があることである．

たとえば，1994〜95 年の衛生病疫監視局の資料では，556 のアイソトープ器具，40 の放射性物質が山積みされたまま，予算不足のためハバロフスクの核保管施設「ラドン」へ送られなかった．

また，ヤクーツクの地質探査班の部門の廃止に際して，トンポン地区（ウルス）のジェバリキ・ハヤ町ではイオン放射性物質が保管所に残されたままとなり，コビャイ地区（ウルス）のサンガルイ町では十分な終日保管体制のないまま放置された．

ジェバリキ・ハヤの場合は，後に同じく廃止の決まっているカンガラスにあるセンターの仲介でネリュングリへ移送された．

同様な事件として管理体制の崩壊のために，イオン放射性物質による住民の被曝の恐れのある放射能事故が数カ所で起こっている．

放射能の事故と認定された 1995 年 2 月 16 日に発覚した事実もその 1 つである．それは，ネリュングリ市のチュリマンスク国立地区発電所でセシウム-137 を線源にしたラジオ・アイソトープ機器が技術部門から紛失していることが明らかになったことである．その捜査の結果は不首尾であった．

ヤクーツク市にある共和国腫瘍病院の放射線部で 1995 年 3 月 16 日に放射線技術の専門部門の治療用機器からコバルト-60 が紛失していることがわかった．線量計を使用して捜査し，患者の治療室にあるガラスの棚の中にそれが発見され，20 分後には所定のところへ戻された．調査の結果，1995 年 2 月 28 日からその棚にあったコバルト-60 のために 4 人がカテゴリー A 級の過剰被曝をしていた可能性のあることが判明した．

射能の日本の某専門家によれば，この程度のレベルであれば日常トナカイ肉を食物として摂取していても，そのために健康を損なうことはなかろうが，食べないにこしたことはないとのことである．

放射能の問題では，さらに経済情勢の不安定に

以上，西シベリアのネネツについてのレポートとサハ共和国（ヤクーチア）の環境白書を中心にして，筆者がかねてより関心をもっている放射能汚染のテーマについて考察してきた．軍事目的の核実験も，いわゆる平和目的，産業開発による放

射能汚染についても，すでに核爆発が実施されてから長い年月が経過しており，その実態の解明はかなり困難であるといわれながらも，たとえば，ここでみた白書のように，かなり詳しい調査をサハでは独自に実施していることがわかる．

ここにおさめられているデータのうち，私が特に注目したいのは家畜の骨や肉，それに飼料の放射能を測定した表3.6である．中でもトナカイゴケ，トナカイの骨などの測定結果はトナカイ飼育民にとって深刻な問題を含んでいる恐れがある．また，アルダンそのほかの金鉱業関連の放射能も直接の住民への影響はないとされてはいるが，金の開発のために，かつて使用されたと推定される核の危険をまざまざと見せつけられる思いがする．

〔斎藤晨二〕

**付記** 本節は筆者のシベリア関係の論文・報告集である「シベリアの自然と民族から」（2002年）の一部に若干の修正を加えたものである．

▶ **文　献**

Виктор Толкачев（Viktor Tolkachev）: Любовь к Горячемч Чаю, Как Ее Понимают Атомщики（СЕВЕР-ИНЕПРОСТОРЫ No.6 1995. стр.13-16).

Правительство Респчблики Саха（Якчтия）(白書), Госчдарственный Доклад О Состоянии Окрчжаюшей Природной Среды Респчблики Саха（Якчтия）В 1995 г, г.Якчтск 1996 г.

---

**Column……4**　トナカイゴケ ягелъ（ヤーゲリ）

植物分類上はコケ類ではなく地衣類である．地下に永久凍土のあるツンドラから北方タイガ地帯に広く分布する．一面の厚い黄緑色のじゅうたん状に群生するのが見られる．

トナカイは暖かい時期には草，灌木，キノコ類なども食べるが，冬の餌は主にトナカイゴケで雪が積もれば前脚で雪をはね除けて食べる．その栄養価は干し草などより高い．トナカイ1頭が冬1日に消費するトナカイゴケの量は9〜12 kgに達し，いかにシベリアにはトナカイゴケが豊富だとはいっても，その育生が非常に遅いという特徴がある．いったん踏み荒らされたり，焼かれたりすると元の状態に回復するのに20〜25年を要するとされる．1年間にせいぜい3〜4 mmしか成長せず，最も大きくのびた段階で5〜6 cmである．

トナカイがひと口かじると，5〜6年かかって生育した分が消えてしまうことになる．したがって，トナカイ飼育には相応のトナカイゴケの生えた広い冬の牧地が必要である．

〔斎藤晨二〕

**図1**　1990年7月24日インジギルガ川流域ベーラヤガラーにて筆者撮影（口絵22も参照）

# II

## 歴 史 環 境

## II 歴史環境

# 第4章

# 帝国の統治

## 4.1 帝政期ロシアのシベリア統治

### 4.1.1 ロシアにとってのシベリア

シベリアは一般にロシアのウラル山脈から太平洋までの広大な地域を意味し，1000万 km² 余（日本の国土の27倍程度）の面積を有する．12～13世紀頃のロシアは，諸公国が分立する分領制期であったが，そのころ北方の都市国家として特異な存在であり，シベリア方面進出の足がかりになったのがノヴゴロドである．

当初ウラル山脈北部から西シベリアにかけての地域（ペチョラ川水系からオビ川水系下流域に至る，ウラル山脈の東西両側の地域）は「ユグラ」の地として知られていたが，その後ユグラはウラル山脈の東側に居住するようになったオスチャク族（ハンティ族の旧称）の居住地一帯やオスチャク族そのものの名称となった．ノヴゴロドの年代記には，すでに11世紀末に，ノヴゴロド人のユグラ訪問に関する記録が残されている．また，12世紀初頭には，ユグラとサモヤージ（サモエードの旧称）の居住地，すなわち確実にシベリアの地に往来する商人の記述がなされている (Берг, 1946).

ロシア人進出前には，シベリアの地には現在のシベリア・北方先住少数民族や現在共和国を有する諸民族の祖先やモンゴル系諸民族が居住していた．すなわち，言語系統をもとにした分類によれば，ウゴール語派（ハンティ，マンシ）やサモエード語派（ネネツ，セリクープなど）などのウラル語族の諸民族，チュルク諸語派のタタール，キルギス，ヤクート（サハ），モンゴル語派諸民族，ツングース・満洲語派のエヴェンキ，エヴェン，ナーナイなどのアムール川流域の諸民族，パレオアジア系のチュクチ，コリャーク，イテリメン，そしてケットやエスキモーなどの祖先である．ロシアのシベリア進出により，これらの先住民の社会は，居住地の移動，人口の変動，絶滅，同化も含め，少なからぬ変化を蒙ることになった．

ロシア人のシベリア進出の歴史的評価については，帝政期よりさまざまな形で議論されてきているが，ここではそのことには深く立ち入らない．ただし大航海時代といわれる15世紀後半以降の西ヨーロッパの世界進出との比較という観点から，いくつかのことを確認しておく必要があるだろう．

まず決定的な相違点として，その時期に海外進出を行った西ヨーロッパ諸国に対して，ロシアの場合は陸続きの地への進出であり植民であった．つまり外洋航海技術を必要とはしなかったのである．ただしシベリア進出の一般的形態として，内陸部に発達した水系を比較的簡易なコチと呼ばれる平底船で航行し，さらに異なる水系間の分水界を結ぶ「ヴォーロク」と呼ばれた連水陸路を利用して移動した点が特徴的である．当時の版画などにも，コチの図や，ヴォーロクをコロを使って船

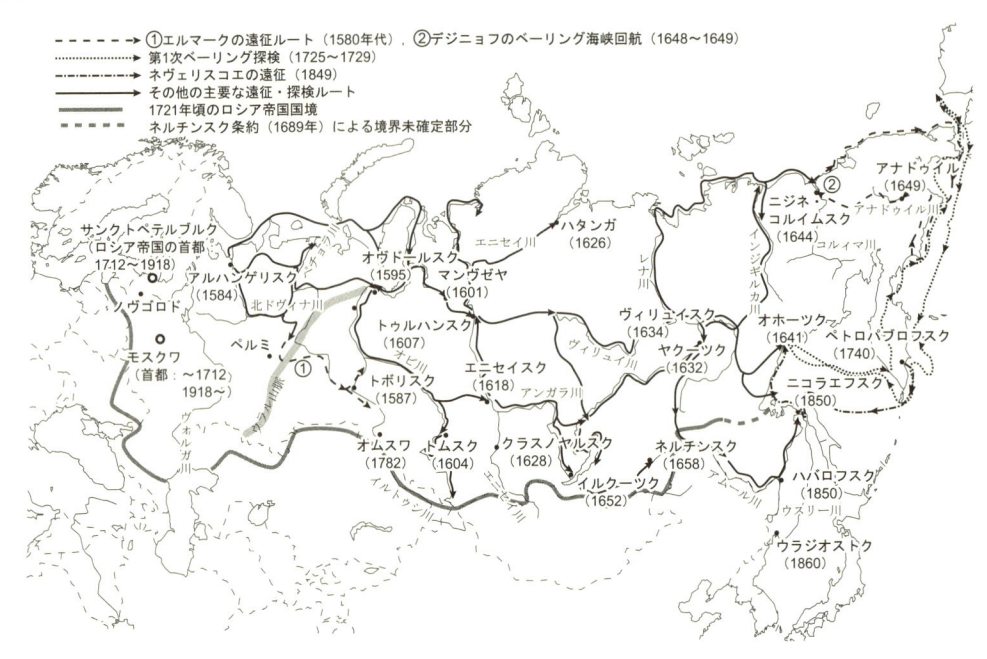

**図4.1** 主要なロシアのシベリア進出ルート（16～19世紀）
都市の後の（　）内は開基年．

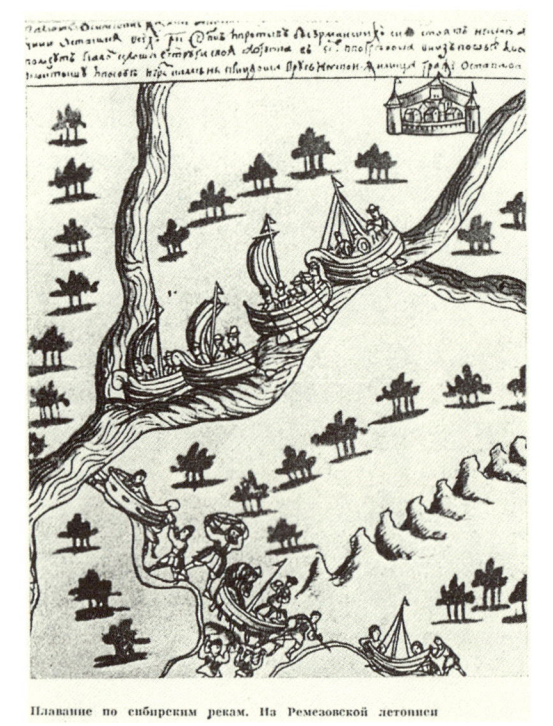

**図4.2** ヴォーロク（連水陸路）を使って移動する遠征部隊
Никитин Н. И. «Сибирская эпопея XVII века» Москва: Наука. 1987. 32-33頁間の挿図（原図はレメゾフ年代記）．

ごと移動する遠征部隊の光景を見いだすことができる（図4.2）．また，進出した地を本国と陸続きの自国領土に容易に組み入れることができた点も有利な点であろう．

さらに進出した土地の性格，条件も，植民，統治に少なからぬ影響を与えたに違いない．

南部を除いて農耕可能地がほとんどなく，苛酷な自然・気象条件であったことは，現地のロシア人の生計活動に影響を与えた．このことは，また当初のシベリア進出の主な誘引の1つとして毛皮の需要があったことと関係が深い．毛皮獣の狩猟は現地住民の技術と経験に負うところ大であり，これら先住民の社会を前提として，彼らを課税体系に組み込み，税として毛皮を取得したのである．自ら捕獲を試みる場合にも，現地住民のノウハウに依存するところが大きかったであろう．

他方で，時代が下るとより南方の農耕可能地への進出が可能となったが，そこでは移住者のホームランドであるヨーロッパ・ロシア，特に南ロシアと比して，気候など苛酷な要素はあったが，穀物栽培が可能など，耕作地として農民の入植が可能な地域があった点も，シベリアを自国内に確保

できた重要な点であろう．鉄などの必需品と並んで，ロシア人の食糧源としての穀物を現地で調達し自給が可能になったという点は，経済的な統治という観点からも有利な要因にほかならなかった．これらに加えて，南ロシアのコサックと呼ばれる特殊な地域民族集団が，屯田兵に類似した形で植民に貢献した点，そして流刑地としてのシベリアという点をもあげておく必要があるかもしれない．

このような特徴的な性格を有しつつ，ロシアのシベリア進出が進められたことは，そのプロセスや結果に反映されているといえる．特に短期間に太平洋岸まで達したことや，先住民統治の方法や実態などに，上記のような諸要因が関連していると思われる．

また，以上のことは，19世紀より議論されてきたシベリアの地位や本質に関する論争などにも関連する．すなわち，ロシアのシベリア進出は侵略的か否か（たとえば，シベリアは武力的に「征服」（zavoevanie）されたのか，自発性なニュアンスをも含めて「接合」（prisoedinenie）されたのか），シベリアはロシアの地方か植民地か，そのロシア的性格の程度，ロシアの現地住民に対する態度は平和的だったか否か，などに関する議論である．

この種の議論はその時期の政治的，イデオロギー的状況をも色濃く反映するものとして行われてきたため，必ずしも学術的ではない側面を多く含む．特に帝政期，ソ連期を問わず大ロシア主義的風潮が優勢である時期には，ロシア人は平和主義的で，現地住民に対してひたすら啓蒙主義的な存在として論じられ，描かれた．ロシア人のシベリア進出，そこで遭遇した現地住民との関係については，多用な解釈が可能な論争のテーマとして今後も提起され，議論が重ねられる中で，さらに歴史的実像が解明されていくことが期待される．

以下においては，このような歴史的解釈，評価は極力抑えつつ，先住民との関係を念頭において進出のプロセスと統治の概略を紹介したい．

## 4.1.2 ロシアの東方進出とアジア領ロシアの成立

### a. 西シベリア

モスクワは13世紀末までは，当時東スラブにおいて優勢であったウラジーミル大公国の一辺境の町にすぎなかったが，15世紀中頃までには，モスクワ大公国としてこの地域を治める勢力をもつに至った．同時に240年にわたるモンゴル系住民（ロシアでは「タタール」と呼ばれた）の支配から脱却したのも15世紀後半のことである．モスクワは，15世紀末までにウラル山脈西方の住民（現在のコミや当時ウラル山脈の西方にも居住していたハンティの祖先など）を支配下に置いた．

16世紀中葉には，ヨーロッパ・ロシア北部に鉱山開発や岩塩の採掘で進出したノヴゴロドの商人ストロガノフ家が有力者として出現し，その後イワン雷帝からウラル山脈西方のコミの居住地を開拓する許可証を得た．そのころウラル山脈の東方一帯に勢力を有していたクチュムを長とするシビル・ハーン国は，東方に進出してくるロシア人に敵対し，衝突も生じていた．ストロガノフ家は，国境警備兵としてすでに重宝していた南ロシアのコサックを傭兵として雇った．

ロシアのシベリア進出の口火を切った人物として知られているエルマーク・チモフェーエヴィッチは，そのような中で，対シビル・ハーン国の隊列の頭領として活躍した人物であった．エルマークの活動や時期については，資料解釈に諸説あるが，いずれにせよ，1580年代前半にオビ川水系のトボル川流域においてエルマーク率いる軍隊により，クチュムの軍隊が退けられたことでロシアのシベリア進出の礎石が築かれたということは，ロシア史において通説として不動の位置を占めている．一連の衝突や戦闘において，装備の差は歴然としていた．ロシア側においては銃火器が使われたのに対し，シビル・ハーン国側は槍，投石器，弓といった武器であった．それでも，モンゴル系勢力は西シベリアの地で，1670年代まで抵抗を続けたのであった．

西シベリアにおいて進出するロシア人に抵抗し

たのは，これらのモンゴル系勢力だけではもちろんなかった．西シベリアのトナカイ遊牧民ネネツ族や漁労民ハンティ族などが，ロシア人の町を襲撃したり焼き討ちにしたりした例は枚挙にいとまがない．しかし，ロシア人は，圧倒的な武器のほかに，巧みな統治方法，そしてキリスト教の布教も加わり，毛皮をはじめとする現地の産物を，ヤサークと称する現物貢租を賦課して徴収することを主体とする植民体制を築いていった．

ヤサークの徴収には，一般的に，ヤサーク徴収官がコサック兵を引き連れて現地住民のもとに赴いた．ハンティのような，すでに首長制といえる社会構造を有していた民族の場合は，各々の氏族の長を地方機関の下部組織の長に据えて，その地域を治めさせるというような方法が用いられた．その際，しばしば有力氏族の長やその親族，あるいは有力者などを人質（アマナート）として要塞に捕らえておく人質制度が導入された．類似の統治方法は，東シベリアの定住性の強いヤクート（サハ）人やブリヤート人に対しても適用された．キリスト教布教のためには牧師が派遣され，教会が建造された．後に19世紀以降になると，シベリアには「旧教徒」と呼ばれるキリスト教異端派の諸教徒が，中央ロシアから流入することになる．

ヤサークは15歳以上の男性に賦課され，一定数のクロテンかそれと同価値のほかの毛皮獣（キツネ，カワウソなど）の毛皮（18世紀以降，金納が認められた）を年に1度ロシア人官吏に貢納しなければならなかった．ロシア人の側としても，毛皮の取得のために先住民との交易網の整備に努め，各要塞都市では，先住民の都合に合わせて一定の時期にヤールマルカと称する定期市が開催されるようになった．

そのような市では，先住民側は調理用器具（鉄鍋やヤカン，陶磁器の食器など），装飾品（金属細工，ビーズなど），食品や嗜好品（穀物粉，茶，タバコ，アルコール類）などの入手に躍起になった．このように，ロシア経済の出現と浸透が進むと，先住民の経済生活は一変し，同時にそれらに強く依存するようになった．

こうして，シベリア進出初期の16世紀から17世紀にかけて，西シベリアには要塞的色彩の強い集落が数多く出現した．当初は，北極海沿岸を利用したルートが利用された関係で，オビ川下流域にベリョーゾフや北極圏上の町オブドールスクが1590年代に創基されている．その後，16世紀以降には，より南方の地域の主要河川に沿ってチュメニ，トボリスク，ヴェルホトゥーリエ，トムスクなどの都市集落や要塞的集落が建設されている．

同時に，より東方への当初の進出ルートは，北極海沿いの北方航路やその沿岸地域の内陸河川伝いに船で移動するルートが主要であり，オビ川からさらに東方へ入った北極圏以北のタズ川中流域に要塞マンガゼヤ（1601～1672年）が築かれた．このマンガゼヤを拠点として，エニセイ川中下流方面へ，そしてその東流する支流ニジニャヤ・トゥングスカ川を経てさらにヴィリュイ川（レナ川の支流）方面へと東方への進出が試みられた．しかし外国人侵入の危惧による北方航路の利用の中止，オビ川中流域よりエニセイ川，そしてレナ川へと東方へ向かう新ルートの開拓，毛皮資源の枯渇などにより，1672年にエニセイ川河畔に新たに建設された要塞都市 新ノーヴァヤマンガゼヤ（後にトゥルハンスクに改称）にとってかわられた（図4.3）．

### b. 東シベリア・極東方面

1620年代にはヤクート人とブリヤート人の征服が試みられた．ヤクート人の住むヤクーチヤには，当初上掲のエニセイ川からレナ川水系へのルートを経て進出が試みられ，1632年には現在のヤクーツクに要塞が建設された．翌年にはレナ川沿いに北極海にまで進出し，さらに東方のヤナ川とインジギルカ川に達している．そこは現在数百人程度を数えるユカギール族がはるかに多く，広範に居住する土地であった．

1638～1639年には，モスクヴィチンを頭とするコサック隊が，ヤクーツクから東方に向かい，北極海水系と太平洋水系とを隔てる分水嶺を越えてオホーツク海に達した．その数年後には，その後日本を含めたロシアの太平洋進出の拠点となったオホーツク要塞も築かれている．ロシア人はエ

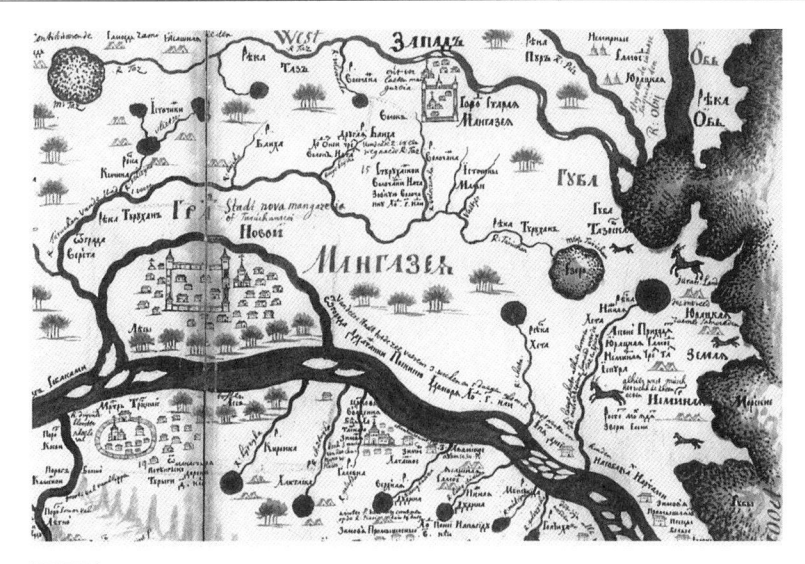

**図4.3** 18世紀初頭に描かれたシベリア地図（エニセイ川流域とマンガゼヤ附近）
Ремезов С.У. «Чертежная книга Сибири, составленная тобольским сыном Семеном Ремезовым в 1701 году» В 2-х томах. Том 1. М.：ФГУП Картография, 2003. 第15図

ルマークのシベリア進出からわずか半世紀で，広大なシベリアを東端まで駆け抜けたわけである．ヤクーツクを拠点に，引き続き東方に向かって行われた探検行為の中で，1648年にS.I.デジニョフとF.A.ポポフにより行われたとされる，海路によるチュコト半島の回航は，ユーラシア大陸の東端に至ったという意味で重要な出来事であった．というのも，当時ヨーロッパにおいては，ユーラシア大陸とアメリカ大陸を分け隔てる海峡の存在は証明されていなかったからである．しかし，この探検の事実は，報告書が1736年にヤクーツクの文書館で発見されるまでは明らかにされることはなかった．

このように，シベリア進出は当初北部のツンドラから北部タイガ地域を東方に勢力拡大が行われた．しかし，それは点と線の維持という性格が強く，面としての領域の領有，支配は南部の農耕可能地域への進出と領有，植民を待たねばならなかった．西シベリアを中心とする農業可能地の開拓は，農民の移民により進められた．それに対して東シベリア方面には農耕可能地は少なく，当初は毛皮の獲得，そしてその資源が枯渇すると，鉱山（銀山，金山など）の開発などに関心が向けられた．

しかし南方への進出は，その地域の居住民の抵抗と相対することになり，容易ではなかった．

まず，南東方のブリヤート人の居住地域やその東方のアムール川流域への進出が試みられた．バイカル湖からザバイカル地方（バイカル湖の東方の地域）にかけての広範な地域は，現在より広範囲にブリヤート人の居住する地域であった．1652年にイルクーツクの町が建設されたが，その前後十数年はロシア人とブリヤート人との度重なる軍事的衝突が行われた．さらにザバイカル地方のブリヤート人やエヴェンキ族などの地域の征服が行われたが，一連のロシア人の軍事的進出により，この地域の先住諸民族は様々な地域に逃亡，避難，移住を余儀なくされ，民族居住地は著しい改変を伴った．

さらに1630年代には毛皮獣資源の豊富な，かつ農耕可能なアムール川流域の情報を入手していたロシア人は，アルダン川からアムール川の支流ゼーヤ川を経てアムール川に出るルートからこの方面への進出が試みられた．当時の東方進出の拠点ヤクーツクより，このルートをたどってオホーツク海に出たポヤルコフ（1643～44年）や，オリョクマ川からアムール川流域に出たハバロフ

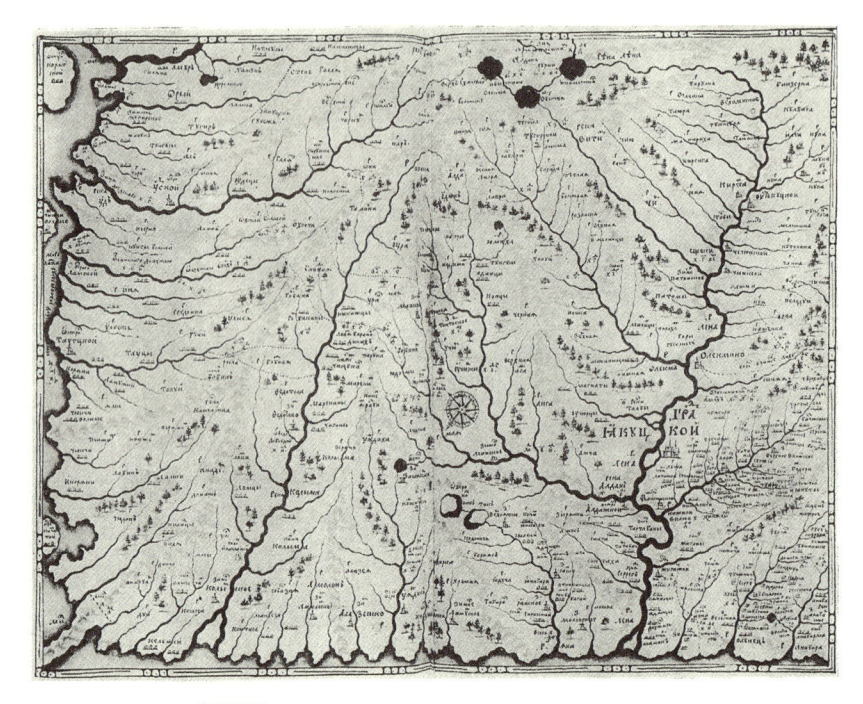

**図 4.4** レメゾフの東シベリア地図（17 世紀後半）

17〜18 世紀にかけて地図作成に携わったレメゾフの地図の 1 枚．上が北．西欧測地学の影響を受ける前の地図で形状はディフォルメされているが，内陸水系をもとにした位置関係は正確である．右方に下（北）に向かって流れるのがレナ川．左方に同様に北流するのがコルィマ川．左下の半島状の地形は，当時アジア大陸とアメリカ大陸が陸続きであるという風説があり，それに基づき版図の外に突き出した形で描かれている（Дивин В. А.（ред.）（Divin V.A., ed.）, Атлас географических открытий в Сибири и в Северо-западной Америке XVII-XVIII вв., М.: Наука. 1964. 所収第 45 図）．

（1650 年；現在の極東の大都市ハバロフスクに名を残している）らを隊長に据えた探検隊が派遣された．

ロシア勢力は，1660 年代にはザバイカル地方から，当時のロシアでダフール（ダグール）族の住む地を意味する「ダウリヤ」と呼ばれたアムール川中・上流域へ進出し，ゼーヤ川より上流域のアムール川流域がロシアの勢力化に入った．しかし満洲・中国側から兵力が派遣され，度重なる軍事衝突事件が発生した．その結果，肥沃なこの地域を維持することができなくなり，1689 年，アムール川上流のネルチンスクにおいて露中両国の使節間で締結された条約で，アムール川流域の領有・開拓を諦めざるをえなかった．ネルチンスク条約により，露中の国境線は，アムール川を国境とする現行のものよりはるか北方のアムール川の左岸水系の分水嶺に引かれた．この条約により確定された両国の版図は，中国側がアムール川左岸を実効支配していたわけではないことなど，必ずしも実態を反映したものではなかったが，19 世紀後半期の現行国境線の画定時（4.1.3 項）まで有効となった．露中両大国の狭間にあって，この地域に居住していた先住民の多くは，故地を去ったり，逃亡したり，または強制移住させられたりして，彼らの生活には少なからぬ影響があったことはいうまでもない．たとえば，当時アムール川左岸（北岸）にも多く居住していたダフール族そのほかの先住民族の一部は，特にロシア側の収奪を避けて，中国側に逃れて現在に至っている（Окладников, 1968; フォーシス, 1998）．

エルマークのシベリア進出から 1 世紀ほどで，南部地域を除く現在のシベリアの領域がロシア帝

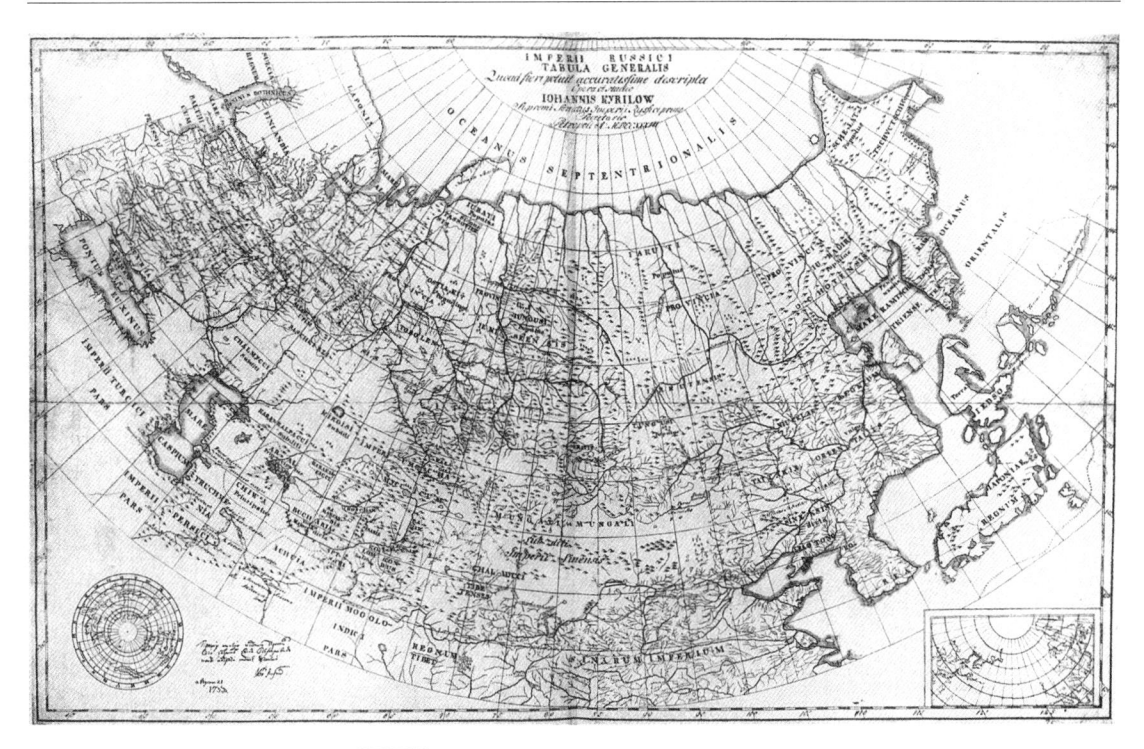

**図4.5** キリロフのロシア帝国地図（1733年）

フランス測地学を導入して作成された当時最高レベルの地図．これはラテン文字版だが，キリル文字版もある．周辺部を除けば正確な地形描写となっている．特に極地方や極東の沿岸，サハリンはディフォルメされているが，サハリンは島として描かれている（後に島か半島か情報が錯綜した）．日本列島も西欧測地法によらない地図情報に依拠しているため，ひどくディフォルメされている（Дивин В. А. (ред.) (Divin V.A., ed.), Атлас географических открытий в Сибири и в Северо-западной Америке XVII-XVIII вв., М.: Наука. 1964. 所収第72図）．

国の領土となったのである．そしてシベリアには先住民をしのぐロシア人住民が流入し，居住するに至った．18世紀はじめの1710年には，シベリアの人口は31万人余と記録されている．数年後の1719年の最初の人口調査においては，男子人口24万1000人のうち，ロシア人16万9000人，先住民7万2000人である．ここでは統計の信憑性は問わないとして，18世紀初頭においてすでに調査実施地の7割近くの人口をロシア人が占める状態であることがうかがわれる．他方，東西シベリアを比較すると，1710年に西シベリアのロシア人24万7000人に対し，東シベリア6万6000人と，人口比は4対1であった．なお，この西シベリア優位の人口比はその後もあまり変わらず，19世紀末でも西と東のシベリアのロシア人の人口比率は，2対1程度であった（Окладников, 1968）．

時代が下ると，シベリアへの移住者は，政治的・軍事的目的の役人・軍人のみならず，商人や狩猟・漁労従事者，そして自由な土地を求めた農民や宗教者たちが増加した．移民や移民政策はシベリア史においては重要な要素である．特に19世紀にシベリア南部や鉄道沿線の地域の耕作地に入植した農業移民や辺境地防衛のために屯田兵，そして沿海州への海路移民は，シベリアの社会的・経済的基盤を構成する住民となった．また，流刑地としての役割も少なくなかった．しかしここでは話題をロシア人と先住民との関係に限定するため，これらについて詳述することは避けたい．

### 4.1.3 地理的発見・学術探検と先住民

18世紀1720年代以降は，中央政府による帝国辺境地やその周囲の地域の資源や諸民族・住民と

の交易を主目的とした探検活動が活発化した時期である．シベリア方面では，18世紀に学術的探検が組織される以前から，新天地の開拓，征服，支配のために公的・半公的・私的の如何にかかわらず，コサック隊などの軍事部隊が派遣されてきた．もちろん，これらの探検活動には，現地の先住民が道案内や装備の運搬手伝いのために数多く動員され，事業の運営に貢献したことはいうまでもない．しかし，そこに先住民が居住していようがいまいが，新たに到達した土地は「発見」された征服者の領地として，ロシア帝国の領土として併合されていったのであった．

そのような中で，1724年にロシア科学アカデミー（帝政期の正式名称は「ペテルブルグ科学アカデミー」）が創設されて以降，科学的知見の探求を目指す学術探検が諸方面において行われた．ベーリングの探検以前にも，アトラソフ（1695年）やコズィレフスキー（1702～13年）によりカムチャツカ半島から千島列島方面への探検が行われている．その後に引き続き行われたのがベーリングの探検である．第1次（1725～30年）と第2次（1733～43年）の2度にわたり実施されたカムチャツカ探検で，ベーリング海峡の航行可能性[*1]，同海峡のアメリカ北西岸側，アリューシャン列島の数島，ベーリング島などの発見や分遣隊によるオホーツク海，千島列島，日本の一部に関する調査などの成果がもたらされた．同時にこれらの探検隊には民族学的な調査を行う学者も参加し，民族学的情報が大量に収集された（船越，1976）．その民族資料は，西シベリアのサモエード系やウゴール系の諸民族から，ヤクート（サハ），チュクチ，カムチャダールなどの北東アジアの諸民族に至る広範な地域の住民に関する情報として，現在でも高く評価されている．

ベーリングの探検事業のうち北アメリカ大陸方面への進出はその後も継続された．アリューシャン列島にはアレウト族が居住していたが，その地を征服すると，アレウト族にはヤサークとしてラッコやキツネの毛皮を供出させた．1798年には，シトカを根拠地とした露米会社が設立され，ロシアは北アメリカ大陸の毛皮資源の獲得と貿易を中心とする業務にのりだした．この活動は結局，国内，国際情勢を反映し，この方面へ進出して約100年後の1867年には，アラスカを放棄，売却するに至った．ロシアのアメリカ大陸への進出は断念せざるをえなかったのである．

アムール川方面，特にその下流域は中国側の実効的支配が及んでいないことを見据えつつ，ロシア側の公私の探検活動が敢行された．中央ロシアでは，19世紀はじめになってもサハリンが島であるか否か確認がなされていなかったが，1849年のネヴェリスコイの探検活動により，ロシア当局は島であることを最終確認している．間宮林蔵による確認に遅れること40年であった．このような実績をもふまえ，1858年の愛琿条約によりアムール川左岸（北岸），1860年の北京条約によりウスリー川右岸の沿海地方を獲得するに至った．これにより，これらの諸河川の両岸を1つの均質な生活空間としてきた先住民の多くは，これら主要河川を国境線とする中露という別々の国家の出現により，生活空間の激変を蒙ることになった．

ここで先住民の地理的知識やそれを含むそのほかの在来知，経験知がロシア人のシベリア進出に有益なものとして役立ってきたことに言及しておく必要があろう．先住民は道なき道，羊腸のごとくに入り組んだ内陸水系，そして天候次第で方向を容易に見失う雪原や氷原を，確実に進むノウハウを経験的に身につけているのであった．20世紀に至るまで地図化されなかったシベリア内陸部の水系や山脈において，ロシア人探検者にとり，先住民の地理的知識・情報は，大いに役立ったであろう．それらの情報は，当時ロシア人の作図した地図などにも大いに導入され，反映されているのである．また，移民や開拓民が現地で生活するにあたり，先住民の経験知全般に依拠する側面も強かったであろう．シベリアでの生活には，特に防寒対策のための衣服や住居，そして食生活などにも先住民の利用してきた素材，技術そのほかの

---

[*1] 当時上述の1648年のデジニョフのベーリング海峡回航の事実はいまだ報告されず，アジアとアメリカの分離の事実確認が課題の1つであった

風習，習慣を利用してきたという事実がある．たとえば防寒素材（毛皮など）や防寒装備の製法（上衣，雪靴など），寒冷地に適応した食材や摂食法（肉や魚の生食，冷凍魚の削ぎ切りや魚の天日干しなど）などは現在でもシベリアのロシア人住民の多くの日常生活に定着している先住民の文化要素の一部である．

### 4.1.4　18～19世紀のシベリア統治と先住民

#### a.　19世紀前半期の統治政策

帝政ロシア政府は異民族統治の一環として，ヤサーク賦課・徴収を直接・間接の統治法として利用してきたことは上述のとおりである．ヤサークは，商品的に高価値を有するクロテンが歓迎されたが，毛皮獣資源の種類や有無，多寡により他種類の動物の毛皮でも代替された．しかし，過重な賦課による滞納が頻発し，毛皮獣の分布の偏りや濫獲，抑圧された先住民の不満の蓄積や抵抗などの理由により，それらの調達の困難性が問題化していった．1727年には金納による代替が認められたが，それでも滞納は続いた．

エカテリーナ2世の治世には，女帝自身の指示するところにより，シベリアの先住民政策にも一定の特色が現れ，リベラルな植民政策の施行が試みられた．1764年にはヤサーク徴収の改革のため，トボリスクにヤサーク委員会が設置された．それにより無益な人質制度が廃止され，そのかわりに氏族全体が連帯責任により要求された課税分を生産し，氏族の首長は，それを集めて国家の官吏に提出する役目を委任された．ヤサークの搾取を緩和することを主要な目的としたこのような施策にもかかわらず，現地の状況は地方役人の腐敗，横領，収賄行為により，悪化こそすれ，好転することはなった（Ядринцев, 2003（1882）；フォーシス, 1998）．ロシアのアジア地域は，このような状況の中で19世紀に入っていった．ヤサークに関しては，1827年，以下に述べる1822年の『異民族統治規約』の諸規定に従い，「非定住」先住民へのヤサーク賦課の改革が行われ，東・西シベリアに新たにヤサーク委員会が組織されている．

19世紀初めにアレクサンドル1世の下での中央政界で活躍した後追放されていたスペランスキーが，シベリア総督に任命されて行った改革は，帝政時代の対先住民政策に関しても重要な意味をもつものである．シベリア統治の改革としては，それまではトボリスクに県庁を置く一県制であったが，東西シベリアに県（グベルニヤ）を置いて二県制としたこと（西シベリア県はトボリスク――1839年よりオムスク――に，東シベリア県はイルクーツクに，それぞれ総督府が置かれた），対先住民統治の改革，さらに流刑に関する法制度，地方税制度，自由移民制度などの整備があげられる（Окладников, 1968）．このうち先住民との関係に関しては，その統治方法の改革を目的として1822年に制定された『異民族統治規約』が重要である．

この19世紀のシベリアの先住民統治の特色をまとめると，大よそ以下の3点をあげることができよう．

① ヤサーク（現物貢租）や金銭による税（国税，地方税）の賦課・徴収による経済的支配
② 先住民の居住様式別分類による統治
③ 先住民文化・生活の一定の範囲の保護（慣習法などの民族文化の容認）と同時にロシア文化への同化の奨励
④ 地方政府・役人による先住民搾取の阻止

これらはいずれも「異民族統治規約」の諸規定の中に反映されたものである．まず先住民を3つのカテゴリー，すなわち

Ⅰ 「定住民（osedlye）」（都市や集落に居住する者）
Ⅱ 「遊牧民（kochevye）」（一定の場所を占有し，季節により移動する者）
Ⅲ 「漂泊民（brodyachie）」（河川や陸地界を1カ所から次の場所へ移動する採捕民）

に分け，それぞれを一定の方法で統治するというものである．民族別や地域別のカテゴリーではなく，定住か移動（非定住）かという居住様式に着目した点が特徴的ともいえる．たとえば，定住する「異民族」は，ロシア人住民と同様の扱いであ

り，人頭税が賦課された．また，IIとIIIのカテゴリーの違いについては，一定の区別，差異の条件は規定されていたが，事実上同様の規定が適用され，またヤサークが賦課されたという点も含め，統治方法に著しい違いはなかった（主要な相違点としては，前者は土地が割り当てられたが後者は割当てられなかったこと，また後者は金銭による地方税が免除されたことなどがあげられる）．いずれもが徴兵を免除された．

上記の④の意図するところは，地方役人が，先住民からの規定課税額（数量）以上の物品を徴収し，それにより私腹を肥やすというシベリア史に通底する悪弊を改善しようという中央政府の試みであった．もちろんこの法令1つでこのような実態が急速に改善に向かうことはなかった．西側研究者は，本規約の最も非道な点の1つとして，「全ての土地をロシア国家の財産とし，法律に従って先住民にその使用を寛大に許可するという横柄な姿勢」をあげている（フォーシス，1998）．総じて，この「規約」の精神やそのリベラルな側面は概して画餅と帰するのではあるが，シベリア先住民の諸権利を規定する法令として，若干の微細な修正が施されつつ，事実上，革命前までの帝政期を通じて有効な法規範となった．

### b. シベリア分離主義（オブラスニーチェストヴォ）[*1] と革命前の先住民

19世紀後半からロシア革命前までの時期における先住民の置かれた状況については，これらの問題を含むシベリアの政治的・経済的・社会的問題を提起しその対応策，改革案を真っ向から考えたオブラスニキ（通例「シベリア分離主義者」と邦訳される）といわれる知識人集団による論評に言及しておく必要があろう．この集団は，シベリアをヨーロッパ・ロシアの「植民地」と認識し，当時置かれた状況を分析した上，シベリアを中央ロシアから分離して統治すべきであると主張した

ことで知られている．オブラスニキの依拠した思想的潮流であるオブラスニーチェストヴォ（「シベリア分離主義」）は，時期により微妙に異なる，様々な政治的社会的潮流が合流したものであった．とはいえ，アメリカ合衆国の連邦制における州の権限を念頭に置いたような諸権限を有するシベリア議会を立法機関としてシベリアの領域的自主性を発展させることを目指した点を共通点としてまとめることができる．シベリアの現状改革のための課題として，

① 流刑制度の廃止
② シベリア経済の自由な発展に資する制度改革
③ 固有の知識人層の創出
④ 自由農耕移民の組織と奨励，土地資源の合理的利用
⑤ 「異民族」の状況の抜本的改革と絶滅と搾取からの救済

などを掲げ，また自治権の賦与を念頭においた少数民族の権益擁護を主張していたのであった（Быкова, 2002; Мирзоев, 1970）．とりわけG.N.ポターニンとともにこの集団の中心的人物であったM.N.ヤドリンツェフは，シベリアの異民族（先住民）の苛酷な状況につき詳細に調査し，多くの著作にその様子を描写し，また分析を加えている．ヤドリンツェフは，上記の『異民族統治規約』については，「その思想としては著しく善意に満ちたもの」であり，「異民族統治を調整しようとする高貴な願望」を抱くものとして評価したが，同時にそれがそのままシベリアの地に根づくはずはなかった，と述べている．それに反してシベリアの地において生みだされたものは，「夥しい職権濫用，帳簿に載らない課税，常態化した横暴行為，苛酷な懲罰行為，非人道的な課税」であった（Ядринцев, 2003 (1882))．

このようなシベリア固有の諸問題を自ら分析し，固有の解決法を見出そうとする知識人を中心とする潮流は，必然的に地方分権，そして中央からの分離・独立を目指す運動となったが，帝政時代，ソ連期のいずれにおいても，中央政府からみてこのような動きが是認される余地はなかった．

---

[*1] オブラスニーチェストヴォは「シベリア地域主義」「シベリア地方主義」と訳されることもあるが，ここでは運動の本質的・根源的側面を示す「シベリア分離主義」という訳語を採用しておく．

帝政期（1860年代）にはオブラスニキの筆頭者ポターニンをはじめ上掲のヤドリンツェフら多くの同調者が，分離主義的論調の公刊などを理由に逮捕拘禁の上，徒刑や流刑処分に処された．彼らは刑期満了後，シベリアの独立から自治に政策目標をトーンダウンしたが，その活動は継続された．

1881年はシベリア進出300周年ということで，シベリア各地で大々的に祝賀行事が催されると同時に，10月26日は1919年に至るまで「シベリアの日」として祝われた．ヤドリンツェフの主著『植民地としてのシベリア』が発刊されたのもこの年のことである．19世紀末から20世紀はじめにかけては，オブラスニキはロシアの中のシベリア自治を目指し依然として活動を継続していたが，ロシア革命によりボリシェビキが勝利すると，活動家の処刑や処罰，国外逃亡などによりこの思想的潮流は消滅する運命をたどった．シベリア分離主義者たちが提起したシベリア先住民の諸問題は，そのまま20世紀以降に課題としてソ連政権，そして現政権に受けつがれているのである．

最後に帝政期末期とそれ以降の民族の状況をごく簡単に記しておきたい．1897年に帝政期最後の全国レベルの国勢調査が行われ，そこには194の諸民族が項目に掲げられていた．これは帝国全体の民族の数字である．国勢調査においてどの民族を公式統計に掲げる「民族」とするかは，その時々の民族政策を反映する鏡でもある．公式統計の民族数はその後ソ連期になり減りつづけ，1926～27年の調査時に190，スターリン期の1939年に62と激減，戦後1959年109，1979年100，ソ連期最後の国勢調査である1989年に130（うちロシア連邦共和国内に92）と増減を繰り返し，最新のロシア連邦国勢調査である2002年には182（そのうち40は下位分類である）となった．帝政期の19世紀末とは版図が異なることを考慮すると，現在はまた帝政末期に統計に掲げられたのと同レベルないしそれ以上の民族が公式に認定された状況にある．

ちなみに帝政期には，20世紀に成立する「少数民族」という名称やカテゴリーはいまだ成立していなかった．ソ連期の1925年に「シベリア・北方少数民族」という26の民族からなるカテゴリーが行政的に確定した．そのカテゴリーそのものやそれに含まれる民族数はソ連期の末期まで変わらなかったが，現ロシアにおいては，シベリア・北方諸民族の多くは，「先住少数民族」という法的カテゴリーに再編されている． 〔吉田　睦〕

▶ 文　献

ジェームス・フォーシス著，森本和男訳（1998（1992））：シベリア先住民の歴史．彩流社．

船越昭生（1976）：北方図の歴史．講談社．

Берг Л. С.（Berg L. S.）(1946)：«Оперки по истории ркссих географических открытий.» Москва-Ленинград：Издательство АН СССР．

Быкова С. С.（Bykova S. S.）(гл. ред.)（2002）：«Сибирское областничество. Библиографический справочник». Томск-Москва：Водолей．

Конев А. Ю.（Konev A. Yu.）(Редактор-составитель)（1999）：«Сословно-правовое положение и административное устройство коренных народов Северо-Западной Сибири (конец ХВИ-начало XX века)» Тюмень Изд. Институт проблем освоения Севера СО РАН．

Мирзоев В. Г.（Mirzoev V. G.）(1970)：«Историография Сибири. (Домарксистский период)» Москва：Мысль．

Окладников А. П.（Okladnikov A. P.）(Гл. ред.)（1968）：«История Сибири. С древнейших времен до наших дней.» Тт. 1-3. Ленинград：Наука, Ленинградское отделение．

Ядринцев Н. М.（Yadrintsev N. M.）(2003（1882））：«Сибирь как колония в географическом, экономическом и этнографическом отношении.» История Сибири. Первоисточники. Вып. III. Новосибирск：Сибирский хронограф．

## 4.2 清朝の満洲・モンゴル統治

### 4.2.1 東北アジア地域形成における清朝の歴史的意義

今日の東北アジアが歴史的な地域として形成される上で，1616年に後金国として建国され，1644年から中国を支配し，1912年に滅亡した清朝が果たした役割は非常に大きい．20世紀の東北アジア地域史は，清朝の時代に形成された政治的・社会的諸要因が変容し，解体再編されていく過程であったともいえる．より長い時間的パースペクティヴで眺めたとき，清朝の歴史的意義は政治史的に次のようにとらえることができるだろう．

古来アジアでは，南方中国の定着農耕文明と北方草原の遊牧民，森林地帯の狩猟・農耕民の勢力が，時に対抗し，時に融合しながら歴史的関係を展開してきた．中国最初の統一王朝たる秦以来，匈奴・鮮卑・柔然・突厥・ウイグルなど，北方草原に興亡を繰り返す遊牧民国家の脅威への対処は，中国にとって最大の政治課題でありつづけてきた．10世紀に勃興したキタン（契丹）の遼は，中国の一部を征服し，統治した．

13世紀に出現したモンゴルは，チンギス・ハーンによる建国（1206年）の後，5代目の大ハーン・フビライの時代になって中国南部に余命を保っていた南宋を征服し，全中国を支配下におさめた．しかし中国北方に強力な国家を建設したのは遊牧民ばかりではない．遼を継承した女真の金や，17世紀初めに後金（1636年に国号を大清とあらためる）を建国した満洲（マンジュ）も，狩猟・牧畜を併せ営む定着農耕民だった．後金の建国者ヌルハチは，モンゴルと自らの違いを次のように言い表している．

「我等の子等は，お前たちのように移動して生活することはできぬ．我等の子等は，楼閣に暮らし，刺繍したものを着，捧げられたものを得て食べて暮らすのであるぞ．私の子を，苦しむ土地にはやらない．1万の家のある国に支配し，楼屋あるところに住まわせ，私の近くで養う．」（旧満洲档（三）1526頁，天命8年正月22日）

しかしその一方でヌルハチは，

「漢と朝鮮両国は，言語は異なるが用いる衣服や生活の形は同じであるぞ．モンゴルとジュシェン我等両国は，言語は異なるが，用いる衣服や生活の形は皆同じであるぞ．」（旧満洲档（一）446頁，天命4年6月）

とも述べている．つまり満洲は，定着農耕民として遊牧民モンゴルとの違いを認識しつつも，一方で漢文化とは異なるモンゴルとの文化的共通性も強く意識していたのである．その満洲によるモンゴルと中国の征服は，遊牧・農耕の二大文化を1人の皇帝統治の下に統合したことを意味する．だが満洲による国家統治は，中国文明の担い手たる漢人のそれとも，遊牧民国家のそれとも異なる満洲の文化的位置を前提として成立するのである．現在の中国は，直接的には満洲が達成した国家統合の遺産を継承しているといえる．

一方で20世紀前半の東北アジアの歴史を振り返ってみると，その北部から西部にかけて，中国の統合を危機に瀕せしめる事件が発生していることが注目されよう（図4.6）．20世紀はじめの中国が直面した最大の課題は，北からのロシアと東からの日本の進出の阻止であった．これら2つの帝国主義国家の侵略は，ロシアにおいては「モンゴル問題」，日本においては「満蒙問題」という形をとった．前者は1911年の外モンゴルを中心とした独立問題であり，後者は日本人が地域名称として「満洲」と呼んだ中国東北部と内モンゴル東部の分離「独立」問題であった．この地域における植民地獲得競争が，中国領土の一部の分離「独立」という形をとったのは，清朝の統治枠組みの特徴に由来するところが大きい．

そこで本節では，近代東北アジア史の展開の前史としての清朝の統治構造を，特にその満洲・モンゴル統治について概観することによって，東北アジア史における清朝の歴史的意義を考察してみたい．

## 4.2.2 大清国

「大清国」（満洲語で「ダイチン・グルン」，モンゴル語では「ダイチン・ウルス」）の発展過程は，大きく3つの画期によって区切ることができる．第1は1616年の初代ハン・ヌルハチの即位による「後金国」（アイシン・グルン）の建国，第2は1636年4月の2代目ハン・ホンタイジへの尊号捧呈と，国号の大清国への変更，崇徳という年号の創始であり，第3は1644年の入関・北京遷都による中国支配の開始である．

大清国の特徴は，これら3つの画期において，以前の国家体制が否定されることなく，順次加上されていったことにより，国家内部に大きく3つの行政統治範疇が形成された点にある．

すなわち，第一の画期とは，ヌルハチがウラ，ハダ，ホイファなど，ジュシェン（女真）諸族を統合し，ハンに推戴されたことにより，マンジュ・グルンあるいはアイシン・グルンとして，後の大清国の満洲部分の基礎ができたことを意味する．この部分はその後も拡大を続けた．ここで満洲部分が，必ずしも純粋に満洲，あるいはジュシェン系諸族によってのみ構成されたわけではない点に注意が必要である．

ヌルハチは，それまでに服属した諸族を移住させて八旗組織に編成した．八旗とは，ハンたるヌルハチ率いるアイシンギオロ氏王族の属民にほかならない．したがって，ここでこの部分を満洲と呼ぶのは，支配氏族としてのアイシンギオロ氏族（宗室王公）が満洲を自称したという意味においてである．すなわち，大清国の満洲部分とは，ハン自身と宗室王公属下を意味する．

八旗は，隣接するモンゴル人や漢人，高麗人の投降者をも受け入れれ，非ジュシェン系構成員が

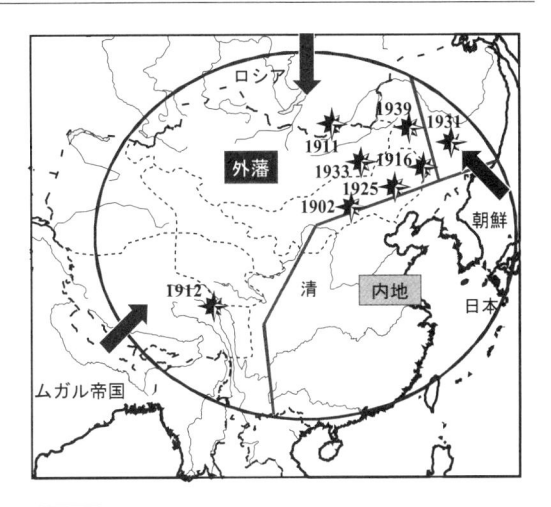

**図 4.6** 清朝の統治区分と20世紀前半の東北アジア
1902年：清朝の新政策・ダンピルの反乱，1911年：外モンゴルの独立，1912年：チベットの独立運動，1916年：バボージャヴの独立運動（第2次満蒙独立運動），1925年：内モンゴル革命，1931年：満洲国，1933年：徳王の自治運動．

増加していった．このため2代目ハン・ホンタイジの時代に，モンゴル人からなる八旗蒙古と，漢人からなる八旗漢軍が編成され，最終的には八旗満洲とともに合計24の旗が編成される．旗に属する人々は，清朝の軍事力の中核であると同時に，入関後は，中国内地の統治における行政官僚の供給源として，「旗人」と呼ばれた．

第2の画期の意義は，満洲ハンの支配下に，このときまで個別に満洲と対明・対チャハル攻守同盟を結んできたボルジギン氏族を主とするモンゴル王族がその属下とともに加わり，外藩と呼ばれる別個の統治枠組みが加上された点にある．このとき，尚可喜・耿仲明など漢人の諸侯も宗室王公やモンゴル王族と並んでホンタイジを推戴し，やはり王爵を授けられた．つまり満洲王族統治に，モンゴルと漢人の王族属下が加わった．漢人たちは，後に1644年の入関時に清軍に呼応した明の将軍呉三桂とともに，中国支配開始後は南方に配置されて三藩と呼ばれるが，1675年の三藩の乱によって廃止され，八旗漢軍に編入された．一方モンゴルの王族たちとその属下は外藩として盟旗を構成し，王公による統治が行われた．つまり外藩とは，ボルジギン氏族をはじめとする王公とそ

の属下を指す.

　大清国の第3の画期たる入関によって新たに加上されたのは，旧大明国の領域すなわち漢部分であった．広大な旧明領を統治するにあたり，清朝は八旗を内地に移住させ，京師（北京）をはじめとする要所に駐屯させた．一方で初期の三藩は別として，清朝は旧明領の住民たちを統治するのに，内閣・六部など中央の諸官衙や地方の省・府・州・県など，明の行政統治制度をそのまま準用した．明朝の科挙制度も継承され，これにより登用された民籍の科挙官僚たちが，八旗官僚とともに中央・地方の行政統治を担いつづけた．したがって，旧明領部分では，八旗の行政官僚と漢人科挙官僚によって担われ，皇帝に権力が集中された明以来の統治制度が維持された．

　大清国を構成するこれら3部分の統治は，一方で厳密に区別されてもいた．まず満洲部分と外藩部分をみると，宗室王公や八旗官僚がモンゴルに設置された盟旗などの地方行政単位に長として直接任命されることはなく，モンゴル王公による統治に委ねられた．逆にモンゴルの王公が八旗の官職を兼ねることはないわけではなかったが，極めて稀であった．

　外藩部分における軍事的任務を担う駐防将軍や，辦事大臣(べんじだいじん)には旗人官僚が任命されており，時にモンゴル王公が任命されることもあった．一方満洲と漢地の間では，中央・地方のポストに八旗官僚と民籍の科挙官僚が任用されたが，八旗内部のポストに科挙官僚が任命されることはなかった．外藩部分と漢地部分の行政統治も分離され，漢人科挙官僚がモンゴル行政に関与することも，外藩王公が内地のポストに任用されることもなかった（図4.7）.

　各部分の属民が，自由に所属を変更することはできなかった．たとえば漢部分の民人が，外藩の属民として移住してモンゴルの旗籍に入ることは禁止されていたし，逆も同様であった．3部分の統治上の境界を越えて住民が移動する事例として，東三省の八旗王公荘園への内地漢人農民の導入や，内地被災民をモンゴル南部に一時的に収容して生計を立てさせる「借地養民」，あるいは皇女や宗室の娘のモンゴルへの降嫁の際に旗人がその属民としてモンゴルに移住する事例（インジと呼ばれる），八旗内部の生計問題解決のための漢軍旗人の民籍への移管などをあげることができるが，政策的に限定されたものであり，3区分の原則を否定するものではなかった．

### 4.2.3　帝国の満洲部分

　清朝の満洲部分の本来の意味は，ハンとその一族たるアイシンギオロ王公属下である．その属民は八旗組織に編成されていた．当初八旗は，旗王と呼ばれる有力王公によって分掌されていたが，雍正帝以後，行政統治権力は皇帝に集中し，王公の八旗に対する支配権力は制限されたようである（杉山, 2007）.

　大清国の満洲部分の行政組織たる八旗は，1644年の入関により，大挙して旧明領に移住し，各地に駐屯した．これを八旗駐防という．首都北京は，最大の八旗駐防地にほかならなかった．北京の禁旅および畿輔（北京周辺および滄州・保定・太原・張家口など）のほか，直省の主な駐防地として，山西右衛・寧夏・西安・成都・開封・青州・杭州・江寧・広州・荊州などをあげることができる．さらに辺疆部の綏遠城・伊犁などにも駐防八旗が置かれた．各地の八旗は，駐防地を管轄する将軍の統轄を受けると同時に，八旗本体の行政官衙である八旗都統衙門の管轄下にあった．

　一方満洲の故地である東北三省（盛京・吉林・黒龍江）住民や，索倫・ダグール・エヴェンキ・オロンチョンなどの諸族も八旗組織に編成されていた．これら三省には盛京将軍，吉林将軍，黒龍江将軍の下に副都統などの軍官が設置され，八旗を含む地方事務を処理していた．また長城外のモンゴル高原にありながら，八旗に編成されたモンゴル人もいた．その主なものとして，チャハルとバルガをあげることができる．

　チャハルはダヤン・ハーン以来大ハーンの直轄下にあったが，1634年に最後の大ハーン・リグデンが死んだ後，その子エジェイ・ホンゴルが清

朝に投降した．投降後，チャハルの投降者の多くが八旗に編成されたが，エジェイ自身はホンタイジの娘の降嫁を受けて和碩親王に封じられ，外藩部分に属した．しかし 1675 年，三藩の乱に乗じてエジェイの甥ブルニが反乱を起こして鎮圧されると，その属下も全て八旗に編入され，張家口に駐在するチャハル都統の管下に置かれた（達力扎布，2003）．バルガは，康熙・雍正年間に個別に満洲に服属したり，ハルハ・セツェン・ハン部から引き抜かれた人々で，黒龍江将軍管下には新旧バルガ八旗が編成され，フルンブイル地方を遊牧地としていた（柳澤，1993，1999）．これらは「内属蒙古」と呼ばれ，帝国の満洲部分に属したものといえるだろう．また帰化城（フフホト）のトゥメド左右両翼 2 旗は，1636 年以来非ボルジギン氏の首長が都統に任命され，後に中央派遣の副都統の統轄を受けた．しかし次項で述べるように，チャハルやトゥメドの内部には王公タイジの爵位をもつ者もおり，これらは個別に外藩の範疇に属した．

八旗は，鑲黄・正黄・正白 3 旗が皇帝直轄旗として上三旗と呼ばれ，鑲白・正紅・鑲紅・正藍・鑲藍 5 旗は王公属下として下五旗と呼ばれた．各旗には都統が置かれ，事務を管轄した．また皇帝の宮廷事務を管轄する内務府や，各旗の宗室の管理のために宗人府が置かれていた．これらの役職にはすべて旗人官僚や宗室王公が任命されていた．

八旗には都統 1 人・副都統 2 人・参領・佐領などの役職が置かれた．旗の基層組織ともいうべき佐領は，最初 300 人の壮丁をもって編成されたが，後に崇徳 8 （1643）年に 200 人，康熙 13 （1674）年に 130〜140 人をもって一佐領を編成することとされた．18 世紀半ばには全旗あわせて 1165 個の佐領と，駐防八旗の 1140 個の佐領が存在した（定宜庄，1992；任桂淳，1993；李燕光・関捷，1991）．現在の満族が自分の出身を旗・佐領名で表現するのはここに由来する．

### 4.2.4 帝国の外藩部分

外藩の地位は，1636 年以前にモンゴルの王族たちが，満洲側と攻守同盟を結んで軍事協力をしたことに由来するが，モンゴルの満洲に対する地位は，ホンタイジの時代になるとより従属的になり，モンゴルの王族たちが満洲の王族とともにホンタイジをハーンとして戴くという関係に変化した．モンゴル王族は，アイシンギオロ氏王族が内王公と呼ばれるのに対して外王公と称され，和碩親王以下の爵位を共有した．外藩では王公以外の貴族は，タイジと呼ばれ，王公タイジと総称された．モンゴル王族中，特に満洲と親しかったのは，内モンゴル東部の王公，特にホルチン部の王族たちであった．彼らと満洲のハンやアイシンギオロ氏王族の関係は度重なる通婚によって強化された（劉潞，1998；杜家驥，2003）．

#### a． 満洲への服属前のモンゴル

本来外藩モンゴルの王公は，モンゴルの王族，すなわちチンギス・ハーン以来の支配氏族であるボルジギン氏に属していた．モンゴル高原では，1368 年の大ハーン・トゴンテムルによる大都放棄とモンゴル高原への退却以後，大ハーン率いるモンゴルとオイラドの二大勢力が抗争を繰り返してきた．特に 15 世紀半ばに現れたオイラドのエセンは，ボルジギン氏の大ハーンを殺害し，短期間に終わったものの自ら大ハーンを名乗るほどの勢いを示した．オイラドを構成する首長たちは，16 世紀に現れるホショード部を除き，いずれも非ボルジギン氏族に属する人々であった．

エセンの時代に一時衰退したボルジギン氏族の王権は，15 世紀末にバトムンフ・ダヤン・ハーンによるモンゴル再統合の結果再び確立した．バトムンフは，統合した自己の属下を 6 つのトゥメン（万戸）と呼ばれる単位に編成したほか，ホルチンなど東方に展開していたチンギス諸弟系の集団を支配し，オイラドを貢納民とした．

彼は 6 トゥメンを自分の子供たちに分与継承させたため，モンゴルは彼の死後再び分裂していき，

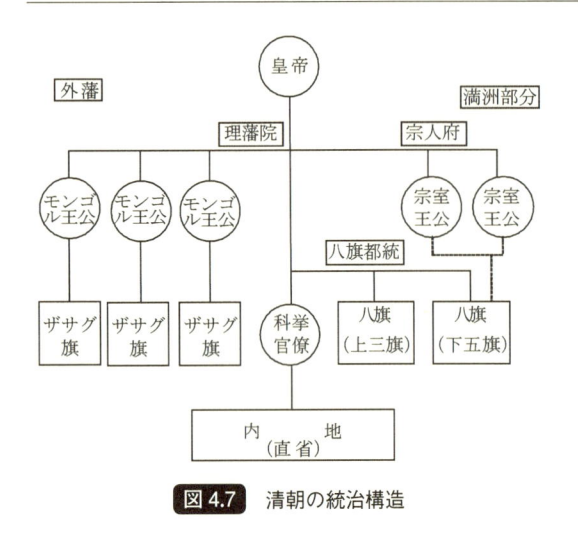

```
                    皇帝
   ┌─────────────────┼─────────────────┐
  外藩              理藩院            宗人府            満洲部分
   ┌──────┬──────┐              ┌──────┬──────┐
 モンゴ  モンゴ  モンゴ            宗室    宗室
 ル王公  ル王公  ル王公            王公    王公
                              │      │
                          八旗都統
   │      │      │          │      │      │
 ザサグ  ザサグ  ザサグ     科挙    八旗    八旗
  旗      旗      旗       官僚   (上三旗)(下五旗)
                    │
                  内  地
                  (直省)
```

**図4.7** 清朝の統治構造

多くの遊牧集団が自立したが，いずれもダヤン・ハーンの子孫を首長としていたことにかわりはない．たとえばダヤン・ハーンの長子トゥルボロドの子孫は大ハーンを継承し，チャハルと呼ばれた．第3子バルスボロドの子孫は，オルドス，トゥメド，ユンシェヴ，ハラチンの各アイマグ（「部」とか「部落」と訳される）の首長となった．フルンブイル草原や興安嶺東麓に分布したホルチンなどの集団もチンギス諸弟系のボルジギン氏族の首長を戴いていたから，ダヤン・ハーン以後ボルジギン氏族は，分裂傾向にあったとはいえ，大ハーンの下でモンゴルにおける支配氏族としての地位を回復したのである．一方西方のオイラドは，アルタイ山脈以西に分布するホショード部，ズーンガル（オオルド）部，ドルベド部，トルグード部，ホイド部などの諸部からなる連合体であったが，ホショードの首長がチンギスの弟ハブト・ハサルを祖とするボルジギン氏を称したほかは，ジュンガルとドルベドがチョロス氏，トルグードがケレイド氏，ホイドがイヘミャンガン氏を首長としており，ダヤン・ハーン以来大ハーンに従属しつつも，事実上大ハーン率いるモンゴルとは別個の勢力を形成していた．

オイラドは，17世紀に入ると青海・チベットに進出したほか，トルグード部がヴォルガ河畔に移住した．またアルタイ以西に残った諸集団はズーンガルと呼ばれる国家を建設し，東トルキスタンを支配したほか，カザフ草原にも進出し，18世紀半ばに清朝に征服されるまで，中央アジアで勢力を奮った．

### b. モンゴルの服属と外藩の成立

満洲が，その拡大過程の最初期に接触したのは，モンゴル東端にあったハブト・ハサル系のボルジギン氏王族が率いるホルチン部と，ダヤン・ハーンの第5子アルツボロドの子孫が率いる内ハルハ部であった．さらにホンタイジの時代になると，フルンブイル地方に遊牧していたアルホルチン，モーミャンガン，ドゥルベンフーヘド，オンニュド，ハラチェリグなどの諸集団とも攻守同盟を締結した．

これら各部を率いるモンゴル王族との同盟関係の集積が，後の外藩あるいは藩部の基礎となる．したがって大清国発展の第二の画期は，満洲ハンの下に，満洲部分における宗室王公属下に対応するモンゴルのボルジギン氏族王公属下が成立したことを意味していた．

しかし，王公爵を与えられ，属民を安堵される王族は，清朝の拡大とともにボルジギン氏族に限られなくなった．すでに清初においても，ハラチン・トゥメドの王族属下であったウリヤンハ氏族の首長たちが外王公の列に加えられたし，清朝の勢力がオイラド系諸部に及ぶようになると，ズーンガル部やドルベド部のチョロス氏やトルグード部のケレイド氏など非ボルジギン氏族の首長も属民を安堵されて王公に列せられた．さらに，回部やチベットの貴族からも王公に封ぜられるものが現れた．これにより外藩王公は，モンゴルにおけるボルジギン氏族の権威を越えて，清朝統治下の支配身分範疇となったのである．

外藩部分には盟旗制度と呼ばれる統治制度が導入された（図4.7）．外藩の旗は，八旗同様満洲語でグサと呼ばれ，モンゴル在来の軍事組織であるホショーという語がこれにあてられていた．旗の下には，150人の壮丁をもって構成される佐領（満洲語でニル，モンゴル語でソム）や6佐領をもって構成される参領（満洲語およびモンゴル語でジャラン）が組織され，王公タイジ中から旗長

であるザサグと，その補佐官たる協理タイジ2人あるいは4人が任命され，旗の政務を委ねられた．

複数の旗が，上部組織である盟を構成し，盟長・副盟長には盟を構成する旗の王公タイジの中からそれぞれ1人が選任された．清代の外藩には約200の旗が設置されていた(趙雲田, 1989)．一方で外藩の旗には，王公タイジと属民の伝統的な主従関係に基づくオトグ・バグなどと呼ばれる社会組織も併存しており，旗・佐領制度はモンゴル社会を完全に再編したわけではなかった(岡, 2007)．

外藩の盟旗は，大きく内ザサグ（内扎薩克）と外ザサグ（外扎薩克）諸旗に分けられていた．内ザサグとは，ジリム盟・ジョスト盟・ジョーオダ盟・シリンゴル盟・ウラーンチャヴ盟・イヘジョー盟の6盟49旗を指す．これ以外の外藩諸旗が外ザサグと呼ばれたが，清代の漢文文献，たとえば祁韻士撰『皇朝藩部要略』は，内ザサグ諸旗を「内蒙古」と呼び，外ザサグの内，ハルハ4盟86旗を「外蒙古喀爾喀」，オイラド系諸旗を「額魯特蒙古」と呼んでいる．最後の「額魯特蒙古」には，現在は内モンゴル自治区に含まれるアラシャ，エジネ両旗，現在のモンゴル国西部にあったドルベド2盟，新旧トルグード，ホショードなどが含まれる．一方八旗に編入されたチャハル，フルンブイルの新旧バルガは，内外ザサグのいずれにも含まれない．

すでに述べたように，満洲部分に属する宗室王公や八旗官僚が，盟旗の役職に任用されて直接モンゴル人を統治することは一切なく，またモンゴル各地に駐在する将軍や大臣も，本来盟旗を管轄する役職ではなかった．中央では外藩を管轄する官衙として理藩院が置かれていた．理藩院は，各盟旗に関する案件処理を管轄するほか，内務府や八旗都統衙門などとともにモンゴル高原に存在した内属諸旗（チャハル・バルガおよびそのほかの総管旗，トゥメド都統旗）の事務にも関与した．理藩院の官員には満蒙の八旗官僚が任命され，民籍の科挙官僚は関与しなかった．

清朝は外藩統治にあたり，蒙古例と呼ばれる専用の法令を用いた．これは『蒙古律例』『理藩院則例』として編纂され，頒布された．近年の研究によれば，蒙古例は『大清律例』とともに各級官衙で用いられ，裁判制度や文書行政には，中国伝来の制度が導入され，体系化されていた(萩原, 2005)．

### c. チベット仏教の地位

外藩にかかわって述べておかなければならないのは，チベット仏教にかかわる行政である．16世紀末，モンゴル・トゥメド部のアルタン・ハーンがチベット・ガンデン寺の座主ソナムギャンツォと青海のチャヴチャール寺で邂逅し，これにダライ・ラマの称号を捧呈して以後，17世紀前半までに，全モンゴルにチベット仏教が伝播した．したがって，初期の満洲とモンゴルの関係において仏教は重要な意味をもったのである．

以後もチベット仏教は，外藩部分を統治する際，一種の統治理念としての役割を果たすことになった．清朝はこれを優遇し，モンゴル各地に勅建寺院を建立したばかりでなく，皇帝自身も仏教徒として振る舞い，宗室王公や八旗旗民中にも敬虔なチベット仏教徒が現れた(石濱, 2001)．乾隆帝が父雍正帝の潜邸時代の王府を寄進して仏教寺院雍和宮としたり，乾隆45（1780）年自らバンチェン・ラマから受戒したりしたことなどは，その現れであった．清朝の優遇政策もあって，チベット仏教はモンゴルの社会に大きな影響を与えた．成年男子中におけるラマの割合は，場所によっては4割を超えたといわれるほどである．

大清国内におけるチベット仏教教団にかかわる事務は，理藩院の管轄下におかれた．しかし，ダライ・ラマ，バンチェン・ラマ，チャンキャ・ホトクト，ジェブツンダムバ・ホトクトなどが率いる京師北京やチベット・モンゴル各地の教団組織と清朝との関係は，理藩院の行政統治の枠組みに収斂するものではなく，皇帝や王公たちと教団の関係は，官僚組織とは別個に，施主・帰依処関係を構成したし，教団内部のホトクトと呼ばれる高位ラマ相互の関係は，戒律の授受を通じて結ばれた師弟関係に律せられていた．

### 4.2.5 大清国を構成する三部分の関係

　以上述べてきたように，清朝の国家構造は，ヌルハチの即位によって成立した，満洲ハンと宗室王公の属下としての八旗からなる満洲部分，1636年までに形成された満洲とモンゴル諸侯の同盟関係を基礎に構築された外藩部分，そして明の統治を受けつぐことによって形成された漢地という大きく3つの行政統治区分からなっていた．3者を結びつけていたのは満洲皇帝なのであって，皇帝は，満洲部分では宗室王公や八旗官僚を，漢地部分では八旗官僚と漢人官僚を，外藩部分では外藩王公をもって統治しつつ，将軍・大臣など駐防官による軍事的統制を行った．かかる体制の下で，これら3部分は行政統治上切り離されていた．この結果漢地においては明の行政統治方法が断絶することなく継承維持されたし，モンゴルでは，服属以前からのモンゴル王公による統治が維持された．統治理念の面においても，漢地では伝統的な儒教理念による統治が行われ，モンゴルではチベット仏教を理念とする王公統治がなされた．それゆえ内地に移住した満洲部分とは異なり，外藩と漢部分の相互の文化的影響は限定的であった．

　漢地に移住し，漢人の中で暮らすことになった満洲部分では，歴代皇帝による言語・習俗維持の慫慂にもかかわらず，漢化は急速に進行した．満洲は祭天儀礼の中に固有のアブカ（天）崇拝を取り入れていたが，統治理念は儒教を用いていた．しかし清朝における満洲部分の意味は，本来のエスニックな特性を徐々に失いながらも，身分階層としては民籍の漢人とは厳然と区別された点にある．かかる特殊な地位が，近代に入ってから，満洲部分が，特に八旗満洲・蒙古を中心にして，満族という民族へと脱皮する基盤となった．

　また外藩部分で固有の文化や生業形態が維持されたことは，近代においてモンゴルやチベットがそれぞれ民族として漢部分からの分離独立を志向する条件をつくりだした．特に清末の新政策による開墾政策（移民実辺）による漢人農民の移住とこれによる漢化の波はモンゴル高原南部にも及んだが，それへの反発が民族の自覚を促し，独立へと向かう歴史的条件をつくりだしたのである．

　20世紀前半の東北アジアの歴史や，現在もなおくすぶりつづける中国の民族問題は，かかる清朝の外藩統治のあり方や，満洲の存在様態と密接に結びついているのである．

### 4.2.6 清代満洲・モンゴルの文化

　初期の満洲人はモンゴル文字を用いていたが，1599年にヌルハチの命令でつくられた満洲文字は，行政文書の作成に用いられたほか，『大明会典』『通鑑』『孟子』『三国志演義』などの中国文献がこの文字により満洲語に翻訳された．また『実録』，『則例』，『王公表伝』，『聖諭広訓』など，多くの官撰文献が清朝の公用語である満洲語・モンゴル語・漢文の3体で作成された．また乾隆から嘉慶期の官僚松筠は，満洲文で『百二老人語録』を残している．

　入関後の満洲人は中国文化の影響を深く受けた．旗人は儒家の思想を身につけ，『周易講義』を著した牛鈕（満洲正藍旗人）や『通志堂経解』を編纂した納蘭性徳（満洲正黄旗人），『周官義疏』を著した鄂爾泰（満洲鑲藍旗人）ような思想家や，漢文で詩作を行う者も数多く現れた（李燕光・関捷，1991）．

　漢地に住むことによって漢文化へ同化していった満洲とは異なり，モンゴルでは独自の文化が維持された．それらは大きく清朝への服属前から継承・発展したものと，清朝支配という新しい政治的条件の結果として新たに生みだされたものとがある．

　清朝は，外藩統治において，満洲文とともにモンゴル文を公用の文書言語として用いた．それゆえに，モンゴル統治の過程でモンゴル文文書が大量に生産され，モンゴルにモンゴル文による中国風の文書行政制度が定着した（萩原，2006）．また，『三国志演義』『水滸伝』など，中国の文学書がおそらくは満洲語を介してモンゴル語に翻訳された．

　北京に王府を構えて居住する者も多かった王公

たちは，おそらくは満洲の王公たちとの交流の中から，北京の貴族文化を摂取した．19世紀末の内モンゴル・ジョソト盟トゥメド右旗のタイジ・インジャンナシは，旗人文学として有名な曹雪芹の小説『紅楼夢』の翻案である『一層楼』や，チンギス・ハーンの事跡を題材とした『フフ・ソドル（青史演義）』をモンゴル文で著している．

清朝への服属前の16世紀末以来モンゴルにはチベット仏教文化が普及したことは前述のとおりであるが，その中でアルタン・ハーンによってチベット大蔵経のモンゴル文訳が開始され，リグデン・ハーンがこれを引き継ぎ，清代になって完成された．清朝の国家的護持の下で，内外モンゴル，青海，西モンゴルに建立された寺院では，膨大な仏典がチベット文・モンゴル文で出版された．

清朝支配下のモンゴルでは，チベットの歴史叙述の影響の下に，モンゴル文年代記が数多く著された．内モンゴル・オルドス部のサガン・セチェン撰『エルデニィン・トブチ（宝の史綱）』，ゴンボジャヴ撰『アルタン・トブチ（黄金の史綱）』，ダルマ・グーシ撰『金輪千輻書』，ラシプンツァグ撰『ボロル・エリヘ（水晶の数珠）』，ガルダン撰『エルデニィン・エリヘ（宝の数珠）』などをあげることができる．これらの年代記は，清代モンゴルの文化状況をよく示す文献群である．

まずその多くが仏教史記述として世界創世・インドの王統から説き起こし，チベットの王統を経てチンギス・ハーンの祖先ブルテ・チノに始まるボルジギン氏族の歴代ハーンの系譜と事跡を仏法を保護する世俗の王の歴史として描いている．またラシプンツァグの年代記には，『元史』など中国の歴史文献が利用され，さらにガルダンの『エルデニィン・エリヘ』では，モンゴル文公文書や『方略』『王公表伝』などの清朝官撰文献の利用が認められる．また，19世紀には外モンゴルでトグトホトゥルやプレヴジャヴ等王公が，旗内に教訓書を布告している．そこには仏教思想とともに，中国の統治理念たる儒教理念に基づいて雍正帝が発布した『聖諭広訓』の影響を見出すことができる（岡, 1997)．

このように清代のモンゴルでは，清朝の外藩統治の枠組みの中で，仏教文化や中国文化の影響を受けながら現在に連なる独自の文化形成が進んでいったのである．

### 4.2.7 清朝統治の変質

このように清朝の帝国統治は満洲・外藩・漢地を行政区分とするところに特徴を見出すことができるわけであるが，かかる区分は，現実の局面においては，決して截然と区切ることのできるものではなかった．本項では，特に外藩部分を中心として，ほかの2つの部分との間に生じた問題を検討してみたい．

外藩，特にモンゴル部分と，漢地の区分を揺るがした最大の要因は，漢人商人の活動であった．清朝は，ジュンガルとの戦争などでモンゴルにおける清軍の軍事行動を維持するために，物資供給を漢人商人，特に山西商人の商業活動に依存した．このため，モンゴル各地に駐屯した清軍の軍営は，漢人商人の商業活動拠点ともなった．隣接する綏遠城に八旗が駐防する内モンゴルのフフホト（帰化城）は，モンゴル高原における山西商人の前進基地であった．また外モンゴルのキャフタではロシアとの交易場が開かれていたし，イヘ・フレー（現ウランバートル）にも漢人商人の居住区である買売城が存在した．ほかにも内モンゴルのドロンノール，外モンゴルのホヴドなどに漢人商人は店舗を開き，清軍や行政官衙，さらには近隣のモンゴル人との交易に従事した．当初清朝は，漢人商人が自らモンゴルの盟旗に赴き行商を行うことを禁じていたが，これら軍事拠点や商業基地を往復する途中で沿辺のモンゴル人との交易は行われており，清朝は盟旗での行商を許可せざるをえなくなった（岡, 2001)．

一般的には，清朝はモンゴルに出かける漢人商人に厳しい制限を課した．彼らは，理藩院から票（通行許可証）を受け取り，1年以内に目的地での交易を終えて長城以南に戻らなければならず，モンゴルに定着することは許されない建前であった．しかし上述の商業拠点の存在は，かかる制限

が事実上有名無実なものであったことを示している．山西商人たちは，モンゴルの盟旗においても行政用物資やアルバと呼ばれる軍事負担の供出プロセスに介在し，各級の行政官衙においてトゥンシと呼ばれる一種の御用商人と化した．しかも彼らは高利貸し的経営を営んだから，モンゴル側に膨大な債務を蓄積させていった．

一方モンゴル南部，特に内モンゴルの長城沿辺地帯や東北部の東三省と接する地域では，18世紀初頭から漢人農民の流入が始まった．これらの農民は，山東・山西省から，饑饉や重税を逃れて流入した移民であった．清朝はモンゴル諸盟旗に対して漢人農民を受け入れれないよう，繰り返し命令したが，一度定着した農民を駆逐することによって流民化することを恐れたから，事実上黙認に近い状態で，その数は増大の一途をたどった．フフホトなど早くから開墾が進んだ地域では，モンゴル人は漢人農民から地租をとって生活するようになる．

清末になって漢人農民の流入をさらに激しくしたのは，地商と呼ばれる人々の活動である．前に述べたようにモンゴルは漢人商人に対して膨大な債務を抱えたが，その返済の方法として，土地の一時的貸し出しという方法がとられた．これは旗の土地を一定期間漢人商人に用益させることによって，その期間に支払うべき地租をもって債務の返済にあてるものであった．これにより商人は地商となったのである．しかし一度貸しだされた土地の回収は困難であり，旗の牧地は次第にこれら地商が内地から呼び寄せた農民に又貸しされ，急速に開墾地が拡がっていった．牧地は狭隘化し，開墾地に住んでいたモンゴル旗民は北方に退避するか，自ら農耕民と化していった．

漢人人口の増大に対処するために，モンゴル南部の各地に漢人行政を担当する内地行政の島ともいうべき府・州・県などの衙門や，同知・通判衙門が設置され，モンゴルの盟旗内部に二重権力状態が出現した．

実にモンゴルにおける漢人商人の活動と農民の入植は，清朝の支配がモンゴル王公の高度の自治的統治を認めるものであったにもかかわらず，近代モンゴルの歴史家をして「満漢によるモンゴルに対する植民地支配」と評価させる主要な要因となった．

19世紀末になると，北方のロシアや東方からの日本の進出に危機感を募らせた清朝は，張之洞ら漢人の洋務派官僚たちの建議に基づいて，それまでの外藩統治の諸原則をあらため，「新政策」と呼ばれる政策転換を行った．これは新式軍隊の組織や近代的教育制度の導入などからなる一連の近代化政策であったが，モンゴルに関しては，「移民実辺」と呼ばれる開墾政策となって現れた．すなわち，それまでの外藩封禁政策を漢人入植の公認へと転換するものであった．

特に義和団の乱鎮圧後の列強への莫大な賠償金支払いのための財源確保に迫られた清朝は，欽差督辦墾務大臣貽穀を内モンゴル西部に派遣し，チャハル西部・フフホト・ウラーンチャヴ盟・イヘジョー盟において「官辦開墾」を実施した．これはそれまでモンゴルの王公たちが私的に，半ば非合法に実施していた開墾を，直接国家の手で組織的に行おうとするものであった．

内モンゴル東部のハラチン右翼旗のザサグ・グンサンノロヴのように，殖産興業・学校創設・旗軍の編成など，新政策を利用して領内の改革を試みるモンゴル王公もいたが，王公の多くは新政策を清代において享受していた既得権の侵害であり，漢人の側にシフトした清朝によるモンゴルの漢化政策であるとして反発した．開墾に対する蜂起も頻発した．

早く嘉慶年間（1797～1820）から開墾が進んでいた内モンゴル東部のジリム盟ゴルロス旗では，清末になってトグトホ・タイジの反墾蜂起が発生したし，西部ではオルドスでドゴイラン運動と呼ばれる反墾運動や，協理タイジ・ダムピルによる武装蜂起が発生した．一方で漢人農民による武装蜂起も発生した．特に光緒11（1885）年に内モンゴル・ジョーオダ盟で勃発した金丹道の蜂起は，近隣のモンゴル社会に深刻な打撃を与え，多くの住民が隣接盟旗へ難民となって流出するに至った．

一方外モンゴル・ハルハ部の王公たちは，内モ

ンゴルの状況に危機感をもち，かつフレー辦事大臣三多がハルハにおいて新政を実施しようとしたことから，フレーの活仏ジェブツンダムバ・ホトクト8世を奉じて清朝からの分離独立を志向する．1911年夏，フレーに集まったハルハ王公は，帝政ロシアに対して独立への援助を求める使節団をモスクワに派遣した．折から武昌で発生した辛亥革命に乗じたハルハの王公たちは，同年12月辦事大臣三多を追放し，独立を宣言した．

　清末の新政策は，建国以来清朝が維持してきた満洲・外藩・漢の区分を解消し，漢地を基盤とするモンゴル高原や新疆など外藩部の植民地化につながるものであった．それは清朝の国家体制の根本的な転換だったのである．

　旧体制下にあってモンゴルやチベットは，固有の社会制度や宗教信仰を維持していたが，新政策はかかる外藩部の特性，特に王公特権を侵害するものであった．それゆえ，モンゴルやチベットは帝国の外藩部分を漢部分から分離することによる旧体制の維持と，自立を志向したわけで，その意味ではこの運動は復古的性格を有していた．しかしこの分離運動は，同時に民族としてのモンゴルやチベットの覚醒と並行するものであり，そこに近代的な特徴が見出される．

　以上述べてきたように，清朝は，満洲による征服拡大に従って形成された満洲・外藩・漢という3つの統治枠組みを含む帝国であった．かかる統治区分は，決して統治技術上の運用に止まらない，国家の統治基盤にかかわる枠組みだった．20世紀初頭の新政策は，かかる統治枠組みを根幹から転換する試みだったが，漢部分に立脚した一元的統治への転換は清朝のよく為すところではなく，むしろ帝国統治自体の崩壊をもたらした．

　その課題は清朝統治を受け継いだ中華民国によって引き継がれるが，一方で，モンゴルやチベット，さらには満洲部分からの反発を惹起し，独立を志向する動きが生じたのである．モンゴルとチベットの独立運動は，いわば清朝の外藩部分の分離を意味したし，満洲においては，清代において支配エリートであった宗室や八旗官僚の一部による清朝再興，換言すれば特権階層の既得権回復運動としての性格を帯びていた．ロシアや日本の進出は，かかる清朝統治の解体過程に外部から関与し，利用したものとみることができるだろう．一方で，特に外藩におけるモンゴルやチベットがそうであるように，外藩が清朝治下で独自の統治区分を形成したことが，近代に入ってから近代的民族としてのモンゴル民族やチベット民族が形成される淵源となったということができるだろう．

〔岡　洋樹〕

▶ 文　献

石橋崇雄（0000）：大清帝国，講談社．
岡　洋樹（1997）：清代ハルハ＝モンゴルの教訓書の一側面——プレヴジャヴ布告文を中心に．内陸アジア史研究，No.12, 23-45.
岡　洋樹（2001）：乾隆期中葉ハルハ・モンゴルにおける漢人旅蒙商の商業活動．山田勝芳編：東北アジアにおける交易拠点の比較研究，東北アジア研究センター叢書第1号，東北アジア研究センター，pp.17-33.
岡　洋樹（2007）：清代モンゴル盟旗制度の研究，東方書店．
楠木賢道（1999）：清初，入関前におけるハン・皇帝とホルチン部首長層の婚姻関係．内陸アジア史研究，No.14, 45-63.
杉山清彦（2007）：大清帝国の政治空間と支配秩序—八旗制下の政治社会・序論—，大阪市立大学東洋史論叢別冊特集号，245-270.
達力扎布（2003）：明清蒙古史論稿，民族出版社，北京．
田山　茂（1954）：清代における蒙古の社会制度，文京書院，東京．
定宜庄（1992）：清代八旗駐防制度研究，天津古籍出版社，天津．
杜家驥（2003）：清朝満蒙聯姻研究，人民出版社，北京．
任桂淳（1993）：清朝八旗駐防，生活・読書・新知三聯書店，北京．
萩原　守（2006）：清代モンゴルの裁判と裁判文書，創文社．
李燕光・関　捷主編（1991）：満族通史，遼寧民族出版社，瀋陽．
劉　潞（1998）：清代皇権与中外文化　満漢融合与中西交流的時代，商務印書館，香港．

## II 歴史環境

# 第5章

# 近代化と社会主義

## 5.1 社会主義時代のシベリア・極東

### 5.1.1 ロシア革命後のシベリア・極東と内戦

　帝政末期のストルィピン改革が行われた時期を中心に，シベリア鉄道が開通したこともあって，1906～1914年にシベリアへ300万人の農民が移住し，そのうち250万人が定住した．その3分の2は西シベリア，しかも大部分の150万人がトムスク地方に居住地を定めている．この西シベリアではバター産業が発達し，1917年にはデンマークにつぐ第2の輸出国となる原動力になった．

　ロシアという国家にとって辺境のシベリアは「柔らかい金（毛皮）」，「硬い金（金属）」をもたらす土地であったが，20世紀初頭のシベリアは「クリームの金（バター）」をもたらす重要な土地となったのである．第1次世界大戦時の1914～17年にヨーロッパロシアでは人口が減少したのに対し，戦火を逃れてシベリアへ流入した人々は，戦争で失われた13万人のシベリア出身者の減少を埋める役割を果たした．この期間にその人口は85万人以上増加した．ロシア革命が勃発したとき，シベリア，極東には1070万人が居住していたが，全体的に人口は農村部に偏り，人口の0.2%だけが工場労働者で全国工業生産額のわずか2%を生産するにとどまっていた．

　1917年2月の二月革命後，1918年にかけてシベリアではシベリア地方の独立を求める運動が活発に展開され，トムスク大学のポターニンが名誉議長をつとめていた人民集会は1917年6月にシベリアをシベリア合衆国という自治国家にするという決定を採択し，シベリア・ドゥーマ（議会）という統治権力を打ち立て，国旗も定めた．彼らが対抗していた臨時政府は，シベリアの知識人が長年要求していた地方自治制度（ゼムストヴォ）を同じ時期に認めるが，この導入はヨーロッパロシアに比べて半世紀以上も遅れており，これがシベリア知識人の独立志向を強める原因でもあった．十月革命後の1918年1月，シベリア州ドゥーマはヤクシェフを議長に非合法に会合を開き，デルベルを首班に臨時シベリア自治政府を樹立した．

　一方で二月革命後シベリア各地に結成されていた労働者，兵士などによるソヴィエト組織は1917年10月にイルクーツクで全シベリアソヴィエト大会を開催し，シベリアソヴィエト中央執行委員会（ツェントロシビリ）を選出したが，直後のボリシェヴィキによる権力奪取を支持し，シベリアがソヴィエト政権に統合されていく過程で重要な役割を果たした．彼らはシベリア自治という考えを小ブルジョア主義的で反動的な考えとして退けた．

　ところが第1次世界大戦でオーストリア・ハンガリー軍部隊の一部として徴兵されながら，独立を目指してロシア軍に投降し，シベリア経由で帰

## 5.1 社会主義時代のシベリア・極東

図5.1

国途上にあったチェコスロヴァキア軍団が1918年5月に反乱し，それが先の臨時シベリア自治政府や帝政の復活を求める白衛派と結びつくことで各都市を次々に支配下におさめていった．ソヴィエト政権は東シベリアの数都市を維持するのに精一杯であった．

臨時シベリア自治政府は1918年6月に「シベリア国家の独立に関する宣言」を採択し，反ソヴィエト政権の立場から軍の補充を進めた．この政府は反ボリシェヴィキの立場からなる寄り合い所帯であったが，次第に最も右翼的な勢力が中心を占め，シベリア州ドゥーマを解散，1918年11月，コルチャーク提督が「ロシア最高統治者」として権力を握るに至った．

社会主義者の中でもエスエル（社会主義者革命家党）の右派やロシア共産党メンシェヴィキの右派はこの政権に協力した．コルチャーク政権は，チェコスロヴァキア軍団の救援目的でシベリアに出兵した日米を中心とする列強の支持も受けてボリシェヴィキ政権を脅かした．ところが約1年後1919年10月からボリシェヴィキの赤軍は反攻を開始して東進し，各都市を支配下におさめていった．コルチャークはオムスクからイルクーツクへ逃亡，現地で捕らえられ銃殺された．こうして1920年3月までに赤軍はザバイカル地方の手前まで勢力範囲におさめた．メンシェヴィキやエスエルはボリシェヴィキによって1920年春までにシベリアのほぼ全域で活動を禁止された．

1918年12月にロシア共産党シベリアビューローを率いることになったスミルノフが，ボリシェヴィキのシベリア対策の中心人物であった．彼は1919年8月，シブレフコム（シベリア革命委員会）をつくりそのリーダーとなるが，これはモスクワとの密接な政治関係を維持しつつモスク

ワの意思を広大なシベリアの中で実現していったシベリアの最高執行機関であった．シブレフコムの管轄範囲はアルタイ，エニセイ，イルクーツク，オムスク，セミパラチンスク，トムスク県，ヤクーツク州に及んだ．

1921年シブレフコムはノヴォニコラエフスクに本拠地を移し1925年12月まで活動したが，シベリアのソヴィエト政府として民生，軍事活動のあらゆる問題に関与し，内政・外交，新政府への敵対者との戦い，社会政策の実施などにも携わった．

帝政時代から知識人が抱いていたシベリア独立の夢は最終的に断たれた．シベリア独立運動グループはヤクシェフらのグループがプラハ，サゾーノフらのグループが上海の亡命先で1930年代まで活動を続けていくことになる．

### 5.1.2 極東共和国とロシアとの合併

ザバイカルの手前まで赤軍を進出させたボリシェヴィキ政府は，さらに東進して日本との直接の衝突を避けるべく，緩衝国家として1920年4月6日にヴェルフネウディンスク（現ウラン・ウデ，後にチタへ移転）を首都に，極東共和国を創設した．その首相に就任したのは，ウクライナ出身のユダヤ人で，アメリカで労働運動に従事していたクラスノシチョーコフである．極東共和国にはブリヤート，チタ地方，アムール地方，ハバロフスク地方，沿海地方，サハリンを含み，人口は100万のロシア人，50万のウクライナ人など200万人を数えていた．

1922年10月に日本軍がシベリア本土から撤退すると，極東共和国は11月にロシア連邦へ統合され，同年末には他の共和国と合体してソ連（ソヴィエト社会主義共和国連邦）が誕生することになる．極東共和国が存在していた地域にはブリヤート人が居住していたが，同地に1923年5月ブリヤートモンゴル自治ソヴィエト社会主義共和国が設立されることになった．

ブリヤートと似たような経過をたどったのはヤクーチア（ソ連崩壊後，民族の自称であるサハと呼ばれる）である．帝政時代には革命家そのほかが流刑に処された．ヤクーチアの中心都市ヤクーツクの権力は1919年12月赤軍の手に移り，1921年10月にはヤクーチアの郡，郷の革命委員会の大会が開かれロシア連邦の枠内でヤクーチアの自治を宣言した．ところがそれは先住民族や白衛派の武装反乱を苛酷に弾圧する中で実行され，1922年2月にヤクーチア自治ソヴィエト社会主義共和国の成立が宣言された．当時の人口は30万で80％が現地住民ヤクート人で占められていた．ボリシェヴィキ政権に反対する反乱は1922年6月に最終的に鎮圧されるまで続いた．

### 5.1.3 ネップ時代のシベリア・極東

1918年後半から内戦を戦うために導入された政策を戦時共産主義というが，農民反乱やクロンシュタット水兵の反乱を契機に1921年春レーニンはこれを停止し，資本主義的要素を取り入れた新経済政策，通称ネップ（NEP）の導入を決定する．シベリアでも抵抗は強く，1921年1月に西シベリアでは6万にものぼる農民が，トボリスクやクラスノヤルスクを含む諸都市で蜂起し，3カ月間で約5000人のボリシェヴィキが犠牲になった．内戦を戦うためヨーロッパロシアへ食料を供給すべく1920年から22年にかけて，人口の6％しか占めていない西シベリアから少なくとも4分の1の穀物を徴発したことへの強い抵抗の表れであった．この強制的な穀物徴発が原因となった飢饉も発生した．新経済政策がシベリアで根づくには時間がかかった．

行政面でシベリアは1925年，ノヴォニコラエフスクを中心にシベリア地方として一体化された．そこに入ることになったのは帝政時代のアルタイ県，エニセイ県，イルクーツク県，ノヴォニコラエフスク県，オムスク県，トムスク県である．そして行政は州・管区・地区・村ソヴィエトという垂直的体系に統合された．

1925年12月にシベリア地方第1回ソヴィエト大会が開催され，1919年に非常機関として設置

されていたシブレフコムの最後の議長ラシェーヴィチが報告した．この大会でノヴォニコラエフスクはノヴォシビルスクへと名称を変更され，執行機関としてシベリア執行委員会が選出された．議長にはエイヘが選ばれ彼は1929年までつとめた後，シベリア地方共産党第1書記，すなわちシベリアの党組織のトップに就任した．彼の前に1926〜29年にこのポストを占めていたのはスィルツォフで，彼はその後ロシア連邦のソヴナルコム（人民委員会議，すなわち閣僚会議）の議長に就任する．シベリア地方ソヴィエト大会は2年に1回，1927年4月に第2回，1929年4月に第3回大会が開催された．この1920年代末までシベリアにおける統治には決定とそれを実行に移す上で相当程度の自由があった．

先の「クリームの金＝バター」に次いで，ネップ時代のシベリアは確実な食料であり，外貨を稼ぐ主柱であった「乾いた金（穀物）」をもたらす土地となった．1926年にシベリアは1925年に比べて穀物生産が半分以上も増加し，ソ連全体に流れだした．春蒔きコムギが主たる生産物だが，生産の頂点に達したこの年，ソ連のコムギ輸出の35％，全穀物の輸出額の23％を占めていた．ところがこの幸運は長続きせず，1928年1月段階で全国の収穫は前年の71％，シベリアでは半分に落ち込み，穀物の調達危機が訪れ，ソ連の農業政策にとって大きな転換点となる．

### 5.1.4　スターリン時代のシベリア・極東

#### a. シベリアにおける農業集団化

この1920年代末までにほぼ独裁的な権力を手中にしていたソ連共産党書記長スターリンは，事態を重視し1928年1月，彼の人生で最後となる農村への訪問を，シベリアを視察することで実行した．そして導入が決定されたのが「ウラル・シベリア方式」として知られ，戦時共産主義時代を想起させる，穀物の割当徴発制度，および農業集団化政策である．

---

**Column……5　冬のアムール川**

この写真（口絵11も参照）は，ハバロフスク近郊の冬のアムール川を写したものである．アムール川は中露国境を流れ，シルカ川，アルグン川が合流する地点からの本流の距離は2824キロ，水源からならば4000キロ以上にも及ぶ大河である．流域面積185.5万平方キロはシベリアの三大河川レナ，エニセイ，オビ川に次いでロシア第4位，世界でも10位に位置する．河口まで約1000キロのハバロフスクにおける川の雄大さが写真からも見て取れるが，冬になると川は流れてきた氷に覆われ，釣りの愛好家はドリルを持参，穴をあけて釣り糸を垂らす光景がいたるところで見られることになる．　〔寺山恭輔〕

市場原理を重視したネップ時代の農業政策に決別するこの政策に反対する農民にはクラーク（富農）というレッテルが貼られ，銃殺や遠隔地への強制的な移住策がとられた．強制的な移住地として1930～31年にかけてエニセイ川下流のツルハンスク，オビ川中流のナルィムへ約30万人が追放された．ソ連のほかの農民と同じくシベリアの農民も家畜を集団農場に強制的にとりあげられることを嫌い，自分たちで処分，すなわち屠殺を始めたため家畜の数は激減し，西シベリアで有力であった酪農産業は衰退していった．

　スターリンがシベリアを訪問した際の応対で好ましい印象を与え，既述のとおりロシア連邦ソヴナルコム議長に就任していたスィルツォフは，スターリンの強制的な穀物徴発，集団化政策を鋭く批判したため解任され，その後1937年に逮捕，銃殺された．一方で，1930年に東西に分割されたシベリア地方のうち，ノヴォシビルスクを中心とする西シベリア地方（東シベリアの中心はイルクーツク）の党組織のトップにとどまり，スターリンの政策を忠実に実行していたかに思えたエイヘは，1937年にソ連農業人民委員に任命された後，当時の党幹部の多くと同様，1938年に逮捕され1940年に処刑されている．

**b. シベリアにおける工業化**

　1929年からはソ連経済の重工業化を目指す第1次5ヵ年計画が開始された．ウラルのマグニトゴルスクとともにシベリアで中心となったのは，西シベリアのクズバス（クズネツク盆地）のスターリンスク（1961年からはノヴォクズネックと変名）における鉄鋼コンビナートであった．両者の距離は2250 km離れ，ウラルの鉄鉱石とクズバスのコークス炭をお互いに利用して製鉄基地を築くことを目的としていた．

　スターリンスクプラントは第1次5ヵ年計画時のシベリアへの投資の44％，第2次5ヵ年計画でも25％を占めていた．これに付随して石炭生産も増大し，クズバス炭田はウクライナのドンバスについでソ連でも第2位の地位を占めるようになった．コークス炭はケメロヴォのコークス化学産業の資源を提供し，硫酸，肥料，染料，プラスチックの生産をもたらした．石炭を利用した火力発電所はシベリア全体で1928～37年の間に10倍も発電量を増やした．

　一方でシベリアは金，亜鉛，タングステン，モリブデンなどヨーロッパロシアで産出されない貴金属を生産することで国家に貢献していた．1940年までにシベリア，極東はソ連の金の大部分，錫の95％，タングステンの80％，モリブデンの70％，蛍石と雲母のほぼ全量を産出するまでになった．

　極東では1929年に張学良が試みた中東鉄道奪取の試みを，ブリュッヘル司令官が指揮する極東軍が打ち砕いて権益の維持を続けたが，1931年に満洲事変が勃発し，翌1932年に「満洲国」が建国されると，日本との戦争に備えて国防の最前線として要塞化が進められることになる．1932年にはウラジオストックが極東艦隊，後の太平洋艦隊の母港として復活した．以後，ソ連時代を通じて同港は外国人立ち入り禁止区域となるが，そのベールがはずされるのはソ連崩壊後となる．それにかわって貿易港としての役割を果たしていたのがナホトカである．

　1932年にタイガが切り開かれて建設が進められたのが，ハバロフスク北方のナナイ人が住むタイガに位置し，アムール川に臨む都市コムソモリスクナアムーレであった．「満洲国」との国境から離れた奥地に極東における飛行機，潜水艦を含む軍需物資の生産基地として構想され，ほかのプラント同様に多数の若者が送り込まれた．ソ連が崩壊するまでこの都市の実態は秘密のベールに覆われていたのはウラジオストック同様である．

　極東地方のマガダンなどで金の採掘などに従事し，ソ連共産党中央委員会に直属する特別トラストとして1931年11月に設置された「ダリストロイ」はハバロフスク地方とヤクーチア自治共和国にまたがる250万 km$^2$もの広大な地域に拡がる．コムソモリスクナアムーレ同様，囚人労働を利用していたが，その数は1940年に20万人に達したものの，戦間期にその数は終戦前の1945年7月段階では8万5000人へ減少していた．たとえば

1939年には約67トンの金を産出し外貨獲得のために貢献している．1950年段階で労働に従事していた30万人のうち17万人が囚人で，残りの13万人の自由労働者のうち約8万人は元囚人などが占めていた．錫鉱山が発見されて1937年から採掘が開始され戦間期は戦略的重要性が増大した．1957年にダリストロイは解散されるが，金・錫採掘への電力供給のため戦後ビリビノに原子力発電所が建設される．

コムソモリスクナアムーレと同様，満洲との国境を走るシベリア鉄道が日本との戦争で奪取されることに備えて，バイカル湖の北部と極東地方北部を接続すべく建設の検討が始められたのがバイカル・アムール鉄道（通称バム）である．その建設にも囚人労働が利用されたが，当初は依然として単線であったザバイカル地方のシベリア鉄道の複線化作業に一部の人的資源が集中的に投入された．

計画立案から作業開始まであまりの短期間で始められたバム建設事業は，第2次世界大戦後に綿密な地質調査が行われ，1975年からは1930年代と同様，ソ連全土で青年に建設協力を求めるキャンペーンを実施して大々的に建設が進められた．全線が開通したのはソ連崩壊後のことになる．記憶しておくべきは第2次世界大戦後，違法に抑留された60万人ともいわれる日本軍兵士らも，ドイツ軍捕虜などとともにこのバム建設をはじめとするさまざまなプロジェクトに労働力として利用されたということである．

ロシア帝政時代にもシベリアは流刑地として有名だったが，ソ連時代，特にスターリンの統治時代には帝政時代をはるかにしのぐ規模で収容所網は拡大していった．

### 5.1.5 第2次世界大戦とシベリア

ナチス・ドイツの侵攻により独ソ戦争が始まると1500以上の工場がウラル以東に疎開した．西

---

**Column……6　シベリア鉄道**

世界最長のシベリア鉄道はヨーロッパロシア部とシベリア，極東地方を結ぶため1891年に建設が始まった．最後のロシア皇帝となるニコライ二世が皇太子のときにウラジオストックでの起工式に立ち会うついでに日本に立ち寄り，大津を見物中に巡査に切りつけられたことでも有名である．大国ロシアが大陸を横断し，日本の間近にまで鉄道を伸ばすというプランは近代化を進めていた日本にも大きな影響を与えた．日露戦争の際にバイカル湖南部の難工事を進め，満洲事変後には満洲北部の単線区間を複線にするなど日本と因縁浅からぬ鉄道である．スエズ運河経由によらず日欧間の貨物輸送時間の短縮，ロシアとの貿易拡大に向けて，日本もこの鉄道の効率向上に大きな関心を示している．〔寺山恭輔〕

シベリアには244，東シベリアには78の企業が疎開している．ドイツ軍がソ連最大の炭鉱ドンバスを占領すると，クズバスは石炭産出の中心地となり，クズネックも国の鋳鉄の3分の1，鋼鉄の4分の1を生産した．1940年と比較してヨーロッパロシアは工業生産が少なくとも25％減少したが，西シベリアでは3倍に，ほかのシベリア地域では2倍に増加した．機械製作と冶金の伸びは特に劇的で，1940～43年に11倍となり，軍需製品を含め34倍に跳ね上がった．しかし戦後は急激に落ち込み，1946～50年の資本投下の割合はどん底の9.6％へと落ち込んだ．もちろんヨーロッパロシアの戦災復興が優先されたためである．

戦後もスターリンによる無謀なプロジェクトが実行に移されている．1947年大極地鉄道の建設が決定された．これはペチョラ盆地からエニセイ川下流のノリリスク南部のイガルカまで極北を走る鉄道だが，5分の3が完成した時点でスターリンの死により，多数の犠牲者を出しただけで建設がストップした．

### 5.1.6 スターリン死後のシベリア・極東

石油生産地としてバクーとサハリンしか知らなかったソ連にはその後多数の燃料基地が発見されるが，その多くは戦後のことである．中でもシベリアに有力な生産地が集中している．

アカデミー会員の地質学者グープキンの予言したとおり，バクーの次に注目されるようになったのはヴォルガ・ウラル油田であり，戦間期から試掘が始まり1953年にソ連最大の油田地帯となった．西シベリアにおける油田の可能性を指摘していたのもグープキンだが，1953年に初めて天然ガス，翌54年に石油が発見されチュメニ州で商業油田が発見されたのは1959年である．

1960年代になるとオビ川中流域で約60の新油田が発見されたが，右岸のサモトロールは最大の産地となった．

石油パイプラインが引かれ，石油採掘に関連した各種産業が発展しスルグト，ニジネヴァルトフスクなどの都市が発展したが，中心都市はシベリア鉄道沿線に位置するチュメニである．1972年にはヴォルガ・ウラルに次いでソ連第2位に，77年には第1位に躍り出て現在はロシア全体の産出量の70％を占めるに至っている．

西シベリアは同時に天然ガスの主要な生産地でもあり，1960年代から70年代にかけてオビ川北部のザポリヤルノエ，ウレンゴイ，メドヴェージェ，ヤンブルク，ヤマル半島といった大ガス田が発見され，1970年代終わりから生産が開始され，現在ロシア全体の産出量の85％を占めている．このオビ北部と接続する鉄道がヴォルクタから北ウラルを越えて，サレハルトに近いラビトナンギ市まで，スルグトからはウレンゴイまで建設され，後者はさらにヤンブルグまで延長されようとしている．

国内の需要をまかなうばかりでなく，1970年代から80年代にかけてこれらのガス田から東ヨーロッパ諸国，西ヨーロッパ諸国に向けて長大なパイプラインが建設され，それぞれ社会主義陣営の結束の楔子，ハードカレンシー（米ドル，ユーロ，日本円など国際金融市場で他国の通貨との自由な交換が可能な通貨のことをさす）の獲得手段として大きな役割を果たした．ウレンゴイからだけでも西へ総延長2万kmの6本のパイプラインが引かれた．これらのガス採取中心地の近くには近代的諸都市が誕生している．このようなガス採取の急速な発展により原住民の伝統的な仕事が困難になっている．広大なトナカイ放牧地が輸送機械そのほかの通過後に永久に使用不能に陥り，作業に伴った汚染が進んでいる．

東シベリアでの石油，天然ガス開発はソ連時代にそれほど進んでいない．1954年にイルクーツク北西のオサで非商業量ながら最初の油田が発見され，62年にマルコボ油田が発見された．その後1989年クラスノヤルスクで東シベリア最大のユルブチェノ・タホモ油田が発見されるまでソ連時代に東シベリアの開発は進まなかった．21世紀に入って東シベリアの石油を東方に輸送するパイプラインのルートをめぐり日中間のつばぜり合いが続いているが，ヨーロッパ諸国に対するエネ

ルギー供給基地として西シベリアが確立していた地位を，アジア・太平洋地域に対して東シベリアが得るようになるかどうかは埋蔵量にもかかっているようだ．

一方，極東のサハリンでは19世紀末に石油が発見されていたが，1920年3月の尼港事件を機に日本が北部を占領して石油開発を進め，1925年の日ソ共同宣言により北部サハリンをソ連に返還した後も日本は約20年間石油開発利権を有し開発に従事した．ソ連側もヴォルガ・ウラル油田さえ発見されていない中で，バクー油田につぐ資源として注目していた．戦後もサハリン大陸棚で試掘が行われていたが，ソ連時代の末期に外国企業との合弁事業を認める法律が採択されたことから西側企業の関心が高まり，ソ連崩壊後も日本企業が参加しながら開発が進められ，いよいよ商業生産にこぎつけようとしている．

このような石油・天然ガス開発のためにソ連の輸出に占めるシベリア，極東の割合は1970年の18.6%から1985年の53%へと増大し，石油・ガス輸出だけに限るとシベリア，極東は87%を占めることになった．価格では4億8500万ドルから112億ドルへと増加し，うち西シベリアの石油，ガスの販売だけで97億ドルを稼いでおり，これはソ連が受けとる外貨の半分以上を占めていた．まさに「黒（石油）と青（天然ガス）の金」として現在のシベリアの豊かさの象徴となったといえる．

次に，地域ごとの開発の状況をみてみることにしよう．

オビ川の流れる西シベリアでは，石油，天然ガスが発見される前の戦前には，クズネツク盆地（クズバス）に大量に埋蔵されるエネルギー・コークス用石炭を利用してノヴォクズネツクでコンビナート建設が進められたことについてはすでに触れた．ケメロヴォ州南部では鉄鉱石も採掘され，産出されるコークス炭と鉄鉱石の結合でクズバスに大冶金工業基地，重機械工業が創設されている．クズバスの石炭を利用した化学工業の中心地がケメロヴォである．

西シベリア南部にはシベリア鉄道に沿って2つの100万都市ノヴォシビルスクとオムスクが存在する．オムスク同様に古い歴史を有するのがトムスクである．ともにオビ川北部から届く石油をもとに石油化学工業が発達している．旧ノヴォニコラエフスクから1925年に改名したノヴォシビルスクはシベリア鉄道建設の際に，19世紀末に生まれた新しい都市だが，各鉄道の結節点という地理的有利さのために急速に発達しシベリア最大の都市となった．シベリア最初の大学が19世紀末につくられたのはトムスクであったが，戦後のシベリア発展を支える学術拠点の役割を担わされたのがノヴォシビルスクであった．

1957年7月，ソ連科学アカデミーシベリア支部を設置することが閣議決定され，ノヴォシビルスクの郊外で学術研究都市アカデムゴロドクの建設が始められた．1956年の第20回ソ連共産党大会は，フルシチョフがスターリン批判を行った大会として知られているが，同時に彼は東部開発を大きな課題としてとりあげており，それがアカデムゴロドク建設と関連していた．フルシチョフはさらに1958年8月イルクーツクの農業専門家会議で東部開発に関する壮大な計画を発表し，それを1959～65年までの7ヵ年計画の中に取り入れた．投資総額2000億ルーブルのうちウラルを含む東部地方に約40%が投下されることになった．

革命前の移民が集中した西シベリアの森林ステップ，ステップ両地域は，土壌が黒土で1950～60年代の処女地や休閑地の開発期にも急激に開発が進められた．この西シベリア南部はロシアの主要穀物栽培地域の1つであり，春蒔きコムギが広大な農地で栽培されている．1975年の統計を例にとって播種面積を比較すると，西シベリアは約1893万ha，東シベリアは約762万ha，極東地方は約249万ha，計2905万haとソ連全体の7.5%を占めていた．中でも穀物生産，特にコムギ生産が1136万haと圧倒的な比率を占め，シベリア・極東地方はソ連全体の商品穀物の3分の1以上を生産していた．

エニセイ川，レナ川の流れる東シベリアは各種の有用鉱物，たとえばアルミニウム原料，各種非鉄金属鉱石，そのほかの鉱物を基盤に各種鉱業が発展したほか，金やダイヤモンドが採掘され，水

力資源を利用したエネルギー消費型の非鉄金属工業が発展した．水力発電所群はエニセイ川，バイカル湖から唯一流れだすアンガラ川で開発が進められた．水力発電所の建設も1950年代にフルシチョフにより実行に移されていった．アンガラ川の水力を利用したイルクーツク発電所が最初のもので，その後ブラーツク（450万kw時），ロシア最大のサヤン（650万kw時）大発電所が稼動してシベリア開発に電力を供給した．

エニセイ川北部，北緯70度付近に形成されたのが銅・ニッケル鉱を基盤としたノリリスクコンビナートである．この都市は1930年代初めに囚人労働を利用して開発が進められたことで有名である．エニセイ川の中心に位置し，工業中心地として東シベリア最大の都市となったのがクラスノヤルスクである．その南部に位置するサヤン水力発電所はアルミニウムや電機諸企業を有するミヌシンスク，貨車製造，大理石加工のアバカンを中心とするサヤン工業コンプレクスを形成している．一方，クラスノヤルスク地方中部にはカンスク，アチンスクで露天掘りにより褐炭が採掘されており，それをもとに燃料・エネルギーコンプレクスが形成された．

東シベリア南部に位置するイルクーツクは，バイカル湖から流れ出るアンガラ河岸に位置する東シベリア第2の都市である．世界の淡水の5分の1をたたえるバイカル湖は豊かで貴重な自然を有しているがゆえにその周囲における工業的利用には最大限の慎重さが求められるが，バイカル湖岸および流入する諸河川沿岸に紙・パルプ工場，化学工場が形成され湖の汚染が進んだ．そのためソ連時代の末期，ペレストロイカのグラースノスチ（情報公開）政策の流れの中でバイカル湖の保護運動が盛り上がりをみせた．

東シベリアの東北部全域を占めるのがサハ共和国であり，ソ連時代にはヤクーチアと呼ばれた．最大の文化・交通上の中心地はレナ川左岸に位置する首都ヤクーツクであり，周囲に工業諸企業が立地している．サハ共和国西部のヴィリュイ川流域で1950年代にダイヤモンドの産地が発見された．その採掘に従事する人々のためにつくられたのがミールヌイである．この地域はロシアのダイヤモンド生産のほぼ全量，99%を占めている．

アムール州，ハバロフスク地方を含む地域は中国との国境をなすアムール川沿いに拡がる地域でプリアムーリエと呼ばれる．山地で採掘される最も重要な鉱物は鉄鉱と金であり，ほかにも錫，鉛，亜鉛，銅，モリブデンなどの鉱石産地がある．また石炭と褐炭の産地があるほか，セメント工場として利用される石灰石の産出地が各地に存在する．アムール川に注ぐ大河川ゼーヤ川にはプリアムーリエで最初の大規模な水力発電所が建設された．プリアムーリエ最大の都市がハバロフスクで機械工業が発達している．また，アムール川のハバロフスク南部に1934年に設置されたのがユダヤ自治州（首都ビロビジャン）でユダヤ人の入植を進めたが，ユダヤ人にとってそれほど魅力的に映らなかったようで，1939年時点で10万8000人の住民のうちユダヤ人はわずか18%を占めるにとどまった．その後もユダヤ人人口は増えず，ペレストロイカ以降，イスラエルへ出国するユダヤ人が増加したためにその割合は減少した．極東にとって大きな意義をもつのは各種交通機関であり，運輸従事者の割合はロシアの他地域に比べて著しく高い．

1950年代の投資が11.3%であったのに対し，1960～65年にシベリア，極東は12.1%の投資を引き寄せた．1964年にブレジネフが権力を握った後，1966～70年の第8次5ヵ年計画にはさらに15.2%と1920年代と比肩するレベルにまで投資が増加した．

### 5.1.7 シベリア・極東と民族

帝政末期，シベリア・極東に居住するロシア人の割合は80%であったが，1920年代半ば以降，ソ連時代末期までほぼ95%程度で安定的に推移している．すなわちソ連時代のシベリア・極東には原住少数民族（もちろんほかの民族も含む）が約5%居住していたことになる．

十月革命後のソヴィエト政府によるロシア諸民

族の権利宣言によりシベリアの北方少数民族を管理していたヤサク体制が廃止された．ネップ期に経済が安定すると1924年に北方辺境民族援助委員会（通称北方委員会）が設置され，博愛的精神から診療所，学校などの「文化的拠点」を設置するなど重要な活動を行った．

毛皮は依然として重要な輸出商品で1924～29年にかけてソ連の全輸出額の10～15％を占めていた．そのために当局は毛皮と交換にさまざまな物品を購入できる交易制度をつくった．ブリヤート，ヤクート，アルタイなどを除き，シベリア先住遊牧民には1930年になっても読み書き能力がなかったが，北方委員会は初頭教育を現地語で実行する方針を立て，1931年を中心にローマ字による諸言語の筆記方法を制定した．

ところがスターリン体制が確立していく中で1937年を中心に筆記する文字がローマ字からキリル文字へと転換されていき，同時にソ連時代になってつくられたすべての非ロシア人学校で初年度からロシア語が必修授業として導入されることになった．博愛的精神で活動していた北方委員会の活動も当局が打ちだす強制的な法令とそぐわなくなり，1935年に解散された．啓蒙的な成果として重要なのは共同体住民の女性を解放したことで，1931年までにシベリアの自治共和国のすべてのソヴィエト代議員のうち4分の1を女性が占めるようになったこともそれを示している．

トナカイ遊牧をしている少数民族に対しても集団化が実行された．ヤクート，ブリヤートは1930年代後半までそれに頑強に抵抗し反対者は苛酷に弾圧されていたが，1930年代に導入されなかった少数民族地域でも戦後の1950年代以降，ほぼすべての場所で同様に集団化政策が進められた．シベリア，極東には中国人，朝鮮人も多数存在していた（たとえば1920年代半ば，ウラジオストック市内の20％は中国人）が満洲事変以降の極東情勢の緊迫化により，特に1930年代後半には日本のスパイになる可能性があるとみなされるようになり，朝鮮人の場合は1937年に中央アジアへ民族ごとに強制移住させられ，中国人は多数が北方の強制収容所へと送り込まれた．

シベリアの少数民族の中には1920年代に軍務に服する民族も一部あった（ブリヤート，アルタイ，ハカス）が，1930年代後半，国民皆兵という「神聖な義務」を遂行するため少数民族といえども例外なく徴兵されるようになった．彼らは狩猟生活などで身に着けた技能を狙撃兵，スキー部隊員として発揮し貢献した．一方で軍のために毛皮を確保し，西からシベリアへ疎開してきた住民のための食料を確保するために，毛皮獣の過剰狩猟やトナカイなどの過剰消費で原住民の生活は深刻な打撃も蒙った．戦争をはさんでいるにもかかわらず1939～59年の20年間に全国の人口は約13％増加していたが，シベリア少数民族に限ると一部（ブリヤート，ハンティ，ハカシ）を除いてほとんどが人口を減らしており（エヴェンは17％も減少），彼らの生活条件の劣悪さが想定される．

ソ連当局が戦前期にも増して強力に推進したシベリア・極東における大規模な開発は，先住少数民族の生活範囲で行われることが多く，大規模な森林伐採，土木工事により，森林やツンドラは広範囲にわたって荒らされた．西シベリアの石油，天然ガス開発に伴い湖や河川に大量の石油が漏出し，大規模な水力発電所により広範囲の森は水浸しとなったが，そもそも生活を破壊される原住民の意向を無視する形で行われ，彼らにはそれに見合った補償策がとられることはなかった．

〔寺山恭輔〕

▶ 文　献

木村英亮・山本　敏（1979）：ソ連現代史Ⅱ中央アジア・シベリア，山川出版社．

木村眞澄（2005）：石油大国ロシアの復活，アジア経済研究所．

A.V. ダリンスキー編，小俣利男訳（1997）：ロシア―ソ連解体後の地誌―，大明堂．

フォーシス著，森本和男訳（1998）：シベリア先住民の歴史 ロシアの北方アジア植民地1581-1990，彩流社．

Mote, Victor L.（1998）：*Siberia：Worlds Apart*, Boulder.

Л. Г. Олех（Olekh L. G.）（2005）：*История Сибири：учебное пособие*, изд. 2-е, Ростов-на-Дону, Новосибирск.

*История сталинского гулага. Конец 1920-х- первая половина 1950-х годов：Собрание документов в семи томах*, Москва, 2004. том3. экономика Гулага.

## 5.2 モンゴルの近代

### 5.2.1 モンゴル民族の分布状況

モンゴル民族は，モンゴル国（人口約250万人）に17部族が居住し，総人口の70％余りをハルハ族が占める．モンゴル国外では，ロシア領にカスピ海沿岸のカルムイク族（約20万人）やバイカル湖沿岸のブリヤート族（約50万人），中国領にフルンブイル（呼倫貝爾）を含む内モンゴル自治区（ダグール族約28万人，その他約400万人）や新疆ウイグル自治区（オイラート系諸族約16万人），さらに雲南省やチベット自治区にも居住する．

チンギス・ハーンを生んだ部族の系統は東部モンゴル人で，ハルハ族を中心に，北部のブリヤート族，バルガ族や南部のトゥメト族，チャハル族などに分かれる．これに対して西部モンゴル人はチンギス・ハーンに支配された部族で，自称「オイラート」，中国人は「額魯特」，ロシア人やムスリムは「カルムイク」と呼ぶ．

チンギス・ハーン帝国の崩壊後，15世紀明代に西部のオイラートと東部のタタールが対立し，1451年にエセンの統一によって一時は西部が優勢になったが，16世紀初めにダヤン・ハーンが，16世紀後半にはアルタン・ハーンが出た東部が優位に立った．しかし1636年に内モンゴルが清朝に帰属すると，東西モンゴル諸族間で和解の機運が起こり，1640年にハルハ・オイラート同盟が成立した．1652年には初代ジェプツンダンバ・ホトクトが共通の元首に推戴された．彼はハルハ左翼のトシェート・ハーンの弟であったために，清朝帰属以前のハルハ右翼（西部）では宗教的権威をもたなかったが，1924年まで8代にわたり外モンゴル，特にハルハの精神的首長となる．その後オイラートは1676年にガルダンによってジュンガル王国に統一されたが，ハルハでは西部ザサクト・ハーンと東部トシェート・ハーンの間で不和が生じ，1687年にハルハ・オイラート同盟は崩壊した．翌年ガルダン軍の侵攻を受けて，1691年の内外モンゴル王公会議でハルハの清朝帰属が決定した．1696年の康熙帝親征でガルダンが破れて，ハルハは完全に清朝の支配下に入った．

ジュンガル部の強大化で，17世紀前半にトルグートはヴォルガ沿岸に，ホショトは青海へ走った．ジュンガル王国滅亡後にヴォルガ沿岸のトルグートは「イリ帰牧」を遂げた．これが「旧トルグート」で，ヴォルガに走らなかったものは「新トルグート」と呼ばれる．新旧トルグートの対立は清朝支配下で一層増強され，1907年の「ホブド・アルタイ分治」で固定化される．ジュンガル王国に従ったトルベート，ホイト，チョロスとその支配を拒んだトルグート，ホショトとの間でも対立が生じた．このようなモンゴル民族内部の複雑な部族間の対立は，モンゴル民族解放運動に多くの困難な問題をもたらすことになる．

### 5.2.2 モンゴル民族解放運動

#### a. 清朝中国・帝政ロシアとモンゴル

清末のモンゴルでは「アムルサナー伝説」が流布していた．アムルサナーは，1753年にジュンガル王国のハーン位についたダワチに対抗した人物である．ダワチに敗れた彼を乾隆帝は1755年の出征で清北路軍副将軍に任命した．乾隆帝の親征でダワチが捕えられてジュンガル王国は滅亡したが，アムルサナーはオイラート・ハーン位を望んで清朝に反旗を翻した．彼の蜂起に呼応して各地で「反清独立武装闘争」が高揚した．1758年に「アムルサナーの乱」が鎮圧され，西部モンゴルおよび東トルキスタンの清朝帰属が確定した

**図 5.2** モンゴル民族居住分布図

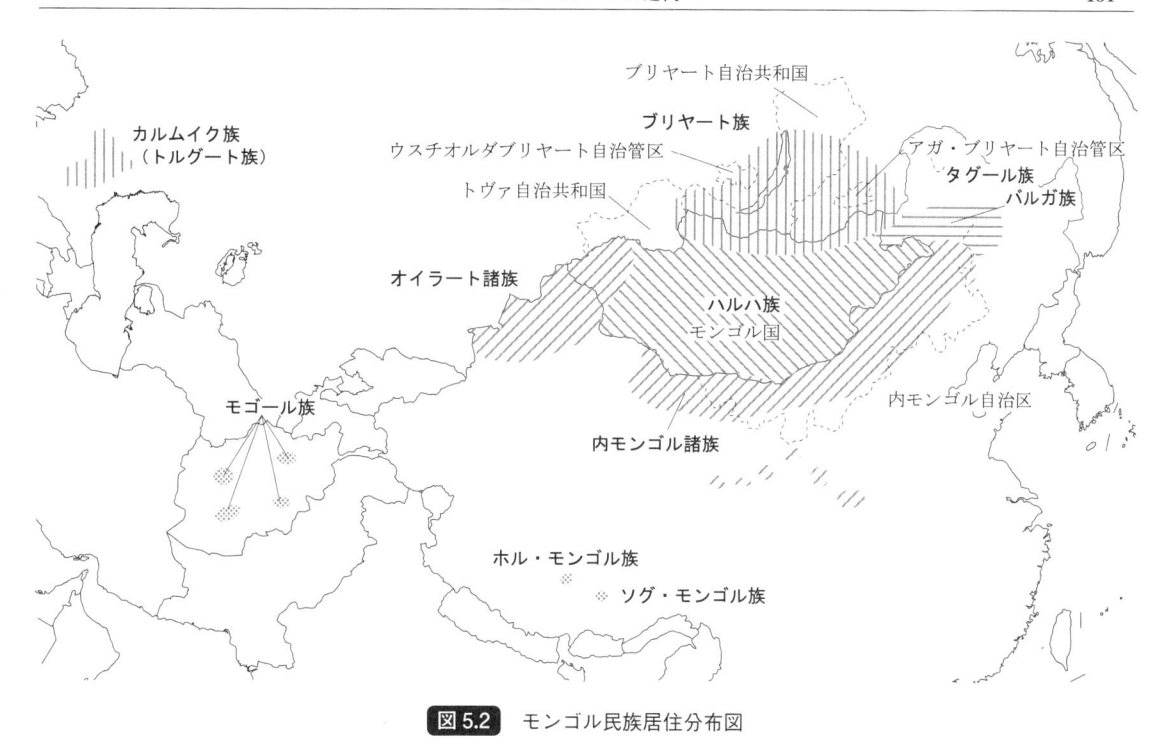

が，彼の名は反清独立武装闘争の英雄として語り継がれた．清朝の支配に不満を抱くモンゴル民衆が「アムルサナーの化身」を待望してやまなかった．

同じ頃，チベット仏教（いわゆるラマ教）徒の間では「シャンバラ伝説」が広まっていた．伝説の王国シャンバラの最後の王の化身が異教徒の支配から解放してくれるというものだが，イギリスやイスラムの進出を恐れるラマ教徒の間では救世主としてロシアに期待が高まっていた．ロシアは自国のラマ教徒を利用してモンゴル・チベット進出を謀った．チベットで活躍したブリヤート人ドルジィエフや借款で懐柔された内モンゴル・ハラチン王公オタイの話は有名である．これらの伝説は独立願望の素朴な表現にすぎないが，民族解放運動の土壌となりうるものであった．

清朝統治下でハルハは庫倫弁事大臣とウリヤスタイ定辺左副将軍に，西部モンゴルはホブド参賛大臣に統轄された．清朝は人口を補うためにヴォルガ沿岸のトルグート族のイリ帰牧を促したり，内モンゴル諸族や満洲諸族からなる八旗軍を駐屯させたりした．

ロシアは1860年の北京条約で1863年に庫倫に領事館を，1881年のペテルブルグ条約で新疆・外モンゴルでの領事館を設置後，ロシア商人の商業活動の自由を獲得した．特に日露戦争に敗れたロシアはモンゴル方面に本格的に進出し，ウリヤスタイとホブドにロシア領事館が1905年と1912年に開設された．20世紀初頭には北部のキャフタ，庫倫だけでなく，ホブド，ウリヤスタイ，ウランコムなど西部の都市にも常駐するようになった．

ロシアの進出に対して，清朝はラマ教優遇・牧畜保護・漢字漢文の禁制・婚姻政略などの伝統的モンゴル政策を変更し，1880年代から「殖民実辺策」を採用した．さらに「新政」施行で1906年に理藩院を理藩部に改組し，調査局と編纂局を付設してモンゴルの実情調査に着手した．1909年に着任した庫倫弁事大臣三多は官制改革と諸施設新設の費用を現地負担としたために住民の激しい反発を招き，1911年の第1次独立，すなわちボグド・ハーン制「モンゴル国」独立宣言の契機となった．

### b. 辛亥革命とモンゴル国独立宣言 (1911 年)

「植民実辺」策で内モンゴルでは漢人農民の大量流入が発生した．外モンゴルでは漢人高利貸商人が進出し，激しい反漢感情が高まった．さらに「新政」による重税に反対して各地で「ドゴイラン運動」が頻発した．これは不当な課税などを裁判に訴えたものだが，武装闘争に発展することが多かった．1903～18 年の西部ザサクト・ハーン部の平民アヨーシの運動は，1912 年以降は反封建・反帝国主義的性格を帯びていった．

内モンゴルでは東部および南部の王公の指導する反漢蜂起が続発した．トクトホは馬賊となって漢人を襲撃した．ハイサンは全モンゴル民族の統一独立国家建設を外モンゴル王公に訴えた．オタイはロシアに，グンサンノルブやバブージャブは日本に援助を求めたが，失敗した．外モンゴルではハンドドルジら親露派の王公・ラマが 1911 年 7 月に会議を開いて，ロシアに援助を求めて代表団を派遣した．このように 1911 年 10 月の辛亥革命前夜に独立運動は高揚しており，同年 12 月に第 8 代ジェプツンダンバ・ホトクトを元首とする君主制モンゴル国の独立が宣言された．これを「大モンゴル国」と記すものが多いが，1919 年のセミョーノフの「大モンゴル国」と混同してはいけない．

呼倫貝爾や内モンゴルも相次いで独立を宣言した．前者はいち早く庫倫政府への併合を申し出て，「先駆けの英雄」ダムディンスルンは外務副大臣に任命された．後者でも 8 割以上の旗が庫倫への統合を宣言した．1912 年 11 月にロシアと露蒙協定を締結してロシアの援助を得た庫倫政府軍はドロンノールまで進撃し，1913 年秋にモンゴル族の分布地域を解放した．だが同年 10 月の露中宣言によるロシアの援助うち切りで庫倫政府軍は外モンゴル領内まで引き上げざるをえなかった．1915 年 6 月のキャフタ協定で中国は「宗主権」が承認されたが，「自治」の名でロシア庇護下の「独立」を黙認せざるをえなかった．

西部モンゴルでは 1912 年春，抵抗姿勢を貫くホブド参賛大臣薄潤が 1000 人の兵でホブドの警備を固めていた．この頃現れた「アムルサナーの化身」ジャー・ラマは，モンゴル国への加盟を主張してホブド住民を説得した．彼は中国軍に宣戦布告し，1912 年 5 月に約 3000 人を動員してホブドを攻撃し，約 3 カ月の攻囲戦後，城塞が陥落した．

ボグド・ハーンから鎮国公の爵位と「勇猛な君主の活仏」の称号を授けられた彼は，西部辺境平定軍司令官に就任した．だがモンゴルの公式歴史書では「1912 年のホブド解放戦に参加しなかった」，「モンゴル人民の独立の脅威ある敵で，人民革命後はボドーの反革命的陰謀に共謀した外国のスパイ」とされ，1922 年末に暗殺される．

ジャー・ラマは，ピョートル大帝の「上からの改革」をモデルに近代化を図ったが，当時の内外情勢を十分考慮せずに実行に着手したために民衆の支持を失った．1914 年 2 月にロシア・コサック部隊がホブドに進駐して彼を逮捕し，諸改革はすべて中断された．

だが彼は 1918 年春にロシア革命で出獄し，夏にザサクト・ハーン部北部のセレンガ河畔に現れると，再び住民大衆に歓迎された．当時は中国がロシア革命に乗じて外モンゴルの回復を企て，9 月に中国軍が庫倫に進駐するなど情勢は緊迫の度を加えていたからである．

彼は庫倫と関係を結ぼうとしたが，対抗勢力とみなした庫倫政府は彼の逮捕を指示した．西部南端中蒙国境付近のマージン山に引き籠った彼は約 300 人の軍隊を編成して，独立小国の観を呈した．そして白軍とモンゴル・ソヴィエト連合軍の戦闘が続いている間，じっと様子をうかがっていた．

### c. ロシア革命とブリヤート民族革命家

1918 年当時は，第 1 次世界大戦後の「民族自決」の風潮とロシア革命のために，帝国主義列強の干渉や白軍による反革命的画策とも結びついて，在露モンゴル人の間で民族運動が活発化していた．ソヴィエト側にも「汎ラマ教主義」的傾向をもつ民族運動を世界革命の一環に位置づけて積極的に支援すべきだという主張があった．ラマ教は社会主義思想の受け皿にさえなった．外務人民委員チチェーリンは，仏教教義を通して社会主義を宣伝

した『仏教の基礎』の著者レーリヒを「半コムニスト・半仏教徒」と評した．

在露モンゴル人の間では「汎モンゴル主義」的運動も高揚した．特にブリヤートでは征服者ロシア人に対する反感が強く，解放運動が高まっていた．19世紀末にイルクーツク県在住ブリヤート人は90％以上が農耕に従事し，40％以上がロシア正教に改宗していたが，ザバイカル州では80％近くが牧畜業に従事し，ラマ教信者が90％を超えていた．東部ブリヤートが旧来の遊牧社会を保持したのに対し，西部で「ロシア化」の進展が顕著であったことが，東西対立を生み，問題を複雑にしていた．ロシア革命前夜には都市の資本家と労働者，農村の地主と農耕民，草原の聖俗封建領主層と遊牧民の階級対立が，ロシア人と「異民族」の民族対立と結合して，複雑な情勢を醸成していた．

1917年4月にチタで「ブリヤート民族委員会」が創設された．議長ダシ・サンピロンらが1919年のセミョーノフの「大モンゴル国」会議に出席したために，反革命組織とみなされたが，ブリヤート・ボリシェヴィキ指導者で「ブリヤート・モンゴル自治共和国」初代首相エルバノフらも同委員会に参加しており，決して反革命組織ではなかった．

セミョーノフの「大モンゴル国」で外務大臣に予定されたジャムツァラーノは，これを拒否した．彼はサンクトペテルブルグ大学やイルクーツク大学で教鞭をとったインテリで，モンゴル人民党第1次綱領草案を執筆した人物である．革命後は党中央委員，党中央統制委員会議長，国民大会議幹部会員などを歴任したが，1928年の第7回党大会で「右翼偏向」攻撃を受けて失脚，レニングラードへ追放，1937年8月に逮捕され，獄死する．

1920年3月にリンチノやダンビノフらの指導下で「ブリヤート民族革命委員会」が創設された．リンチノは1921年モンゴル人民党員，1930年全連邦共産党員となるが，1937年粛清される．その間，コミンテルン極東書記局モンゴル・チベット支部長，モンゴル軍事ソヴィエト議長，人民党中央委員・同議長，国民大会議幹部会員などを歴

図5.3 政府庁舎前のスフバートル像

任した後，ロシアに召還され，東方勤労者共産主義大学で教鞭をとり，ロシア赤軍勲章も受章されている．

1920年8月のコミンテルン第2回大会，9月のバクー第1回東方民族大会の流れを受けて，10月にチタが解放されると，ロシア共産党中央委員会政治局会議はブリヤート民族自治を支持し，極東共和国ブリヤート自治州創設要請を決議した．1921年2月に党中央委員会シベリア局は，ロシア連邦共和国ブリヤート自治州創設を決議した．前者は1921年11月に，後者は1922年1月に正式に成立した．

両ブリヤート・モンゴル自治州統合問題やハルハ・モンゴルとの統合問題は，やがて1923年12月にロシア国内での「ブリヤート・モンゴル自治共和国」創設という形で妥協が成立する．ハルハとの統合を主張した「ブリヤート民族革命委員会」は「狭隘なる民族主義者」と批判され，ジャムツァラーノ，リンチノらブリヤート民族革命家たちは活躍の舞台をハルハへと移すことになる．

### d. モンゴル人民革命（1921年）

1919年10月末に庫倫に到着した安徽派の徐樹錚は，武力威圧して翌年1月1日に自治撤回の式典を行った．「外蒙自治取消」を迎えて，ダンザン，スフバートルら「東庫倫グループ」とボドー，チョイバルサンら「ロシア領事館グループ」が1920年6月に合流して，「モンゴル人民党」が結成された．前者は下級官吏，後者はラマが多かった．

庫倫在住ロシア人革命家たちの仲介で、モンゴル革命家たちはソヴィエト政権とコミンテルンに接近した。1920年4月の極東共和国樹立後、6月にイルクーツクでロシア共産党中央委員会シベリア局に「東方人民部」が創設され、7月にボリソフがモンゴルにやってきた。彼の斡旋でモンゴル人民党代表団がイルクーツクを訪れた8月頃、東方人民部の下に「モンゴル・チベット支部」が設置されたが、「汎ラマ教主義」を想起させる。

人民党代表団が訪ソ中に、ウンゲルン白軍が攻撃を加えてきた。1921年2月に庫倫を占領したウンゲルンは、モンゴル人の歓心をかうために自治復活を宣言してボグド・ハーンの復位式を行った。他方でボルシェヴィキとユダヤ人を虐殺して恐怖時代を現出した。

白軍のモンゴル攻撃に直面して、スフバートルは2月頃から人民義勇軍の募集を始め、人民義勇軍は募兵を続けながら次第に攻勢に移り、3月18日にキャフタを解放した。

3月初めの人民党第1回大会で承認された第1次綱領は、モンゴル諸族の権利回復、将来のモンゴル人民の統一国家形成、当面の中国支配打倒と自治外モンゴル国家再興、外国の侵略に対する防衛手段として連邦制中国への加盟を拒否しないことなどを規定した。

7月8日の庫倫解放で西部は白軍にとって一層重要性を増した。それはハルハに対する西部モンゴル諸族の違和感を利用して反革命の拠点としうると考えられたからである。

白軍による西部支配の危険性に気づいた人民党政府は、西部モンゴル諸族に党政府の考えを宣伝して白軍を追放するために、隊長ハスバートルと党思想宣伝大臣ダムバドルジを西部に派遣した。彼らは1921年6月に「モンゴル人民党西部辺境政治局」をウランコムに設立した。ウランコムのトルベート族は、1912年の西部解放戦でもいち早くハルハへの統合に同意しており、ハルハに対して違和感が少なかったからである。

ウンゲルンが再建したボグド政府の軍事大臣マクサルジャブは、5月に西部モンゴル軍総司令官として派遣されたが、7月22日夜にウリヤスタイでウンゲルン軍部隊を襲撃し制圧した。人民義勇軍に参加した息子を通じてチョイバルサンと連絡をとり、党政府側へ接近した。彼は1905年および1911年にホブドで勤務したことがきっかけで1912年のホブド解放戦で功績をあげ、「不屈の英雄」の称号を授けられた。その後、内モンゴルで中国軍と戦い、1915年に東南辺境平定大臣に任命され、翌年にはババージャブ軍とも交戦した。1927～18年に西南部辺境へ、1919年にタンヌ・ウリヤンハイ平定大臣として西北辺境へ出征した。彼が党政府側に立ったことは、西部住民の支持を得るのに役立った。

7月末に「モンゴル西部辺境人民政府」を樹立した人民党は、首相にトルベート・ハンを選出して譲歩したが、副内務大臣にダムバドルジを配するなど、実権を握った。

9月にカイゴロドフ軍とカザンツェフ軍、バキチ軍がホブド付近に結集したが、10月17日から約1カ月半にわたるトルボ・ノールの戦いでソ蒙連合軍は白軍を国外に敗走させ、1922年春頃までに白軍の脅威はほとんど取り除かれた。それとともに静観するジャー・ラマが次に「反革命」勢力として排除されることになる。

### 5.2.3 コミンテルンとモンゴル

#### a. モンゴル人民共和国独立宣言（1924年）

1920年8月にコミンテルンはモンゴル革命家代表団と初めて公式協議を行った。外モンゴルを中国の一部とみなすソヴィエト政府にとって、外モンゴル援助は中ソ間の国際紛争を引き起こす可能性のある微妙な問題であった。コミンテルンは白軍の一掃とモンゴルの社会主義化を、ソヴィエト政府は中国との紛争を恐れてモンゴルの緩衝国化を目指すなど、コミンテルンとソヴィエト政府の間で対モンゴル政策に食い違いが生まれていた。

1921年8月にロシア人革命家の指導下に「モンゴル革命青年同盟」が結成された。人民党の指導に従わず、青年共産主義インターナショナルの

直接指導下に共産主義思想の普及を目指し，1922年のボドー粛清に積極的に関与するなど「極左」政策をとった．

1924年7～8月のコミンテルン第5回大会でロシア共産党内闘争が顕在化し，トロツキーら党内反主流派への攻撃を意図したスターリンによる「ボリシェヴィキ化」が採用され，「スターリン化」が始まった．この大会はモンゴルにも大きな影響を与えた．

1924年8月にコミンテルン東方部は「第1回モンゴル問題決議」を行い，人民党内に「右派」が発生したとし，革命青年同盟を「共産主義的」であると規定した．そして革命青年同盟を通して，コミンテルンの指導・介入が公然化されることになった．

1924年8～9月に人民党第3回大会が開かれた．党中央委員となったリンチノは「ダンザン弾劾演説」を行って「右派」を粛清し，「非資本主義発展の道」による社会主義建設と国外モンゴル諸族の解放運動支援による「民族統一国家」建設の同時追求を宣言した．

大会で選出された「左派」のダムバドルジ指導部は，1924年3月の国家元首ボグドの死去により，制限君主制を廃止して共和制を目指し，同年11月の第1回国民大会議で「人民共和国」を宣言する．また翌1925年3月の党中央委員会で党名を「人民党」から「人民革命党」へと改称し，革命青年同盟をその指導下におくことを決定する．

1924年10月にモンゴル駐在コミンテルン執行委員会初代代表ルイスクロフが着任した．カザフ出身の彼は，1920年に「民族共和国」と「民族共産党」の創設を提案し，「全原住民の利益の一体性」を主張して，トルキスタン中央執行委員会への全権力委譲，ムスリム軍部隊創設などを要求した．同年7月のコミンテルン第2回大会や9月のバクー東方諸民族大会でも「社会主義と民族主義の矛盾」が噴出していた．ところがその後彼は1920～21年に大きな誤りを犯し，国際的任務を過小評価したと自己批判したことで，1921～22年に民族問題人民委員代理として復帰，24年にはコミンテルン東方部次長に就任した．

モンゴル着任の挨拶で彼は，1924年5月の「中ソ協定」でソ連が「外モンゴルに対する中国の主権」を承認した（帝政ロシアでさえ承認したのは「宗主権」にすぎない）にもかかわらず，コミンテルンは「モンゴルの独立」を願望していると述べて，モンゴル人の歓心をかおうとした．だが他方でモンゴル人民党にコミンテルンへの忠誠を要求した．

彼は着任1カ月後にモンゴル情勢に関する長大な報告書を書いたが，その中で，青年同盟の「極左」的誤りを指摘し，リンチノ，ダムバドルジら人民党「左派」を高く評価し，ツェレンドルジら「中間派」に理解を示したこと，内モンゴルや呼倫貝爾の問題でジャムツァラーノ，リンチノら「民族派」と衝突したことなどを記している．この衝突のために，1925年3月の人民革命党中央委員会幹部会は，ルイスクロフとリンチノ両者の更迭とロシア召還を要請する決議を行うに至る．

**b． 内モンゴル人民革命党の創設（1925年）**

ルイスクロフとリンチノの最大の対立点は「内モンゴル人民革命党」問題にあった．当時コミンテルンは，1924年1月の中国国民党第1回全国代表大会で採用された「国共合作」方式で中国革命を推進していた．内モンゴル各地の「モンゴル人民革命党支部」が統合され，1925年10月に張家口で中国軍閥馮玉祥の庇護下に内モンゴル人民革命党創立大会が開かれる．コミンテルンはこの党を別名「内蒙古国民党」と称し，モンゴル民族解放運動を国共合作に利用しようとした．馮玉祥と協定を結び，ウランバートルに国民党駐在代表部を設置して，内外両モンゴル人民革命党の直接的結びつきを抑え込もうとした．

両者の対立原因は，コミンテルンの「大国」，「大民族」中心政策やヨーロッパ革命および中国革命に対する評価の相違による．リンチノだけでなく，独仏訪問から帰ったばかりのダムバドルジも「欧米人の富強が東方民族の生き血を吸うことによるものであるから，東方被抑圧民族の革命に対する欧米人の援助は必ずしも期待できない」とみてい

た．ここには，コミンテルンに対するアジア被抑圧民族出身のコムニストたち，たとえば，タタールのスルタン・ガリエフや，インドのM.N.ロイらの批判と共通するものがある．

コミンテルン東方部長ヴォイチンスキーは1925年7月の人民革命党中央委員会幹部会で仲裁を試みたが，ルイスクロフ更迭が確認された．同時にリンチノ召還と後任代表アマガエフ，内モンゴル人民革命党の独立委員会化を承認した．

1925年8月にコミンテルン東方部はモンゴル問題について決議を行い，「大モンゴルという方針の有害さと危険性を特に強調せよ」と指示するなど，モンゴル人民革命党に対する警戒心を強め，指導を一層強化するに至った．1925年8月に赴任したアマガエフは，9月の演説で人民革命党の民族政策に言及し，「ほかのモンゴル族の意向を考慮しないで全モンゴル族を統一するのは適当でない」として，その民族統一国家建設方針を非難した．これは，内モンゴル人やブリヤート人が早い時期からハルハに対して「民族解放運動への援助とハルハへの統合」を訴えつづけてきた歴史的事実に反する．ロシア革命によって民族解放を得たブリヤートにさえ民族自決を許さない大国主義の利害が反映されている．

すでに1925年9月の第4回党大会で，漢人によるジョソト，西トメト両盟の全域，ジョーウダ盟の8割，ジュリム盟の7割の占領やウランチャブ，イヘジョー，呼倫貝爾での県設置，土着王公の賦役による人民の窮乏化を内モンゴル代表が報告した．1923年冬と24年夏に呼倫貝爾出身者数名が入党し，党や軍の学校に入学した．「モンゴル人民党東方部」と呼ばれたこのグループには福明泰（ボヤンゲレル），郭道甫（メルセー）らがいた．1924年秋にオルドス出身の席尼喇嘛ら15人がウランバートルの党学校で学んだ．ジョソト出身者には白雲梯や金永昌（アルタンオチル），李丹山（マンダルト）らがいた．

1926年1月のダムバドルジの情勢報告を受けて，コミンテルンは「第2回モンゴル問題決議」を行った．このときもコミンテルンとダムバドルジ指導部の対立点は内モンゴル人民革命党への支援問題だけであった．ルイスクロフの更迭事件を契機に，コミンテルンとモンゴル人民革命党の関係は転換期を迎えた．社会主義建設と民族解放運動の両課題を矛盾させることなく追求しようとしたリンチノの主張は，ルイスクロフ自身が高く評価した「左派」のダムバドルジ指導部に継承された．しかし民族統一国家建設を追及する彼らは，その主体性ゆえにコミンテルンの手で，皮肉にも「右派」として排除される．

### c. モンゴル人民革命党の「偏向」(1927～1932年)

ダムバドルジ政権の国内政策は，通貨改革や協同組合運動育成，課税と僧侶の階層分化によるラマ教弱体化政策などを通して社会主義建設の基盤をつくることであった．その外交政策は「開放」政策をとり，当時は外国人が滞在して経済活動を行うことが可能であった．欧米先進文化を高く評価し，1926年5月に文部大臣自ら引率して10代のモンゴル人35人を独仏へ派遣した（ダムバドルジの失脚で1929年夏までに全員呼び戻される）．1927年秋に第6回党大会を傍聴したA.R.ストロングは「ヨーロッパ教育を求めるのはロビンソン・クルーソーのような生活をしないため，ほかの世界と共通の言葉を話すことができるようにするためで，学ばなければ滅亡する」と文部大臣が答えたと紹介している．

ダムバドルジらはリンチノらの影響を受けた「民族派」であり，ソ連の「新経済政策」の理論的指導者ブハーリンらの影響を受けた「穏健派」革命家でもあった．だが1927年4月の蒋介石の反共クーデターで「国共合作」が崩壊し，同年12月の第15回ソ連共産党大会でブハーリンら「穏健派」が攻撃され失脚すると，コミンテルンも「左傾化」し，中国共産党にもモンゴル人民革命党にも「極左」路線が強制されるに至った．

1927年8月上旬に「内モンゴル人民革命党ウランバートル特別会議」が開かれた．内モンゴル代表40人とモスクワ留学生らが参加し，アマガエフが「左派」と中共を，ダムバドルジが「右派」を支持したために「1カ月余りにわたる激烈な闘

争」が展開された．

　当時モンゴル人民革命党はタンヌ・ウリヤンハイの帰属問題でもソ連と対立を深めていた．1913年からロシアの保護下にあったタンヌ・ウリヤンハイで 1924 年 8 月に革命が起こり，「トヴァ人民共和国」が樹立されたが，革命後に「トヴァ人民革命党」が結成されるなど不可解な点が多く，当初から傀儡説が強かった．モンゴル人民革命党内では，既得権を維持しようとするソ連を「赤い帝国主義」とみる見解が流布していた．

　1928 年 10 ～ 12 月の第 7 回党大会は「右翼偏向」是正大会と規定される．スターリンの片腕シュメラリを長とするコミンテルン代表団が 1 カ月も前に到着し，ダムバドルジら「右派」打倒のための干渉工作を展開した．ダムバドルジ指導部が失脚し，新委員長に選出されたゲンデンは，1930年の第 8 回党大会で，ソ連をモデルに私有財産の廃止と即座の社会主義建設を提起し，財産没収と集団化を強行した．遊牧から定住・農耕化への強制的転換や民衆の信仰心の侮辱など行政的命令的「上からの革命」は一般民衆の激しい反発を招き，生産意欲喪失による家畜数の激減と反政府運動を誘発，各地で大反乱が起きた．

　1931 年 9 月の満洲事変を受けて，コミンテルンは翌年 5 月の「第 3 回モンゴル問題決議」で「左翼偏向」是正を勧告した．人民革命党は「左派」を追放し，「新転換政策」を採用した．そのスローガン「豊かになろう」はダムバドルジの政策と同じものであった．

　1934 年にスターリンと会談して，ラマの一掃と内務省創設を指示されて拒否したゲンデンは，ソ連を「赤い帝国主義」と呼んだために，1937年にチョイバルサンの手で逮捕，処刑された．初代内務大臣チョイバルサンは 1937 ～ 39 年に党政府の指導者を次々と処刑し，1940 年の第 10 回党大会までに，革命当初から共に闘ってきた同志はすべて姿を消す．

　人民革命党の「右翼偏向」とそれに続く「左翼偏向」は，スターリン指導下のソ連およびコミンテルンによる内政干渉でつくりだされたもので，モンゴルは多くの有能な指導者を失うとともに，

**図 5.4**　モンゴル国立大学前のチョイバルサン像

チョイバルサン独裁下でソ連の「衛星国化」が一層進むことになる．

### d.　内モンゴル自治区の成立（1947 年）

　内モンゴル人民革命党の運動は，第 1 次国共合作の崩壊と極左冒険主義的蜂起の失敗などで行き詰まる．1932 年の「満洲国」成立で東西に分断された内モンゴル民族運動は「高度自治」運動の形で展開される．呼倫貝爾で 1932 年 3 月に興安省が設置され，漢人入植禁止と旧制度維持の懐柔策で，モンゴル民族，特に支配層には日本が救世主とみえた．それで旧内モンゴル人民革命党員の多くが満洲国官吏となって高度自治を追求する．

　西部内モンゴルでも徳王（デムチクドンロブ）が高度自治を要求した．その背景には，外モンゴル独立運動や日本による扇動，開墾へのモンゴル人民の反対，モンゴル王公の不安，国民党政府の分割支配と懐柔策へのモンゴル知識青年の不満があった．1934 年 4 月「蒙古地方自治政務委員会」（百霊廟蒙政会），37 年 12 月「蒙古連盟自治政府」，39 年 4 月「蒙疆連合委員会」を経て，9 月に「蒙古連合自治政府」（主席徳王）が組織された．ノモンハン事件に敗れた日本軍には反共の砦としての蒙疆の役割が大きくなり，金井章次ら日本人顧問が実権を握ったため，日本に期待した内モンゴル民衆の間で急速に反日感情が高まった．

　1945 年 8 月の日本軍降伏で，内モンゴルでは一時的に権力の空白状態が生まれた．ソ連軍とともに進攻した人民共和国軍は「内外の兄弟の統一

表 5.1　モンゴル近代史略年表

|  |  |
|---|---|
| 1911年 | モンゴル国独立宣言 |
| 1915年 | 外蒙自治 |
| 1919年 | 外蒙自治取り消し，コミンテルン結成，セミョーノフ「大モンゴル国」建国運動 |
| 1920年 | モンゴル人民党結成 |
| 1921年 | モンゴル人民革命，モンゴル革命青年同盟結成，トヴァ人民共和国分離独立 |
| 1922年 | ボドー ら粛清，ジャー・ラマ暗殺 |
| 1923年 | ブリヤート・モンゴル自治共和国成立 |
| 1924年 | 人民党第3回大会，ダンザンら粛清，モンゴル人民共和国宣言 |
| 1925年 | 人民革命党に改称，第1回モンゴル問題決議，内モンゴル人民革命党創立 |
| 1926年 | 第2回モンゴル問題決議 |
| 1927年 | 人民革命党第6回大会，右翼偏向 |
| 1928年 | 人民革命党第7回大会でダムバドルジら失脚，ゲンデン指導部選出 |
| 1930年 | 人民革命党第8回大会，左翼偏向 |
| 1932年 | 強制的集団化反対の大暴動，第3回モンゴル問題決議，新転換政策 |
| 1936年 | ソ蒙相互援助協定 |
| 1937年 | 内務大臣チョイバルサン，ゲンデンらの大粛清開始 |
| 1939年 | ノモンハン事件，蒙古連合自治政府（主席徳王） |
| 1944年 | ソ連のトヴァ併合（トヴァ自治州） |
| 1945年 | ヤルタ協定，中ソ覚書，内蒙古自治運動連合会 |
| 1947年 | 内蒙古自治区成立 |
| 1952年 | チョイバルサン死去，ツェデンバル指導部選出 |
| 1972年 | 日本モンゴル国交樹立 |
| 1990年 | モンゴル民主党結成，人民革命党の一党独裁放棄 |
| 1992年 | 新憲法施行，「モンゴル国」正式成立 |
| 1993年 | 野党統一候補オチルバト大統領当選 |
| 1996年 | 第2回総選挙で民主連合勝利，粛清追悼記念館開設 |
| 1997年 | 人民革命党候補バガバンディ大統領当選 |
| 1998年 | モンゴル民主化の星ゾリック暗殺 |
| 2000年 | 第3回総選挙で人民革命党勝利 |
| 2004年 | 第4回総選挙で与野党議席伯仲 |
| 2005年 | 人民革命党候補エンフバヤル大統領当選 |
| 2008年 | 第5回総選挙で人民革命党勝利するも暴動発生，民主党との大連立政権発足 |
| 2009年 | 民主党候補エルベグドルジ大統領当選，人民革命党との大連立政権維持 |

国家建設」をスローガンとして呼びかけ，内モンゴル人民も「弟が兄を迎えるような気持ちで外モンゴル軍を歓迎」した．

1945年8月樹立の「内蒙古人民解放委員会」は内モンゴル人民革命党再興と独立国家樹立を目指し，多くの満洲国官吏が参加した．46年1月の「東蒙古人民代表会議」は自治政府（主席ボヤンマド）と自治軍結成を決議し，人民共和国に統合を申し出たが断られた．その理由は，1945年2月のヤルタ協定の「外モンゴルの現状維持」と8月の中ソ覚書の「人民投票によって」「外モンゴルの独立を現在の境界内において承認する」規定にある．10月のモンゴル国民投票で反対票ゼロで独立が承認されると，国民党政府も46年1月に独立を承認した．トヴァ人民共和国が1944年10月にソ連に併合されるのをみたモンゴル人民革命党は，ソ連の圧力を恐れて現在の境界内での独立に甘んじた．

1945年11月の「西蒙古人民代表会議」はウランフ（烏蘭夫）を主席とする「内蒙古自治運動連合会」を結成した．ウランフは「共産主義の申し子」という意味で，土黙特旗の農家に生まれた民族名をもたない漢化したモンゴル人であった．1925～29年にモスクワ孫中山共産主義大学で学び，井岡山革命根拠地が建設された1929年夏に帰国した彼は，帰途ウランバートルでアマガエフと会って「中共西蒙工作委員会3人小組」を組織した．

1946年4月の「東西内蒙古代表者会議」は東蒙自治政府の「連合会東蒙総分会」への改組，蒙漢雑居区域での「蒙漢分治」，モンゴル自治軍の八路軍への統合，主席ウランフと副主席ボヤンマドなどを決定した．1947年4月の「内蒙古自治連合会第1回拡大執行委員会」でウランフは「内蒙古人民自治政府」と「高度自治」実現，蒙漢人民の団結と国民党の大漢民族主義反対を訴えた．4月の「内蒙人民代表大会」は，「孫中山の主張と政治協商会議の精神」に依拠した「高度区域自治の地方民主連合政府」を宣言した．こうして5月1日に「内蒙古自治政府」（主席ウランフ）が成立する．同時に中共内蒙古地区委員会は根強い呼倫貝爾独立傾向を危険視し，12月に「反政府運動」を摘発，1948年1月には「呼倫貝爾地方自治」を取り消した．1949年10月の中華人民共和国成立後，「内蒙古自治区」形成の経験は「民

族区域自治」のモデルとして高く評価されるようになる.

### 5.2.4 民主化運動とモンゴル国再興（1992年）

1989年の冷戦終結とソ連解体によってモンゴル民主化運動が進展し，民族意識も高揚し，ソ連離れが進む．12月にゾリックを長とする「モンゴル民主同盟」が「シネチレル（ペレストロイカ）」と民主化を要求して，初めて反政府デモを行った．民主同盟には学生，作家ら知識人が結集した．「モンゴル民主化の星」ゾリックは27歳の大学院生であったが，次期首相を期待された1998年10月2日に虐殺され，いまだに犯人が逮捕されていない．1990年2月に初の野党「モンゴル民主党」が組織され，諸政党が続々と誕生する．

1990年3月の党中央委員会で全政治局員が辞職し，オチルバトら4人の新政治局員が選出された．国民大会議（議長オチルバト）は一党独裁の放棄，複数政党制の新憲法を採択，新選挙法を承認した．7月の第1回総選挙で小選挙区制の国民大会議（定数430）は人民革命党が8割を占め，比例代表制の国民小会議（定数50）は野党が約4割の票を得た．9月の国民大会議で初の大統領選挙が行われ，人民革命党のオチルバト人民大会議議長が選ばれた．新首相ビャムバスレンは国営企業の民営化を手始めに市場経済化に着手した．

1991年4月にツェデンバル元書記長がソ連で死去した．親ソ派の彼は1952年チョイバルサン死去で首相に就任し，1974年国民大会議議長，79年国防会議議長を兼務して党・国家・軍を掌握したが，1984年に解任された．彼の死は新生モンゴルの象徴であった．

1992年2月発効の新憲法で，マルクス・レーニン主義の放棄，「モンゴル国」への国名変更（1912年の「モンゴル国」再興），大統領の直接選挙制，一院制議会，私有財産・市場経済の保障などが規定された．1992年の総選挙（定数76）で人民革命党が71人を占めたが，1993年の大統領選挙では野党統一候補となったオチルバトが再選された．

**図5.5** モンゴル民主化の星ゾリック像（口絵32）

人民革命党が初めて下野したことで民主連合政府は急速な民主化を推進しようとしたが，少数与党のために改革は混乱続きであった．物資不足と激しいインフレに襲われ，政治腐敗も次々と暴露され，改革の鈍化と経済の混乱で国民大衆は民主改革に対する情熱が薄れた．1996年の第2回総選挙で民主連合が国民大会議で多数派を占めたが，1997年の大統領選挙では人民革命党のバガバンディが勝利した．2000年の第3回選挙で人民革命党が圧勝し，2001年の大統領選挙でバガバンディが再選され，議会も大統領も人民革命党が権力を握った．民主化熱が一段落し，高いインフレに苦しむ国民が現実路線を選択した．

人民革命党の抵抗で民主化のテンポは緩和されたが，もはや民主化の波を押しとどめることはできず，国家中央アルヒーフ史料館や党アルヒーフ史料館の公開が始まり，粛清者の名誉回復が急務となった．民主連合政権は大粛清開始の1937年9月10日を記念して「政治粛清被害者追悼記念日」を制定し，93年10月に「粛清追悼記念館」創設を決定した．粛清された元首相ゲンデンの執務室兼住居を記念館とし，96年9月10日に開館した．初代館長はゲンデンの娘ツェレンドラムであった（2003年8月病死）．記念館創設の目的は，共産主義独裁期にスパイの汚名を着せられて殺された人々の名誉回復と歴史的真実の正しい理解，人権・自由尊重精神の育成にある．2000年9月10日にエンフバヤル人民革命党党首は初めて正

式に謝罪し，1990年から10年間に3万人の名誉が回復された．

2000年12月に野党5党が合流して新「民主党」（党首ドルリグジャブ）を結成した．2001年9月から「国民の声を聞こう」運動を実施し，2004年の総選挙では与野党が議席伯仲となった．2005年の大統領選挙では人民革命党候補エンフバヤルが当選した．

民主化以降4回の総選挙では毎回政権交代が行われるなど，不安定な政治状況が続いてきた．2008年6月の第5回総選挙では人民革命党が過半数を獲得したが，開票結果をめぐって暴動が起こるなど一時混乱を極めたため，人民革命党と民主党との水面下での協議により，両党による大連立政権が発足した．2009年6月の大統領選挙では，民主党が推薦するエルベグドルジ元首相が当選したが，バヤル人民革命党党首を首相とする大連立政権が維持され，現在に至っている．

モンゴル国は現在なお多くの難問を抱えながらも着実に民主国家の建設を進めている．

〔生駒雅則〕

▶ 文　献

生駒雅則（2004）：モンゴル民族の近現代史，東洋書店．
磯野富士子（1974）：モンゴル革命，中央公論社．
金岡秀郎（2000）：モンゴルを知るための60章，明石書店．
小貫雅男（1993）：世界現代史4 モンゴル現代史，山川出版社．
史料集（モンゴル語版）（1994）：コミンテルンとモンゴル，ウランバートル．
小長谷有紀編著（1997）：アジア読本 モンゴル，河出書房新社．
田中克彦（1974, 1990）：草原の革命家たち，中央公論社．
Ts. バトバヤル著，芦村 京・田中克彦訳（2002）：モンゴル現代史，明石書店．
松川 節（1998）：図説モンゴル歴史紀行，河出書房新社．
モンゴル科学アカデミー著，二木博史ほか訳（1988）：モンゴル史，全2巻，恒文社．
和光大学モンゴル学術調査団（1999）：変容するモンゴル世界，新幹社．

# 5.3 日本の満洲・内モンゴル支配

## 5.3.1 満洲・内モンゴルの変化

### a. 20世紀初頭，日本と満洲・内モンゴル

20世紀初頭，日露戦争（1904〜1905年）以降，ポーツマス条約などにより，日本は遼東半島（後の関東州）の租借権や東清鉄道南満支線の経営権を取得し，1906年，国策会社である南満洲鉄道株式会社（満鉄）を大連に設立し，中国東北地域への足がかりを築いた．さらに第1次世界大戦開始以降，日本は中国に対して21カ条要求（1915年）をつきつけ，本格的に「満洲・東部内蒙古」への経済的進出を図ろうとする．1931年9月，日本は「満洲事変」（九・一八事変）により，中国東北地域（現在の遼寧，吉林，黒竜江省地域）や内モンゴル東部地域（現在の中国内モンゴル自治区の東部）を占領し，そこへ「満洲国」を設立し，1945年まで支配下に置いた．また，1930年代後半より1945年まで，日本の影響力のもと内モンゴル西部地域には蒙古聯盟自治政府（蒙古聯合自治政府）が設立された．

このように日本は近現代史の中で，満洲・内モンゴルと深いかかわりをもった．それではこれら「満洲」や内モンゴルとは地理的にどのような地域を指し，どのような歴史的背景をもっていたのだろうか．まず，満洲とはもともと地域名ではなく民族名を指すことばであった．幾度かの変遷を経て20世紀初頭にはヨーロッパ人，日本人は，東三省（奉天，吉林，黒竜江）地域を「満洲」と認識するようになる（中見, 1993）．また，内モンゴルとは，早くから清朝に帰属したゴビ砂漠南部のモンゴル人居住地域を指すが，基本的に現在の中国内モンゴル自治区の領域に継承されている（図5.7）（フフバートル, 1999）．

これら満洲や内モンゴルには，満洲，モンゴル，漢，朝鮮，ロシアなど多様な民族が居住し，そこで人々は農耕，狩猟，遊牧などさまざまな生活を営んでいた．17世紀以降，清朝は民族や地域ごとに異なる支配体制をしいたため，20世紀初頭までにこれらの地域には，皇産（清朝皇帝の私的な財産），蒙地（モンゴルの盟旗の地域），公有地，一般民有地など，支配体制の異なる土地が存在していた．皇産とは，清朝が故地である東三省地域に設けた各種官荘地や三陵付属地，封禁地を指す．清朝時代，これらの土地は，各官衙に属した官員や荘頭によって管理され，その下で壮丁や佃戸が耕作に従事していた．清朝時代これら各種官荘の収入は清朝皇帝の私的な財産となっていた（江夏, 1995）．また，蒙地とはモンゴル人が居住する盟旗（行政制度）の地域を指し，ここでジャサク（旗の長）や総管などが旗内の行政を統括していた．

清朝時代，これら三陵付属地や封禁地，蒙地などでは「封禁政策」により，漢人の移住や開墾が禁止・規制されていた．しかしながら，土地の支配権をもつ旗人やモンゴル人王公などの有力者は，これらの地域に漢人農民を入植させ，その結果，開墾地が拡大していった．モンゴルの各旗では旗内に地局を設置して，漢人から蒙租を徴収し

**図5.6** 内モンゴル・ノモンハン付近（筆者撮影）
かつて日本は，ノモンハン事件において，ソ連・内モンゴル連合軍と戦った．現地には「ノモンハン博物館」もある．撮影地は内モンゴル自治区フルンボイル市シン・バルガ左旗ノモンハン・ブルド付近（中国とモンゴル国との国境あたり）．

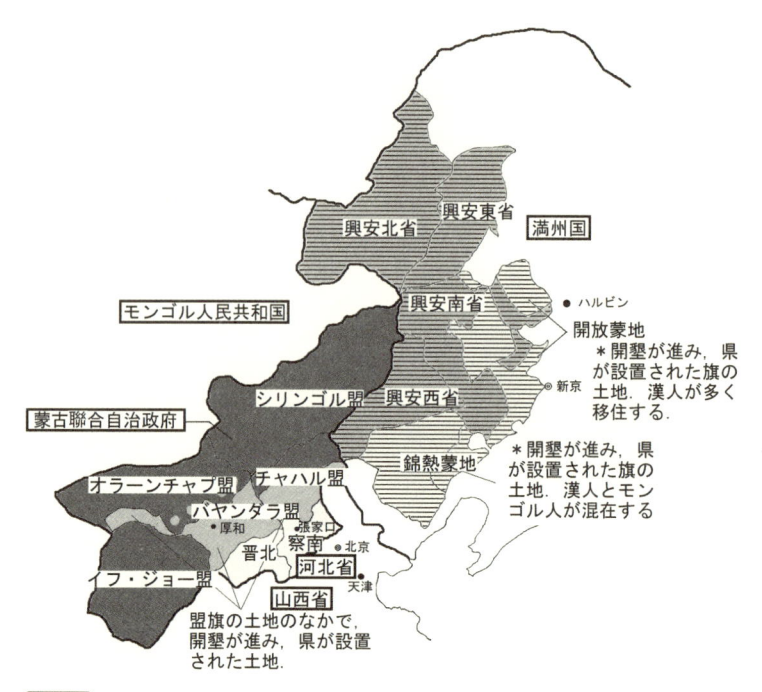

**図 5.7** 1930年代後半における蒙古聯合自治政府と満洲国興安省（筆者作成）

**図 5.8** グンサンノロブ像（筆者撮影）
清朝末から民国時期にかけてもっとも著名な王公．像が置かれているのは、内モンゴル自治区赤峰市ハラチン旗にのこるハラチン右旗王府前．

**図 5.9** ハラチン右旗王府（筆者撮影）
モンゴル王公グンサンノロブの領地に建てられている．当時の様子を色濃く残しており、モンゴル王公の王府を知る上で重要な遺構．現在は観光地となっている．

ていたが，漢人入植者が増大するにつれて，各旗の内部に漢人農民を統括するため県が置かれることになった（図5.10）．このように内モンゴルの各地では旗の内部に県が設置されたことにより，旗と県の二重統治の状況が生みだされつつあった．

19世紀後半以降，列強の侵略にさらされた清朝は，これまでの藩部（モンゴル，チベット，新疆）に対する政策を転換して，中央集権化を推し進めていった．たとえば清朝はモンゴル地域に対して，これまでの優遇政策を取り消し，軍事的・財政的見地から開墾事業を推進し，漢人を入植させていった．こうした措置に対し，外モンゴルでは王公や有力者らが反発を強めてゆくのである．

b. 辛亥革命と満洲・モンゴル

1911年の辛亥革命により，清朝は崩壊の道へ進み，新たに中華民国が成立する．しかしながら政府中央では政権をめぐる覇権争いが続き，また中国各地でも地方勢力間の争いが生じていた．さらに外モンゴルの支配者層は辛亥革命前後，「中国」から独立を宣言し，ボグドハーン政権が樹立した．その後，ロシア，ボグドハーン政権，中国の協議によりキャフタ協定（1915年）が締結され，外モンゴルの「自治」は認められたが，内モンゴルは中華民国の版図にとどめられた．

こうした動きの中で中華民国は，「蒙古優待条例」や「皇室優待条例」を提示し，旧清朝皇帝やモンゴル人王公に対して優遇措置を示し，彼らの帰順を図ろうとした．清朝崩壊を受けて，宣統帝溥儀は退位するものの，現有資産（皇産）は保証されることになる．また，モンゴル人王公は旧来の世襲爵位や俸禄が保障されることになり，清朝時代と同じく，旗内における特権を保持しつづけた．このように清朝崩壊以降も，旧清朝皇室やモンゴル人王公などの権益は，ある程度保護されることとなったが，少しずつ実権を失っていった．

その動きの一環として，1914年中華民国北京政府は内モンゴルに3特別区（チャハル，熱河，綏遠）を設置した．また，東三省（奉天，吉林，黒竜江）の各地方政権は，財源確保のために，領域内部や周辺地域における開墾事業や，土地制度の統一を推進していった．たとえば1910年代，奉天省督軍兼奉天省長の張作霖は東三省全体を支配し，内戦を経て1927年北京政府の実権を握っていた．さらに，こうした動きと並行して奉天省政府は，省内の皇産を「官有地」とみなして民間へ払い下げ，莫大な利益を手にしていた．これにくわえ，奉天省政府は，隣接する内モンゴル東部地域における開墾事業を推進してゆくとともに，内モンゴルの各旗に設置された県を，奉天省の実権下に組み込もうとしていた．これと同様の動きは，吉林省・黒竜江省でもみられ，蒙地や皇産の解体が進められていった．以上のような中国東北地域の地方政権の活動は，漢人とモンゴル人，旗と県との軋轢を生みだし，さらに内モンゴル各地

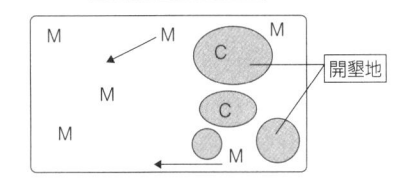

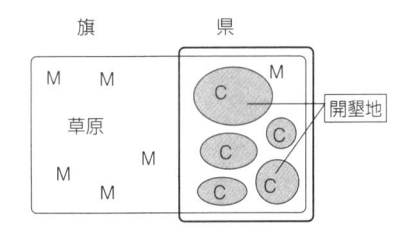

**図 5.10** モンゴルの旗における県の設置過程（筆者作成）
Mはモンゴル人，Cは入植漢人を示す．

において反開墾運動が生じるきっかけとなった．

1928年，国民政府は分裂状態にあった中国の統一を達成するとともに，内モンゴルの3特別区を3省（チャハル，熱河，綏遠）に改編する．この際，盟はそのまま存続し，省と並存する二重統治の方式がとられたが，次第に省の権限が強まってゆく．これら省の設置や過度な開墾はモンゴル人にとって，制度的に漢人社会に組み込まれることを意味した．このように20世紀初頭，清朝崩壊，中華民国成立とともに，中国東北地域や内モンゴル東部地域における満洲・モンゴル人は大きな政治的・社会経済的変動の中におかれた．

一方，日本は中国東北地域や内モンゴル東部地域へ進出する中で，劣勢な立場にあった旧清朝皇帝やモンゴル王公の動向をつかみ，その上で彼らとの接触を図ってゆく．また，日本は，東三省の実力者である張作霖を支援することで，中国東北における自らの権益を確保しようとしていたが，次第に両者の関係は悪化していった．こうした状況の中で1928年6月，関東軍は張作霖爆殺事件を引き起こした．これに対し，張作霖の息子，張学良は国民政府合流を表明し，日本に対する対抗姿勢を強めた（西村，1996）．

## 5.3.2 日本の「満洲国」建国

1931年9月18日，関東軍は「満洲事変」を起こし，満鉄沿線の主要都市を占領する．これに対し，張学良は蒋介石の「安内攘外」を受けて東北地域から撤退した．その後も中国東北各地で関東軍と現地軍の戦闘が繰り広げられたが，これと同時に日本側は建国工作を立案し，現地勢力を取り込んでゆこうとする．

まず，関東軍は同22日，「満蒙問題解決策案」を策定し，その方針として，「我国ノ支持ヲ受ケ東北四省及蒙古ヲ領域トセル宣統帝ヲ頭首トスル支那政権ヲ樹立シ在満蒙各種民族ノ楽土タラシム」ことを掲げた．これと同時に日本は政権樹立工作を進めてゆき，東三省の有力者（満洲人・漢人・モンゴル人）に対して「満洲国」参加を働きかけた．その結果，東三省においてこれまで張学良と関係が良好でなかった人物や，日本との距離が近かった人物，清朝との距離が人脈的・血縁的に近かった人物などが，満洲国参加に応じた（浜口，1996）．

また，関東軍は，内モンゴル東部地域のモンゴル人有力者に対しても接触を図っていた．満洲事変に際して，日本に留学していたモンゴル人青年や現地の知識人・学生は内モンゴル独立軍（のちに内モンゴル自治軍に改編）を結成し，関東軍に協力していた．さらに関東軍はモンゴル人王公・貴族などに対する工作を進め，モンゴル人の土地の保護や自治を約束することにより，彼らの満洲国参加をとりつけた．このように現地の有力者——漢人，満洲，モンゴル人——が日本に「協力」した背景には，先にみたような中華民国時代における満洲，モンゴル人の不利な立場や，張学良政権下で不遇な立場に置かれた人物の存在があった．また，関東軍側も十分現地の状況を把握しており，こうした人物を取り込むことで，地域社会を掌握しようとしていた．

1932年2月，関東軍は幕僚会議において建国工作を進めてゆき，臧式毅，熙洽，馬占山，湯玉麟，モンゴルの王公・有力者であるチメドセムピル，凌陞などを委員に任命して東北行政委員会を組織させ，18日に国民政府からの離脱を宣言させた．同年3月1日，日本は東三省と内モンゴル東部地域（ジリム盟，ジョーオダ盟の一部，フルンボイル，ブトハ各地域）に「満洲国」（首都，新京）を樹立し，中央政府機構と地方組織の整備を進めていった．満洲国政府は各省に省公署を設置し，さらに省の下には県・旗を置き，漢，満洲，モンゴル人の有力者を高級官僚や省長に任命していった．また1933年春，関東軍は熱河省を占領し，その支配下におさめたが，これらの地域は漢人とモンゴル人が混住して暮らす地域でもあった．

満洲国においてモンゴル人は「五族協和」の一員とされたが，日本側は満洲国建国に協力的であったモンゴル人に対して，特別な統治政策を採用する．まず，建国と同時に，モンゴル人統治機関として中央（新京）に興安局（後に興安総署，蒙政部に改編される）を設置し，モンゴル人（モンゴル系の人々）が居住するジリム盟，ジョーオダ盟の一部，フルンボイル地域，ブトハ地域に興安省を設置する．新設の興安省には各分省が所属し，その内部に旧来からの旗が所属していた．

さらに満洲国政府は，当分のあいだ統治のために，これまで旗を統治してきた世襲王公を用いるとし，興安局や省公署の高級官吏・旗長にも，旧王公が採用された．これに加え，満洲国建国に協力した内モンゴル独立軍のメンバーや有力者なども，旗長や満洲国官吏として登用されてゆく．このように伝統的な盟旗制度の中で世襲王公以外の人物が旗の長に就任することは，極めて異例のことであった．

また，満洲国政府は1932年，「旗地保全ニ関スル令」を公布し，モンゴルの土地の開墾を禁止していた．さらに1937年以降，満洲国政府はモンゴル側の要望に応え，モンゴル側の権限を一部拡大し，行政機関として新たに「蒙政部」を設立する．こうして日本の統治の中で内モンゴル東部社会は少しずつ変化を迎えてゆくことになる．

## 5.3.3 満洲国の土地政策と地域社会

### a. 満洲国の土地制度

満洲事変以降，関東軍は建国工作とともに経済開発を進めるために，殖産，交通，移民，商業，金融にかかわる「満蒙開発方策」（1931年12月）を策定していた．これをもとに1932年初頭より，満鉄経済調査会は満洲国のあらゆる分野に関する経済統制の立案を行った．ここでは満洲国の土地政策を中心にみてゆくことにしたい．当時，満鉄経済調査会は中国東北各地の旧慣や，国民政府土地法（1930年）をモデルとして，暫定的な「土地法」を策定する．1933年以降，関東軍はこれらを引き継ぎ，土地制度案の確立を行った．1935年より，関東軍の計画をもとに，満洲国政府は，満洲国の土地政策として「地籍整理事業」を実施して，満洲国内の土地権利関係を整理し，土地所有権の明確化を図ろうとする．これら土地制度の確立は，国内のあらゆる事業とかかわりをもち，満洲国政府が中央集権化を進めてゆく中で，非常に重要な意味を持っていた．

土地制度の確立に際して，まず満洲国政府が意識したのは，日本の地租改正や植民地において実施した土地政策である．すでに日本は，1910年代までに台湾や朝鮮における支配体制確立のため土地調査事業に着手していた．また，日露戦争後，日本は，ロシアの権益を引き継いで関東州を租借地とし，朝鮮や台湾における土地調査事業をもとに土地調査事業を実施していた．このように日本は植民地や租借地において，まず旧慣調査や土地権利関係の整理を行ったうえで，「近代的土地所有権」を確立しようとしていた．

1930年代の中国東北地域や内モンゴルでは，清朝時代の統治政策や伝統的慣習が展開していたが，そこへさらに，民国時代に地方政権の法令などが施行されるなど，重層的な統治機構が存在していた．満洲国政府は，清朝時代の慣習や民国時代の土地制度などをそのまま継承したが，国内の土地面積や土地制度，土地権利関係を正確に把握していたわけではなかった．しかし実際は，満洲国内の各省・県・旗では異なる税体系や制度が存在しており，これらを統合し，国家のシステムに組み込むことが，満洲国にとって重要な課題となっていた．

ここで満洲国における土地制度について概観すれば，前述したように1930年代初頭の段階でさえ，慣習や制度が異なる皇産，蒙地，公有地，国有地，一般民有地などの土地が存在していた．かつて清朝時代には，皇産や蒙地では封禁政策がとられていたが，次第に清朝の許可の下，漢人入植が進められ，開墾が広く行われるようになった．

これらの土地において漢人入植者は土地を耕作する権利を手に入れることはできたが，完全な「土地所有権」を得ることはできなかった．その上，清末から民国時代にかけて，東三省の各地方政権がこれらの地域において，土地権利関係の整理を進めたため，各地で旧慣と新しい制度が混在する状況が生みだされていた．以上の動きと並行して，これらの地域では土地の転売・分割が進んだが，そのため土地権利関係は複雑化し，土地をめぐる紛争も各地で生じていた．このように20世紀初頭までに，中国東北・内モンゴル東部地域には，入植漢人とモンゴル人王公・旗，清朝皇帝の間に土地をめぐる重層的な関係が構築されていたのである（江夏，1996）．

満洲国政府はほかの植民地の経験をもとに，まず1934年に既存の土地局を改編し，1935年より，土地調査事業として地籍整理事業を開始し，「近代的土地所有権」の確立を図ろうとする．これらの過程で土地局は，臨時土地制度調査会を開催し，満洲国各機関の代表を集めて土地問題に関する協議を行った．会議の中で満洲国政府は，蒙地を開放蒙地（開墾され，県が設置された旗の土地），錦熱蒙地（旧熱河省の蒙地であり，満洲国時代，錦州・熱河省が設置され，モンゴル人と漢人が混住する土地），非開放蒙地（興安省地域，遊牧が主体）の3つに区分し，開墾状況に応じて，処理方法を定めてゆくことにしていた．しかしながら，満洲国では皇産や蒙地において，慣習的に土地所有権を有してきたモンゴル人王公・旗や満洲皇帝と，入植漢人のいずれに土地所有権を与えるか，

という問題に直面する (江夏, 1996).

これら土地制度調査会の会議では，蒙地の整理方法をめぐって，蒙政部と土地局が対立を深め，土地局は皇産や開放蒙地に対して満洲皇帝，モンゴル人王公・旗が有してきた諸権利をすべて国家に奉上させ，土地耕作者に土地所有権を与えることを主張する．これら土地局の方針に対し，モンゴル人官僚や蒙政部の日本人官僚は，モンゴル側の旧来の権利が奪われることに強く反発する．満洲国政府はこうしたモンゴル側の不満を抑えるために，1937年に蒙政部の廃止を決定し，モンゴル側の行政的な権限を大幅に縮小したのである．

### b. 内モンゴル東部地域社会の変化

1938年10月，満洲国では「蒙地奉上」により，開放蒙地にかかわる諸権利は国家に奉上された．これにより，旧来モンゴル側の土地であった開放蒙地は興安省から行政的に切り離された．この際，モンゴル人王公は，土地にかかわる諸権利の代償として一定の補償や生活費の支給を受けることになったが，これらは1代限りとされ，王公制度は実質的に廃止されることになった．こうした手法をもとに，次に満洲国政府は錦州・熱河省内の蒙地における権利関係の整理も進めていった[*1]．また，満洲国政府は，1940年代より開墾が進んでいない遊牧地域（非開放蒙地）における土地整理にも着手する．しかし遊牧地域の土地所有権を確立することは容易ではなく，土地の使用方法を定めるにとどまった．

それでは満洲国の地籍整理事業により，地域社会はどのような変革を迎えたのだろうか．1936年，国内で蒙地や皇産の処理に関する議論が進められる一方，満洲国政府は着々と地籍整理事業の準備を進めており，土地整理を行うために「土地審定法」を定め，土地局を地籍整理局へと改編した．これをもとに満洲国政府や地籍整理局は「土地審定」を開始してゆき，国内各地で土地の種類，面積，所有者などを調査した上で，土地権利関係を登記していった．ただし，基本的に地籍整理事業における土地審定は「自己申告方式」をとり，具体的な土地権利関係の事務手続きは，役人や現地の有力者（地主総代）に任された．この際，満洲国政府は各地域における契約上（書類上）の土地権利関係について把握するにとどめ，土地の実態や具体的な紛争解決，および大土地所有の問題にまで踏み込むことはなかった．結論からいえば，満洲国の地籍整理事業は，清代以来の清朝皇帝やモンゴル人王公の土地に対する旧来の権利を排除したものの，地域社会における土地問題にまで介入することはなかったのである．これによって実質的に開放蒙地はモンゴル人の手から離れ，漢人の土地となった．また，満洲国政府が地籍整理事業により，開放蒙地における旗や旧王公の権利を排除したことは，内モンゴル東部社会にとっては大きな意味をもった．たとえば蒙地奉上以降，満洲国政府は旗長に旧王公を任命することはほとんどなくなり，そのかわりに旧来の官僚や知識人を旗長に採用するようになってゆく．つまり，満洲国の諸政策を契機として，モンゴルの王公制度は実質的に廃止されたのであった．

一方，日本は対ソ戦略の一環から1940年代よりモンゴル人に対する文化政策を実施していた．これにより，興安省地域に多くの学校や病院など公共施設の整備や建設が進み，モンゴル人にとって近代的な教育を受ける機会が増加した[*2]．ただし，これら優遇措置は日本の政策に規定されるものであり，モンゴル側のすべての希望が取り入れられたわけではなかった．

満洲国政府は地籍整理事業により，国内における土地所有権の明確化や，それに伴う中央集権化などを進めていった．その一方で，満洲国では1930年代前半から日本・関東軍により満洲農業移民事業が進められた．関東軍は満洲国北部で，農地を低価格で買いあげ，移民用地の取得を進めてゆくが，これらは現地の農民の強い反発と反乱

---

[*1] 満洲国政府は錦熱蒙地においてもモンゴル人と漢人の土地権利関係の整理を進めるが，ここでは戦況悪化の影響などから，開放蒙地のように急進的な方法をとらず，一定程度モンゴル人旧王公の権利を温存させ，世襲王公の地位も保たれた．

[*2] ノモンハン事件（ハルハ河戦争，1939年）により，日本・満洲国は，ソ連・モンゴル連合軍に敗北する．その結果，モンゴル人民共和国に接する満洲国内のモンゴル人居住地域の重要性が高まっていた．

を招くこととなった．その後も日本は移民事業を進めたが，開拓団と現地農民の間には対立や緊張が絶えず生じ，戦後多くの残留孤児が生まれる要因ともなった(岡部, 1978)．このように日本は満洲，漢，モンゴル人の間の対立を巧みに利用し，満洲国をつくりあげた．そこで行われた事業——たとえば地籍整理事業——は，旧慣を断ち切る作用をもっていたものの，さらに現地社会を混乱させる要素ももちあわせ，これらは次の世代に引き継がれることになるのである．

### 5.3.4 内モンゴル西部地域と日本 ——蒙古聯盟自治政府の設立

これまでみてきたように，満洲事変により，内モンゴル東部地域は満洲国の一部に組み込まれたが，内モンゴル西部地域では，モンゴル人王公の徳王（モンゴル名：デムチョクドンロプ，シリンゴル盟副盟長，スニト右旗ジャサグ）が自治獲得運動を展開していた．徳王は内モンゴル西部の各盟旗に呼びかけて，1933年以降，数度にわたって「百霊廟会議」を主催し，国民政府に対して内モンゴルの自治を訴えた．一方，関東軍は満洲事変や熱河作戦を経て，1930年代後半より，内モンゴル西部地域に対する工作を進めていた．さらに1937年7月，蘆溝橋事件を契機として，関東軍は華北を占領し，同年9月に察南自治政府，10月に晋北自治政府を成立させた．

こうした過程において徳王らの蒙古軍は関東軍に協力する一方，モンゴル独立を日本側に要求していた．これに対し日本側は，モンゴル独立の代わりに，蒙古聯盟自治政府を設立することを承認する．1937年10月に開催された「第2回蒙古大会」には，盟旗県代表約300人余りが参加し，蒙古聯盟自治政府（フフホト）が設立された．同政府は，内モンゴル西部地域の盟旗地域としてチャハル盟，新設のバヤンダラ盟，オラーンチャブ，シリンゴル，イフ・ジョー盟が組み込まれ，この際王公であり，旧来の盟長であった人物が盟長に就任した．しかしながら，イフ・ジョー盟の大部分の地域は国民党軍統治下に置かれたままであった．

1930年代，内モンゴル西部地域は東部地域と同様に，内部に開墾問題や旗と県との二重統治の問題を抱えていた．清朝時代，各盟旗では封禁政策により開墾が禁止されていたにもかかわらず，漢人入植が進み，モンゴル人と漢人の間で土地をめぐる紛争が多発していた．たとえば，チャハル，バヤンダラ盟の各旗には県の設置が進み，オラーンチャブ盟南部でも開墾が進みつつあった．これら開墾が進んだ地域の各旗では，地租収入が旗財政のほとんどを占めていた．これに対し，北部のシリンゴル盟ではほとんど開墾が進んでいなかった．

蒙古聯盟自治政府成立後，同政府は機構整備を進めて各盟を統括下に置き，これらの官制化を進めた（1938年「盟公署官制」）．その一方で，日本側は1937年11月，「蒙疆聯合委員会」（最高顧問：金井章二）を設立する．蒙疆聯合委員会は，蒙古聯盟自治政府，察南自治政府，晋北自治政府の産業，金融，交通などの重要事項を処理する連絡調整機関であったが，蒙古聯盟自治政府の内政に干渉していった．徳王は，これら蒙疆聯合委員会の設立問題や，蒙古聯盟自治政府への干渉をめぐって，金井章二ら日本人と対立を深めた(ドムチョクドンロプ, 1994)．

1938年9月，蒙疆聯合委員会は蒙古連盟自治政府において，「旗地ノ保全ニ関スル件」を公布した．ここで蒙疆聯合委員会は，「東亜ニ於ケル家畜資源地ノ保存及培養上ノ要求ニ基キ」，蒙古聯盟自治政府内の各盟旗の旗地（ここでは未開墾の蒙地）の保全のために，これ以上，牧地を開墾させないこと，開墾植林する場合は政府の許可を要すること，旗県の境界線を確立することなどを指示した．このように蒙疆聯合委員会は蒙古聯盟自治政府における牧地の保護や畜産政策を推進しようとしたが，これらは，満洲国政府における「旗地ノ保全ニ関スル件」（1932年）と共通性をもっていたといえるだろう．

1939年9月，日本側の意向により蒙古聯盟自治政府は，察南自治政府（チャハル省南部），晋北自治政府（山西省北部）とともに統合され「蒙

**図 5.11** 張家口市郊外の大境門付近
大境門は張家口からモンゴルへの入り口（2001年8月筆者撮影）．

古聯合自治政府」（首都：張家口）となる．同政府の主席には徳王が就任し，最高顧問には金井章二，副主席には于品卿，夏恭が就任した．これにより漢人が主に居住する察南自治政府は察南政庁，晋北自治政府は晋北政庁，蒙古聯盟自治政府は5盟の地方行政組織に改編された．こうしてモンゴルの盟旗からなる蒙古聯盟自治政府は，約2年足らずで漢人居住地域を組み込む蒙古連合自治政府の一部となり，モンゴル人主体の政府という性格は弱まってしまう．

蒙古聯合自治政府設立後，同政府も，ほかの植民地や満洲国の場合と同様，土地政策に着手する．政府はまず内部に地政総署を設置し，土地制度の確立や地籍整理，土地権利審定などの実施を計画する．これにより，政府は漢人が主として居住する察南や晋北において，ある程度の土地整理を進めていった．しかしながら，県旗が錯綜する盟旗地域において土地整理はなかなか進まなかった．

当時，蒙地におけるモンゴル人と漢人の土地権利関係を明確にすることは，両者の紛争を先鋭化させるだけでなく，旗財政や王公財政の問題に踏み込むことでもあった．この時期でさえ，蒙古聯合自治政府ではモンゴル王公制度が維持され，王公たちが政府の中心や旗を統括しており，早急に盟旗制度の変革や旗財政の整理を進めることは，彼らの離反を招く恐れがあった．また日本の大陸侵略が進むにつれ，蒙古聯合自治政府内部や隣接する山西省，熱河省でも抗日運動が活発化しつつあった．それゆえ，この時期，日本側は内モンゴル西部において融和的な政策をとったのである．

1940年8月に開催された「蒙古会議」においても最高顧問の金井章二は，政府の基本政策として，純モンゴル地域において社会制度・盟旗制度を保持し，今後もジャサク制度を維持していくとしていた（ドムチョクドンロブ，1994）．このような日本側の方針により，蒙古聯合自治政府では，本格的な蒙地整理は実施されることはなかった．

ただし，まったく土地問題が放置されたわけではなかった．たとえばチャハル盟各旗では南部から開墾が進み，県旗の土地や境界線が錯綜しつつあったが，これに対し，地政総署は1940年後半より，モンゴル人・漢人が接近して居住する地域の調査を行っていた．この際，地政総署は未開墾の蒙地の保全と，モンゴル人・漢人間の摩擦防止のために，県の農耕地と蒙旗の牧地の間に一定の境界を設けようとする．しかしながら，これらの措置は応急措置にとどまるものであり，根本的な問題を先送りしたにすぎなかった．

### 5.3.5 蒙疆政権におけるモンゴル政策の転換

蒙古聯合自治政府設立をめぐって，徳王は不満を抱いていたが，1941年2月，「モンゴル独立」を訴えるため日本を訪問する．徳王は陸軍省に対し，蒙古聯合自治政府の改組案を提出し，蒙古聯盟自治政府のような機構を回復することを求めた（ドムチョクドンロブ，1994）．徳王の要求はすぐにはかなえられなかったが，1941年4月，蒙古聯合自治政府は機構改革を行った．

これにより政府内における従来の各部は廃止され，政務院直轄下に，内政部，経済部，司法委員会，交通総局，興蒙委員会，回教委員会などが設置された．これら機構改革の中で，注目されるのは興蒙委員会の設置である．興蒙委員会は，総務，民政，教育，実業，保安処から構成され，「モンゴル復興」のために「経済建設，教育普及，民族の再生」を行うことを掲げた．さらに，1941年11月，これまで徳王と対立してきた最高顧問の金井章二は更迭され，後任として前外務次官の大

を招くこととなった．その後も日本は移民事業を進めたが，開拓団と現地農民の間には対立や緊張が絶えず生じ，戦後多くの残留孤児が生まれる要因ともなった(岡部, 1978)．このように日本は満洲，漢，モンゴル人の間の対立を巧みに利用し，満洲国をつくりあげた．そこで行われた事業――たとえば地籍整理事業――は，旧慣を断ち切る作用をもっていたものの，さらに現地社会を混乱させる要素ももちあわせ，これらは次の世代に引き継がれることになるのである．

### 5.3.4　内モンゴル西部地域と日本 ――蒙古聯盟自治政府の設立

これまでみてきたように，満洲事変により，内モンゴル東部地域は満洲国の一部に組み込まれたが，内モンゴル西部地域では，モンゴル人王公の徳王（モンゴル名：デムチョクドンロブ，シリンゴル盟副盟長，スニト右旗ジャサグ）が自治獲得運動を展開していた．徳王は内モンゴル西部の各盟旗に呼びかけて，1933年以降，数度にわたって「百霊廟会議」を主催し，国民政府に対して内モンゴルの自治を訴えた．一方，関東軍は満洲事変や熱河作戦を経て，1930年代後半より，内モンゴル西部地域に対する工作を進めていた．さらに1937年7月，蘆溝橋事件を契機として，関東軍は華北を占領し，同年9月に察南自治政府，10月に晋北自治政府を成立させた．

こうした過程において徳王らの蒙古軍は関東軍に協力する一方，モンゴル独立を日本側に要求していた．これに対し日本側は，モンゴル独立の代わりに，蒙古聯盟自治政府を設立することを承認する．1937年10月に開催された「第2回蒙古大会」には，盟旗県代表約300人余りが参加し，蒙古聯盟自治政府（フフホト）が設立された．同政府は，内モンゴル西部地域の盟旗地域としてチャハル盟，新設のバヤンダラ盟，オラーンチャブ，シリンゴル，イフ・ジョー盟が組み込まれ，この際王公であり，旧来の盟長であった人物が盟長に就任した．しかしながら，イフ・ジョー盟の大部分の地域は国民党軍統治下に置かれたままであった．

1930年代，内モンゴル西部地域は東部地域と同様に，内部に開墾問題や旗と県との二重統治の問題を抱えていた．清朝時代，各盟旗では封禁政策により開墾が禁止されていたにもかかわらず，漢人入植が進み，モンゴル人と漢人の間で土地をめぐる紛争が多発していた．たとえば，チャハル，バヤンダラ盟の各旗には県の設置が進み，オラーンチャブ盟南部でも開墾が進みつつあった．これら開墾が進んだ地域の各旗では，地租収入が旗財政のほとんどを占めていた．これに対し，北部のシリンゴル盟ではほとんど開墾が進んでいなかった．

蒙古聯盟自治政府成立後，同政府は機構整備を進めて各盟を統括下に置き，これらの官制化を進めた（1938年「盟公署官制」）．その一方で，日本側は1937年11月，「蒙疆聯合委員会」（最高顧問：金井章二）を設立する．蒙疆聯合委員会は，蒙古聯盟自治政府，察南自治政府，晋北自治政府の産業，金融，交通などの重要事項を処理する連絡調整機関であったが，蒙古聯盟自治政府の内政に干渉していった．徳王は，これら蒙疆聯合委員会の設立問題や，蒙古聯盟自治政府への干渉をめぐって，金井章二ら日本人と対立を深めた(ドムチョクドンロブ, 1994)．

1938年9月，蒙疆聯合委員会は蒙古連盟自治政府において，「旗地ノ保全ニ関スル件」を公布した．ここで蒙疆聯合委員会は，「東亜ニ於ケル家畜資源地ノ保存及培養上ノ要求ニ基キ」，蒙古聯盟自治政府内の各盟旗の旗地（ここでは未開墾の蒙地）の保全のために，これ以上，牧地を開墾させないこと，開墾植林する場合は政府の許可を要すること，旗県の境界線を確立することなどを指示した．このように蒙疆聯合委員会は蒙古聯盟自治政府における牧地の保護や畜産政策を推進しようとしたが，これらは，満洲国政府における「旗地ノ保全ニ関スル件」（1932年）と共通性をもっていたといえるだろう．

1939年9月，日本側の意向により蒙古聯盟自治政府は，察南自治政府（チャハル省南部），晋北自治政府（山西省北部）とともに統合され「蒙

**図 5.11** 張家口市郊外の大境門付近
大境門は張家口からモンゴルへの入り口（2001年8月筆者撮影）．

古聯合自治政府」（首都：張家口）となる．同政府の主席には徳王が就任し，最高顧問には金井章二，副主席には于品卿，夏恭が就任した．これにより漢人が主に居住する察南自治政府は察南政庁，晋北自治政府は晋北政庁，蒙古聯盟自治政府は5盟の地方行政組織に改編された．こうしてモンゴルの盟旗からなる蒙古聯盟自治政府は，約2年足らずで漢人居住地域を組み込む蒙古連合自治政府の一部となり，モンゴル人主体の政府という性格は弱まってしまう．

蒙古聯合自治政府設立後，同政府も，ほかの植民地や満洲国の場合と同様，土地政策に着手する．政府はまず内部に地政総署を設置し，土地制度の確立や地籍整理，土地権利審定などの実施を計画する．これにより，政府は漢人が主として居住する察南や晋北において，ある程度の土地整理を進めていった．しかしながら，県旗が錯綜する盟旗地域において土地整理はなかなか進まなかった．

当時，蒙地におけるモンゴル人と漢人の土地権利関係を明確にすることは，両者の紛争を先鋭化させるだけでなく，旗財政や王公財政の問題に踏み込むことでもあった．この時期でさえ，蒙古聯合自治政府ではモンゴル王公制度が維持され，王公たちが政府の中心や旗を統括しており，早急に盟旗制度の変革や旗財政の整理を進めることは，彼らの離反を招く恐れがあった．また日本の大陸侵略が進むにつれ，蒙古聯合自治政府内部や隣接する山西省，熱河省でも抗日運動が活発化しつつあった．それゆえ，この時期，日本側は内モンゴル西部において融和的な政策をとったのである．

1940年8月に開催された「蒙古会議」においても最高顧問の金井章二は，政府の基本政策として，純モンゴル地域において社会制度・盟旗制度を保持し，今後もジャサク制度を維持していくとしていた（ドムチョクドンロブ，1994）．このような日本側の方針により，蒙古聯合自治政府では，本格的な蒙地整理は実施されることはなかった．

ただし，まったく土地問題が放置されたわけではなかった．たとえばチャハル盟各旗では南部から開墾が進み，県旗の土地や境界線が錯綜しつつあったが，これに対し，地政総署は1940年後半より，モンゴル人・漢人が接近して居住する地域の調査を行っていた．この際，地政総署は未開墾の蒙地の保全と，モンゴル人・漢人間の摩擦防止のために，県の農耕地と蒙旗の牧地の間に一定の境界を設けようとする．しかしながら，これらの措置は応急措置にとどまるものであり，根本的な問題を先送りしたにすぎなかった．

### 5.3.5 蒙疆政権におけるモンゴル政策の転換

蒙古聯合自治政府設立をめぐって，徳王は不満を抱いていたが，1941年2月，「モンゴル独立」を訴えるため日本を訪問する．徳王は陸軍省に対し，蒙古聯合自治政府の改組案を提出し，蒙古聯盟自治政府のような機構を回復することを求めた（ドムチョクドンロブ，1994）．徳王の要求はすぐにはかなえられなかったが，1941年4月，蒙古聯合自治政府は機構改革を行った．

これにより政府内における従来の各部は廃止され，政務院直轄下に，内政部，経済部，司法委員会，交通総局，興蒙委員会，回教委員会などが設置された．これら機構改革の中で，注目されるのは興蒙委員会の設置である．興蒙委員会は，総務，民政，教育，実業，保安処から構成され，「モンゴル復興」のために「経済建設，教育普及，民族の再生」を行うことを掲げた．さらに，1941年11月，これまで徳王と対立してきた最高顧問の金井章二は更迭され，後任として前外務次官の大

橋忠一が就任することになった．

こうした蒙古聯合自治政府における政策転換の背景には，モンゴル側の要求だけでなく，抗日運動の激化や太平洋戦争開始といった対外的な事情があったと考えられる．さらに徳王らは，日本側に対して蒙古連合自治政府を蒙古自治邦（モンゴル語でモンゴル国を意味する）へ改組するよう働きかけてゆく．日本側は対外的に用いないことを条件に，1941年8月，蒙古聯合自治政府を「蒙古自治邦」に改称する．

それでは興蒙委員会設立以降，蒙古自治邦において具体的にどのような政策が実施されたのであろうか．新設の興蒙委員会は，モンゴル各旗の保健衛生，教育の普及，文化の促進，宗教，牧畜，産業などを管轄する総合的機関として位置づけられた．1942年11月，第3回興蒙委員会が開催され，蒙旗建設工作，旗財政の整備，仏教政策（喇嘛教復興政策），保健行政・興蒙教育の進展，牧業進行対策などが取り決められた．これを受けて，1943年より，興蒙委員会のモンゴル人官僚が中心となって蒙旗建設隊を編成する．蒙旗建設隊の活動は興蒙委員会の政策を直接，旗政に反映させることを目標とし，指定された旗において，旗公署の強化，旗地の保全，生活の改善などを行うことになっていた．

これと並行して興蒙委員会は旗公署の強化や旗財政の改革を進めるために，1943年「暫行旗官制」により，伝統的な盟旗制度における官僚制度を，蒙古自治邦政府の官僚組織に取り込んでゆこうとした．この時期でさえ，蒙古自治邦政府治下の各旗では，旧来どおり世襲王公がジャサク職を継承し，旗内を統治していた．ところがこれら旗の官制化により，ジャサクは盟長の監督の下，旗内の行政・事務にあたることになり，また，各旗には日本人顧問が配属されることになった．「旗官制」は世襲王公を今後維持するかについて，方針を明確にしていなかったが，これ以降，各旗は蒙古自治邦政府の監督下におかれることになった．また，旗官制化と同時に，興蒙委員会は各旗における税体系の整備や旗財政の確立にも着手する．

以上みてきたように，蒙古自治邦内の盟旗地域では，本格的な土地政策やそれに伴う所有権の一元化は行われず，それゆえモンゴル社会における封建的な土地権利関係の整理や解体は実施されなかった．これらは開放蒙地の権利を放棄させた満洲国の場合とは大きく異なっていた．また，1940年代，日本はある程度，モンゴル人の意向を取り入れて蒙古自治邦や興蒙委員会の設立を許したが，その後，これらの機関を通じて旗行政への介入を行ってゆく．このように少しずつではあるが，内モンゴル西部地域にも変化の波が訪れつつあったが，日本の敗北も間近に迫っていた．

これまで日本の統治による満洲・内モンゴルの変化について，土地政策を中心に概観した．中華民国設立後，満洲・内モンゴルは大きな政治的・経済的変動の中に置かれ，隣接する東三省では張作霖・張学良が台頭し蒙地や皇産を支配しようとしていた．こうした状況の下，清朝皇室や内モンゴル東部地域のモンゴル王公など清代，一定の権力を与えられていた人々は劣勢な立場へ追い込まれ，満洲国に参加することで自らの利益を維持しようとする．ところが1930年代に満洲国が実施した地籍整理事業は，清朝皇帝やモンゴル人王公が旧来より有してきた土地に対する権利を奪うものであり，現地社会に変革をもたらすものであった．また，1930年，内モンゴル西部地域において自治獲得運動を展開していた徳王は，日本の影響力のもと蒙古聯盟自治政府を設立する．これら内モンゴル西部地域では，日本の政策により王公制度が維持されるが，徳王政権による旗行政内部への介入が少しずつ強まってゆく．

このように辛亥革命以降，自治獲得を目指した東西内モンゴルの人々は日本の植民地支配の波に飲み込まれ，その中で「近代化」を体験することになる．これら日本の政策は内モンゴルの伝統や旧慣を断ち切るものであったが，一方で新たな問題，すなわち漢人とモンゴル人の対立などを生じさせる側面をもっていた．

1945年8月，モンゴル人民共和国・ソ連連合軍の国境線突破により，日本は敗戦を迎えた．その後，内モンゴルではモンゴル人民共和国との合

併・独立運動が生じるものの，国共内戦を経て1947年内モンゴル自治区が成立し，やがて「新中国」へと組み込まれた．しかしながら満洲国や日本の植民地支配に「協力」，「参加」した人々と，抗日戦を戦った人々の間には大きな溝が生じていた．これらの亀裂は，のちの反右派闘争や文化大革命の中で顕著となってゆく．中国東北や内モンゴルに暮らす人々にとって，日本の支配は1930～1940年代にとどまるものではなく，後の時代にも大きな影響をもたらすものであった．

〔広川佐保〕

▶ 文　献

江夏由樹（1995）：「満洲国」地籍整理事業から見た「皇産」の問題．石橋秀雄編：清代中国の諸問題，山川出版社．

江夏由樹（1996）：満洲国の地籍整理事業について―「蒙地」と「皇産」の問題からみる―．一橋大学研究年報，経済学研究，No.37.

岡部牧夫（1978）：満州国，三省堂．

後藤富雄（1941）：牧農接壤地帯における蒙古人の生活―チャハル太僕寺左右両翼旗の観察―．善隣協会編：内陸アジア，第1輯，生活社．

ドムチョクドンロプ著，森久男訳（1994）：徳王自伝，岩波書店．

中見立夫（1993）：地域概念の政治性．アジアから考える1：交錯するアジア，東京大学出版会．

西村成雄（1996）：張学良―日中の覇権と「満洲」―，岩波書店．

浜口裕子（1996）：日本統治と東アジア社会―植民地期朝鮮と満洲の比較研究―．勁草書房．

巴彦塔拉盟公署官房（1939）：蒙疆地方開墾小史，蒙疆新聞社．

広川佐保（2005）：蒙地奉上―「満洲国」の土地政策―，汲古書院．

フフバートル（1999）：「内蒙古」という概念の政治性．ことばと社会，No.1.

森久男（2000）：徳王の研究，創土社．

# 5.4 現代の中国東北

本章では現代の中国東北の状況を中心に，東北アジアのもつ現在的意味とその課題について概述する．ここでいう中国東北とは，中華人民共和国の黒龍江省，吉林省，遼寧省（いわゆる「東北三省」）および内モンゴル自治区東部（フルンブイル市，興安盟，通遼市）からなる地域を指す．その形成過程については以下で触れる．またここでは便宜的に現代を1949年10月中華人民共和国成立以降の時代と規定して用いる．

## 5.4.1 中国東北の形成

### a. 中国東北の地政

中華人民共和国の成立にとって中国東北のもつ意味は決して小さくない．第一に，抗日戦争の時期から中国東北には中国共産党（中共）の根拠地が存在した．そして第二にはこれら根拠地から中国国民党の統治下にあった長春を包囲攻略し，これが国共内戦の末に中共が大陸を掌握する契機となった．そして第三には満洲国時代の経済インフラ建設の遺産や同じ社会主義国としての同盟関係にあるソ連の存在がこの中国東北を一大拠点として中国の戦後復興において重要な役割を果たしたことがあげられる．他方で中国東北は三方を国境で囲まれ，中国の他地域以上に国外勢力の侵略による喪失の可能性が高く，それは同時に首都北京が脅威にさらされることも意味した．

1950年に勃発した朝鮮戦争はこうした危機感を現実のものとし，アメリカ合衆国主導の国連軍が中朝国境線に戦線を展開すると，中国政府は人民義勇軍の名目で朝鮮半島に兵力を投入し，戦線を南に押し戻した．戦闘は半島中央の38度線附近で膠着した後，休戦に至った．朝鮮戦争は中国と日米などの西側諸国との対決姿勢を鮮明にし，中国が社会主義陣営としての路線を歩むことを決定的にしたが，同時に国防の側面からも中国東北と中国中心部との結び付きを鞏固にする必要性を高めた．

この時期，外交面では1950年2月に中ソ間に友好同盟相互援助条約が締結されたのに加え，長春鉄道，旅順口および大連に関する協定も締結された．これは中国が社会主義大国であるソ連との同盟関係を緊密化させ，社会主義陣営の側に立って敵対勢力に対抗するという「ソ連一辺倒」の姿勢を示すとともに，ソ連側も中国の主権を尊重し，1945年の中ソ条約において主張していた長春鉄道や旅順・大連におけるソ連の権益を日本との条約締結を念頭に置きつつも1952年末までに放棄することを認めるものであった．

旅順・大連の共同管理解消は朝鮮戦争の勃発により遅れたものの，これにより清末以来の中国東北における外国勢力の領土的権益をめぐる問題は一応の解決をみた．またこの時期，中国東北地区の鉄道ではレール幅を山海関以南の地域と同じものに統一した．これは東北地区が鉄道を通じて華北以南の地区との一体性をより強化したことを示すと同時に，中ロ国境の満洲里と綏分河ではレール幅に違いにより台車の交換を要するようになったことで，中国東北の鉄道網に国境の壁がつくられ，ロシアの鉄道網から切り離されたことも物語っている．

### b. 内 政

内政面をみると，戦後も満洲国期の行政区分を踏襲して細分化されていた中国東北の各省は，西部の内モンゴル自治区が中共政権の成立で正式に行政単位に位置づけられたのを皮切りに整理・統合が進み，1954年には黒龍江・吉林・遼寧の三省に再編され，「東北三省」が形成された（図5.12）．また中華人民共和国は建国当初，全国を東北・華東・華南・西北・西南の五大地区に分け，地区ご

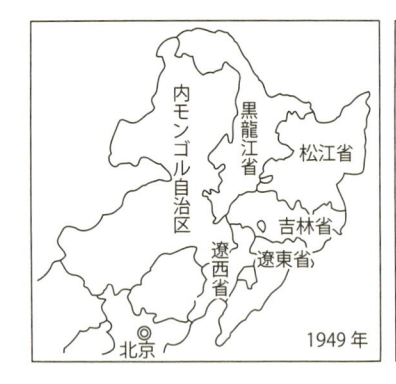

**図 5.12** 中国東北の行政区分の変遷

中華人民共和国成立後の中国東北は，内モンゴル自治区が省級の地方政府に位置づけられ，その後西部の隣接モンゴル族地域へと拡大する一方，民国期に細分化された省が再編され，1950年代中期には現在の省・自治区の区分がほぼ確定した．文化大革命期には内モンゴル自治区が縮小され，中国東北部の部分は近隣諸省に分割編入されたが，文革収束に伴い以前の区分に復した．

とに党・政・軍の権力を分散させていた．これは全国各地で国民党勢力の掃討と現地社会の掌握を進める必要から来るものであり，中国東北の場合はこれに朝鮮戦争における前線という役割も有していた．しかし台湾を除く旧国民党勢力圏の「解放」達成，1953年の朝鮮戦争休戦協定成立による対外的危機の低下，そして内戦以来の経済的混乱の収拾を経て社会主義国家の本格的建設への移行が日程にのぼったことで，地方への権力分散状態を解消する必要性が高まった．こうした中で1954年に起こった，いわゆる「高崗・饒漱石事件」は，東北人民政府の主席高崗と華東軍政府主席の饒漱石が，自身の行政区において中央政府の政治指導から離脱した「独立王国」を建設し，「反党同盟」を結んで党と国家の指導権を奪おうと企てたとして摘発され，党大会において党籍を剥奪された「事件」である．

事件の詳細については今も不明な点があるが，その後まもなく五大行政区および党中央支部が廃止され，そしてソ連の工業化政策に範をとった第一次五ヵ年計画が開始したことを考えあわせると，中国工業化の要であるこれらの地域に対する中央集権の強化が強く意識されていたことが窺える．とりわけ工業インフラが他地域よりも整備されていた中国東北はこの事件を経て中央との政治的・経済的結びつきを強めることになった．その

意味ではこの時期において名実ともに中国の不可分な一部としての「中国東北」が確立したともいえよう．それは同時に，東北アジア地域において国境の存在がより明確化したことも意味した．

### 5.4.2 中国東北における社会主義政策の展開と統合の強化

#### a. 工業拠点の建設

1950年代以降の中国東北の第二次産業を支えたのは豊富な地下資源であった．撫順の炭鉱，鞍山や本渓の鉄鉱のように満洲国時代からの資産を受け継いだものに加え，1959年には黒龍江省で油田が発見され，1960年には採掘を開始し中国屈指の油田となった．10年目の建国記念日（国慶節）直前の発見にちなみ「大慶」と名づけられたこの油田は，輸入に依存してきた中国の石油事情を転換させるものであり，悪条件のもとで人海戦術による油田試掘を指揮した「鉄人」王進喜の活躍とともに，国外技術に頼らず工業化への道を切り開いた中国人民の偉業として称えられ，その後「工業は大慶に学べ」というスローガンとともに長らく中国工業化の模範となった．

こうした状況のもと，中国東北には原料生産地と工場を結びつけたコンビナートが各地に形成された．またこれら中国東北の工業拠点建設はソ連

の支援のもとで進められた．その代表ともいえるのが1953年に設立された長春第一自動車工場である．ここではソ連の自動車工場の支援を受け，ソ連のトラックを元にした「解放」型トラックを主力車種として生産した．中国は1954年の第一次五ヵ年計画以降，社会主義計画経済のもとで重工業の発展を目指したが，中国東北の重工業生産は1950年代の中国経済の牽引役でもあった．

**b. 農業の集団化**

農業に目を転じると，清末以降の移住開墾によって拡大してきた中国東北の農耕地は，中国の他の地域と同様に，国家の社会主義建設路線に沿って農業集団化への道を歩んだ．これに加え，国営農場の建設という形でさらなる耕地拡大が進められた．中国東北は国共内戦期に中国共産党による掌握が最初に進んだことから，早くに国営農場建設に向けた動きがみられたが，建国後はこれが本格化した．その代表が黒竜江省北部の黒龍江とその支流である松花江・ウスリー川の合流地に形成された三江平原，省東部の松花江の支流嫩江流域の松嫩平原，そしてソ連沿海州と接する興凱湖（ロシア名ハンカ湖）一帯に拡がる「北大荒」と総称される湿地帯であった．

この「北大荒」の開墾事業が本格化したのは1954年以降である．当初この事業を指揮した王震は，抗日戦争期における延安郊外の南泥湾生産自給運動や新疆解放後の新疆建設兵団の設立，鉄道兵団初代司令の担当など，軍の自力更生に貢献した人物の一人であり，「北大荒」においても同様に屯田兵による開墾（軍墾）として，興凱湖附近の密山県を皮切りに事業を展開した．その背景には1953年7月に休戦協定が結ばれた朝鮮戦争からの帰還兵の雇用，そして何よりソ連と国境を接するこの地域の開発と防衛の両立という意味合いが含まれていた．1956年に中国政府内に農墾部が設立されたことで軍墾地は国営農場に統合されたが，部隊名を冠した地名にそのなごりがみられる．

また内モンゴル自治区東南部の西遼河およびシラムレン河流域の通遼市一帯を中心とするホルチン草原（西遼河平原）にも国営農場が置かれ，半乾燥草地や沼沢地の開墾，および定住放牧による牧畜生産の向上が図られた．こうした国営農場の展開は，中国東北を農業生産などの方面においても中国の経済政策に組み込み，統合を堅固にするものであった．

### 5.4.3 中国東北における多民族状況

ここで中国東北における諸民族の状況についてみておきたい．1950年代以降の状況においては，中国東北がさまざまな民族により構成される多民族地域であることは見落とされがちであるが，東北アジアにおける中国東北の位置づけ，およびその抱える問題を理解する上でこの点を軽視することはできない．

**a. 満族，朝鮮族，モンゴル族**

中国東北はかつて清朝を打ち立てた満族（満洲族）発祥の地であり，ツングース系諸民族が広汎に分布していた．また草原地域はモンゴル族の生活範囲であり，清代には盟旗制度が施行された．清末にこれら地域への入植抑制政策が崩壊し，河北省や山東省から漢族農民が大量に移住したことで，平野部を中心に漢族人口が圧倒的多数の人口を占め，周辺部などに先住の非漢民族が分布するという現代中国東北の重層的民族構成が形成された．また朝鮮族はその多くが近代に国境を越えて中国に移住した農耕民であったという経緯から，中朝国境付近を中心に東北三省および内モンゴル東部の農耕地域に分布している（7.2節参照）．

また黒龍江以北地域および沿海地方のロシアへの割譲，モンゴル人民共和国の成立，そして日本による満洲国建国という近代の諸事件は，国境を挟んで同一民族が分布するという跨境民族を生みだした．特に朝鮮族は日本による日韓併合および満洲国建国に伴う入植や抗日運動の在外拠点形成のために中国東北に移住した人々が中核をなしており，跨境民族が国際政治の産物であるという一側面をみせている．

中華人民共和国政府は統一戦線政策に基づく民族政策を実行しており，跨境民族についても抗日戦争における漢族など諸民族との団結協力を通じて中国における一民族を構成したという解釈をとっている．特に朝鮮族については，朝鮮半島内での弾圧を避けて中国東北にゲリラ拠点を置いていた朝鮮共産党率いる抗日パルチザンが，コミンテルンの「一国一党」方針に基づき党組織の解体と中国共産党への加盟を促されたことで，中国共産党も彼らを中国の一少数民族として受け入れるための理論構築がなされたとの指摘もある．1952年には朝鮮族の人口が比較的集中している図們江中流地域（かつての「間島」）に延辺朝鮮族自治区が建てられた．

またモンゴル族は抗日戦争終結後にモンゴルとの統一を主張するグループや内モンゴル単独の独立，あるいは盟旗制度の維持などの高度自治を主張するグループなどが内モンゴル各地で運動を起こしたが，その後中共が内モンゴル東部で運動の主導権を握り，1947年5月には興安盟のウランホトで内モンゴル自治政府が成立した．中華人民共和国成立後，自治区政府（1949年に名称変更）は遼寧省西部，熱河省北部，チャハル省，綏遠省および寧夏省北部といった内モンゴル西部を順次編入し，政府所在地は旧綏遠省の省都フフホトへと移転した．自治区成立後の民主改革によって，世襲の王公貴族による統治体制は解体されたが，行政組織としての「盟」「旗」の名称は存続した．

#### b. 民族識別と民族自治制度

内モンゴル自治区に始まる民族区域自治制度は，中国の民族政策の骨幹として少数民族が分布する多くの地域で実施され，今日まで継続している．しかしモンゴル族や朝鮮族は国境を挟んで同じ民族が国家を形成していることから，その区域自治の実施は時の政治状況においてさまざまな曲折を経ている．たとえば内モンゴル自治区は後述するように1960年代に区域が一時縮小され，延辺朝鮮族自治州は朝鮮戦争の影響で成立がやや遅れた．

また単一民族による自治区域の設定にも制約がある．内モンゴル自治区は広大なため漢族の人口比率が高い市や県が存在する．オロチョン自治旗（1951年10月成立）やエヴェンキ族自治旗（1958年8月成立），モリンダワ・ダフール族自治旗（1958年8月成立）など他の非漢民族の自治地域も内包している．朝鮮族の場合，朝鮮族が比較的集中している長白山南部の長白県は延辺自治州への編入が認められず（その後長白朝鮮族自治県を設立），他方で自治州西部にあった敦化県などの漢族地区が経済建設に有利との理由で自治州に編入され，自治州内における朝鮮族の人口比率が著しく低下するという状況が起こっている（図5.13，表5.2，5.3）．「大分散・小集居」は中国の少数民族分布の特徴としてよく引き合いに出されるが，自治区域設定をめぐるこうした事情もその一因となっている．

その他の少数民族についてみておくと，1950年代の民族識別により，ホジェン，オロチョン，エヴェンキ，ダフールなどが独立した民族として中国政府から認定された．その結果オロチョン，エヴェンキ，ダフールは自身の自治地域を有している．ただしこの民族識別は中国が国内事情に応じて単独で行ったものであり，ホジェン，オロチョン，エヴェンキはロシア側の同じツングース系民族であるナナイやエヴェン，エヴェンキといった民族集団と結びつきをもちながら民族集団の構成に相違が生じている．

またダフールはかつてモンゴル人としてのアイデンティティをもつ者がいたにもかかわらず，民族識別の過程で定住化したグループを基準に区域自治を先行的に認め，後追いでモンゴル族とは異なる民族として認定するなど，政治的事情が多分に絡んでいるという側面もある．満族は1950年代の民族識別実施の時点で人口があまり多くはなかった．その背景には清朝や満洲国の歴史的経緯から来る反満感情への懸念から民族的出自を明らかにしない者が多かったこと，また満族自体かなりの程度漢化が進行し，漢族と明確に区別することが難しくなっていたという事情があった．

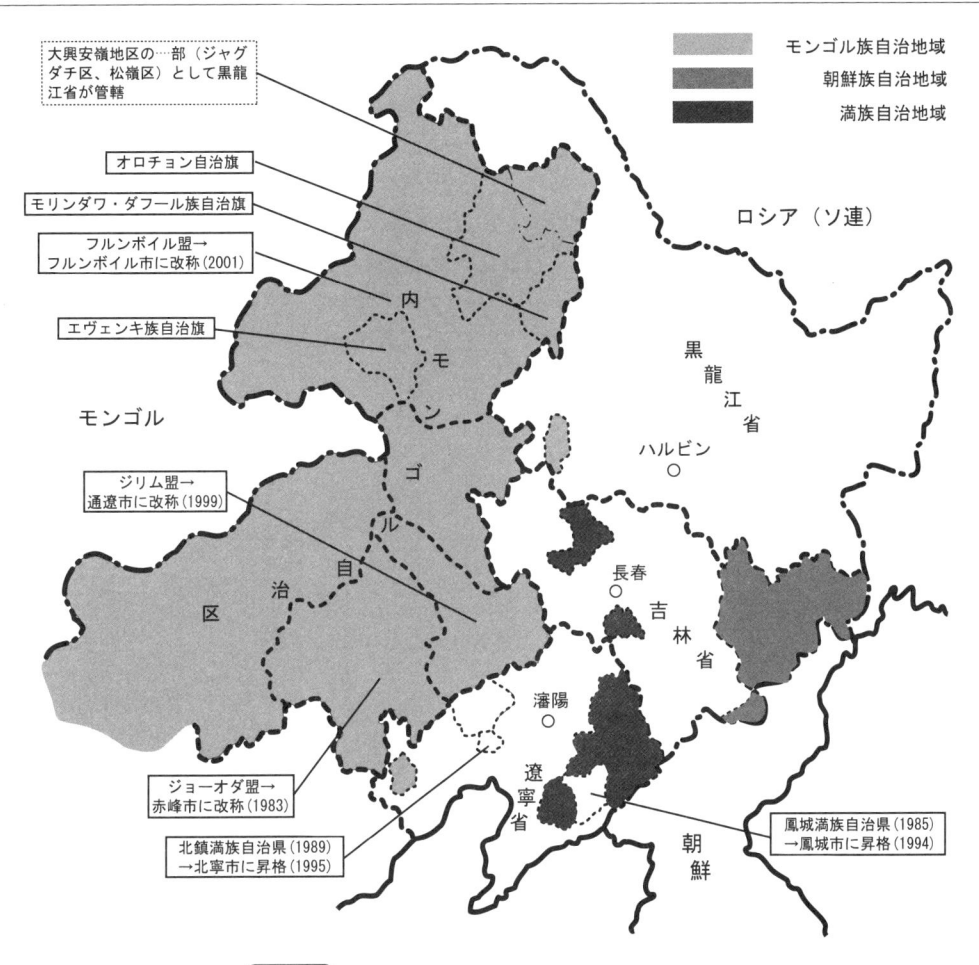

**図 5.13** 中国東北における少数民族自治地域の分布

**表 5.2** 吉林省朝鮮族自治地方における人口数・人口比率の変遷

|  | 1953 年 | 1964 年 | 1982 年 | 1990 年 | 2000 年 |
|---|---|---|---|---|---|
| 延辺朝鮮族自治州 | 557279 | 623136 | 754567 | 821479 | 801210 |
|  | 60.17 | 48.13 | 40.32 | 39.49 | 36.26 |
| 長白朝鮮族自治県 | 19278 | 10976 | 13144 | 14508 | 13614 |
|  | 38.39 | 24.32 | 17.28 | 16.7 | 16.08 |

それぞれ上段が朝鮮族の人口数，下段が総人口に占める割合（％）．
朱在憲，2001 の収録資料（『吉林省第四次人口普査手工匯総資料匯編』中国統計出版社，1991）に，2000 年の統計データを補充（『2000 年全国人口普査中国民族人口資料』民族出版社，2003）して整理・作成．

**表 5.3** 吉林省朝鮮族自治地方の朝鮮族人口分布表（2000 年）

| 自治地方 | 朝鮮族人口（人） | 総人口に占める割合（％） ||||
|---|---|---|---|---|---|
|  |  | 当該自治地方 | 省の朝鮮族自治地方朝鮮族 | 全省朝鮮族 | 全国朝鮮族 |
| 延辺朝鮮族自治州 | 801210 | 36.26 | 98.33 | 69.93 | 41.65 |
| 長白朝鮮族自治県 | 13614 | 16.08 | 1.67 | 1.19 | 0.71 |

朱在憲，2001 の収録資料を参考に，2000 年の統計データ（『2000 年全国人口普査中国民族人口資料』民族出版社，2003）に基づき整理・作成．

図5.14 中国吉林省における朝鮮族の自治地域

## c. 生業と改革

　朝鮮族や満族，および清末期に農耕生活を始めた一部のモンゴル族を除くと，これら民族の多くは移動生活による遊牧ないし狩猟・採集を行っていたが，社会主義建設の本格化に伴い，こうした生業形態にも「改革」の手が入った．一つは定住化であり，遊牧は固定した牧場内における牧畜に，移動狩猟は定住を拠点とした狩猟活動へと変わった．これは居住地や生産手段，家畜や狩猟採集物を把握しやすいという戸籍制度および計画経済面からの需要のほかに，定住化に伴う牧場や猟場の集約化によって余剰地の農耕地および林場への転換を可能にする措置であった．また改革では定住により牧畜・狩猟が困難になった人々に対して農耕への生業転換が促された．中国の民族政策では民族平等を基本に教育や衛生の普及などさまざまな支援策がとられ，エヴェンキなどの文字をもたない民族に対しては民族文字の創造も行われた．しかし生活・生業形態の変化は，それと密接に結びついていたこれら少数民族の文化的特質の存立基盤を揺るがすものでもあった．

## 5.4.4　内外の政情と中国東北

　中国東北は本来同じ社会主義国に囲まれた良好な国際環境に置かれていた．しかしながら1950年代末から顕在化した社会主義建設をめぐる路線対立は，かえって国境間の緊張を高めることになった．

### a. 社会主義の路線対立

　中ソ間のイデオロギー論争は，ソ連共産党第一書記長フルシチョフ体制下でのスターリン批判やハンガリー動乱への軍事介入にみられる東ヨーロッパ政策などを契機とするものであったが，1959年のフルシチョフ訪中で毛沢東主席との意見対立が決定的になると，両国の社会主義路線をめぐる激しい非難応酬へと進展した．これを受けて1960年代にはいると中国からのソ連技術者の引き上げが行われ，両国間の経済協力は途絶えた．
　加えて新疆方面では少数民族カザフ族が隣接するソ連カザフ共和国に大量逃亡するという事件が起こり，国境間の緊張が高まった．これが軍事的衝突にまで発展したのが珍宝島事件である．これはウスリー川の中洲である珍宝島（ロシア名ダマ

ンスキー島）の帰属をめぐる交渉が中ソ対立により1964年に中断した後，両国の国境警備隊同士の衝突が頻発し，1969年3月には軍隊による武力衝突にまで発展したものである．その後両国部隊は両岸で対峙し，9月にホーチミンの葬儀に参加したソ連代表がベトナムからの帰途北京で交渉を行ったことで戦闘状態には終止符が打たれたものの，中ソ間の断交状態は1990年代初めまで続いた．

モンゴル人民共和国はソ連との結びつきが深く，中蒙間においても中ソ対立の影響が波及した．モンゴル人民革命党書記長ツェデンバルがソ連支持を明確にし，ソ蒙相互援助条約（1936年締結）によりモンゴルへ駐留していたソ連軍が中蒙国境に展開したことで，中蒙国境は中ソ対立の前線ともなった．また中朝関係は朝鮮戦争における共闘を契機とした「血の盟約」による緊密なものとされ，中ソ対立において朝鮮民主主義人民共和国（北朝鮮）は中立的立場をとっていたが，1964年のフルシチョフ失脚後はソ連との関係が改善に向かう一方で中朝関係は悪化し，この時期に中国で始まった文化大革命に対しても非難を行ったことから，中朝国境においても国境移動が厳しく制約されるといった緊張状態が出現した．

**b. 大躍進政策から文化大革命へ**

他方で中国国内の情勢も政治的急進路線により大きく変化した．1958年に始まる大躍進政策は，工業では鉄鋼増産運動の展開，農業では人民公社化運動を通じて生産の飛躍的向上と共産主義社会への移行の早期達成を目指した．この政策は中央の実状に沿わない高い数値目標に対して地方が虚偽の達成申告をしたことでさらに数値目標を押しあげるという悪循環を引き起こし，また鉄鋼増産活動や水利工事に農民が大量動員された結果，深刻な経済失調を来たした上に1960年には自然条件も加わり凶作に見舞われて頓挫した．

中国東北においては中国の華北地区にみられたような深刻な飢餓状況は生じなかったものの，北大荒の開墾事業も大きな損害を蒙った．その後の経済調整期に中国東北の経済は小康状態を取り戻したものの，1964年に始まる文化大革命では紅衛兵による奪権闘争や派閥間の武闘により，政府機関や国営企業，教育機関などが機能不全に陥った．

この時期ハルビンの中国人民解放軍軍事工程学院を卒業した毛沢東の甥の毛遠新は，造反派として頭角を現し，その後遼寧省革命委員会主席や遼寧軍区政務委員を歴任し，「文革の太上皇」として四人組に代表される文革推進勢力の中国東北における活動の一翼を担った．また北大荒の国営農場には労働改造キャンプがつくられ，1957年の反右派闘争以降に右派分子のレッテルを貼られた女流作家の丁玲のような知識人や，文革期の路線闘争において走資派とされた党幹部などが下放された．さらに文革後期には「上山下郷」政策により，都市部の青年が北大荒や内モンゴルの農場に大挙派遣された．「上山下郷」政策は都市部青年に対して農村での労働体験を通じて革命精神の体得を求めたが，実際には党・政府内からの走資派排除をほぼ達成した毛沢東が，党政軍一体の革命委員会設立により社会の安定化を図る上で，すでに役割を終えかえって派閥間の武闘により社会不安の要因と化した紅衛兵を排除するための方策という側面を有していた．1976年の文革終結後，知識人は名誉を回復し，下郷青年たちも多くが都市部へと戻っていったが，東北の苛酷な条件下での開拓作業の体験は彼らに深い影響を残し，とりわけ革命の理想を抱いて現地入りした青年たちの苦悩や挫折は，文革の現実を赤裸々に示すものであった．

### 5.4.5 政治の急進化と中国東北の非漢民族

**a. 非漢民族の抵抗と抑圧**

こうした国内外の情勢は中国東北の非漢民族にも大きな影響を与えた．定住化や生業の転換，さらには宗教関連の組織・活動への改革断行といった少数民族地域に対する社会主義改革には抵抗もあり，1956年の百花斉放・百家争鳴キャンペーンにおいては，内モンゴルの民族知識人がこうし

た改革のあり方を民族文化の喪失につながりかねないものとして批判した．しかし翌57年にこうした知識人からの厳しい批判に反発して発動された反右派闘争では，こうした民族知識人も右派分子として処断された．

また中共中央は少数民族地区では中央の指導から離脱する「独立王国」の企てが起きうるとして地方民族主義反対活動を展開した．たとえばダフール族幹部の一部は自治旗レベルの自治権獲得に満足せず，民族自治州設立の要求を出したが，1958年に「地方民族主義者」や「民族右派」のレッテルを貼られて左遷されるなどの処分を受けた．

**1) モンゴル族**

また文化大革命が発動すると，民族区域自治の実現に貢献した民族幹部を革命路線に反対する走資派として告発し，勢力一掃を図る動きが出現した．内モンゴル自治区に関しては，1966年5月から7月にかけて北京で行われた中共中央華北局の「前門飯店会議」で自治区党第一書記のウランフが走資派として批判され，その後職務を剥奪されて湖南省長沙に監禁された．そして関係者の割り出しを名目に，同年の「ウランフ反党叛国集団」批判から1968年の「新内モンゴル人民革命党（新内人党）」事件に至る一連の告発運動が展開された．

内モンゴル人民革命党とは1925年にモンゴル人民共和国との合流を目指して結成されたモンゴル人による社会主義政党であったが，1930年代には消滅していた．新内人党事件とは，内モンゴル自治区の党・政府がウランフを頭目とする「新内モンゴル人民革命党」を形成しているという嫌疑をぶちあげ，モンゴル族幹部を中心に大々的な摘発・粛正を敢行したものである．内モンゴル東部では，1940年代に民族運動が活発であったフルンボイル盟において，「新内人党」およびその変種組織「全モンゴル民族統一党」の一掃を名目に民族幹部の摘発が行われた．

これらの冤罪事件による被害者は内モンゴル全体で数十万に達したといわれ，東部の各盟・旗でも多大な人的被害がもたらされた．また1969年には突如内モンゴル自治区の行政区画変更が行われ，同自治区の東西両端部分が自治区中心から切り離され，フルンブイル盟は黒龍江省へ，ジリム盟は吉林省へ，ジョーオダ盟は遼寧省に分割編入された．これらの事情については，党・政府内の造反派による権力闘争という側面や，民族問題の実質を階級問題とみなしたことによる民族政策の後退という側面からの説明が主である．

また自治区全体を結ぶ交通体系が未整備である一方，東部地区には満洲国の時代に東北三省との間の交通網がすでに整備され経済的結びつきが強かったことも，自治区分割の一要因であろう．しかし当時の中蒙国境における軍事的緊張を考えあわせると，跨境民族であるモンゴル族に自治権限を与えることへの不信や不安，人民解放軍の各軍区管轄範囲に則した辺疆防衛体制の強化という意図が強く働いていたことが読みとれる．

**2) 朝鮮族**

他方で中朝関係の悪化は中朝国境に分布する朝鮮族の立場にも多大な影響を与えることになった．文革の政治闘争が熾烈を極めた1967年に延辺州長兼州党書記の朱徳海が紅衛兵に監禁され，その後周恩来の指示により救出されたものの，民族主義や満洲国時代の前歴を批判され，失意のうちに武漢で病死した．

延辺州での文革闘争には，革命の「実績」をあげようとハルビンから乗り込んできた毛遠新が深くかかわっており，彼が朝鮮族に対する不信および北朝鮮の干渉を示唆したことから，1970年4月の周恩来訪朝および金日成との会談による中朝関係修復確認に至るまでの間に，朝鮮族幹部の多くが「スパイ」の嫌疑をかけられ迫害を受けた．

**b. 民族文化への抑圧**

文革中の内モンゴルや延辺には批判された幹部や知識人を労働改造するための「幹部学校」が設けられ，また北京や上海，天津などからの下郷青年が農場や林場に送り込まれた．それは同時にこれら地域の農地開拓や林業開発の役割も担っていた．1965年には大興安嶺の林業開発を本格化すべく大興安嶺地区が設置され，国営林場が設置された．内モンゴルのオロチョン自治旗東部もその

一部としてジャグタチ区および松嶺区が置かれ，現在においても行政区分上は自治区に属しながら，実際には黒龍江省の管轄下に置かれている．また文革中は各民族の服装や髪型，風俗習慣，宗教信仰の多くが「四旧打破」を名目に否定・禁止され，民族文化に対する抑圧が強められた．

周辺諸国との関係悪化と国内の政治的急進化は，こと中国東北においてはモンゴル族や朝鮮族に対して厳しい政治的抑圧や自治権の制限をもたらした．それは跨境民族の置かれた立場の不安定さを示しており，文革という「十年の動乱」が中国の各人民にもたらした災厄として単純化できない側面をもっている．

## 5.4.6 改革開放と中国東北

文革終結後の中国東北は中国の他の地域と同様に，文革路線の精算と経済の立て直しを進めていったが，鄧小平指導下での改革開放政策の展開に伴い，中国経済全体に占める中国東北の位置づけは徐々に変わっていった．改革開放は対外経済開放地区における外資の積極的導入という形で着手された．文革後期の1970年代に中国は国連代表権を獲得し，またアメリカや日本との国交樹立を皮切りに西側諸国との関係を急速に深めており，中ソ対立を背景に全方位的な外交路線を模索した中国の外交政策転換が，労働集約型産業の育成による西側諸国との貿易拡大を可能とした．

### a. 経済開放地区の設置

文革期の中国は経済的には自力更生をスローガンとする閉鎖的な体制をとっていたが，改革開放政策では中国の経済的立ち後れを認識し，西側諸国からの技術導入を受け入れる姿勢をみせた．経済開放地区はまず香港に接した深圳に経済特区という形で置かれ，その後1984年には経済技術開発区として全国に拡大したが，それらは主に東部沿海地域に位置しており，広東省や上海市，江蘇省，山東省などでは合弁企業が次々と設立され，中国国内の第二次産業全体に占める割合を拡大していった．

改革開放政策を中国東北で具体的に実施したのは大連である．1984年に経済技術開発区に指定された大連では，北部郊外に開発区を設けて外資企業の誘致にのりだした．地理的に近いこともあり大連開発区には日本の企業が積極的に進出した．しかしながら当時の政策は国内の計画経済体制に影響を与えない範囲で外貨獲得を主眼としたものであり，大連ひいては中国東北の経済構造に深い影響を与えるまでには到らなかった．またソ連やモンゴルとの関係は改善していない上，各国とも計画経済を基本としているために国境間交易の拡大にも限界があった．

### b. 中国東北の経済的地位の変化

改革開放政策は，1989年の天安門事件での中国政府の対応を批判した西側諸国による経済制裁により一時的に停滞した．しかし1992年の鄧小平の南巡講話を契機に持ち直し，江沢民指導体制のもとで市場経済が「中国の特色ある社会主義」の基本路線として位置づけられた．市場経済への移行は海外企業の進出を促したが，他方で計画経済を支えてきた国有企業の改革が重要な課題となった．

国営企業は国有企業へと転換することで，計画経済下の硬直した生産体制を打破して市場経済に見合った独立採算制への移行を促されたが，その結果不採算部門に対しては整理統合が進められ，国営企業に勤めていた多くの労働者がリストラされるという事態が生じた．加えて国営企業が単位社会構造の中で担っていた教育や医療といった社会福祉部門も経営母体から切り離され，実質的に廃止された．これまで国営企業が集中し中国の計画経済を牽引してきた中国東北では，国有企業改革によって経済の停滞と雇用不安が増大し，かえって改革が停滞するという事態に陥った．

また鞍山などの鉱山都市では鉱物資源の枯渇が現実問題となり，産業の転換を図らざるを得なくなってきている．市場経済に適した産業振興に成功した東部沿海諸地域が国内経済の中で成長するのに対し，かつて中国の経済を牽引してきた中国

東北はその地位を低下させるという状況に陥ったのである．

加えて中国は1980年代後半からGATTへの加盟を目指し，1995年にはGATTに代わり成立したWTOへの加盟を申請しており，加盟へ向けた交渉の中で国内市場のさらなる対外開放が求められた．東北の産業振興は単に国内経済のレベルにとどまらず，国際競争力を兼ね備えねばならないという重い課題でもあった．遼寧省では大連市長の薄熙来が大連市の改革に成功し，その後遼寧省長として国有企業改革に腕をふるった．しかしながら計画経済のもとで抜本的な更新を経ずに維持されてきた中国東北のインフラが，産業構造転換の足かせとなっており，省レベルの改革には限界があった．

また1980年代に入ると，農業方面においても人民公社の解体と生産請負制による農民の生産意欲向上と余剰生産物の市場への流通が促された．中国東北各地の国営農場も，効率の改善による生産性の向上とともに，市場経済における産地間競争およびWTO加盟による輸入農産品との競争に応じた質の追求や商品作物生産などの改革を迫られた．「北大荒」では水稲栽培が本格的に導入され，「東北米」の一大産地へと成長した．この成果は「北大荒」の「北大倉」への変貌として賞賛されたが，その背景には日本のODAやNGOを含む国際的支援のもとで寒冷地に強い品種の導入や貯水ダムの整備などが促進されたという側面もある．また内モンゴルの牧草地では，カシミヤヤギなどの商品性が高い畜類の生産が促進された．

#### c. 民族政策の「復活」

ここで少数民族地区の状況をみると，文革の終結にともない，反右派闘争から文革までの時期に右派や反動派として弾圧された民族幹部や民族知識人の名誉回復や職務復帰が徐々に進められた．また文革中は機能停止に陥っていた民族自治区域では業務が再開され，特に内モンゴル自治区では1979年に自治区の範囲が1969年の以前の状態に戻され，民族政策の「復活」が印象づけられた．1984年には「民族区域自治法」が制定され，民族区域自治をはじめとする民族政策に対する法的保証が強化された．

こうした状況を受け，これまで政治的抑圧を懸念して民族的出自を明らかにしてこなかった人々が，1984年の第三回全国人口調査の際に本来の民族籍への変更を主張するようになった．これを受けて各地で民族識別の再調査が行われた．再調査では漢族から非漢民族への変更が多く，中国東北においては満族の再認定要求が顕著であった．1953年の時点で約240万人だった満族人口は，再識別調査によって1982年には約430万人，1990年には約985万人へと急増した．これを受けて中国東北では遼寧省の岫岩・鳳城・新賓（1985年）と清源・本渓・桓仁・寛甸・北鎮（1989年）の8県，および吉林省の伊通県（1988年）が満族自治県となった．

民族成分の再識別や区域自治の獲得は中国民族政策の成果であるが，しかしその背景には少数民族に認定されることに伴う生活への保護や教育・就業などでの優遇，区域自治獲得に伴う財政的補助などへの期待も存在する．他方で政府からの補助に依存し，また漢族を含む周辺民族の影響のもとで次第に自民族の言語や風習文化を喪失するという現象もみられる．特にホジェン族は人口が極端に少ないこともあり，民族集団をいかに維持するかが問題になっている．

### 5.4.7 21世紀の中国東北とその課題

#### a. 東北振興プロジェクトへ

図們江開発での曲折にみられるように，中国東北の経済発展にとって旧態然とした交通インフラはボトルネックとなっており，改善の必要性は強く認識されていたものの，国有企業改革に追われる各省レベルでの対応では限界があった．1990年代後半の中国では市場経済の本格導入により急速な経済成長がみられる一方で，地域間格差が顕著となり，中国政府は地域間格差是正のための支援策を打ちだしていった．この支援策は東部沿海の各省・市が西部内陸の各省・自治区を支援する

という形で始まり，やがてそれは「西部開発」という国家支援プロジェクトに結実した．

中国東北は基本的に東部・西部いずれにも属しないが，内モンゴル自治区全域が西部開発の支援対象地域に含まれていた．また延辺朝鮮族自治州も西部開発の主要支援対象である少数民族地区に相当するとして，これに準ずる経済支援を受けた．そして中国国務院は西部開発の経験をふまえ，中国東北の経済不振を抜本的に改善するために，2003年10月に「東北地区等旧工業基地振興戦略の実施に関する若干の意見」をまとめ，2007年8月には「東北地区振興計画」を発表し，国家プロジェクトとしての「東北振興」を本格化させた．

東北振興プロジェクトは，中国東北においてインフラを国家事業として整備し，これを起爆剤にして国有企業改革や資源枯渇都市の構造転換を促進し，持続可能な発展をもたらすことを目指すものである．高速道路網や空港施設の整備が急速に進められているほか，鉄道についても旅客輸送のスピードアップとともに新線建設による旅客運輸と貨物運輸の分離が計画されている．中国東北は長らく満州国時代に整備されたインフラ資産に依存してきたが，ようやく新たな経済発展のための礎を整えつつある．こうした新たな時代に即した指導者の活躍とも相まって，中国東北の経済はひところの苦境から脱しつつある．

### b. 環境問題への配慮

しかしながら東北振興プロジェクトは中国東北の無条件な経済発展を保障するものではなく，そこには「持続可能な発展」という大枠が規定されている．その背景には深刻化する環境問題への配慮がある．都市化に伴う乱開発や住環境の悪化，工場や鉱山における未処理排水や排煙による土壌や大気の汚染といった公害問題は経済活動の活性化と法的規制の遅れによって深刻化しつつあり，東北振興プロジェクトはこうした問題への対処を打ちだしている．

また第一次産業においても，これまでの生産地拡大・生産量向上の方針を継続することが難しくなっている．たとえば内モンゴルのホルチン草原，ホロンバイル草原では草原や開墾地の荒廃による砂漠化の進行が1990年代に深刻化し，生産の停滞・低下をもたらした．「過放牧」と呼ばれる家畜の過剰投入，とりわけ商品性の高いカシミヤヤギの増産に伴い牧草が根こそぎ収奪され，加えて水源地である湿地や保水林の農地転用に伴う気候の乾燥化，洪水による表土流失などが人為的要因とされる．

砂漠化により放牧・農耕が困難になった地区では「退耕還草」あるいは「退耕還林」と呼ばれる耕作禁止を伴う植生回復措置，そして該当地域から住民を移転させる「生態移民」が実施されている．また三江平原はタンチョウヅルの生息地として，東北アジア地域全体の生態系における重要性が各国のNGOから指摘され，2002年1月にはラムサール条約登録湿地に指定されている．生態保護の観点から過度の湿原開拓に対する警告がなされている．そして大興安嶺では1987年5月の大火災も加わって森林面積が減少し，下流域での洪水発生の一因ともなっており，森林消失地に対して伐採を禁じ植林を行う「封山育林」政策が行われている．耕地面積の拡大による生産量増加という手法の限界と潜在的危険性に直面し，中国は生態環境の回復・維持と生産性の向上とを両立させる必要に追われている．

### c. 近隣諸国との交流

また中国東北と近隣諸国との関係緊密化もさまざまな問題を内包している．中ソ（露）間の関係改善は，両国間の交流を拡大させた．国家間レベルではシベリアの天然ガスパイプラインの延伸といった大規模なプロジェクトがあげられるが，現地レベルでは国境をはさんでの人やモノの交流拡大が顕著である．1990年代初めにおいてはソ連解体直後で経済的混乱がみられたロシアから，中国製品の買い付けや出稼ぎで中国東北にやってくるロシア人が増加した．その後ロシア国内の経済が安定すると，中国東北からロシア沿海州およびシベリア東部に向けて，都市部での行商や農業での季節労働に従事する出稼ぎ労働者が増加するようになった．

しかし中国人出稼ぎ労働者の増加に対して，ロシア政府はロシア人の経済活動を圧迫しかねないものとして懸念しており，規制の強化に向かっている．また2007年冬に吉林省吉林市で起きた化学工場爆発事故による有害物質の松花江への流出は，下流の黒竜江省だけでなく，その先のロシア領内アムール川流域への汚染拡大が懸念された．この事件は中国東北の環境汚染問題が周辺国にまで影響を及ぼす可能性を示唆するものであった．

### d. 跨境民族の置かれた状況

朝鮮半島との関係をみた場合，跨境民族である朝鮮族の存在がより複雑な状況をもたらしている．1992年の中韓国交樹立以降，中国東北においても韓国との交流は活発になった．特に延辺州では図們江開発を契機に開設された航空路線を利用し，朝鮮族の起源伝説にかかわる長白山（朝鮮語では白頭山）を訪れる韓国人観光客が急増した．延辺州をはじめ中国東北各地の朝鮮族社会では韓国の音楽や映画・ドラマなどに接する機会が増え，それらを通じて韓国文化が中国朝鮮族に広く受け入れられるようになっている．

こうした現象は中国の少数民族として維持してきた朝鮮族の民族文化を豊かにする一方，朝鮮族の民族的帰属という問題も表面化させた．国内にいくつもの跨境民族を擁する中国政府にとって，中韓交流拡大に伴う中国朝鮮族と韓国の間での同胞意識の醸成は，国内諸民族の団結を阻害しかねない要因とみなされる．こうした経緯から朝鮮族に対しては，中国が多民族の統一された国家であるという国家観，朝鮮族が中華民族を構成する56民族の1つであるという民族観，そして中国共産党の指導の各民族が団結して今日の中国がつくられたという歴史観を教育する「三観教育」が進められているとされる．

学術面においては1990年代後半より，中国社会科学院中国辺疆史地研究所を中心に「東北工程」と称される歴史研究プロジェクトが開始された．これは中国東北の中国本土との歴史的一体性を検証するものであるが，その過程で高句麗王朝を中国史上の一地方政権する見解が明確化したことに韓国が反発し，中韓の間で「歴史論争」が起こった．2004年7月のユネスコ世界遺産委員会蘇州会議において，北朝鮮の高句麗遺跡単独遺産登録に反対する中国は，吉林省の高句麗遺跡との同時登録に持ち込んだが，その際にも中国側の歴史認識に対する韓国史学界の強い反発がみられた．

中朝間においては，1990年代以降の北朝鮮の経済低迷を背景に密かに国境を越える，いわゆる「脱北者」の問題がみられる．脱北者をめぐっては中国当局が北朝鮮側の要請に応える形で国境警備の強化や脱北者の摘発・送還を行っていることへの国際的非難もみられるが，その背景には朝鮮族が脱北者を同胞意識から匿うことへの中国当局の警戒も存在する．朝鮮族は跨境民族としての活躍が期待される一方で，国と民族をめぐる帰属意識の狭間で微妙な立場に置かれるのである．

他方で中韓の交流拡大は，朝鮮族の労働人口移動という現象をもたらしている．たとえば延辺州の農村部では若い女性を中心に州都延吉，さらには韓国企業のある省都長春や天津，煙台などの省外都市，そして韓国へと出稼ぎ労働を行う者が増加している．現在では韓国へ出稼ぎに行く朝鮮族は他の出稼ぎ国を抜きんでている[*1]．こうした若年層の農村からの流出は未婚の農民男性を増やすだけでなく，農村部朝鮮族子女の出生率低下を招き，さらには児童数の減少から朝鮮族学校の維持を困難にしている．これに対して延吉では児童数の急増に民族学校が対応できなくなり，また将来の就職事情を考慮し漢族学校に就学させる家庭が現れるなどの現象が起きている．他方で延吉の商業都市化に伴い漢族人口の流入も増加しており，自治州人口に占める朝鮮族人口の総数および比率の低下は民族自治区域内で主体民族が少数派に転じることへの危機感を与えつつある．

こうした跨境民族ゆえの問題はモンゴル族にも存在し，1990年代初めにソ連の影響を脱して体

---

[*1] 海外への出稼ぎは，1989年の270人から2003年には1万5000人を超えるまでになった．当初はロシアや船舶の乗員といった形での出稼ぎが多かったが，ここ10年ほどは「韓国へ」が3割前後を占めている（朴承憲（主編）2004，六章収録資料）．

制を転換したモンゴルと中国の経済的関係の強化は，中国のモンゴル族に活躍の機会を提供する一方で，モンゴル民族全体の連帯や地域統合を標榜する「汎モンゴル主義」に対する中国当局の警戒をも引き起こしている．

#### e. 少数民族地域の人口構成の変化

延辺自治州に顕著にみられる少数民族地域での人口構成変動という現象は，1950年代から農民の都市移住を厳しく制約してきた戸籍制度が，1990年代に労働力確保の需要から制約を緩和したことに伴うものである．民族区域自治制度は少数民族が集中的に居住する地域に自治権を付与する属地主義的なものであり，人口構成の変化は自治の空洞化という危険をはらんでいる．また区域自治地域の経済的発展それ自体にも問題が存在しており，それは1990年代における一部の満族自治県が市に昇格するという形で顕在化した．

これは「民族区域自治法」に「民族自治市」という行政区分が設定されていないことに起因するもので，民族自治地方が経済的に立ち後れた優遇措置を必要とする地域とみなし，自治県が市に昇格するという事態を想定していなかったことの裏返しでもある．市への昇格は区域自治制度下での補助を利用して経済的に豊かになった結果であるが，「区域自治法」の適用外になるために少数民族に認めていた諸権利が法的に保証されなくなるという問題を抱えている．また1990年代以降内モンゴル自治区では盟の「市」への改称が進み，ジェリム盟は「通遼市」へ，ホロンバイル盟は「ハイラル市」へと改称しており，それは市への昇格だけでなく，モンゴル族が自治区成立時にこだわった盟旗制度が形骸化していることをも物語っている．

民族区域自治法は市場経済体制に合わせる形で2001年2月に改正されたが，区域自治の制度的側面への改正は見送られた．経済発展の中での少数民族の権利保障の問題は中国東北においても重要な課題となっている．

今日の中国東北における諸問題は中華人民共和国成立後のここ50あまりの経緯の中で蓄積され，構造化したものが市場経済移行による社会情勢の急激な変化の中で表面化したものであるといえる．そしてモンゴル族や朝鮮族といった跨境民族はこうした変化の前面に置かれている．今後の中国東北の行く末は未知数であるが，確実にいえることは中国東北の発展はその周辺国家・地域を巻き込んだ東北アジアという国際環境の動静と不可分であり，そのためにも周辺地域との安定的関係の構築が不可欠であるということである．同時に東北アジアにおいて中国東北は重要な位置を占めており，今後の中国東北の動静が東北アジア地域の発展の方向性を左右してゆくであろう．

〔上野稔弘〕

▶ 文　献

宮下忠雄（1962）：中国の国営農場．国民経済雑誌，**106**(5)．
鄭雅英（1999）：中国朝鮮族の民族関係．現代中国研究叢書37，アジア政経学会．
朱在憲（2001）：対中国朝鮮族人口分布特点及其発展趨的分析．延辺大学民族研究院主編：朝鮮族研究論叢，第五輯，延辺大学出版社．
朴承憲（主編）（2004）：2003-2004延辺経済藍皮書：延辺経済形勢分析與預測，延辺大学出版社
朴紅（2006）：中国国有農場における企業改革の進展と農場機能の変化．農経論叢（北海道大学），**62**．
編写組（2008）：王震伝（新版），人民出版社．

## Column……7　図們江開発の意義とその影響

　1990年代に入ると，中国東北を取り囲む国際環境に大きな変化が現れた．その背景には20世紀中葉以降のアジア情勢を規定してきた冷戦構造の終焉があげられる．ソヴィエト連邦は1991年に解体され，ロシア連邦を含む独立国家連合体（CIS）へと移行した．ロシアは西側市場経済へ参与しつつ経済の再生を目指したが，沿海州ではアジア諸地域との交易拡大を通しての経済活性化が希求され，軍事上の問題から外国人の立ち入りを厳しく制約してきたウラジオストクもシベリア鉄道の終着駅として対外開放が進んだ．また1991年9月には韓国および北朝鮮の国連加盟が実現し，これを受けて中国およびロシアが相次いで韓国と国交を樹立し，朝鮮半島における東西陣営対峙の構造が解体された．このことは経済成長を続ける韓国資本の対中露投資への期待を抱かせるとともに，中露からの経済支援が縮小した北朝鮮の対外開放試行を促すことにもなった．こうした東北アジアの国際情勢を反映する形で打ちだされた多国間経済協力モデルとして打ちだされたのが図們江開発プロジェクトである．

〔開発プロジェクトの概要〕

　図們江開発は中朝露三ヵ国国境地域に位置する国際河川である図們江（朝鮮名「豆満江（トゥマンガン）」）下流域に国際的港湾都市を建設し，東北アジアの新たな流通拠点を形成するという一大国際協力プロジェクトとして始まった．これは1990年に長春で開催された国際会議における中国代表の提唱に端を発し，1991年には国連開発計画（UNDP）の第五次事業計画（1992～1996年）の重点事業として位置づけられ，当事国である中国・朝鮮・ロシアのほか，中国との経済関係をより緊密にして半島問題解決へのプレゼンスを高めたい韓国，対外貿易のための新たな拠点を求めるモンゴルや，「日本海経済圏」構想を掲げてバブル崩壊後の経済復興の起爆剤としたい日本とりわけ日本海側各県もこれにかかわった．

　図們江開発にかける各国の思惑はさまざまであったが，とりわけ中国，なかんずく吉林省はこのプロジェクトの提唱者かつ推進役として重要な位置を占めた．吉林省は東北三省の中でも対外交流の窓口をもたない点で不利な状況に置かれており，そこには清末に吉林都督府管轄下の沿海部がロシアに割譲されたという歴史的遠因もあった．国際物流のためのインフラを欠き，近隣省に依存せざるをえない吉林省としては，図們江開発によって自前の対外貿易拠点をもつことは産業発展にとって重要であり，歴史的に形成された内陸省化状態の打破をも意味していた．

〔開発の難航〕

　しかしながら国際港湾都市建設の構想は当初から難航した．主たる原因は図們江河口部が河床の浅さや朝露を結ぶ鉄橋の存在などで大型船舶の航行に不向きなことであり，新たに港湾都市を建設した場合にはその維持コストがかさむことが明らかになったことにある．加えて日本海に抜ける通商ルートを確保したい中国とは対照的に，海浜部を領有するロシア・北朝鮮両国がプロジェクトへの関心を減退させた．

　ロシアはウラジオストクを拠点としたシベリア鉄道の活性化が重要であり，北朝鮮の鉄道網を整備して韓国の物流をシベリア鉄道に結びつけることを構想していた．また北朝鮮は図們江最下流域の羅津・先鋒地区に工業団地を造成して対外企業を誘致することを構想していた．両国にとって図們江河口部への国際港湾建設は自国の開発計画と重複するものであった．

　こうした関係国の思惑の相違から計画の早期実現は困難視され，UNDPは計画管理委員会を発足させて関係国の調整役に退き，94年には関係国で構成される委員会による調整

方式へと移行した.

　このプロジェクトでは華僑・華人資本や韓国資本を積極的に呼び込みインフラ建設の早期整備を目指したが期待ほどには伸びず，1997年のアジア通貨危機による投資の縮小・引き上げが追い打ちをかけた．こうした経緯から，UNDPが主導して国際港湾都市を建設するという当初案を断念し，中朝露三ヵ国による図們江中下流域および河口部周辺沿海地域を含むより広範な三角地帯における広域経済交流拠点作りを後方支援する方針に転換し，事実上三ヵ国それぞれが独自に進める開発計画を是認した．

〔開発の現在〕

　現在図們江開発は中国側が対露・対朝の国境税関を整備し，海外投資家向けの商談会を主催するなど依然積極的ではあるが，朝露では国境税関や海岸部までの交通インフラの改善が進んでいない．また北朝鮮の核兵器開発疑惑をはじめとする朝鮮半島情勢の不安定な状況は図們江開発の足かせとなり，その進度を緩やかなものにしている．図們江開発をはじめとする中国東北の対外発展戦略は朝鮮半島の政治的・経済的安定を抜きにしては語れない．朝鮮半島の非核化を中心議題として継続中の日・米・韓・朝・中・露の六ヵ国協議において，中国が議長国となって主体的に問題解決にあたるのも，この問題の平和的解決が中国とりわけ中国東北の安定的発展にとって必要不可欠であるからに他ならない．

　図們江開発の紆余曲折は，東北アジアの経済発展がこの地域にかかわる各国の事情と連動しており，中国東北の発展もこうした国際関係に左右されることを物語っている．図們江開発は当初構想からは後退したものの，ロシア沿海州と韓国東海岸間の航路開設などいくつかの成果をあげている．特に図們江開発対象地区の中心に位置する延辺朝鮮族自治州ではインフラの改善，とりわけ延吉空港での対韓国際線の就航など韓国との関係が拡大した．図們江周辺地域の経済振興は緩やかではあるが引き続き進展している．　　〔上野稔弘〕

▶ 文　献

UNDP GTI（Great Tumen Initiative）Home：http://www.tumenprogramme.org/
丁　士晟ほか編（1996）：図們江開発構想——北東アジアの新しい経済拠点，創知社．

**図1**　中朝ロ三国境界を中国側（琿春市防川）より望む．右側にみえる図們江に架かっているのはロシアと朝鮮を結ぶ鉄道橋．手前にロシア領ハサン地区のハサン湖がみえる．2004年8月の撮影当時，観光地化を進める中国と，グルジア紛争の影響からか国境警備を強化するロシア側，不作続きで人気が感じられない北朝鮮側という三者三様の様相をみせていた．

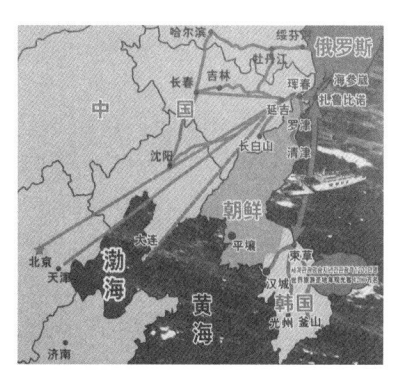

**図2**　韓国の会社が開設したザルビノー束草航路フェリーの看板に描かれた図們江地域を中心とした交通網の構想図．

## II 歴史環境

# 第6章

# 歴史環境としての文化圏

## 6.1 チベット仏教世界からみた満洲王朝・清

### 6.1.1 多面的な性格をもつ満洲王権

17世紀初頭，朝鮮人，モンゴル人，中国人がまじりあって住む遼東平野の東方に，満洲人の国家が産声を上げた．その王朝は自ら後金と名乗り，初代国王ヌルハチの時代に満洲人を統合し，2代目ホンタイジの時代に朝鮮を制し，1636年にはチンギス・ハーンの直系とされるチャハル（南モンゴル）のリクデン・ハーンを破った．そして，3代目の順治帝の即位直後，満洲人は中国に侵入し1644年に北京を占領し，以後1911年の辛亥革命の勃発に至るまで，250年の長きにわたり中国の支配民族の座に君臨しつづけたのである．

かつては世界帝国をつくりあげた強大なモンゴル，古い歴史と豊かな経済力をもつ中国や朝鮮など強力な3つの民族を制し，長期間にわたり中国の支配に成功したことは，満洲人が軍事力のみならず，外交力についても優れていたことを示している．では，満洲人はいかにして異なる民族とわたりあっていたのであろうか．

満洲人は，自らと異なる文化に接するに際して相手の価値観を尊重し，自らの姿をその価値観に合わせて自在に変化させた．中華世界に対しては中国人の理解できる思想，すなわち儒教世界の中央に君臨する中華皇帝として振る舞い，チベット・モンゴルなどのチベット仏教世界に対しては，神学的にはマンジュシュリ・ハン（文殊菩薩皇帝），世俗的にはダライラマの大施主として振る舞ったのである．

このような柔軟な外交姿勢によって，満洲人は相反する価値観をもつ複数の世界に対して影響力をもつことができ，偏狭な中華思想をもってしては不可能な広大な地域にその軍事力と経済力の足跡を残すこととなったのである．本節ではこのような満洲皇帝の王権像のうち，チベット仏教世界からみた清朝の側面についてみていこう．

### 6.1.2 チベット仏教世界の誕生

モンゴル社会とチベット仏教との出会いは13世紀のモンゴル帝国時代に遡る．チベット仏教の一派サキャ派の座主サキャパンディタ（1182-1251）は，1244年オゴタイ・ハーン（在位1246-48）の息子ゴダンの招請に応じて，年若い甥のパクパ（1235-1280）とともにモンゴル宮廷に向かった．サキャパンディタは宮廷内に支援者を増やしていったものの，蘭州の地で客死した．後に残されたパクパは宮廷に残り，グユクを継いでハーンの座についたモンケ・ハーンの弟フビライと知己を結んだ．

1260年にフビライ（在位1260-94）がハーン位につくと，チベット仏教の繁栄の時代が幕を開け

る．フビライはパクパを国師にとりたて，自らの王権をチベット仏教の儀礼によって演出させた．その後も元朝の皇室にチベット仏教は浸透し，大都や上都，五台山には多くの寺院が建立され，チベット仏教は大いに振興した．しかし，1368年に元朝が崩壊するとチベットとモンゴルの交流は途絶え，モンゴルにおけるチベット仏教も急激に衰退に向かった．

16世紀に入り，ダヤン・ハーンによってモンゴル高原が再び統一されると，モンゴル社会に再びチベット仏教世界へ回帰せんとする風潮が高まった．このとき，チベット・モンゴル，2つの社会を再び結びつける役割を果たしたのは，かつてのフビライ・ハーンとパクパの物語であった．戦乱の16世紀にあって，繁栄の頂点にあったパクパとフビライの時代はモンゴル人，チベット人いずれにとっても追慕の対象であり，当時のモンゴル王侯たちはフビライにならい，競ってチベット僧を供養し，一方のチベット側もパクパにならい青海やモンゴル高原に布教僧を送り込み，モンゴル王侯と関係を取り結んだのである．

17世紀に入るや続々と現れるモンゴル年代記はこのような時代状況をよく反映し，フビライとパクパの時代を称揚することに多くの紙数を割き，元朝こそ「仏教に基づく政治」が実現した理想の時代と位置づける．たとえば，モンゴル年代記『ツァガーン=トゥーフ』(白史) は，理想の帝王を転輪聖王，理想の宗教者をその転輪聖王に灌頂を授ける法王と規定し，フビライは転輪聖王，パクパは法王であると称え，彼ら2人が君臨した元朝においては「仏教 (十善法) に基づく政治」が実現していたとする．

17世紀にモンゴル社会を通じてチベット仏教に接触した満洲人は，当然のことながらこの思想を共有したため，清朝を建国するや元朝の偉業の継承を掲げ，チベット仏教世界の安寧を維持するために，チベット，モンゴル各地でおきる紛争に介入することになった (石濱, 2001, pp.206-219)．

そこで，以下に初代皇帝ヌルハチから，最盛期の6代目皇帝，乾隆帝に至るまでの歴史を，チベット仏教世界の視点から再構成してみよう．

### 6.1.3 満洲王朝初期のチベット仏教

初代皇帝ヌルハチ (在位1616-26) の時代にすでに満洲人たちはチベット仏教に心を配っており，行軍の際にチベット寺に宿営しないこと，汚さないこと，その財産を接収しないことを軍規とし，ヌルハチ自らチベット僧アルダルハン・ナンソに師事していた (張羽新, 1988, pp.8-14, 205-209)．

2代皇帝ホンタイジ (在位1626-43) の時代，チベット仏教はさらに満洲皇室へと浸透していく．満洲軍は天聰9 (1635) 年，チンギス・ハーンの直系といわれるチャハル・モンゴル (南モンゴル) を制圧した．その翌年，ホンタイジは当時の都，盛京に天壇を築き，満洲人と中国人とモンゴルの王侯に推戴されるという形で改めて即位式を行い，国名を大清ウルスと変え，チャハルより元朝の国璽を得たことを宣言した．この即位礼が，元朝の政治を満洲人が継承したことを宣布する意味合いがあったことは明らかであろう[*1]．

2年後の1638年に同じく盛京において，この即位礼と並行して考えるべき重要な儀礼が行われた．盛京の西郊外に建立された「一切のものに勝利する寺」(漢名實勝寺・黄寺・皇寺) の落慶式である．この寺の境内に建てられた四体碑文 (満洲・中国・モンゴル・チベット) より，建立の目的をみてみよう[*2]．

「大元ウルスの世祖フビライ・セチェン・ハーンの時代に，パクパ・ラマが1000両の金によってグル・マハーカーラ[*3] (の像) を造って五台

---

[*1] 即位礼全体とその歴史的意義については石橋 (1994) 参照．

[*2] この四体碑文は清朝治下で多数つくられることになる四体碑文の第1号である．和訳に際しては東洋文庫に所蔵される拓本『蓮華浄土實勝寺碑記』を底本とした．碑文によると，文は満洲語で作文され，残る三体は満洲語からの翻訳であるとするが，チベット語ないしはチベット語を直訳したモンゴル語の仏教用語が多用されているため，翻訳に際しては満洲語に加えモンゴル語とチベット語も参考にした．

[*3] gur mgon po. マハーカーラはパクパの属するチベット仏教の一派サキャ派の主要な護法尊である．マハーカーラ尊がサキャ派の護法尊であることは，SKB vol.9, nos. 75〜79他サキャ派の文献に多数記されている．グル・マハーカーラの尊容についてはBTD, no.357-361参照．

山に祀った．その後，(マハーカーラ尊は)サキャ*1の地にもっていかれて祀られた．後に大元ウルスのハーン達の後裔であるチャハルのリクデン・ハーンが，シャルパ・フトクトをお招きしたとき，マハーカーラを(サキャから)もってきて祀っていた．そして，大清ウルスの寛温仁聖皇帝がチャハル・ウルスを攻めて支配下に入れたときに，メルゲン・ラマがマハーカーラをもって降伏してきた．このことを，皇帝に申しあげると，(皇帝は)ラマ達をして礼を以て(マハーカーラを)迎えせしめ，盛京城の西方におらしめた．御仏と護法尊マハーカーラを一緒にあらしめるべきであると思い，地の良きを調べ見て，『盛京城の西方の三由旬の地の上に，仏の地と三身の依り所をたてろ』と，工部の役人に命令を下して，広大な寺を建立した．中央には仏の体の依り所(＝仏像)たる三世仏と(その脇士として)モッガッラーナ(目連)とシャーリプトラ(舎利弗)の二大弟子，両面にパドマサンバヴァと阿弥陀仏，八大菩薩，十六羅漢(を建立し)，天井には4タントラの仏のマンダラを描いた．(仏の)心の依り所(＝仏塔)としては，尊勝塔と菩提塔……を建てた．」

つまり，「一切のものに勝利する寺」は，チャハル戦において戦利品として獲得したマハーカーラ像を祀るために建立されたのである．

8月12日に行われたこの寺の落慶式においては，1636年の即位式の際と同じく中国人・朝鮮人・チャハルの王侯がそろって参加した．式中，ハンは自ら冠をぬいで仏前にぬかづき，マハーカーラに供物を捧げた．そして皇帝のポケットマネーから1060両の銀を布施し，続いて呉三桂などの漢人三王，朝鮮国王代理である国王第2子，チャハルの諸王も次々と金銀馬匹の布施を献じた（中国第一歴史檔案館, 1989, pp.354-356）.

国璽が元朝の政治権力のシンボルだとすると，パクパのマハーカーラ尊は元朝において隆盛を極めたチベット仏教のシンボルである．これを，「仏教に基づく政治を実現することこそ支配者のなすべきこと」というチベット仏教世界の思想とつきあわせると，1636年の即位式と1638年の落慶式のもつ意味が自ずと明らかになるであろう．即位式は元朝の政治を，落慶式は元朝の仏教を，満洲皇帝が継承することを宣言したものだったのである．

### 6.1.4 中国征服に連動した盛京四塔四寺の建立

1644年，清朝軍は山海関を越えて中国に侵入し北京を占領し，前年即位したばかりの幼皇帝フリン(順治帝，1643-61)は8月20日に盛京より北京に遷座した．その翌年，盛京において再びチベット仏教関連の大がかりな事業が行われた．盛京城の東西南北の4面に，4つの巨大なチベット式仏塔と4つの寺が建立されたのである．以下にこの四塔四寺の建てられた動機を境内に建てられ

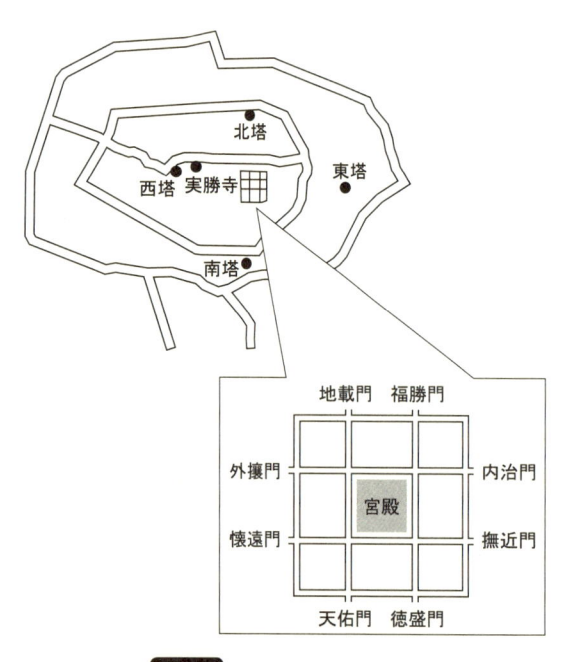

**図6.1** 盛京四塔四寺の位置

---

*1 中央チベットの西部にあるサキャ派の大本山サキャ寺．鴛淵一は，満洲語テクストをsishiyaと転写し「西夏」と訳し（鴛淵, 1943, p.137），モンゴル語テクストもshiyaと転写し，「夏」と訳す（鴛淵, 1943, p.142）．しかし拓本によると，満洲語はsashiya，チベット語はsa skya，モンゴル語はsaskiy-a，漢語は砂漠と綴られており，漢語以外はすべてサキャ，すなわちパクパの属する宗派であるサキャ派ないし，本山のサキャ寺を意味する綴りである．

た四体合壁碑文よりみてみよう*1.

「『ムクデン（盛京）城の四方に，4つの寺，4つの仏塔を建てよ』と工部の役人に命令を下して，シェーチャ・チュージェーラマ*2とビリクト・ナンソ*3の2人に指示して，（盛京城の）東面に，まつろわぬものを打ち破るために建てたのが『毘盧遮那仏の寺』と（本尊の脇士）不空見仏と無垢仏，八大菩薩，四天王，仏頂尊勝塔である．南面に，一切の命あるものを安楽にし，穀物が豊作となるようにと建てたのが『大悲尊の寺』と（本尊の脇士）栴壇吉祥仏と無量威徳仏，八大菩薩，四天王，仏頂尊勝塔である．西面には，（皇帝の）寿命を延ばすようにと建てたのが『無量寿仏の寺』と（本尊の脇士）那羅延吉祥仏と財吉祥仏，八大菩薩，四天王，仏頂尊勝塔である．北面に，皇位が堅固となるようにと建てたのが『時輪仏の寺』と（本尊の脇士）寶焔仏と寶火仏，八大菩薩，四天王，仏頂尊勝塔である．」

四寺が建てられた目的は，東は戦勝祈願，南は豊作祈願，西は皇帝の長寿祈願，北は皇室の繁栄祈願であるため，全体として国家鎮護を祈念したものといえよう．

4つの寺の命名の由来ともなっている本尊についてみていこう．東の寺の本尊は毘盧遮那仏，南の本尊は大悲尊（観音菩薩），西の本尊は無量寿仏，北の本尊は時輪仏，すなわちカーラチャクラ尊である．この四尊がそれぞれ東西南北に配された理由は，これらの仏菩薩にゆかりの地がそれぞれの方角にあることによるものと思われる．たとえば，観音菩薩は『華厳経』によると南方のポータラカ（補陀洛）に住すると説かれているし，無量寿仏は『大無量寿経』によると，西方の極楽浄土の仏である．また，『カーラチャクラ・タントラ』によると，カーラチャクラ尊の教えは北方のシャンバラという聖地において栄えることが説かれている．毘盧遮那仏は無上ヨーガのマンダラでは東に位置することが多く，また後述するように中国（東上）において流行した仏頂尊勝陀羅尼の本尊が大日如来（毘盧遮那仏）と同体とされることから*4，毘盧遮那仏も東に関係する仏といえよう．

次に，これら四本尊の両脇を固める脇士の仏の性格をみていこう．

脇士にあげられている寶焔仏・寶火仏，不空見仏・無垢仏，無量威徳仏・栴檀吉祥仏，那羅延吉祥仏・財吉祥仏は，チベット仏教において懺悔の儀式に用いられる35の仏のうちの8体である*5.

この脇士に加えて，東西南北の四塔も罪の償いを目的として建てられたものである．四塔は碑文にもあるように，瓶腹部の台座を3段の円筒形にすることが特徴的な尊勝塔と呼ばれる形式で建てられている．尊勝塔は釈尊が死の3カ月前に壊れやすい肉体（色身）を捨て永遠の体（法身）を得ることを決意した地に建てられたといわれる仏塔の形式であり，後世，仏頂尊勝陀羅尼信仰と習合し，この形式の仏塔に仏頂尊勝陀羅尼が納入されるようになった（田中，1990, pp.184-185）．

仏頂尊勝陀羅尼は罪業を浄化する力があるとされる陀羅尼で，この陀羅尼がインドから中国に伝来する際の以下の有名なエピソードにより東アジアで大流行した．

「バラモン僧のブッダパーリタ（仏陀波利）は儀鳳元（676）年に西国から中国の五台山に来て，五体投地をして……『大いなる慈悲をもっ

---

*1 碑文の内容は四寺とも寺の名前以外はすべて同文である．和訳に際しては東洋文庫に所蔵される拓本を底本にした．20世紀初頭には四寺四塔四碑文はすべて完備していたが，その後の戦乱によってすべてが壊滅的な打撃を受け，四塔については北塔以外は再建であり，四寺については北寺以外は現存しないか機能していないかである．また，四体碑文が完全に2つとも現存するのは北寺と東寺のみである．伊藤（1909）に20世紀初頭の四塔四寺碑亭が完備していた頃の平面図がある．

*2 チベット語で所知法王（shes bya chos rje）を意味する人名．

*3 モンゴル語で「智慧をもつ」という意味の bilig tü と，チベット語で寺の執事を意味する nang so という称号が合わさった名．ダライラマ5世伝によると，ビリクト・ナンソはサキャ派の支派ゴル派の還俗僧である（D5N-1 198b2-3）．

*4 この陀羅尼の本尊が大日如来であることは，『仏頂尊勝陀羅尼経』（『大正』No.967）p.351a に明示されている．

*5 これらが懺悔三十五仏の一部であることは，Mark Elliott 1922, p.49 note 34-35, 38-43 にも指摘されている．初期大乗仏教における三十五仏については木村高尉（1980）参照．チベット仏教においても三十五仏信仰が流行しており，11世紀のカダム派のドルンパ（gro lung pa）から始まり，近現代の高僧の著作に至るまで無数に言及され作画されている．

て聖なる（文殊菩薩の）お姿を見せてください……』と山頂に向かって礼をした．……すると突然1人の老人が山中より出てくるのを見た．その老人はブッダパーリタに向かってバラモンの言葉でこう言った．『……漢地の衆生はたくさんの罪業を作り，出家の輩もまたたくさん戒律を犯している．ただ『仏頂尊勝陀羅尼経』のみがこの衆生の一切の悪行を滅することができる．あなたはこの経を持ってきたか．』これに対してブッダパーリタが『貧乏なのでまっすぐここにきて礼拝しただけです．経は持ってきていません』と応えると，老人は『経を持ってきていないのなら，むなしく漢地に来ても何の利益があろうか……再び西国に向かいこの経をもって漢土に流行させなさい．……』……頭を上げるともうそこに老人はいなかった．そこでブッダパーリタは非常に驚愕して……西国にもどり仏頂尊勝陀羅尼経を取り，永淳2（683）年に長安に再び戻ってきて，上記の出来事を高宗皇帝に奏聞した．帝はこの経のサンスクリット語写本を宮中に入れ，日照三蔵および司賓寺の典客令杜行顗などとともにこの経を漢訳した．」[*1]

『仏頂尊勝陀羅尼経』はまた，この陀羅尼を丘の上あるいは楼上などの高所に安置したり，仏塔の中に安置すれば，それをみて，あるいは近づいて，またその影が体に落ちただけでも，今までに積んできた諸々の罪業が浄化される，と説く．このことから，四塔が盛京の東西南北の要路上に建てられたのは，盛京を訪れる全ての者の罪業を浄化するためであったことが知れるであろう．

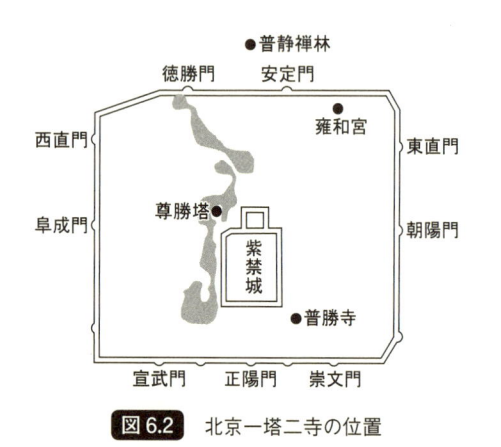

四寺の本尊の脇士が懺悔の仏であり，この四塔も罪業浄化を目的としたものだとすると，その前提にある罪業とは何であろうか．建立の時期が中国侵入直後であるということを考えると，満洲人たちが国家を拡大しつづける過程で過去に行ってきた，そしてこれから中国征服の過程において行わざるをえない，大量の殺生を指すと考えるのが妥当であろう．

満洲人発祥の地を後背に控えた盛京は，清朝1代を通じて，東の都として帝国内で重要な位置を持ちつづけた．宮廷が北京に移動した後も北京と同じ格式を持つ官僚機構が置かれ，清皇帝は祖先の陵墓を参拝するためにしばしば盛京を訪れて「一切のものに勝利する寺」（実勝寺）と四塔四寺の中心の寺，北塔の寺に詣でることをならいとした．この盛京への行幸は東巡と呼ばれ，五台山巡礼を意味する西巡とともに満洲皇帝に特徴的な行幸として知られている．

### 6.1.5 順治帝の親政開始を祝う北京一塔二寺の建立

順治8年（1648），摂政ドルゴンの死を受けて親政を開始した順治帝は，この年自らの親政の開始を祝い，北京に1つの尊勝塔と2つのチベット寺を建立した．

尊勝塔とは，宮殿の西北にある北海の瓊夏島の頂上に建てられた巨大な白塔[*2]であり，二寺とは，皇城の東南隅に建てられた「普く勝利する寺（普勝寺）[*3]と，城外の真北に建てられた「一切

---

図6.2　北京一塔二寺の位置

---

[*1] このエピソードは様々なテクストに引用されているが，原典は唐代の志静が本陀羅尼の漢訳版に附した序文である（『大正』No.967）．鎌田（1992, pp.793-809）参照．

[*2] 『清初五世達頼喇嘛檔案史料選編』p.36では仏頂尊勝陀羅尼の仏頂を意味するuṣṇīṣaを写した烏斯尼哈塔と記す．小川（2000）の図版118, 119, 120, 123より，19世紀末の塔の状況と尊勝塔の特徴を確認できる．同塔の碑文については張羽新（1988, pp.221-222），黄顥（1993, pp.47-48）参照．

[*3] 『清初五世達頼喇嘛檔案史料選編』p.36では希呾喡嘩廟と記す．普勝寺の原状については黄顥（1993, pp.42-43）参照．

のものを安らがせる寺」(普静禅林)*1 である．
これらの一塔二寺の境内には，盛京の四塔四寺の場合と同じく，寺の名前と建立地以外はほぼ同文の，三体合壁碑文（満洲語・モンゴル語・漢語）が建てられた．このうち，「一切のものを安らがせる寺」の碑文から一塔二寺の建立の動機をみてみよう*2．

「天の命を受けて生まれし者，慈しみ深くして孝行なるもの，すべのものを安楽にする聖ハーンが，大いなる政を掌られてからこの方，常に国民を哀れみ支えることを考え続けているために，それによって，風も雨も降るべき時に降り，あらゆる種類の物事・収穫は豊かになっている．」

「天の加護をこれによって明らかに知ることができよう．チベットのラマが『仏教の教えによって，ハーンの政に利益となる仏寺や仏塔を建てて，国民をこれによって安らがせよう』と申しあげたことにより，聖旨が降り『国民の利益となることが確かであるならば，わたしは幾ばく万両かの財産をどうして惜しもうか』とラマにノムンハン（法王）の位を授けて，京城の北側に『一切のものを安らがせる寺』（普静禅林）を着工し，日ならずして完成した．」

前段は順治帝の治世の徳を称え，後段では国民を仏教の力によって救うべく寺や塔を建てるという一塔二寺建立の目的が述べられ，最期に一塔二寺建立の唱道者パンディタ・ノムンハンの叙勲が言及されている．

瓊華島は平地の北京にあって突出した高所であるため，ここに尊勝塔を建てることは先述した尊勝陀羅尼経の「この陀羅尼を高い場所に祀れば験がある」という教えとよく符号する．

また，二寺のうち特に「一切のものを安らがせる寺」は，順治期のチベット仏教に関連する重要な諸事件の舞台となった．『内府抄本乾隆朝理藩院則例』「後黄寺」条によると，順治 8（1651）年に八旗から供出された 108 人が出家し，僧団が誕生したのはこの寺においてである．この 108 人の出家者はおそらくモンゴルのアルタン・ハーンがダライラマ 3 世をモンゴルに招いた際に，モンゴルの王侯貴族の師弟から 108 人の出家者を出した

ことにちなんだものと思われる*3．また，1653 年の暮れに，北京に到着したダライラマ 5 世はこの寺の境内の西に建てられた黄館に滞在した*4．

また，同じく『内府抄本乾隆朝理藩院則例』「後黄寺」条によると，正月の 8 日から 15 日まで僧を集めて読経をさせるという条例が順治 9 年（1652）に制定されている．この正月 15 日間に行われる読経とは，明らかにチベットの都ラサの中央にあるチョカンにおいて行われる正月の大祈願会（モンラムチェンモ）にならったものであろう．このように「一切のものを安らがせる寺」は，僧団の発足，ダライラマの滞在，大祈願会の開始などチベット仏教の北京への浸透を象徴的に示す出来事の舞台であったのである．

最後に，北京城内における八旗の配置位置も，チベット仏教的な世界観の現れの 1 つである可能性を指摘しておきたい．

順治 10 年前後，それまで一定していなかった八旗の駐留位置が，皇城を中心に，北に正・鑲黄旗，東に正・鑲白旗，南に正・鑲藍旗，西に正・鑲紅旗と固定するようになった（李鳳民, 1998, p.28）．この八旗の色と駐留方位が結びつく背景にどのような思想があるかについては，五行説など諸説あげられているものの定説はない．そこで，1 つの可能性として仏教の世界観がこの位置決定に影響したのではないかという仮説を提示してみたい．

『阿毘達磨倶舎論』によると，世界の中心には四角錐の超高山，スメール山（須弥山/妙高山）があり，その頂上には神々の王帝釈天の宮殿があ

---

*1 別名 後黄寺・北黄寺．普静禅林の現状については黄顥（1993, pp.44-46），池尻（2005）参照．
*2 Franke（1964）のテクストをもとに，三体字のうちもっとも内容が正確なモンゴル語に基づいて和訳した．
*3 『アルタン・ハーン伝』222 節参照．
*4 『ダライラマ 5 世伝』によると「北京より 2 クローシャ離れた地に皇帝が 9 万両を供出して私の居館として特別につくらせた黄館（gzims khang ser po）という……美しい館についた」（D5N-1, 198a6-b1）と 5 世の滞在地を黄館（gzims khang ser po）とし，明らかに黄寺と書き分けている．これよりダライラマの滞在した館はこの当時は寺と認識されていなかったことが分かる．この館が寺に改修され，「一切のものを安らがせる寺」に対してその西にあるものとして西黄寺といわれるようになるのは，おそらくは雍正元年の改修以後と思われる．雍正元年「西黄寺碑文」（張羽新, 1988, pp.309-310）参照．

る．そして，スメール山の東西南北には，東西南北アジアをそれぞれ象徴する四大大陸があり，その大陸を擁する海の色はスメール山のそれぞれの側面の色を反映して，北は黄，東は白，南は藍，西は紅色をしている．満洲皇帝を神々の王・帝釈天に，宮城をスメール山頂の帝釈天の宮殿にたとえれば，八旗の駐留する区画は四海にあたり，その色も位置もぴったり一致するのである[*1]．この方位が確定したのは順治10年前後，すなわちダライラマ5世の訪問前後ということを考えても，方位と色が合わない五行説よりは仏教思想影響説の方が説得力があるといえないであろうか．

### 6.1.6 マンジュシュリ・ハン康熙帝の五台山西巡

　順治帝の短い治世の後，60年の長きにわたる第4代皇帝康熙帝の治世がはじまる．康熙帝の時代，満洲皇帝のイメージは文殊菩薩の化身した転輪聖王（マンジュシュリ・ハン）としてチベット仏教世界に広く定着していく．本項では文殊菩薩王としての康熙帝イメージについてみていこう．
　『大方広仏華厳経』には「東北方に菩薩のすみかがあり，清涼山という名である．過去の諸菩薩は常にこの山中に住していた．その地に現在も文殊師利という名の菩薩がいる．1万の菩薩の眷属にむかって常に法を説いている」[*2]とあり，この文殊菩薩の聖地清涼山は，古くより山西省の五台山に同一視されてきた．そのため，五台山には文殊に一目会わんと東アジアの仏教徒が巡礼に訪れ，日本からも天台宗の円仁，成尋らが巡礼に訪れ，元朝以後は，チベット仏教僧の駐留もみられるようになっていた．
　満洲人は民族名の「満洲」を文殊からとったという説があるほど文殊を信仰しており，中国を征服した後は文殊の聖地である五台山を手厚く庇護した．特に，康熙帝はその治世の間に5回[*3]，乾隆帝は6回[*4]，五台山に登攀し，山内に数多くの寺を建てた．文殊に通う名をもつ民族の出であり，かつ五台山を擁する中国を征服し五台山を庇護する康熙帝は，やがてチベット仏教世界において文殊菩薩の化身した王（マンジュシュリ・ハン）であるとの思想が定着していく．
　約60年に及ぶ康熙帝の治世は西モンゴルの遊牧民ジュンガル部との抗争の連続であった．はじめ康熙帝は，ダライラマ5世がモンゴルに対して保持していた権威を尊重し，モンゴル内で生じた紛争についてはダライラマと協力して解決しようとの姿勢をとった．一方，ダライラマ5世も清皇帝を文殊菩薩の化身，仏教の興隆者と称え礼をつくした．しかし，三藩の乱が収束した1678年，ダライラマ政権が呉三桂とも通好していた書簡が明るみに出たことにより，ダライラマ政権と清朝の関係は急速に冷えこんでいった．1682年にダライラマ5世が他界すると，摂政サンゲギャムツォはダライラマ5世の遺言に基づきその死を秘匿した．転生によってその座を継承するダライラマは代替わりの際に最低でも15年の権力の空白が訪れる．ダライラマの死の秘匿は，ダライラマが再び赤子に戻り求心力が低下する期間をなくすための苦肉の策だったのであろう．サンゲギャムツォはダライラマ6世を密かに探しだして養育するかたわら，清朝と敵対するジュンガル部のガルダン・ハンに接近した．1686年，ガルダンはダライラマに対する非礼を理由にハルハ・モンゴルを急襲した．ハルハ・モンゴルは清朝へ逃げ込み，ガルダンはハルハのトシェート・ハンとその弟ジェブツゥンダムパ1世を「仏教政治の破壊者である」として身柄の引き渡しを清朝に求めた．
　清朝はガルダンに対して「戦争を起こした汝こそ，仏教に基づく政治を壊すものだ」と返し，ハルハを正式に傘下におさめることを決意した．1691年，清朝はドロンノールの地にハルハ・モ

---

[*1] この思想は『阿毘達磨倶舎論』を原典とし，パクパ作の『彰所知論』にも「由妙高色東海色白．南海色青．西海色紅．北海色黄．現是等色，故稱四海」（『大正』No.1645, pp.226c-227a）と引用されている．仏教の世界観は『彰所知論』を通じて満洲に入った可能性が高い．

[*2] 東北方有菩薩住處．名清涼山．過去諸菩薩常於中住．彼現有菩薩．名文殊師利．有一萬菩薩眷屬．常爲説法（『大方廣佛華嚴經卷第十六』「菩薩住處品第二十七」『大正』No.278, 590a）．

[*3] 康熙22年の2月と9月，37年，41年，49年．

[*4] 乾隆11年，15年，26年，46年，51年，57年．

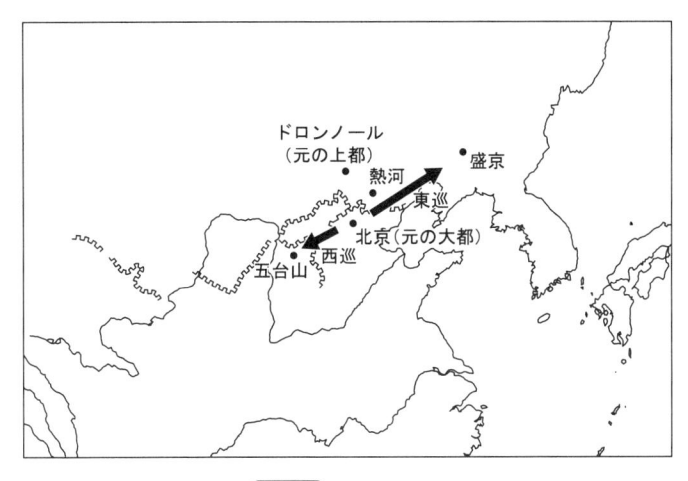

図 6.3　五台山巡礼

ンゴルの王侯を集め，彼らの推戴を受ける形でハルハ・モンゴルの盟主の座についた．いわゆるドロンノールの会盟である(石濱, 2001, pp.236-246)．さらに，この地に彙宗寺というチベット寺を建て，北京・フフホト（帰化城）などチベット仏教世界の重要拠点にしか駐在しない最高位の高僧，ジャサク・ダーラマ（扎薩克大喇嘛）を駐留させた(中国社会科学院中国辺疆史地研究中心, 1988, p.119)．

　このドロンノールの会盟がいかなる歴史的意味を有するのかを考えてみよう．ドロンノールの地は，北京の真北約250kmに位置し，元朝時代には副都心，上都のあった地である．このことから，ドロンノールの会盟は，構造的には1636年の即位式と1638年の實勝寺の落慶式と同じく，元朝で実現していた「仏教に基づく政治」を満洲人が継承することを示すためのものであったことが分かる．元朝の政治を継承したことを示すために元朝の古都ドロンノールで元朝の皇室の子孫ハルハに臣礼をとらせ，元朝の仏教を継承したことを示すためにチベット寺彙宗寺を建て，後にはパクパの生まれ変わりとされたチャンキャを駐在させたのである．

　1697年にガルダンの敗北が決定的になると，摂政サンゲギャムツォはダライラマ5世の死を公表し，ダライラマ6世の即位式を行った．しかし，1705年，ラサン・ハーンによってサンゲギャムツォとダライラマ6世は廃され，新たなるダライラマ6世が擁立された．清朝はこの新ダライラマ6世を支持したもののチベット人の人気がまったくなく，ジュンガルの王ツェワンラプタンはそれにつけこみ，1717年モンゴル人・チベット人が支持するダライラマ7世（廃されたダライラマ6世の生まれ変わり）を即位させんと，チベットへ進撃した．

　1720年，清朝はジュンガルに対抗するため，自らが承認した新ダライラマ6世をあっさりと見捨て，ジュンガルが奉じようとしていたダライラマ7世を軟禁状態にした．そして「文殊菩薩皇帝の軍がジュンガルに踏み荒らされたチベットの人々を救済し，正統なダライラマを即位させる．ツェワンラプタンはジュンガルの一貴族にすぎないが，満洲皇帝は文殊菩薩の化身した王である」と宣伝しながらチベットに侵攻した．

　ダライラマ7世の確保に失敗したジュンガルはラサより逃亡し，文殊皇帝の軍とダライラマ7世がラサへ入城した(石濱, 2001, pp.307-310)．この進軍の際の清朝の宣伝活動からも伺えるように，康熙帝のチベット侵攻は中華皇帝としてではなく，文殊菩薩皇帝として行うことによってはじめて可能となったのである．

　この事件以後，チベット仏教界の俗人にとって最大の栄誉たるダライラマの大施主，すなわち護法王の座は，モンゴル人から満洲人へと決定的に移行したのである．

## 6.1.7 フビライの再来乾隆帝による仏教政治の完成

1735年に即位した清朝最盛期の皇帝乾隆帝は最も熱烈なチベット仏教の信奉者として知られている.

即位の9年目の1744年に，パクパとフビライの白傘蓋仏信仰にあやかり，白傘蓋仏の大仏を祀る闡福寺を北海の北岸に建て（石濱，2004），同年，北京のチベット仏教センターとして雍和宮をチベット寺に改装した．翌1745年，乾隆帝はこの雍和宮において，フビライとパクパの故事にならい師僧チャンキャ・ロルペードルジェよりチャクラサンヴァラの灌頂を授かった．1793年に亡くなるまでの60数年間，数多くのチベット寺院を宮城内や夏の都熱河（現承徳市）に建立し，多くのチベット僧を庇護し，高僧を供養した.

熱河は北京の東北方約170 kmに位置し，康熙帝の時代より皇室の夏の避暑地として機能していた．しかし，ここに数多くのチベット寺が建ち，チベット仏教世界に属するあらゆる民族の本格的な社交場となるのは，乾隆帝の時代を待たねばならない.

乾隆帝はチベット仏教徒の民族が清朝に降ってくると，ここで臣礼をとらせ，また，各地からこの地にチベット仏教の高僧を招いて供養した．そしてその都度，1つまた1つとチベット寺を建立し，結果として熱河はリトル・チベットの様相を呈した．具体的には，1755年にジュンガル部を制圧したことを記念して，サムエ寺を模した普寧寺が建てられ，1766年にドルベトとハサクの来帰を記念してチャクラサンヴァラの立体曼荼羅の構造をした普樂寺が，1771年には1770年の乾隆帝の還暦記念と皇太后の80才の賀と翌年のトルグート部の来帰を記念して，ダライラマの宮殿ポタラを象った普陀宗乗之廟が建立された．また，1780年に乾隆帝が自らの70歳の誕生日にパンチェンラマを中国に招請した際には，パンチェンラマの座牀寺であるチベットのタシルンポ寺をまねて須弥福寿廟を建てた.

北京の天壇や地壇が，清皇帝が儒教原理に則って中華皇帝としての姿を中華世界にみせる場であったとすると，熱河の地は，チベット仏教世界の原理に則って，マンジュシュリ・ハンとしての威勢をチベット仏教世界にみせる場であったのである.

熱河で乾隆帝の武勇や仏教への信仰を目にしたチベット・モンゴル・満洲人たちは，乾隆帝をマンジュシュリ・ハンとして崇め，ついには彼をフビライの転生であると信じるに至った．パンチェンラマの記した乾隆帝の転生譜にはフビライの名前が記されており，乾隆帝の師僧チャンキャ・ロルペードルジェの伝記にも乾隆帝の前世がフビライであり，チャンキャの前世がパクパであることが明記されている（石濱，2001, pp.353-354; Uspensky, 2002）．つまり，チベット仏教世界で理想とされたフビライとパクパの統治は，乾隆帝の時代にいたってフビライとパクパ本人が再生するという，これ以上ない形で完成したのである.

以上のように，清朝初期の歴代の皇帝たちは，政治的な成功の節目ごとにチベット寺を建て，マンジュシュリ・ハンとして「仏教に基づく政治」の宣揚を行っていた．マンジュシュリ・ハンは一塔二寺や雍和宮によって彩られた北京を主な根拠地とし，東に四塔四寺によって守られた盛京，北に彙宗寺のたつドロンノール，西に全山文殊菩薩の聖地である五台山を精神的な首都の守りととらえ，これら巡幸しながら，チベット仏教世界の秩序維持を図っていたことを知ることができるのである.

〔石濱裕美子〕

### ▶ 文　献

池尻陽子（2005）：北京の黄寺について．満族史研究，**4**, pp.184-196.

伊藤忠太（1909）：満洲の佛寺建築．東洋協会調査部学術報告.

石橋崇雄（1994）：清初皇帝権の形成過程．東洋史研究，**53**(1), 98-135.

石濱裕美子（2001）：チベット仏教世界の歴史的研究，東方書店.

石濱裕美子（2004）：北海闡福寺と乾隆帝の白傘蓋仏信仰について．満族史研究，**3**, 91-111.

小川一真（2000）：清國北京皇城寫眞帖，学苑出版社.

鴛淵　一（1943）：満洲碑記考，目黒書店.

鎌田茂雄（1992）：『清涼山記』攷——五台山における尊勝

陀羅尼信仰．興教大師覚鑁研究興教大師八百五十年御遠忌記念論集，pp.793-809.

木村高尉（1980）：梵文三品経について．大正大学綜合仏教研究所年報，194-180．

黄顥（1993）：在北京的藏族文物，民族出版社．

高楠順次郎編（1924-1934）：大正新脩大蔵経，大正一切経刊行会．

田中公明（1990）：詳解河口慧海コレクション，佼正出版社．

中国社会科学院中国辺疆史地研究中心編（1988）：内府抄本乾隆朝理藩院則例，清代理藩院資料輯録綜合巻，全国図書館文献縮微複制中心．

中国第一歴史檔案館（2000）：清初五世達頼喇嘛檔案史料選編，中国蔵学出版社．

張羽新（1988）：清政府与喇嘛教，西蔵人民出版社．

蓮華浄土實勝寺碑記，東洋文庫 II-16-C-1649 〜 50（拓本）．

吉田順一・ヒシクトクトホ・柳沢 明・石濱裕美子・井上 治・永井 匠・岡 洋樹（1998）：「アルタン＝ハーン伝」訳注，風間書房．

李鳳民（1998）：盛京八旗方位之謎，東北大学出版社．

中国第一歴史檔案館編（1989）：清初内国史院満文檔案譯編（上・中・下），光明日報社．

ngag dbang blo bzang rgya mtsho, Dalai lama V. *za hor gyi ban de ngag dbang blo bzang rgya mtsho'i 'di snang 'khrul pa'i rol rtsed rtogs brjod kyi tshul du bkod pa du ku la'i gos bzang*. n. d. 364 fols.（D5N-1）

ngor chen kun dga' bzang po. The complete works of ngor chen kun dga' bzang po in *The Complete Works of the Great Masters of the Sa skya sect of the Tibetan Buddhism* vol.9, Toyo Bunko, 1968（SKB vol.9）

Herbert, Franke（1964）：Die dreisprachige Grundungsinschrift des "Gelben Templels" zu Peking aus dem Jahre 1651. *Zeitschrift Der Deutschen Morgenlandischen Gesellschaft*. 114(2), 391-412.

Elliott, Mark C.（1992）：Turning a Phrase：Translation in the Early Qing Through a Temple Inscription of 1645. *Aetas Manjurica*, 3, 12-41.

Willson, Martin and Brauen, Martin eds.（2000）：*Deities of Tibetan Buddhism The Zurich Paintings of the Icons Worthwhile to See*, Wisdom Publications（BTD）.

Uspensky, Vladimir L.（2002）：The Previous Incarnations of the Qianlong Emperor according to the Panchen Lama Blo bzang dpal ldan ye shes. In Blezer, Henk ed.：*Tibet, Past and Present：Tibetan Studies I. Proceedings of the Ninth Seminar of the International Association for Tibetan Studies, Leiden 2000*, Leiden, etc.：Brill, pp.215-229.

## 6.2　中国文化圏としての東北アジア

### 6.2.1　万里の長城と「中華世界」の拡大

　中国の北部で延々と東西に連なる万里の長城は，古くから漢民族と北方民族の世界を区画するひとつの境界線であった．長城は，一般に漢民族が北方遊牧民の外部侵入から自己防衛するための軍事的建造物というイメージが強い．なるほどその側面もあるが，それに加えて中国文化圏の核心をなす農耕系文化集団＝漢民族，いわゆる「中華」「中原」と，その周縁に位置する狩猟・遊牧系の東北アジア諸民族，いわゆる「夷戎」「四夷」とを，文化的そして政治的に区別する機能も果たしてきた．長城の内側の「中華」と外側の「夷戎」，両者は長城地帯を介して常にさまざまな形で接触し，軍事的攻防に限らず，経済・文化の面においても多様な交流が保たれてきた．また長城全体のラインについてみると，それが時代の変遷とともに変動していたことがわかる．このような変動もまた，東北アジアにおける中国文化圏の形成・拡大の軌跡と重なるものであったとみられる．

　本節では，上記の長城ラインの変動を辿りつつ，中国文化圏と東北アジア諸民族との関係の推移を概観しておきたい．

#### a.　連結された万里の長城

　長城の構築は戦国時代（紀元前403〜前221年）に始まる．中国北辺の秦・趙・燕の3国と遊牧系諸民族との関係が緊迫化し，それぞれの北部で長城の造営に着手した．3国の長城の位置は，細部においては後世の研究者によって意見の分かれるところもあるが，大要では，秦は宿敵の義渠を滅ぼして，当時の臨洮（現在の岷県）から北，北東の方向で河套（オルドス）の中で長城を築いた．趙は林胡と楼煩を撃破して，陰山南麓と，北流から屈折して東へ流れる黄河湾曲部の北側との間に

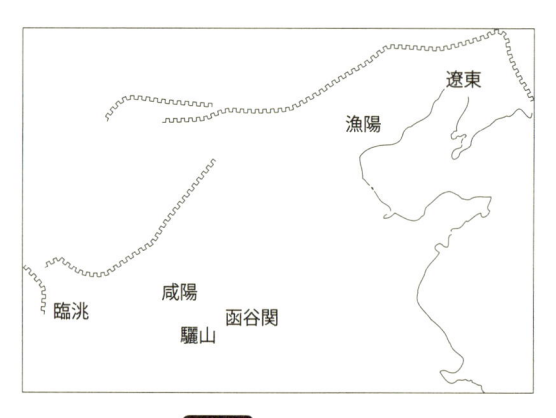

**図 6.4**　秦代の長城

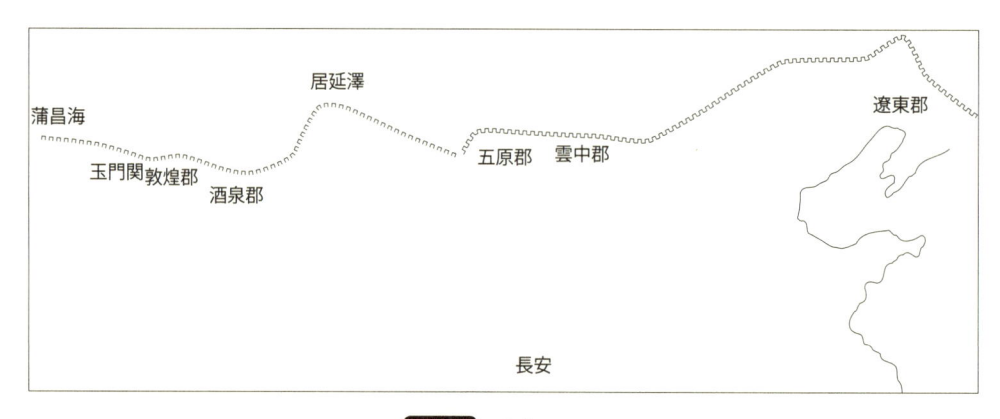

**図 6.5**　漢代の長城

2本の長城を並行に修築した．そして最も東方に位置した燕は，東胡を駆逐して造陽（現在河北省沽源県一帯）から遼東半島の襄平まで防衛線を形成し，西から東へ，上谷，漁陽，右北平，遼西，遼東の5郡を設けた．襄平は現在の遼寧省の遼陽市に比定されるが，燕長城の東端の具体的な走向については，遼陽市から本渓市に近づき，次いでは本渓の西から南へと曲がり，終点は現在の朝鮮民主主義人民共和国領域内の黄海沿岸に至ったとされている（阪倉，2004，p.40）．

戦国時代の長城は諸国がそれぞれでつくり，連結していなかったため，秦の始皇帝による天下統一から間もなく，長城の連結と補修工事が大々的に行われた．これは将軍蒙恬が匈奴への進撃とともに推進した事業で，『史記』には，「長城を建築し，地形に従って，臨洮から遼東まで，延びることほぼ1万里」とあり，名実ともに万里の長城が出現したのである．蒙恬の長城修築は基本的に戦国時代のラインを踏襲したが，西の河套の地では，匈奴の勢力が秦軍に一掃されたため，新しい長城は北流する黄河の西，賀蘭山の東麓に建設されるようになり，これによって西部長城のラインが草原地帯に大きくふくらみだした．

漢にとっても北方の強敵は匈奴であった．漢初，秦の崩壊とともに匈奴の攻勢が強まり，漢の高祖劉邦は大同付近の白登山で匈奴に包囲され，命からがら逃げ帰った．以来，漢は和親策と貢物の提供を条件に匈奴に講和を求め，「匈奴は塞（長城線）から入らず，漢はそこから出ない」といった局面がつくられた．しかし漢も武帝の世になると，国力の充実に伴い，積極的な匈奴討伐と拡張政策にのりだした．その結果，前代の秦を上回る広大な版図が形成された．西方では当時の西域，今の天山南路に進出し，河西回廊で長城を新築して西域との交通路を守り，東方では朝鮮半島の北部に進出して，楽浪郡などの4郡を設けて直接支配を施し，漢人の同地入植も大規模に行った．

#### b. 北方民族の南下と「胡漢融合」

中原王朝による東北アジアへの進出は，漢の終焉とともに一旦は終止符が打たれた．紀元4世紀の初頭から300年近くの間，遼東から朝鮮半島にかけては高句麗，渤海があいついで興起し，黄河流域一帯では，「五胡十六国」と呼ばれる時代が続いた．「五胡」とは中国の北辺に居住した遊牧系民族の匈奴，羯，氐，羌，鮮卑のことを指すが，彼らは漢族王朝の弱体化を狙って中華世界の中心部に進出し，華北地方を中心にめまぐるしく国家の興亡を演出した．こうした「五胡」の南下自体が，北方民族の活動圏の拡大を意味し，その圧迫を受けて漢民族の長江流域以南への大規模な移住がはじまったのも周知の事実である．しかしその一方で，中原地域に定着した「五胡」諸族の国家政権はその後，ほとんど例外なく「漢化」（中華文化の受容）の道をたどるようになったことから，彼らのこうした進出も，その一面では各自の社会の中に文化的「中華」の拡大をもたらしたともいえるのである．

では，「五胡」の頂点に立って華北を支配した鮮卑拓跋部の北魏政権を例にとってみよう．鮮卑は古代東胡の一支で，大興安嶺に拠点を据えたがのちモンゴル草原に進出し，森の民から騎馬民に変貌した．その一族たる拓跋部は華北の統一を目指して南下を続け，国都を盛楽（現在の内モンゴル・ホリンゴル県）から平城（大同），さらに洛陽へと移した．北魏内部では民族性の保持を主張する保守派と漢化政策を唱える改革派の両派が激しく闘争したが，孝文帝を代表とする後者が勝利し，政治・経済から生活風習の面まで，全面的に「漢化」政策が導入された．さらに北魏は，後方で強大化した遊牧勢力の柔然に対抗して，本来なら漢民族の手法であった長城の修築を自らが行い，それをもって新興国家の中心地帯を防御しようとした．7世紀後半，中国の長年の分裂が収拾され，漢族による中国王朝の系譜を引く統一帝国の唐が成立した．しかしその唐の最高支配者，皇帝李氏の一族は胡族と混血した集団であり，東北アジアから中央アジアに広まった唐の支配圏内には，多様な民族集団と文化が共存していた．国際色豊かな唐の文化は，五胡十六国以来の「胡漢融合」の流れを集大成したものにほかならなかった．

10世紀以降，東北アジアの諸民族と中華世界

とのかかわりはさらに緊密なものとなっていった．10世紀に遼をたてた契丹族，次いでは金をたてた女真族，そして13世紀に元を建国したモンゴル族などは，いずれも北方系民族で東北アジアから興起し，その後長城内に進出して，中国の一部あるいは全域を領有・支配したのである．したがってこれらの王朝にとって，従来の漢族王朝のように長城の内と長城の外を空間的に区分することは必ずしも必要ではなかった．また，北魏に比べて遼・金・元の支配者たちが自民族の文化を意識し，そのアイデンティティの保持に努力していたことは指摘されているとおりだが，その一方ではそのいずれもが，広大な漢人社会の統治を必要としたために，一部ではあっても漢族文化の容認と吸収が余儀なくされていた．

### c. 最後の大構築から長城放棄の時代へ

最後に万里の長城の構築に多大な財力と労力を費やしたのは，モンゴルの元を駆逐して建国した漢族王朝の明である．明は永楽帝の在位中（1403〜24年），モンゴル勢力の根絶を狙って遠征を繰り返したが成功せず，16世紀に入ると，守りに転じて長城の強固化に専念した．秦や漢の長城に比べて，明の長城がより堅固な「一線の壁」になったとはいえ，全体的にそのラインは，上記の時代より大幅に南に引き下がってつくられた．この事実もまた，国境線の北側で活躍したモンゴル部に圧迫されつづけた明の苦境を如実に反映したものといえよう．

ところが明代の辺境社会には，前代ではみられない現象も起きていた．明の官僚で辺境問題の専門家であった鄭暁は，「昔は外夷が中華に入り，今は華人が外夷に入る」と指摘していた．つまり，かつての辺境問題は，辺外の遊牧民が中原の地に侵入することであったが，今の辺境問題は，中原の住民が辺外の地に入り，夷狄に協力して新しい軍事勢力をつくることに変わっていた．長いあいだ明朝を苦しませた「北虜」（モンゴル部の侵攻）の問題も，もはや単なる異民族による侵入ではなく，内地から流出した漢人と周辺民族とがまざりあって形成された辺境社会が生みだした新しい辺境問題であった（岸本, 2003, pp.86-87）．

明は1571（隆慶5）年，モンゴル部との和議成立で北辺の状況が緩和した一方で，遼東方面で建州女真（のちの満洲族，国名は初期が後金，1635年以降は清）との摩擦が日々増大していた．「内憂外患」のあげくすっかり疲弊した明は1644（崇禎17）年，李自成農民軍の攻勢に倒れるが，これを絶好の機会と，清は山海関外から攻め込み，農民軍を追放して北京で満洲族の中国君臨を宣言した．

こうして清朝も，元につぐ中国全土を領有した非漢民族王朝となるが，その治世の大きな特徴は，「華」と「夷」の統合による国づくりを試み，多民族の統一国家である中国＝清帝国をつくりあげたことである．そこで清朝皇帝がしばしば語る言葉は，「中外一家」や「不分中外」などであった．「中」（＝華）は漢人を主体とする中国本土社会，

**図 6.6** 明代の長城

「外」(=夷)は，内外モンゴル，新疆，チベットなど，東北アジア・中央アジアに拡がる非漢の諸民族の地域を指す．すなわち，従来なら長城で区画されていたこの「中」と「外」の両地域が，清朝の下で一つに統合されたため，長城は元来の意義を失い，不必要になったのである．このような現実を受けて17世紀後半から，清領域内で広範な人口移動が活発化し，とりわけ中国内地から東北部・内外モンゴル・新疆などの周辺地帯への漢族人口の流出が未曾有の規模で不断に展開されていった．その結果，清朝の支配者が非漢の満洲族集団であったにもかかわらず，東北アジアにおける中華世界の飛躍的な拡大が可能となった．

## 6.2.2 中国東北部の変貌

中国の東北部とは現在では，遼寧省・吉林省・黒竜江省の3省を指すが，清代ではその北辺の範囲はさらに広く，今日のロシアの極東地域（沿海州地方）も含まれていた．また，「東北」をひとつの区域概念として用いるようになったのは10世紀の遼以来とみられている．遼が軍事機構に「東北路統軍司」や「東北路女直兵馬司」などを設置したのに続いて，その後に建国した金も「東北路」の区分法を踏襲して官職を設けたという (李治亭, 2003, p.5)．明代では，東北地方が長城の要所山海関以東にあることから，それを「関外」，あるいは「関東」と呼ぶようになり，そうした呼び方が清代にも受けつがれた．これによって山海関は，中国の内地と東北部を仕切るひとつの地理的座標とみなされるようになった．現在東北部住民の9割以上が漢族であるが，そのルーツは内地からの移住がほとんどである．特に明から清の時代へと続く漢族の大量移住がこうした地域の形成に大きな役割を果たした．

### a. 明の遼東経営

14世紀中頃，元の残党を一掃した明は一時，州県制を衛所制と並行して遼東地方に導入した．しかしモンゴルの逆襲に備え，遼東の防御能力の強化を最優先課題とした明は，まもなくすべての州県を撤廃して，同地の管理を衛所制に一本化した．

衛所は10進法に基づく明朝の軍事組織で，最小単位は百戸所，兵士112人をもって構成される．10の百戸所が1の千戸所となり，さらに5の千戸所が合わさって，総勢5600人で1つの衛所が構成される．明は遼東全域に25の衛所を設け，さらに遼東都指揮使司を置いて統率にあたらせた．明は最盛時にその統轄範囲を黒竜江以北，外興安嶺に及ばせたが，長期にわたって安定した支配は遼東地域にとどまっていた．

衛所に所属する兵士は戸籍上「軍戸」と称され，戸籍の変更が認められない上，家族同伴で移駐しなければならないので，一種の軍事的集団移民にあたる．明代では遼東におおよそ13万人の兵士が常時駐屯し，家族を含めるとその規模は約40万人に達していた．なかには内地より派遣された者ばかりではなく，漢人でモンゴル軍に徴集され，元が滅んだ後も遼東に残留した者や衛所で服役する受刑者，それに明軍に帰順した女真族，高麗族の兵卒なども含まれたとみられる (曹樹基, 1997, pp.271-280)．衛所の主要任務は軍事訓練と辺境防衛なのだが，軍糧の自給自足を図るため一部の兵士を屯田生産にまわした．特に永楽年間以後，辺境の情勢が安定に向かったことで屯田に投入される兵士数が増大し，田地面積も倍増した．しかし時代を経るにしたがい屯田制度に弛緩が生じ，上級軍官の搾取行為で兵士の生活が困窮したり，過重な労働に苦しむ逃亡者が続出したため，衛所制度は徐々に破綻へと向かった．

明代遼東の商業経済を支える重要な交易活動の1つが長城沿線で開かれた「馬市」である．明は懐柔策の一環として，東北地方に居住する女真やウリャンハイ諸部族の首長に対し，指揮・千戸・百戸・鎮撫などの官号を授け，「羈縻衛」と呼ばれる特殊な衛所を編成していた．また優遇策として朝貢貿易と馬市も認めたのである．馬市が開かれた当初，明のモンゴル遠征もあり軍馬に対する需要が大きかった．その後，軍事行動の終息により馬の交易は減少傾向をたどったが，民間商人の

参入により商品が多様化した．設置された馬市の中では，広寧，開原でのそれら規模が格段に大きく，活気があふれていた．交易の品目で，内地の農具・耕牛対東北の特産品の取引が主流を占めた．

明代半ば以降，遼西地域は度重なるモンゴルの侵入に遭い，荒廃が急速にすすんだ．他方，遼河以東，遼陽以南は最後まで明の経営拠点であったが，後金の攻勢が強まるにつれ，これらの地域に在住した漢人農民や商人もあいついで内地へ避難した．明代の遼東開発は一旦振り出しに戻る形となった．

### b. 押し寄せる漢人移住の波

清初における東北地方の荒廃化は，明清交代期の長期戦乱による影響が大きいが，原因はそれだけではなかった．清朝の北京遷都に伴い，八旗の主力とその家族が大挙して内地に移動し，東北にとどまる満洲族の人口が極端に減少したこともそれに拍車をかけた．このままでは発祥の地の空洞化が免れないと危惧した清朝は，遼東の復興対策として漢人労働力の入植を呼びかけた．

1651（順治8）年，内地開墾希望者の「出関」，すなわち山海関を越えて東北部に入ることが許可された．2年後，有名な「遼東招民開墾令」が公布された．開墾労働力の迅速的な導入を期して，内地からまとまった人数の移民（50人ないし100人）を連れてくる者を対象に，実績に応じての官職授与が約束された．この法令の効果がどれほどあったか，資料の制約もあって数字ははっきりしないが，奉天・遼陽・海城の3地を中心に開墾者が集まったとみられる．移民を管理するため，1653（順治10）年にまず遼陽府を一旦設置したが，のちにそれを廃して盛京城内に奉天府をあらためて設け，承徳県，遼陽州，海城県をその下においた．数年後，錦州府も遼西地方に設置された．このようにして民政管理機構が徐々に整備され，東北部における旗（八旗）・民（民人）二重支配体制の発端となった．

清朝国家によるこの地方への漢人農民の入植は1668（康熙7）年に中止されたが，漢人の自発的移住はその後も増加の一途をたどった．17世紀後半から中国の内地では人口が爆発的に増加し，18世紀の100年間で人口数が1億数千万から3億へと飛躍した．人口の急増により耕地不足の問題が深刻化し，山東・直隷省のような人口稠密な地域の住民にとって，華北から地続きで肥沃な大地が拡がる東北部は恰好の新天地にほかならなかった．直隷からの移出が喜峰口，山海関などの関所を経路としたのに対して，山東半島東部の移民は海上から遼東へ渡り，いわゆる「浮海者」と呼ばれるケースが多かった．はじめから農業を目指した移民グループの多くは，同じ村から集団をなして出発し，東北に入ると，荒地をみつけて開墾し，そこに「窩棚」と呼ばれる掘立小屋をつくって身を寄せ，ソバ，コウリャン，アワ，ダイズなどの作物を栽培しつつ定住にこぎつけた（小峰, 1999, p.68）．現在もなお東北の農村に窩棚という呼称をもつ地名が多くみられるのは，その時代のなごりである．

開拓農民の後を追って商人の進出も活発になった．これら商人は直隷や山西省の出身者が多かったが，南方から進出した福建商人もみられる．最初に手がけたのは開拓農民にとって需要の多い雑貨類で，酒精，木綿，靴，薬などの，生活必需品中心であったが，市場の拡大につれ，彼らは行商だけでなく店舗も開き，製造業の経営にものりだした．これら商人の手によって東北の地に生まれた代表的な産業の1つが，「焼鍋」と呼ばれるコウリャン酒の製造と販売であった．ほかにダイズやゴマを原材料とした搾油業者の工房（油坊）も各地で多数つくられた．また当時の沿海貿易の一種として，東北産のダイズ・雑穀類が船に積載され中国南方へ運ばれるようになった．

乾隆期以後，遼東地方のみならず，吉林，黒龍江一帯にも流民の進出が盛んになり，彼らは農業に従事するほか，野生人参などの天然物を採集したり，あるいは松花江下流域や黒龍江の上流域で砂金を採掘していた．こうして東北の漢族人口は増加するばかりであった．奉天府の場合，1661（順治18）年の漢人成年男性の在籍数が5527丁だったのに対して，1734（雍正12）年には45089丁へと増大し，1781（乾隆46）年時点では，丁数

82803, 戸数115194, 口数792093の規模に達していた (李治亭, 2003, p.491, 495). しかもこの数字は戸籍に登録された者に限られるので, 課税から逃れようとして未登録のままに滞在する者も大勢いたとみられる. この勢いに祖先の地たる東北部が漢人の地に化してしまうと不安を募らせた清朝は, 漢人のさらなる流入を阻止しようとして, 「封禁」と呼ばれる政策の実施にふみ切った.

1740 (乾隆5) 年にはじまった一連の封禁令は, 新たな漢人流入の防止とすでに流入した者の戸籍整理 (奉天府に入籍を希望する者は保証を立てて許可し, 希望しない者は10年間にすべて原籍地に追い返すと規定) の両面において力を傾注した. しかし政策と社会の現実との矛盾が大きいだけに, 封禁令は最初から行き詰まっていた. 1746 (乾隆11) 年の報告によると, 奉天には入籍せず滞在する漢人が依然多数にのぼるほか, 禁止令が出た6年間だけで, 新たな流入者がさらに47000余口にいたったという. 取締まりが功を奏さなかったため, 清朝はときには目をつぶり, ときには手を緩めざるをえなくなった. 1750 (乾隆15) 年, 当初は10年と限定した戸籍整理事業の期間延長が決定された. 1761 (乾隆26) 年, 商人や職人および単身労働者の奉天居住も認められるようになった. 封禁令自体は形骸化しつつもその後も名目上は存続し, 清末の新政でようやく完全に廃止されるにいたった.

### c. 旗地と民地の推移

清代東北の土地制度は, 旗地と民地とに大別される. 民地とはすなわち漢人の私有土地であり, 長いあいだその数量が厳しく抑制されてきた. 旗地は清朝支配の根幹をなす八旗集団が所有する土地で, 皇荘, 王公荘園, 官荘および八旗兵士所有の一般旗地などで構成されていた. 清朝の北京遷都後, 東北部で一時は空洞化がすすんだが, のち盛京, 吉林, 黒龍江3将軍の統轄体制が成立して, その下に八旗駐防兵が配置された. それに伴い旗地は東北の各地に広く分布するにいたった.

旗地での農業生産は, 清朝皇室や王公階級の重要な収入源であったり, 一般旗人の生活の源であった. またこれが支配階層たる八旗集団の, 被支配者漢民族に対する特権でもあったため, 旗地の入質や転売など, 所有権の移転にかかわる行為は厳禁されていた. しかし土地所有者の名義はともかく, 実際に旗地の畑で働く生産者の主体は漢人農民であった. 流民たちが東北に入ると, あるいは無主の荒地をみつけて違法な私墾を行ったり, あるいは一般満洲人の旗地や王公荘園に入り込み, 農業生産に携わっていた. 後者の場合, 最初彼らは旗人の農奴か佃戸 (小作人) として耕作していたが, やがて経済力を蓄えてその土地を手に入れ, 地主となる道が開かれていく. 乾隆から嘉慶年間にかけて, 清朝は北京在住の無職旗人の窮乏を救おうとして, 彼らを故郷の東北平原に帰農させようとしたが, 定住にいたったものはわずかで, 旗人の「移墾」といっても実際に開墾ははじめからほとんど漢人の労力によって行われ, 結局のところ, これらの土地も漢人のものと化した.

旗地から民地への所有形態の変化は, 「民典旗地」 (民人が地代を一括して支払うことで旗地に対する永年使用権を獲得) から, 「旗民交産」 (旗人の土地売却で民人が旗地に対する土地所有権を獲得) の順に発生した. また民地の拡大が政策的に抑制されていたため, 民人が自ら開墾した土地でも表向きは旗人の名義を借用して官の摘発から逃れ, 旗人にわずかな小作料を納めて土地の使用権を得るという方法も編みだされた. 旗人の大半が農業を得意としない上, 兵役などの任務にしばられており, また労せずに一定の収入が確保されるため, 民人への旗地の「典売」 (入質) にも, 上記のような名義貸しにも積極的に応じていた. 民地の増加を奉天府の例でみると, 1661 (順治18) 年のわずか609頃 (1頃=6.6667ヘクタール) 程度から, 1735 (雍正13) 年はその4倍増の26227頃となり, さらに1780 (乾隆45) 年には, 八旗から民人に譲渡された「民典旗地」を含めて, 民地面積はおよそ35702頃に達した. (楊余練ほか, 1991, pp.368-371) こうした「旗民交産」の流れは民国期に入ってからも止まることがなかった. 旗地制度の崩壊に伴い, 東北の農業経済における漢人優位の局面が確実に固まった.

## 6.2.3　草原に流れ込む農耕文化と旅蒙商人

### a.　長城の外に拡がる農耕地帯

　北部長城の辺外にも早い時期から漢人による農地の開墾が行われたが，中原王朝と北方遊牧勢力の攻防戦が繰り返される中で，容易には定着しなかった．明代後半，モンゴル・タタール部の首長アルタン・ハーンの下に，重税・重労役から逃れる山西省農民や迫害を受けた白蓮教徒が多数集まり，トゥメット地方を中心に開墾を行い，板昇と呼ばれる居住地区を築いたが，明末清初の戦乱でこれらの人口はほとんど離散してしまった．長城ラインに沿ってその外側で，西はオルドス地方，東は遼河上流地域に至るまで広大な農耕地帯の出現は，清に入ってからの出来事である．

　清朝は興起当初からモンゴル各部を次々と傘下において同盟者とし，中国への進出・支配において彼らの軍事力を必要不可欠とした．その功績があったゆえに清はモンゴル王公を優遇し，爵位や俸禄を与え，モンゴル在来の社会形態を一部温存して盟旗制と呼ばれる管理体制をしいた．またモンゴル人の生計と文化を保護する目的で漢族のモンゴルへの進出を抑制する政策をとった．清朝が何よりも危惧していたことは，漢人農耕民の開墾によりモンゴル人の牧地が脅かされ，従来の生活方式が維持できなくなることだったが，それとともに漢族の流入で草原地帯に「漢化」現象が起こり，モンゴル人の尚武精神が薄れて戦力低下の結果をまねきかねない点にも厳重に警戒していた．

　清朝はしばしば蒙地禁墾令やモンゴル旗での漢人定住禁止令を発していた．しかしその一方で，中国の内地における生活手段を失った困窮化人口の増大と，それに伴う社会的不安要素の増加という厳しい現実があった．こうした人々への救済措置としても，彼らの長城辺外での生計再建をある程度容認しなければならなかった．ことに華北地方で凶作が起こり，被災難民が大量発生した場合，清朝皇帝自らが「借地養民」の政策を打ちだして，モンゴル各旗に漢人流民の受け入れを呼びかけた．一方各旗のモンゴル王公もまた，流入する漢人農耕民の小作料納付による収入増を好都合のこととし，彼らの入植に歓迎の意を示したのである．上記のような原因により，漢族のモンゴル進出に対する清朝の方針は，抑制と一部容認または追認の間で揺れうごき，結局のところ，地理的に内地に近接する長城辺外の内モンゴル各旗は清代を通じて漢族移住者の受け皿でありつづけた．

　漢人農耕民の多くは移出の初期において出稼ぎ労働者であった．春先に長城を越えてモンゴル旗の田地を耕し，秋は収穫物の一部を小作料としてモンゴル王公に納め，剰余の分をもって帰郷する，いわゆる「雁行」（渡り鳥）生活を繰り返したが，次第に彼らは禁令を破って入植地に定住するようになり，各旗の領内に漢人の集落が徐々に広まった．清朝はこうした漢人入植者の駆逐を再三再四試みたが，いっこうに効果が上がらず，最終的に黙認するしかなかった．そこで，モンゴルの盟旗制と並列して内地系列の庁，州，県などを次々と設けて漢人移民を管理した．以下，地域別でその変化をみておこう．

　①　内モンゴル西部トゥメット一帯で明代後半の漢人入植については前述のとおりだが，清に入って，康熙年間には官営の屯田がおかれた．雍正年間にはその土地が山西省農民に払い下げられるようになり，これをきっかけに漢人農耕民が官有地だけではなく，モンゴル旗にも入って開墾をはじめた．これに対して清はまず綏遠城直隷庁を設置して対応し，つづいて帰化城，和林格爾（ホリンゴル），清水河，託克託，薩拉斉など，5つの直隷庁を増設して，合わせて「帰化城六庁」と称して山西省の管轄下においた．

　②　トゥメットの東隣であるチャハル地方には，清初から官牧場と官荘が多数設置されていたが，実際に農耕に携わったのは直隷省・山西省から流入した漢人たちであった．1724（雍正2）年の調査によれば，チャハル右翼四旗に私墾（無許可開墾）の土地がすでに3万頃程度存在した．雍正以後当地には直隷省管轄の「口北三庁」，すなわち張家口，独石口，多倫諾爾（ドロンノール）の3直隷庁が設置された．

　③　直隷北部の古北口・喜峰口外の熱河地方は

もともとジョスト盟の一部であったが，康熙年間から漢人の流入が顕著となり，とりわけ清朝皇帝の行宮「避暑山荘」(現在の承徳市)の周辺に直隷・山東省からの「無業貧民」が大勢集まり，開墾も急速に進展した．そのため雍正年間には熱河直隷庁が設立され，乾隆期中それが承徳府へと昇格し，府下には灤平，豊寧，平泉，建昌，朝陽など多数の県または州がおかれた．1784（乾隆49）年には熱河管轄地域における漢族人口はすでに55万7400人を数えたが，1827（道光7）年にはその数が88万3879人にまで増加した（ブレンサイン，2003, p.176）．これらの地域に隣接するモンゴル人の多くも農耕か半農半牧の生活に転じはじめた．

④ ジョスト盟のカラチン左旗と中旗は，内モンゴル東部の諸旗の中でいち早く漢人農耕民を受け入れた地域である．これは両旗の王公たちの積極的な招来に負うところが大きい．モンゴル王公の要請に応じて，戸部は毎年800通の許可証を発行して漢人農民の往来を認めたが，実際には許可なしで流入した開墾者の数も膨大であった．漢人入植者はモンゴル旗の中で独自の集落をなして居住するほか，個別にモンゴル人社会に入り，モンゴル人女性と結婚して，モンゴル人化して定着する事例もみられる．カラチン地方のこうした動きに影響され，ジェリム盟ホルチン地方でも乾隆期後半になって漢人の移住と開墾が本格化した．嘉慶初年，ホルチン左翼後旗の漢人流民は数万人，同盟最大の旗であるホルチン左翼中旗の領内にも漢人の集落（＝屯）が74を数えた（烏雲畢力格ほか, 2002, p.295）．こうした現実に対応してホルチン地方には昌図庁，ゴルロス前旗には長春庁が設置された．後者の長春庁がすなわち現在吉林省都長春市の起源である．

長城辺外に拡がった農耕地帯はやがて，中国北部の重要な糧食生産地となっていく．康熙以降，政府は何度も帰化城（現在のフフホト）から穀物を購入して北京の食糧市場に提供していた．モンゴル諸旗内にも穀物倉庫が建設され，災害時に備えていた（烏雲畢力格ほか, 2002, pp.238-239）．しかし農地の拡大は一方ではモンゴル旗内の牧地の狭小化を意味する．開墾が草原の奥へすすんでいくにつれ，漢人の入植前線とそれに向きあうモンゴル人居住地帯との間に種々の摩擦が起きるようになった．

### b． 旅蒙商人の活躍

清代，モンゴル草原を駆けめぐる内地商人のことを，内地では「旅蒙商」，モンゴル人の間では「売買人」と呼んでいた．康熙年間のジュンガル部遠征中，内務府所属の漢族御用商人と民間の一般行商人が従軍し，軍事行動に必要な物資を調達・提供するかたわら，軍営付近または沿道でモンゴル人とも交易を行った．兵力への物資供給をこれら商人に委ねていた清朝もまた，彼らのそうした通商活動をあえて止めようとはしなかった．これらが一つのきっかけとなり，その後ますます多くの内地商人がキャラバンを組んでモンゴルに進出し，草原の奥地まで足を運ぶようになった．

内地商人のモンゴル進出に対して清朝はいくつかの制約を設けた．まずは照票制度である．モンゴル行きにあたって，商人たちは張家口，ドロンノールあるいは綏遠城にある官署において，理藩院発行の照票（許可証）を受領しなければならない．許可証には旅蒙商人の名前，年齢や容貌の特徴，行き先，出発期日および商品の品目などが細かく記載されており，これを通過地および滞在先で清朝官憲または各旗の長に提示することが義務づけられていた．許可証を所持しない場合は厳しく罰せられ，商品が没収されるばかりか，内地に追い返されることになっていた．つぎに長期滞在の禁止である．商人のモンゴル滞在期限は原則として，1回について1年以内とされた．またモンゴルに固定家屋を建てることも，モンゴル人女性と結婚することも法律上は禁止されていた．これらの規定は，内地商人とモンゴル人との接触を制限する目的だけではなく，商人の搾取行為からモンゴル人を守ろうという意図も働いていた．

しかしながら内地商人のモンゴルへの進出は，上記の規定によっても抑制されることなく，時代が経つにつれ勢いを増していった．18世紀前半になると，旅蒙商人の通商圏は内モンゴルから外モンゴル，さらには清とロシアの国境線にまで広

図6.7 (a) ナイマンホット（買売城）の跡地と (b) 牌楼の絵（ウランバートル）（口絵30）

まった．初期においては行商活動中心で，各々のキャラバンが絹布，食糧，茶，日用雑貨の品々をラクダや牛車にのせて，各地をまわりながら小売していたが，取引規模が拡大するにつれしだいに座商としての経営活動を各地ではじめた．これにともない内モンゴルでは張家口，帰化城，ドロンノール，赤峰，バオトウ（包頭）など，外モンゴルではイヘ・フレー（クーロン，庫倫），ウリヤスタイ（烏里雅蘇台），コブド（科布多），そして対ロシアの貿易拠点キャフト（恰克図）などの地に，「売買城」と呼ばれる旅蒙商人の町があいついでつくられた．売買城の敷地内には内地からやってきた商人たちの店舗が林立し，そこには漢族のみならず，回民（中国イスラム教徒）商人も多数参入していた．

旅蒙商人が集中する各地の売買城は，その立地条件により2つのタイプに分類されている．1つは従来の宗教都市を基盤に定住的な貿易都市として成長したもの．帰化城，ドロンノール，イヘ・フレーがそれにあたる．もう1つは商路沿いの宿場や軍事的な拠点から発展してきた，比較的小規模な商業センターである．帰化城の都市空間の構造をみると，一方では旅蒙商人によって持ち込まれた内地様式の家屋（四合院）や公的施設（会館，寺廟，モスクなど）が散在し，「移植」都市の特色が際立つが，他方は商業空間の配置において，家畜市場がその中心となっていることや，取引の場がモンゴル人の信仰的，文化的中心である仏教寺院の周辺に集約されていたことなど，モンゴル的都市の特徴が現れていた（包慕萍, 2005, p.98）．

モンゴルに進出する内地商人はその出身地により，山西幇（晋幇ともいう），京幇，直隷幇，陝幇などと呼ばれる地域集団に分かれ，それに伴い交易範囲もある程度決まっていたが，人数と資本の両面において実力がずば抜けていたのは山西幇，つまり山西省出身の商人たちであった．彼らはもともと，地理上の利便性もあって，明代に実施された「開中法」を利用し北部長城の関門でモンゴル人との「互市」を行っていた．清に入ってからも率先してモンゴルとの貿易活動に参入した．北京商人（京幇）の多くが張家口を通じて内外モンゴルの各地に赴くのに対して，山西商人は帰化城を中心に拠点を構え，北はイヘ・フレー，キャフト，西北はウリヤスタイ，コブド，さらには新疆の地まで商業のネットワークを張り巡らした．なかでも「大盛魁」「元盛魁」「天義徳」の3商号がその代表として知られている．3軒は各地に分号を設け，高級絹織物のような奢侈品から，ネギやニンニクのような蔬菜類まで，あらゆる商品を幅ひろく取り扱ったため，「三大号走貨，帯動各行各業」（3商号の貨物が動けばあらゆる業種が連動して動く）とのことわざが出まわるようになった（烏雲畢力格ほか, 2002, p.316）．

長距離の中継貿易を得意とする旅蒙商人は，内地からの商品をモンゴルに持ち込むと同時に，ヒツジ，ウマ，ウシなどの生きた家畜や，毛皮，羊毛，薬材，キノコなどのモンゴルの特産を中国各地の市場に運び，流通させた．たとえば「大盛

魁」の場合は，草原で購入した家畜を帰化城で販売するほか，年2回にわたってウマの群を漢口の市に，ヒツジの群を北京の市に運んで集中的に卸売りをしていたという．ヒツジは主に北京周辺で食用肉として消費され，ウマやウシは各地で農耕のために利用されていた(包, 2005, p.96)．また商人たちはモンゴル旗内の土地開墾に投資したり，モンゴルの有力寺院の商業運営にも参入したりしていた(岡, 2002, p.65)．このようにして旅蒙商人はモンゴルの地域経済に対して主導権を握るようになり，さらにそれを中国の市場経済の一端に組み込ませた．

商人とモンゴル人との取引は物々交換が基本形式であったが，取引の手法としては掛売りが一般化しており，価格の設定も商人の恣意によることが多かった．悪徳商人の詐欺的行為や不等価交換の多発で，牧民たちは苦しめられていた．ある史料によると，モンゴル人必需の飲み物である，茶の取引については，茶1斤の対価が羊1頭，茶10斤の対価が牛1頭で要求されたという(森川, 1999, p.418)．また，奢侈な生活に染まった諸旗の王公たちは金銭面において商人たちに頼っていた．その借金は次第に莫大なものとなり，返済不能になった王公たちは，その債務を配下の一般牧民に肩代わりさせるか，旗の土地を商人たちに抵当とせざるをえなくなった．乾隆中期以後，旅蒙商人に対する清朝の取締まりがいよいよ強化されてゆくのも，その背景には上述した問題の顕在化があった．

## 6.2.4 近代の開幕

1840年代以降の中国は国力の衰退が進み，国内では民衆の不満が高まり，対外的には列強侵略の矢面に立たされるようになった．アヘン戦争にはじまる一連の対外戦争に敗北した結果，清朝は各国との不平等条約の締結を余儀なくされた．そこで，巨額な対外戦争賠償や，列強の最恵国待遇など経済的・外交的特権の承認，さまざまな主権の侵害が生じた．また，周辺のフロンティア地帯に対して列強による侵入や領土の蚕食が著しくなり，いわゆる「辺境の危機」が増大した．日清戦争後，一部の知識人と官僚が国政改革の変法運動を起こしたが，西太后をはじめとする守旧派に容赦なく弾圧された．しかし20世紀初め，王朝が存亡の危機にさらされ，守旧派の清朝支配層は求富自強の「新政」を採用せざるをえなかった．東北部や内外モンゴルにおいても実施されたこの「新政」に対しては，一定の近代化的指向を帯びた点が評価されているが，改革に伴う利害関係により種々の矛盾が噴出して，社会はさらに大きく揺れだした．

### a. 東三省の成立

東北は清朝発祥の地として，清初から特別行政区域としての道を歩んできた．清朝の北京遷都後，盛京(瀋陽)は陪都とされ，中央官制に準じて盛京五部(戸・礼・兵・刑・工の五部)を設けられた．東北全体の行政制度も内地のそれと一線を画し，省制ではなく，奉天将軍(盛京将軍ともいう)，吉林将軍，黒龍江将軍の管轄する八旗軍政の下におかれた．早くから漢人が入植した遼東地方には奉天府が設置されたが，八旗系統に平行して民人のみの管轄となり，八旗社会は一貫した「旗民分治」の原則の下で，独自の法律をもち，種々の特権を享受していた．官僚の間で奉天のことを「奉省」と称したりすることもみられるが，あくまでも俗称にすぎなかった．

1905(光緒31)年，新政の一環として東北の行政管理体制に改革のメスが入った．まずは盛京五部の撤廃と東三省総督の任命，つづいて1907(光緒33)年，東三省総督の要請を受けて元来の三将軍衙門の撤廃および奉天・吉林・黒龍江三省の行省公署の新設が命じられた．このようにして，東北地方の最高長官は東三省総督へ，各省の長官は巡撫へと変わり，内地同様の省制がしかれた．省制の下で，新式軍隊の設立や警察制度の導入，近代式学校の建設，または商工業の振興策などが講じられた．八旗系列の副都統という官職が一部の地域でしばらく踏襲されたが，名目のみで実権をほとんどもたなかった．旗人も民人も省制の下

で管理されることは，東北の行政にとって画期的な変革である．清初以来二百数十年間存続した旗・民二重支配体制を民政に一元化されることで，東北の行政は従来の特殊性を失った．辛亥革命勃発の1911（宣統3）年に至ると，計11の道，26の府，19の庁，8の州と58の県が東三省に設けられ，内地なみの地方行政制度が全面的に確立された（楊余練ほか，1991, p.300）．

### b.　「移民実辺」とその波乱

封禁政策に固執していた清朝を「移民実辺」（漢人の大量移住によって辺境の充実を図る）の実施に転向させた背景には，アヘン戦争以降の辺境の動揺と，対外戦争賠償の重圧による深刻な財政困難などの要因があった．

漢人の移住が比較的遅れた黒龍江と吉林の2省は1860年代に入ると，ロシアの極東南下に対抗して，呼蘭平野と松花江沿岸の官地を一部開放した．これを皮切りに漢人流民の入植・開墾が各地で急速に進展した．官府は開墾地を登録して地税を徴収し，財源の拡大につとめた．日清戦争後，官地払い下げの範囲がさらに拡大し，1902年吉林地方全域の未開地が一律に開放されたのに続いて，1908年，黒龍江も全面的に土地を開放して大規模な「招墾」（漢人の移民招来）を実施した．19世紀末東北の在住人口はおよそ1200万人と推計されるが，9割が漢人移住者であった（小峰, 1999, pp.155-156）．

モンゴル地方での「新政」の実施も，財源問題との絡みで，「蒙地開墾」（蒙地はモンゴル旗の土地を意味する）と呼ばれる移民開墾の事業がその要となっていた．1901（光緒27）年，山西巡撫の岑春煊が内モンゴル西部の蒙地開墾を提案し，綏遠城将軍貽穀が墾務大臣に選ばれた．ほぼ同期に内モンゴル東部地方にも官主導の蒙地開墾案が採用された．ところが西部の墾務は最初から同地のモンゴル王公の強い抵抗に遭い難航をきわめた．貽穀は反対勢力の指導者を処刑して実施を強行したが，清朝とモンゴル王公の関係に大きな亀裂が生じることとなった．蒙地開墾の広がりでモンゴル旗の所有地はさらに縮小の一途をたどり，生計を脅かされたモンゴル民衆の反墾運動は内モンゴルの西部のみならず，東部の諸旗においても度々発生した．

### c.　中華民国の成立を迎えて

すでに19世紀60年代，極東南下を推進していたロシアは璦琿条約（1858年）と北京条約（1860年）の締結により，ウスリー江以東と黒龍江以北の，合わせておよそ100万km²の広大な地域を清朝側に割譲させた．その後ロシアは，中国北部への進出をさらに強め，1897年，シベリア横断鉄道の一部である中東鉄道（東清鉄道ともいう）の中国東北部での着工に続いて，1899年は義和団の乱に乗じて17万人もの軍隊を東北に送り込んだ．

他方，1860年の営口開港を境にして，ロシアのみならず，イギリス，日本，アメリカ合衆国などの国々も中国東北部での経済活動を強化した．欧米からの繊維製品の大量輸入に対して，東北産のダイズおよびその加工品が対外輸出の主力商品となり，東北経済は次第に世界市場経済の一部として接合されていった．そして現地での利権をめぐって列強たちはしのぎを削るようになった．1895年，日本は日清戦争の勝利を機に遼東半島の割譲を清朝政府に迫ったが，露・独・仏3国の連合干渉で頓挫し，その後1904年，日露両国の縄張り戦争が中国東北の地で勃発した．戦争は日本側の勝利で決着がつき，これによってロシアの勢力が大きく後退し，かわって東北とモンゴル地域に対する日本の影響力が著しく伸張した．

1911年，辛亥革命により清朝は崩壊し，翌年，孫文を臨時大総統とする中華民国が建国した．ここにおいて，東北アジア地域を含めてかつて清朝が領有した国家版図の全域が，中華民国に「継承」される運びとなった．しかし，国内の諸事情と列強諸勢力の働きかけにより，その後の情勢は地域によって異なる展開をたどる．1921年，イへ・フレーを中心とする外モンゴル（ハルハ）地方は，ソ連の支援を得て独立を宣言し，中華民国から離脱した．一方，東三省と内モンゴル地方は，辛亥革命の勃発当初から「満蒙独立運動」を企図する

日本側の策動があったにもかかわらず，結果的に中華民国という政治的共同体から分離・独立することはなかった(西村, 1996, pp.14-15)．そうした現実は，18世紀以降の漢人の大量流入とその定着によるこれらの地域と内地社会との一体化の成熟がもたらした結果であったといえよう．そして1928年，長年東北を支配した奉天軍閥の張作霖が日本関東軍に爆殺され，息子の張学良が地域の新しい指導者となると，すすんで「易幟」（かつて北京政府時代の五色旗を，統一戦争を推進する中華民国・国民政府の青天白日旗にかけかえる）の決断を下し，実行にいたった．「易幟」により，東北政権はもはやかつての奉天派としてではなく，一地方政府として中央政府・国民政府への合流をはじめた． 〔華　立〕

▶ 文　献

烏雲畢力格ほか（2002）：蒙古民族通史，第4巻，内蒙古大学出版社．

岡　洋樹（2002）：モンゴルを介してみた露清貿易——塩谷報告へのコメント．東北アジア地域論の可能性——歴史学・言語学・人類学・政治経済学からの視座，東北大学東北アジア研究センター，pp.64-67.

神田信夫ほか編（1989）：東北アジアの民族と歴史，民族的世界史3，山川出版社．

岸本美緒ほか編（2004）：東アジアの中の中国史，放送大学教育振興会．

小峰和夫（1999）：満洲——起源・植民・覇権，お茶の水書房．

阪倉篤秀（2004）：長城の中国史——中華vs遊牧 六千キロの攻防，講談社．

曹樹基（1997）：中國移民史，第5巻，福建人民出版社．

西村成雄（1996）：張学良——日中の覇権と「満洲」，岩波書店．

包慕萍（2005）：モンゴルにおける都市建築史研究——遊牧と定住の重層都市フフホト，東方書店．

ボルジギン・ブレンサイン（2003）：近現代におけるモンゴル人農耕村落社会の形成，風間書房．

馬汝珩ほか編（1990）：清代邊疆開發研究，中國社會科學出版社．

森川成雄（1999）：清朝の藩部（一）．中国史4—明〜清—，世界歴史大系，山川出版社．

楊余練ほか編（1991）：清代東北史，遼寧教育出版社．

李治亭主編（2003）：東北通史，中州古籍出版社．

盧明輝ほか（1995）：旅蒙商—17世紀至20世紀中原与蒙古地区的貿易関係，中国商業出版社．

# 6.3 ヨーロッパ文化圏としての東北アジア

## 6.3.1 シベリアにおけるヨーロッパ系住民の多様性

ロシア領としての東北アジア，すなわちシベリア（ロシア極東を含む）[*1]の特徴の1つは，ヨーロッパ系移住者，特にロシア人（民族）[*2]の数が，先住のアジア系民族よりも圧倒的に多いことにある．

ロシア国家による本格的なシベリア進出は16世紀末に開始された．1582年，エルマークに率いられたコサック（カザーク）たちがウラル山脈東部を支配していたシビル・ハーン国に勝利をおさめると，モスクワ国家（ロシア帝国の前身）は正規軍を送ってこの地を併合，その後70年と経たないうちにロシア人はユーラシア大陸の最東端まで到達した．

当初，ヨーロッパ地域からシベリアへの移住者数の増加は，比較的緩やかなものだった．それでも元来人口密度が低いシベリアでは，すでに18世紀初頭には統計上の移住者数が先住民族数を上回っていた．19世紀後半以降，移住政策の転換とシベリア鉄道の開通によって，シベリアへの移住者は急増する．1858年に約300万人だったシベリアの人口は，1897年には580万人に，そしてロシア革命直前の1911年には940万人に達した．またこのとき，シベリアの総人口の85%は「ロシア人」（現在のロシア人，ウクライナ人，ベラルーシ人を含む），5%はそのほかの移住者であり，先住民族の割合は全体の10%未満でしかなかった（Rossiya, 1914）．

文化圏というものが居住者の生活様式に基づい

て決定されるのであれば，18世紀以降のシベリアはそのかなりの部分がヨーロッパ（東スラヴ）文化圏に入っていたと考えることができる．しかし日本では，シベリアのヨーロッパ系住民についてあまり知られておらず，そのイメージも強制移住と流刑の域に留まりがちである．だが4世紀にわたって形成されてきた移住者社会内部の差は大きく，その文化も民族，階層（ソスロヴィエ），信仰，移住の時期や出身地によって多様であった．

シベリアは植民過程の違いから大きく3地域に分けることができる．ロシア人による植民が早くに開始され，ヨーロッパ地域の影響が強い西シベリア，移住者と先住民の活発な相互作用が見られる東シベリア，そして19世紀後半に瑷琿条約，北京条約によってロシア帝国領となった沿アムール・ウスリー地方（ロシア極東南部）である．本節ではこのうち，東北アジア諸国との関係が深い東シベリア（アルタイ地方とロシア極東を含む）を中心に，ヨーロッパ系住民の形成とその多様性を紹介しよう．

以下ではシベリアのヨーロッパ系住民を，主にロシア人と非ロシア人に分けて解説する．両者は移住の時期に大きな違いがある．比較的早い時期に移住してきた人々は「古参住民（スタロジール）」と呼ばれ，その大半がロシア人であった．しかし19世紀後半に始まる大量移住時代の新規移住者には，ロシア人以外の民族も多く含まれていた．ここではロシア人移住者について，まずは古参住民の形成に注目し，ついで彼らと先住民族との関係を考察する．その後，信仰と階層の点で特異な集団とされていた古儀式派教徒とコサックをとりあげる．非ロシア人としては，ウクライナ人，ベラルーシ人およびユダヤ人について解説し，帝政末期の移住傾向の変化を示したい．

なお帝政期の統計結果を紹介する場合，ウラル山脈東部のトボリスク県から中央アジアを除く

---

[*1] ロシアでは太平洋，オホーツク海側の地域を「極東」と呼んでシベリアとは区別するが，本節では日本の慣用に従い，ロシア極東地方をシベリアに含める．

[*2] 本節では「ロシア人」をロシア帝国やロシア連邦の居住者（臣民・国民）の意味ではなく，民族の意味でのみ用いる．

図6.8 シベリアとロシア人

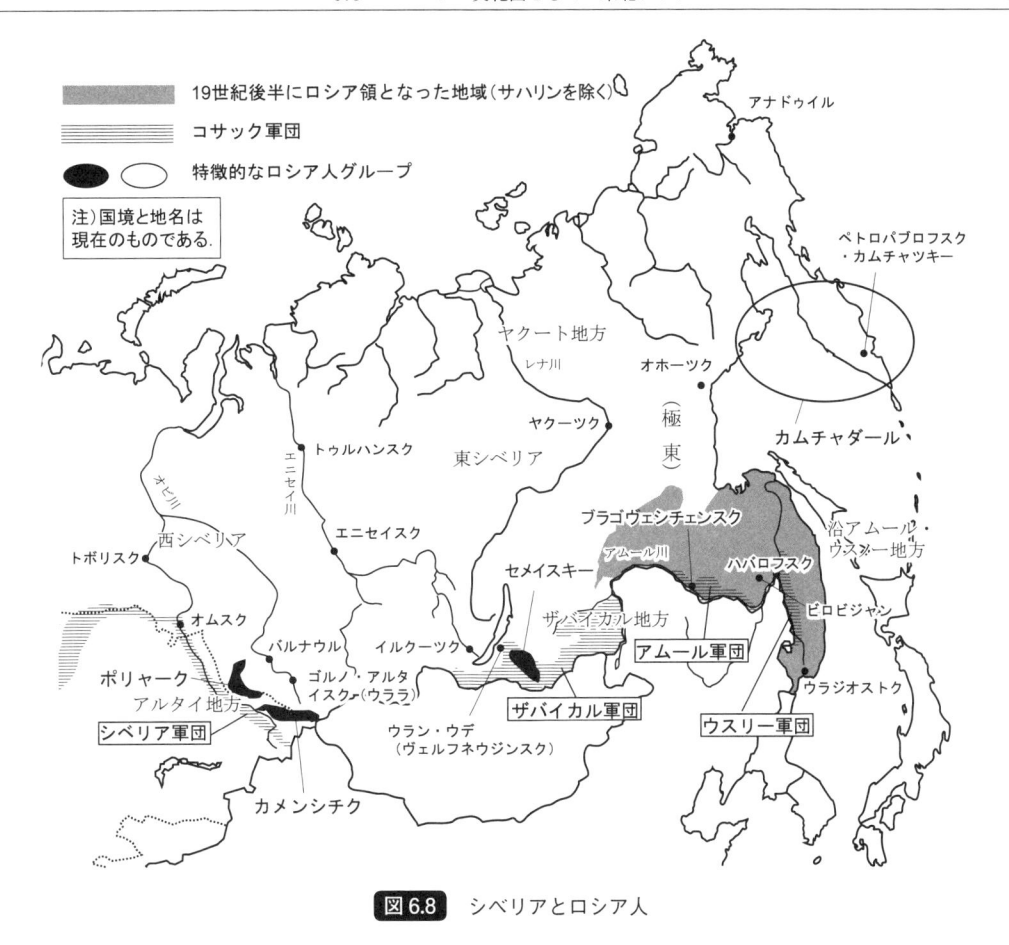

チュコトカ，カムチャツカ半島までの地域を「シベリア」，またこのうちエニセイ県以東を「東シベリア」に区分する．

## 6.3.2 ロシア人

### a. 古参住民の形成とそのアイデンティティ

ロシア人がシベリアに入植した時期や契機はさまざまだ．17〜18世紀までは，人々がロシアのヨーロッパ地域（以下，ヨーロッパ・ロシアと呼ぶ）からシベリアに向かう最大の目的は，クロテンなどの貴重な毛皮を獲得することだった．国家や商人の要請を受けたコサックや軍人，毛皮狩猟者たちはタイガと呼ばれる密林に分け入り，あるいは北太平洋へとのりだして，先住民族らにヤサク税（毛皮現物税）を課した．毛皮はシベリアにおける商取引を発達させ，イルクーツクの大商人たちはアラスカ，中国，そしてヨーロッパをつなぐネットワークを形成していった (森永, 2008).

シベリアにおける農業開発も同じ時期にはじまっている．国家は食糧調達の必要性からシベリアにおける農耕地の拡大を目指し，農業入植の奨励や強制移住といった方策をとったが，国家の許可を得ていない農民たちによる非合法な移住（逃亡）も少なくなかった．また18世紀になると，枯渇する毛皮資源にかわって鉱山開発が活発化する．それに伴い鉱山での強制労働を目的とした流刑が増加し，以後20世紀後半までシベリアは流刑地としてその名を知られることになった．

シベリア流刑に処された人々は帝国全土から集められた．またその中には政治犯，刑事犯とともに，ときには戦争捕虜などの外国人も含まれていた．だが17〜18世紀のシベリア開発初期に自由

図 6.9　イルクーツク県（現・州）チャマ村のロシア人古参住民 (Rossiya, 1914, p.185)

意志でこの地へ移住してきた人々には，ヴォログダ，ヴャトカ，ペルミ地方など，ヨーロッパ・ロシア北部やウラル地方北西部の出身者が多い．これは当時，ヨーロッパ・ロシアからシベリアへの道がこれら北部地域を通っていたためであり，また入植奨励策の対象となった国有地農民が北部に多かったためでもある (Rossiya, 1914)．今日でもシベリア古参住民の言語や伝統的衣装には，しばしばヨーロッパ・ロシア北部の特徴が見られる．

初期移住者の子孫はシベリアで世代を重ねるうちに，自分たちとヨーロッパ・ロシアの住民の違いを意識するようになった．18～19世紀になると，彼らは自らを「シビリャク（シベリア人）」と呼び，新しくヨーロッパ地域から移住してきた人々を「ロシヤニン（ロシアの人）」と呼んで区別するようになる．

「シビリャク」の特殊性は19世紀の社会思想家たち，すなわちシベリアに流刑に処されたデカブリスト（1825年にペテルブルグで武装蜂起した貴族将校たち）やナロードニキ（人民主義者）らの関心を集めた．彼らが最も注目したのはシベリアにおける「農奴制の不在」である．厳密にいえば，シベリアにも小規模ながら地主による所領経営が存在し，また鉱山で働く工場登録農民は農奴と同じく自由が制限されていた．しかしシベリアの大部分は国有地と帝室領であり，また中央から離れて政府の規制も緩やかだったこともあって，シベリア農民は比較的自由で自立した経営を行うことができた (阪本, 1998)．実際には理想と現実の差は小さくなかったのだが，権力に虐げられない裕福なシベリア農民のイメージは，農奴制廃止論者やヨーロッパ・ロシアの地主領農民の心を強くとらえた (Gibson, 1993)．

19世紀後半になると，シベリア出身の知識人の中から「シベリア地方主義」と呼ばれる思想的潮流が現れ，同地方の自由な発展が目指されるようになる．その際，ヤドリンツェフ（1842-1894）ら「地方主義者（オブラスニク）」がシベリア古参住民の特殊性として注目したのは，上記の特徴とならんで先住民族との混血や文化的近接性であった．

帝政末期に東シベリアを訪ねた研究者や旅行者は，ロシア人古参住民がしばしばアジア的な外見をもつこと，また逆にロシア人によく似た「異族人（イノロデツ）」がいることを指摘していた．異族人とは主にアジア系の先住民族を指す帝政期の呼称である．またこの地域のロシア人は先住民族の防寒着や狩猟，牧畜技術を，先住民族はロシア人から農耕技術を取り入れていた．さらに両者の言語や伝説，信仰体系にも互いの影響がみられることがあった．地方主義者らはこのような現象を「シベリア人」の誕生として高く評価し，シベリアが本国ロシアと区別できる単位である証拠だと考えたのである (渡邊, 2003)．

### b. 先住民族と移住者との関係

ヨーロッパ系移住者と先住民族との長期にわたる相互作用は，シベリアの古参住民と新規移住者とを弁別する大きな特徴の1つである．またそれはロシアの支配が17～18世紀から始まった地域と，19世紀後半に初めてロシア領となった沿アムール・ウスリー地方との相違点でもある．ここでは沿アムール・ウスリー地方を除く東シベリアを対象に，ロシア人と先住民族との関係に大きな影響を与えた正教化政策，民族間結婚，そして階層の問題をとりあげよう．

ロシア正教（東方キリスト教）の先住民族への宣教は，ロシア人のシベリア進出とともに始まった (安村, 2005)．しかし17～18世紀には宣教システムが確立しておらず，また国家の支援も十分で

はなかったので，その成果は芳しいものではなかった．啓蒙君主エカチェリナ2世（在位1762-1796）が非正教徒に寛容な政策をとったことも，宣教活動にとっては逆風となった．

ロシア正教会の宣教活動が活発化するのは19世紀になってからである．新時代の宣教活動はそれまでにもあった優遇策の活用に加えて，住民の母語による宣教と教育，そして受洗者の定住化と農耕民化の促進を特徴としていた．統計によれば，ロシア正教を信仰するシベリア先住民族（受洗異族人）の数は，1897年には47万人，1911年には50万人以上となっている(Rossiya, 1914)．これは当時シベリアで登録されていた「異族人」の半数以上にあたる．

しかし「異族人」の受洗率は民族や地域によって大きな違いがあった．一般に東シベリアにおける先住民族の受洗率は，ロシア人との接触期間やその濃度に比例して，極北のヤクート地方やカムチャッカ地方で高く，南部の牧畜民のあいだで低かった．また成果を急ぐ正教会側が警察権力を動員して洗礼を強要する場合があり，先住民族側でも処罰を恐れて，あるいは特典だけを目的に，形だけの洗礼を受けることがあった．しばしば先住民族の間にみられたシンクレティズム（諸宗教の混淆）も，教会関係者の悩みの種だった．

ロシア人とシベリア先住民族との混血は，両者が最初に出会ったときから進行していた．最初期の入植者であるコサックや毛皮狩猟者らはほとんど女性を連れておらず，そのため先住民族の女性と結婚する者がきわめて多かった．当初は女性の略奪や奴隷化を伴う場合もあったというが(吉田, 1989)，後には洗礼異族人の増加に伴い，受洗者男女とロシア人（正教徒）との婚姻が増加した．彼らの子孫はロシア人に同化するか，あるいはロシア人と先住民族との中間集団を形成し，「ヤサシヌイ（ヤサク納税民）」「カルィム（受洗ブリヤート）」など，地域ごとに特別な名称で呼ばれるようになった(伊賀上, 2005; 2008)．

帝国政府やロシア正教会は，基本的に先住民族の文化的ロシア化（正教，ロシア語，定住農耕の受容）を目指していた．したがってヨーロッパ的

図6.10 ロシア正教会のウララ（現ゴルノ・アルタイスク）宣教団聖堂（Rossiya, 1914, p.218）

外見を評価する価値観はあったものの，混血自体はあまり問題とされていなかった．

だがロシア人の数が少ない極北のヤクート地方やカムチャツカ地方では，ロシア人の先住民族化と見なしうる事態も生じた(Sunderland, 1996)．この地方の古参移住者らは，コリャーク人，ユカギール人，ヤクート人，イテリメン人など，アジア系諸民族との婚姻を繰り返した結果，その子孫は外見や生業で必ずしも先住民族との区別がつかなくなっていた．それでも彼らが統計上は「ロシア人」と見なされてきたのは，彼らの階層が「異族人」ではなく，「農民」や「町人」「コサック」だったからである．しかし稀なケースとは言え，異族人階層の者が農民や町人階層へ移行する場合もあったから，両者の違いはきわめて恣意的なものであった(Vakhtin, Golovko, Schweitzer, 2004)．

これとは逆にアルタイ地方には，異族人階層のロシア人がいた．この地方の「カメンシチク（石＝山の人）」または「ブフタルミネツ（ブフタルマ川流域地方の人）」と呼ばれる古儀式派教徒らの祖先は，18世紀に山岳地帯へ一時逃亡したあとロシア帝国に再帰順した．その際彼らはアジア系先住民族と同じ「定住異族人」の階層に登録されることが例外的に「許され」，一般のロシア人農民のように人頭税を支払う義務を免除されたのだ(Shindin 2002)．

シベリア開発初期の民族関係は，ロシア人による先住民族抑圧というイメージが強い．だが両者

**図 6.11** 古儀式派教徒セメイスキー（フォークロアアンサンブルの衣装．口絵 23）
ブリヤート共和国ビチュラ村．2003 年筆者撮影．

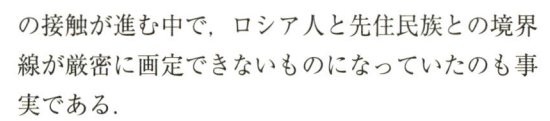

**図 6.12** セメイスキー・フォークロアアンサンブルの若者たち
ブリヤート共和国ウラン・ウデ市．2007 年，筆者所有

の接触が進む中で，ロシア人と先住民族との境界線が厳密に画定できないものになっていたのも事実である．

19世紀後半にロシア帝国政府の移住政策が規制から奨励に転換すると，先住民族と移住者との関係にも変化が現れた．これは特に，ヨーロッパ地域から大量の移住者が押し寄せたシベリア南部で顕著だった．アルタイ地方およびバイカル湖周辺地域（イルクーツク県およびザバイカル州）では，ロシア正教宣教団による洗礼の強要，土地不足に起因する農耕民と牧畜民との対立，そして政府による牧畜民に不利な土地整理事業が，先住民族の不満を高めていった．

こうして 1904 年にはアルタイ地方のチュルク（トルコ）系住民（現アルタイ人）の下で，仏教に基づく反ロシア色の強い宗教運動（ブルハニズム）が発生した（井上，1997）．また 1905 年の「十月詔書」で信仰の自由が認められると，受洗していたアルタイ先住民族やバイカル湖周辺地域のブリヤート人などが集団棄教し，シャーマニズム，チベット仏教などへ改宗した．

これらの「抵抗」運動はロシア政府や正教会に大きなショックを与えた．しかし一方で，農耕民化した人々の中にはロシア正教を堅持する者もあり，同一「民族」内の分離がより明確化したのも事実であった（伊賀上，2005）．またこの時期には民族運動も活発化してくるが，人々の民族意識の覚醒を促そうとした先住民族出身の知識人もまた，ロシアの学校教育システムを通して育成され，ロシアやヨーロッパの近代化思想の影響を受けていた（渡邊，2003）．帝政末期の南シベリアは，先住民族文化とヨーロッパ文化が複雑に交錯しながら展開する段階に入っていたのである．

### c． 古儀式派教徒

ロシア人の中には先住民族と同じく，ロシア正教会から宣教の対象とされてきた人々がいた．彼らは「古儀式派教徒（スタロオブリャデツ）」または「旧教徒（スタロヴェル）」と呼ばれている．古儀式派はロシア正教の一派であるが，その信徒たちは 17 世紀中葉にロシア正教会で実施された改革を否定し，3 本指ではなく 2 本指で十字を切るなど，改革前の「古い教え」を遵守する．帝政期の政府や教会は古儀式派教徒を「分離派教徒（ラスコリニク）」と呼び，当時「セクト」と称されたキリスト教諸派（モロカン派，ドゥホボール派など）とともに，異端として弾圧した．そのため公的な統計からは古儀式教徒の正確な人数を知ることができないが，一説には 19 世紀の段階でその数は 1000 万人以上であったという（中村，1997）．これは 19 世紀末のロシア帝国総人口の 1 割弱，同ロシア人人口の 2 割に相当する．

古儀式派教徒の立場では，彼らこそが真の正教徒であるが，本節では便宜上，教会改革拒否派を

「古儀式派」，改革を受け入れた主流派を「ロシア正教会」「正教徒」と呼ぶことにする．

シベリアの古儀式派教徒と諸宗派信徒は，宗教的迫害を避けて自らシベリアへ逃亡した者と，異端の罪やシベリア開拓のために流刑や強制移住に処された者とに分けられる．前者はヨーロッパ・ロシアに隣接する西シベリアに，後者は極北および南部のステップ地帯に多い．また19世紀後半からは農耕地不足の解消や「正しい」信仰生活の追求を目的として，沿アムール・ウスリー地方の新天地を目指す者たちがいた．古儀式派教徒の東漸には，「白水境（ベロヴォジエ）」という理想郷の伝説が大きく影響していたという．

古儀式派教徒は勤勉と禁欲，そして保守性で知られている．彼らは宗教上の戒律を厳守し，酒やタバコはもちろん，ときには茶の飲用も否定した．また昔からの衣装や髪型にこだわり，男性はひげを剃らなかった．古儀式派教徒は主流派正教徒を含む「異教徒」を穢れた存在と考えており，特に食べ物と婚姻による接触を避けようとした．そのためシベリアの古儀式派教徒は移住の時期にかかわらず，先住民族との混血の割合が低い．

だが古儀式派教徒とシベリアの先住民族に接点がなかったわけではない．婚姻を除けば，古儀式派教徒は迫害者であるロシア正教徒よりも，むしろ非キリスト教徒との交流を好むことがあった．前述のアルタイ地方のカメンシチクはそのよい例である．また接触は対立を生むこともあった．ザバイカル地方では古儀式派教徒「セメイスキー」とブリヤート人との友好的関係とともに，土地をめぐる争いも記録されている（阪本, 1998）．

古儀式派各集団の文化は，出身地や移住先のほか，宗派の違いによっても異なっていた．古儀式派内の宗派を大きく分けると，司祭と教会を認める「容僧派（司祭派）」と，それを認めない「無僧派（無司祭派）」がある．一般に無僧派は容僧派より戒律に厳しい．

西シベリアの古儀式派にはさまざまな宗派がみられるが，なかでも特に多かったのは「礼拝堂派」である．これは司祭不足のために容僧派から無僧派に転じた宗派で，信徒は自分たちの間から長老を選び，教会ではなく礼拝堂（チャソヴニャ）で祈禱を行う．西シベリアでは礼拝堂派を「ケルジャク（ケルジェネツの人）」と呼ぶが，これは沿ヴォルガ地方の古儀式派の拠点であるケルジェネツ地方（現ニジニ・ノヴゴロド州）に由来している（安村, 2000）．ここからもわかるように，彼らの信仰や文化はウラル地方やヨーロッパ・ロシア北部との共通点が多い．

アルタイ地方の古儀式派「ポリャーク」とザバイカル地方の「セメイスキー」は，ケルジャクおよびカメンシチクとは異なる出自をもつ（Shindin, 2002; Bolonev, 2004; 宮崎, 2005）．彼らの祖先は教会改革後にロシアから当時のポーランド領ヴェトカ（現ベラルーシ）付近へと逃れたが，18世紀後半にロシアの軍隊に捕らえられ，農業開拓のためにそれぞれの地方に送られた．「ポリャーク」はポーランド人という意味である．「セメイスキー」の語源は明らかではないが，一説には彼らがほかの流刑者と違って「家族（セミヤー）」で移住してきたことに由来するという．

ポリャークやセメイスキーの文化には，ウクライナやベラルーシと共通する南ロシア的特徴が多く，特にそれは彼らの言語や，鮮やかさを好む色彩感覚に現れている．またセメイスキーは複雑な和声を特徴とする合唱でも知られている．2001年にはユネスコの「人類の口承及び無形遺産の傑作」の1つとして「セメイスキーの文化的空間と口承文化」が選ばれた．

シベリアに移住した当時，ポリャークとセメイスキーには「逃亡僧派」の信徒が多かった．これはロシア正教会から逃亡した司祭を迎え入れて教会を維持する宗派で，容僧派の中で最も古い．彼らはその後多くの派に分かれたが，セメイスキーの下では逃亡僧派（ロシア革命後はいわゆるノヴォジプコフ派を形成）が主流でありつづけた．一方アルタイ地方のポリャークの下では，先住のカメンシチクや後に移住してきたケルジャクらとの混交が進んだ結果，逃亡僧派以外の宗派が勢力を持つようになった．

19世紀後半にロシア領となった沿アムール・ウスリー地方には，各地からさまざまな古儀式派

教徒が移住してきたために多くの宗派がみられる．その中でも特に多いのは，無僧派の礼拝堂派と容僧派のベロクリニーツァ派である (Argudyaeva, 1997)．ベロクリニーツァ派（別名ロゴシスコエ派）は 19 世紀中葉に司祭を養成する独自の位階制度を創設した新しい派で，現在は古儀式派最大の宗派になっている．ロシア革命後，ロシア帝国領からは多くの人々が中国や日本へ亡命したが，中国東北部（旧「満洲」）のハルビンには一時期この派の「イルクーツク・アムール・全極東主教座」が置かれていた (中村, 2006)．

中国東北部には無僧派の礼拝堂派教徒も逃亡していた．1940 年代前半に日本人の注目を集めた旧「満洲」ロマノフカ村は，ロシアの沿アムール・ウスリー地方から逃亡してきた同派信徒が築いた村である (阪本・伊賀上, 2007)．また 1978 年にソ連のアルタイ地方北東（現ロシア連邦ハカス共和国）で，山中に 40 年間も隠れ暮らしてきた家族が「発見」されて話題になったが，彼らもまた礼拝堂派教徒であった (ペスコフ, 1995)[*1]．

現在の古儀式派教徒，あるいはその子孫の信仰状況は，宗派とともに個人差が大きい．容僧派が多いセメイスキーは全体としてソ連社会に順応し，今では古儀式派以外の人との結婚も一般化している．一方で礼拝堂派をはじめとする無僧派は比較的保守的で，今日に至るまでさまざまな慣習を遵守する集団もある．

### d. コサック

シベリアはコサックとの関係が深い土地である．16 世紀の征服者エルマークから 20 世紀初頭の白軍のリーダー，アタマン・セミョーノフ（ザバイカル・コサック）まで，この地には多くのコサックの名前が刻まれている．

コサックは 14 ～ 15 世紀頃にヨーロッパ・ロシア南部およびウクライナで形成されはじめた特殊な社会集団である．その民族構成も複雑で，東スラヴ系のみならず，チュルク（トルコ）系をはじめとするさまざまな人々を包合していたといわれている．当初彼らは国家にしばられない自由の民として知られていたが，徐々に国家の支配や規制を受けるようになり，18 世紀にはロシア帝国の軍事身分に転化した (植田, 2000)．

ロシア革命直前の 1916 年には帝国全土に 11 のコサック軍団があり，その成員数は軍務につかない女性や子供，老人を含めて約 443 万人に達していた (Pronshtein and Khmelevskii, 1973)．シベリアで登録されていたコサックはこのうち約 12％で，その内訳は西シベリアのシベリア軍団（17 万人），東シベリアのザバイカル軍団（27 万人），エニセイ・コサック（1917 年から軍団．1 万人），ヤクーツク連隊（3000 人），そして極東南部のアムール軍団（5 万人）とウスリー軍団（3 万人）であった．

19 ～ 20 世紀になっても，コサックたちは独自の勤務体系や自治制度をもっていた．これはかつてコサックが国家から独立していた時代のなごりである．コサックの自治は「コサック大村（スタニッツァ）」を単位として営まれ，その寄り合いには階級の違いを超えて，将軍から下層コサックまでが参加した．またコサックは農民と異なり，成人男性全員に兵役義務が課されていた．彼らは幼少時から武術や乗馬の訓練を積み，アタマンと呼ばれるリーダーの指揮下で任務についた．

上層部を除く大部分のコサックは，平時には農業や漁労，あるいは牧畜などに従事していた．一般にコサックは農民よりも広大で優良な土地を優先的に割り当てられたが，コサックには馬や武器，軍服などを自分で調達する義務があり，また勤務中は農耕などに従事できないなど，経済的な負担も大きかった．このような独自の生活様式は，コサックの間に共通の価値観や仲間意識をはぐくんだ．特に軍団ごとの軍旗と制服はコサックたちの誇りのよりどころであった．

しかしながら 19 ～ 20 世紀のコサックたちは，必ずしも 18 世紀以前のコサックの子孫ではなかった．帝政期を通してコサックの組織は頻繁に改変されたが，特に 19 世紀からはコサック軍の拡大に伴って多くの非コサックが新たにコサック階層に加えられたのだ (Rossiya, 1914)．

---

[*1] ペスコフは山中で発見された家族を「逃亡派」だと紹介したが，古儀式派研究者らはこれを誤りだとみなしている (安村, 2000)．

ロシア極東南部のアムール軍団とウスリー軍団は，19世紀中葉にこの地がロシア領になったのを機に創設されたのだが，その際ザバイカル・コサックやドン・コサックなどほかの軍団からの移住者に加え，懲罰兵や一般農民を編入することでその数が補われた．またザバイカル軍団自体も，18世紀中頃にはツングース（エヴェンキ）人とブリヤート人が，19世紀後半にはネルチンスキー・ザヴォードの工場登録農民と流刑囚が，それぞれコサック階層に編入されている．なおヨーロッパ型教育を受けた最初期のブリヤート人として知られる東洋学者，ドルジ・バンザロフ（1822-1855）は，コサック階層の出身である．またロシア人コサックの中には，少数ながら古儀式派教徒も存在した．

ザバイカル軍団の古儀式派コサックや異族人コサックの文化は，彼らと宗派や民族を同じくする非コサックと共通する点が多い．たとえば19世紀末から20世紀初頭のブリヤート人コサック2万人は，基本的に牧畜民・仏教徒であり，ブリヤート語も保持していた．その一方で，ロシア人コサックとブリヤート人コサックは長年の間に高い割合で混血し，エヴェンキ人コサックのもとではロシア化，ブリヤート化（チベット仏教の受容）も進行していた(Tsybikov, 1925)．

ロシア革命の際は多くのコサックが反革命（帝政）側につき，そのかなりの部分がソ連政権樹立後に中国やモンゴルに逃亡，亡命した．またソ連に残ったコサックも軍事身分を解消されて，近隣の非コサック住民にとけこんでいった．

ソ連崩壊後，コサック軍団の再興が話題となっている(植田, 2000)．コサック人口が多いヨーロッパ・ロシア南部と比べ，シベリアのコサック復興運動は規模も小さいが，それでも軍団ごとに団体が整備され，新聞などの刊行物も出されている．筆者がザバイカル地方で見聞したところでは，コサックの子孫の多くは，ソ連時代に反革命勢力として貶められた祖先の名誉回復を喜んでいる．だが，一部の人々が主張するような，軍事身分としてのコサックの復活を望む者は少ないようである(伊賀上, 2009)．

### 6.3.3 ロシア人以外のヨーロッパ系住民

#### a. ウクライナ人，ベラルーシ人

19世紀後半にロシア帝国内での大量移住が始まると，ヨーロッパ地域からシベリアへの移住者の流れも変化した．それまではロシア帝国西部やヨーロッパ諸国からシベリアへの移動理由は，学術調査や交易，役所勤務などを除けば，戦争捕虜や政治犯，刑事犯としての流刑が主であった．そのうち特に数が多かったのは1863年のポーランド反乱の参加者で，約2万人が東西シベリアに送られている(加藤, 1974)．

しかし19世紀末からは，帝国西部からも自由意志による移住，特に農業入植が急増し，ロシア南部諸県やウクライナ，ベラルーシからだけではなく，沿バルト地方やポーランド，フィンランドからシベリアへの移住も目立つようになった．その結果，シベリアではカトリック教徒やルター派教徒が増加し，1911年の統計調査では前者が9万人，後者が約6万人と記録されている．ただし彼らは出身地に近い西シベリアに集中していた(Rossiya, 1914)．

これに対して19世紀後半にロシア領になった沿アムール・ウスリー地方では，ウクライナ人移住者の割合が非常に高かった．これは1879年にウクライナのオデッサとウラジオストクとの間にインド洋まわりの航路が開通したことと関係している(原, 1998)．1858～1914年に沿海地方（ウラジオストク市，ハバロフスク市を中心とする地域）に到着した農民家族約2万2000世帯のうち，その70%はウクライナ諸県出身者だった．特に南ウスリー地方（ウラジオストク市周辺）では，移住者総数の約80%をウクライナ人が占めている．ベラルーシからの移住者はこれほど多くはないが，それでも同時期の沿海地方農民家族の3%がベラルーシのモギリョフ県の出身であった．このほかウクライナ人，ベラルーシ人は，ブラゴヴェシチェンスクを中心とするアムール州にも入植している(Argudyaeva, 1997)．

温暖なウクライナやベラルーシから沿アムー

ル・ウスリー地方へ移住した農民は，当初その気候の厳しさに苦しめられた．彼らが建てた粘土壁の家「ハタ」は南方向きで，丸太造りで気密性が高いロシア人の家「イズバ」ほどは寒冷地に適さなかった．当時の観察者たちはウクライナ，ベラルーシ移住者について，ロシア人より保守的で環境への適応が遅いと評価している．このような批判にはウクライナ人，ベラルーシ人に対する偏見も影響していると思われるが，ウクライナ人移住者の中にも心性の差があることは当初から指摘されていた．たとえばウクライナからの海路移住は，初期には国庫負担移住と自己負担移住の2種類があったが，後者の人々の方がチャレンジ精神や意欲があり，その経営も早く軌道に乗るといわれていた (原，1998)．

現在も沿アムール・ウスリー地方では，「コ」や「チュク」で終わるウクライナ・ベラルーシ系の名字をもつ人々によく出会う．また農村部へ行くとウクライナ風の家がみられることもあり，年配者を中心にウクライナ語の表現やフォークロアも保持されている．それにもかかわらず，ウクライナ人，ベラルーシ人意識をもつ住民は思いのほか少ない．これはウラジオストク市などの都市部で特に顕著である．この傾向は20世紀初頭からすでに知られていた．当時シベリアで生まれた人々は，自分の両親がウクライナ人やベラルーシ人だと知っていても，自らをロシア人とみなす傾向があったという．

東スラヴ系の移住者が短期間に「ロシア人」意識をもつ最大の理由は，彼らの文化的近接性にある．特に沿アムール・ウスリー地方へ多くの移住者を送り出したウクライナ，ベラルーシ諸県（チェルニゴフ，ポルタヴァ，ハリコフ，キエフ，モギリョフ）は，ロシア，ウクライナ，ベラルーシの境界に位置しており，歴史的にもロシアの影響が強い．なかでも一番多くの移住者を出したチェルニゴフ県では，3民族の接触によって住民の民族意識が複合的になっていたことが指摘されている．

このことに加えて，ウラジオストクの研究者アルグジャエヴァは，ウクライナ，ベラルーシ内の地域差にも注目している．これらの地域はポーランドとロシアの支配権争いの舞台となってきたために，同じ県内でさえ歴史的，文化的背景や民族構成の違いが大きい．それゆえ沿アムール・ウスリー地方のウクライナ人移住者は，1つの村の中でさえ出身地域別に分かれて暮らす傾向があり，統一的な民族文化や地方文化が形成されにくかったというのである (Argudyaeva, 1997)．

文化，特に宗教による民族意識の差異は，ベラルーシからの移住者が多かった西シベリアでも観察されている．ベラルーシ出身者は主にロシア正教徒とカトリック教徒に分けられるが，前者の子孫はロシア人意識が強く，後者は自らをベラルーシ人，時にポーランド人とみなす傾向があるという (Lamin and Stashkevich, 2000)．

ウクライナ人，ベラルーシ人は，ロシア人と同じ東スラヴ系民族であるがゆえに，帝政期には各言語がロシア語の「方言」とみなされたり，逆にソ連成立後はその差が強調されたりと，彼らに関する言説は国家と民族の境界をめぐる政治性を帯びやすい．シベリアにおけるウクライナ，ベラルーシ系住民の文化についても，出身地との比較や民族文化政策の変化を考慮しながら慎重に検討していくことが必要であろう．

#### b．ユダヤ人

帝政期の国勢調査では，個人の民族帰属は基本的に言語と信仰によって規定されていた．しかし住民のロシア語習得とロシア正教化が進むシベリアでは，言語と信仰，民族帰属が一致しないケー

図6.14 ウクライナ風家屋「ハタ」(沿アムール・ウスリー地方，スレテンカ村) (Rossiya, 1914, p.526)

スも多かった．そのような中で，信仰と民族帰属が比較的合致すると考えられていた数少ない例が，ユダヤ人である．

ロシアのユダヤ人の大部分は，18世紀末のポーランド分割でロシア帝国に編入された人々で，帝政期にはさまざまな点でヨーロッパ系諸民族から区別されていた．ユダヤ人はヨーロッパ系住民の中で唯一，「異族人」階層に分類され，また「ユダヤ定住区域」への居住を義務づけられていた．定住区域はかつてポーランド領であったウクライナ，ベラルーシ，リトアニアの都市部に集中していた．

帝政期を通して，当局は基本的にユダヤ人をシベリアに入れない方針をとっていたが，実際には多くのユダヤ人がシベリアに住んでいた．ユダヤ人はまず西シベリアへ入ったが，19世紀になると東シベリアでも比較的まとまった集団を形成しはじめる．統計資料によれば，東西シベリアにおけるユダヤ教徒の数は，1897年に約3万4000人，1911年には5万4000人ほどである．しかし東シベリア南部のイルクーツク県やザバイカル州では，ユダヤ人が総人口の1〜2%近くを占め，地域社会に重要な影響を与えるようになっていた (Rossiya, 1914).

シベリアのユダヤ人の多くは非合法居住者であったが，なかには政府に認められた移住者もおり，そのほとんどが流刑囚（主に刑事犯）とその家族であった．このほか年代によって農業入植者（1836年のみ），大商人，手工業者，高等教育者，カントニスト（誕生と同時に兵籍に入れられた，兵士の息子）や兵役満了者などがシベリアへの移住を許されている．しかし法律はしばしばユダヤ人の権利を制限する方向で改定されて，ユダヤ人居住者を苦しめた．さらにはそれらの法律が相互に矛盾し，地方当局さえもその適用に悩むことがあったという (Kal'mina, 2003).

ユダヤ人に対する差別感情はシベリアにも存在していた．しかし帝政末期にロシア帝国西部で頻発したポグロム（集団的略奪，虐殺行為）は，この地ではあまり起こらず，またユダヤ人が得意とする商業や手工業に発展の余地があったことから，多くのユダヤ人がシベリアにひきつけられたと考えられている．

ヨーロッパ地域のユダヤ定住区域は都市部に集中していたが，東シベリアでは当初，ユダヤ人が村落地域から都市部へ流入するのを防ぐ政策がとられていた．そのためここでは，ユダヤ人がロシア人正教徒農民や古儀式派教徒，ブリヤート人らと同じ村に住むことも稀ではなかった．ユダヤ人には手工業者が多く，またこの地域の特徴を反映して毛皮業，運送業，鉱山関係の仕事に携わる者もいた．

しかし，本来都市生活に向いているユダヤ人は，徐々に人口の多い都市部や都市隣接地域へと集まっていった．シナゴーグ（ユダヤ教会堂）と礼拝学校をもつ信仰共同体も，東シベリアでは政府の公認に先駆けて1860年代には形成されていたと考えられている．ギルド商人に登録されるユダヤ人も徐々に増加し，東シベリアにもユダヤ人富裕層が誕生していった．1880年代からユダヤ人資本は商業，工業のさまざまな分野を独占しはじめ，中国東北部（ハルビンなど）へも積極的に進出していった．

ソ連政権の成立後，シベリアのユダヤ人の多くは居住地域を離れたり，諸外国へと逃亡したりした．一方で1934年には，ユダヤ人の農業入植とユダヤ文化の保護を目的に，沿アムール地方のビロビジャン地区にユダヤ自治州が建設された (高尾, 2006)．しかしこの地域には本来ユダヤ人が居住しておらず，移住してきたユダヤ人の中にも帝政期からシベリアに住んでいた者は少なかった．

ユダヤ自治州建設が決まったあと，1928〜37年までの10年間に，主にウクライナやベラルーシから4万人強のユダヤ人がこの地に送り込まれた．しかし入植の準備も整わない劣悪な環境に失望して逃亡する者も多く，1937年末の時点で自治州のユダヤ人人口は2万人ほどにしかならなかった．さらにその後，リーダーの粛清や民族文化の弾圧もあって，多くのユダヤ人がこの地を離れた．2002年の国勢調査では，ユダヤ自治州の住民のうち，自らの民族帰属を「ユダヤ人」と答えたのは州全体の約1.2%，2327人である (Federal'naya sluzhba, 2004).

### 6.3.4 ソ連時代以降の傾向

　ソ連時代にシベリアは大きな変貌を遂げた．この時代にはシベリア開発政策に沿って，帝政期以上に多くの人々が連邦全土からこの地へとやってきた．それゆえ統計上では，シベリア居住者の出身地や民族帰属は多様性を増している．だがソ連政府が進めた農業集団化，反宗教政策，そして都市と村落の格差を縮小するための近代化政策は，ソ連に住む人々の生活文化を同じ色合いで画一化していった．非ロシア人の立場からは，ソ連時代の変化が「ロシア化」として批判されることが多い．確かにロシア人は民族言語を失うことはなかったが，彼らもまた過去の文化，特に宗教文化を奪われたのである．

　1980年代後半にペレストロイカ政策が始まると，シベリアのヨーロッパ系住民の間でも自らのルーツや民族文化への関心が高まった．各地に民族団体や民族サブグループ団体が結成されて，伝統文化の復興や維持が目指されるなかで，民族帰属の変更や政治的諸権利を要求する集団も現れた．

　たとえばカムチャッカ地方の混血者集団「カムチャダール」は，ソ連時代にはロシア人に分類されてきたのだが，ロシア連邦では独立した民族に認定され，イテリメン人やコリャーク人らと並んで「先住少数民族」の権利を享受できるようになった (伊賀上，2008)[*1]．

　コサック関係者もまた，軍団復活のみでは満足できない人々が中心となって民族認定運動を展開しているが，今のところその願いは実現していない．ただし2002年の国勢調査では，コサックはヨーロッパ・ロシア北部のポモールとともに，ロシア人の中の特別なサブグループ（民族集団）だと認められ，報告書のなかでも特別扱いされている (Federal'naya sluzhba, 2004)．

　現在のロシアでは宗教の自由が原則として認められており，ソ連時代に閉鎖された教会などの信仰拠点も徐々に再建されつつある．なかでも，ソ連時代をあまり知らない若い世代の間で信仰への関心が高まっていることは，注目に値する．しかし若者たちの多くは，民間信仰を含むローカルな文化を上の世代から引き継いでいないため，本やテレビを通して標準化された知識への依存が進行している (伊賀上，2006)．

　最後に亡命者に触れておこう．1917年のロシア革命後，東北アジア地域，特に中国東北部（旧「満洲」）には，シベリアのみならず帝国（ソ連）のさまざまな地域から来た人々が集まって亡命者社会を形成していた．しかし第2次世界終了後，ある者はソ連へ強制送還され，また別の者はフルシチョフの帰国奨励を受け入れて，1950～1960年代までに自由意志でソ連へ帰国した．ソ連への帰国を拒否した人々も，その多くが同時期までに南北アメリカやオーストラリアへ再移住した (中村，1997)．

　第三国へ再移住した人々のうち，古儀式派教徒やコサックなどは自らのルーツへの思い入れが深く，子孫たちが自らの文化を失わないように努めてきた．ソ連崩壊後には外国居住者がロシアへ行くことが可能となり，同族や同宗派に対する経済援助も行われている．その一方で，数世代を経て拡大した価値観の溝もまた小さくはない (阪本・伊賀上，2007)．国境の壁が人々に及ぼす作用には，今後も注目していく必要がある．　〔伊賀上菜穂〕

### ▶ 文　献

伊賀上菜穂 (2005):「洗礼ブリヤート」から「ロシア人」へ―ブリヤート共和国一村落に見る帝政末期正教化政策とその結果―．ロシア史研究, 76, 118-135.

伊賀上菜穂 (2006): 過去と現在を結ぶ―ポスト社会主義時代におけるロシア古儀式派教徒のアイデンティティ化―．仙葉　豊・高岡幸一・細谷行輝編：言語と文化の饗宴, 英宝社, pp.215-230.

伊賀上菜穂 (2008): ロシア連邦におけるロシア人サブグループをめぐる昨今の状況―民族の境界と「権利」の諸相―．高倉浩樹・佐々木史郎編：ポスト社会主義人類学の射程, 国立民族学博物館調査報告, 78, 225-266.

井上紘一 (1997): オイロトの民を求めて―アルタイのブ

---

[*1] 「カムチャダール」はカムチャツカ半島の先住民族イテリメン人の旧称でもあるが，現在法的にはカムチャダールとイテリメン人は別民族とされている．

ルハニズム序説—. 青木　保・内堀基光ほか編：民族の生成と論理, 岩波書店, pp.229-263.

植田　樹 (2000)：コサックのロシア—戦う民族主義の先兵—, 中央公論新社.

加藤九祚 (1974)：シベリアに憑かれた人々, 岩波書店.

阪本秀昭 (1998)：帝政末期シベリアの農村共同体—農村自治, 労働, 祝祭—, ミネルヴァ書房.

阪本秀昭・伊賀上菜穂 (2007)：旧「満州」ロシア人村の人々—ロマノフカ村の古儀式派教徒—, ユーラシアブックレット, 東洋書店.

高尾千津子 (2006)：ソ連農業集団化の原点—ソヴィエト体制とアメリカユダヤ人—, 彩流社.

中村喜和 (1997)：聖なるロシアの流浪, 平凡社.

中村喜和 (2006)：ロシアの木霊, 風行社.

原　暉之 (1982)：シベリアにおける民族的諸関係. 史苑, **42**(1・2), 1-41.

原　暉之 (1998)：ウラジオストク物語—ロシアとアジアが交わる街—, 三省堂.

ワシーリー・ペスコフ著, 河野万里子訳 (1995)：アガーフィアの森, 新潮社.

宮崎衣澄 (2005)：シベリアの古儀式派—アルタイ, ザバイカル地方を中心に—. 中京大学社会科学研究所ロシア研究部会編：東シベリアの歴史と文化, 成文堂, pp.228-247.

森永貴子 (2008)：ロシアの拡大と毛皮交易, 彩流社.

安村仁志 (2000)：シベリアと古儀式派. 中京大学社会科学研究所ロシア研究部会編：西シベリアの歴史と社会—トムスクを中心に—, 成文堂, pp.159-185.

安村仁志 (2005)：東シベリア・極東へのロシア正教会の展開—宣教による主教区形成と先住民族語への教会関連文書の翻訳を中心に—. 中京大学社会科学研究所ロシア研究部会編：東シベリアの歴史と文化, 成文堂, pp.192-227.

吉田俊則 (1989)：シベリア植民初期のロシア人社会について. ロシア史研究, **47**, 38-55.

渡邊日日 (2003)：帝国の文化か, 批判の表象か—帝政期シベリアに御ける『民族誌的多様性』について—. 超域文化科学紀要, **8**, 東京大学, 5-44.

Argudyaeva (1997)：Аргудяева, Ю. В.：*Крестьянская семья у восточных славян на юге Дальнего Востока России*, Москва.

Bolonev (2004)：Болонев, Ф. Ф.：*Старообрядцы Забайкалья в XVIII-XX вв.*, Москва.

Federal'naya sluzhba (2004)：Федеральная служба государственной статистики：*Национальный состав и владение языками, гражданство* (Итоги Всероссийской переписи населения 2002 г., **4**), Москва.

Gibson J. R. (1993)：Paradoxical Perceptions of Siberia. In Diment, G. and Slezkine, Yu. eds.：*Between Heaven and Hell*, St. Martin's Press, pp.67-93.

Kal'mina (2003)：Кальмина, Л. В.：*Еврейские общины Восточной Сибири*, Улан-Удэ.

Lamin and Stashkevich (2000)：Ламин, В. А., Сташкевич Н. С. отв. ред.：*Белорусы в Сибири*, Новосибирск.

Pronshtein and Khmelevskii (1973)：Пронштейн, А. П., Хмелевский, К. А.：Казачество. In *Большая советская энциклопедия*, **11**, 175-177.

Rossiya, Aziatskaya (1914)：*Азиатская Россия*, **1**, Санкт-Петербург (沼田一郎編訳 (1945)：アジヤロシヤ民族誌, 彰考書院).

Shindin (2002)：Шиндин, Б. А. ред.：*Традиции духовного пения в культуре старообрядцев Алтая*, Новосибирск.

Sunderland, W. (1996)：Russians into Iakuts? "Going Native" and Problems of Russian National Identity in the Siberian North, 1870s-1914. *Slavic Review*, **55**(4), 806-825.

Tsybikov (1925)：Цыбиков, Г. Ц.：Забайкальское бурятское казачье войско. *Жизнь Бурятии*, **5-6**, 25-29, **9-12**, 38-42, Верхнеудинск.

Vakhtin, Golovko, Schweitzer (2004)：Вахтин Н., Головко Е., Швайцер П.：*Русские старожилы Сибири*, Москва.

# 6.4 中国が語りはじめた遊牧文明

1988年,中国の民族学界の開祖的な人物である費孝通は香港中文大学主催の「ターナー・レクチャー」において,「中華民族の多元一体格局」と題する講演を行った.費は,「自覚的な民族実体」としての「中華民族」は中国が西方列強と対決するようになった19世紀以降に形成されたものであるが,民族そのものの実体は数千年にわたる歴史的なプロセスの中でできあがったものだ,という理論を提示している (費孝通, 1989, 1).

「中華民族」の発祥は多元的であるが,その核心は漢族だと費孝通は強調する (費孝通, 1989, 2-5).費孝通は「中国国民(ネイション)」という現代中国ではまったくポピュラーでない近代的な概念を民族,「中華民族」でもって表現することにより,歴史的に中原以外の世界で実在してきた少数民族の歴史とその独自性を否定しようとした.その否定作業は,少数民族が中国から離脱するのを防ぐためであった.

費孝通の理論に対し,少数民族出身の研究者たちの多くは冷静かつ批判的な態度をとっているが,政府御用の漢人研究者たちからは熱烈な支持が得られているようだ.もともと民族学の概念,あるいは民族政策の概念にすぎなかった「中華民族多元一体格局」はたちまちさまざまな分野に演繹されていった.そのうちの1つが中華文明論研究である.いわゆる「中華文明」も「多元的起源」をもち,その中には「遊牧文明」も含まれる,との言説である.以下では,中国の研究者たちがどのように遊牧文明を語っているか,またその目的は何であるかを逐一検討してみたい.

## 6.4.1 ブラック・ユーモアかそれとも矛盾語法か

漢人研究者の筆下から「遊牧文明」という文字が現れたとき,思わずこれはブラック・ユーモアではないかと驚愕した者は少なくなかろう.中華思想の文脈からすれば,「遊牧」と「文明」は二項対立する概念で,相対峙する存在を結びつけた行為は,一種の矛盾語法ではないか,と疑いたくなる.中華の文人たちは古くから北方の遊牧民たちを夷狄・異族と呼んできた.『左伝』のような古い典籍には「吾が族類に非らず者は,その心も必ず異なる」と明確な認識をもっていた.北方の異族が繰り返す中原世界への武力征服の前で無力が証明されたとき,対策として考えだされたのが,「文」や「文化」である.漢語の中の「文化」という言葉も,もともとは「野蛮な夷狄」を開化させるという意味をもっていた.こうした脈絡で振り返ってみると,「遊牧」と「文明」は少なくとも中華思想の世界では結合できる余地は,本来はなかったはずである(図6.15).

では,昨今注目されつつある「遊牧文明」という言説が誕生した背景は何だろうか.私は以下3つの要因があるとみている.

### a. 「中華文明」の起源と夷狄の地

まず,「中華文明」の起源の問題.漢族の知識人たちはよく「中華文明5000年の歴史」と表現してきたが,古代エジプト文明やインド文明のように歴史学の編年によって証明されたわけではなかった.従来,考古学的に立証できるのも商代以降の4000年の文明史にすぎない (蘇秉琦, 2005, 1).

1979年5月になって,中国の考古学界に大きな転機が訪れた.内モンゴル自治区東部のウラーンハダ(Ulayan Qada, 赤峰)地区から東の遼寧省西部の喀喇沁左翼蒙古族自治県にかけて,西遼河遺跡が発見された.ウラーンハダの遺跡は第2次世界大戦終了前に日本の考古学者濱田耕作と水野清一も注目したことがある (濱田ほか, 1938).中国の考古学者たちは十数年間調査を続け,西遼河遺跡が複数の文化層からなっていることが突き止め

**図 6.15** モンゴル国のトナカイ遊牧民を「原始的」と見なす中国の報道
（『環球時報』2005 年 9 月 21 日）

られた．そしてその中には大規模な祭祀，都市遺構が確認され，年代的には 5000 年以前のものであることが判明した (蘇秉琦, 2005, 2)．

ここに至って，現代中国の領土からはっきりと 5000 年以前と主張できる遺跡が発見されたのは，中原ではなく，古くから夷狄の地とされてきた地から発見されたのである．マルクス主義的唯物主義を標榜する中国の研究者たちは従来の中原中心史観をあらためなければならなくなった．考古学界の重鎮蘇秉琦は素直に述べている．「中華民族の形成という極めて重大な問題を考える上で，考古学界には間違った認識があった．あまりにも中原文化を過大評価し，北方文化を低くみてきた」と認識を修正している (蘇秉琦, 2005, 2)．「中華文明はほかの文明より 1000 年も短い」というコンプレックスを解消するのに，北方文化，遊牧民たちが生活してきた地の文化が役に立つとは，中華の知識人たちは夢にも思わなかっただろう．

**b. 民族問題に対処するための「中国史研究」**

次に，政治的な背景である．とるに足らぬ北方文化，遊牧文化，いや文化をもっているかどうかすらわからない遊牧民たちは，中華人民共和国の北，万里の長城以北の広大な領域に暮らしている．長い国境の向こう側には彼らの同胞たちと同じアルタイ語系の言葉を話す歴史上の仲間が住んでいる．ユーラシアの大半が同じ社会主義体制下に入った時代でも，同胞との交流は自由ではなかった．このような時代が幕を降ろそうとしていた頃，新疆ウイグル族自治区でいわゆる「3 冊の本の事件」が起こった．この事件はそれ以来の北方文化，遊牧文化に少なからぬ影響を及ぼした．

「3 冊の本」とは，ウイグル人の作家トゥルグン・アルマス（吐爾貢・阿勒瑪斯）が 1986 年 10 月から 1989 年 10 月にかけて新疆青少年出版社から出した『ウイグル人』，『匈奴簡史』，『ウイグル古代文学』を指す．ウイグル語で出版されたため，すぐに漢人側にその内容が伝わらなかったことも考えられるが，「3 冊の本」が問題とされ正式に批判されはじめたのは 1990 年 2 月からのことである．私は 1991 年から 3 年間かけて新疆ウイグル自治区で遊牧民社会について調査を実施したが，人々は「3 冊の本」に関する話題を極力避けようとしていた．当然，「3 冊の本」も手に入らなかっ

たが，それを批判した論文集 (馮大真, 1992) からその内容を垣間みることができよう．

批判論文集によると，「3冊の本」の著者は「ウイグル族は中華民族の一員ではない」という立場に立脚し，「中国は古来から統一された，多民族国家であるという事実を否定し，ウイグル族など古代北方の遊牧諸民族が建立した地方政権を中国とはまったく別の〈独立国家〉のように描いた」点が間違っているという (馮大真, 1992, p.2)．また著者の民族間関係についての記述は，「わが国の歴史上の民族間関係の主流は平和共存であったにもかかわらず，民族間衝突や民族間紛争を極端に強調」しているという (馮大真, 1992, pp.3-4)．

中国政府が事前に「3冊の本」を漢語に翻訳し，中国国内の多くの研究者を動員して批判キャンペーンを行った背景には，1989年夏に民主化を求める学生たちを武力で鎮圧した「天安門事件」直後の国内の不安定な情勢と，ソ連の解体に代表される社会主義陣営の崩壊があげられよう．裏を返せば，「3冊の本」を批判した論文集から読みとれるのは，「歴史上の北方の遊牧民族諸集団はすべて中華の少数民族で，彼らが建立した政権はあくまでも地方政権である」ということであろう．論文集に文を寄せた研究者の1人，自称匈奴史家の林幹は次のように書いている．「北方の諸民族史を研究する際，1921年のモンゴル独立を境界としなければならない．1921年の独立以前の外モンゴルは中国の領土であり，この地で活動していた匈奴や突厥も中国の国内民族であり，彼らの歴史も中国史の一部である．彼らと漢族との関係は，中国国内の民族間関係である．……この問題は現在のわが国の対外政策にもかかわり，中国古代史における北方民族研究の常識である」と主張している (林幹, 1992, p.120)．

要するに，匈奴や突厥，それにモンゴルのように現代中国の枠組みを超越して活動していた諸集団の歴史がどのように描かれるかについて，中国は過剰なほどに反応した．漢人以外の研究者が北方の遊牧民について研究するのに危機感を抱くようになった．そこで「わが国の北方文化」「わが国の遊牧文化」研究へと移行していった．あらかじめ設定された中国史という桎梏の中の遊牧民文化，遊牧民史研究ではあるが，それが中華文明の発祥年代をさらに古くまで遡らせるにも有効であったため，まさに一石二鳥のごとき好事であろう．

### c. 中原を守るための「野蛮人」の智恵

最後に生態環境の悪化である．漢人は歴史的に天下の中心たる中原の対極としてモンゴル高原を描いてきた．彼らは長城以北の域を指して，荒漠や草地，無人の地，人畜同栖の地などと表現し，そもそも人間が住む土地ではないと理解してきた．中華人民共和国の成立以降，モンゴル高原の一部は中原の鉱物資源，肉や乳類の供給地となり，略奪的な開発を受けつづけてきた．近世の日本人がつくった「草原」という言葉もいつしか導入され，荒地も中国人（漢族）に少なからぬロマンを与える存在と化した．

野蛮がロマンチックに置き換えられるのは植民地表象の1つの典型ではあるものの，それもつかの間だった．2002年3月18日から21日まで続いた沙塵暴（サーチンポウ）は，1990年代から度々発生した沙嵐の中で最も大きく，首都北京をはじめ，北部中国全域に大きな被害をもたらした (蓋山林ほか, 2002, p.11)．まるでそこに住んでいた過去の主人たちにかわって中原に復讐するようになった荒地あるいは草地をみて，中国も環境保護，生態改善に取り組むようになった．かつて1960年代から1970年代にかけて都会から内モンゴルの草原に下放されていた知識青年（下放青年）の1人が『神なるオオカミ』（『狼図騰』）という小説を書き，モンゴル人の伝統的な生態保護観を正当評価した (姜戎, 2004)．ここに至って，漢人知識人たちは少なくとも北アジアの貧弱な自然環境を維持するには，「野蛮な遊牧民」から学ぶべきものがあることに目覚めだした．近年出版された研究書はいずれも遊牧民の生態保全観を高く評価している．もっとも，それは文明的な中原を沙塵暴から守るためであったかもしれない（図6.16）．

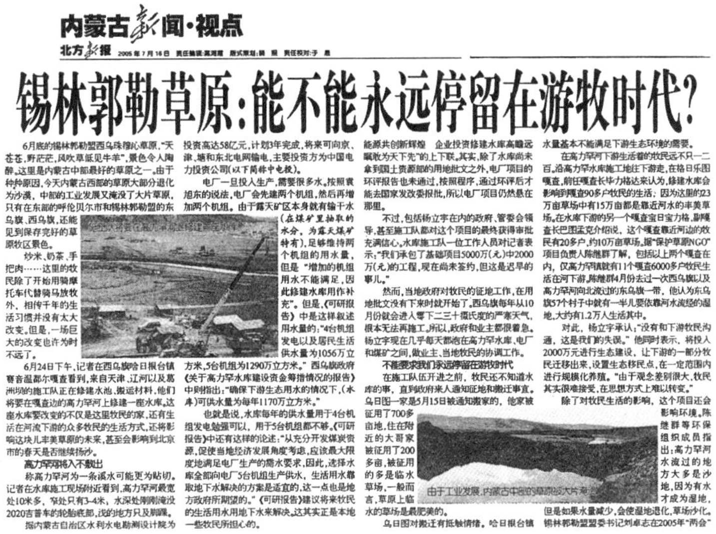

内蒙古新闻·视点

北方新报　2005年7月16日

# 锡林郭勒草原：能不能永远停留在游牧时代？

6月底的锡林郭勒盟西乌珠穆沁草原，"天苍苍，野茫茫，风吹草低见牛羊"，景色令人陶醉。这里是内蒙古中部最好的草原之一。由于种种原因，今天内蒙古西部的草原大部分退化为沙漠，中部的工业发展又淹没了大片草原，只有在东部的呼伦贝尔市和锡林郭勒盟的东乌旗、西乌旗，还能见到保存完好的草原牧区景色。

炒米、奶茶、手把肉……这里的牧民除了开始用骑摩托车代替骑马放牧外，相传千年的生活习惯并没有太大改变。但是，一场巨大的改变也许为时不远了。

6月24日下午，记者在西乌旗哈日根台镇赛音温都尔嘎查看到，来自天津、辽河以及葛洲坝的施工队正在修建水池、搬运材料，他们将要在嘎查边的高力罕河上修建一座水库。这座水库要改变的不仅是这里牧民的家，还有生活在河流下游的众多牧民的生活方式，还将影响这块儿丰美草原的未来，甚至会影响到北京市的春天是否继续扬沙。

高力罕河将入不敷出

称高力罕河为一条溪水可能更为贴切。记者在水库施工现场附近看到，高力罕河最宽处10米多，窄处只有3-4米，水深处刚刚淹没2020吉普车的轮胎底部，浅的地方只及脚踝。

据内蒙古自治区水利水电勘测设计院为投资高达58亿元，计划3年完成，将来可向京、津、塘和东北电网输电，主要投资方为中国电力投资公司（以下简称中电投）。

电厂一旦投入生产，需要很多水。按照袁旭东的说法，电厂会先建两个机组，然后再增加两个机组。由于露天矿区本身就有输干水（在煤矿里抽取的水分，为露天煤矿特有），足够维持两个机组的用水量，但是"增加的机组用水不能满足，因此修建水库用作补充"。但是，《可研报告》中是这样叙述用水量的："4台机组发电以及居民生活供水量为1056万立方米，5台机组为1290万立方米。"西乌旗政府《关于高力罕水库建设资金筹措情况的报告》中则指出："确保下游生态用水的情况下，（水库）可供水量为每年1170万立方米。"

也就是说，水库每年的供水量用于4台机组发电勉强可以，用于5台机组都不够。《可研报告》中还有这样的论述："从充分开发煤炭资源，促使当地经济发展角度考虑，应该最大限度地满足电厂生产的需水要求，因此，选择水库全部向电厂5台机组生产供水，生活用水靠取地下水解决的方案是适宜的，这一点也是地方政府所期望的。"《可研报告》建议将来牧民的生活用水用地下水来解决。这其实正是本地一些牧民所担心的。

能源共创新辉煌　企业投资修建水库高瞻远瞩敢为天下先"的上下联。其实，除了水库尚未拿到国土资源部的用地批文之外，电厂项目的环评报告也未通过，按照程序，通过环评后才能去国家发改委报批，所以电厂项目仍然悬在那里。

不过，包括杨立宇在内的政府、管委会领导，甚至施工队都对这个项目的最终获得审批充满信心。水库施工队一位工作人员对记者表示："我们承包了基础项目5000万（元）中2000万（元）的工程，现在尚未签约，但这是迟早的事儿。"

然而，当地政府对牧民的征地工作，在用地批文没有下来时就开始了。西乌旗每年从10月份就会进入零下二三十摄氏度的严寒天气，根本无法再施工。所以，政府和业主都很着急。杨立宇现在几乎每天都泡在高力罕水库、电厂和煤矿之间，做业主、当地牧民的协调工作。

不能要求我们永远停留在游牧时代

在施工队伍开进之前，牧民还不知道水库的事，直到政府来人通知征地和搬迁事宜。乌日图一家是5月15日被通知搬家的，他家被征用了700多亩地，住在附近的大哥家被征用了200多亩，被征用的多是临水草场，一般而言，草原上临水的草场是最肥美的。

乌日图对搬迁有抵触情绪。哈日根台镇水量基本不能满足下游生态环境的需要。

在高力罕河下游生活着的牧民远不只一二百。沿高力罕水库施工地往下游走，在格日乐图嘎查，前任嘎查长毕力格达来认为，修建水库会影响到嘎查90多户牧民的生活；因为这里的23万亩草场中有15万亩都是靠近河水的丰美草场。在水库下游的另一个嘎查宝日宝力格，副嘎查长巴图孟克介绍说，这个嘎查靠近河边的牧民有20多户，约10万亩草场。据"保护草原NGO"项目负责人陈继群了解，包括以上两个嘎查在内，仅高力罕镇就有11个嘎查6000多户牧民生活在河下游。陈继群4月份去过一次西乌旗以及高力罕河向北流过的东乌旗一带，他认为东乌旗57个村子中就有一半儿要依靠河水流经的湿地，大约有1.2万人生活其中。

对此，杨立宇承认："没有和下游牧民沟通，这是我们的失误。"他同时表示，将投入2000万元进行生态建设，让下游的一部分牧民迁移出来，设置生态移民点，在一定范围内进行规模化养殖。"由于观念差别很大，牧民其实很难接受，在思想方式上难以转变。"

除了对牧民生活的影响，这个项目还会影响环境。陈继群等环保组织成员指出：高力罕河水流过的地方大多是沙地，因为有水才成为湿地，但是如果水量减少，会使湿地退化，草场沙化。锡林郭勒盟盟委书记刘卓志在2005年"两会"

**図 6.16**　「内モンゴルのシリンゴル草原はずっと遊牧のままで維持できるか」との新聞記事

開発と伝統のあいだを揺れている人々の心情が伝わる（『北方新報』2005年7月16日）．

### 6.4.2　遊牧文明の語り方

以上のような背景から遊牧文明を語りはじめた中国であるが，その具体的な語り方を次のような3つのタイプに分けてみたい．

#### a.　遊牧文化・遊牧文明の語り方

遊牧文化・遊牧文明を最も大きなスケールで描き，中華文明と比較しながら論を展開したのが，孟馳北の『草原文化と人類の歴史』(1999) である．

孟馳北は南中国の江蘇省の出身であるが，新疆ウイグル自治区に40数年間暮らし，かの地で遊牧民に接したきっかけから，およそ14年間かけて同書を執筆したという（孟馳北，1999，pp.989-991）．

上下2冊，計14章からなる同書の中で，孟馳北はユーラシアの広大な世界において，15世紀以前のすべての出来事は何らかの形で遊牧民の動向と連動している，との立場をとっている．中華世界と関連していえば，神話上の炎帝や黄帝も古代の漢人が西域と呼んだ地域から現れており，遊牧民的な色彩を濃厚に帯びている．今日の中華民族という概念も，実際は「遊牧民＋農業的な土著民」，つまり両者が混血・融合して形成されたものであるという（孟馳北，1999，pp.3-4）．

農耕社会が専制的であるのに対し，遊牧社会ははるかに民主的であった，と著者は豊富な文献資料を駆使して立論する．そしてそのため，遊牧民的伝統を受け継いだヨーロッパは活性化に富み，近現代に入ってから早くも民主主義体制が確立された．一方，中国など東アジアの農耕社会は怠情な精神が蔓延し，思想上の抑圧が長く続いた（孟馳北，1999，p.4）．著者は最後に今日において表象されている農耕と遊牧社会それぞれの政党制度のあり方で巻を終えているが（孟馳北，1999，pp.989-990），下手をすれば体制に批判的とも受け止められるという指摘も多数ある．このように遊牧文明を語るときの中国の研究者たちの脳裏には，実に複雑な狙いが隠されているようだ．

孟馳北の遊牧民社会全体の文化・文明を論じた著作と比べて，田広林の『中国東北西遼河地域の文明の起源』(2004) は，特定の地域に栄えた古代文明をとりあげた作品である．内モンゴル自治区のウラーンハダ（赤峰）市紅山遺跡などを含む西

遼河文明は，6.4.1項で触れた蘇秉琦らに注目された巨大な古代遺跡である．同遺跡の出土品について編年的な研究を行った田広林は次のような結論を導きだしている．

中国の歴史において，古代北方の狩猟遊牧文化と中原の農耕文化は同時に並存し，発展してきたが，もともとの両者の境界線は西遼河であった．西遼河文明は漁労・農耕文明であったが，商代と周代以降にこの地域が遊牧文明圏内に入ったため，「中国の農耕文明」と「中国の遊牧文明」の境界線も西遼河あたりから燕山山脈以南へと移った．とはいえ，西遼河文明は「多元的な中華文明の一部」であることに変わりはない(田広林, 2004, pp.274-275).

考古学的な裏づけが長城以北の遊牧地帯から現れた現在，「中華文明多中心説」(厳文明, 2005, pp.12-13)，「中華文明多元一体説」(孫敬明, 2005, p.15) をとる研究者が多くなった．2004年7月からスタートした内モンゴル自治区の政府主導の「草原文化研究プロジェクト」に寄せた内蒙古社会科学院院長呉団英は，「中華文化は黄河文化と長江文化，それに草原文化の3つから構成されている」と明言している*1 (呉団英, 2005).

**b. 北方民族史の語り方**

以上で紹介した文明論的な研究のほか，個々の北方民族の歴史について論じた成果にも従前とは異なる論調がみられるようになった．その一例として，まず任愛君の『契丹史実掲要』(2001) をみてみよう．

任愛君はまず著書の序論の中で，契丹は中華民族多元一体格局の基礎をつくった王朝で，中華民族に大きく寄与した歴史をもつとの見方を鮮明にしている．そのため，契丹史研究をする際には中国固有の華夷秩序や中原正統論を超越して，「契丹人の立場で契丹史を研究しなければならない」と主張している (任愛君, 2001, pp.3-4, p.264).

「中華民族大一統の基礎をつくったのは契丹だ」と力説する任愛君の史観は，中国以外の歴史学界と比較すると，決して新鮮な学説ではない．周知のとおり，早くも1949年にウィットフォーゲルらは遼王朝を例に「征服王朝」論を出している (Wittfogel and Fêng, 1949, pp.1-35). もちろん，「征服王朝」論は日本でもさまざまな反響を引き起こした．しかしこのような中国以外における歴史学的議論について，任愛君はまったく触れていない．漢族の虚栄心を満たすために「征服」という文字を敬遠したのかもしれない．代わりに任愛君は北方の遊牧民による中原征服を「契丹現象」という (任愛君, 2001, pp.304-322). 非常に賢く表現しているのも特徴的であろう．

東北の遼寧省出身の孟広耀は『蒙古民族通史』の第1巻 (2002) を執筆した研究者でもある．彼は『北部辺疆民族史研究』(上下)*2 の中で，日本の一部の東洋史研究家たちが中国侵略に加担したことに触れ，辺疆史研究における愛国主義的思想の必要性を強調している (孟広耀, 2002, pp.1-15).

続いて孟広耀は筆鋒を中国国内の史壇に向ける．北方民族を論じる際によくみられる「北方民族の立ち遅れ論」「北方民族による侵略略奪論」「北方民族を〈外〉や〈侵〉で以て差別的に表現する方法」などを批判する．つまり，北方の遊牧民はずっと原始社会にとどまっていたという社会発展段階論や「大漢族主義」的な立場で歴史上の出来事を論じるのではなく，「漢と契丹は同じ家族」との視点で議論しなければならない」という (孟広耀, 2002, pp.16-21).

孟広耀はさらに漢人たちが古くから愛してきた講談演義『楊家将』の上映は好ましくないと主張している．北宋と契丹の対立史を演義小説として描く『楊家将』は楊業らを「愛国主義的な民族英雄」として評価していることをとりあげて，もし北宋のみを愛すべき国とし，楊業らを漢族の英雄

---

[*1] 2005年7月28日から29日にかけて，内モンゴル自治区のある地方都市で開かれた「チャハル文化研究会」の席上，内モンゴル自治区党委員会の宣伝部長莫建成も，中華文明は黄河文明と長江文化，それに草原文化からなる，と発言していた(http://new.nmgnews.com.cn/information/article/20050730/12045-1.html)．このような言説が政府系幹部にも認められていることの現れである．

[*2] 同書は中国社会科学院の『辺疆史地叢書』の1つで，「国家領土の主権を守り，隣国との関係をうまく処理し，国内の諸民族の団結を強固にし，愛国主義教育に使用する」ために編纂されたものであることが序文に書かれている．

と判断したら,契丹の存在をどう位置づけるのか,との問題を投げかけている(孟広耀, 2002, pp.344-345).

契丹の存在はあまりにも大きく,一時は中国そのものも契丹(キャセイ)と呼ばれていた歴史を任愛君や孟広耀らは知っている.『楊家将』を愛する漢人大衆は理想的な中原＝中華世界に深い愛着心をもっているのに対し,任愛君や孟広耀らは今の中華人民共和国の広大な領土を維持するのに責任を感じているらしい.両者の間にさほど大きな質的な差異はなかろう[*1].

### c. 遊牧民の環境を破壊したのは誰か

満洲人の蓋山林はもともと陰山の岩画を研究する考古学者で,実質的には何ら存在価値のない中国の数少ない野党の党員でもある.共産党の「民主的な寛容性」を示すため,野党党員に限られた「自由発言権」が与えられていることを活かし,彼は『文明が消失した現代的な啓悟』(2002)の中で興味深い観点を示している.

中国は元来生態環境が弱く,水資源に乏しい国だ,と蓋山林は指摘する(蓋山林ほか, 2002, pp.10-11).一般の中国人はみな,中国は「地大物博」,つまり国土面積が広く,資源も豊かであると思い込んでいることに警鐘を鳴らしている.そして,古代の農耕文明はいずれも環境問題に善処しなかったために滅んだと説明している(蓋山林ほか, 2002, p.19).

中国史の場合,秦の始皇帝が北方へ直道をつくり,続いて漢が河南地(今日のオルドス)へ大量に移民し,明代には長城を建設し,そして清が「移民実辺」を実施したため,今日の内モンゴルの南部が砂漠化した,と端的に指摘している(蓋山林ほか, 2002, pp.156-157).従来の漢人研究者たちは秦の直道建設を祖国統一のための必然的な措置とし,長城を「中華民族のシンボル」とするなどの見方と比べれば,蓋山林らの見解には目からうろこが落ちるほどの誠実性を感じられよう.

蓋山林らはさらに自らの長い実地調査で得られた遊牧民の生態保護意識を詳しく紹介している.「わが国の古代北方の遊牧文明は,生態環境と自然の保護を存続と発展の前提としている.遊牧民たちは長い間,自然環境の劣悪なところ,たとえばモンゴル高原やチベット高原のような地域に暮らし,豊富な環境保護の知識をもっている」と立論している(蓋山林ほか, 2002, pp.536-537).同様の見解は日本ではすでに松原正毅によって出されているが(松原, 1998, p.15),中国のような農耕社会を至上の文明とする国の研究者からいわれると,隔世の感がしてならない.

### 6.4.3 モンゴル人研究者たちの語り方

内モンゴル自治区に住むモンゴル人たちは,今や政治的には中華人民共和国のマイノリティ,少数民族の身分である.彼らは従来漢人たちから「文化すらもっていない」とか,「モンゴル人は単なる文化の対象」すなわち「研究の対象」とみられてきた(吉爾格勒ほか, 2002, pp.4-5).漢人たちが派手に「遊牧文明」だの「草原文明」だのと語りはじめたのを受けて,モンゴル人たちも少しずつ慎重に自己主張をしはじめた.というのは漢人研究者が大胆な学説を出したときには,「ユニーク」だと評されるのに対し,少数民族の場合は上で紹介した「3冊の本」のように政治的にすぐに封殺される危険性があるのを当事者たちはよく知っているからである.

モンゴル人たちはあくまでも「中華民族の一員」を自認せざるをえない前提で,中華世界から逸脱する気は毛頭ないというそぶりをみせながら,学説を練りあげるしかない.それでも上に述べた漢人研究者たちの観点を相対化するのに,モンゴル人研究者たちの主張に耳を傾ける必要があろう.

---

[*1] 以上のほか,一般向けに書かれた候広峰の『昭君文化』は匈奴文化は中華文明の一部で,儒教の「仁愛」の精神で匈奴を理解しようとしている(候広峰, 2001, p.119, pp.142-147).イデオロギーの魅力がなくなった現在,「敵を愛そう」という軽薄な博愛精神のコピーにすぎない.また「文明の探索」というシリーズの一冊として出された『元朝——鉄騎が踏み出した帝国』(2005)は,モンゴル帝国を中国の一王朝とみなし,モンゴル人の遠征も漢人の虚栄心を満足させるために利用されている.

### a. 苦心惨憺のモンゴル人研究者たち

モンゴル人研究者たちがモンゴル語で書いた遊牧文明論の中で，比較的早く現れた作品の1つがアクタイとサルナの『遊牧経済とモンゴル文化』（Negüdel Aju Aqui kiged Mongγol Soyul, 1998）である．著者たちは「モンゴル文明」（Mongγol bolbasun）はすなわち「遊牧文明」（negüdel-ün bolbasun）であるとした上で，牧畜経済と遊牧民の文化が「モンゴル文明」の2つの基軸である，と定義している (Aγtai and Saran-a, 1998, pp.1-72)．「モンゴル文明」は決して過去のものではなく，継承性，広汎性，統一性，それに堅実性という特徴があるという (Aγtai and Saran-a, 1998, pp.25-28)．遊牧文明の今日までの具体的な変遷をたどる際，北アジアや中国の気候変動との関連性に注目するという手法をとっている[*1] (Aγtai and Saran-a, 1998, pp.56-57)．

遊牧文明の具体的な構成要素として，アクタイらは，①放牧（移動）方法，②衣食住，③儀礼，④文芸活動などをあげて詳述し分析している (Aγtai and Saran-a, 1998, pp.73-91)．この点は日本の研究者たちが主として去勢や搾乳，それに群れのコントロールなど遊牧の技術的な側面とその儀礼化に注目してきたこと (梅棹, 1990；小長谷, 1991) と異なる一面を示している．それは，日本の研究者たちからすれば，遊牧は最初から異質な対象であり，当然その維持装置に注目しがちであるのに対し，中国のモンゴル人たちにはどことなく消えつつある文化を極力詳しく記述しておこうという目的があるようにみえる．

2004年に出版されたサインチョクトの『景観に生きるしきたり——生態の人類学的研究』（El Bayiča-du Saγuqu-yin Yosun — Ami Aqui-yin Kümün Jüi-yin Sinjilel (2004)）は，古くからの年代記や数多くの手写本，それにモンゴルの慣習法などの資料を，著者自らの実地調査のデータと総合させた著作である．

サインチョクトは遊牧民の自然利用の知恵を分析するのに，なぜ，どのように移動するのか，という基本的な点から着手している．遊牧民の移動はただ単に貧弱な自然を利用してきたという合理的な考えからではなく，北アジア固有の拝天思想，自然崇拝の信仰と結合した哲学的な行為である．このような営為者である遊牧民は動植物を観察し，豊富な知識をもち，自然との共生を実行してきた存在である．遊牧民の自然利用の知恵は単純な民族知識ではなく，今日の生態学的な視点からみても合理的で，科学的ですらある，と著者は説明している (Sayinčoγtu, 2004, pp.1-16)．

サインチョクトの議論は，民族知識は科学知識の対極ではなくても，せいぜい破壊された過去の景観に郷愁を馳せるときしか思い出せないものだ，という軽薄な民族知識活用論への一喝でもある．

モンゴル人研究者たちはユネスコが1998年に設置した「国際遊牧文明研究所」（International Institute for the Study of Nomadic Civilizations）の活動と存在意義を大いに意識している (Jaγar ほか, 2001, pp.1-3)．そして「西部大開発」を国策として推進する中国において，止められない工業化と農業化の波の中で，いかに「生態保護」の名目で，すでに傷だらけになっている故郷を守るか，という悲痛な目的も隠されているにちがいない．

### b. 蒙漢合作の政府プロジェクト

近年，中国政府の国家教育委員会の人文社会科学の大型プロジェクトにも遊牧文明をテーマとした課題が採択され，成果を出している．劉仲齢とエルデンブヘが編集した『遊牧文明と生態文明』（Negüdel-ün Soyul Irgensil kiged Ami Aqu-yin Soyul Irgensil (2001)）はその一例である．このプロジェクトには漢人とモンゴル人，自然科学者と人文社会科学系両方の研究者たちが参加している．プロジェクトは最初からイギリスのキャロライン・ハンフリー（Caroline Humphrey）教授主催の「マッカーサー・ECCIA（Environmental and Cultural Conservation in Inner Asia）・プロジェクト」を意識し，外国の研究に遅れをとらぬために組織された性質をもつ[*2]．なお，同書の第1冊

---

[*1] このような試みは最近日本でも白石 (2002, pp.6-8) らに採用されている．
[*2] ECCIAプロジェクトの成果として，2冊からなる Humphrey and Sneath (1996) がある．

はウランチムク（Urančimeg）らによってモンゴル語に翻訳されている(2001)．遊牧文明の研究は外国の研究者たちの著作を翻訳することも含めていることがわかる．客観的にみて，同書所収の論文の多くは従来の同種の研究より，学術的なレベルが高くなっている．ここに至って，中国国内の研究が到達した水準を表していると評価できよう．

敖仁其主編の『制度の変遷と遊牧文明』(2004)はモンゴル人と漢人の両方からなる内モンゴル社会科学院の優秀な科研プロジェクトの成果である．同書は以下の4点の主張を明確に打ちだしている(敖仁其,2004, p.3)．

① 従来の遊牧文明に対する間違った認識を是正しなければならない．
② 中国文明は多元的な起源をもち，そのうちの1つが遊牧文明である．
③ 遊牧文明の核心は「生態文明」であり，内モンゴルは遊牧文明の発祥の地の1つである．
④ 遊牧文明は今後も継続可能である．

以上のような結論からみると，中国の遊牧文明研究者たちが1つの共通認識を呈示しようとしている流れを感じる．

### 6.4.4 虚言としての「中華民族」論

ブラック・ユーモアのような性質をもちながら，矛盾語法的な側面を含んだ中国の遊牧文明研究は，単なる生態論（環境論）あるいは認識論的な局面を超越しつつあるのが現在の状況であろう．政策論的色彩が極めて濃厚な費孝通の「中華民族多元一体格局」論に依拠した理論が多いため，遊牧文明論研究の今後の方向を考えると，費孝通理論内の捏造部分，つまり費孝通が「事実」だと主張している中に狂言が隠されている部分を指摘しておかねばならない．

費孝通は「中華民族」の前身は近現代において西ヨーロッパ列強に対して「存亡をかけてともに戦った歴史をもつ」と主張している(費孝通, 1989, p.1;

1997, p.475)．この論点の目的は，新疆やチベット，それに内モンゴルの各民族が，民族自決のために戦った歴史を完全に否定しようとするところにある．換言すれば，各民族独自の歴史をあくまでも中国史の一部分として扱おうとする大漢民族中心史観である．

漢人研究者たちの中で，どれぐらいの人が明確な政治的意図をもって「中華民族多元一体格局」を発展させようとしているかは不明である．少なくとも「中華民族」という「国民」概念の呈示に，一部の知識人たちが嬉々として賛同したのは事実である．漢人であるがゆえに，生まれつきに保証されている安全性と無難性を活かしながら，彼らは相次いでユニークな説を導きだした．彼らの大胆な立論は評価すべきであろうが，あまり酷なことを彼らに求めてはいけない．「中華」という仮想世界から飛躍するのに，「遊牧」は桎梏ではなく，手段の1つとされているからである．

このような中国における議論をみて，遊牧研究において先駆的な蓄積をもつ日本の研究者たちがどういう方向へ向かうべきか，真剣に考えなければならなくなっている．　　　　　　〔楊海英〕

附記：本稿は2005年3月18日に国立民族学博物館で開催された国際シンポジウム「ユーラシアにおける遊牧民の歴史的役割」の席上における発言をもとに書いたものである．

▶ **文　献**

Aytai and Saran-a (1998)：*Negüdel Aju Aqui kiged Mongɣol Soyul*, Kökeqota：Öbür Mongɣol-un Arad-un Keblel-ün Qoriy-a.

費孝通 (1989)：中華民族的多元一体格局．北京大学学報，哲学社会科学版，4，1-19.

費孝通著，塚田誠之訳 (1997)：エスニシティの探求—中国の民族に関する私の研究と見解．国立民族学博物館研究報告，22(2)，461-479.

馮大真編 (1992)：《维吾尔人》等三本书问题讨论会论文集，乌鲁木齐：新疆人民出版社.

蓋山林・蓋志毅 (2002)：文明消失的现代启悟，呼和浩特：内蒙古大学出版社.

侯広峰 (2001)：昭君文化，呼和浩特：内蒙古大学出版社.

濱田耕作・水野清一 (1938)：赤峰紅山後，東方考古学叢刊.

Humphrey, C. and Sneath, D. (1996)：*Culture and Environment in Inner Asia* (Vol.1, 2), Cambridge：The White

Horse Press.(Urančimeg ほか(モンゴル語訳)：*Dotuɤadu Aziy-a-yin Soyul kiged Orčin Aqui*, 2001)

Jaɤar, Bayar and Baɤatur (2001)：*Mongɤol-un Negüdel Soyul-un Teüken Mördel.* Kökeqota：Öbür Mongɤol-un Surɤan Kümüjil-ün Keblel-ün Qoriy-a.

姜戎（2004）：狼図騰，長江文芸出版社，武漢.

吉尓格勒・李尓只斤（2002）：游牧文明史论，呼和浩特：内蒙古人民出版社.

小長谷有紀（1991）：モンゴルにおけるウマ，ウシ，ヒツジの搾乳儀礼——祝詞にもとづく再構成の試み．国立民族学博物館研究報告，**16**(3)：589-632.

小長谷有紀（1992）：モンゴルにおける家畜の去勢とその儀礼．北方文化研究，**21**，121-161.

林幹（1992）：应該正確阐明匈奴的历史面貌和历史作用．《维吾尔人》等三本书问题討論会論文集，新疆人民出版社，烏魯木斉，pp.108-122.

刘钟龄・额尓敦布和（2001）：游牧文明与生态文明，内蒙古大学出版社，呼和浩特.

松原正毅（1998）：遊牧からのメッセージ．小長谷有紀・楊海英編：草原の遊牧文明——大モンゴル展に寄せて，財団法人千里文化財団，pp.15-17.

孟広耀（2002）：北部边疆民族史研究，（上下）哈尓浜：黒龙江教育出版社.

孟馳北（1999）：草原文化与人類歴史（上下），北京：国際文化出版公司.

敖仁其主編（2004）：制度变迁与游牧文明，呼和浩特：内蒙古人民出版社.

任愛君（2001）：契丹史実揭要，哈尓浜：哈尓出版社.

Sayinčoɤtu (2004)：*El Bayiča-du Saɤuqu-yin Yosun.* Kökeqota：Öbür Mongɤol-un Arad-un Keblel-ün Qoriy-a.

白石典之（2002）：モンゴル帝国史の考古学的研究，東京：同成社.

蘇秉琦（2005（1988））：中华文明的新曙光．：草原文化研究資料选编，第一辑，呼和浩特：内蒙古教育出版社，p.1-6.

孫敬明（2005（1990））：中华文明多元一体构成的格局．草原文化研究資料选编，第一辑，呼和浩特：内蒙古教育出版社，p.15-23.

田広林（2004）：中国东北西辽河地区的文明起源，北京：中华书局.

田雨葛眼飄（2005）：元朝—铁骑踏出的帝国，郑州：大象出版社.

梅棹忠夫（1990）：モンゴル研究，梅棹忠夫著作集・第二巻，東京：中央公論社.

Wittfogel, K. and Chia-Shêng Fêng (1949)：*History of China, Liao (907-1125)*, New York：The Macmillan Company.

呉团英（2004）：序．草原文化研究資料选编，第一辑，呼和浩特：内蒙古教育出版社.

厳文明（2005（1996））：中国文明起源的探索．草原文化研究資料选编，第一辑，呼和浩特：内蒙古教育出版社，p.7-14.

内蒙古首届察哈尓文化研討会在乌兰察布市举行 http://news.nmgnews.com.cn/information/article/20050730/12045-1.html

# III

## 社会環境

III 社会環境

# 第7章

## 東北アジア地域の複合的構造

## 7.1 東北アジアの言語

### 7.1.1 東北アジアの言語分布における系統と人口

東北アジアは現在，ロシア，モンゴル，中国という国々からなっているが，ロシアおよび中国には数多くの少数民族およびその言語が存在する．

ここではまずそれら先住民の諸言語を含む諸言語の分布についてみる．この地域の言語の概説としては，すでに池上(1989a)というすぐれた論考がある．本節もその多くをこれに拠っていることをあらかじめお断りしておく．言語名は言語学大辞典(亀井・河野・千野編, 1988～2001)の見出しとなっているものに統一した(ただし古アジア諸言語は古アジア諸言語とした，理由については後述)．

まず大きく概略的な分布を述べるならば，東北アジアにはいわゆるアルタイ諸言語が広域に分布し，最東端のチュコト半島とカムチャツカ半島にはチュクチ・カムチャツカ語族の言語群が分布する．エニセイ川以西には遠くフィンランド語につながるウラル語族の言語が分布する．そして，この3つの言語群の周辺にその他いくつかの少数民族の言語が散らばっている，という構図になっている(図7.1)．

以下では，東北アジアを東シベリア，アムール川下流地域，中国東北部に分けて，それぞれの地域における言語の分布を詳しくみてゆくことにする．

#### a. 東シベリア

説明の便宜のため，東シベリアの記述ではエニセイ川下流域にも言及することがある．

まず，アジア大陸東北端のチュコト半島の先端部では，エスキモー語が話されている．その内部は3つの方言，というよりは互いに通じない3つの言語にさらに分かれる．その3つとは，ナウカン語，シベリア・ユピック語，シレニキ語である．このうちシベリア・ユピック語はベーリング海上の合衆国領であるセント・ローレンス島にも分布する．新大陸やグリーンランドのみならず，アジア大陸の東北端にもエスキモー語が分布することは，氷河期のベーリング陸橋を通って人類が新大陸に展開したことを考える上でも重要である．さらに，エスキモー語がほかの北アメリカのインディアン諸語と構造上大きく異なっていることは，エスキモー語の新大陸への拡散が比較的遅くに行われたことを示唆する根拠として重要である．

カムチャツカ半島の東方海上のコマンドル諸島ではアリュート語が話されている．この言語の分布は合衆国のアリューシャン列島へと連なっている．エスキモー語とアリュート語は同系統の言語であり，エスキモー・アリュート語族を構成する(図7.2)．

チュコト半島から西方にかけて，チュクチ自治管区およびその周辺地方にチュクチ語があり，太

**図 7.1** 東北アジアの言語（宮岡編, 1992）

平洋岸のモイノ・ビリギノ川沿岸地方にケレック語がある．カムチャツカ半島北部のコリャーク自治管区およびその周辺にはコリャーク語がある．同半島東北部沿岸にはアリュートル語がある．さらに同半島の西側にはイテリメン語がある．チュクチ語をはじめとするこの5言語はチュクチ・カムチャツカ語族に帰属するとされている（図7.2）．ただしイテリメン語は音声・文法・語彙の面にわたってほかの言語とは大きな異なりをみせており，別系統の言語である可能性がある．

コリマ川中流と北極海に近いツンドラ地帯の2つの地域では，ユカギール語が話されている．両地域のユカギール語はそれぞれコリマ方言，ツンドラ方言と呼ばれているが，その両者は通じないほどに異なっている．

西の方のエニセイ川中流には，ケット語が話されている．ケット語の系統は現在のところ不明である．

レナ川中流・下流とレナ川の支流，さらにレナ川の東にあって北極海に注ぐヤナ川，インジギルカ川，コリマ川の下流では，ヤクート語（自称に基づき，近年はサハ語と呼ばれることも多い）が話されている．西北のタイミィル半島ではドルガン人の話す言語があり，これはヤクート語の一方言とみなされてきたが，ヤクート語を基礎とする独自の言語であるとする説もある．ヤクート語はチュルク語族の言語である．チュルク語族の言語はサヤン地方から中央アジアを経てトルコやバルカン半島へと連なっている．

バイカル湖付近とその東の外バイカル地方，すなわちブリヤート自治共和国およびその周辺には，モンゴル語族の一言語であるブリヤート語が話されている．

エニセイ川流域から東方，ニージュニヤヤ・ツ

ングースカ川,ポドカメンナヤツングースカ川を含むエウェンキー自治管区,さらにヴィチム川,オリョクマ川,アルダン川,ゼーヤ川上流,ブレヤ川上流の各地方からオホーツク海西岸,サハリン北西部などの広大な地域にはツングース語族の言語の1つ,エウェンキー語が話されている.レナ川から東のヤナ川,インジギルカ川,コリマ川,その支流オモロン川の諸地方,アナドゥイル地方,オホーツク海北岸,カムチャツカ半島に,やはりツングース語族の一言語であるエウェン語が分布する.

さらに西方には,タイミィル地方にガナサン語,エニセイ川河口地域にエネツ語,その西にネネツ語が分布している.エニセイ川中流左岸にはセリクプ語がある.ガナサン語をはじめとするこれらの言語はウラル語族のサモイェード諸語を形成している.さらにオビ川西方に,ハンティ語,マンシ語がある.これらはやはりウラル語族に属し,ハンガリー語が帰属するところのオビ・ウゴル諸語に分類される(図7.3).

エニセイ川上流のサヤン地方には,トゥヴァ語,カラガス語,アルタイ地方にはアルタイ語が話されている.さらにこれらの地方からシベリア西部のチュメニにかけてハカス語,ショル語,チュリム・チュルク語,シベリア・タタール語が分布する.トゥヴァ語をはじめとするこの地域の言語は,中央アジアより連なるチュルク語族の言語である.

### b. アムール川下流地域

アムール川とウスリー川の合流点からアムール川の河口までの流域一帯の地方と,これにウスリー川沿岸から東のシホテ・アリン地方(沿海州)とサハリンを合わせた地方を便宜上アムール川下流地域と呼ぶことにする.この地域は比較的狭いにもかかわらず,多くの言語が密集している.それらはギリヤーク語(ニブフ語)とアイヌ語を除

**図7.2** エスキモー・アリュート語族ならびにチュクチ・カムチャツカ語族の分布

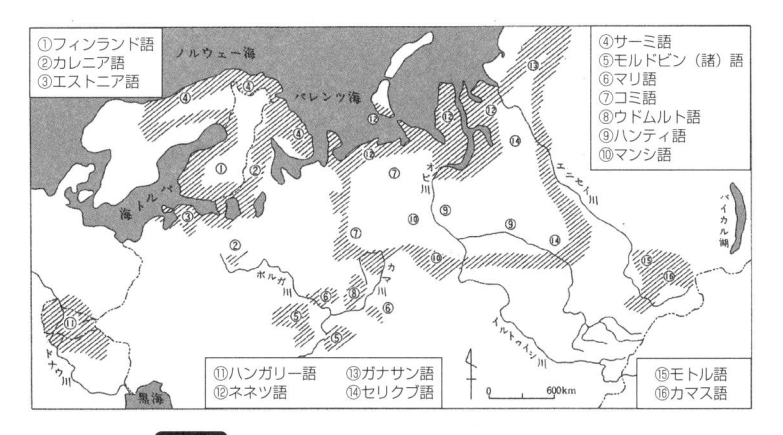

**図7.3** ウラル諸言語の地理的分布(松村,1988)

き，ツングース語族に属する言語である．

まずシホテ・アリン地方南部のウスリー川右岸支流のビキン川，ホル川，アムール右岸支流のアニュイ川，さらに間宮海峡に注ぐサマルガ川沿岸には，ウデヘ語が分布する．シホテ・アリン地方北部，主に間宮海峡に注ぐトゥムニン川の河口およびその周辺ではオロチ語が話されている．

ウスリー川とアムール川の合流地点より下流の沿岸，およびボロニ湖の沿岸にナーナイ語が分布している．ナーナイ語はアムール左岸支流のクル川・ウルミ川地方，同じくより下流のアムール左岸支流のゴリン川地方，ウスリー右岸支流のビキン川地方でも話されている．これらの諸地域におけるナーナイ語はそれぞれ異なった方言特徴を有している．特にクル・ウルミ川地方のナーナイ語は，起源的にはエウェンキー語もしくはネギダル語の基礎の上にナーナイ語の影響が加わって成立した独自の言語と考えられ，キリ語と呼ばれることがある．

さらに下流のアムール川沿岸において，カリノフカから下流のウフタまでと，ウドゥリ湖付近のカリチョームなどの集落でオルチャ語が話されている．

サハリンには，東海岸北部のビリトゥン入江，ワル川，ダギ川，ナビリ入り江地方およびそれより南のタライカ湾・ポロナイ川地方にウイルタ語が分布している．

ツングース語族以外のこの地域の言語には，上述したようにギリヤーク語（自称に基づき近年はニブフ語と呼ばれることも多い）とアイヌ語がある．ギリヤーク語は，アムール川岸のウフタから下流，河口までのアムール川沿岸，さらに海岸においてアムール川河口より北のコリ川河口から南のラザレフ岬まで，さらに海峡を隔てたサハリンの北部，特にオハ付近などに分布する．サハリン南部にはアイヌ語が話されていたが，アイヌ語のサハリン方言は最後の話者の死とともに滅亡したとする説がある．

### c. 中国東北部

アムール川中流右岸の南の地方，中国の黒龍江省および内蒙古自治区東部の地域には，小興安嶺，嫩江，大興安嶺，ホロンバイル地方にツングース諸語やモンゴル諸語が分布する．まず小興安嶺および嫩江上流域にはエウェンキー語の諸方言が話されている．中国ではこれらを鄂倫春語(オロチョン)と呼ぶ．また大興安嶺西北部の額尔古納（アルグニ）川右岸の奇乾地方（額尔古納旗の北部）でもエウェンキー語が話されており，ここの人々は雅庫特（ヤクート）と呼ばれる（ただしレナ川流域などで話されているチュルク系のヤクート語とは関係がない）．海拉尔地方の陳巴尔虎旗(チンバルグ)の地域でもエウェンキー語が話されており，ここの人々は通古斯（ツングース）と呼ばれる．中国ではこれら雅庫特と通古斯に下記の索倫（ソロン）を加えて鄂温克（エウェンキー）と呼ぶ．

嫩江中流およびホロンバイル地方にはツングース諸語の1つであるソロン語，モンゴル諸語の1つであるダグル語が話されている．ホロンバイルの草原地帯にはさらにモンゴル語の陳巴尔虎（チンバルグ）方言，新巴尔虎（シンバルグ）方言，およびやはりモンゴル諸語のうちのブリヤート語が話されている．

松花江やウスリー川の下流沿岸と両川間のアムール川右岸には，ツングース語族の1つである赫哲（ヘジェ）語が話されている．人口は少なく分布域も狭いが，ヘジェ語の内部はさらにいくつかの方言に分かれる．中国で赫哲語(フジュ)と呼ばれる言語のうち，最も下流の方言（ヘジェン方言と呼ばれる）はロシア領のナーナイ語とよく似ており，ロシアへと連続する言語であるが，ほかの方言はツングース語族の中でも独立した一言語とみなすべき特徴を備えている．

瑷琿付近や嫩江沿岸の少数の集落には，満族（満洲族）の満洲語が話し言葉として用いられている．さらに，嫩江地方の富裕県に少数ながら柯尔克斯（キルギス）人がいて，チュルク系の言語を話している（中央アジアのキルギス語とは大きく異なっているという）．

### d. 人口と近年の状況

表7.1，7.2からわかるように，ヤクート，ド

**表7.1** 東北アジア（ロシア極東）の少数民族の人口および話者数（池上 1989a を参考に作成）

| | 1979年 人口 | 話者数 | 2002年 人口 | 話者数 |
|---|---|---|---|---|
| エスキモー | 1500 | 911 (60.7%) | | |
| アリュート | 500 | 89 (17.7%) | | |
| チュクチ | 14000 | 10962 (78.3%) | 15767 | 6418 (40.7%) |
| コリャーク | 7900 | 5459 (69.1%) | 8743 | 2549 (29.2%) |
| イテリメン | 1400 | 342 (24.4%) | 3180 | 105 (3.3%) |
| ユカギール | 800 | 300 (37.5%) | | |
| ギリヤーク | 4400 | 1346 (30.6%) | | |
| ケット | 1100 | 671 (61%) | | |
| エウェン | 12500 | 7113 (56.9%) | 18642 | 6080 (32.6%) |
| エウェンキー | 27300 | 11684 (42.8%) | 34610 | 6780 (19.5%) |
| ネギダル | 500 | 222 (44.4%) | 505 | 35 (6.9%) |
| ウデヘ | 1600 | 496 (31%) | 1531 | 140 (9.1%) |
| オロチ | 1200 | 487 (40.6%) | 426 | 18 (4.2%) |
| ナーナイ | 10500 | 5859 (55.8%) | 11569 | 3068 (21.5%) |
| オルチャ | 2600 | 1009 (38.8%) | 2718 | 363 (13.4%) |
| ヤクート | 328000 | 312584 (95.3%) | | |
| ドルガン | 5100 | 4590 (90%) | 7261 | 4865 (67%) |
| ブリヤート | 353000 | 318406 (90.2%) | | |

**表7.2** 東北アジア（中国領）の少数民族の人口および話者数（津曲，1996 を参考に作成）

| | 1982年 | 1990年 | 民族語話者数（1988年） |
|---|---|---|---|
| 鄂温克 | 19343 | 26315 | 17000 |
| 鄂倫春 | 4132 | 6965 | 2240 |
| 赫哲 | 1476 | 4245 | 40 |
| 満 | 4299159 | 9821180 | 70 |
| 錫伯 | 83629 | 172847 | 26760 |

むろんその危機的状況も言語によって異なり，ほぼ絶滅に近いものから，まだしばらくの猶予が残されているものまでさまざまである．ただ近年のマスコミの影響，特にテレビの影響は甚だしく，子供を中心とした若年層の話者は急激な減少の一途をたどっている．彼らをとりまく社会的環境や生業も大きく変わりつつあり，たとえ民族語を使用していても，日常生活の上でロシア語もしくは中国語からの大量の借用語抜きにコミュニケーションをとることは難しい状況になっている．

したがってこれらの言語の記録・保存が急務であることはいうまでもない．この地域の現地調査での実情を把握するには津曲 (2003) を参照するとよい．

### 7.1.2 東北アジアの言語分布における変遷と系統

#### a. 古アジア諸言語

エスキモー語はベーリング海峡を挟んで分岐度の大きないくつかの方言に分かれている．他方北アメリカの北極海岸やグリーンランドに拡がるエスキモー語の方言差は小さい．このこととアリュート語の存在を考えあわせると，エスキモー・アリュート語族の故地はアラスカ南西部にあった可能性が高いという．

チュクチ・カムチャッカ語族は，その分岐度と分布からみて，その東部が故地と考えられる．イテリメン語は近年まで互いに大きく異なる3つの方言がカムチャツカ半島全体に分布していたが，ロシア語による同化，吸収の結果，南方言と東方言が消滅した．現在残っているのは西方言のみで

ルガン，ブリヤートを除く諸言語はいずれも絶滅の危機に瀕した言語である．さらに，ここで話者とされているのは流暢でない者も多く含まれていること，21世紀に入った現在ではその減少にますます拍車がかかっていることに注意しなければならない．筆者は上記の表中の約半数弱ほどの言語について実地研究を行ってきたが，現地で見聞した言語の保存状況は表の数字よりかなり悪い．

ある．他方チュクチ語は近年にその分布を拡大したことが知られている．チュクチ語は，エスキモーやユカギールが他民族と会話を交わす場合の共通語として用いられたこともある．

ユカギール語もしくはその同系の言語が，現在よりもずっと広い範囲で話されていたことは，東シベリアの地名の研究から明らかになっている．かつては，アナドゥイル川上流からペンジナ川上流にかけて話されていたチュヴァン語，アラゼヤ川の中流から下流にかけて話されていたオモック語があり，ユカギール語とともにユカギール語族を形成していた．しかしこの上記の2言語はチュクチ語，ロシア語に吸収されて消滅し，ユカギール語の分布域もエウェン語やロシア語の影響を受けて大きく縮小した．なおユカギールの故地について，サヤン・アルタイ高地地方から北上したとするクレイノヴィッチの説がある．これは，ユカギール語の自動詞の変化語尾とコット語（下記）の若干の動詞の変化語尾の一致を根拠とするもので，かつて非常に古い時代にユカギールはコットと接触があったとするものである．

ケット語に関しても，同じくエニセイ川付近で18世紀に絶滅したアリン語，アサン語，プムポコル語や，19世紀半ばまでは話し手のいたコット語とともにエニセイ語族をなしていたことが知られている．しかしケット語が唯一残った以外は，エウェンキー語やロシア語，チュルク系の言語に吸収され消滅した．

サヤン地方にはかつてカマス語とモトル語と呼ばれるウラル語族サモエード語派の言語があったが，同地方のチュルク諸語に吸収された．

ギリヤーク語の分布域は現在より西のトゥグル湾付近にまで拡がっていたことがわかっている．アムール下流においては，オルチャにより若干下流へと圧迫されたものと考えられる．ただしこの地域での両民族の接触地帯では，雑居，通婚，文化的同化ならびに2言語使用が起こっていたものと考えられる（以上ギリヤーク語の分布の変遷に関しては池上 (1983) による）．

アイヌ語に関しては，千島方言が存在した．地名の研究から，かつては日本の東北地方南部あたりまでは分布していたことが確認されている．

上記のように，東シベリアの言語の多くは，主にツングース諸語とチュルク系のヤクート語の北上および分布の拡大によってその分布の縮小を余儀なくされた．これらのアルタイ諸言語以外の言語を話す人々を北アジア最古の住民の子孫と考えて，シュレンクはこれを古アジア民族と呼んだ．今日古アジア諸言語と呼ばれるのは，上記のエスキモー・アリュート諸語，チュクチ・カムチャツカ諸語，ユカギール語，ケット語にギリヤーク語を加えたものである．少なくとも古アジア民族の文化に関しては，渡辺仁により提唱される北太平洋沿岸狩猟採集民文化圏（ここにはさらに南のアイヌやギリヤークも含まれる）の特徴を示し，北西海岸インディアンとの連続性が指摘されてきた．

しかし言語に関しては以前よりいくつかの類似性が指摘されてきたにもかかわらず，新旧両大陸との連続性を証明する確たる事実はまだ見出されていない．他方エスキモー・アリュート諸語とユカギール語，さらにウラル諸語の3者の系統関係や，エスキモー・アリュート諸語とチュクチ・カムチャツカ諸語の系統関係は古くより主張されてきた．特にユカギール語とウラル諸語との関係は最も蓋然性が高いと考えられている．しかしこれらもまだ証明されたといえる段階には至っていない．ケット語の系統もギリヤーク語の系統も不明である．ギリヤーク語に関しては，朝鮮語との関係がとりあげられることもある．

### b. アルタイ諸言語

ヤクート語は現在シベリアにおいて圧倒的な勢力をもち，周囲の言語を同化・吸収しているが，これまでにもユカギール語やエウェン語を同化してきたものと考えられる．他方ほかのチュルク諸語にはみられない特徴の一部は，これらの基層言語，すなわち下敷きになった言語の特徴が残存しているものなのかもしれない．ヤクートの北上については，10世紀ごろまでにバイカル湖畔を経由してレナ川に沿って北上したとする説，13～14世紀にエニセイ川上流域にいた人々が直接の

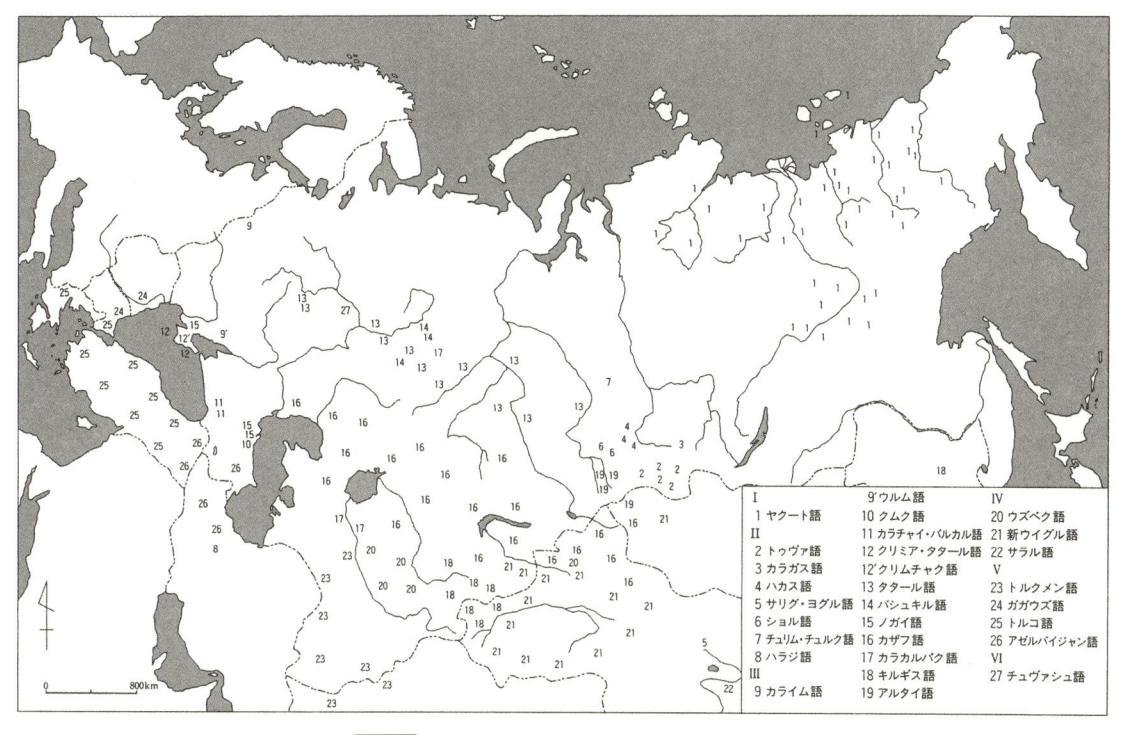

**図 7.4** チュルク諸語の分布（庄垣内，1989）

祖先であるとする説，などがある．いずれにせよ，ヤクート語にモンゴル語からの大量の借用語があることを考慮すれば，一定期間モンゴルとの接触があったのちに，比較的最近に現在の地へ北上したことは間違いない．エウェンキーやヤクート自身の口碑にそれを伝えているものがあるという．チュルク語族全体の故地も明らかではない．これはチュルク民族の激しい移動とそれに伴う言語の分割，合流，相互影響のゆえである．

現在の状況からみれば，サヤン地方から天山山脈にかけて分岐度の高い言語がより多く分布しているといえる．しかし，チュルク語族の中で最も独自の特徴を示すチュヴァシュ語は，はるか西のヴォルガ川中流域に分布している．この語族の最も古い資料であるオルホン碑文（7 あるいは 8 ～ 10 世紀）は，現在のモンゴル共和国のほぼ中心付近に発見されたが，碑文の書かれた時期にはすでにチュルク語族内部の分岐もすでに進んでいたにちがいない．チュルク諸語の分類には諸説あるが，一例として図 7.4 にあるような 6 つのグループ（I ～ VI）への分類がなされている．

モンゴル語族は分布もかたまっており，語族を構成する言語の数もあまり多くない（図 7.5）．しかし語族内部の小言語の研究の歴史は浅く，その故地や語族内部の系統関係はなお十分に明らかではない．文献資料にしても 13 世紀のチンギス・ハーンの時代にしか遡ることができない．遼王朝を建てた契丹族の言語がモンゴル系ではないかとの疑いがもたれているが，契丹語自体の解明がいまだ十分でなく，モンゴル語との関係は，いくつかの単語の比較にとどまっている．もし契丹の言語がモンゴル系であれば，遼の最盛期にはモンゴルの影響がかなり東にまで広まったことになる．アムール流域のツングース諸語にモンゴル語からの借用がある程度みられるのはこれを含む幾度かのモンゴルの侵攻によるものであろう．

ツングース語族の故地については，バイカル湖南部とするもの，アムール川中流域とするものなど諸説あるが，いずれも決定的な根拠は示されていない．言語の分岐度と分布を中心に考えるなら

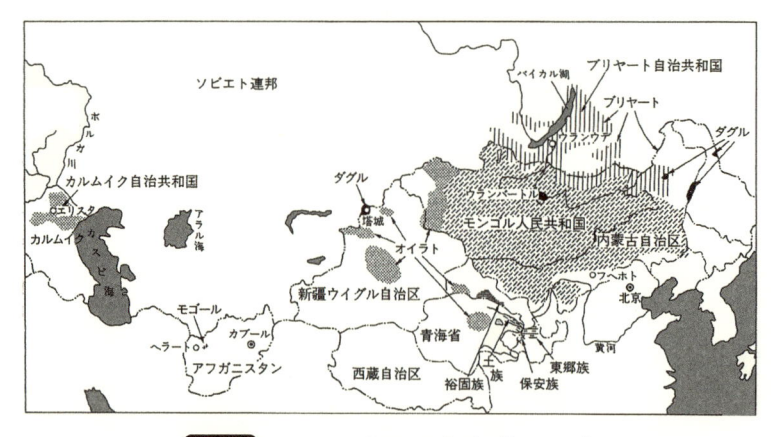

**図7.5** モンゴル諸語の分布（栗林，1992）

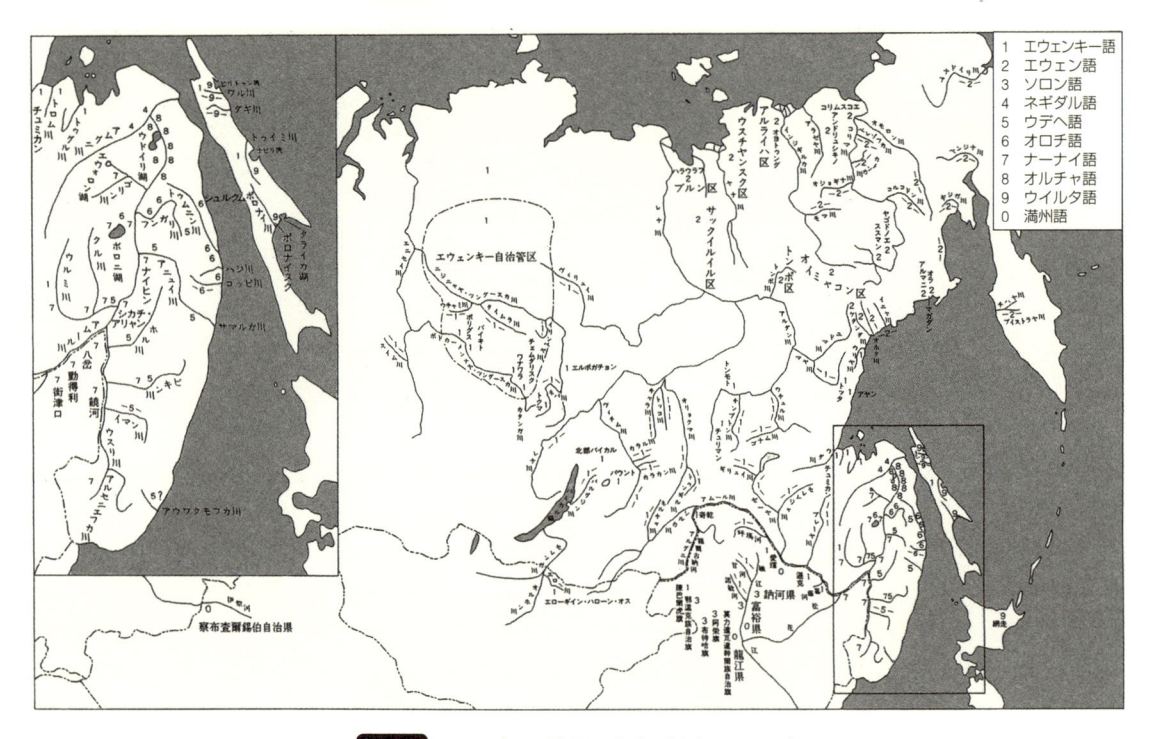

**図7.6** ツングース諸語の分布（池上，1989b）

ば，松花江からアムール中流域にかけてが最もその言語密度が高い場所であり，故地である蓋然性が高いと考えられる．

ツングース諸語の内部は，上でみてきたような10ほどの言語からなる．池上はこれを次のような4つのグループに分類している（図7.6）．

① エウェン語，エウェンキー語，ソロン語，ネギダル語
② ウデヘ語，オロチ語
③ ナーナイ語，オルチャ語，ウイルタ語
④ 満洲語，女真語，錫伯（シベ）語

ここでまず女真語とは，金（1115〜1234）を建てた女真族の言語であり，今日では死語である．金代および明代の碑文と文献から，満洲語に近く，古い満洲語か，あるいはその方言とみるべき言語であることがわかっている．次にシベ（錫伯）語であるが，これは現在新疆のイリカザフ自治州，チャプチャル・シベ自治県を中心に話されている

言語である．遠く中央アジアにこのような満洲語に近い言語が分布するのは，近年の移住によるものである．すなわち，18世紀，清朝の乾隆年間に辺境防備のために駐留軍が派遣され，その子孫が現在までその言語を保持してきたのである．

満洲語自体は，上述したように現在わずかにその話し手を残すのみである．満洲人は17世紀以降勢力を拡大し，清を建国した．それに伴い満洲語の話し手は北京をはじめとする中国諸都市に拡がった．しかし満洲人は漢人に比べれば人口も少なく，高度に発達していた漢人の文化に同化され，言語的にも吸収された．満洲語は清代中葉の隆盛期にはすでに衰退のきざしをみせていた．現在でも実に900万以上の人々が満洲族（中国では満族という）を自称するが，上述のように話し手はわずかである．

ツングース諸語の系統的分類に話を戻そう．ロシアの研究者は伝統的に上記の①グループを北方グループとし，他方②と③，もしくは②と③と④のグループをひとまとめにして南方グループとすることが多い．しかし①グループと②グループには次にみるような点をはじめとする多くの共通点があるので，②グループを③グループに結びつけるべきではない．

最も顕著でわかりやすい音韻対応で説明するならば次のようになる．すなわち，③グループの言語の語頭のp-に対して，①②グループの言語ではx-が対応し，他方③グループのx-に対して①②グループではゼロ（無音）が対応する．

池上 (1989a) はさらに，②グループのオロチ語およびウデヘ語，①グループのネギダル語においてrが歴史的に消失したことを根拠に，興味深い分布の変遷の歴史を推定している．すなわち，現在の分布をみると，①グループの言語はウスリーとアムール両川の左岸側に広く北へ向かって展開し，②グループの言語は両川の右岸側にある．そして③グループの言語はアムール川沿いに下流へと続き，さらにアムール河口からサハリンへと展開している．この分布について池上 (1989a) は，「この音韻変化（筆者注：上述のrの消失）は，かつてネギダル語の話される地域とオロチ語，ウデヘ語が話される地域が連続していてそのひとつづきの地域にだけおきたもののように思われる．もしそうならば，ナーナイ語，オルチャ語，ウイルタ語の3言語の分布は，アムール川に沿って，あるいはキジ湖地域を横断して，ネギダル語の地域をオロチ語，ウデヘ語の地域から分断して進出したようにみられる．そしてその分布の先端にあるウイルタ語はカラフトを南下して伸び，タライカ湾北岸にまで達している．これらツングース諸語は，おそらく古くはニヴフ語の分布を圧迫したことも考えられる」と述べている．

ツングース諸語の歴史的資料に目を転ずれば，その最古の資料は上述した女真族が女真文字を用いて書き残した女真語である．しかしこの資料が成立した時期にはツングース語族内部の諸言語への分岐はすでにすすんでいたものと思われる．

さて上記のチュルク語族とモンゴル語族，ツングース語族の3者をまとめて「アルタイ語族」とする説がある．しかしこれはなお言語学的に十分に立証されたものとはいえない（他方，3者の内部における系統関係は明らかである）．確かにこの3者の間には人称代名詞をはじめとする類似が認められるが，これらの類似点は長い間の接触と相互影響によって生じてきた可能性も十分に考えられる．したがって本節では系統関係を含意する「諸語」を用いず，大江 (1988) にならいアルタイ「諸言語」と呼ぶ．古アジア「諸語」を古アジア「諸言語」としたのも同様の理由からである．

さらにこのアルタイ諸言語をウラル語族，もしくは朝鮮語や日本語と結びつける系統論も古くより行われてきた．これらの仮説は，将来的には証明される可能性も十分に考えられようが，少なくとも現時点ではいずれも成功していない．これらの仮説の根拠となっているのは，音韻対応よりもむしろ次の項で触れる構造的・類型的な類似である．

他方，過去にあったと考えられる相互影響に関しても，その性格上明示的な証拠を示すことが難しい．しかし，たとえば満洲語はモンゴル語の影響を強く受けて成立してきた言語であることが指摘されている (池上, 1979)．小規模なものとしては，

ツングース語からダグル語(モンゴル語族)への影響や,現在も進行中であるヤクート語やブリヤート語からの周辺ツングース諸語への影響などをあげることができる.

言語分布の変遷に関して,最後に古代の言語分布について触れておく.東北アジアの古代に関しては,中国正史の東夷伝・北狄伝に当時の諸民族の記述があり,その中に言語に関する記述もある.これらの資料の難点は,言語間で意思疎通が可能であったか(すなわち方言的な関係であったか)を記しているものの,言語形式そのものについての記述がなく,現在分布する諸言語との関係を確定できない点にあろう.これらの資料のより詳細な検討に関しては,池上 (1989a) を参照されたい.

### 7.1.3 東北アジアの諸言語の構造と類型

言語研究者にとっては,上述のように分布している東北アジアの諸言語の間に,どのような類似点と相違点がみられるのか,そしてそれはどのような歴史を反映したものか,といった問題が最も大きく関心を惹くところである.ここでは日本語と朝鮮語も視野に入れつつ,東北アジアの言語類型について考えてみたい.

ただ紙幅の都合上,この大きな問題について十分に記すことはできないし,本書の性格上言語学用語を多く用いて記述するわけにもいかない.したがってここでは異同の指標となるキーワードをいくつか示すとともに,その分野の文献を紹介するにとどめたいと思う.

まず音声の面からみよう.子音で注目されるのは次のような点である.古アジア諸言語では共通してkとqの対立があるのに対し,アルタイ諸言語には基本的にこの対立がない.しかしたとえばツングース諸語のシベ語にはこの対立がある.舌根による母音調和の影響などから口蓋垂の子音が発達することもありうるので,この有無をもって両者の本質的な違いとみなすことはできないだろう.次に松本 (2003) が注目している流音の数の問題がある.日本語,チュクチ語などは流音を1つしかもたないのに対し,アルタイ諸言語,ユカギール語などは2つもっている(ただしネギダル語など,歴史的にrを失った言語もあることは上述したとおりである).ギリヤーク語の子音の取り扱いを含め,この分布はさらに検討すべき問題であろう.チュクチ語やアイヌ語では閉鎖音に有声無声の対立がなく,1系列であることも注目される.他方イテリメン語には放出音の系列がある.しかし例えば,現在は3系列をもつ朝鮮語もかつては1系列だった可能性があることなどを考慮すると,こうした体系の違いも時間の推移とともに大きく変化しうるものなのかもしれない.

母音の数はアルタイ諸言語やウラル諸語など,母音調和をもつ言語で相対的に多い傾向がある.しかし満洲語など,母音調和のすでに崩れた言語では母音の数が少ないことも稀ではない.母音の数もやはり時代とともに大きく変わりうる.なお母音調和は日本語にもあったとする説がある.チュクチ語などにみられる母音調和は上記の言語のものとは性格が異なっている.

音節構造は単純なものが多いが,イテリメン語とギリヤーク語は複雑な子音結合を許す.逆に,基本的に閉音節言語である北東アジアの諸言語からみれば,開音節ばかりの日本語は最も音節構造の単純な言語ということになる.ユカギール語やツングース諸語の多くなど,日本語のように母音の長短の対立をもつ言語もあるが,もたない言語も多く,この点もまちまちである.

声調もしくはアクセントの対立をもつ言語は少なく,日本語と朝鮮語の一部の方言,それにケット語ぐらいである.この点で東南アジアの諸言語とは大きく異なっている.

形態論では,朝鮮語,アルタイ諸言語とならんで,エスキモー語ももっぱら接尾辞によっている点が注目される.日本語,ユカギール語もわずかに接頭辞を使用するものの,このグループに入れて考えてもよいだろう.ほかの形態的手法の使用に関してはさまざまであるが,語幹合成を嫌うエスキモー語やツングース諸語と,抱合も活発に行うチュクチ語やアイヌ語が大きく両極端にあるように感じられる.この地域の言語は一般に膠着的

で，一部屈折的である．東南アジアに多い孤立的なタイプは存在しない．松本 (2003) が注目しているように，形容詞が名詞的性格を示すか，動詞的性格を示すかも興味深い相違点である．ギリヤーク語やアイヌ語，朝鮮語は徹底して動詞的，アルタイ諸言語では名詞的である．現代日本語の形容詞は用言に数えられているが，かつての日本語では（現代でも琉球方言の一部などでは）名詞的性格を強くもっていたことに留意しなければならない．

日本語，朝鮮語，アルタイ諸言語の多くなどでは，[修飾語-被修飾語] の語順の原理が徹底している．これはいわゆる「アルタイ型」言語（亀井・河野・千野編，1996「言語類型論」の項）であり，文法的な照応はあまり行われない．他方エスキモー語などでは人称や数による一致を重要な統語原理としている．ケット語では性による一致もある．中間的なのは一部の（特に北方の）ツングース諸語で，人称や格，数による一致がある．文法関係の表示についてみるならば，日本語は典型的な従属部表示型の言語であり，他方アイヌ語は典型的な主要部表示型といえるだろう．ほかではツングース諸語の多くやエスキモー語など，格と人称による二重表示型の言語が多い．エスキモー語などをはじめとして，対象活用をする言語，すなわち目的語の人称も動詞に表示する言語が多く北に分布している．これとも関連して，アイヌ語やユカギール語など，自動詞と他動詞の別に極めて繊細なシステムをもっている言語があることにも注目すべきだろう．

エウェン語などツングース諸語のうち北方の言語，ならびにウラル語族の言語など，格の多い言語がこの地域には多く，世界的にも際立っている．エスキモー語，チュクチ語は名詞に能格があり，ケット語では動詞の形式に能格的構造がある．

さらに動詞のカテゴリーなど，述べるべきことはまだ多くあるが，東北アジアの言語の類型ならびに系統に関しては，さらに池上 (1973)，ボビン・長田編 (2003)，宮岡編 (1992)，風間 (2003) などを参照されたい．　　　　　　　〔風間伸次郎〕

▶ **文　献**

アレクサンダー・ボビン，長田俊樹編 (2003)：日本語系統論の現在．日文研叢書 31 国際日本文化研究センター，572pp.

池上二良 (1973)：アルタイ語系統論．日本語の系統と歴史，岩波講座日本語 12，岩波書店，pp.35-98（池上二良 (2004)：北方言語叢考，北海道大学図書刊行会，pp.135-192 に再録）．

池上二良 (1983)：北方諸言語に寄せて．月刊言語，**12**(11)，38-45（池上二良 (2004)：北方言語叢考，北海道大学図書刊行会，pp.3-14 に再録）．

池上二良 (1989a)：東北アジアの土着言語とその分布．三上次男・神田信夫編：民族の世界史 3 東北アジアの民族と歴史，山川出版社，pp.125-161（池上二良 (2004)：北方言語叢考，北海道大学図書刊行会，pp.15-47 に再録）．

池上二良 (1989b)：ツングース諸語．亀井　孝・河野六郎・千野栄一編：言語学大辞典，第 1 巻，三省堂，pp.1058-1083.

大江孝男 (1988)：アルタイ諸語．亀井　孝・河野六郎・千野栄一編：言語学大辞典，第 1 巻，三省堂，pp.528-545.

大島　稔 (1988)：アリュート語．亀井　孝・河野六郎・千野栄一編：言語学大辞典，第 1 巻，三省堂，pp.508-516.

風間伸次郎 (2003)：アルタイ諸言語の 3 グループ（チュルク，モンゴル，ツングース），及び朝鮮語，日本語の文法は本当に似ているのか――対照文法の試み．アレクサンダー・ボビン，長田俊樹編：日本語系統論の現在，日文研叢書 31 国際日本文化研究センター，pp.249-340.

亀井　孝・河野六郎・千野栄一編 (1996)：言語学大辞典，第 6 巻，三省堂．

栗林　均 (1992)：モンゴル諸語．亀井　孝・河野六郎・千野栄一編：言語学大辞典，第 4 巻，三省堂，pp.517-526.

庄垣内正弘 (1989)：チュルク諸語．亀井　孝・河野六郎・千野栄一編：言語学大辞典，第 2 巻，三省堂，pp.937-950.

津曲敏郎 (1989)：女真語．亀井　孝・河野六郎・千野栄一編：言語学大辞典，第 2 巻，三省堂，pp.251-253.

津曲敏郎 (1996)：中国・ロシアのツングース諸語．言語研究，No.110，177-190.

津曲敏郎編著 (2003)：北のことばフィールド・ノート―― 18 の言語と文化，北海道大学図書刊行会，266pp.

松村一登 (1988)：ウラル語族．亀井　孝・河野六郎・千野栄一編：言語学大辞典，第 1 巻，三省堂，pp.845-854.

松本克己 (2003)：日本語の系統―類型地理論的考察―．アレクサンダー・ボビン，長田俊樹編：日本語系統論の現在，日文研叢書 31 国際日本文化研究センター，pp.41-129.

宮岡伯人 (1988a)：エスキモー語．亀井　孝・河野六郎・千野栄一編：言語学大辞典，第 1 巻，三省堂，pp.896-

910.
宮岡伯人(1988b):エスキモー・アリュート語族.亀井　孝・河野六郎・千野栄一編:言語学大辞典,第1巻,三省堂,pp.911-913.
宮岡伯人(1988c):古アジア諸語.亀井　孝・河野六郎・千野栄一編:言語学大辞典,第1巻,三省堂,pp.1654-1661.
宮岡伯人編(1992):北の言語:類型と歴史,三省堂,454pp.

# 7.2 多民族国家の構造

　東北アジアは，民族が複雑に入り組んで分布する地域である．こうした多民族的状況は，もちろん遠い昔に起源すると思われるが，16世紀以前については，得られる情報が断片的で，その具体像を明らかにすることは難しい．17世紀以降になると，清朝とロシアの勢力伸張に伴って，情報量が格段に増加するが，同時に，両国による統治が住民構成に大規模な変動をもたらす．今日に連なる民族の区分や分布は，この変動の過程で再形成されてきたものである．両国間の国境画定によって，東北アジアは大きく2つに分断され，上記の変動も，相互に異なる道筋をたどる．本来であれば，東北アジア全域にわたってそのダイナミズムを検討すべきところであるが，対象があまりに多岐にわたり，限られた紙幅では不可能に近い．そこで，地域を限定して，清-中国側の領域，すなわち中国東北（満洲）を中心とし，隣接するロシア側の領域を付随的に取り扱うこととする．なお，本節で民族名などに付したローマ字綴りは，特に断りのない限り満洲語の転写である．

## 7.2.1　17〜18世紀の人口移動 —— 4つのフェーズ

　ここでは，17〜18世紀における住民構成の変動，すなわち人口移動の様相を概括的に述べる．この時期における人の移動は，中国東北全域から，さらに現ロシア領の一部にまで及び，地域社会を根底から作り変えるほどの規模で進行したので，その概略を押さえておくことが，今日に至る民族のありようを考えるための第一の基礎作業として，どうしても必要だからである．あらゆる集団の移動の経緯を把握することはとうてい不可能であるが，当時の政治状況や国際関係の推移と絡めて考えると，この間の変動の全体像を，大体以下の4つのフェーズに分けて整理することが有効と思われる．

### a. 後金（清）の建国と徙民

　後金（清）の建国期に，周辺の諸勢力を征討した後，その住民をとりまとめて自国の中心部に移住させ，八旗組織に組み込む「徙民政策」がとられたことは，よく知られている．その対象は，ヌルハチ（太祖）時代（-1626）には，おおむね現在の遼寧省東部〜吉林省南部，およびロシア沿海地方南部を占めるマンジュ五部・フルン四部（海西女直）・ワルカ（Warka）部などの範囲であったが，ホンタイジ（太宗）時代（1626-43）になると，アムール中流域〜沿海地方北部のフルハ（Hūrha/Hūrga）部などにまで拡大した（松浦, 2006, pp.224-232）．こうして徙民された人口の大部分は，入関（1644）に伴って中国内地へ移動する．ただし，フルハ部の一部や，アムール上流域のソロン（Solon）部・サハルチャ（Sahalca）部は，徙民の対象とならず，毛皮の貢納などを通じて緩やかな統制を受けるに止まった．

　一方，17世紀初頭の嫩江流域は，モンゴルのホルチン部の住地であった．ホルチン部は必ずしも政治的統一体ではなく，多くの集団（後に10旗に整理される）に分かれており，その首長層はヌルハチ時代から会盟や婚姻を通じて後金と関係をもっていたが，ホンタイジ時代になると次第に従属性を強めた．それとともに，彼らの一部は1630年代頃に西遼河（シラムレン）上流域へ南遷したらしく（胡日査, 2001），17世紀後半になると，嫩江流域にはドゥルベド，ジャライド，ゴルロスの3集団が残るのみとなっていた[*1]．

　このように，17世紀前半においては，後金（清）

---

[*1] これらの集団は，清代においては「外藩モンゴル」のカテゴリーに属していたが，以下の叙述では，紙幅の関係から，この範疇に含まれる人々は取り扱わないこととする．

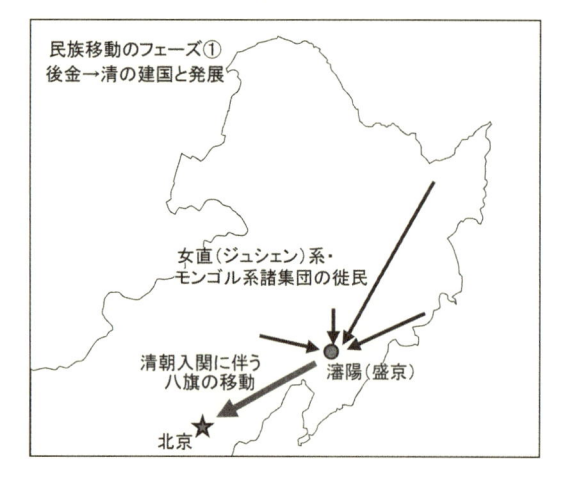

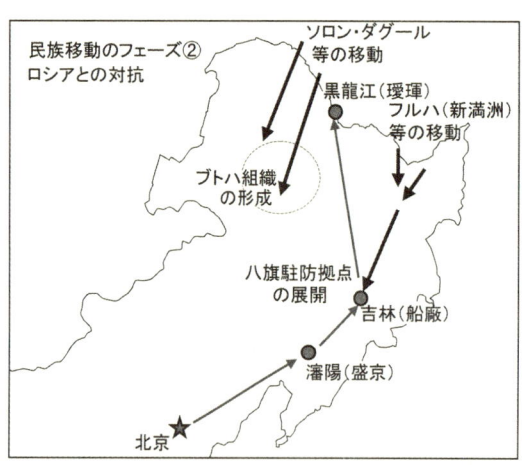

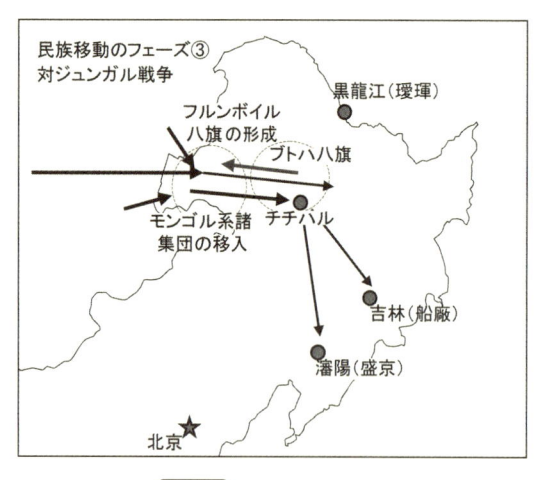

**図7.7** 民族移動概念図（左列）

民族移動のフェーズ①
後金→清の建国と発展
- 女直（ジュシェン）系・モンゴル系諸集団の従民
- 清朝入関に伴う八旗の移動
- 瀋陽（盛京）
- 北京

民族移動のフェーズ②
ロシアとの対抗
- ソロン・ダグール等の移動
- 黒龍江（瑷琿）
- フルハ（新満洲）等の移動
- ブトハ組織の形成
- 八旗駐防拠点の展開
- 吉林（船廠）
- 瀋陽（盛京）
- 北京

民族移動のフェーズ③
対ジュンガル戦争
- 黒龍江（瑷琿）
- フルンボイル八旗の形成
- ブトハ八旗
- モンゴル系諸集団の移入
- チチハル
- 吉林（船廠）
- 瀋陽（盛京）
- 北京

**図7.7** 黒龍江省富裕県三家子村の村民委員会（村役場）（2005年筆者撮影）
表札には「富裕県友誼達満柯族郷　三家子村民委員会」とある．「達」はダウール族，「満」は満族，「柯」はキルギス族を表す．

### b. 清とロシアの対峙

1640年代，清朝の入関とほぼ時を同じくして，ロシア人がアムール流域に出現した．彼らは要地に小規模な城砦を築きつつ，現地住民からヤサーク（毛皮税）を取り立て，抵抗を受けた場合は村落を焼き払うなどの強硬手段をとった．こうしたロシア人の活動は，住民の大規模な南下を引き起こした．すなわち，アムール上流域のソロン部など（ロシア側史料ではツングース，ダウール）は大興安嶺〜嫩江一帯へ移動してブトハ組織（7.2.2b項参照）に組み込まれ，また中流域のフルハ部（ロシア側史料ではジュチェル）は松花江を遡る方向へ移動したのである．ただし，もちろんロシアの支配下にとどまった人々もいた．

入関直後の東北にどの程度の兵力が残留したかは，実は正確にはわからないのであるが，さほど多くはなかったであろう．しかし，1650年代から，清朝は順次ロシアの進出に対抗するための施策に着手する．その骨子の1つは，南下しつつあったアムール中流域〜沿海地方の住民をニル（niru，佐領）に編成して八旗に組み込むことで，1670〜76年に計60個以上のニルが編成された．彼らは主にニングタと吉林（船廠）に駐防したが，後者には吉林将軍がおかれ，対ロシア作戦の最大の根拠地となった．並行して，アムール下流域の住民の招撫，流刑囚の水手や官荘の荘丁としての動

の建国・拡大に伴って，人々を南へ引き寄せる負圧が生じ，全般的な人口の南下という趨勢がみられたのである．

員，民人の遼東入植奨励といった措置もとられた．1683年には，新設の黒龍江将軍の指揮の下に，アムール河畔に黒龍江（璦琿(アイグン)）城が築かれ，相当数の兵力が進駐した(吉田，1984, pp.65-70, 114-117; 松浦，2006, pp.232-237, 281-308)．こうした一連の作戦の結果，数次の戦闘と1689年のネルチンスク条約を経て，清朝はようやくロシア勢力をアムール流域から一掃することに成功する．

### c. 清-ジューンガル戦争

対ロシア作戦が一段落を迎える頃，外モンゴル方面で起こったあらたな紛争——対ジューンガル戦争は，東北においても，大きな人口流動を引き起こす第三の契機となった．それは，モンゴル方面からの難民や投降者の移入と，八旗兵力の再配置によって特徴づけられる．

モンゴルから最初に流入してきたのは，もとはハルハに隷属していたバルガ（Barhū）と呼ばれる人々である．戦乱の中で無秩序状態に陥った彼らは，1690～94年の間に，あるいは自発的に，あるいは清軍に強制収容される形で，大興安嶺を越えた．清朝は彼らの一部を吉林と盛京管下八城の駐防八旗に編入し，一部はチチハル駐防八旗とブトハに分属させた(柳澤，1999)．

清朝はまた，ジューンガル側から降伏してきた諸集団を，しばしば東北各地に移住させた．こうした移住は1720～22年，1729～33年，1757～58年に集中的に行われ，対象となった集団名は，ウーレト（Ūlet），ウリヤンハイ（Uriyanghai），テレングト（Telenggut），ケル・サカル（Ker sakal），タブン（Tabun），キルギス（Kirgis），ドゥルベト（Durbet），ミンガト（Minggat）等々，多岐にわたる．

兵力の再配置についてみると，1691年に嫩江東岸にチチハル城が築かれ，近在のダグール（Dagūr/Dahūr）人が16個ニルに編成されて駐防した．黒龍江将軍はすでに前年に黒龍江（璦琿）からメルゲンに移っていたが，さらに1699年，満洲・漢軍などのニルを率いてチチハルに移駐した．以後同地は，黒龍江地区最大の軍事拠点・都市として発展する．チチハルがモンゴル高原から大興安嶺を越えて嫩江に下る交通路上にあったことからすれば，将軍の移駐は，清軍の配備が対ロシアから対ジューンガルへとシフトしたことの表れとみてよい．同じ時期に，ホルチン各旗から抽出されたシボ（Sibe），グワルチャ（Gūwalca）の壮丁1万2000人が80個ニルに編成され，ベドゥネ（嫩江・松花江の合流点付近）・チチハル・吉林の各地に駐防した（ベドゥネとチチハルのニルは後に盛京各城に移動する）(楠木，1995)．

ついで1730年代には，大興安嶺西北のフルンボイル一帯に，あらたな八旗組織が形成される．これは，アルタイ方面での清軍の敗北（1731年）に伴う後方強化策の一環であった．1732年，まずブトハから壮丁3000人が抽出され，フルンボイルに移動して50個ニルに編成された（ただし，1742年には一部がブトハに復帰し，残りはあらためて24個ニルに再編）．これは通称「ソロン八旗」と呼ばれる．1734～35年には，ハルハに属していたバルガ人約3700戸がフルンボイルに抽出され，八旗40個ニルに編成されて（後に24個ニルに再編），「新バルガ八旗」と呼ばれた(柳澤，1997)．

### d. 漢人の流入

入関に伴って，盛京一帯の漢人人口は一時激減したとみられるが，間もなく回復に向かう．流刑囚や三藩の降兵もその一翼を担ったが，一般民人についても，1653年，食糧・種籾・耕牛の支給，官爵授与などの手段によって，遼東への入植を奨励する措置がとられた．民治機関である遼陽府（後に奉天府に統合）が同年に，奉天府が1657年に設置されていることは，一帯の民人人口がすでに一定規模に達していたことを示す．1741年には，奉天府と遼西の錦州府とを合わせた総人口は36万に達していたという(劉小萌，1998, pp.211-224)．

一方，柳条辺牆外の吉林・黒龍江に関しては，都市への商人などの流入は早くから認められるが，農村部への浸透は顕著でなく，正規の民治機関は，吉林では雍正年間，黒龍江では同治年間までに設けられていない．盛京での民人の増加に対して，雍正年間までは，基本的に旗人と民人の居住

**表7.3** 年表

| 年 | |
|---|---|
| 1591 | このころ，ヌルハチ（太祖）が徙民政策を開始 |
| 1607 | 豆満江・牡丹江方面のワルカなどの徙民開始 |
| 1615 | 八旗制成立（『満洲実録』等による） |
| 1616 | ヌルハチ，ヘトゥアラでゲンギイェン＝ハンとして即位（後金の建国） |
| 1625 | 後金，瀋陽に遷都 |
| 1631 | このころ，嫩江流域のホルチン，シラムレン（西遼河）流域に移動？ |
| 1634 | アムール中流域～松花江下流域のフルハなどの徙民開始 |
| 1636 | ホンタイジ（太宗），皇帝を称し，国号を大清とする． |
| 1641 | ソロンのニル（佐領）編成に関する最初の記録（ブトハ組織の起源） |
|  | ※このころ，アムール上流域のソロン，ダグールの南遷開始？ |
| 1644 | 清朝，北京に遷都．八旗の大部分は関内（中国内地）へ移住 |
|  | ポヤルコフの遠征隊，アムール川に到達 |
| 1652 | アムール河岸のウジャラ（烏扎拉）村で清軍とロシア軍が交戦 |
| 1653 | 「遼東招民授官条例」発布，関内から遼東への移民を奨励 |
|  | 遼陽府設置 |
| 1654 | アムール上流域のダグールなどが嫩江方面に移動？ |
| 1655 | アムール中流域のフルハ（ジュチェル），南方に移動 |
| 1657 | 盛京（瀋陽）に奉天府を設け，奉天府尹を置く． |
| 1658 | 清軍，アムール川・松花江の合流点付近でロシア軍を撃破 |
| 1662 | 盛京に遼東将軍（後に奉天将軍と改称），ニングタ（寧古塔）にニングタ将軍を置く． |
| 1670 | ウスリ流域～沿海地方南部の住民（クヤラ）を14個ニルに編成し，ニングタに配置（後に吉林に移動．東北駐防八旗の現地編成開始） |
|  | 「遼東招民授官条例」廃止 |
| 1674～76 | 松花江下流～アムール中流域の住民（新満洲）を52個ニルに編成し，ニングタ・吉林（船廠）に配置 |
| 1676 | ニングタ将軍，吉林に移駐 |
| 1678～84 | アムール中流域の3氏族（イランハラ，三姓），牡丹江口付近に移動 |
| 1683 | 黒龍江城（瓊琿）に黒龍江将軍を置く． |
| 1684 | 黒龍江城周辺のソロン，ダグールを駐防八旗に編入 |
| 1685 | 清軍，アムール河岸のアルバジン砦を攻囲（～1686） |
|  | 嫩江岸のメルゲン（墨爾根）に築城 |
| 1687 | 在京八旗の一部を盛京一帯に再配置 |
| 1688 | ジューンガルのガルダン，ハルハに進攻 |
|  | ソロン，ダグールの一部をニルに編成し，メルゲン・黒龍江に配置 |
| 1689 | ネルチンスク条約締結．アルグン川～スタノヴォイ山脈を国境とする． |
| 1690 | 数千戸のバルガ，大興安嶺を越えて嫩江流域に流入 |
|  | 黒龍江将軍，メルゲンに移駐 |
| 1691 | チチハル築城．近在のダグールなどを16個ニルに編成して配置 |
| 1692 | ホルチンから進献されたシボ，グワルチャを80個ニルに編成し，チチハル，ベドゥネ，吉林に配置（後に大部分は盛京に移動） |
|  | チチハル付近のバルガを吉林・盛京一帯に移し，駐防八旗に編入 |
| 1694 | 黒龍江将軍，ハルハ川・ウジュムチン方面から数百戸のバルガを収容，嫩江一帯に移す． |
| 1699 | 黒龍江将軍，チチハルに移駐 |
| 1714 | 牡丹江・嫩江合流点一帯の3氏族（三姓）を4個ニルに編成，三姓駐防（現依蘭）を設置 |
|  | 沿海地方南部の4氏族を3個ニルに編成，フンチュン（渾春）駐防を設置 |
| 1720～22 | 西モンゴル方面からテレングト，ケル＝サカルなどを黒龍江管下に移す． |
| 1726 | 吉林に永吉州を設置（吉林における民治機関の創始） |
| 1729～31 | 西モンゴル方面からウリヤンハイなどを東北各地に移す． |
| 1732 | ブトハの5アバ・3ジャランに旗色を付与 |
|  | 大興安嶺～嫩江一帯のブトハ組織からソロン，ダグール，オロンチョン，バルガの3000壮丁をフルンボイルに移し，八旗50ニルに編成 |
|  | 三姓一帯の住民（三姓，八姓）を10個ニルに編成し，三姓駐防に編入 |

**表 7.3** 年表（つづき）

| 年 | |
|---|---|
| 1733 | 西モンゴル方面から移動させたキルギスを黒龍江管下の各地に配置 |
| 1734 | ハルハから抽出した約3700戸のバルガをフルンボイルで八旗に編成 |
| 1740 | 関内から盛京一帯への新規移民を禁止（封禁令） |
| 1742 | フルンボイルのダグール，ソロンの一部がブトハに再移動 |
| 1744 | 在京旗人のラリン（拉林），アルチュカ（阿勒楚喀，現阿城）への入植開始 |
| 1750 | アムール下流域～サハリンの辺民登録戸数を2398に固定 |
| 1757～58 | 西モンゴル・新疆方面から旧ジューンガル所属の諸集団をフルンボイル・嫩江一帯に移す |
| 1758～60 | ブトハのソロン，ダグール，盛京のシボの一部（合計約3000壮丁）が新疆へ移駐 |
| 1777 | 吉林一帯への民人流入を禁止 |
| 1800 | 吉林西方に民人管轄機関として長春庁を設置 |
| 1814 | 旗人の入植による双城子（現双城）一帯の開墾開始 |
| 1854～56 | シュレンクがアムール下流域の諸民族を調査 |
| 1858 | 瑷琿条約締結．アムール以北がロシア領となる． |
| 1860 | 北京条約締結．ウスリ以東の沿海地方（沿海州）がロシア領となる．<br>黒龍江管下のフラン（呼蘭）地区への民人入植許可 |
| 1861 | 吉林管下の土門子・蜚克図・双城堡への民人入植許可 |
| 1862 | フランに呼蘭庁を設置（黒龍江における民治機関の創始） |
| 1875 | 奉天東辺の鳳凰城・靉陽一帯の民人私墾地を追認し，課税開始 |
| 1881 | 松花江下流のヘジェの壮丁400をニルに編成し，富克錦に配置 |
| 1883 | 嫩江上流の太平湾に興安城設置，オロンチョンを16個ニルに編成して管轄 |
| 1903 | 東清鉄道（中東鉄路）全線（ハルピン－大連間の支線を含む）が開通 |
| 1904 | 「移民実辺」政策に伴い，黒龍江への民人入植を全面開放 |
| 1905 | 吉林への民人入植を全面開放 |
| 1907 | 東北に省制施行，東三省総督として徐世昌が着任 |

区域を分離するという対策がとられていたが，乾隆年間に入ると，いわゆる「封禁」に転ずる．その内容は，概括すれば，① 現住民人中，「産業」のない者の原籍地送還，② 新規入植の禁止（商工業者・単身の雇用労働者は除外），③ 民人による空閑地開墾の禁止，というものである．しかし，こうした封禁は，ある程度効果をあげたとはいえ，民人の流入を根本的に抑止するには至らなかったことが，つとに指摘されている（周藤，1944，pp.203-209）．19世紀後半になると，吉林・黒龍江でも逐次移民への土地開放が行われ，清末新政に伴う「移民実辺」政策によってさらにそれが加速することは，周知のとおりである．

### 7.2.2 清代東北における住民のカテゴリー

ここでは，民族の問題に踏み込むための第二の基礎作業として，清朝の統治システムの中で，住民がどのようにカテゴリー分けされていたかを概観する．こうしたカテゴリーは，全体としては必ずしも垂直方向に序列化されたものではなく，身分や階級という言葉にはなじみにくいが，本人の自由意思によって乗り越えることは原則としてできなかった．その起源は当然入関前に遡るが，ここでは基本的に入関後の状況のみを扱うこととする．

#### a. 駐防八旗

駐防八旗の旗人は，数十人～100人程度の正規兵（披甲）を擁するニルに組織されていたが，ニルの成員には，もちろん，兵の家族や，兵として登録されていない壮丁も含まれる．一駐防拠点のニル数は数個程度から数十個までさまざまで，規模が大きい場合は8つの旗色がそろうが，一部が欠ける場合もあった．

旗人は，一般に旗地経営と俸餉（ほうしょう）によって生活していた．旗地とは，旗人が用益権を認められた土地のことで，旗人はこれを自ら耕作したり，あるいは奴僕（7.2.2c項参照）に耕作させたりして

いた．旗地の範囲は，時として駐防拠点からかなり離れた場所にまで拡がっていた[*1]．こうした場合，同一ニルの成員が，駐防拠点の都市と周辺村落に分かれて住むこともあったと思われる．一方，俸餉とは，春秋2季に現銀で支給される給与であるが，支給対象となるのは官員と正規兵のみであった．なお，行政上の情報伝達の必要から，旗人の間には満洲語が（特に書写言語として）ある程度普及していたと考えられる．

#### b. 八旗に準ずる組織

対ジューンガル作戦の展開に伴って，黒龍江地区には，八旗に準ずる組織が次々と形成された．まず，アムール上流域から大興安嶺〜嫩江一帯に移動したソロン部の人々は，ニルに編成され，その上に数個〜10個程度のニルを統轄する5つのアバ (aba) と3つのジャラン (jalan) がおかれた．この組織全体をブトハ (butha, 狩猟の意) と呼ぶ．1732年には，5アバ・3ジャランに旗色が付与された．このように，ブトハ組織は，表面上は八旗に類する形態をとったが，実質はかなり異なる．すなわち，壮丁は毎年1枚の貂皮を納付する義務を負い，俸餉は支給されなかった．一定の駐防拠点もなく，各ニルは散居して農耕・牧畜・狩猟などを営んだ．ただし，1720年代以降，彼らはしばしば対ジューンガル戦争に動員され，その功労に鑑みて，1760年からは一部に俸餉が支給されることになったが，貂皮の納付も引き続き課されていた．これに対して，フルンボイルのソロン八旗，新バルガ八旗の場合は，より正規の駐防八旗に近い性格が認められる．駐防拠点をもたず，散居して遊牧を営んだ点では，ブトハ八旗に類似するが，貂皮納付の義務はなく，俸餉（正規の駐防八旗の半額）を支給されたからである．なお，ブトハ組織も，フルンボイルの八旗も，人事異動などの手続きに理藩院が関与したことは，駐防八旗と異なる大きな特色である．

#### c. 八旗に付属する人々

駐防八旗には，戦闘力としての役割を担う正規の旗人（正身旗人）以外に，種々の性格の人々が付属していたが，それらは大きく2つに分類することができよう[*2]．第1は，一定の公的な任務を与えられ，官による直接の管理を受ける人々で，水手・站丁・台丁・官荘の荘丁などが該当する．水手とは軍船の漕ぎ手で，金州・吉林・チチハルなどに置かれた水師営に属し，俸餉を支給される．站丁・台丁は，駅站や哨所（台）に勤務するもので，俸餉は支給されない．これには多く三藩の降兵があてられていたという．また，吉林・黒龍江には八旗への軍糧供給のための官荘が，盛京一帯には内務府・戸部・礼部・工部などの管下の官荘が設けられていたが，そこで働く荘丁も，一般に旗人の範疇に含められていた (Enatsu, 2004, pp.13-28)．

第2は，旗人に私的に隷属し，旗地耕作や家内労働に従事する奴僕である．その由来としては，①捕虜や流刑囚が旗人に賜与されたもの，②旗人が自ら購入したもの，③遼東の旧住民や関内からの流民で旗人の戸下に投じたもの，などが考えられる．彼らは旗人の戸籍に附載されるので，戸下人と呼ばれるが，③の場合は，実際には佃戸に近い性格のものが多かったであろう．奴僕の中には，さまざまな事情で主人への隷属を解かれ，「開戸」あるいは「另記檔案」として独自の戸籍をもつ者もいた．なお，奴僕は，駐防八旗ばかりでなく，ブトハやフルンボイルにも広く存在していた[*3]．

---

[*1] 満洲口語の残存で有名な黒龍江省富裕県三家子村を例にとると，嫩江東岸あるこの村は，チチハルから東北に約50km離れているが，同村の住民が元来チチハル駐防八旗所属であったことは疑いない．村の起源は明確でないが，同治年間の「黒龍江通省輿図総冊」(柳成棟，1989所収) にはすでにみえるので，19世紀中葉以前に遡ることは確実である．

[*2] 移住や職業選択の自由をもたないという意味では，彼らは一種の非自由民ということができ，Campbell and Lee (2000) は，こうした人々を包括的に"unfree"と呼んでいる．しかし，その種の自由をもたないことは正規の旗人も同様であるので，ここでは殊更に非自由民という言葉を用いないことにする．

[*3] その起源は古く遡るらしく，1676年にチチハルを経由したロシア大使スパファリーは，現地の「キタイ人」（ここではブトハに属するダグール人などを指すと思われる）の下に，多くの「ニカン人」（漢人）が隷属していると述べている．また，康熙年間のある檔案（公文書）は，ブトハの代表者が貂皮を北京に届けるついでに，奴僕を買い込んでいくことを伝えている．

#### d. 辺　民

　一連の対ロシア作戦の過程で，清朝の勢力はアムール中・下流域からサハリンにまで伸びるが，これらの地域の住民は，辺民制度の下におかれた．彼らは氏族（姓 hala）・集落（郷，屯 gašan）単位で把握され，それぞれ姓長（halai da）・郷長（gašan i da）が任命された．姓の方が上位概念で，1つの姓に複数の郷が属するが，小集団の場合は，郷長だけがおかれる場合も多い．各郷にはそれぞれ数戸ないし数十戸程度の「戸」が登録され，各戸は清朝に毎年1枚の貂皮を納付し，恩賞（ulin）を授与される．ただし，清朝の把握する姓＞郷＞戸の秩序は，必ずしも社会の実態を反映してはいなかったという．辺民の数は逐次増加し，1750年には2398戸に達したが，その後は姓・郷・戸とも数が固定された（佐々木，1989）．清朝は辺民社会の日常的な秩序にはほとんど介入しなかったが，重大な紛争が起こった場合には，官員が出張して捜査を行い，犯罪者を処罰することもあった（松浦，2006, pp.196-220）．

#### e. 民　人

　遼東には順治年間に奉天府が設置されたが，遼西にも康熙はじめに錦州府が置かれ，前者は承徳・遼陽・鉄嶺・海城・蓋平・開原の6州県，後者は錦県・寧遠・広寧の3県を統轄した．吉林でも，雍正年間には永吉州（吉林）と泰寧（ニングタ）・長寧（ベドゥネ）の両県が新設され，奉天府の管下におかれた．こうした民治機関の管轄下にある民人の状況は，関内の諸府県と本質的な違いはなかったであろう．既述のように，民治機関のない地域でも，都市への商人などの流入は早くからみられた．1710年代のチチハルについて，方式済『龍沙紀略』には「商賈は往来定まる無く，亦た冊を立てて以て稽ぶ」とあり，商人も一応登録されていたことが知られるが，あくまで別に本籍をもつ者の一時居留として扱われていたものと思われる．19世紀後半になると，土地開放による民人人口の急激な増加に伴って，当然ながら民治機関も大幅に拡充される．

### 7.2.3　「民族」の区分と再編

#### a. 八旗と民族

　清代東北の住民が，行政上種々のカテゴリーに分類されることは，上述のとおりであるが，これを民族という角度から捉えなおすと，どうなるだろうか．まず八旗およびそれに準ずる組織について考えてみたい．入関後，北京の禁旅八旗，関内の駐防八旗においては，満洲・蒙古・漢軍という入関前の3「民族」編制が継承された．東北駐防八旗の一部も，入関前に起源をもつ，こうした旧来の「民族」区分に基づくニルからなっていた．しかし，現地住民を新規にニルに編成し，駐防八旗に組み込む際には，ニル単位でよりきめ細かな「民族」呼称の付与が行われた．たとえば，1670～76年に吉林地区で行われたニル編成の際には，各ニルにクヤラ（Kūyala），新満洲（Ice Manju）という呼称が，また1680～90年代に黒龍江地区で行われたニル編成の際には，ソロン・ダグール・バルガ・シボ・グワルチャといった呼称が用いられた．ブトハやフルンボイルにおいても原則は同様であって，前者の場合，呼称はソロン・ダグール・オロンチョン（Oroncon/Orocon）・バルガというもので，オロンチョン以外は駐防八旗と共通する．また，フルンボイルのソロン八旗は，ブトハからの壮丁抽出によって編成されたので，呼称もブトハのものを踏襲した[*1]．

　こうした「民族」区分は，当然ながら，基本的にはエスニックな特徴に基礎をおいていたと思われるが，どれほどの合理性を有していたかは，何ともいえない．呼称自体も，「新満洲」のように，ニル編成時に人工的に創出された例もある．とはいえ，ひとたびニルがつくられれば，その人的構成は原則として大きく変動することはなく，呼称も概して安定的に使用される．したがって，ニル編成と呼称の付与は，清朝による公的な「民族」

---

[*1] 7.2.1c項で触れたように，1734年には，新たにハルハからフルンボイルに引き抜かれた人々が新バルガ（Ice Barhū）という呼称を冠せられたため，先にブトハから移動したバルガ人たちは陳バルガ（Fe Barhū）と呼ばれるようになった．

の固定化という意味をもつことになる．ただし，細かく見ていくと，ニル編成時に付与された呼称は，実は必ずしも一定不変ではなく，複数の「民族」がより上位の呼称の下に統合されたり，ある「民族」の一部が，ほかの「民族」に吸収されたりした例もある．そうした変動にも目を配りつつ，八旗制下における「民族」が今日の民族呼称・区分とどのようにかかわっているかを，いくつかの事例を通じてより具体的に検討してみよう．

### 1) クヤラ・新満洲など

1670 年，清朝はウスリ川流域および沿海地方南部の住民を 14 個ニルに編成して「クヤラ」の名を与え，1674 年には，松花江下流〜アムール中流域一帯の住民を 40 個ニルに編成し，「新満洲」の名を与えた．当該地域の住民は，入関前の史料では多くフルハと呼ばれているが，1634 年にアムール方面に遠征軍を送る際に，ホンタイジ（太宗）が，「汝らが今回行く土地の人は，話す言葉の音がわれらと同じようである」と語っていることからすれば，満洲人に近いとう認識があり，そのことが，「新満洲」という呼称の採用につながったのであろう．なお，「クヤラ」と「新満洲」は，乾隆年間ごろまでは檔案の中で区別されているが，嘉慶年間の西清『黒龍江外紀』では，前者は後者の下位区分として扱われている．1714 年には，牡丹江と松花江の合流点一帯に住み，「三姓」（Ilan hala）と呼ばれていた人々が 4 個ニルに編成され，三姓駐防を構成した．さらに 1732 年には，アムール・ウスリの合流点付近に住み，「八姓」（Jakūn hala）と呼ばれていた人々が 10 個ニルに編成され，三姓に駐防した（松浦, 2006, pp.311-324）．ところが，乾隆年間の檔案は，彼らのニルを「三姓」「八姓」と呼ぶ場合もあれば，「満洲」と呼ぶ場合もあって，一定しない．そして，嘉慶年間に編纂された『欽定八旗通志』になると，「クヤラ」「三姓」「八姓」といった呼称は一切使われず，「新満洲」さえもごく部分的にみえるだけで，全体がほぼ「満洲」という呼称の中に包括されている．ちなみに，1809 年に間宮林蔵がアムール下流の「満洲仮府」（辺民から毛皮の納付を受ける出張所）で出会った清朝の官人たちは，1714 年にニルに編成された「三姓」の子孫であるが，彼らが間宮に渡した名刺には，「正白旗満洲」などと書かれていた（洞・谷澤, 1988, pp.137-138）．こうした「満洲」への一元化は，各グループが駐防八旗という一様な環境下におかれた結果，もともと存在した差異が目立たなくなり，呼称を区別する意味が失われたことに起因するのであろう．かくして，彼らの子孫は，清末以降の社会変動に伴う多少の異動はあるとしても，基本的には現在の「満族」の構成要素となっているのである．

### 2) ソロンとオロンチョン

既述のように，17 世紀中頃にアムール上流域から大興安嶺〜嫩江一帯に移動した人々は，ブトハ組織と駐防八旗に組み込まれる過程で，「ソロン」「ダグール」という呼称を与えられた．両者の区分は，清代を通じて安定的に維持されており，特に後者は，ほぼそのままの形で現在のダウール族に継承されているが，それは彼らの言語が周囲のツングース諸語とは明確に異なることとも関係があろう．一方，おおむね 1680 年代から，「オロンチョン」という集団名も史料に現れるようになる．オロンチョンとは，語源的には「トナカイを飼うもの」の意味と考えられ，時に「使鹿部」などと呼ばれていることからすれば，トナカイ飼養という特徴が，こうした呼称が付与される 1 つの理由となったのであろう．しかし，言語などの面では，ソロンとオロンチョンの間にはもともと明確な一線は引きがたかったと思われる[*1]．オロンチョンの呼称をもつグループは，当初はすべてブトハ組織に属し，1729 年には 12 個ニル，壮丁 791 を擁し，一部はアムール以北に，一部は大興安嶺から嫩江に注ぐ諸河川の源流地帯に居住していた．ただし，後者はトナカイを飼養していなかったという（承志, 2001）．

1732 年，既述のように，清朝はブトハから壮丁 3000 人を抽出し，フルンボイルで新たに八旗に編成するが，その中には 359 人のオロンチョン

---

[*1] 7.2.4 項で後述するように，ロシア側では，トナカイ飼養の習慣をもつグループももたないグループも，ともに「ツングース」（現在の民族名称はエヴェンキ）に包括されていた．

人が含まれていた．ところが，数年を経ると，彼らはソロンという呼称の中に包括されてしまう．おそらくその結果として，旧時のフルンボイル八旗に連なる今日の住民の中には，オロンチョンの名を冠するグループは存在しない．上に述べたように，もともとソロンとオロンチョンの区分が，言語などの比較的変化しにくい要素ではなく，生活形態に基づくものであったとすれば，彼らがともにフルンボイルで遊牧生活を営むようになったとき，両者をあえて区別する必然性が消失してしまったとしても，不思議ではない．これに対して，ブトハに残留した人々に対しては，引き続きオロンチョンという呼称が用いられ，彼らの少なくとも一部は，現在も同名の独自の民族を構成している．

### 3) モンゴルからの移住者

7.2.1c項で述べたように，17～18世紀には，モンゴル方面からさまざまなグループが東北に流入した．彼らの中には，モンゴル系以外に，現在のトゥヴァ人やアルタイ人に近い，トルコ系言語を母語とする人々も含まれていたと思われる．こうした人々のうち，バルガ人は，大部分が独自のニルに編成されて駐防八旗などに組み込まれ，結果として，多くの地域で今日でもエスニック・グループとしての実体をある程度とどめている[*1]．ところが，ほかの諸グループは，ほとんどの場合，既存のニルに分散して編入されたり，奴僕として旗人に賞与されたりし，独自の民族呼称をもつニルを構成することはなかった．その結果，彼らの子孫は，弁別可能なグループとしてはほとんど消滅している．ただ，1732年にフルンボイルに移住したウーレト（モンゴル語では Ögeled）の1グループのみは，独自の2個ニルを構成したことから，今日でも社会集団としてのまとまりを維持している (柳澤, 2005).

以上，八旗制と民族の関係を概観したが，もちろん，八旗制下における「民族」呼称が，例外なく今日の民族区分に引き継がれているわけではない．両者が一致しないパターンとして，まず，清末以降の社会変動，特に漢人の大量流入と八旗制の解体の過程で，エスニックな実態が根本的に変化した結果，他民族中に吸収されたとみられる例がある．たとえば，上述のバルガ人にしても，瀋陽・吉林といった大きな都市では，清代にそれぞれ数個ニルが配置されていたにもかかわらず，今日その存在を確認しがたい．また，現在の民族区分は，直接には中華人民共和国成立後の民族識別に基づいており，その際，清代とは異なる区分の基準が導入された例もある．たとえば，フルンボイルの陳バルガ・新バルガ・ウーレトなどは，現在でも一定の独自の特徴を維持してはいるものの，モンゴル族に包摂されているし，ソロンの大部分は，19世紀以降にロシア領から移入したほかの2つのグループと合わせて，エヴェンキという民族名を付与された．このように，清代の「民族」呼称と現在の民族とは，必ずしも1対1に対応しているわけではない．しかし，多くの場合，八旗制下で付与された区分・呼称が，それ自体一定の変動を含みつつも，今日に至る枠組みの原点として重要な役割を果たしていることは，以上に述べた諸例から明らかであろう．

### b. 辺民組織と「民族」

八旗に比べて統属関係が緩やかであった辺民の場合，清朝による「民族」区分は，さほど積極的

**図 7.9** 黒龍江省訥河市の碑林に立つ光緒丁丑（1877）年の墓碑（口絵 31）
墓主はブトハ所属のソロン（エヴェンキ）人だが，銘は漢文と満洲文で書かれている．

---

[*1] たとえば，筆者は 2005 年に遼寧省鳳城市，岫巌満族自治県，および黒龍江省チチハル市で，バルガ人を自認する人々の存在を確認した．

な意味をもっていなかった．前述のように，辺民は基本的に氏族（姓）・村落（郷）ごとに把握されていたが，これらはエスニックなまとまりとは次元が異なる．一方，乾隆年間に編纂された謝遂『職貢図』などの図譜には，姓とは別に，ほぼ「民族」に相当する呼称も現れる．そこで用いられている七姓（Nadan hala），ヘジェ（Heje），キレン（Kilen），フィヤカ（Fiyaka），キヤカラ（Kiyakara），オロンチョ（Oronco），クイェ（Kuye）といった呼称は，もちろん，必ずしも架空のものではなく，中には，フィヤカ≒ニヴヒ（ギリヤーク），オロンチョ≒オロキ（ウイルタ）のように，当時の区分と現在の民族区分とが，ほぼ一致する例もある．しかしながら，辺民に対するこうした呼称は，八旗の場合とは異なって行政上特段の意味を有さず，したがって，社会的まとまりを逆規定するほどの力はもたなかった．アムール下流域と沿海地方，およびサハリンは，1860年の北京条約によってロシア領となるが，その後，上記の「民族」呼称はほとんど消滅してしまう．

なお，北京条約後も清側に残った松花江下流〜アムール南岸一帯の人々は，今日ヘジェ（赫哲）の民族名を冠せられている．彼らの大部分は，旧「七姓」の子孫であるが，一部には旧「三姓」と共通する氏族名も見出せるという（佐々木，1989；松浦，2006, pp.324-334）．要するに，乾隆年間のヘジェという区分がそのまま継承されたのではなく，19世紀後半の時点で清側の領域に残った辺民に対して，あらためて包括的にヘジェの名が冠せられたということになる[*1]．

#### c. 漢人系統住民

民人はいうまでもないが，八旗システムに組み込まれていた漢軍ニル・站丁・台丁・荘丁・戸下人（奴僕）なども，血統的にいえば大多数は漢人であった．こうした多様なカテゴリーに属する漢人系住民のエスニシティを包括的に再構成することは困難であるが，彼らの大部分は，行政上の位置づけにかかわりなく，おそらく漢人としてのアイデンティティを基本的に保ちつづけ，その結果，現在も漢族に分類されていると思われる．一部には満族に分類されているケースもあるが，当該の人々が満族としての明確なセルフ・アイデンティティをもっているとは考えられない．ただ，戸下人のうち，主人である旗人と同居し，家内労働に従事していたような人々の中には，他民族に同化した例もあるかもしれないが，史料上で追跡することは難しい．

### 7.2.4 ロシア統治下における諸民族

シベリア〜ロシア極東の民族構成は極めて複雑で，網羅的に扱うことは難しいため，ここでは，清（中国）側の状況と比較対照する意味で，中国の領域と接触する地域のみをとりあげる．まず，アムール上流のシルカ川・アルグン川流域〜スタノヴォイ山脈一帯に住む，清側のソロン，オロンチョンとほぼ同系の人々は，17世紀以来，ツングースという呼称の範疇に含まれていた．ツングースとは，大まかにいえば，エニセイ河谷〜オホーツク海に至る広大な地域に散居し，いわゆるツングース系言語を操るトナカイ飼養（一部は馬・牛飼養）狩猟民を指す総称である．諸史料には，ツングースのサブグループとして，ラムート，オロチェン，マネギル，ビラルといった呼称が現れるが，ヤサーク賦課を根幹とするロシアの先住民統治においては，氏族という単位が重視され，こうした「民族」呼称はさしたる意味をもたなかったと見られる．ソ連時代になると，ツングースは，主に自称に基づいて，北極海沿岸のエヴェン（旧ラムート）と南方のエヴェンキの2民族に区分され，その一方，もともと行政上の裏づけをもたなかった上記のサブグループ名は消滅していく．

清朝の辺民組織が展開していたアムール下流域〜サハリンの住民については，1854〜56年にシュレンク（L. von Schrenck）が包括的調査を行

---

[*1] 1870年代からこの地域の住民は軍事力として動員されるようになり，「ヘジェ兵」と呼ばれた．1881年には富克錦（現在の富錦）に駐防拠点が置かれ，ニル編成が行われる（松浦，2006, p.331）．このことは，ヘジェという民族呼称の確立と無関係ではないと思われるが，詳細な検討は他日に譲りたい．

い，主として言語系統に基づいて，ゴリド，オリチ，キリ，サマギール，ネギダール，オロチ，オロキ，ギリヤーク，アイヌの9民族に分類した．これらの呼称が，18世紀の辺民に対して清朝が与えた呼称とかなりくいちがっていることは，民族の区分・呼称というものの相対性を如実に示している．シュレンクの見解は政府による公式の分類の基礎となったが，その後しばしば変動があり，現在に至るナーナイ，ウリチ，オロキ，オロチ，ウデヘ，ネギダール，ニヴヒという呼称が定着するのは，1930年代以降のことである．なお，それから数十年を経て，最近では，こうした行政上の呼称・区分が人々の意識を逆規定する傾向がみられるという(佐々木, 2001)．清代の八旗制下で進行したのと類似のプロセスが，現に進行しつつあるわけである．

以上に述べてきたことを総括すれば，おおむね次のようになろう．中国東北(満洲)においては，今日に至る民族の枠組みの形成・再編に対して，①清朝帰属以前の実態，②清朝統治下で付与された呼称・区分，③清末以降の社会変動，④近現代におけるあらたな民族区分，という4つの要素の重層的な作用が認められるが，こうした図式は，八旗システムの下にあった非漢人系の諸グループについて，特によく当てはまる．一方，ロシア側でも，民族の変遷のプロセスに異なる点はあるものの，行政的裏づけをもたない呼称の消滅といった一般的傾向においては，清(中国)側との類似性が見出せる．

今後の課題をあげるとすれば，本節では上記①～④の中でも特に②を強調したが，③に関しても，とりわけ漢人流入の様態と他グループのエスニシティの変化との相関について，よりきめ細かな検証が必要であろう．また，全体として民族の「外枠」のみを追いかける形となり，個々のグループの社会・文化に対する具体的記述には踏み込めていない．民族が不断に変化する存在である以上，民族誌的記述のターゲットを定めるためには，まず「外枠」の変遷を押さえなくてはならず，やむを得ないともいえるのだが，一方で，両者を同時並行的に扱いうるような叙述のスタイルを模索していかなくてはならないだろう． 〔柳澤 明〕

### ▶ 文献

楠木賢道(1995)：チチハル駐防シボ佐領の編立過程．石橋秀雄編：清代中国の諸問題，山川出版社, pp.325-347．

胡日査(2001)：16世紀末17世紀初嫩科爾沁部牧地変遷考．中国辺疆史地研究, 2001(4), pp.64-70．

佐々木史郎(2001)：近現代のアムール川下流域と樺太における民族分類の変遷．国立民族学博物館研究報告, **26**(1), 1-78.

佐々木史郎(1989)：アムール川下流域諸民族の社会・文化における清朝支配の影響について．国立民族学博物館研究報告, **14**(3), 671-771.

承 志(2001)：清朝治下のオロンチョン・ニル編制とブトハ社会の側面．東洋史研究, **60**(3), 1-38.

周藤吉之(1944)：清代満洲土地政策の研究，河出書房．

洞 富雄・谷澤尚一編注(1988)：東韃地方紀行他，平凡社．

松浦 茂(2006)：清朝のアムール政策と少数民族，京都大学学術出版会．

柳澤 明(2005)：フルンボイルのウールド(Ögeled)人の来歴について．早稲田大学モンゴル研究所紀要, **2**, 1-17.

柳澤 明(1999)：ホーチン＝バルガ(陳巴爾虎)の起源と変遷．社会科学討究, **44**(2), 87-111.

柳澤 明(1997)：清代黒龍江における八旗制の展開と民族の再編．歴史学研究, **698**, 10-21.

吉田金一(1984)：ロシアの東方進出とネルチンスク条約，東洋文庫近代中国研究センター．

劉小萌(1998)：満族社会与生活，北京図書館出版社．

柳成棟整理(1989)：清代黒龍江孤本方志四種，黒龍江人民出版社．

Campbell, C. and Lee, J. (2000)：Causes and consequences of household division in Northeast China, 1789～1909. 李中清ほか編：婚姻家庭与人口行為，北京大学出版社, pp.1-31.

Enatsu, Y. (2004)：*Banner Legacy : The Rise of the Fengtian Local Elite at the End of the Qing.* Center for Chinese Studies, The University of Michigan.

III 社会環境

# 第8章

# 国際関係

## 8.1 ロシアのアジア太平洋地域戦略

### 8.1.1 ゴルバチョフ政権のアジア太平洋戦略

1986年7月，ソ連極東地域の軍港都市ウラジオストクを訪問したゴルバチョフ・ソ連共産党書記長は，アメリカ合衆国，インド，中国，日本などアジア太平洋地域に位置する多くの大国の名をあげて，これらの国々が位置するアジア太平洋地域が世界政治において重要な位置を占めていることを強調し，それと同時に，ソ連もアジア太平洋国家であると宣言した．

この演説が行われたウラジオストクは，ソ連太平洋艦隊の総司令部が置かれ，原子力潜水艦の基地として，外国人はもとよりロシア人でさえ入ることの困難な秘密のベールにつつまれた閉鎖都市

図 8.1 ウラジオストクの「沿海地方行政府前広場」(2006年9月撮影)
沿海地方行政庁舎前から，メインストリートのスヴェトランスカヤ通りを写す．右手の広場に立つ銅像は1922年の「ソヴェト権力樹立の記念碑」．ウラジオストクは軍港としての金角湾から発展していった．ウラジオストクとは「東方を支配せよ」という意味である．

図 8.2 展望台「鷹の巣山」から見た「金角湾」(2006年6月撮影)（口絵35）
手前右は軍港と商港，対岸は漁港．右手上方が日本海への出口．後方に見える山は，2012年のAPECサミット首脳会議が開かれる予定の「ルースキー島」．1860年6月(西暦7月)に軍用船「マンジュール（満州）」号で来たロシアの部隊が初めて湾内に入り北側の海岸に上陸した．この場所の地形がコンスタンチノーブルのボスフォラス海峡と金角湾に似ていたことから，この湾を金角湾と名づけ，陸上に軍事哨所としてウラジオストクを建設した．現在，部隊が上陸した7月2日は市の創立記念日となっている．この地は，1858年の愛琿条約でロシアと清国の共有とされ，1860年の北京条約でロシア領となった．

であった．ソ連の書記長がそのような場所で，対外政策，特にアジア太平洋地域に関する政策の新たな転換を公式にアピールしたことは，世界の注目を集めた．

ゴルバチョフ書記長はこの「ウラジオストク演説」の中で，地域の安全保障問題を中心にソ連軍のアフガニスタン・モンゴルからの撤兵，中国との国境問題への柔軟な対応，日本重視の姿勢を明確にし，アメリカ合衆国に対しても，ヨーロッパで進行している対話・交渉・協定といったヘルシンキ会議を手本に，安全保障に関する太平洋会議の開催を提案し，会議の候補地として広島の名をあげさえした（世界週報，1986.8.26）．

1985年に就任したゴルバチョフ書記長のイニシアティヴの下でペレストロイカを開始したソ連はアメリカ合衆国との核軍縮にのりだしていたが，新たにアジア太平洋地域の安全保障と経済協力の枠組みに自ら積極的にかかわることを表明したのである．

その上，ゴルバチョフ書記長がこの演説の中で，これまでアジア太平洋地域との接触を一切拒否してきたウラジオストクを外国人に開放し，ソ連の東に向かって広く開かれた窓にしたいと語ったことは，多くの人たちに，それまでヨーロッパ政策の脇役にすぎなかったソ連のアジア太平洋政策が，本質的に転換しつつあることを強くアピールすることになった．

このウラジオストク演説に反応し，かつてアムール河上の国境線をめぐって武力衝突さえ起こした中国がソ連との関係の正常化に向けて動きだした．その結果，1986年12月には上海とレニングラードにそれぞれ両国の領事館が24年ぶりに再開され，1987年2月には外務次官級の国境協議が再開された．

1988年9月，ゴルバチョフ書記長は東シベリアのクラスノヤルスクで演説し，再びソ連のアジア太平洋政策を論じた．同書記長は，アジア太平洋地域の諸国に向けた「クラスノヤルスク演説」の中で，中ソ関係の正常化のために中ソ首脳会談を早期に実現することを訴え，さらに，同年2月に韓国で盧泰愚政権が登場したことと関連して，ソ連の指導者としては初めて慎重にではあったが韓国との経済関係の樹立の意欲を示した．盧泰愚政権は「北方外交」を発表し，ソ連や中国との関係改善を図る意図を明らかにしていたからである．

他方，ゴルバチョフ書記長は対日関係が地域の情勢全体にとって本質的な意義をもつと語って日ソ経済関係の発展について述べたものの，日ソ平和条約を締結するために解決が必要だとされていた北方領土問題に関しては言及しなかった（世界週報，1988.10.18；斉藤，2004，pp.101-102）．

その後，ゴルバチョフ書記長は，11月にインドを訪問してアフガニスタン問題や中ソ首脳会談について意見の交換を行い，中ソ関係の正常化が中国との関係が微妙なインドとソ連の関係を損なうものでないことを説明した（斉藤，2004，pp.34-35）．

中ソ関係の改善は着実に進んだ．1989年5月，ゴルバチョフはソ連最高会議幹部会議長兼ソ連共産党書記長として訪中した．30年ぶりに実現した中ソ首脳会談では，中ソ国境地帯の軍事力の削減などを取り決める「中ソ共同コミュニケ」が調印され，中ソ関係の正常化が実現した．他方，ペレストロイカを進めるゴルバチョフ書記長の訪中は，中国国内の民主化運動にも大きな影響を与えた．6月初旬には北京で民主化を要求する学生と警官が衝突する「天安門事件」が起こった．ソ連は，アメリカ合衆国とは異なり，この事件では内政不干渉の立場を通したが，中国政府のゴルバチョフ政権に対する立場は微妙なものであった．

しかしいずれにせよ，1991年5月には江沢民中国共産党総書記が訪ソし，「中ソ東部国境協定」が調印された．このことによって，東アジアの不安定要因のひとつであった中ソ間の国境問題が一応決着した．台湾問題についても，ソ連は台湾が「中華人民共和国の領土の不可分の一部である」という中国の方針を支持した．

「クラスノヤルスク演説」をきっかけとして，ソ連は経済発展を遂げる韓国との接近も試みた．そしてこれに反発したのはソ連の同盟国の北朝鮮である．ゴルバチョフ政権はこのことで北朝鮮に対する影響力を低下させたが，1961年締結の北

朝鮮との「ソ朝友好相互援助条約」を解消することなく，1990年9月，韓国との国交樹立協定に調印することに成功した．

結局，アジア太平洋地域において重要だとされた日本との関係改善が最後になった．ゴルバチョフ大統領（1990年3月，初代ソ連大統領に就任）がはじめて来日し，海部首相との間で「日ソ共同声明」に調印したのは，1991年4月である．首脳会談の大半は平和条約締結の前提となる北方領土問題に割かれたが，「声明」では，「歯舞群島，色丹島，国後島および択捉島の帰属について」徹底的な話し合いを行ったこと，「平和条約が，領土問題の解決を含む最終的な戦後処理の文書であるべきこと，友好的な基盤の上に日ソ関係の長期的な展望を開くべきこと及び相手の安全保障を害すべきでないことを確認」し，北方4島へのビザなし訪問と北方4島の軍事力削減，政治対話の継続，貿易経済関係の拡大がうたわれた（日本外務省・ロシア連邦外務省，1992）．

日本はゴルバチョフ政権の進める「新思考外交」に対応する形で，1989年春に対ソ政策を「政経不可分」から，政治と経済の均衡による拡大を図る「拡大均衡」へと転換していた．しかしヨーロッパでは，1989年11月にベルリンの壁が崩壊し，1990年にはソ連国内でもバルト3国の独立宣言を皮切りに，6月にはロシア共和国が主権宣言を行うなど，ゴルバチョフ連邦大統領の連邦内での立場が弱まった．

1991年8月には，連邦指導部の保守派がゴルバチョフ大統領を軟禁して権力を握ろうとした「8月クーデター」が起こり，このクーデターの鎮圧を指導したロシア共和国エリツィン大統領がゴルバチョフにかわってソ連の実権を握ることになった．こうして1991年12月，ソ連は解体された．実際にウラジオストクが外国人に開放されるのは，92年1月，ソ連崩壊後のこととなった．

### 8.1.2 ソ連崩壊とロシアのアジア太平洋地域政策

現実に，ヨーロッパ国家からアジア太平洋地域を含むユーラシア国家として出発したのは，ソ連ではなく15のソヴェト社会主義共和国がそれぞれ分離した後の，ロシア連邦（あるいはロシア）である．しかし，ロシア政府がアジア太平洋国家としての新しい戦略を策定する上で，ロシアのシベリア・極東地域自体がアジア太平洋地域の一部を構成していることがより強く認識される必要があった．ロシア政府のアジア太平洋地域諸国に対する対外政策は，シベリアと極東地域に対する国内政策との兼ね合いを無視できないものとなるからである．

その要因と考えられることは，次のような点にある．まず，ソ連崩壊後，ソ連を継承した国家であるロシアのユーラシア大陸における地理的重心が東に移動し，ロシアのアジア太平洋地域，つまり，シベリア・極東地域のもつ地政学的比重が増大したことである．

ロシアにとって，かつてロシア共和国の西部に位置するソ連を構成する同権の共和国，バルト3国やベラルーシ，南部のウクライナ，ザカフカース，さらに中央アジア諸共和国が外国となった．その結果，ロシアの西部国境線は東へおよそ1000km移動し，面積はソ連のおよそ4分の3，人口はほぼ6割となった．ロシアは，ヨーロッパ部，シベリア，極東（ほぼバイカル湖より東部の地域）にほぼ3等分された．

第2は，かつてソ連を構成したCIS（独立国家共同体）諸国，いわゆる「近い外国」との国境線を除けば，ロシアの国境はフィンランド以外，ロシア東部のシベリアと極東に集中することとなった．陸上では7400kmに及ぶ中国との国境，およびモンゴル，北朝鮮の国境であり，海上で日本とアメリカ合衆国に接している．アメリカ合衆国と日本は世界最大の経済大国であり，急速な経済発展を遂げる中国は世界最大の人口をもっている．シベリア・極東は世界の政治と経済の中心となる諸国と直接接触する地域となった．

第3は，ロシアにとって太平洋岸の港湾の重要性が高まった．ロシアにとって伝統的な海への出口であったバルト海と黒海で利用できた港湾の多くが外国に属するものとなった．ロシアに無傷で

残ったのは極東地域にある太平洋岸の港湾である．

こうして，冷戦の終結とともに，特にロシアの極東地域は急速な経済成長を遂げているアジア・太平洋諸国との協力の可能性が開けた．ロシアがヨーロッパからアジアにまたがる「ユーラシア国家」として実質的に発展する上で，特にロシア極東地域はアジア・太平洋への窓口として，また経済的にこの地域と統合されることで，ロシアのほかの地域に比べてより発展する客観的な条件に恵まれることになるはずであった．

しかし，1991年12月にソ連が崩壊した後，ロシアのエリツィン大統領はゴルバチョフ・ソ連大統領の進めていたヨーロッパとアメリカ合衆国への接近政策を継承する．エリツィン大統領の下でコーズイレフ外相の進めた外交路線は「大西洋主義」と呼ばれる．それは，ロシアが軍事力によってではなく，世界経済の周辺から中核へ段階的に移行し，G7へ参入するための条件をつくりだすこと，そのため欧米諸国との友好関係をさらに強化し，これら諸国の協力をえることでロシアの市場経済への移行と民主化をスムーズに進めようとするものであった(伊藤, 1999, pp.9-23)．1992年1月にソ連の継承国として国連の議席を継承したロシアが，核削減と引き換えに経済的支援を期待して，最初の1年間にアメリカ合衆国との首脳会談を3回も行ったことにもその意気込みが現れている．

問題は，コーズイレフ外交の重点がほぼ西側先進国のみに向けられた結果，CIS諸国およびソ連が伝統的に影響圏と考えていたアフリカ，アラブ中東地域，中央アジア，東北アジア，東南アジアの諸国に対する関心が失われたことである．専門家たちの中で，これらの地域が果たしてロシアに必要なのか，あるいは，ロシアをアジア太平洋地域に統合する可能性を議論する必要はない，といった議論さえもちあがったといわれる(Лузянин, 2007, pp.11-12)．

もっとも，アジアで唯一のG7参加国である日本への接近は早い段階から始まっている．エリツィン大統領は，ゴルバチョフ・ソ連大統領の訪日より前に，ロシア共和国最高会議議長として，1990年1月に訪日し，北方領土問題の解決に向けた「5段階解決案」を日本で提案していた．それは，領土問題の存在を認め，段階を追って問題を解決しようというものであった．そのため，1992年1月には，エリツィン大統領の9月訪日が日露間で合意された．

ところが，1992年1月よりガイダール副首相の指導の下で急激な市場化を目指して実施された「ショック療法」が国内に猛烈なインフレを引き起こし，大統領と議会の対立を激化させた．反エリツィン派はエリツィン大統領が領土を日本に売りわたすものであると攻撃し，世論も領土交渉に反対した．日本に近いロシア極東地域はその先頭に立った．その結果，エリツィン訪日は2度延期され，当初に期待された日本との経済関係の好転は望めなくなった．

他方，同年12月にエリツィン大統領は中国を訪問し，中露間で「中露共同宣言」が調印された．その後，中露間の安全保障と経済関係は着実に進展することになった．

1993年10月，エリツィン大統領は最高会議を武力で屈服させ，12月には国民投票で新憲法を成立させた．しかし，中央で議会勢力と対抗するために地方の諸勢力と組んだエリツィン大統領の政策は中央から地方の自立を促進した．特に，アジア太平洋地域の諸国と接するロシア極東地域でそれが顕著であった．

一方，かつてソ連内の共和国であった諸国での民族間抗争が激化，これら諸国に残ったロシア人住民の地位が脅かされることとなると，ロシアでは，国外に居住するロシア人の保護を主張する共産党や民族派の自由民主党の声が高まり，西側への妥協が目につくコーズイレフ路線への批判が高まった．1993年に入り，エリツィン大統領は路線を転換し，旧ソ連内諸国との関係強化やこれらの地域におけるロシア人の擁護，ロシアの領土の保全を強調することになる(松井, 1997, pp.2-14)．これは，1994年4月にCISがバルト3国を除く旧ソ連12ヵ国の加盟でようやく正式に発足したこととも関係している．

**表8.1** ロシアのアジア太平洋戦略年表

| 年 | 月 | |
|---|---|---|
| 1985 | 4 | ゴルバチョフ，ソ連共産党書記長に就任 |
| 1986 | 7 | ゴルバチョフ書記長，ウラジオストク演説 |
| 1988 | 9 | ゴルバチョフ書記長，クラスノヤルスク演説 |
| | 11 | ゴルバチョフ書記長インド訪問，「ソ印共同宣言」発表 |
| 1989 | 5 | ゴルバチョフ書記長訪中，「ソ中共同コミュニケ」調印 |
| | 6 | 天安門事件 |
| | 12 | 米ソ・マルタ首脳会談で冷戦の終結を宣言 |
| 1990 | 1 | エリツィン・ロシア共和国最高会議議長訪日 |
| | 3 | ゴルバチョフ，ソ連初代大統領に選出される |
| | 9 | ソ連・韓国国交樹立 |
| | 10 | 東西ドイツ統一 |
| 1991 | 4 | ゴルバチョフ大統領訪日，「日ソ共同声明」調印 |
| | 5 | 中ソ東部国境協定調印 |
| | 8 | ソ連で保守派による「8月クーデター」失敗 |
| | 12 | 独立国家共同体が創設され，ソ連消滅 |
| 1992 | 1 | ウラジオストク市，外国人に開放 |
| | 12 | エリツィン・ロシア大統領訪中，「露中共同宣言」調印 |
| 1993 | 1 | エリツィン大統領インド訪問，「友好協力条約」締結 |
| | 10 | エリツィン大統領，ロシア最高会議を武力制圧 |
| | 10 | エリツィン大統領訪日，細川首相と「東京宣言」調印 |
| 1994 | 9 | 江沢民国家主席訪露，「建設的パートナーシップ」を目指す共同宣言 |
| 1996 | 3 | 中国，台湾近海でミサイル発射訓練実施 |
| | 3 | 台湾，初の総統選挙で李登輝総統再選 |
| | 4 | エリツィン訪中，「戦略的パートナーシップの構築」宣言，「上海5」設立 |
| 1997 | 11 | 橋本首相とエリツィン大統領，クラスノヤルスク会談 |
| | 11 | アジア太平洋経済協力会議（APEC）へのロシアの加盟決定 |
| 1998 | 4 | エリツィン大統領訪日，橋本首相と川奈会談 |
| | 8 | 北朝鮮，テポドン・ミサイル試射実験 |
| | 11 | 小渕首相訪露，「モスクワ宣言」調印 |
| 1999 | 3 | ポーランド，チェコ，ハンガリーのNATO加盟，第一次NATO東方拡大 |
| | 9 | プーチン首相就任 |
| | 12 | エリツィン大統領辞任，プーチン首相，大統領代行に就任 |
| 2000 | 2 | 「露朝友好善隣協力条約」調印 |
| | 5 | プーチン，ロシア大統領に就任 |
| | 6 | 「ロシア連邦の対外政策の概念」発表 |
| | 7 | プーチン大統領，北朝鮮訪問 |
| | 9 | プーチン大統領，日本公式訪問 |
| | 10 | プーチン大統領訪印，「戦略的パートナーシップ」宣言に調印 |
| 2001 | 2 | プーチン大統領，韓国訪問 |
| | 3 | 日露首脳会談開催，「イルクーツク声明」発表 |
| | 6 | 「上海5」，上海協力機構に格上げ |
| | 7 | 江沢民国家主席訪露，「露中善隣友好協力条約」調印 |
| | 8 | 金正日総書記訪露 |
| | 9 | 江沢民主席，北朝鮮訪問 |
| | 9 | 米国で9・11同時多発テロ発生 |
| 2002 | 6 | 主要国首脳会議，2003年度よりロシアのG8全面参加決定 |
| | 9 | 小泉首相訪朝，「日朝平壌宣言」調印 |
| | 10 | 第二次朝鮮半島核危機発生 |
| | 11 | バルト3国などの2004年NATO加盟決定，第二次NATO東方拡大へ |
| 2003 | 1 | 小泉首相訪露「日露行動計画」発表 |
| | 8 | 北京で第1回「六カ国協議」開催 |

表8.1 ロシアのアジア太平洋戦略年表（つづき）

| 年 | 月 | |
|---|---|---|
| 2004 | 3 | プーチン大統領再選 |
| | 10 | プーチン大統領訪中，「露中東部国境補充協定」締結 |
| | 12 | ロシア政府は太平洋パイプラインの終点をナホトカ近郊に決定 |
| 2005 | 6 | ウラジオストクで露印中外相会談 |
| | 8 | ウラジオストク沖と山東半島沖で初の露中軍事演習実施 |
| | 11 | 中国吉林省の化学工場事故でアムール川汚染 |
| 2006 | 4 | 東シベリア石油パイプライン敷設開始（イルクーツク州タイシェト） |
| | 7 | サンクトペテルブルグでG8サミット |
| | 8 | 上海協力機構首脳会議，『長期善隣友好協力協定』締結 |
| 2007 | 9 | 2012年のAPEC首脳会議のウラジオストク開催を決定 |
| | 10 | 露印，最新型戦闘機の共同開発に調印 |
| | 11 | 「極東ザバイカル発展計画」改正を承認，実施期間を2013年まで延長 |
| | 12 | トヨタ自動車サンクトペテルブルグ工場が生産開始 |
| 2008 | 5 | メドヴェージェフ大統領就任，プーチン首相を任命．「2頭」体制スタート |
| | 5 | メドヴェージェフ大統領訪中 |
| | 7 | メドヴェージェフ大統領，「ロシア連邦の対外政策の概念」承認 |
| | 8 | ロシア・グルジア武力衝突 |
| | 9 | 韓国・李明博大統領が初訪露 |

### 8.1.3 ユーラシア国家としてのロシアのアジア太平洋戦略

1996年1月にコーズイレフにかわってプリマコフが外相に就任した．この人事はすでに始まっていた外交政策の転換を示す区切りでもあった．プリマコフ外相の推進した外交路線は「ユーラシア主義」と名づけられる．ヨーロッパとアジアにまたがるユーラシアの大国として，ヨーロッパだけでなくアジア太平洋地域にも向かった多角化した外交を進めようとするものである．そのため，CIS諸国および中国，インド，日本などとの関係強化の必要性が語られた．その限りではソ連崩壊後のロシアの新しい地政学を反映したものであるといえる．

しかも西ヨーロッパではロシアの反対にもかかわらず，1994年1月のNATO首脳会議でNATOの東方への拡大方針が確認され，ポーランド，ハンガリー，チェコの加盟が日程にのぼるようになった．これに対抗して国際的な孤立を避けるためには，東方の中国と連携し，NATOの東方拡大に対抗しようと考えられたのは当然である．エリツィン大統領は中国に対してこれまでの善隣友好関係を「建設的パートナーシップ」のレベルまで引きあげることを提起し，中国もこれに同意した．1994年9月，江沢民主席が訪露．これを契機に両国は「建設的パートナーシップ」の時代に入った．その内容は，相互信頼関係の強化，国際政治における協力，貿易・経済関係の強化などであった．

さらに1996年4月には，大統領選挙を控えたエリツィン大統領が2度目の訪中を行い，「中露共同宣言」に調印，両国の関係は「戦略的パートナーシップ」の段階に引きあげられたのである．それは，政治・経済・安全保障などで包括的な相互協力を長期的に行うというものであった．中国側にとっては，その直前に台湾総統選挙での独立派への威嚇として，台湾海峡へミサイルを試射したため，アメリカ合衆国との関係が緊張していた．中国としても国際的な孤立を避ける意味があったのである．

その後もエリツィン大統領の在任中は両国の指導者間の会談が頻繁に行われ，ロシアの東北アジア政策において，中国とのパートナーシップが最も重要な要となった．台湾問題に対してロシアは，台湾の独立を支持せず，「2つの中国」や「1つの中国，1つの台湾」の立場をとらず，1つの主権国家のみが参加する国際組織への台湾の参加を認

めず，台湾に武器を売らない，という中国の「4不政策」を支持している(斉藤，2004，pp.55-93)．

しかし，対中関係のすべてが順調であったわけではない．特に1990年代前半，中央政府の進める中国とのパートナーシップ政策に対して，中国と国境を接する極東地域の行政機関・住民の抵抗が大きくなったからである．その理由は次のところにある．ソ連崩壊後，それまでアメリカ合衆国と対峙する軍事拠点として極東地域に与えられていた国家によるさまざまな補助金が打ち切られ，極東地域住民の生活状態が悪化した．

その結果，1990年代には極東地域から124万人の人口が流出し，人口はおよそ700万人にまで減少した．この過程が進むなかで，極東地域で中国人に対するロシアへの国境通過ビザが免除されたため，この地域に流入する中国人の数が急増する．隣接する中国東北3省の人口が1億人以上であり，特に，1860年の北京条約によってロシア領となった沿海地方では，やがてこの地域が中国人に占拠されるのではないかという「中国脅威論」が最も強くとなえられるようになった．

さらに，1991年5月の中ソ国境協定に基づき，1993年4月より中露間で東部国境の画定作業が開始されると，ハバロフスクに近いボリショイ・ウスリースキー島を管轄するハバロフスク地方のイシャーエフ知事が反対した．さらに沿海地方の土地1500 haが中国領となることが明らかになったとして，沿海地方のナズドラチェンコ知事は，中央政府が進める国境画定作業に猛烈に反対してその引き伸ばしを図った．1995年1月には沿海地方議会が公式に国境協定の見直しを政府に要請した．ロシア外務省はソ連最高会議で批准され，ロシアが継承した国際条約を拒否できないと反論，政府は抵抗する知事の解任を幾度となく試みたが成功しなかった．

結局，国境画定作業はようやく1997年11月になって終了が宣言され，同時に北京で中露の地方行政府間のパートナーシップに関する協定が結ばれた．この協定でロシア極東地域と中国東北部の結びつきは強化された．これ以後，ナズドラチェンコ知事の国境問題に関する発言はなくなるが，彼がモスクワに対して最も頑強に地元の利益を掲げて抵抗し，そのことで地元からは地元の利益を擁護できる人物として支持されることになったのは間違いない．1993年にエリツィン大統領によって沿海地方行政長官に任命された後の1995年12月と1999年12月の2度の知事選挙で，ナズドラチェンコが69.57％と64.60％の得票を獲得できたことはそのことを証明している．このことは，中央政府が地方の意向を無視した対外政策を進められなくなったこと示すものであった(藤本，1997，2004)．

沿海地方をはじめとする極東地域の中央政府への不満の理由を，科学アカデミー極東支部・歴史・考古学・民族学研究所のラーリン所長は次のように説明している．

地方からみれば，「中央が考える『ロシアのアジア太平洋地域への統合』は，シベリアと極東の天然資源を海外へ売却するということと同義であり，外国資本と外国人労働力の利用によって，ブレジネフ時代の『石油売却による外貨獲得』のように『天然ガス売却による外貨獲得』のための条件を作りだすことにある．その外貨の流入は首都にもたらされ，そこから『社会主義的国民経済』の悪しき伝統と同様に分配されている．モスクワの利益は，極東地域を周縁として位置づけつづけることである．つまり，それは極東地域への植民地的アプローチを意味する．モスクワがこのような政策をとるならば，極東に残るのは損失だけである．」(日口極東学術交流会，1999)

他方，先進技術の導入と投資を求めていた日本との関係は期待どおりには進まなかった．1993年10月，最高会議を砲撃した直後に訪日したエリツィン大統領は細川首相との間で，「両国関係における困難な過去の遺産は克服されなければならないとの認識を共有し」，北方4島の帰属問題を「歴史的，法的事実に立脚し，両国の間で合意の上作成された，諸文書および法と正義の原則を基礎として解決すべきことにより平和条約を早期に締結する」という「東京宣言」に調印した[*1]．しかし，その後の日露関係に大きな転換はなかった．

---

[*1] 「東京宣言」は日本外務省ホームページ参照．

1996年1月のプリマコフ外相の就任，7月のエリツィン大統領の再選を区切りに，ロシアは停滞する対日関係の打開を図ろうとした．日本の橋本政権も，12月，日露関係を重層的・多面的に発展させることを目指す「重層的アプローチ」の実践をロシアに通告，さらに1997年7月，橋本首相は経済同友会の講演で，「人間的信頼・相互利益・長期的視点」の3原則に基づく対ロ新方針を明らかにした．これを受けて，11月にエリツィン大統領と橋本首相がクラスノヤルスクで会談し，2000年までに平和条約を締結するよう全力をつくすことに合意した．

さらに，両国間の貿易経済関係の発展のための「橋本・エリツィン・プラン」が作成された．1997年11月，日本の後押しもあって，ロシアのアジア太平洋経済協力会議（APEC）への加盟が決定，翌年に正式加盟した．ロシアはアジア太平洋地域における貿易協力を推進する国際的な組織に加入し，この地域での存在感を表すことができるようになったのである．

続いて1998年4月，エリツィン大統領が訪日して，橋本首相と川奈会談を行った．しかし，7月に参議院選挙での自民党の惨敗の責任をとって橋本首相が辞任，1999年12月にはエリツィン大統領も辞任した．「ボリス」「リュウ」と呼びあう両首脳間の信頼関係をもとに領土問題の解決の糸口をつかもうとする試みは成功しなかった．

### 8.1.4 プーチン政権のアジア太平洋戦略

2000年3月の大統領選挙によってプーチン大統領が誕生した．健康に優れなかったエリツィン前大統領とは異なり，プーチン大統領は就任前後からCIS諸国を訪問するなど積極的な外交活動を展開した．6月にはプーチン政権の対外政策が「ロシア連邦の対外政策の概念」として公表された (ロシア政策動向, 369号, 2000)．

そこでは，世界核戦争の脅威は小さくなり，経済，政治，科学技術，環境，情報の役割が大きくなっていること，ロシアは世界の1極構造化に対して，国際関係の多極化構造の形成を目指すこと，さらにロシアは国際関係調整の中心としての国連，最重要問題の協議の場としてのG8へ積極的に参加し，これと連携することがうたわれた．ロシアの対外関係での地域的な優先順位は，まずCIS諸国との善隣関係と戦略的パートナーシップの樹立が，それに続いてヨーロッパ諸国，アメリカ合衆国，そしてその意義がますます増大しているアジアとされた．

なお，ヨーロッパとアジアのどちらに優先順位があるのかといった議論に対して，プーチン大統領は翌年1月の外務省幹部に対する演説で，ロシアのような「地政学的状況をもつ大国」は「西にも東にも傾斜はできない」「どちらに優先順位があるかと測る方が正しくない」と述べ (ロシア政策動向, 384号, 2001)，「ユーラシア主義」の継承を確認した．

アジアがより重要視されるようになったのは，「シベリア・極東地域がダイナミックに発展するアジアに直接位置しており，シベリア・極東地域の経済開発のためには」この地域がアジアに統合されなければならなかったからである．その中でも第1にあげられているのは，中国とインドとの友好関係の発展である．中国との間では「経済協力の規模を政治関係のレベルに整合させること」，インドとは「伝統的なパートナーシップを深め，南アジアに残る問題の克服」が課題とされた．

日本については，「双方の国の国益に合致した真の善隣関係の進展を主張し」，北方領土問題について，「国境線形成の互いに受け入れられる解決策の探求」が，朝鮮半島については，「2つの朝鮮国家とのバランスのとれた関係の維持」が課題とされた (ロシア政策動向, 369号, 2000)．

#### a. プーチン大統領の国内政策

プーチン政権のアジア・太平洋戦略に触れる前に，ここでプーチン大統領の国内政策について述べておかなければならない．プーチン大統領が就任後，国内の緊急課題として手をつけたのは，チェチェン紛争にみられるような，エリツィン政権下で進んだ中央に対する地方の自立分散化を阻止し

て国家の一体性を回復し，国内経済を再建することで「強いロシア」を復活させることにあった．対外政策はこれに対応したものである．プーチン大統領は権力の垂直的統合を強力に進めるために，2000年5月，国内89の連邦構成主体の上に7つの「連邦管区」を設置し，各「連邦管区」に強い権限をもつ大統領全権代表を任命した．

ロシアのアジア・太平洋地域に属するシベリア・極東には，シベリア連邦管区と極東連邦管区が設置され，極東連邦管区の大統領全権代表には，第1次チェチェン戦争の暫定連邦軍司令官であったコンスタンチン・プリコフスキーが任命された．2001年2月には，ナズドラチェンコ沿海地方知事が沿海地方における燃料エネルギー危機に対応できなかったため「辞任」したが，このことは，プーチン大統領の下で中央の意思が地方で貫徹されるようになったことを意味する (藤本, 2002).

プーチン大統領が本格的に極東地域に足を踏み入れたのは，2002年8月である．大統領はウラジオストクの会合で，この地域の経済的不均衡と社会的不振，犯罪対策の不十分さを批判し，主要な構造的な問題として，エネルギー問題と中国からの労働移民問題をとりあげた．そして，極東地域の燃料・エネルギー不足問題解決のために極東地域に東シベリアからの石油・ガスパイプライン網を建設することが必要であると演説した (Владивосток, 2005.8.11).

中国との間では，東シベリアの石油をパイプラインによって中国へ供給（アンガルスク～ザバイカルスク～大慶のルート）する問題が進行していたが，大統領は新たにアンガルスクと太平洋（日本海）岸を結ぶパイプライン建設構想を公表した．この問題は，すでに6月にウラジオストクで開催されたAPEC投資フォーラムなどで発表されていたといわれる (イワノフ, 2003).

極東地域の長年の懸案であるエネルギー不足問題の根本的な解決という点からみれば，極東地域を通るパイプラインの日本海ルートは望ましいものであり，極東地域の知事たちもこの案を強く支持した．ロシア政府はこれまでも「ザバイカル極東開発計画」なるものを幾度となく策定してきた．しかし，いずれも財源の裏づけがなく，紙の上に書かれたものにすぎなかった．プーチン大統領は，日本などの外国に投資を求めることでパイプラインの建設ができる環境を整備しようとしたと考えられる．

他方では，原油輸入の87％を中東に頼り，石油輸入の多角化を強く求められている日本にとっても，エネルギーの安全保障という点から，日本への輸出を見込んだ太平洋岸へのパイプライン建設問題は無視できないものであった．

この問題は，2003年1月の小泉首相のロシア訪問の際，プーチン大統領と公式に協議された．このとき合意された「日露行動計画」で，パイプライン問題は次のように述べられている．

「両国はエネルギー輸送プロジェクトの実現における具体的協力の前進を政府および民間レベルにおいて検討し，それらのプロジェクトの進展と合わせロシア連邦の極東とシベリア地域における石油ガス田開発分野での両国の企業協力が進展することを支持する」(日本外務省ホームページ).

他方，アンガルスク－大慶間のパイプラインを推進していた石油会社ユーコスのホドルコフスキー社長が2003年10月，脱税・国家資産横領などの罪で逮捕され，ユーコス社のパイプライン計画は国家とは無関係の私的事業として破綻させられた．プーチン政権は資源の国家管理を一層強化していくことになった．

### b. 対中国政策

ここでプーチン政権の対外政策に戻り，まず中国との関係を整理しておこう．プーチン大統領は2000年5月に就任後，7月の沖縄G8に出席する途上で中国と北朝鮮を訪問した．中国ではロシア極東地域との経済協力推進や武器輸出問題が協議された．その後，2001年7月には江沢民国家主席がモスクワを訪問し，「露中善隣友好協力条約」が調印される．この条約は1980年に失効した「ソ中友好同盟相互援助条約」にかわる国家間の基本条約であり，第1条では，両国の「対等と信頼のパートナーシップと戦略的連携の関係を」全面的に発展させることがうたわれた．相互の独立，主

権，領土保全に関する相互支援を強化することが合意され，第6条で「互いに領土要求がないこと」が満足をもって指摘された．ロシアはこの条約によって両国関係が新しい段階に入ったと評価した (ロシア政策動向, 395号, 2001)．また，この訪問時に，上に述べた東シベリアのアンガルスクから中国の大慶への石油パイプラインの建設が合意されていたのである．

その直後，アメリカ合衆国で9.11事件が起こった．プーチン大統領はブッシュ大統領の対アフガニスタン軍事行動に協力，中央アジアに米国の軍事基地を置くことを支持した．ロシアはその見返りとしてチェチェン問題に対するアメリカ合衆国の干渉を弱め，さらにNATOに対しても「NATO・ロシア評議会」の設置などを認めさせることができた．しかし中国にとっては，自国の裏庭でのアメリカ軍基地建設は認めたくないものであり，ロシアとの関係は微妙なものとなった．

2002年12月，プーチン大統領は新任の胡錦濤総書記と同時多発テロ以後の露中関係を調整するために2度目の訪中をした．北朝鮮の核開発問題が明るみに出た直後であり，北朝鮮に対して，従来の米朝合意の遵守を訴え，同時にイラク問題の政治的解決で共同歩調をとった．

2003年5月，国家主席となった胡錦濤が最初の外遊先として選んだのはロシアであった．さらに，2004年10月にはプーチン大統領が訪中し，国境線のうちで最後まで未確定であったハバロフスク地方とチタ州にある2区間の東部国境線の最終的な決着を図る「露中東部国境補充協定」が結ばれた．この協定ではハバロフスクのウスリー川とアムール川の合流点にある係争中の2島の帰属問題が，最終的に島の面積を50対50に分けるという原則での決着が図られた．こうして，1964年以来交渉が続けられてきた露中間の国境線問題が解決された (Лузянин, 2007, 327-329)．

ところが，この地域の国境では新たな問題が生じている．2005年秋，中国ハルビン近郊の化学工場の事故で60トンのベンゾールが流失し，下流にあたるアムール川が汚染され，ハバロフスク地方の住民が被害を受けたのである (Лузянин, 2007, p.330)．中国東北部における工業化に伴う国境地域の環境汚染問題はその後さらに深刻化しており，韓国・日本を含めた東北アジア諸国の環境問題に関する協力関係の構築がより重要な課題となっている．

一方，ロシアと中国の経済関係は拡大を続けており，貿易高は2000年の往復80億ドルから2007年には400億ドルとなり，2010年末までに600～800億ドルに引きあげることが努力目標とされている (ロシア政策動向, 518号, 2006)．問題はロシアからの輸出品目が，戦闘機などの兵器を除けば，エネルギー資源と一次製品に偏っていることであり，ロシアにとっては貿易構造の改善が課題となっている (ロシア政策動向, 552号, 2007)．

この間，ロシアと中国の軍事協力も強化された．2003年には「上海協力機構」の枠内での軍事演習が，2005年には初めて露中合同軍事演習が実施された．上海協力機構は，1996年4月にロシアと中央アジア3ヵ国（カザフスタン，キルギス，タジキスタン）プラス中国の5ヵ国首脳が国境地域における軍事面の信頼強化を目的に上海に集まった「上海5」が基盤となっている．

2001年6月，「上海5」にロシアと距離を置いていたウズベキスタンを加えた6ヵ国で構成する「上海協力機構」の設立が宣言され，その後，協力分野を反テロ，麻薬，不法移民対策，貿易経済，エネルギーなどに拡大．また2004年にモンゴル，2005年にイラン，インド，パキスタンをオブザーバーとして迎えて国際的な存在感を増大させてきた．2007年8月，キルギスのビシケクで開かれた首脳会談で加盟国は「長期善隣友好協力条約」を締結した．現在，上海協力機構は中央アジアで最も影響力のある多国間機構となっているが，加盟国間での安全保障や経済協力のあり方，アメリカ合衆国やEUなど域外の諸国・機構に対する対応など，調整を迫られている問題も多い (ロシア政策動向, 552号, 554号, 2007: 岩下, 2007)．

#### c. 対インド政策

インドは「ロシア連邦の対外政策の概念」で示されたように，中国と並んで「伝統的なパートナー

シップを深める」べき国家とされている．事実，1947 年のインド独立とともにソ連は外交関係を樹立し，1960 年代にはアメリカ合衆国がインドと対立するパキスタンに武器を供与したのに対抗し，ソ連はインドに武器を供給した．

1969 年にインドで与党の国民会議派が分裂すると，インド共産党（ソ連派）はインデラ・ガンジー首相派を支持している．1971 年 8 月，ソ連はインドとの間で有効期間 20 年の「平和友好協力条約」を締結して関係を強化，インドへの先端兵器の供給国となった．

ソ連崩壊後，1993 年 1 月にエリツィン大統領がインドを訪問し，やはり有効期間 20 年の「友好協力条約」を結んだ．新条約では旧条約第 9 条の「安全保障分野における共同行動」の項目は除かれた（Лузянин, 2007, pp.156-157）．

2000 年になって，ロシアとインドの関係は再び活発化した．プーチン大統領は 10 月にインドを訪問して「戦略的パートナーシップ」に関する宣言に調印した．ロシアからの商業用原子炉の輸出問題が目玉のひとつであった．2001 年 11 月にはインドのヴァジパイ首相がロシア，アメリカ合衆国，イギリスを訪問してタリバン政権崩壊後のアフガニスタン新政権樹立について協議した．次いで 02 年 12 月，上海協力機構の会議からの帰途にプーチン大統領がインドを訪問，「露印戦略的パートナーシップの強化に関するデリー宣言」に調印した．

2 国間問題，国際テロ，軍事技術，貿易経済，投資などの分野での協力が話しあわれた．両国間の首脳会議は毎年開催されているが，注目されたのは，03 年 11 月にはヴァジパイ首相が訪露，国際問題の解決に果たすべき国連の高い役割と世界の多極化をモスクワ宣言で呼びかけ，中国がこれに賛同したことである．

かつてプリマコフ首相が主張したことのある「ロシア-インド-中国」のトライアングルが再び話題とされるようになった．事実，2005 年には，中国とインドが戦略的パートナーシップと相互信頼の水準に達したことを公式に認め，同年 11 月にウラジオストクでロシア・インド・中国の 3 ヵ国外相会議が開催されていたことが明らかになった[*1]．

2007 年 4 月に開催されたハルビンでの 3 ヵ国外相会議で国際問題での連携の深化がうたわれたが，ロシアのラヴロフ外相はこの会議が軍事同盟の創設を念頭に置いたものではないと，軍事同盟説をうち消している．しかし，ロシアの武器輸出の 7 割以上が中国とインドに対するものであるといわれ（産経新聞，2008.1.25），さしあたりこのトライアングルの活動も，軍事面に傾斜しているようにみえる．2003 年のロシア・インド合同軍事演習，2005 年 8 月の露中合同軍事演習「平和の使命-2005」，2005 年 10 月のロシア・インド合同軍事演習「インドラ-2005」，2007 年 4 月と 9 月のロシア・インド合同演習「平和の使命-2007」などが続けられている．同時に，これらの軍事演習は第 3 者を想定したものではないと説明されてもいる（日本外務省ホームページ）．

ロシアにとってインドはアジアで一番安全な外国である．国境を接していないし，歴史的にいえば，両国は常に同じか，あるいは互いに近いイデオロギーを掲げていたと考えられているからである．2004 年 12 月，プーチン大統領はニューデリーでの演説で，ロシアはインドの国連安全保障理事会常任理事国入りを支持すると述べた（Лузянин, 2007, pp.158-170）．

経済関係では，2007 年 1 月のプーチン大統領のインド訪問の際の共同声明によれば，露印間貿易は露中間の 10 分の 1 程度であり，これを 2010 年までに 2 倍の 100 億ドルにするという計画が立てられている（ロシア政策動向，540 号，2007；吉田，2004）．

### d． 対北朝鮮・韓国政策

冷却化していた北朝鮮との関係もプーチン政権の成立と同時に正常化に向かって動きだした．2000 年 2 月に「露朝友好善隣協力条約」が調印されたが，これは 1996 年に失効した「ソ朝友好協力相互援助条約」以降の空白を埋めるもので，

---

[*1] Лузянин, pp.158-170．なお，日本外務省のホームページ（2008 年 1 月）によれば，3 ヵ国外相会談は 2002 年以降 7 回開催されている．

現状と合わない「有事支援条項」は削除された．

プーチン大統領は同年7月の沖縄サミットに出席する直前に北朝鮮を訪問した．ソ連時代を含め，ロシア首脳のピョンヤン訪問は初めてであった．その後，金正日・共和国国防委員会委員長が2001年8月に列車でモスクワ入りして首脳会談，2002年8月にもウラジオストクを訪問して首脳会談を行った．3年連続の首脳会談となった(斉藤, 2004, pp.127-134).

ロシアと韓国の関係は，1998年3月，北朝鮮に対する「太陽政策」の推進を掲げた金大中政権の発足によって活発化した．99年3月に金大中大統領が訪露してエリツィン大統領と首脳会談を行った．さらに，2000年6月にはピョンヤンでの歴史的な南北首脳会談が開かれた．北朝鮮と韓国に対する等距離外交をうたうプーチン大統領が韓国のソウルを訪問したのは，ピョンヤン訪問7カ月後の2001年2月である．プーチン大統領は金大中政権の南北対話路線に最大限の理解を示し，朝鮮半島の平和と安定のために重要な役割を果たすことを強調した．さらに，ロシアがソ連時代から引き継いだ対韓債務返還問題にもほぼ決着をつけた(斉藤, 2004, pp.134-138).

しかし，このような緊張緩和の動きは，2002年10月に始まる第2次朝鮮半島核危機によって消滅する．北朝鮮はアメリカ合衆国から迫られて核開発計画の存在を肯定し，翌年1月には「核拡散防止条約」からの離脱を宣言した．このような北朝鮮による「瀬戸際外交」に対して，ロシアは朝鮮半島の非核化と国際合意の遵守，北朝鮮の安全保障のための2国間・多国間協議，人道・経済支援の再開を提案，北朝鮮の非核化が最優先課題となった．最終的には，2003年8月より，北朝鮮，韓国，米国，中国，ロシア，日本による「6ヵ国協議」で，「対話を通じて核問題を平和的に解決し，朝鮮半島の平和と安定を維持する」取り組みが開始された．2007年9月の第6回「6ヵ国協議」で，北朝鮮はすべての既存の核施設の無力化に合意したが，ブッシュ政権下での最終決着には至らなかった．

他方，2002年8月以降，ロシアと北朝鮮の首脳会談は行われていない．しかし，「6ヵ国協議」の間も，極東連邦管区のプリコフスキー大統領全権代表が金正日・総書記に対するプーチン大統領特使の役割を果たして北朝鮮を訪問している．彼は，2005年，朝鮮開放60周年の記念式典にプーチン大統領の手紙をもって参加，帰国後のロシアと北朝鮮の関係について次のように発言しているが，これがロシアの北朝鮮認識と考えてよいであろう．

「両国の経済関係は90年代始めの水準から大変落ちている．両国間の協力で重要なのは北朝鮮からの労働力で，2004年には1万人が労働ビザでロシアに入国した．さらにロシアが期待しているのは朝鮮半島東部縦貫鉄道を経てシベリア鉄道と接続するコンテナ輸送である．政治関係ではすでに3度のプーチン・金正日首脳会談が行われている．朝鮮半島における核問題でのロシアの立場は，ソウルとピョンヤンの間で平和・信頼・経済発展のために協力関係を打ち立てる努力を支持することであり，利害関係をもつすべての国が，がまん強く平和的な対話を通してこの問題を解決する以外にはない．」(Владивосток, 2005.8.11)

### e. 対日政策

対日関係は，領土問題をめぐる交渉が重い課題となってきた．プーチン政権は，2000年までに平和条約を締結するよう全力をつくすという「クラスノヤルスク合意」の実現は不可能であり，エリツィン時代に日本で生まれた「北方領土4島の返還」への期待を，日露関係の悪化を避けつつうち消そうとしたものと考えられる(斉藤, 2004, p.211; Лузянин, pp.370-372).

2000年4月に小渕首相が死去，森新首相は5月にサンクトペテルブルグでプーチン大統領代行と会談した．9月にはプーチン大統領が訪日して経済関係の拡大発展を図る「森・プーチン計画」に合意，2001年3月にイルクーツクでの首脳会談となった．「エリツィン・橋本計画」にかわり，プーチン大統領と森首相の合意によって出された「イルクーツク声明」が，領土問題に対するプーチン政権の新しい基本戦略を含むものとなった．

この声明の中で初めて1956年の「日ソ共同宣言」が「両国間の外交関係の回復後の平和条約締結に関する交渉プロセスの出発点を設定した基本的な法的文書である」ことが確認された．

「日ソ共同宣言」の第9項には「……ソヴィエト社会主義共和国連邦は，日本国の要望にこたえかつ日本国の利益を考慮して，歯舞群島及び色丹島を日本国に引き渡すことに同意する．ただし，これらの諸島は，日本国とソヴィエト社会主義共和国連邦との間の平和条約が締結された後に現実に引き渡されるものとする．」(日本外務省ホームページ)と記述されており，条件つきではあるが2島の「引き渡し」が合意されていたのである．

日本側は，それを確認した上で，1993年の東京宣言に基づき，4島の帰属問題を解決することにより平和条約を締結すべきものであると考えた．日本外務省の2002年版『外交青書』は，2001年10月に上海で行われたAPEC首脳会議の際の小泉首相とプーチン大統領の首脳会議で，これまでの成果をふまえて平和条約締結交渉を実施すること，「その上で，歯舞・色丹の引渡しの様態の議論と国後・択捉の帰属の問題の議論を同時かつ並行的に進めていくことでおおむね一致した」と書いている(平成14年版外交青書，2002, pp.60-62, p.284)．

しかしその後，日本側で「同時並行協議」に対する批判が強まるとともに対露外交の主導者のひとりであった鈴木宗男衆議院議員が逮捕されるという事件が起こった．日本の対露外交は混乱し，交渉は振り出しに戻った．

2003年1月，小泉首相が訪露しプーチン大統領と首脳会談を行った．交渉では北方4島の帰属問題を解決して平和条約を締結するという基本姿勢が確認され，「日露行動計画」が調印された．それは次のようなものである．①政治対話の深化，②平和条約交渉，③国際舞台における協力，④貿易経済分野における協力，⑤防衛・治安分野における関係の発展，⑥文化・国民間交流の進展(日本外務省ホームページ)．これを通じて両国は「戦略的パートナーシップの構築」を目指すことになった．

なお，この首脳会談は「第2次朝鮮半島危機」の最中に行われており，両国は北朝鮮に対しては「核拡散防止条約」脱退の撤回など，共同歩調をとった．

この間，エネルギー価格の高騰に支えられたロシア経済の回復とともに，日露の経済関係が進展した．2004年度の日露貿易はソ連時代のピークである90億ドルとなり，05年度には107億ドルとなった．2005年6月にはトヨタ自動車のサンクトペテルブルグ工場の起工式がプーチン大統領の出席の下で行われ，2007年12月には，再びプーチン大統領を迎えて自動車の生産が開始された．トヨタに続いて多くの日本企業がロシアへの進出を本格化している．

また，アジア・太平洋地域とシベリア・極東地域との統合を目指す動きも本格化した．2004年7月，プーチン大統領は在外大使会議で「アジア太平洋地域との関係をシベリア・極東の経済振興のために活用すべく，同地域との関係強化に向けた外交路線を，国内の課題の解決とロシアの潜在的利益の発展と密接に関連づけなければならない」と述べた(ロシア政策動向，475号，2007)．

2004年12月，政府は東シベリアの原油を太平洋岸に輸送するパイプラインをタイシェットからナホトカ近郊のペレヴォーズナヤを結ぶルートで建設する命令を出した(日本外務省ホームページ)．

2007年1月，ウラジオストクを訪問したプーチン大統領は，APECサミットを2012年にロシアの首都ではなく極東のウラジオストクに招致した理由を次のように語っている．

「わが国はますます，自国にとって戦略的に重要なアジア太平洋地域での立場を強めている．われわれはこの地域で進行中の統合プロセスに積極的に参加し，アジア太平洋諸国と2国間・多国間レベルで実り多い活動を行っている．」「アジア太平洋地域には膨大な資本とハイテク生産施設が集中している．そしてもちろん，アジア太平洋地域はロシアとの協力に関心があり，ロシアに対して開かれている巨大な市場でもある．」(ロシア政策動向，540号，2007)

## f. プーチン路線を引きついだメドヴェージェフ大統領

2008年5月，2期8年におよぶプーチン大統領に代わって，メドヴェージェフ大統領が就任した．新大統領は，首相にプーチン前大統領を指名してプーチン路線を引き継ぐことを明確にし，プーチン首相との「2頭体制」をスタートさせた．7月12日には，メドヴェージェフ大統領の下での対外政策の基本を示す「ロシア連邦の対外政策の概念」が承認されたが，それは，2000年7月28日に承認されたプーチン政権の対外政策を「増補し発展させるもの」であるとされた．(ロシア政策動向，581号，2008)

したがって，対外関係での地域的な優先順位はCIS諸国との関係発展，続いてロシア，EU，アメリカ合衆国の対等な連携，そして，ますます高まる意義をもつアジア太平洋地域が挙げられていることに変わりはない．

日本については，「日本との善隣と創造的パートナーシップの関係を支持する．過去から引き継がれた諸問題がこの途上で障害となってはならず，誰もが受け入れられる解決に向けた作業が継続されるであろう」と記されている．

注目されるのは，ロシアが，プーチン政権下で積極的に活動するようになった，「アジア太平洋地域の基本的な統合組織である」APECや東南アジア諸国連合ASEANとのパートナーシップに積極的に参加するとともに，上海協力機構の強化とそのイニシアティヴによるネットワークの構築に特別の注意をはらうとしていることである．

また，この間の中国・インドとの3カ国関係の進展を受けて，ロシア，インド，中国の「トロイカ」，さらに，ブラジル，ロシア，インド，中国のBRICsといった枠組みを，ロシアの発展にいかに利用するかという視点から見ている．今後，ロシアのアジア太平洋地域戦略という点からも注目する必要がある．

ロシアの「西に向かって開かれた窓」は，いうまでもなく，ピョートル大帝が開いたサンクトペテルブルグであった．そのサンクトペテルブルグ出身のプーチン大統領，同じくサンクトペテルブルグ出身のメドヴェージェフ大統領が，今度はウラジオストクを中心とするロシアのアジア太平洋地域を「東に向かって開かれた窓」にしようとしている．時代の流れである，というべきであろう．

〔藤本和貴夫〕

### ▶ 文　献

伊東孝之 (1999)：ロシア外交のスペクトラム．伊東孝之・林　忠行編：ポスト冷戦時代のロシア外交，有信堂．

岩下明裕編 (2007)：上海協力機構——日米欧とのパートナーシップは可能か．北海道大学スラブ研究センター．

V.I. イワノフ (2003)：ロシアの石油と北東アジア：可能性，問題点，戦略．ERINA REPORT，**51**．

斉藤元秀 (2004)：ロシアの外交政策．勁草書房．

産経新聞，2008.1.25．

世界週報，時事通信社．

日ロ極東学術交流会編 (1999)：21世紀を前にしたロシア極東地域と日本——第14回日ロ極東学術シンポジウムの記録．

日本外務省・ロシア連邦外務省編 (1992)：日露領土問題の歴史に関する共同作成資料集．

日本外務省 (2002)：外交青書（平成14年版）．

日本外務省ホームページ．http://www.mofa.go.jp

藤本和貴夫 (1997)：ロシア極東地域の政治と社会——沿海地方を中心に．アジア太平洋研究（成蹊大学アジア太平洋研究センター），No.15．

藤本和貴夫 (2004)：現代ロシアにおける極東の位置——沿海地方を中心に．大阪経済法科大学論集，No.87．

藤本和貴夫 (2002)：沿海地方の政治動向—2001年—．ロシア極東地域情勢の研究，日本国際問題研究所．

松井弘明 (1997)：ロシア外交の転換——コーズイレフからプリマコフへ．国際問題，No.449．

吉田　修 (2004)：インドと旧ソ連・ロシア——国際関係の連続性と相違．「スラブ・ユーラシア学の構築」研究報告集2：「ロシア外交の現在」1，北海道大学スラブ研究センター．

ロシア政策動向，ラジオプレス．

С.Г.Лузянин．(S. G. Luzyawin) Восточная политика Владимира Путина (2007)：Возвращение России на «Большой Восток» (2004-2008гг.)．

«Владивосток»（«Vladivostok» 紙）

## Column......8　サハ人：禿げない人びとの困苦と夢

シベリア東部の大平原を貫いて，大河レナが北流している．全長約4400 km．ゆったりした流れだが，その中・下流部は「世界の寒極」と呼ばれ，冬は−50〜60℃の寒さが支配し，夏には＋30℃の暑さと蚊の大群が占拠する．これだけ極端な条件がそろうと，人間が住む土地とは思いがたいのだが，サハ（Sakha）人（旧称ヤクート人）は，あえてここを生活の場とし，独自の文化を育ててきた．

彼らは人種的にはアジア系で，日本人に近く，街では河野洋平氏や「寅さん」のそっくりさんと鉢合せをしたりする．しかし頭の禿げた人はまったくみかけない．極度の低温で，禿げる遺伝子は淘汰されてしまったのだろう．

サハ人は無類のもてなし好きとして知られる．ご馳走攻めはいうまでもなく，寒さに難渋している旅人をみかけると1着しかない自分の外套をプレゼントしてしまうことも珍しくなかった．1年の半分は冬．緯度により長短はあるが，太陽の出ない日も続き，隣家は5 kmも10 kmも先……．そういう独特の生活の場が，こうした特異な習俗を生んだと思われる．

しかし彼らは万人に平等に接する博愛主義者ではなく，日本人に特別に強い親近感をもち，「日本人はターイだ」と考えている．ターイは彼らのサハ語の古い言葉で，「母方の親戚」という意味だから，日本人との間には血のつながりまで想定されているのである．だが，この表現はこれまで一度も活字にされたことはなく，電波にのったこともない．それを憚らせたのは何であったか．

元来，レナ川流域（ヤクーチア）は日本との関係がきわめて薄い地域であった．1581年，ロシアはシベリアの「征服」に着手し，半世紀後の1632年に，レナ川中流左岸にヤクーツクの町を建設．以後この町を中心に，オホーツク海，カムチャツカ半島に至る広大な地域の支配を確立した．以来300年近く，日本は国としてこの地域に直接かかわったことはなく，幾組かの漂流民が短期間，身を置いただけである．

「ロシア最初の日本人」と呼ばれる伝兵衛は，ピョートル大帝の命令で首都ペテルブルクへ急ぐ途中，ヤクーツクに足を留めている．また下北半島佐井港所属の多賀丸の乗組員は，千島列島北部に漂着，ロシアの徴税吏に助けられ，うち4名が皇帝の命令で1748年頃，ヤクーツクに日本語学校（海外のものでは世界で2番目に古い）を開き，その教師になっている．伊勢の大黒屋光太夫もペテルブルクへの往復の途次，ヤクーツクに滞在し，その体験は『北槎聞略』にまとめられているが，そこに記録された18世紀末のシベリア東部の風土や習俗は，欧米の学術書にも引用されるほど貴重である．だが，これら漂流民のことは，現地ではすべて忘れられている．サハ人の親日感の起原は，別のところに求めなければならない．

ロシアの支配下に入った17世紀以降，サハ人の生活は大きく変わった．重い税の取り立て，流刑者の押しつけと土地の取り上げ（現に住んでいる土地を追われても，異議申立ての権利は認められなかった）など，根底からの生活破壊が始まった．サハ人は生来，争いを好まず，「神は天高く，皇帝ははるか遠くに在して……」と呟きながら，救いの主から見放された自らの境遇を嘆くばかりであった．そのような彼らの心に，日露戦争で勝利した日本への秘かな期待が生まれたのは，自然の成りゆきであっただろう．だが，それが大きな悲劇をもたらす．

1917年，ロシアのヨーロッパ部を中心に社会主義政権が誕生．激しい国内戦を経て，1922年4月，レナ川流域にもヤクート自治ソヴィエト社会主義共和国が樹立され，サハ

人などの先住民がロシア人とともに，その中核を担うことになった．しかし猜疑心の強いスターリンが，サハ人の日本に寄せる特別の心情を見逃すはずはなかった．多くの政治家や文化人が捕えられ，「日本のスパイ」として処刑された．初代首相で共産党中央執行委員会議長を兼務したアンモーソフ（M. K. Ammosov）も犠牲者の1人．彼が提案したヤクーツクとシベリア鉄道を結ぶ道路（または鉄道）や，オホーツク海岸のアヤンから内陸のネリカンに至る道路の開削が，日本軍を侵入させるための策謀とされ，処刑された．一般市民は父祖伝来のサハ語を話すことを禁じられ，それを喋っただけで，やはり「日本のスパイ」とされ，命を奪われ，また強制収容所に送られた．

　スターリンの死後，それらの判決は取り消され，名誉は回復された．シベリア鉄道とヤクーツクとを結ぶ道路はすでに開通し，鉄道もあと2〜3年で完成する見通しである．東シベリア・太平洋石油パイプラインの第1期工事（タイシェト・スコヴォロジノ間）は2009年12月までに完成の見込みとされており，第2期分（スコヴォロジノ・コジミノ間）には日本の参加がすでに2003年に正式の合意をみている．その完成は日本のエネルギー事情の緩和にも役立つと期待されている．ヤクーチアは資源の宝庫．天然ガス，石油，石炭，ウランなどの開発プロジェクトに，日本が積極的に参加することを，いまサハ人は熱い期待をこめて見まもっている． 〔勝木英夫〕

## 8.2 モンゴルをめぐる国際関係

### 8.2.1 日本との関係

第2次世界大戦後日本とモンゴル国は，1972年まで国家間の外交関係がなかった．またモンゴル国は，1990年まで「モンゴル人民共和国」という社会主義国であり，国際的にはソ連を中心とする社会主義陣営の一員であった．そのため日本人は一般に「草原の国」として好感をいだきながらも，容易に訪れたり，モンゴル人と知りあったりすることはできなかった．

このような状況は1990年のモンゴルの政治体制の転換により一変した．日本からはモンゴルを訪れることが簡単になり，これまでモンゴルにとっては政治的に「敵」であった日本が，ソ連に代わり援助国の筆頭になったのである．モンゴルの民主化は日本・モンゴル関係に新時代をもたらしたと言えるだろう．

表8.2，表8.3は在モンゴル・日本国大使館が2005年に発表したモンゴルでの対日世論調査の結果の一部である．表8.2によると，日本が国として高く好感をもって受けとめられていることがわかる．この理由と考えられるのが，表8.3で示されるように，日本による経済援助であろう．民主化から15年以上たった現在でも，日本はモンゴルに対して，第1援助国という立場を維持している．草の根無償資金協力など，日本の経済援助についてモンゴルで報道される機会は多い．市民が日本との関係にいだくイメージにこれらの報道が影響していると考えられる．

このことは同時に，モンゴルにおける日本のイメージや人々の日本に対する理解は，経済援助以外には希薄であることを示している．実際は経済援助以外の関係も強い．たとえば，モンゴルでシェアが1番大きい携帯電話の企業や，国有から民営化された農牧業銀行など，モンゴルを代表する企業に日本の企業が投資している．近年は南ゴビで開発が進む鉱山に，日本企業の投資も表明されている．

しかしながら，ODAの経済援助が非常に大きいために，それ以外の分野でのモンゴルと日本の具体的な関係が相対的にみえにくいといえる．モ

**表8.2** モンゴルにおける日本の印象
あなたの最も好きな国はどこですか（複数自由回答）（％）（2005年）

| | | |
|---|---|---|
| 1 | アメリカ合衆国 | 41.8 |
| 2 | 日本 | 33.4 |
| 3 | 韓国 | 23.9 |
| 4 | ドイツ | 10.4 |
| 5 | フランス | 8.4 |
| 6 | 英国 | 8.1 |
| 7 | ロシア | 7.5 |
| 8 | 中国 | 5.8 |
| 9 | 北朝鮮 | 0.8 |

出典：在モンゴル日本国大使館『モンゴルにおける対日世論調査結果（抄録）』http://www.mofa.go.jp/mofaj/area/mongolia/yoron05/pdfs/2005-1.pdf

**表8.3** モンゴルにおける日本の貢献
モンゴルに対する援助に最も力を入れている国（機関）はどこだと思いますか（複数選択回答）（％）（2005年）

| | | |
|---|---|---|
| 1 | 日本 | 46.6 |
| 2 | アジア開発銀行 | 39.9 |
| 3 | ロシア | 20.6 |
| 4 | 世界銀行 | 12.7 |
| 5 | 日本のNGO | 11 |
| 6 | IMF | 9.4 |
| 7 | 韓国 | 7.9 |
| 8 | アメリカ合衆国 | 7.4 |
| 9 | 中国 | 7.3 |
| 10 | そのほか | 2.2 |

出典：在モンゴル日本国大使館『モンゴルにおける対日世論調査結果（抄録）』http://www.mofa.go.jp/mofaj/area/mongolia/yoron05/pdfs/2005-1.pdf

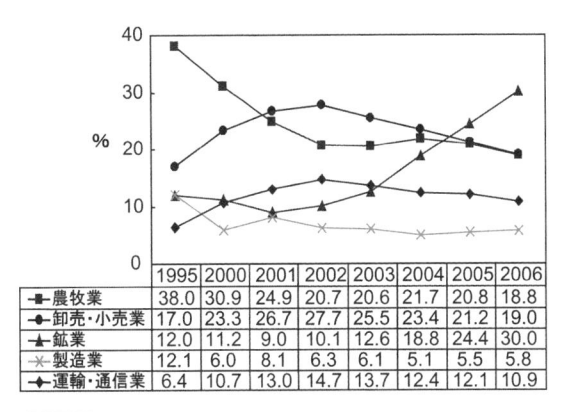

**図 8.3** モンゴル国の主要産業部門の GDP に占める割合の推移（1995〜2006）（モンゴル国家統計局，1999-2007）

| | 1995 | 2000 | 2001 | 2002 | 2003 | 2004 | 2005 | 2006 |
|---|---|---|---|---|---|---|---|---|
| 農牧業 | 38.0 | 30.9 | 24.9 | 20.7 | 20.6 | 21.7 | 20.8 | 18.8 |
| 卸売・小売業 | 17.0 | 23.3 | 26.7 | 27.7 | 25.5 | 23.4 | 21.2 | 19.0 |
| 鉱業 | 12.0 | 11.2 | 9.0 | 10.1 | 12.6 | 18.8 | 24.4 | 30.0 |
| 製造業 | 12.1 | 6.0 | 8.1 | 6.3 | 6.1 | 5.1 | 5.5 | 5.8 |
| 運輸・通信業 | 6.4 | 10.7 | 13.0 | 14.7 | 13.7 | 12.4 | 12.1 | 10.9 |

**図 8.4** バガノール炭田
モンゴルの鉱山は野天掘りが多い．

ンゴルに対する日本人の一般的なイメージは，草原と星空，モンゴル出身の相撲力士といったもの以外に見当たらない．モンゴル人にとっては，日本とは第2次世界大戦時に国境地帯で戦争があり，社会主義時代は明確な「敵」であった．しかし，現在はほかの隣国に比べると，モンゴルの民族主義を刺激するような要素がないために印象が薄い国である．つまり，お互いにあいまいな好印象をもちつづけていることが，日本とモンゴルの二国間の国際関係の特徴である．

### 8.2.2 貿易から生じる国際関係とその認識

#### a. モンゴル経済の概況

図 8.3 はモンゴル国の GDP の主要な産業別の構成を表している．グラフが示すように「農牧業」が GDP に占める割合は徐々に低下しているものの，モンゴルでは労働人口の約4割弱が「農牧業」に従事している．その多くは家畜を飼って季節移動をする，遊牧民といわれる人たちである．牧畜業の生産物は，肉，毛，乳などがあげられる．特にヤギの柔毛であるカシミヤは重要な輸出品目として取引されている．

製造業は GDP に占める割合の低下が著しい．その要因は，モンゴルは製造業について，旧コメコン（COMECON：経済相互援助会議，1991年に解散）諸国から基盤投資から，製品の取引まで全面的に依存していたため，コメコンがなくなると大きな後退が生じたためである．製造業の不振の結果，現在では基本的な食糧品を除く消費財をほとんど輸入に頼っている．市民の生活は輸入品なしには成り立たない．

製造業の不振の代わりに，2000年ごろを境に「卸売・小売業」と「鉱業」分野の割合が上昇している．特に「鉱業」の重要度が増し，「農牧業」と「卸売・小売業」の割合を超えた．モンゴルの鉱業生産で重要な品目は銅と金である．これら2種類はカシミヤと並び，非常に重要な輸出品目でもある．カシミヤを含む繊維類，鉱物（主に銅）と金の輸出額に占める割合は，2005年にこの3分類だけで 91.8% に達した．つまり，原材料・天然資源を輸出して，外貨を得て，消費財を輸入しているという点がモンゴルの経済構造の特徴である．

#### b. 鉱業をめぐる国際関係

成長が続く鉱業は，経済援助以外で最も国際関係が活発に機能している分野である．なぜなら鉱山の開発には一般に巨額の初期投資が必要なために，モンゴル国内だけで資本はまかなわれず，外国からの投資が必要とされる分野だからである．そのため，鉱業開発も製造業と並び，社会主義時代より外国が投資をしてきた．1990年以前，モンゴルにおける鉱業は旧コメコン諸国であるソ連，ブルガリア，チェコスロバキア，東ドイツ，

表8.4 産業別外国投資額と割合（単位：1000ドル，％）

| | 1995 | | 1996 | | 1997 | | 1998 | | 1999 | |
|---|---|---|---|---|---|---|---|---|---|---|
| 地質試掘・探鉱 | 8,293 | 14.7% | 4,190 | 6.1% | 14,760 | 25.9% | 19,441 | 24.7% | 24,995 | 26.9% |
| そのほか | 22,111 | 39.3% | 18,930 | 27.7% | 19,908 | 34.9% | 36,726 | 46.7% | 13,532 | 14.5% |
| 貿易・流通 | 939 | 1.7% | 1,437 | 2.1% | 7,347 | 12.9% | 3,579 | 4.5% | 5,124 | 5.5% |
| 銀行・金融 | 21 | 0.0% | 4,385 | 6.4% | 246 | 0.4% | 96 | 0.1% | 2,179 | 2.3% |
| 製造業 | 12,076 | 21.5% | 27,924 | 40.9% | 10,416 | 18.3% | 16,448 | 20.9% | 36,833 | 39.6% |
| 農業 | 250 | 0.4% | 824 | 1.2% | 1,332 | 2.3% | 1,423 | 1.8% | 3,315 | 3.6% |
| 運輸 | 1,329 | 2.4% | 1,071 | 1.6% | 2,749 | 4.8% | 642 | 0.8% | 3,767 | 4.0% |
| 通信 | 10,964 | 19.5% | 1,805 | 2.6% | 73 | 0.1% | 6 | 0.0% | 3,078 | 3.3% |
| 観光 | 275 | 0.5% | 7,790 | 11.4% | 243 | 0.4% | 300 | 0.4% | 213 | 0.2% |
| 合計 | 56,256 | 100.0% | 68,355 | 100.0% | 57,074 | 100.0% | 78,660 | 100.0% | 93,033 | 100.0% |

| | 2000 | | 2001 | | 2002 | | 2003 | | 2004 | |
|---|---|---|---|---|---|---|---|---|---|---|
| 地質試掘・探鉱 | 16,842 | 16.1% | 56,937 | 43.7% | 38,476 | 21.1% | 150,237 | 73.5% | 147,623 | 62.3% |
| そのほか | 25,382 | 24.3% | 25,768 | 19.8% | 34,711 | 19.0% | 29,874 | 14.6% | 17,773 | 7.5% |
| 貿易・流通 | 5,545 | 5.3% | 5,272 | 4.0% | 89,543 | 49.0% | 7,127 | 3.5% | 37,472 | 15.8% |
| 銀行・金融 | 701 | 0.7% | 19,713 | 15.1% | 4,002 | 2.2% | 225 | 0.1% | 21,009 | 8.9% |
| 製造業 | 48,898 | 46.9% | 20,886 | 16.0% | 13,207 | 7.2% | 9,608 | 4.7% | 9,761 | 4.1% |
| 農業 | 253 | 0.2% | 825 | 0.6% | 346 | 0.2% | 86 | 0.0% | 445 | 0.2% |
| 運輸 | 6,367 | 6.1% | 582 | 0.4% | 1,154 | 0.6% | 2,256 | 1.1% | 37 | 0.0% |
| 通信 | 75 | 0.1% | 160 | 0.1% | 442 | 0.2% | 4,091 | 2.0% | 435 | 0.2% |
| 観光 | 304 | 0.3% | 97 | 0.1% | 719 | 0.4% | 826 | 0.4% | 2,453 | 1.0% |
| 合計 | 104,367 | 100.0% | 130,241 | 100.0% | 182,600 | 100.0% | 204,329 | 100.0% | 237,008 | 100.0% |

出典：財団法人環日本海経済研究所（ERINA）『北東アジアの基礎経済統計・モンゴル』
http://www.erina.or.jp/Jp/Jf/info-f1.htm

ハンガリーとモンゴル政府の共同開発で進められてきた（図8.4）．

社会主義時代の開発の代表例としてエルデネト銅山があげられる．1960年代から探鉱が始まり，1978年にモンゴル政府とソ連政府が共同で採掘を開始し，現在も操業している．2003年にモンゴルとロシアの国有合弁企業として操業を続けるという契約が更新され，2005年現在，株式の51％をモンゴル政府が，49％をロシア政府が保有し，ロシアからの投資が維持されている．つまり，ソ連の影響力はロシアにそのまま引き継がれた．エルデネト銅山の産出はモンゴルの外貨収入の半数を稼ぎ，政府の歳入の25％を占める巨大鉱山である．

外国による鉱業への新たな投資傾向は，現在も再び強まっている．モンゴル政府は鉱業を国の重要な産業とし，1997年には海外からの投資を促進させるために，鉱業にまつわる法律を改変した．

その結果，表8.4が示すように，1997年以降外国企業からの鉱業分野への投資額は急増している．モンゴルは鉱業ブームが起きているといわれ，2003年には外国からの直接投資額の73.5％を鉱業分野が占めるにいたっている．表8.4の製造業への投資の落ち込みと比較すると，モンゴル経済が鉱業への依存を高めていることがわかる．2005年，鉱業分野では合弁企業と100％外国資本の企業，合計200社以上がモンゴルで事業を行っている．

このような外国企業によるモンゴルの鉱山の探鉱，採鉱が活発になるとモンゴルで「外国企業および外国の投資家の利益が，モンゴル国民の利益より優先されている」という意識がはっきりモンゴル社会に出現してきた．「社会主義時代には社会主義国間の友好と協力によって発展してきた」とされた過去の鉱山開発についても人々の認識は変化した．1990年以降，ソ連が過去にモンゴル

に与えた経済援助に対して，ロシアがこれらを負債とし，モンゴルに支払いを要求した際には，モンゴル国民は「自分たちの天然資源をソ連は好きなだけ持ち去っていたにもかかわらず，モンゴルに支払いを要求するとは」と自国の天然資源を所有する権利が，外国によって損なわれているとはっきりとらえたのである．これらはモンゴル国民の政府への批判となって噴出するようになっている．

近年，金は採掘と輸出において重要度を増し，モンゴルの金鉱脈は外国資本が探鉱・採掘権を得て，大規模な投資を行っている．しかし，金についてもエルデネト鉱山と同じようにロシアとの合弁企業も多い．2005年現在，最大規模で金の採掘を行っているA社はロシアの100％出資会社である．ロシアはモンゴルにおける鉱業の分野で，社会主義時代から継続して極めて積極的に活動している．

図8.5のように金の産出高は，1995年から2005年の10年の間で，5倍以上に増えた．輸出額に占める割合も増している．これらの金鉱開発の分野で，ロシア以外で主要な役割を果たしているのが，カナダの鉱業企業である．カナダは探鉱と採鉱のための資金融資の世界的な中心地であり，多くの鉱業関係企業がカナダに籍を置いている．世界で株式を公開している鉱業企業の半数以上（2004年で1214社）が，カナダのトロント証券取引所かトロントベンチャー証券取引所に上場しており，これらの多くが発展途上国で，探鉱，採鉱事業を行っている．すなわち，モンゴルは，外国資本によって鉱業の開発が行われている，これらの発展途上国の1つということになる．

2003年まではカナダとモンゴルの交易関係はほとんどみられなかったが，鉱業企業の操業の結果，2005年にはカナダは輸出額の11％を占め，中国，アメリカ合衆国の次に第3位の輸出相手国となった．カナダ籍の鉱業企業の操業前と比較すると，モンゴルからカナダへの輸出額は150倍以上に増加している．このような鉱業分野におけるカナダの存在感の増大は，さらにモンゴル国民の間で，自国の資源が外国の利益になっているとい

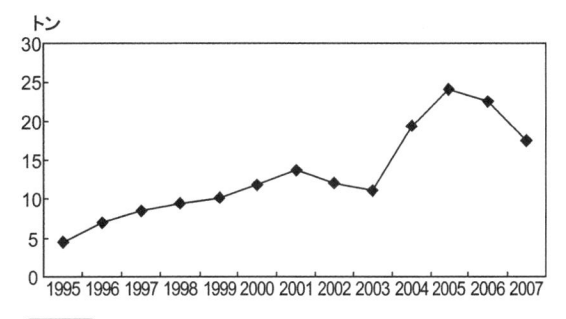

**図8.5** 金の産出高（モンゴル国家統計局，1999-2006）

う意識を強める結果となっている．市民グループはカナダ系の鉱業企業への抗議行動を頻繁に行い，国民はその運動に高い共感を示している．

南ゴビ地方では新たに50億トン以上が見込まれる大規模な石炭の埋蔵が確認されるなど，新しい鉱山開発も行われている．モンゴルの領土（156万4100 km$^2$）のうち，鉱山の探査は約30％の面積しか済んでおらず，今後も鉱山資源が新たにみつかる可能性はある．石油や石炭の中国への輸出も増加しており，現在の銅・金以外の鉱物がモンゴルの重要輸出品目に加わることも予想される．鉱業の基本的な性質は，1つの鉱山は掘りつくせばその時点で経済活動が終了するという，持続性の低い産業であることだ．しかし，モンゴル経済において鉱業の重要性が高まっていくかぎり，モンゴルの景気や国際関係に実質的な影響も大きくなる．さらに人々のいだく外国への印象やイメージも鉱業の動向に常に左右されることになるだろう．

### c．2つの隣国——中国とロシア

図8.6は輸出入に占めるロシアと中国の割合の推移を示している．1990年の民主化まで，モンゴルの貿易相手国は圧倒的に旧ソ連に占められている．それが近年，徐々に地理的にモンゴルにとって南側の隣国である中国の割合が増えている．歴史的にモンゴルは1950年代末まで中国からの経済援助を受け，また中国人の建設労働者を大量に受け入れていた．しかし，1960年代に中ソ対立が深刻化すると，ソ連陣営に与したモンゴルは，中国人労働者をモンゴルから退去させ，ソ連陣営

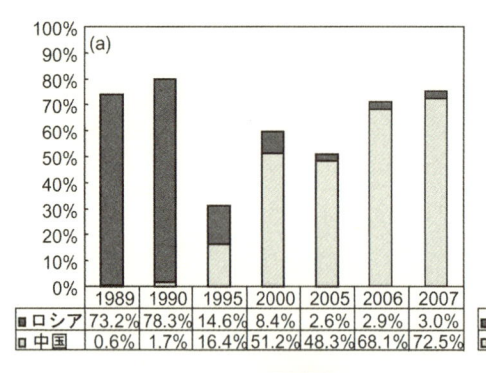

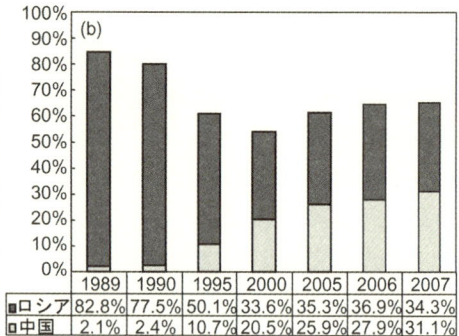

|   | 1989 | 1990 | 1995 | 2000 | 2005 | 2006 | 2007 |
|---|---|---|---|---|---|---|---|
| ロシア | 73.2% | 78.3% | 14.6% | 8.4% | 2.6% | 2.9% | 3.0% |
| 中国 | 0.6% | 1.7% | 16.4% | 51.2% | 48.3% | 68.1% | 72.5% |

|   | 1989 | 1990 | 1995 | 2000 | 2005 | 2006 | 2007 |
|---|---|---|---|---|---|---|---|
| ロシア | 82.8% | 77.5% | 50.1% | 33.6% | 35.3% | 36.9% | 34.3% |
| 中国 | 2.1% | 2.4% | 10.7% | 20.5% | 25.9% | 27.9% | 31.1% |

**図 8.6**（モンゴル国家統計局，1999-2006）
(a) 輸出高に占めるロシア（ソ連）と中国の割合
(b) 輸入高に占めるロシア（ソ連）と中国の割合

の一員として，中国を激しく批判した．経済関係も政治関係の悪化とともに薄れ，貿易量は 1989 年では，非常に少なかった．

民主化が起こった 1990 年以降，中国は飛躍的に強力な経済パートナーとなり，モンゴルが産出する鉱物の半分以上が中国へ輸出されている．モンゴルは 1990 年以後の変化の中で，輸出においては中国の製造業の原材料供給地という性格を強めているといえるだろう．

中国に対するモンゴル人の心理的な態度は経済関係がいかに強くなろうとも，一貫して否定的である．2005 年には一部の民族主義的な若者の集団が，中国系資本の商店やレストランを襲撃する事件も発生した．この根底にあるのは，天然資源の問題と同じく，外国である中国がモンゴルを牛耳っている，という感情的な不満である．

一般市民はこのような暴力的な事件を認めているわけではないが，モンゴル社会において「中国」として現出することは，すべての悪しきことがらのいわばスケープゴートである．たとえば，商品の品質が悪ければ，それは中国のもののため，失業率が高いのは中国人がモンゴルで不法就労をしているため，など望ましくないものの原因およびそのものとして，中国は認識されつづけている．なぜ品質が悪いものがモンゴルに輸入されるのか，あるいは，なぜ違法滞在の中国人がモンゴルで雇われるのか，ということは問われることはない．

このようなモンゴル人の態度は，歴史的に形成されている．清朝がモンゴルを支配していた 20 世紀初頭まで，漢人の高利貸しがモンゴルに進出し，モンゴル人は借金漬けであったとされている．モンゴルの各県の県都には一般に郷土博物館があり，その地方の歴史や文化についての展示がある．現在その展示に必ず含まれているのが，清朝時代にモンゴル人が中国人（清朝は満洲族の王朝であったとしても「中国」の意味になる）にいかに拷問されていたのか，という拷問器具や拷問の内容を詳細に示す展示である．このように，モンゴルにおいて，中国を負の源泉として表象することは 1 つの文化として定着している．1990 年以降，チンギス・ハーンが国家のアイデンティティとして盛んにとりあげられ，これが現代モンゴルの肯定的な国家的イメージだとすると，「中国」はそれと対をなし，モンゴルの民族主義を否定的な側面から強化することのできるイメージである．

ロシアの貿易相手国としての役割は中国の影響力が増すことによって相対的に減少している．図 8.6 の 1990 年までと比較するとその現象は明らかである．輸入高に占める割合は現在も高いが，これは，モンゴルは石油など重要な燃料をロシアから輸入しているためである．ロシアからの輸入の 75％は石油製品である．

また，モンゴルにはロシアとの合弁企業が数多くあり，その例がエルデネト銅山やモンゴル鉄道である．エルデネト銅山とモンゴル鉄道はモンゴ

ル国内の企業として第1と第2位の規模の会社であり，その両方がロシア政府との合弁企業であることは特異な状況である．これらを考えると，1990年代は市場経済への転換期における混乱により，一時的に経済関係は薄れていたが，今後，この2国間の経済関係が現在より薄れるとは予測できないだろう．

現代モンゴル社会におけるロシアの文化的な影響は，非常に大きい．民主化まであらゆる教育課程での必修外国語がロシア語であったため，ロシア語ができる人は今も多い．現在の30代後半以上の世代では特に学歴が高い人ほどロシア文化に親しんでいる．ロシアで大学や大学院の学位を取得した人も多い．

ソ連は社会主義時代，モンゴルの近代化を援助した「兄」として宣伝されてきた．実際にソ連の援助を認める価値観もある（表8.3）．しかし，ソ連はその立場を利用して，モンゴルの天然資源を勝手に持ち去っていた国という「恨み」も人々の感情に根強く残っている．モンゴル人にとって，ロシアは相反する感情が交錯する隣国でありつづけている．

### 8.2.3 出稼ぎ移民から生じる国際関係

#### a. 輸出入額の推移

図8.3では「鉱業」と同時に「卸売・小売業」のGDPに占める割合も上昇していることが示されている．この「卸売・小売業」の増加を支えているのが，一般消費の拡大傾向である．図8.7は輸出額と輸入額の推移を示しているが，民主化後，経済が最も低調であった1990年代半ば以降，輸入額は輸出額を常に上回っていることがわかる．輸出額を国全体の外国からの収入とたとえると，輸入額は外国への支出である．つまり，図8.7のように収入以上に支出があることを可能にしたものの1つが，海外出稼ぎ者からの送金だといわれている．

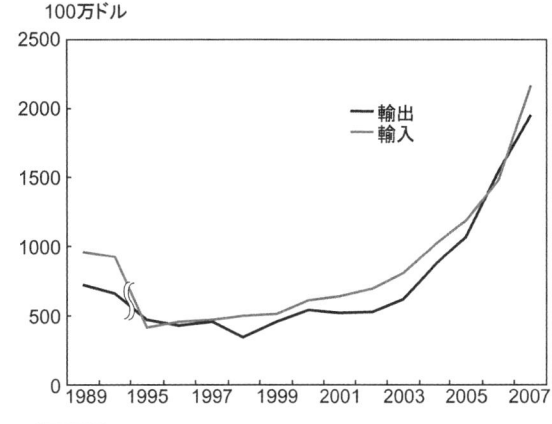

**図8.7** モンゴルの輸出入額の推移（1989〜2006）（モンゴル国家統計局，1999-2007）

#### b. 移動の自由化

モンゴルは社会主義時代から1990年代前半まで，人口動態の研究において，海外への人口流出数は無視できるとされてきた．これは人の移動は国家によって管理され，個人の意思による移動は制限されてきたからである．1990年の民主化後，国家による移動の制限がなくなり，人々は国内でも国外へでも自由に移動するようになった．モンゴルの個人が，政府の管理を通さずに，外国と直接関係しているということ自体が1990年代以降の新しい現象である．

その結果1990年代末より，モンゴルから外国への経済的な理由による移動は活発になっている．社会主義時代は，長期で外国に滞在する場合は，留学という形であり，行き先が旧コメコン諸国に限られていたことを考えると大きな変化である．行き先は多様だが，西ヨーロッパ諸国，韓国，アメリカ合衆国が主な出稼ぎの地としてあげられる．

モンゴルにおいて，経済援助以外で日本について言及されることがらは，大相撲でのモンゴル人力士の活躍である．日本で成功したモンゴルの力士たちは，経済的にもサクセスストーリーを体現するヒーローとして注目を集めている．力士たちは格闘技という技能を活かし，海外で成功した出稼ぎの1つの例ともいえるだろう．

より多い収入を求めるという，経済的理由で出

表8.5 受け取った送金の使途

| | |
|---|---|
| 個人消費 | 87.62% |
| 借金の返済 | 0.95% |
| 教育費 | 3.98% |
| 貸付 | 0.66% |
| 貯蓄 | 4.36% |
| そのほか | 2.44% |

出典：モンゴル社会福祉・労働省，国連人口基金『Status and Consequences of Mongolian Citizens Working Abroad』2005年より作成

国する場合，さまざまな理由で渡航ビザを得て，滞在許可期間がすぎてもそのまま出国せず，いわゆる不法滞在として残留しつづけることも多い．

### c. 消費活動を支える外国からの送金

出稼ぎは個人が外国と直接関係をもつという側面もあるが，モンゴル経済に与える影響も非常に大きいと推測されている．多くの出稼ぎ者が出稼ぎ先で得た収入の一部を母国へ送金している．不法滞在の場合が多いために正確な統計は得られないが，これらのモンゴル人の出稼ぎ者によるモンゴルへの送金額は，輸入超過が続いた経済成長を支えていた．

表8.5は韓国，チェコ，アメリカ合衆国から送金をモンゴルで受け取った合計605人が，その送金をどのように利用したのかを調査した結果である．ここで注目されるのは，ほぼ9割近くの人たちが個人の消費のために，送金を利用していることである．つまり，日々の生活のために使っていることが浮き彫りになっている．

外国からの送金は，モンゴルへ輸入された消費財を購入するために使われる．そして，外国から商品をモンゴルが購入することにより，一度はモンゴルへ流れた金は再びすぐに外国へ還流するという経済構造になっている．

### 韓国との関係
#### 1) モンゴルから韓国へ

韓国とモンゴルは民主化の1990年まで国交がなかった．社会主義時代には，朝鮮民主主義人民共和国（北朝鮮）とモンゴルの関係が深く，そのため韓国との国交はもっていなかったのである．1990年の国交樹立後は，両国の関係はさまざまな面で急激に拡大している．

その1つがモンゴルから韓国への出稼ぎである．2005年12月の時点で，韓国には2万5000人のモンゴル人が住んでいると韓国の公式統計でいわれている．これは全モンゴルの人口（2005年で256万人）の約1％にあたる．平均の滞在年数は3.4年で，彼らの多くは労働をし，モンゴルへ送金している．両国の物価も異なるので，単純に収入レベルを比較することはできないが，韓国で働くモンゴル人の平均月収が1238ドル（2004年調査時），同じ年のモンゴルにおける平均月収が80ドルであり，約15倍の差がある．393人の韓国にいるモンゴル人調査対象者のうち，約9割の人が過去1年間にモンゴルへ送金を行ったと答えている．その送金の平均額は1万250ドルであり，モンゴルの平均収入の約10年分になる．これらの8割以上の人がより多い収入を求めて海外へ移動したと説明している．また半数が出稼ぎによって家族の経済状況が改善したと答えている．

2005年9月には，韓国のソウルで当局から正規の許可を受けずに支店を開いていた6つのモンゴルの銀行が閉鎖された．これらの銀行は，韓国に住むモンゴル人の貯蓄とモンゴルへの送金の窓口になっていた．このように，2万5000人ものモンゴル人が住むために，ソウルにはモンゴル・タウンと呼ばれる場所があり，韓国におけるモンゴル人のための活動やサービスが発達している．家族で移動している世帯の子弟のために，モンゴル語で教育を行うモンゴル人学校は1999年に開設され，モンゴル語で礼拝説教を行うキリスト教の教会もある．

韓国に滞在しているモンゴル人の約6割が正規の労働契約を雇用主と結ばずに雇用されている．主に，製造業，建設業，サービス業の肉体労働に従事している．これらの業種で働く人が全体の8割になる．またそのほとんどの人が，過去にモンゴルで従事していた職業や技能とは関係のない業務で働いている．年齢層では30代が一番大きな

割合を占め，これらの労働力が大量に外国へ流出して，単純労働に従事していることはモンゴルで問題視されている．モンゴルの総人口の半数は20歳以下と60歳以上であり，労働年齢人口は残りの半数である．つまり，韓国にはモンゴルの労働人口のほぼ2%がいると推測できるだろう．

モンゴルから労働力が流出しているという以外の問題もある．韓国で正規の雇用契約のない状態で働いているモンゴル人たちは，相対的に悪い労働条件下で働くことになることも多い．出稼ぎ者に対する調査では，就業中に事故にあったり，残業手当なしでの長時間労働が要求されたり，人々は社会保障がまったくない状態で働くことの不安を常に抱えていることが報告されている．また，家族と離れて長期間過ごすことで，子育ての問題や夫婦間の関係にも問題も生じている．特に韓国から何年も配偶者に送金していたけれども，いざモンゴルに帰国してみると，長期間の不在から夫婦仲がうまくいかなくなってしまうケースがたくさんあると報じられている．モンゴルに戻ったとしても，結局モンゴルで仕事をみつけられず，半数の人は再び出稼ぎのために出国することを希望している．

韓国への出稼ぎはマクロ・ミクロレベルの経済的な影響ばかりではない．韓国で長期間滞在したモンゴル人は，韓国の文化を深く身につけてモンゴルへ戻ってくる．言語，食文化，音楽などの娯楽文化，人間関係の持ち方や価値観など，さまざまな変化をモンゴルにもたらしている．韓国で出稼ぎし，再びモンゴルへ戻るという経験をしている人は大量にいるために，モンゴル社会への影響は非常に大きい．国家間の経済援助がいかに大規模に行われていても，援助側の文化が直接人々に伝わるわけではない．大量の出稼ぎ者によってモンゴルで生じている文化変容は，個人の経験によって伝わるために，より短期間で人々の間に定着している．

たとえば，モンゴルの食文化にはたくさんの調味料を使う習慣はなかった．しかし，現在モンゴルの人々はごく短い期間で，唐辛子を使った料理に慣れてきた．韓国の代表的な漬物であるキムチは，モンゴル産もあり，さらに韓国と中国からも輸入しているほどである．モンゴルには海がないために海草もまったく食べることはなかったが，今世紀に入って首都ウランバートルのスーパーマーケットでは，海苔や若布を簡単に買うことができるようになった．これらはモンゴルでは生産されないもののため，韓国や中国から輸入されている．ほかにも韓国のさまざまなインスタント食品，味噌，ソース類などの調味料，スナック，酒や飲料などが輸入されている．

### 2) 韓国からモンゴルへ

韓国にはKOICA（Korean International Cooperation Agency：韓国国際協力団）という政府の援助機関があり，モンゴルには1991年から援助を行っている．2004年度の援助額は180万ドルで，日本の同年のODAの無償資金協力と技術協力を合わせた額と比べると17分の1の額である．

しかしながら，民間の経済面での重要度は急激に増している．特にモンゴルから韓国への輸出高は，2005年度には全体の6.1%を占め，輸出相手国として第5位，日本への輸出高の11倍以上である．一般に韓国は1990年代以降，ロシアと中央アジアで経済的なシェアを伸ばしつづけている．韓国の企業にとっての新しいマーケットとして，積極的にこの地域で経済活動の拡大を図っていると分析されている．

また，モンゴルで起業する韓国からの人たちも多くいる．日本からは規模の大きい企業だけが，少数モンゴルへ進出している傾向があるのに対し，韓国は大企業も零細な資本規模の事業者でも，モンゴルで事業を行っている．鉱業，町工場のような製造業，韓国料理のレストランなど韓国人の経営は幅広い．2005年末の統計では，旅行者ではなくモンゴルに滞在している韓国人は2000人以上いる．これは同様にモンゴルに滞在している日本人の数の7倍にあたる．図8.8はモンゴルへの日本と韓国からの入国者数である．韓国の伸び率は高く，観光客も増えつづけている．日本からの観光客の増加率は非常に低く，韓国と比べると2005年の1年間にモンゴルを訪れた人は半数以下である．

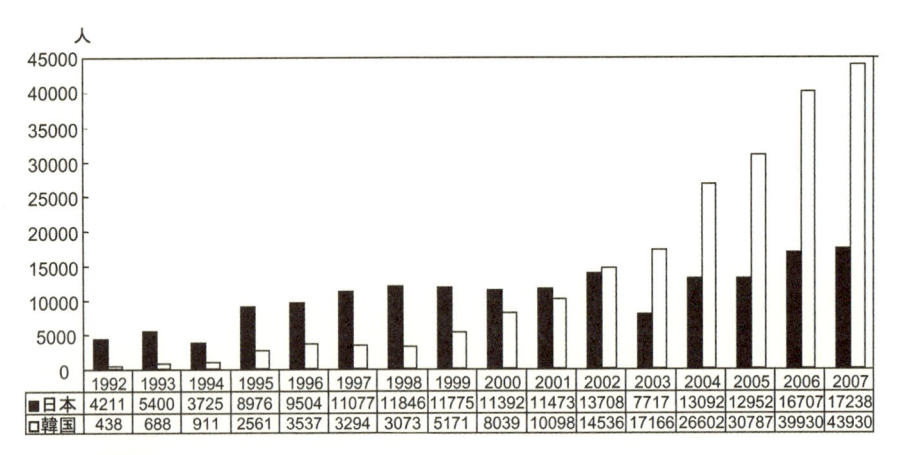

**図 8.8** モンゴル国への日本と韓国からの渡航入国者数の推移（1992〜2006）
（モンゴル運輸・道路・観光省，2005；モンゴル国家統計局，2007）

| | 1992 | 1993 | 1994 | 1995 | 1996 | 1997 | 1998 | 1999 | 2000 | 2001 | 2002 | 2003 | 2004 | 2005 | 2006 | 2007 |
|---|---|---|---|---|---|---|---|---|---|---|---|---|---|---|---|---|
| ■日本 | 4211 | 5400 | 3725 | 8976 | 9504 | 11077 | 11846 | 11775 | 11392 | 11473 | 13708 | 7717 | 13092 | 12952 | 16707 | 17238 |
| □韓国 | 438 | 688 | 911 | 2561 | 3537 | 3294 | 3073 | 5171 | 8039 | 10098 | 14536 | 17166 | 26602 | 30787 | 39930 | 43930 |

さらに韓国からは民主化後，キリスト教の布教もモンゴルへ広範に入ってきた．モンゴルでは社会主義革命以前はチベット仏教が信仰されていたが，1930年代後半以降宗教は一般には信仰できなかった．このため，この宗教空白地を埋めるかのように，1990年の民主化後，世界中からさまざまな宗教者たちが布教目的にモンゴルへ来た．同様のことは旧社会主義国で共通に起こった現象だと考えられる．モンゴルへのキリスト教諸派の布教は，主に欧米と韓国から来ており，韓国系のキリスト教会がたくさんある．2005年，モンゴル全土における，寺院・教会の数は，復興した仏教系157，キリスト教系70，イスラム教系7，その他6であり，キリスト教がいかに民主化後にモンゴルで急速に広まっているかを表している．

モンゴル人の韓国への出稼ぎ行動の規模には及ばないが，このように韓国からモンゴルへ，という逆方向の流れもさまざまな分野で拡大している．首都のウランバートルでは，ハングル文字の看板も多く見られ，モンゴル人の出稼ぎから戻った人たちと韓国人の両者によって，韓国文化はモンゴルにもたらされ，定着が進んでいる．

韓国にとってモンゴルは外交面でも重要である．なぜなら，モンゴルは社会主義時代から朝鮮民主主義人民共和国（北朝鮮）と良好な外交関係を維持しているからである．つまり，モンゴルは北朝鮮と韓国の両方と正常な外交関係をもっている国家なのだ．2004年にはモンゴル政府は「脱北者」として知られる北朝鮮からの亡命者がモンゴル領内に入った場合，亡命者が韓国か第3国への出国までの間，モンゴルからの退去を求めず保護を与えると正式に表明し，北朝鮮への身柄の引渡しも行っていない．また，在韓国のモンゴル大使に，それ以前に在北朝鮮のモンゴル大使を務めた人物が任命された事実なども，北朝鮮−モンゴル−韓国という3ヵ国の高度に政治的な関係が表れている．これらによっても，モンゴルが朝鮮半島の2国間関係に期待される役割が実際に存在することがわかるだろう．

### 8.2.4 軍事関係から生じる国際関係：アメリカ

モンゴルとアメリカ合衆国は1987年に外交関係を樹立し，1990年代以降，両国間で特徴的なのは軍事関係である．モンゴル軍とアメリカ軍はモンゴルで定期的に合同の軍事演習を行っている．モンゴルはロシアと中国の間という地政学的に極めて重要な位置にあり，そのためアメリカ政府のモンゴルに寄せる関心は高い．

それを象徴する出来事は，2005年11月にアメリカ合衆国大統領として初めてモンゴルを訪問したジョージ・ブッシュが，訪問に先立つインタビューにおいて，アメリカ合衆国は「モンゴルの

（ロシア，中国につぐ）第3の隣人」としたことである．その上で，モンゴル訪問時には1100万ドルの軍事費の援助を発表した．

モンゴルにとっても，アメリカ合衆国と同盟関係にあるということは，対ロシア，対中国の関係において大きな意味をもちうる．そのため，積極的にアメリカ合衆国との軍事協力関係を強めている．モンゴルはイラクに平和維持活動として軍を派遣した．その数は2005年9月で合計約560人，国民1人あたりの派遣の割合で換算すると，アメリカ合衆国，イギリスに次いで同盟国中，第3位になる．モンゴル軍兵士は直接モンゴルからアメリカ合衆国の軍用機でイラクへ運ばれた．

軍事以外の関係では，アメリカ合衆国は中国につぐ第2の貿易輸出相手国であるとともに，モンゴルからの出稼ぎがあげられる．アメリカ合衆国への出稼ぎは，韓国に次いで多くの人が行っている．非公式統計では1万人以上のモンゴル人がアメリカ合衆国にいると推計されている．アメリカ合衆国に在住しているモンゴル人の特徴は，モンゴルへ将来戻るという見通しをもっている人が，ほかの国への出稼ぎと比べて少ないことである．

文化的にはロシアにとって代わりつつあるのがアメリカ文化である．1990年以降，教育においてのロシア語の必修がなくなり，代わりに英語を学ぶ人が多くなった．若い世代ほどロシア語を解さず，英語が第1外国語になっている．社会主義時代にはソ連で学位をとることがエリートへの最も順当なコースであったが，それもアメリカ合衆国での学位にとってかわった．社会主義時代が否定された後，新時代の象徴として何事においても「アメリカ」や「アメリカ文化」が歓迎されたことは驚くにあたらない．

以上のように，国際援助関係以外のモンゴルの国際関係を概観すると，日本とモンゴルの関係は圧倒的に経済援助が重要であり，他国とはモンゴルとの関係のありようも異なっていることがわかる．大きな特徴は，ほかの隣国のように，資源に関して敵対するイメージがないことであろう．モンゴルの経済は天然資源の輸出に依存しているた

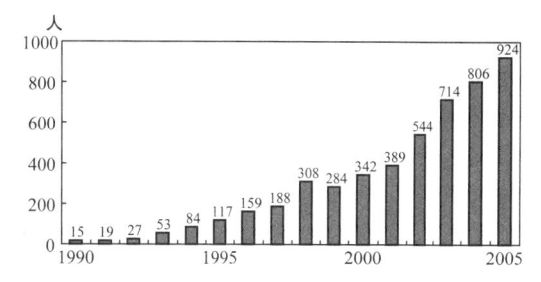

**図8.9** 日本におけるモンゴル人学生在籍者数の推移（1990〜2005）（在モンゴル日本国大使館『2005年度留学生交流関連資料』）

め，外国との関係は政治・経済的にも，人々の心理的にも鉱業によって大きく左右されている．

モンゴルから日本への留学生は図8.9のように年々増加している．アメリカで大学以上のレベルで勉強しているモンゴル人は約800人とされ，日本にいる留学生の方が多い．これは表8.2，表8.3に表れているように日本への親しみや相撲の人気，日本に対する期待の大きさ，経済の魅力など，さまざまな理由が背景にあるだろう．つまり，日本とモンゴルの関係は経済援助以外にも多様化し，今後，拡大する可能性がある．さらに，モンゴルの鉱業の高成長から，日本企業の鉱業分野への進出も多く取りあげられるようになってきた．将来は日本は，モンゴルにとってぼんやりとした好印象の国から，多くの具体的な関係をもった国へと変化していくだろう． 〔前川　愛〕

▶ **文　献**

オーエン・ラティモア著，磯野富士子訳（1966）：モンゴル――遊牧民と人民委員，岩波書店．

小長谷有紀（2004）：モンゴルの二十世紀――社会主義を生きた人びとの証言，中央公論新社．

Ts. バトバヤル著，芦村　京・田中克彦訳（2002）：モンゴル現代史，明石書店．

National Statistical Office of Mongolia（1999-2006）：*Mongolian Statistical Yearbook*，1998〜2005年版．

Mongolian Population and Development Association & UNFPA（2005）：*Status and Consequences of Mongolian Citizens Working Abroad*．

World Bank（2006）：*A Review of Environmental and Social Impacts in the Mining Sector*．

World Bank：*Mongolia Mining Sector : Managing the Future*．

モンゴル運輸・道路・観光省（2005）：*The Yearbook of Mon-*

golian Tourism Statistics.
カナダ鉱業連合（2005）：Facts and Figures 2004.
財団法人環日本海経済研究所(ERINA)：北東アジアの基礎経済統計・モンゴル http://www.erina.or.jp/Jp/Jf/info-f1.htm
在モンゴル日本国大使館：モンゴルにおける対日世論調査結果（抄録）http://www.mofa.go.jp/mofaj/area/mongolia/yoron05/pdfs/2005-1.pdf
在モンゴル日本国大使館：2005年度留学生交流関連資料 http://www.mn.emb-japan.go.jp/jp/bunka/ryuugaku.htm
UBPost 紙，2004年11月24日，2005年10月5日，2006年5月11日
モンゴル中央銀行（2005）：The bank of Mongolia Annual Report 2004.
Foreign Investment and Foreign Trade Agency（FIFTA/外国投資貿易局）ウェブサイト http://www.investmongolia.com/
韓国国際協力団（KOICA）統計情報ウェブサイト http://stat.koica.go.kr/english/mainframe.html

## Column……9　モンゴルの学校に黒板を贈る

　みなさんが毎日教室で使っている黒板は，定期的に点検され，塗りなおされたり，取り替えられたりしているのをごぞんじだろうか？　何年も学校に通っていても，なかなか気づかないかもしれないが，日本の学校の黒板はきちんとメンテナンスがされている．しかし，世界には表面を濡れぞうきんで常に湿らせながらでないと，チョークで字が書けないような黒板を使っている学校も，たくさんある．

　モンゴル国の例をあげてみよう．地方に住む遊牧民は家畜とともに季節移動をしながら，分散して生活している．移動しながら学校には通えないので，日本の小学校から高校にあたる子どもたちの多くは，家族と離れて学校付属の寄宿舎に住み，夏休みやお正月に帰省する．冬には気温が−30〜40度にまで下がるので，学校と寄宿舎にはなにより暖房が大切だ．夏の間にストーブを点検・修理して冬に備えている．

　学校がある集落地の半数近くには電気の供給がない．ディーゼルで個別に発電するのみである．つまり，教科書以外はプリントをコピー機で印刷するための電気も安定してない．そうすると，電気を使わない伝達メディアである黒板は，日本よりもよほど重要だ．テストも黒板に教師が問題を書いて，生徒は黒板を見ながらノートに答えを書いていくことも多い．しかし，学校設備の予算は限られているので，黒板のメンテナンスは給食や暖房などに比べると後回しにされてしまう．したがって，地方の学校では重要性は高くても，古くて，表面が無数にひび割れ，見にくい黒板が使われている．

　NPO法人・モンゴルパートナーシップ研究所（略称 MoPI）では，モンゴル国の学校に新しい黒板を届ける活動を2002年から続けてきた．日本からの寄付のおかげで，今までに1078枚（2008年末）の新しい黒板が教室に運び込まれた．「学校で最も必要なものだから，贈ってくれた人に感謝していることを伝えてください」とモンゴル国の学校で必ず言われる．

　世界には，同じように劣悪な黒板で勉強している子どもたちが，たくさんいるだろう．あるいは地面に黒板を立てるだけで，空き地が教室に変わるような場所で勉強している子どもたちもいる．だからこそ，黒板は学校で最も必要なモノなのだ．MoPIはモンゴルで活動しているが，他の国や地域でできる人がいたら，同じ活動をぜひ進めてほしい．黒板のメンテナンスが十分にできているということは，予算があるということだけではない．それは教育のことを大切に考えている，ということの表れでもあるのだ．この活動は世界とのリアルなつながりができるだけでなく，黒板がない，あるいは取り替えられないような学習環境とは何か，それでも人が学校で学ぶとは何なのか，このようなことを考える機

会にもなるだろう．そして，日本でも，このような黒板のメンテナンスが勝手に永続的に続くわけではないことも，よく覚えておこう． 〔前川　愛〕

図

III 社会環境

# 第9章

# 経済とグローバリゼーション

## 9.1 市場経済化

「市場経済化」とは，計画経済体制下または統制経済下にあった国民経済において，政府介入の度合いが次第に減少し，「市場」における需給調節，つまり価格メカニズムの役割が増加していくことと考えてよい．このプロセスにおいては，たとえば「国有企業民営化」などの制度変化を伴う．また「市場化」の舞台は，「財部門（消費財＋資本財＋サービス）」「要素部門（労働力＋物的資本＋土地）」「金融部門」などに区分できる．政府介入とは強度が異なるさまざまな政策手段の集合である．それは大雑把には直接的なそれと間接的なそれに区分できよう．つまり市場経済化とは直接的介入が次第に間接的なそれに切り替わり，さらには無介入の領域が拡大していくこととがいえる．

以下では東北アジア諸国・地域の中から中国，モンゴルの経験をとりあげる．2つの共通点は社会主義体制から市場化を開始したというところにある．相違点は中国がこれまでのところ初期体制を維持しているのに対して，モンゴルはこれと決別して議会制民主主義へ完全に移行したという点にある．また「市場化の速度」という観点からみて中国は漸進的なそれの，またモンゴルは急進的なそれの好例といえる．

### 9.1.1 中国

#### a. 古典的計画原理の限界と改革

中国は1949年の建国直後，「ソ連の経験」を模倣した社会主義経済運営を行った．それは経済財の絶対的欠乏に悩む戦時共産主義を基盤として形成された古典的計画体制を意味し，財の種類と総量が限られていたために物資の需給バランスがまだ明瞭であり，「価格」のもつ意味がそれほど明らかでなくとも経済運営が可能な時代の産物であった．

この種の古典的計画経済が生産関数の形を大きく変化させることなく，単に投入を増加させることによって産出増加を図るという外延的発展を遂げている段階では，計画の不合理性に対する疑問や価格問題は浮上しない．しかし外延的発展が規模の経済を発揮する最適点を超えて進み，各部門の相互依存性が複雑化すると，この種の発展パターンは限界に直面する．そこでは新たな経済資源の配分原理が要求され，新たな計画原理と価格体系が求められることになる．

ソ連ではそれが1950年代後半から1960年代前半に及ぶ経済改革論争として起こり，中国では1978年12月末の中国共産党第11期第3回中央委員会総会（三中全会）を起点に開始された企業自主権の拡大政策などを含む一連の「調整・改革」，

「改革・開放」論議として現れることとなった[*1].

中国の，この路線転換は英断であったといってよい．この国はソ連の支援を受けて1953～57年に実施した第1次5ヵ年計画の以後は，大躍進政策の失敗（餓死者約2000万人），その調整期後における西側諸国，さらにソ連との関係悪化，1966～76年に至る文化大革命などの騒乱状態を続けたのであり，1978年末において「秩序ある計画経済への復帰」という選択肢もあった．しかし，そうではなく，「改革」への舵とりを行った背景には日本，韓国，台湾などの周辺諸国が，戦後，市場経済メカニズムの下で急速に発展したという認識があったといわれている[*2].

**b. 計画原理と市場メカニズムの共存の必要性**

経済財の相互依存性を解明して新たな秩序づけを行うという作業は，計画手法の高度化によって対処可能である．ソ連改革論議の焦点となったように，「最適計画法」を適用し，シャドー・プライスに基礎をおく最適価格体系を採用した合理的な資源配分システムを想定することができるのである．しかし現実に経済運営を展開する際には，「最適計画法」が万全の解決策を与えるものでないことは以下の諸点に照らして明らかである．

第1は不確実性の問題である．現実経済では多種多量の財があたかも無限のごとく存在し，複雑な相互依存関係を有している．これらすべてを包含する計画をつくりあげることは不可能である．なぜなら計画規模の増大に伴い，データの収集・分析上の誤差が増大するからである．さらに一定の外部条件を前提とした計画には，将来の自然，社会，政治，技術条件などの「与件の変化」に迅速に対応できないという意味での不確実性も付随する．

第2はコスト・パフォーマンスの問題である．優れた計画が理論的に明らかにされても，それは必ずコストを必要とする．もしコスト（たとえば計画管理部門が存在することの経済的負担）が便益を凌駕するならば，どんなに優れた計画でも採用を断念した方が得策であり，コストが便益を上回らないという条件を満たす，適度な大きさの計画が利用可能となるのである．

こうして計画経済の不確実性とハイ・コスト性が明らかになると，市場価格のもつ意味の重要性が明確になる．現実経済では完全競争はありえず，外部効果，規模に対する収穫逓増，資源配分の不合理性などが存在し，現実市場価格は完全競争を前提とした理論価格とは異なる．しかし，もし競争が十分に行われ，外部効果も政府の財政政策などを通じて望ましい方向にコントロールすることが可能であるならば，また非常に厳しい仮定であるが，政府の政策目的と国民のそれとが一致したならば，現実市場価格体系は計画価格体系と著しく乖離したものとはならない．つまり計画と市場は，ある程度まで代替可能かつ共存可能なものといえる．ことに市場メカニズムは与件の変化に弾力的に対応でき，安価で効率的な資源配分方法であることを考慮すると，現実経済に両者を共存させるメリットがいかに大きなものかが理解できよう[*3].

ソ連はこの事実を容認せず，当時の改革は竜頭蛇尾に終わった．しかし中国はこの事実の重大さに気づいた．1978年近辺より，自らの社会主義経済が「商品経済」を内包しているという事実を積極的に評価した論文が数多くみられるようになり，指令性計画規模の縮小や市場調節の役割の再評価という一連の改革の流れが生ずることとなったのである[*4].

---

[*1] 鄧小平は，1977年8月に中共中央第11期一中全会で党中央委員会副主席として復権を果たし，実質的に1978年の改革決定を指導した．当時主席であった華国鋒は1981年の中共中央第11期6中全会で実質的に失脚し，胡耀邦が主席となった．

[*2] たとえば1988年9月訪中した竹下総理に対し，鄧小平は西暦2000年までの目標設定は，大平前総理の意見などを聞き，思いついたと語っている（日本経済新聞，1988）．

[*3] こうした事後的に生まれた計画と市場の共存措置とは2段階最適化問題に他ならない．「そこでは諸個人は自身の基準（関数）に照らして，諸々の政策に反応し，計画策定者は自身の基準（関数）に照らして最善の政策を選択する際，これらの反応の斟酌するのである．この場合には，計画策定者の乗数と市場価格との間には，何らかの体系的な関係―恒等式ではないが―があるのであり，両者の差が，場合に応じて適当な政策である租税とか補助金なのである」（Dixit, 1976）．

[*4] 計画を通じて取引される財を物資，それ以外の財を商品と呼ぶことが慣例であった．

### c. 計画と市場の共存条件

しかし計画と市場を現実にいかに共存させるかは難題といえた．実際，改革の初期段階ではその青写真があったわけではなく，試行錯誤によって次第にその進むべき方向が明確になっていったというのが事実に近い．そしてそこでは日本の経験，あるいはその影響を受けて展開された東アジア中進諸国（当時）の経験が参考とされた．

日本の戦後の復興・成長期においても「計画」と「市場」との共存をいかに図るかは大きな課題であった．たとえば「産業政策」が以下の2つの相反する理念の上に成り立っていたことは広く知られている．第1は市場メカニズムに信頼をおき，資源の合理的配分を進めようとする立場であり，第2は市場を疑問視して，政府介入による誘導を重視する立場である．日本経済の不思議さは，「自由な市場」と「政府介入」という本来対立的な2つの概念が，「事後的」に協調することによって，戦後復興と高度成長が実現したということにある．

鶴田俊正氏は「競争制限的な政府介入がしばしば行われたにもかかわらず，部分的にはともかく日本経済のパフォーマンスを比較的良好に保つことができたのはなぜか」と問題提起し，これを説明するために産業連関表における中間需要比率（X）を左から右に大小順にとり，中間投入比率（Y）を上から下に大小順にとった座標軸を示し，産業部門を次のように4種に区分した．

① X小Y大＝最終需要的産業：工作機械，産業機械，電機，自動車，加工食品など
② X大Y大＝中間財的産業：鉄鋼，石油製品，化学，非鉄金属，繊維など
③ X大Y小＝中間財的基礎産業：農林業，石炭，金属鉱業，石油，ガス，電力など
④ X小Y小＝最終需要的基礎産業：漁業，運輸，サービスなど

市場諸力は最終需要，つまり最終市場に近く，また他産業との連関効果（中間投入比率大）が大きい産業に対して最も強力に働き，次第にその力を弱めながら産業連関のアップストリーム（中間財的基礎産業）に至るものととらえることができる．①に対して政府は一部の例外を除いて介入の手段をもちあわせていなかった．②への介入は①の市場メカニズムの影響を受けて効果が半減した．④への介入も消費者選択が貫徹していたために半減され，結局介入の効果が最も発揮されたのは③に関してであり，結果として政府介入と市場メカニズムの共存が実現した主張している（鶴田，1982）．この視点からは，市場に近い産業は市場に，それが遠い産業は計画に任せ，さらに前述した計画のコスト・パフォーマンス基準を加味して，経済資源の性質に応じて両者を使い分けるという政策が合理性をもつことが示唆される．

### d. 産業構造と市場諸力の関係

表9.1は，中国の1981年の産業連関表（ただし1995年価格表示）を用いて，上と同様の整理を行ったものである．介入すべき産業とは中間財的産業と中間財的基礎産業，ことに後者であり，たとえば産業構造の5割以上を占める最終需要的基礎産業，つまり農業，サービスは市場に任せればよく，さらに前述の計画のコストを勘案すれば，ここでは分離されてはいないが，商業飲食の中の飲食業なども市場に委ねればよいということがわかる．

### e. 財・サービス部門：農業から非農業へ，農村から都市へ

中国では1978年末から1984年に至る農業・農村改革を，一連の改革の初期段階と位置づけている．責任生産制の導入による農民のインセンティブ増加策から人民公社の解体へという流れである．この政策方向は，前述の，市場に近い産業は

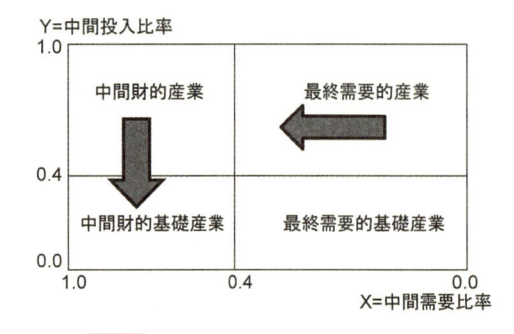

図9.1 市場諸力の波及過程と産業区分

表9.1 市場諸力の波及プロセスに応じた中国の産業構造区分（1981年）

| 産業区分 | | 中間需要比率 | 中間投入比率 | 中間需要特化係数 | 中間投入特化係数 |
|---|---|---|---|---|---|
| 最終需要的産業 | 機械 | 0.410 | 0.825 | 0.790 | 1.588 |
| | 食品 | 0.180 | 0.860 | 0.348 | 1.656 |
| | 縫製皮革 | 0.111 | 0.919 | 0.215 | 1.771 |
| | 建設 | 0.045 | 0.639 | 0.086 | 1.231 |
| 最終需要的基礎産業 | 他非物質 | 0.191 | 0.309 | 0.368 | 0.595 |
| | 農業 | 0.525 | 0.268 | 1.012 | 0.517 |
| 中間財的産業 | 冶金 | 1.027 | 0.596 | 1.977 | 1.147 |
| | 化学 | 0.836 | 0.757 | 1.610 | 1.458 |
| | 建材非金属 | 0.887 | 0.577 | 1.708 | 1.112 |
| | 木材家具 | 0.658 | 0.640 | 1.267 | 1.232 |
| | 紡織 | 0.632 | 0.780 | 1.217 | 1.503 |
| | パルプ文教 | 0.669 | 0.754 | 1.289 | 1.453 |
| | 他工業 | 0.651 | 0.921 | 1.254 | 1.774 |
| 中間財的基礎産業 | 電力 | 0.945 | 0.333 | 1.821 | 0.642 |
| | 石炭 | 0.820 | 0.362 | 1.580 | 0.698 |
| | 石油天然ガス | 0.856 | 0.422 | 1.649 | 0.812 |
| | 運輸郵電 | 0.665 | 0.253 | 1.281 | 0.488 |
| | 商業飲食 | 0.775 | 0.436 | 1.492 | 0.841 |
| 全体 | | 0.519 | 0.519 | 1.000 | 1.000 |

李強・薛天棟，1998より作成

市場に委ねるという視点からみて合理的なものであったといえる．この結果，食糧生産は飛躍的な増加をみせ，中国は「食の問題」を短期間に克服することができたのである．

人民公社は所有制という観点からは国有ではなく集団所有に分類されるものであったが，それは単なる経済主体ではなく，農村社会組織であり，その消滅（正式には1985年）は政治と経済の分離という意味で，中国の社会制度に決定的な変化をもたらした．

こうした初期段階の成功を受けて1984年11月の第12期三中全会では指令制計画規模の縮小と各企業，地方単位の自主権拡大，価格体系の見直しなどを含む「経済体制改革に関する決定」が示され，中国が進むべき開発戦略の輪郭がようやく明らかにされることとなった．これ以後の流れは，一般には「都市改革」という名称で呼ばれている．ただ，そこでは国有企業などの抜本的な改革は進まず，それが新たな展開を迎えるのは所有制改革を念頭においた1993年の「企業法」成立以後のこととなる[*1]．ともかく，中国における改革は財部門におけるものが先行したのであり，そのときの市場化の順序，つまり農業から非農業へ，農村から都市へという流れは，経済合理性をもつものであったといえよう．

### f. 要素部門（労働力，資本，土地）

中国では財部門の改革を追尾して生産要素部門の改革が行われたが，それは限定的な性格をもち，2006年時点においても進行中の現象といえる．

#### 1）労働力

国民は農村戸籍と都市戸籍によって管理され，前者の保有者は都市への自由な移動を原則として禁じられていた．これは巨大な人口が都市に流入して社会不安をもたらす危険への対処ともいえたが，同時に農村において強制的に資本蓄積を行い，それを都市の非農業部門の発展に寄与させるという戦略から生じたものでもあった．農村における

---

[*1] もちろんそれ以前においても企業自主権の拡大，請負生産の容認などの小幅な改革は実施された．

**表 9.2** 中国経済の主要指標

| | 1980 | 1990 | 2000 | 2006 |
|---|---|---|---|---|
| 人口（万人） | 98705 | 114333 | 126743 | 131448 |
| 都市人口（％） | 19.4 | 26.4 | 36.2 | 43.9 |
| 名目 GDP（億元） | 4517.8 | 18547.9 | 89468.1 | 210871.0 |
| 為替レート（元/ドル） | 1.4900 | 4.7832 | 8.2784 | 7.9718 |
| 名目 GDP（億ドル） | 3032.1 | 3877.7 | 10807.4 | 26452.1 |
| 1人あたり GDP（ドル） | 307 | 339 | 853 | 2012 |
| GDP 実質指数（1990年=100） | 41.2 | 100.0 | 262.3 | 474.3 |
| GDP 需要面構成（％） | | | | |
| 　個人消費 | 51.3 | 49.1 | 47.9 | 36.2 |
| 　政府消費 | 14.6 | 12.1 | 13.1 | 13.7 |
| 　固定資本形成 | 29.2 | 25.5 | 36.5 | 42.8 |
| 　在庫 | 6.0 | 9.2 | -0.1 | 1.5 |
| 　純輸出 | -0.3 | 2.8 | 2.5 | 7.5 |
| 　誤差 | -0.7 | 1.2 | 0.1 | -4.9 |
| 輸出/GDP（％） | 6.0 | 16.0 | 23.1 | 36.8 |
| 輸入/GDP（％） | 6.6 | 13.8 | 20.8 | 30.1 |
| 貿易収支/GDP（％） | -0.6 | 2.3 | 2.2 | 6.7 |
| 為替レート（円/元） | 162.416 | 31.360 | 12.804 | 14.584 |
| 日本名目 GDP（億ドル） | 10146.6 | 29254.4 | 46447.8 | 43755.5 |
| 日本名目1人あたり GDP（ドル） | 8667.8 | 23666.5 | 36594.4 | 34252 |
| GDP 比較（日本/中国，ドルベース） | 3.3 | 7.5 | 4.3 | 1.7 |
| 1人あたり GDP（日本/中国，ドルベース） | 28.2 | 69.8 | 42.9 | 17.0 |
| 財政収入/GDP（％） | 25.7 | 15.8 | 15.0 | 18.4 |
| 財政支出/GDP（％） | 27.2 | 16.6 | 17.8 | 19.2 |
| 財政収支/GDP（％） | -1.5 | -0.8 | -2.8 | -1.0 |
| 利用外資/GDP（％） | 9.3 | 3.1 | 6.6 | 2.8 |
| うち外国直接投資/GDP（％） | 3.2 | 1.7 | 5.8 | 2.6 |
| GDP 供給面構成（％） | | | | |
| 　第1次産業 | 30.1 | 27.0 | 16.4 | 11.7 |
| 　第2次産業 | 48.5 | 41.6 | 50.2 | 48.9 |
| 　第3次産業 | 21.4 | 31.3 | 33.4 | 39.4 |
| 推定民営部門/GDP（％） | | | | |
| 　全体 | 13.1 | 22.2 | 35.3 | 56.1 |
| 就業者数（万人） | 42361.0 | 64749.0 | 72085.0 | 76400.0 |
| 　第1次産業 | 68.7 | 60.1 | 50.0 | 42.6 |
| 　第2次産業 | 18.2 | 21.4 | 22.5 | 25.2 |
| 　第3次産業 | 13.1 | 18.5 | 27.5 | 32.2 |
| M2/GDP（％） | | 82.5 | 150.5 | 163.9 |
| 株式時価総額/GDP（％） | | | | 42.4 |

推定民営部門比率は全社会固定資産投資に占める，国有+集団所有の比率を用いたものである．
国家統計局編『中国統計年鑑』各年度版より作成

余剰をつくりだすために実質賃金を低水準にとどめ，それでも人民が農村から逃げだすことができないようにした制度が人民公社であり，農村戸籍制度であったのである．

農村労働力の流動化措置として最初にとられたものは，農村内に非農業部門としての郷鎮企業（前身は人民公社の社隊企業）を振興し，そこに農業部門の過剰労働力を移動させるという手法であった．つまり中国では農村対都市という二重構造と農村内部における農業と非農業という二重構造が出現し，後者の中での労働力移動が起こったことになる[*1]．

その後，農村と都市との分離は次第に形骸化し，たとえば内陸部から沿海部へと多くの労働力が不法移民，臨時工，契約工として移動する現象が生まれ，2006年時点ではその累積総数は1億7000万人前後とみられている．しかし農村戸籍と都市戸籍の差異は残され，前者の保有者は後者のそれに比して常に差別的な環境に置かれており，近い将来，この制度を撤廃すべきとの主張も多い．

**2）資　本**

物的資本の市場化は，財部門の市場化が当初は消費財中心に推移したということから，かなり遅れて開始されたといえるが，国有企業の自主権の拡大，つまり生産ノルマが暫時撤廃される中で次第に発展を遂げ，すでに企業が望み，対価を支払うことができるのであれば，その入手は容易なものとなっている．

**3）土　地**

中国の土地制度は都市のそれを国有地，農村のそれを集団所有地として管理するものであった．国有地の所有権取引は禁じられているが，使用権に関しては経済特別区における譲渡可能な土地使用権の概念普及の影響を受けて，1988年の憲法改正においてその譲渡が認められることになった．使用権は，1994年施行の「不動産管理法」第21条によれば，「土地使用権について，公共の用に供さない限り，更新される」としている．ただ実際には，農村における土地使用権の配分は，

---

[*1] この構造を二階層二重構造と呼ぶことができる（栗林，1988）．

その農村居民委員会が主導しており，完全に市場化されているとはいいがたい．また都市における土地使用権は，それを売買する市場も存在しているとはいえ，すべてにおいて許認可権の壁は大きく，多くの利権が錯綜しており，党系列の投資企業などが実際に支配する傾向が続いている．

### g. 金融部門

金融部門の改革は1984年1月の人民銀行の中央銀行化措置から開始された．それは都市改革の1つの要点であり，その後1987年近辺より中国工商銀行，農業銀行，農村信用合作社，中国銀行，中国交通銀行などの専業銀行における自主権拡大，銀行間業務区分の段階的解消，コール市場の開設による資金の横の流れの円滑化などが進められた．さらに長期金融市場の実験的導入，外債発行や外国金融機関からの借入などの国際金融市場との強化も進められた．

ただ実際には専業銀行はほとんど国有企業向け中心の融資を行い，しかも多くの不良債務が発生し，1990年代後半にはこれを国家機関が回収するなどの措置がとられた．また対農民融資の主体は高利貸などのインフォーマル部門であった．これゆえこの部門の改革によって国民に公平な金融機会が与えられたかといえばそうではない．また長期市場は，債権市場中心に発展し，それを株式市場が追う形をとったが，後者の上場基準は曖昧であり，また上場国有企業の財務の透明さが確保されなかったために，1990年代後半から2006年に至るまで，投機としての意味合いが強く，資金調達の場としての効力は弱い状態が続いている．

### h. 市場経済部門の規模

中国経済の中で，市場経済部門がどの程度の大きさを占めてきたかをみることにしよう．中国では国有と集団所有を一緒にして「公有」，それ以外を「非公有」と呼んでおり，後者が市場経済部門（または民営部門）の1つの指標であると考えることができる．社会固定資産投資に占める非公有部門の比率は，1980年，1990年，2000年，2004年において，13％，22％，35％，50％と推移しているいる．GDP需要面における固定投資においても，この比率がほぼ妥当し，またケインズ乗数に大きな変化がないと考えれば，上記の比率がGDPに占める公用部門のそれと考えてよいであろう．つまり2004年時点ではGDPの約5割は，市場経済部門によって生みだされているものと捉えることができる．また非国有経済部門の投資比率は，同期に18％，34％，50％，そして2006年では56.1％へと推移しているので，この観点からも，2006年ではGDPの5割強を民営部門が占めているとみることもできる．

## 9.1.2 モンゴル

### a. 初期段階

モンゴルは1921年に独立を果たした後，1924年からは史上2番目の社会主義国となり，1940年前後までに社会主義改造を実施してきた．第2次世界大戦を経て，1948年からは第1次5ヵ年計画を実施し，その後，計画期間には若干の変化がみられたものの5ヵ年という中期計画を基本とした経済運営を進めてきた．ことに第3次5ヵ年計画期の1962年にはコメコンへの加盟を果たし，その後の中ソ対立時代においては後者の側に立ち，ソ連・東ヨーロッパとの分業関係を基礎とした計画経済体制の構築が進められたことはよく知られている．

モンゴル経済に陰りがみえてきたのは，1981年開始の「第7次5ヵ年計画」期の半ばから「第8次計画」が開始された1986年近辺のことである．コメコン諸国の経済不振と経済体制の非効率性が次第に明らかになり，この結果，モンゴルでも経済改革への模索が開始された．

モンゴルでは独裁者チョイバルサンの死去（1952年）後，ツェデンバル人民革命党書記長の支配が長く続いたが，1984年にはソ連の実質的指導の下で辞任に追い込まれ，後任としてバトムンフ新書記長が誕生した．そしてソ連においてペレストロイカを進めるゴルバチョフの支援の下で，1986年の第19回党大会では，ソ連に呼応し

て経済改革が論議され，1987年6月の第3回党中央委員会総会では独立採算制と規制緩和による経済開放が，また1988年12月の第5回党中央委員会総会では，政治機構改革が論議されることとなった．しかし，ソ連・東ヨーロッパ情勢の混乱により，そこからの支援は次第に先細りとなって最後には中断されたことにより，この初期改革は明確な成果をあげぬままに1989年末の民主化運動を迎えることとなった．

1990年3月，人民革命党は，前年からの民主化運動を受けて，賢明にも独裁体制を自ら放棄するという体制転換を行い，同年5月には複数政党制が法制化されて7月には初の国会議員選挙が実施された．このとき人民党は議席の多数を占めたが民族進歩党との連携を選択し，これに経済政策を委ねた「連立政権」が誕生した．その後1992年6月には新憲法（同年1月採択）の下で最初の国会議員選挙（一院制，76議席，4年に1回）が実施され，その後も政権交代劇を続けながら，この民主体制を現在に至るまで堅持している．

### b. 急進的市場経済化の流れ

モンゴルはそのGDPの3割前後をソ連援助に依存していたが，それがとぎれたとき，新たな選択肢は西側諸国への依存以外にはなかった．また西側諸国，IMF・世界銀行などの国際金融機関は，この国が再び社会主義国へ回帰することを恐れ，急進的改革が希求された．また人口215万人（当時）で，比較的単純な産業構造をもつこの国では，改革，つまり市場経済化は比較的容易な課題であると思われた．

この結果，1990年代の前半に，ほぼすべての部門における市場化措置が実施された．たとえば1990年には家畜私有制限が撤廃され，1991年7月から10月にかけて全国民に投資権利書（バウチャー）が配布されて国有企業の私有化が開始された．1992年には，価格，生産，輸出入などに関する各種規制と畜産物の国家調達も廃止され，IMF，世界銀行，ADBへの加盟を果たした（1997年WTO加盟）．また同年5月には新銀行法が施行され，モンゴル銀行が中央銀行として独立した新金融体制がスタートした．

しかしこの頃，ソ連の崩壊による貿易市場喪失などの要因により，モンゴルはマイナス成長を続け，1993年の実質GDPは1990年の8割の水準にまで低下した[*1]．特に1993年には為替の完全フロート制移行（同年5月28日）に伴う輸入価格の上昇，財政赤字と通貨供給増大などで，300％を超えるハイパーインフレが発生した．この結果，5月以降はIMFによる経済構造調整プログラムを受け入れ（この段階では1993～1996年，その後も継続），行政改革の推進，財政支出の大幅削減，金融引き締めなどの措置がとられた．

その後回復に転じたとはいえ，1995年から2002年の年平均成長率は2.7％というものであった．その後雪害などの自然災害が軽微であったことなどから，2003年のそれは5.4％となり，2004年には銅精鉱などの対中国輸出を梃子にして約10％の成長を達成することとなり，この趨勢は2007年まで続いた[*2]．

### c. 財・サービス部門の市場化と私有化政策

国有資産私有化のために配布された投資権利書の総額は1990年価格で約240億トゥグルグであり，それは国有資産の約44％にあたるものと見積もられていた．国民1人あたり額面1万トゥグルグであり，それはまた小規模資産（国有・国営の小規模農場，工場，レストラン，商業店舗など）の私有化のための3000トゥグルグの権利書，および，大規模資産（農業共同組合および国営農場を含む）のための7000トゥグルグのそれに分かれていた．1991年半ばから開始された私有化は，1995年7月には，全体の約86％に，1996年には約95％，5683の企業単位に及んだ．特に大規模資産に関しては1992年に開設された証券取引所を通じて大部分が株式に転化された[*3]．

このようにみると，小規模資産から大規模資産

---

[*1] なお1993年には食糧配給制が廃止されている．
[*2] モンゴルの市場経済移行期の経済パフォーマンスについては，栗林（2006）およびモンゴル研究会（2000）参照．
[*3] 1994年には有価証券法が制定され，また証券取引委員会が設立された．1995年8月には初歩的な証券流通市場が開始され，民営化第1段階完了の政府宣言が出された．

## 9.1 市場経済化

へと，順調に私有化が進んだように思われるが，実際には，たとえば1991年の農牧業共同組合（ネグデル）の私有化は，資産の分散による単なる組織解体を意味したものであったし，非農業部門における性急な民営化政策も1社について数千から数万人のペーパー株主を発生させたのみで，経営・技術・資金など好影響を与えた痕跡はほとんどなかった．さらに私有化以前の企業債務をそのまま引き継がせたこと，およびソ連・東ヨーロッパ輸出市場の崩壊によって，これまでコメコンの分業体制に組み込まれ，それら諸国への輸出を主としていた多くの企業が倒産に追い込まれた．つまり国有資産は私有化されたが，その大部分は民営化する暇もなく，事実上消滅することになったのである．

この結果，財・サービス部門においては，ほとんどの製造業が壊滅的打撃を受け，家畜私有化によってインセンティブを高めた農牧業部門，および担ぎ屋などの小売部門が経済の下支えを担う状況が長く続いた．しかしその牧畜業も，その後，1990年代後半から2000年代初期にかけて雪害の被害に苦しむこととなった．

#### d. 要素部門
##### 1) 労働力

この部門ではほぼ完全な市場化が達成されたとはいえ，就業機会の創出は困難であり，多くの失業者が牧民，または担ぎ屋に転じる現象が生まれた．その後，前述の雪害などによる地方の貧困が激化したことによって，地方から首都およびその周辺への人口移動が起こり，現在もそれは継続している．

##### 2) 資　本

物的資本に関する制限はほとんどない．しかし，モンゴルの資本財生産能力には自ずから限界があり，その供給は大部分が輸入に依存している．しかし輸出能力はさほど改善されておらず，外貨保有能力の限界が資本取引を制約している．

##### 3) 土　地

国有資産の私有化とほぼ平行して都市住民の居住施設が無償で住民に供与された．その後，1994

**表9.3** モンゴル国経済の主要指標

|  | 1990 | 2000 | 2006 |
|---|---|---|---|
| 人口（万人） | 214.93 | 240.75 | 259.48 |
| 都市人口 | 54.3 | 57.2 | 60.9 |
| 名目GDP（億トゥグルグ） | 104.7 | 10188.9 | 37149.53 |
| 為替レート（トゥグルグ/ドル） | 5.3 | 1097.0 | 1165.4 |
| 名目GDP（億ドル） | 19.6 | 9.3 | 31.9 |
| 1人あたりGDP（ドル） | 914 | 386 | 1229 |
| GDP実質指数（1990年＝100） | 100.0 | 95.9 | 295.3 |

|  | 1990 | 2000 | 2006 |
|---|---|---|---|
| GDP需要面構成（％） |  |  |  |
| 　個人消費 | 62.2 | 71.6 | 48.9 |
| 　政府消費 | 29.8 | 18.0 | 12.5 |
| 　固定資本形成 | 32.3 | 31.6 | 32.3 |
| 　在庫 | 2.0 | 4.6 | 2.8 |
| 　純輸出 | −21.0 | −16.7 | 5.6 |
| 　誤差 | −5.2 | −9.1 | −0.9 |

|  | 1990 | 2000 | 2006 |
|---|---|---|---|
| 輸出/GDP（％） | 33.7 | 57.7 | 65.3 |
| 輸入/GDP（％） | 47.1 | 66.2 | 59.7 |
| 貿易収支/GDP（％） | −13.4 | −8.5 | 5.7 |
| 財政収入/GDP（％） | 77.9 | 34.5 | 36.5 |
| 財政支出/GDP（％） | 97.3 | 42.2 | 31.1 |
| 財政収支/GDP（％） | −19.4 | −7.7 | 3.3 |
| 為替レート（円/トゥグルグ） | 28.1426 | 0.0966 | 0.1021 |
| GDP比較(日本/モンゴル,ドルベース) | 1490.0 | 5000.9 | 1372.6 |
| 1人あたりGDP(日本/モンゴル,ドルベース) | 25.9 | 94.9 | 27.9 |

|  | 2000 | 2006 |
|---|---|---|
| ODA政府開発援助/GDP（％） | 22.8 | 6.3 |

|  | 1990 | 2000 | 2006 |
|---|---|---|---|
| GDP供給面構成（％） |  |  |  |
| 　第1次産業 | 15.2 | 29.1 | 19.5 |
| 　第2次産業 | 40.6 | 21.9 | 40.4 |
| 　第3次産業 | 44.2 | 49.0 | 40.1 |

|  | 2001 | 2006 |
|---|---|---|
| 民営部門/GDP（％） |  |  |
| 　全体 | 75.0 | 68.4 |
| 　第1次産業 | 98.3 | 100.0 |
| 　第2次産業 | 73.5 | 46.3 |
| 　第3次産業 | 64.7 | 72.5 |

|  | 1990 | 2000 | 2006 |
|---|---|---|---|
| 就業者数（万人） | 78.4 | 80.9 | 102.4 |
| 　第1次産業 | 33.0 | 48.6 | 38.8 |
| 　第2次産業 | 16.8 | 11.2 | 11.8 |
| 　第3次産業 | 50.2 | 40.1 | 49.5 |
| M2/GDP（％） | 53.8 | 25.4 | 52.7 |
| 株式時価総額/GDP（％） | 4.0 | 3.3 | 15.7 |

Statistical Office of Mongolia, *Mongolian Statistical Yearbook,*, 各年度版より作成

年に「土地法」が成立したが，所有権などに関しては十分な規定がなく，その後の部分的改定を経て2002年6月に成立した「土地私有化法」によって，国土の0.9％が私有化されることになった．首都では家庭用に無償で私有化される土地面積は1家族あたり0.07 ha，県庁所在地では0.35 haなどと定められている．しかしこれらの私有化は，当該者が一方的に土地を囲い込み，その後それが登記されるという大雑把なものであり，都市計画はこのために壊滅的影響を受け，多くの景観が損なわれる事態が恒常化している．なお農業従事者に対しては，穀物栽培用に100 haまで，野菜栽培用に5 haまでを優先的に占有させるなどの政策がとられている．

### e． 金融部門

この部門における自由化の結果として1996年には14行の商業銀行が出現した．しかし未熟な経営ノウハウと国際金融機関からの提言による高金利政策が多くの企業の債務負担を一層圧迫したため融資残高の相当部分が不良債権化し，世界銀行主導による不良融資の禁止，リストラなどの金融改革が実施された．その後息を吹き返したとはいえ，各行の融資残高でウエイトした融資平均年金利（2002年）は約35％と高水準で，この状況は2006年にいたってもほぼ継続している．

ちなみにマネーサプライのM2/GDP比率は1990～95年にかけて54％から19％へと落ち込み，2006年に41.4％へと回復したものの，金融部門の発展の遅れは顕著なものといえる．また同年の証券市場における時価総額/GDP比率はわずか3.5％で，直接金融の機能はほとんど果たされていない．これには1995年に民営化企業の多くが基準も曖昧なままに上場されたという経緯が影響している．2002年末時点の上場企業数は409社で多くの業績は悪化しており，上場企業で微々たる規模の配当を行っているものは，15社程度である．また株券が最終的に1500人ほどの株主に集中したことも，証券市場が伸び悩む要因となった．証券取引所の売買の中心は債券（国債，社債）で，全体の約97％を占め，株券のそれは3％

にすぎない．この状況はその後の急成長の中で改善されたが，2008年の世界金融危機の影響を受けて直接金融の不透明性は大きくなっている．

### f． 市場経済部門の規模

*Mongolian Statistical Yearbook* 2004（2005年出版）によって，初めて市場経済の進展状況を示すデータが公表された．それによると，2004年の段階では，GDPの76％が民営部門によって生みだされたものであり，その内訳は第1次産業では96％，第2次では68％，第3次では72％，というものである．その後，2008年版ではGDPの民営部門比率は，2006年で68.4％となっている（表9.3参照）．

## 9.1.3 中国とモンゴルにおける市場経済化の光と影

市場経済化に際しては，政府および政党は，当初はそれがもたらす高い成長力を歓迎したが，次第にその進展に伴う許認可権の行使が利益をもたらすことを認識するようになり，権力機構による汚職事件などが多発するようになったことに注意が必要である．

中国では改革の開始後ほぼ10年を経過した1989年6月，党幹部の汚職などの改善を求めた国民を武力で弾圧した「天安門事件」が発生し，これによって国民の政治への信頼感は著しく損なわれることとなった．1992年には「社会主義市場経済論」が華々しく打ちだされ，その後，外資導入に基づく経済回復と高度成長が進んだとはいえ，貧富の格差，地域間格差が増大し，党・政府幹部の汚職，職権乱用などに対する各地の反発はますます大きくなっている[*1]．中国共産党は言論統制と政治思想教育を重視し，たとえば過度とも

---

[*1] 1976年4月5日に，年頭に死去した周恩来総理を偲ぶ群集を当時の「四人組」勢力が弾圧する事件があり，これを第1の天安門事件，1989年6月4日のそれを第2の天安門事件と呼ぶ．第1の事件では鄧小平が失脚し，第2の事件では弾圧の張本人となった．その後，鄧小平は南方巡話によって市場経済化に変化がないことを示し，これが社会主義市場経済論の論拠となった．

いうべき愛国主義の鼓舞，対日批判などによってこれに対処する姿勢を続けてきたが，許認可権を巧みに利用した，特権階級への利権配分構造，いわばインサイダー取引を内包した，この「特殊な市場経済」が存続できるか否か，大きな試練に立たされている．

モンゴルでは言論の自由が保障されており，その意味では中国との違いは大きい．しかし，性急な市場経済化は，中国と同様に不透明な利権分配構造を生みだしており，とりわけ鉱山開発権，土地，建造物などの売買の背後には，与野党両勢力の政治家が関与していることも噂されている．この国でも貧富の格差は深刻であり，中国と同様，民心の乱れからの凶悪犯罪が増加して社会情勢はますます不安定なものとなっている．

中国もモンゴルも，政府開発援助，外国直接投資など，市場経済化と開放経済に伴う恩恵を最大限に利用して経済成長を進めてきた．しかし，誰のための，何のための市場経済なのかという問いには明確な応答がなされたわけではない．漸進的市場化にせよ，急進的市場化にせよ，そのプロセスを国民がしっかりと監視できる制度の構築が求められている． 〔栗林純夫〕

▶ 文　献

栗林純夫（1988）：中国における経済改革の進展と経済効率の向上に関する基礎研究，アジア政経学会．

栗林純夫（2006）：マクロ経済動向．日本とモンゴル，**40**(2)，日本モンゴル協会．

総務省統計局統計研修所編（2006）：日本統計年鑑 2006，総務省統計局．

鶴田俊正（1982）：戦後日本の産業政策，日本経済新聞社．

日本経済新聞 1988 年 8 月 26 日．

モンゴル研究会（2000）：続・新生モンゴル――市場経済移行期の光と影，JETRO．

李　強・薛天棟主編（1998）：中国経済発展部門分析――新編可比投入産出序列表，中国統計出版．

中国国家統計局編（1996，2001，2005，2007）：中国統計年鑑．

Asian Development Bank（ADB）（1996, 2005, 2008）：*Key Indicators*.

Dixit, A.K.（1976）：*Optimaization in Economic Theory*, Oxford Univ. Press（大石泰彦・磯前秀二訳（1983）：経済理論における最適化，勁草出版）．

Statistical Office of Mongolia（1998, 2003, 2004, 2008）：*Mongolian Statistical Yearbook*.

## 9.2 日本の対モンゴル支援

### 9.2.1 草原の国から地下資源の国へ

2007年の日本相撲協会におけるモンゴル人力士の問題は，日本とモンゴルの相互の理解を深めるためには誠によい機会であったというべきであろう．多くの記者たちが遠くモンゴル帝国時代の首都カラコルムまで横綱を追いかけては，1939年のノモンハン事件後建設されたといわれる傷病兵治療施設での温泉治療を紹介したりしている．

あらためて人々が認知したモンゴルは，中国とロシアのみに8000 km余に及ぶ国境線を有する内陸国である．面積は日本の約4倍で，北半分が森林・草原地帯，南半分がゴビと呼ばれる砂礫地帯・砂漠に覆われている．国全体の平均標高は1500 mを超え，首都ウランバートルを例にとれば，最も寒い12月から2月にかけては平均の最高気温でさえ0℃前後で，最低気温は−40℃を下回り，世界一寒い首都といわれている．降水量はウランバートルでは年間でも約250 mmである．この自然条件の下で，モンゴルの土地利用は，国土面積のうち72.5%，日本の約3倍にあたる113万4000 km²余が「遊牧型」の農牧業用に利用さ れている(2005年統計より).「草原の国モンゴル」がモンゴル理解のキーワードであるのは有史以来変わりない．

しかしながら，そのモンゴルの草原は今，過放牧やウランバートルへの人口集中など市場経済の進展がもたらしたさまざまな問題に揺れている．市場経済移行前は2500万頭前後だった総家畜頭数は，1999年に3300万頭を超え，家畜構成の歪み（ヤギの増加など）により，草原にそれまで以上の負担がかかり，数年間冬場のゾド（雪害，冷害など寒さによる災害の総称）に耐えられなかった．2003年には2400万頭まで減少し，合わせて過放牧などによる草原の植生のバランスが悪くなる問題が出てきている．その後，飼料備蓄体制の整備などの対策が急がれ，再び増加傾向に戻った結果，2006年は，総家畜頭数3400万頭を記録した．カシミヤ原毛の輸出増を受けて，ヤギの増加傾向は変わらず，過放牧や草原の退化といった問題はモンゴルの基本的な問題として今後も継続して発生していく問題となろう．

また，2002年にはいわゆる土地法が成立し，土地の所有が国民全体に認められることとなった．法整備が依然として不十分なこともあり，農地の所有についてはまだ大きな問題となっていないが，住居などの土地需要の高いウランバートルに人々が集中し，「囲い込み」と呼ばれる現象が続いている（図9.2）．

一方，もともとモンゴルは銅，金，モリブデン，蛍石，石炭，ウランなど天然資源に恵まれた国である．市場経済が進展し，中国の経済発展がもたらした世界的な地下資源需要の増加は，モンゴルの経済成長率を上げる大きな原因となった．現在，総工業生産高に占める鉱業生産高は2006年には68.4％で，銅，モリブデン，金，石炭，石油天然ガスなどが生産されており，鉱業は牧畜や牧畜関連産業，観光業などを抑え，新しい基幹産業といっ

**図9.2** 囲い込みが進むウランバートル郊外 遠景は斜面にまで広がっている様子がわかる (2006年2月世古将人撮影)．

てよい状況である．

社会主義時代のモンゴルはコメコンの域内世界分業体制に基づいて，畜産品を中心とした1次産品を輸出し，工業製品を輸入する役割を担っていた．輸出入のほとんどはコメコン内で完結しており，しかもその大部分をソ連が占めていた．ソ連・コメコンの崩壊に伴ってその貿易体制も維持が不可能となり，モンゴルの経済は大混乱に陥った．

市場経済への移行後は貿易相手国が多様化し，最近の中国経済の成長に伴い，2006年の最大の貿易相手国は中国で，14億6500万ドルの取引が行われている．ついで5億9200万ドルのロシア，1億8100万ドルのカナダと続いている．輸出は銅や蛍石などの地下資源のほかは，カシミヤ原毛，家畜の皮革，家畜の毛や皮からつくった衣料品など，牧畜に関連した商品が多い．輸入は自動車などの機械や，石鹸，洗剤やたばこなどの日用品，薬品，バターなど生活必需品が主な品目である．

### 9.2.2 わが国の対モンゴル支援

#### a. わが国とモンゴルとの関係

わが国とモンゴルとの関係を歴史的に概観すると表9.4のようになる．

モンゴルにおいては，70年間の社会主義時代が，民主化に向けて大きく動きはじめるのは1989年の11月からである．1990年には民主化が進展し，アメリカ合衆国との協調援助によって，日本はモンゴルを緊急支援という形で支援しはじめる．民主化に関しては，アメリカ合衆国共和党のIRIという組織が特にモンゴルの民主化支援をし，民主連盟の主要なメンバーや現在政権の中枢にいる人々は，ほぼアメリカ合衆国に行っている．民主連盟の中心的役割を果たしている人々は，間違いなくアメリカ合衆国が直接呼び，一定期間国際政治なり国際法，国際経済を学ぶ機会を得られた人たちである．

現在のエンフバヤル大統領は，2007年2月に来日した際に，民主化以降のモンゴルの経済状態については今中国経済の成長に引かれてうまくい

**表9.4** 略年表

| | |
|---|---|
| 1911年 | 辛亥革命，独立宣言 |
| 1912年 | 自治政府（活佛政権） |
| 1921年 | 人民革命 |
| 1924年 | モンゴル人民共和国成立 |
| 1939年 | ノモンハン事件（ハルハ河戦争）[*1]：戦後賠償（無償援助50億円：1974年） |
| 1945年 | 敗戦：強制抑留 |
| 1972年 | 国交樹立 |
| 1981年 | カシミヤ工場完成 |
| 1987年 | ドゥゲルスレン外相訪日後の「日本に学べ」報道，アメリカとの国交樹立 |
| 1989年 | 宇野外相モンゴル訪問 |
| 1990年2月 | ソドノム首相訪日：市場経済への移行開始，アメリカとの協調援助 |
| 1991年8月 | 海部首相訪蒙（ロンドンサミットでのモンゴル支援表明） |
| 1992年 | モンゴル国憲法（現行憲法）制定 |
| 1997年2月 | 橋本・エンフサイハン両首相による「総合的パートナーシップ」の確認 |
| 2003年12月 | バガバンディ大統領訪日時「日本国とモンゴル国との共同声明」における同パートナーシップの再確認 |
| 2006年8月 | 小泉首相訪蒙 |
| 2007年2月 | 安倍・エンフバヤル共同声明「今後10年間の日本・モンゴル基本行動計画」 |

きはじめているが，その基礎をつくったのが日本のODAであったとし，苦しいときに支えてくれたのが日本のODAであったと評価している．日本のモンゴルに対する援助は，これまでの合計がおよそ1400億円になっている．この17年間および1972年の国交正常化以降の無償援助も含めた援助額と考えてよい．国際機関と比較しても，他国と比べても，日本からの援助は多いといえ（表9.6，9.7，図9.3，9.4），エネルギー分野で30％，鉱山分野（銅・石炭）で28％，輸送分野（鉄道）でも22％（中国だけでなくモンゴルでも台車の交換を可能にした）と大きく貢献していると紹介された．

#### b. 国際援助体制

国際援助体制について，各国と日本がこれまで多くの援助をやってきたことを数字，あるいは項

---

[*1] 日本とモンゴル人民共和国との国境紛争．

## 表 9.5　モンゴル支援国会合（計 10 回，1991～2003）

1991 年 9 月　第 1 回（緊急援助，経常収支改善）
1992 年 5 月　第 2 回（市場経済化緊急支援）
1993 年 9 月　第 3 回（中長期的開発支援）
1994 年 11 月　第 4 回（モンゴル国経済は危機を脱した，中長期的開発支援）
1996 年 2 月　第 5 回（輸出志向型企業支援，中小企業育成）
1997 年 10 月　第 6 回（以上東京開催）
1999 年 6 月　第 7 回（ウランバートル）
2001 年 5 月　第 8 回（パリ）
2002 年 7 月　第 9 回（ウランバートル）
2003 年 11 月　第 10 回（過去 10 年の援助レヴュー，雇用創出支援など東京開催）
　　　　　　　→支援国会合の終了
2006 年 2 月　第 1 回ドナー実務者会合（於：ウランバートル）→不定期的定期（年 1 回以上）開催

（出典：外務省ホームページ）

## 表 9.6　DAC 諸国の対モンゴル経済協力実績
（単位：百万ドル）

|  | 2003 年 | 2004 年 | 2005 年 | 2006 年 |
|---|---|---|---|---|
| 1 位 | 日本 | 日本 | 日本 | 日本 |
|  | 69.02 | 63.48 | 56.48 | 50.2 |
| 2 位 | ドイツ | ドイツ | ドイツ | ドイツ |
|  | 33.42 | 26.72 | 28.17 | 29.22 |
| 3 位 | 米国 | 米国 | 米国 | イタリア |
|  | 17.04 | 26.68 | 18.53 | 13.58 |
| 4 位 | スウェーデン | オランダ | アラブ諸国 | 米国 |
|  | 11.76 | 9.67 | 15.25 | 12.07 |
| 5 位 | スペイン | フランス | トルコ | アラブ諸国 |
|  | 7.76 | 5.36 | 10.32 | 10.3 |
| そのほか | 39.38 | 27.61 | 37.87 | 40.88 |
| 合計 | 178.38 | 159.52 | 166.62 | 156.25 |

（OECD, FASID 作成）
International Development Statistics (IDS) online Databases on aid and other resource flows
http://www.oecd.org/dataoecd/50/17/5037721.htm

## 表 9.7　国際機関の対モンゴル経済協力実績
（単位：百万ドル）

|  | 2003 年 | 2004 年 | 2005 年 | 2006 年 |
|---|---|---|---|---|
| 1 位 | ADB | IDA | ADB | ADB |
|  | 42.94 | 48.22 | 25.82 | 22.78 |
| 2 位 | IDA | ADB | IDA | IDA |
|  | 31.09 | 37.78 | 12.06 | 11.2 |
| 3 位 | Nordic Dev. Fund | EC | EC | EC |
|  | 4.59 | 4.11 | 6.36 | 3.03 |
| 4 位 | IMF | EBRD | IFAD | Nordic Dev. Fund |
|  | 3.18 | 3.51 | 3.44 | 2.85 |
| 5 位 | EC | Nordic Dev. Fund | UNTA | UNTA |
|  | 3.12 | 2.92 | 3.2 | 2.32 |
| そのほか | 11.79 | 1.17 | 3.1 | 2.9 |
| 合計 | 96.71 | 97.71 | 53.98 | 45.08 |

（OECD, FASID 作成）
International Development Statistics (IDS) online Databases on aid and other resource flows
http://www.oecd.org/dataoecd/50/17/5037721.htm
OECD（経済開発協力機構）
FASID（国際開発高等教育機構）

## 表 9.8　日本の対モンゴル援助

1991 年以後日本の ODA：
　円借款 391 億円（エネルギー分野 30％，鉱山分野 28％，輸送分野 22％，商品借款 13％，石油製品 7％）
　無償資金協力 746 億円
　技術協力 262 億円
　総計約 1400 億円
2007 年 2 月：エンフバヤル・安倍会談　今後 10 年間の日本モンゴル基本行動計画
　（1997 年：支援重点分野策定，2004 年：対モンゴル援助計画作成）
　全有償資金協力中 21％（支援諸外国，国際金融機関中）
　全無償資金協力中 50％（支援諸外国，国際金融機関中）
現在の重点分野
　① 市場経済を担う制度整備・人材育成に対する支援
　② 地方開発援助（地方開発拠点を中心とした特定も出る地域を対象とする支援，牧地と農牧業再生）
　③ 環境保全のための支援
　④ 経済活動促進のためのインフラ整備支援
在日モンゴル人留学生：およそ 1000 人
2005 年までの技術協力の枠組みによる来日者：1701 人
同じくモンゴル駐在日本人専門家：599 人
青年海外協力隊・シニアボランティア：339 人

---

目で表してみると表 9.5 のようになる．

対モンゴル援助の流れを重点分野の推移を中心に，1991 年から 2003 年までの，計 10 回にわたる支援国会合の歴史を概観する（表 9.8，9.9）．前半では緊急援助が中心であり，後半では市場経済の安定支援へと重点が移っている．より詳細にみていくと，日本の援助に関しては国際機関とは若干実態が違い，1974 年の無償援助以来 1990 年までの前段階，第 1 回支援国会合（1991 年 9 月）から第 4 回支援国会合（1994 年 11 月）までの第

**表 9.9** 日本の対モンゴル援助——重点分野の推移

| | |
|---|---|
| 前段階：1972～89 年 | ① 無償資金協力によるカシミヤ工場建設（1981 完成）<br>② 文化協定による交流 |
| 第 1 段階：1990～94 年 | ① 民主化支援<br>・支援国会合の共同議長国としての役割，国際社会への働きかけ<br>・市場経済化支援（無償資金協力，技術協力，円借款）<br>・農業，鉱工業，社会インフラ，経済インフラ，人材育成を支援<br>② 技術協力（経済改革・計画，人材育成，制度強化）<br>・研修員受入，専門家派遣，青年海外協力隊<br>③ プロジェクト方式技術協力（地質鉱物資源研究所，家畜微生物感染症診断・予防改善計画，技術大学教育基盤強化，母子保健，稲作技術協力−青森県車力村）<br>④ 開発調査（鉱業，農業，交通，通信，非鉄金属資源）<br>⑤ 無償資金協力（電力，通信，食糧供給，食糧援助，食糧増産）<br>⑥ 草の根無償援助<br>⑦ 第 4 火力発電所改修計画（ウランバートル熱水供給部分改修）<br>⑧ 有償資金協力（鉄道輸送力整備計画，第 4 火力発電所ボイラー改修，商品借款） |
| 第 2 段階：1995～2003 年 | ① 経済政策，制度，行政改革支援<br>② 農牧業総合開発計画作成支援，協同組合・家畜衛生サービス向上支援<br>③ 鉄道・道路などのインフラ整備支援<br>④ 航空管制システム支援，地方空港整備支援<br>⑤ 電気通信整備支援<br>⑥ 資源探査などにおける技術協力<br>⑦ 炭田開発などへの円借款<br>⑧ 教育制度再構築支援<br>⑨ 貧困緩和政策支援 |
| 第 3 段階：2004 年～2007 年 | ① 市場経済を担う制度整備・人材育成支援<br>② モンゴル日本人材開発センターの活用<br>③ 地方開発支援（開発拠点支援，農牧業再生支援）<br>④ 環境保全支援（自然環境，ウランバートル環境保全支援）<br>⑤ 経済活動促進インフラ整備支援 |
| モンゴル側評価の高かった事業 | ① 衛星通信地上局の建設<br>② コンテナ貨物積替え基地の整備<br>③ ロックアスファルト舗装道路建設<br>④ 第 4 火力発電所整備<br>⑤ 公共バス供与<br>⑥ 初等教育施設整備による校舎建設<br>⑦ 地方へのディーゼル発電機供与<br>⑧ 緊急援助全般 |
| 次期支援の方向性 | ① 新空港建設，ウランバートル市道路網改善計画<br>② 中小企業支援・環境保護のための 2 ステップローン（第 2 期）<br>③ ウランバートル市ゴミ・大気汚染対策支援<br>④ 「自立への道」支援 |

1 段階，第 5 回（1996 年 2 月）から第 10 回（2003 年 11 月）までの第 2 段階，そして日本の国別援助計画が策定された 2004 年 11 月から，第 3 段階が始まったとみることができる．2006 年 2 月から，ドナー実務者会合が 3 回開かれている．

モンゴルの外交の特徴について再度触れておくと，各国との連携を強めつつある全方位外交政策をとることに腐心してきたといえる（宮脇，2007）．前述のように，冷戦構造が崩壊する中，ロシア，中国に隣接するモンゴルは，中国との関係を中心

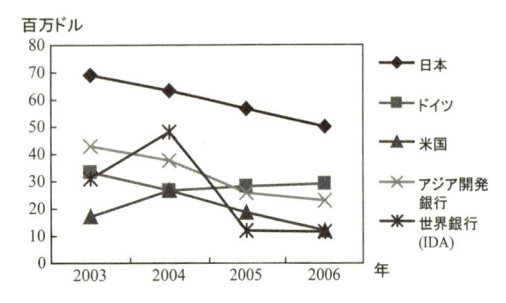

**図9.3** 主要ドナーの援助額推移：2003～2006年（OECD（FASID作成））

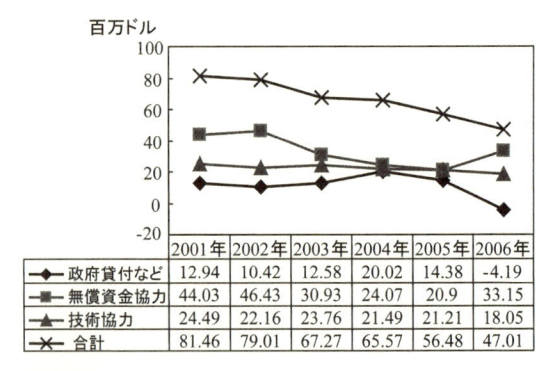

**図9.4** 日本の形態別援助額推移：2001～2006年（外務省『政府開発援助（ODA）国別データブック』各年版よりFASID作成）

|  | 2001年 | 2002年 | 2003年 | 2004年 | 2005年 | 2006年 |
|---|---|---|---|---|---|---|
| 政府貸付など | 12.94 | 10.42 | 12.58 | 20.02 | 14.38 | -4.19 |
| 無償資金協力 | 44.03 | 46.43 | 30.93 | 24.07 | 20.9 | 33.15 |
| 技術協力 | 24.49 | 22.16 | 23.76 | 21.49 | 21.21 | 18.05 |
| 合計 | 81.46 | 79.01 | 67.27 | 65.57 | 56.48 | 47.01 |

円借款・無償資金協力年度E/Nベース，技術協力年度経費ベース，単位：億円．

**図9.5** ウランバートルでなくなった日本人強制抑留者慰霊施設
のべ数万人に上る方々がモンゴル政府庁舎，外務省などの建築を担当しながら，1000人以上の方々が2度と故国の土を踏むことはなかった（2006年2月世古将人撮影）．

とした，東北アジアにおける自らの相対的地位向上を目指すことを外交の基本としていると認識している．第2次世界大戦の戦後賠償問題との関連では，実質的に日本は責任を果たした後で援助を開始した経緯がある．その後の日本のトップドナーとしての役割は，国際機関としてモンゴルのニーズにかなり応えてきたといえよう．

ただ現在の経済成長に関しては，日本の援助の直接のインパクトよりも，中国の経済成長からの影響が大きいといわざるをえない．たとえば，ダルハンの製鉄所では，日本は1991年から技術協力支援を行ってきたが，長らく上手くいっていなかった．しかし，2003年に中国が（ダルハン製鉄所から）鉄を買い付けはじめてから，黒字に転換し，うまくいくようになったという例がある．

### c. 日本の対モンゴル援助の特徴

次に，日本の対モンゴル援助の特徴に関して述べたい．まず，モンゴルは親日国である．その背景には強制抑留された旧日本兵による貢献（図9.5），そしてファシズムの不幸な歴史，原爆による大きな被害を蒙った過去をもつ日本国民への同情などからの親日感情もあったと思われる．そして国営企業改革，牧民の所有家畜の増加など，ペレストロイカ政策が進み，人々の意識が開かれつつあった1987年のドゥゲルスレン外相の訪日を機に，「日本に学ぶべし」という動きが出来し，1990年までにその友好国としての外交方針が固まってきたといえよう．

1972年の国交樹立以降1990年までの前段階では，50億円の無償援助によるカシミア工場の建設を除いて文化中心の交流が主な内容であった．その後もモンゴルへの援助の視点として，文化支援を入れているのは日本の援助の特徴のひとつである．その背景は，戦前からの日本におけるモンゴル研究の発展があったことや，そのことが1999年7月の小渕首相のモンゴルへの訪問の際に表明された文化支援の方向につながったことであり，交流の歴史的な意味からは戦前から続くレベルの高いモンゴル研究の基礎は忘れることができない要素である．

1990年から1994年までの第1段階では，緊急

支援が主な内容である．第2段階は1995年から2003年の時期で，制度整備支援が行われ，後半には日本モンゴル人材育成センターが建設された．制度整備から関連人材育成への移行がみられるのが，第2段階から第3段階である．第3段階は2004年から現在に至るまでで，2004年に策定されたモンゴル国別援助計画に基づいて実施されている．

また，前述のように，日本は対モンゴル支援国会合で世界銀行とともに共同議長担当国としてイニシアティブをとり，モンゴル援助コミュニティをリードしたことも日本の援助国としての歴史においてもほかに例をみないほど積極的であった．支援の内容は無償，技術協力が大きな割合を占め，有償の割合が相対的に少ない．青年海外協力隊の活動もモンゴルでは広く知られている．

忘れてはならないのは，昨今の地下資源開発や鉱工業への支援のもとになったのは地質鉱物資源研究所への支援（開発調査）である．資源に関しては，2006年2月にNEDO（新エネルギー・産業技術総合開発機構）がモンゴル産業通商省と，共同石炭探査で合意し，5年計画でゴビ地帯での調査活動を開始した．また三井物産はIvanhou Mines社と銅・金・石炭開発，インフラ関連事業推進で合意（2005年8月）しているが，日本からの投資はまだ少ない．今後10年の基本行動計画の中にも指摘されているが，民間の投資を官民共同で協議しあう場が設けられ，今後の日本からの投資促進が図られている．日本への信頼が厚いために，日本からの投資が求められているのである．

エネルギー分野では，最もモンゴルのインフラ整備に貢献したとされる第4火力発電所のリハビリ・改修事業がある．そのほか，教育制度の再構築への支援も重点分野として支援されてきた分野である．

### d. モンゴルの今後と日本

「モンゴルの今後と日本」について，10年の基本行動計画に基づき協力関係を促進していくことになっていることは前述したとおりである．その基本方針は ① 政務協議および政策協議の活性化，② 国際場裡における協力の促進，③ 政府間経済協力および官民経済交流の促進，④ 文化・教育・人道面における協力の促進である．この日本とモンゴルの10年の基本行動計画との関連からとりあげられているものに，新空港建設やウランバートル市道路網改善計画，中小企業支援・環境保護のための2ステップローン（第2期），ウランバートル市ゴミ・大気汚染対策支援などがある．日本と違って，土地はヒツジに食わせるくらいたくさんあり，空港建設において土地の問題はまったくないわけだが，空港への道路などインフラの問題がある．また，道路網の改善計画も本当にモンゴル，ウランバートルの総合的な改革になっていくのかどうかは気になるところである．ウランバートル市は現在はかなり無秩序にビル建築が進められており，都市計画が後手に回っている傾向がある．

現在，日本は全有償資金協力のうち21％，無償資金協力でいえば50％以上を負担している．いわゆるトップドナーとして，1991年9月の第1回モンゴル支援国会合以来モンゴルへの援助を支えてきたといってよい．また，全10回のモンゴル支援国会合は，日本と世界銀行が共同議長を担当して，世界に呼びかけて実現している国際会議である．日本の戦争責任の果たし方という後ろ向きの評価より，現代において，日本が国際社会に呼びかけてモンゴル国の経済危機に国際社会からの支援がその役割を果たすために，日本が主体的になって各国に呼びかけ，中心的役割を果たしている顕著かつ稀有な例である．

また，1994年11月の支援国会合ではモンゴル国経済は危機を脱したとの見方が明らかにされ，緊急援助から中長期的展望に立った支援への転換の姿勢がうたわれている．わが国のODAは基本的に現地主義，すなわち当該国のニーズに基づく援助であるので，支援国会議でのモンゴル側の援助要請がその方向であれば，それに基づいている．この会議での方向性がすなわちわが国の支援の方向性であり，日本の援助も1994年からは緊急援助という性格から，中長期的展望に基づいた支援

に変わったということである．

　さらに，2003年11月の支援国会合では，これまでの援助を評価し，今後の支援体制が協議され，支援国会合を終了し，以後の支援国の援助協調はウランバートルで小規模な実務者協議としていくことなどが決定された．したがって，モンゴル国の経済社会体制が安定しはじめ，各国援助機関，国際援助機関が総がかりで援助する時代が終了したことが確認されたのがこの年であるともいえよう．以後は2006年の第1回の実務者会議以来，不定期的定期に開催されることになっているようで，これまでに3回開かれている．

　モンゴルにとっては，冷戦構造の崩壊した後，自分たちの国をどのように運営していけばいいのか，そのアイデンティティをどのようにするのか，ということがずっと大きな課題であった．かつては，ソ連側に寄っていればよかった時代，中国の支配下とはいわなくとも中国寄りでよかった時代があった．ところが，今アメリカ合衆国は何かあれば助けるとはいっていても，アメリカ軍が部隊を常駐させているわけではない．何かあると，沖縄のアメリカ軍が飛んでくるであろうか．一方，日本は経済援助はするが，「善意の金持ち」的な役割しか期待できないことが次第に明確になってきている．

　モンゴルはこのように周りの助けを上手に利用しながら，自分たちの生き方を自ら模索せざるをえない状況になっているのである．ソ連にも（ロシアにも）中国にもいい顔をしてきた．このように，2つの大国に挟まれた小国であるモンゴルは，資源はあっても人口の少ない，軍事力のない国としての外交政策をとってきた．しかしながら，資源があるということ，ロシアと中国の間にあるという外交関係のバランスをうまく取る緩衝国としての役割が今後も必ず存在する．その役割をうまく利用しながら，モンゴルのアイデンティティを強くしていきたい，あるいは国民に自分たちのあり方をアピールしていきたい，というのが彼らの17年間の強い願いであったといえるだろう．

　モンゴルの立場は，各国との総合的パートナーシップ連携（1996年～），中国との国境確定，中国とロシアという2つの大国との等距離外交，アメリカ合衆国，日本，ドイツなどとの関係強化，アジア諸国との関係強化をモンゴルの『多角的外交』として，一貫して堅持していくことである．その出発点にある原因は，国際機関，援助国からの支援，特に日本からの支援を重視せざるをえない，国際政治における弱い立場，脆弱な経済基盤であったのは言を待たない．

　ここで，国際援助機関としての日本の役割は何であったろうかということを考えてみたい．日本は，当初「善意の金持ち」としての役割しか期待されていなかったかもしれないが，アフリカ諸国などとは違って，対モンゴル支援に若干中心的役割を果たしはじめたのは，いくつかの理由が考えられる．ひとつには，戦争責任ということがあったためにモンゴルへの支援をしやすかったということがあげられよう．

　また，戦前の満蒙開拓の影響からか，モンゴルに対して親しみをもつ日本人が多いために，それに比例して日本人に対して親しみをもつモンゴル人が多いようである．これは決して援助をたくさんしているからだけではないようで，かつて強制抑留された日本人によってつくられた国会議事堂や外務省，オペラ劇場など多くの建設物は，モンゴルの現在の成長を支えているからともいえよう．このような背景もあって，モンゴル人が日本を信頼するようになったと思う．かつてはハルハ河戦争という，自国の独立を脅かすとされた戦争

**図9.6** 燃え落ちたモンゴル人民革命党ビル
2008年の総選挙後の7月暴動で，内部の貴重な歴史的手紙類まで消失した（2008年10月）．

**表9.10** モンゴル経済参考資料（国家統計局, 2006）

| | |
|---|---|
| 全般 | ① 2006年経済成長率：8.4%<br>② 2006年GDP：3兆1724億トゥグルク（1ドル＝約1200トゥグルク）<br>③ 2006年1人あたりGDP：950ドル（前年比28.7%増加）<br>④ 1995年より回復<br>⑤ 2000年より安定成長<br>⑥ 2004年経済成長率：10.7%<br>⑦ 最近数年間年平均成長率：6～7%<br>⑧ 国内総生産中民間部門占有率：70% |
| 工業分野（2006年） | ① 工業生産：9.1%増（前年比）<br>② 乳製品，飲料生産，繊維工業（ニット）<br>③ 鉱業生産（銅，金，亜鉛など）：国際価格の高値安定，亜鉛生産工場のフル稼働，石炭採掘の大幅増 |
| 農業分野（2006年） | ① 農地：15万5300ha（減少に歯止め）<br>② 穀物：13万400トン<br>③ ジャガイモ：9820トン<br>④ 野菜：6万5100トン<br>⑤ 飼料作物：5900トン<br>⑥ 油用植物：1万4300トン |
| 貿易など（2006年） | ① 初めての貿易黒字：3960万ドル<br>② 貿易総額：30億ドル（前年比8億170万ドル：34.2%増加）<br>③ 輸出総額：15億2880万ドル（前年比43.6%増）<br>④ 輸出品（鉱物：59%）：銅精鉱（40%），金の高水準価格が原因<br>⑤ 輸入総額：14億8920万ドル（前年比25.7%増）<br>⑥ 輸入品：機械機器，自動車，石油製品が62.7%を閉める（食品と日用品の割合が減少し，機械機器の割合が増加）<br>⑦ 建築ラッシュ：4万個集合住宅建設国債発行（600億トゥグルク）<br>⑧ 人口：259万4100人（年平均増加率：1.3%） |

をした国であるにもかかわらず，その国の捕虜を厚く供養した．そういう，なぜかお互いにある事実のみをもとに，いつの間にか理解しあったもの同士のシンパシーを背景に，両国が協力を始めたというわけである．

日本は国際社会における政治的な地位を高めるため，国連改革を主張していくが，それを日本がいう前にいってくれたのがモンゴルであった．1997年に早くも国連での演説で国連での日本の役割強化を提案しているのである．このように国と国との関係でいえば，お互いの協力をそれぞれの分野で必要としていることが，現在までの日本とモンゴルの協力が進展してきた要因であろう．

同じ要素に対して，別の観点から述べると，アジアにおける戦後処理の未完状態が特に北東アジアで問題になっていることは周知のとおりである．断定はできないが，現実に日本が頭を悩ませているアジアにおける戦後処理の未完了問題は，今も続いていると筆者は認識している．しかし，モンゴルにおいては，それは完了している状況といってよい．そのために，あらゆる問題が解決しやすくなっているといえる．同時に，その協力関係も健やかに伸びており，2007年2月には，10年後までの両国の協力関係への約束もつい結んでしまうという状況ができている．今後10年間の日本とモンゴルの行動基本計画に両国は同意し，その中には協調して北東アジアの安定を図るという文言がある．対等なパートナーとしての日本・モンゴルの強力な2国間関係が前提とされている．言い換えれば，冷戦構造の崩壊とロシア，中国との国際関係を考えれば，この2国間の関係は特別に親密なのである．日本の戦争責任の果たし

方が国際社会における日本の地位をより確実なものにしてきた歴史に学ぶと同時に，モンゴルの例にも自信をもつべきである．アジアにおける戦後処理の未完状態が日米同盟による日本独自外交の欠落と連動する優位性はまったくない．

日本独自外交の全般的欠落は，日本の対モンゴル政策にも当然のごとく，独自外交とはいえない部分を齎しているが，それでもほかの国々にとの関係と比べると随分違った形で進んでいる．日本と中国との関係とは違う意味だが，国交正常化35周年ということで，悪い方を強調するのではなくいい方が強調され，氷を溶かす（！）ようなモ日外交をすべきであるというモンゴル人がいる．氷は日本とモンゴルの間にあるのではなくほかに横たわっていると筆者は思うが，不思議な友好関係を保っているモンゴルとの関係というのを，国際政治の中で日本自身がどう評価するかが大切である．政治や法という一般的な社会科学の立場からもモンゴル研究が深化し，モンゴルへの支援が日本の外交のあり方を再考する起点となることが期待される．

〔窪田新一〕

▶ 文　献

畜産技術協会（2005）：畜産分野における国別援助計画基礎資料—モンゴル編—．
日本モンゴル協会（2007）：日本とモンゴル．No.114．
日本貿易振興機構（2004）：モンゴル研究会報告書．
宮脇淳子（2007）：外交巧者モンゴルの苛酷な歴史に学べ．諸君，2007年6月号．
National Statistical Office of Mongolia（2006, 2007）：*Mongolian Statistical Yearbook*．
鯉渕信一（2007）：モンゴル．アジア動向年報2006．

# 9.3 シベリアの狩猟・牧畜をめぐる歴史と現代ロシア

## 9.3.1 地域の概念と経済

　シベリアとは北は北極海，東はベーリング海・オホーツク海・日本海，南はモンゴル高原とカザフ高原・ステップ，最後に西はウラル山脈によって囲われたユーラシア大陸北部に拡がるツンドラとタイガの世界である．日本では，ウラル山脈以東のアジア北部の広大な地域が伝統的に想起されてきた．北辺と西辺の境界は自然地理によって明確に区切られるが，南辺と東辺の境界は歴史文化・政治的な背景から必ずしも明瞭とはいえない．たとえば，16世紀末以降シベリアを支配下においてきたロシアは20世紀になってから太平洋に面したカムチャツカ半島やサハリン・沿海州を「極東ロシア」(Russian Far East) と称してシベリアと区別するようになった．一方，言語学・民族学・歴史的な連関性という視点からみると，日本海に面するロシア沿海州と中国東北部のツングース系諸民族は言語文化的に関係があり，モンゴル系の諸民族はロシアのバイカル湖周辺のタイガからヤブロボイ山脈・ハンガイ山脈の南側のモンゴル高原さらに中国側のゴビ砂漠にも暮らしている．西シベリア最西端のヤマル半島のネネツ人はウラル山脈の以西にも分布している．こうした例をあげたのは，シベリアの狩猟牧畜という研究対象をあげたときに，シベリアという地域概念とそこで特徴とされた生業や民族の分布範囲は必ずしも一致しないからである．

　本節で用いられる概念や方法について一定の見取り図を明示しておこう．筆者に与えられた課題は「シベリアの狩猟・牧畜経済の現状について概観し，それが地域経済においてもつ意義について論じる」というものであった．ここで掲げられた「経済」について筆者の立場は，市場経済を所与の前提とする経済学的立場ではない．過去から現在に至る人類社会においてさまざまな形で編みだされた生計維持活動にかかわる諸活動とその文化的背景を含む人類学的視点に基づくものである．シベリアの狩猟・牧畜を研究対象として設定するとは，北ユーラシアにおける人類の寒冷地適応とその文化史を念頭におきながら，19世紀までに形成された「伝統文化」が社会主義化と市場経済化の中でいかなる変遷を遂げてきたのか，その変化に対する記述を行うことなのである．

　重要な問題は，国家を中心とする広域の現代社会システムの中での位相である．シベリアは16世紀以降ロシアの版図におかれたが，その当初は毛皮資源，さらに19世紀以降は埋蔵鉱物資源開発という大規模な資金・設備を必要とするシステムに包摂されてきた．本節で検討する「狩猟牧畜」は，こうした歴史的文脈の中で経済開発を主な目的とするスラブ系住民の移民によって「少数民族化」した人々の活動である．狩猟・牧畜は，地域経済という観点からすれば微々たる経済規模でしかない．そうした諸活動をあえて論じる意義は，シベリアという生態環境への人類の適応がどのような形で現在へと連なるのかその歴史的ダイナミズムを理解することと，隣国ロシアの少数民族の社会文化の実態を理解することができるからである．

## 9.3.2 人口統計と都市社会

　シベリアの狩猟牧畜を実践する人々は何人おり，どのような民族的帰属意識をもつのだろうか．一見単純そうにみえる問いに正確に答えることは，実は極めて難しい．確かにロシアは膨大で多岐にわたる統計データを備えている．とはいえ，それは国家領域内の統治を維持し，行政機構の円滑な遂行のための判断材料として用いられるため

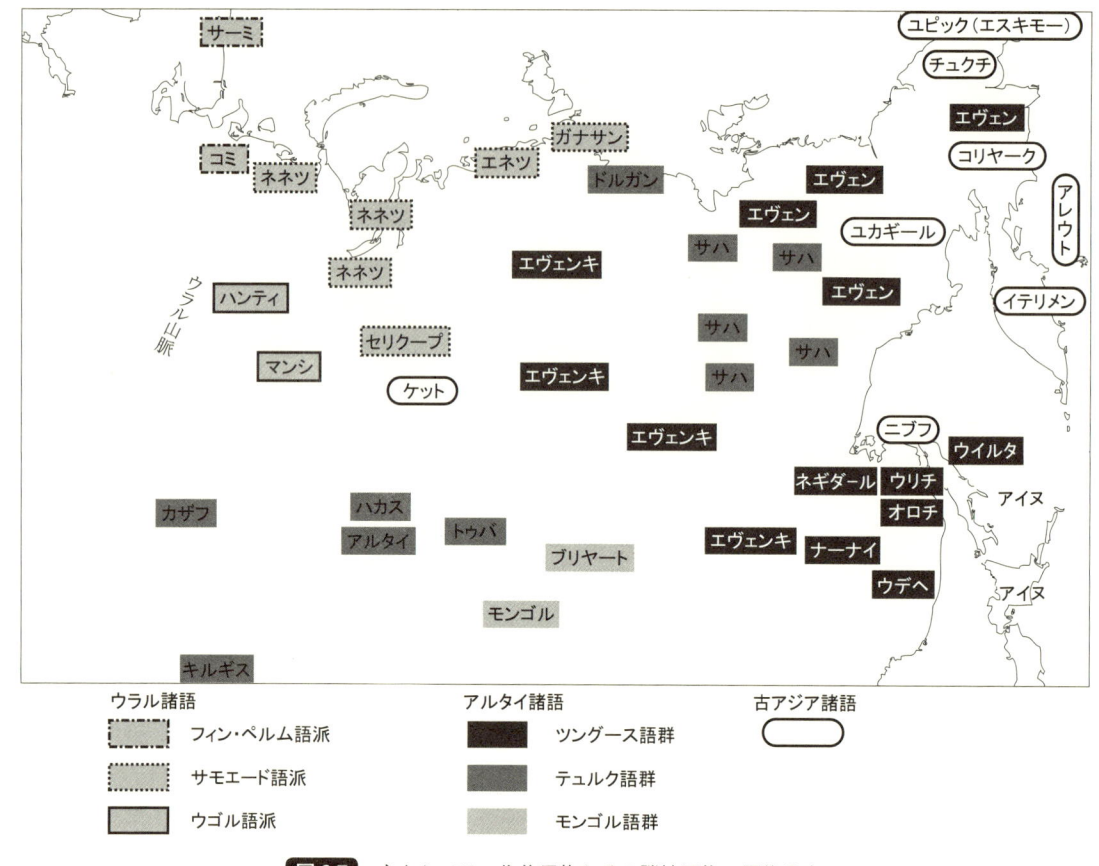

**図9.7** 主なシベリア先住民族とその隣接民族の居住分布

である．数値化される対象に少数民族の狩猟・牧畜活動が独自の項目となっていなければ，無数の数字群の中からその特殊な「経済活動」を見出すのは難しい．仮に独自の範疇化がされていたとしても，数値が小さすぎると相対的な意味で，統計的有意性は消失する恐れがある．

さらに，民族的帰属の問題は厄介である．ロシア国籍をもつ「国民」が，実態として多民族から成り立つものであっても，それがいかに識別され公的行政データとなるか，ここには政治的判断が含まれるからである．20世紀初頭よりロシアにおいては，国家が認定した「公的」な民族範疇が存在する一方で，そうして制度化された「民族」と人々の日常感覚としての民族意識は必ずしも一致しないという事態があり，それが国家の統治と社会の間のダイナミズムを形成する1つの要因となってきた．この点からすれば，少数民族の伝統的生業を統計的に概観するという一見簡単にみえる問いに取りくむことは，さまざまな操作的な探索を必要として，それは結果として国家行政・統計と多民族からなる国民の関係を根元的に見直す契機を含むものなのである．

ロシア連邦政府による2002年国勢調査の結果によると (RFFSGS, 2004a: 9, 200, 221, 262)，シベリアの人口は3910万人であり，これはロシア全体の27%にすぎないが，その面積は全土の76.8%に達する．都市部人口と農村部人口の割合を示すと都市部が75%，農村部が25%と圧倒的に多くの人口が都市型の生活環境に暮らしている．広大な空間に点在する都市が展開しており，人口的にはシベリアは都市社会である．とはいえ正確にいえば，このような数値データですら，国勢調査のデータや統計年鑑それ自体ではない．というのも「シベリアの人口と面積」という概念自体が統計データ

には存在しないからだ．現在のロシア連邦は通常の地方自治を含む行政区分（共和国・地方・州）がある以外に，大統領の直轄の連邦管区という制度が設けられ全体を6つの地域に区分している．本稿で定義されるシベリアの人口・面積は，「ウラル管区」「シベリア管区」「極東管区」の集計したものである．

### 9.3.3 狩猟・牧畜民と先住民概念

#### a. シベリアの狩猟・牧畜民の人口

シベリアの人口とその居住構造をふまえた上で，狩猟牧畜に従事する人々の人口について検討してみよう．まず明らかにすべきは狩猟・牧畜民の判別である．こうした情報は，文化人類学の成果を用いて提示することが可能であるが，同時にソ連および現ロシアの民族政策を射程におく必要がある．

表9.11はシベリア先住民リストである．以下で「シベリア先住民」というときこの表に記載されている民族集団全体を指している．まずC列をみてほしい．これは1956年に発刊された『シベリアの諸民族』で取り上げられたものである．この文献はソヴィエト民族学によるシベリア研究の代表的な研究成果の1つであり，その百科事典的性質も加わって，国内外のその後の研究に大きな影響力をもっている．通常，人類学分野においてシベリア先住民を想起する場合，そこでチェックされた民族名が念頭に現れるといっても過言ではない．これらの諸民族の主要な伝統的生業は，狩猟・牧畜である．

ソ連においては2種類の「民族」範疇が存在した．1つは，表9.11のE列「（ソ連）北方少数民族」である．これは，人口・社会構造，生業経済，公衆衛生，識字と社会教育といった観点から，ソ連成立初期より国家による特別の配慮・保護が必要とされたグループであり，1925年のソ連人民委員会決定によって26の民族が認定されていた．いわば国家による積極的な社会経済的福祉政策が必要とされた範疇である．もう一方は，ソ連の国家原理に内包された社会進化論的視点から「より発展」し，民族自決を享受する国家（共和国や自治共和国）を担えると認定されたD列「（ソ連＝ロシア）冠名民族」である．

これら2つは，現在のロシア連邦においても受けつがれている．D列に示したように，ソ連時代とロシア連邦の冠名民族は基本的に変わっていない．違いはかつては自治共和国であったのが，現在ではロシア連邦を構成する共和国の名称を冠しているという点である．これに対し，かつての北方少数民族はその数が大幅に増えている．F列はロシア連邦「北方先住少数民族」として列挙された民族であるが，これはもともとE列の北方少数民族を基盤に，ソ連崩壊前後からの民族主義の高揚に呼応し新たな集団自称に基づくエスニシティが生成し，これを国家が民族として認定したことを意味している（以下では，E列/F列の総称として「北方少数民族」を用いる)[1]．注意したいのはこの概念にはヨーロッパ・ロシア北部の先住民も含まれていることだ．言語系統や生業経済などの伝統文化の系統という観点や民族的少数者としての社会経済的位相から同じカテゴリーとされたのである．2002年の国勢調査ではこの認定も参考にしながら，民族ごとの人口が算出された．シベリア先住民全体の人口は約153万人で，シベリア人口全体の3.9％にすぎない．さらにシベリアにおける冠名民族は約127万人，北方先住少数民族は約24万人となる．

#### b. 職業構造と生業経済

こうして狩猟・牧畜にかかわるシベリアの民族の人口を算出できたが，シベリアの冠名民族や北

---

[1] シベリアだけでなくコーカサス地方などロシア全体を射程に入れた「ロシア連邦先住少数民族基本法」が1999年に制定されている（吉田，2000）．これに該当するのは5万人以下の少数かつ先住民であり，その後45の民族集団が認定された（Pravitel'stvo Rossiskoi Federatsii Postanovlenie ot 24 marta 2000 goda N255〈O Edinom perechne korennykh malochislennykh narodov Rossiskoi Federatsii〉（2000年9月30日改訂)）．北方先住少数民族のリストはこれを基盤に2006年に定められた（Pravitel'stvo Rossiskoi Federatsii Rasporiazhenie ot 17 aprelia 2006g. N 536-p〈Perechen' korennykh malochislennykh narodov Severa, Sibiri i Dal'nego Vostoka Rossiiskoi Federatsii〉)．

表 9.11　シベリア先住民の民族範疇と人口

| A 民族名 | B 主要な居住地域（現ロシア連邦行政区） | C 「シベリアの諸民族」*1 (31集団) | D ソ連自治共和国＝ロシア連邦内共和国冠名民族*2 (5集団) | E ソ連北方少数民族*3 (1925) (26集団) | F ロシア連邦北方先住少数民族*4 (2006) (40集団) | G 2002年国勢調査人口*5 (47集団) 全体 | ロシア連邦・ロシア連邦内共和国冠名民族 [D列] | ロシア連邦北方先住少数民族 [F列] |
|---|---|---|---|---|---|---|---|---|
| 1 アリューート | コリャーク自治管区 | + |   |   | + | n.d |   |   |
| 2 アルタイ | アルタイ共和国ほか | + | + |   |   | 67239 | 67239 |   |
| 3 アレウト | カムチャツカ州、コリャーク自治管区 | + |   |   | + | 540 |   | 540 |
| 4 イテリメン | カムチャツカ州、コリャーク自治管区 | + |   | + | + | 3180 |   | 3180 |
| 5 ウイルタ（オロッコ） | サハリン州 | + |   | + | + | 346 |   | 346 |
| 6 ウデヘ | 沿海地方、ハバロフスク地方 | + |   | + | + | 1657 |   | 1657 |
| 7 ウリチ | ハバロフスク地方 | + |   | + | + | 2913 |   | 2913 |
| 8 エヴェン | サハ共和国、マガダン州、カムチャツカ州ほか | + |   | + | + | 19071 |   | 19071 |
| 9 エヴェンキ | サハ共和国、クラスノヤルスク地方、エヴェンキ自治管区ほか | + |   | + | + | 35527 |   | 35527 |
| 10 エスキモー | チュクチ自治管区、コリャーク自治管区 | + |   | + | + | 1750 |   | 1750 |
| 11 エネツ | タイミール（ドルガン・ネネツ）自治管区 | + |   | + | + | 237 |   | 237 |
| 12 オロチ | ハバロフスク地方 | + |   | + | + | 686 |   | 686 |
| 13 ガサン | クラスノヤルスク地方、タイミール（ドルガン・ネネツ）自治管区 | + |   | + | + | 834 |   | 834 |
| 14 カムチャダール | カムチャツカ州 |   |   |   | + | 2293 |   | 2293 |
| 15 クマンディン | アルタイ地方、アルタイ共和国、ケメロフ州 |   |   |   | + | 3114 |   | 3114 |
| 16 ケット | クラスノヤルスク地方 | + |   | + | + | 1494 |   | 1494 |
| 17 ケレキ | チュクチ自治管区 |   |   |   | + | 8 |   | 8 |
| 18 コリヤーク | カムチャツカ州、コリャーク自治管区、マガダン州ほか | + |   | + | + | 8743 |   | 8743 |
| 19 サハ（ヤクート） | サハ共和国ほか | + | + |   |   | 443852 | 443852 |   |
| 20 シベリア・タタール | チュメン州ほか | + |   |   |   | 9611 |   |   |
| 21 ショル | ケメロフ州、ハカシヤ共和国、アルタイ共和国 |   |   |   | + | 13975 |   | 13975 |
| 22 セリクープ | チュメン州、ヤマロ・ネネツ自治管区、トムスク州ほか | + |   | + | + | 4249 |   | 4249 |

| | | | | | | |
|---|---|---|---|---|---|---|
| 23 | ソョート | ブリヤーチア共和国 | | | 2769 | | 2769 |
| 24 | ターズ | 沿海地方 | | | 276 | | 276 |
| 25 | チェルカン | アルタイ共和国 | | | 855 | | 855 |
| 26 | チュクチ | チュクチ自治管区，コリャーク自治管区 | + | | 15767 | | 15767 |
| 27 | チュバン | チュクチ自治管区，マガダン州 | | + | 1087 | | 1087 |
| 28 | チュリム | トムスク州，クラスノヤール地方 | | + | 656 | | 656 |
| 29 | テレウト | ケメロフ州 | | | 2650 | | 2650 |
| 30 | テレンギット | アルタイ共和国 | | + | 2399 | | 2399 |
| 31 | トッバ | トゥバ共和国ほか | | + | 243442 | 243442 | |
| 32 | トゥバラル | アルタイ共和国 | | | 1565 | | 1565 |
| 33 | トジ・トゥバ | トゥバ共和国 | | + | 4442 | | 4442 |
| 34 | トファラル | イルクーツック州 | + | + | 837 | | 837 |
| 35 | ドルガン | クラスノヤール地方，タイミール（ドルガン・ネネツ）自治管区，サハ共和国 | + | + | 7261 | | 7261 |
| 36 | ナーナイ | ハバロフスク地方，沿海地方，サハリン州 | + | + | 12160 | | 12160 |
| 37 | ナガイバイキ | チェリャビンスク州 | | | 9600 | | |
| 38 | ニヴフ | ハバロフスク地方，サハリン州 | + | + | 5162 | | 5162 |
| 39 | ネギダール | ハバロフスク地方 | + | + | 567 | | 567 |
| 40 | ネネツ | ヤマロ・ネネツ自治管区，アルハンゲリスク州，ネネツ自治管区ほか | + | + | 41302 | | 41302 |
| 41 | ハカス | ハカシヤ共和国ほか | + | | 75622 | 75622 | |
| 42 | ハンティ | トュメン州，ハンティマンシ自治管区，ヤマロ・ネネツ自治管区ほか | + | + | 28678 | 28678 | |
| 43 | ブリヤート | ブリヤーチア共和国，マガダン州 | + | | 445175 | 445175 | |
| 44 | マンシ | トュメン州，ハンティマンシ自治管区，スベルドロフ州ほか | + | + | 11432 | 11432 | |
| 45 | ユカギール | サハ共和国，マガダン州 | | + | 1509 | | 1509 |
| 46 | #ヴェプス | カレリア共和国 | | + | (8240) | | |
| 47 | #サーミ | ムルマンスク州 | | + | (1991) | | |
| | 人口合計 | | | | 1536532 | 1275330 | 241991 |
| | シベリア人口（39129759）全体における比率 | | | | 3.94% | 3.26% | 0.62% |

注：#は本稿の定義する「シベリア」に含まれない民族
出典：*1：Levin and Potapov, 1956. *2：ソ連およびロシア憲法にて規定. *3：Pika, 1999：xxx. *4：ロシア法令#2にて規定. *5：RFFSGS, 2004b, 2005

表9.12 北方先住少数民族優先領域における15〜64歳の北方先住少数民族就労者の職業構造（RFFSGS, 2005：397-445）

| | | | |
|---|---|---|---|
| 1 | 農牧業・狩猟・林業 | 23.21% | |
| 2 | 漁業・養殖業 | 8.27% | 33.77% |
| 3 | 食品加工業 | 2.28% | |
| 4 | 有用埋蔵物採取 | 1.73% | |
| 5 | 教育 | 22.51% | |
| 6 | 保健・医療 | 9.35% | |
| 7 | 公共サービス | 9.03% | 52.57% |
| 8 | 公務員，軍役，警察 | 6.15% | |
| 9 | 交通・コミュニケーション | 3.74% | |
| 10 | 電気・ガス・水道 | 1.80% | |
| 11 | 建設 | 1.82% | |
| 12 | 小売業・自動車修理・家電修理 | 4.27% | |
| 13 | ホテル・レストラン | 0.90% | |
| 14 | 金融業 | 0.41% | |
| 15 | 不動産 | 3.48% | |
| 16 | 家事 | 0.02% | |
| 17 | そのほか | 1.04% | |

方少数民族全員が，伝統的な意味での狩猟・牧畜に現在従事しているわけではない．むしろ多くの場合，ソ連時代の近代化政策によって工業や流通・サービス業・文化教育部門など様々な職業についてきた．それらの民族ごとの職業分布統計資料は存在しない．通常，職業別人口は行政区など領域的なレベルで収集されるからだ．さらに狩猟・牧畜はソ連時代に労働組織や生産手段などの点において近代産業として再編され，広い意味での農業の一部門とみなされるようになった．そのため狩猟や牧畜だけに携わる人口を算出することは厳密にいえば不可能である．とはいえ，ある程度の操作を行うことでその概略はうかがうことは可能である．

先にソ連・ロシアの民族政策において2つの「民族」範疇があることを示した．この概念の違いは，社会経済領域にかかわる統計資料の編集方針にも影響を及ぼしている．北方少数民族は，民族集団ごとに，労働人口や雇用形態，財産の保有状態が把握可能となっているのに対し，共和国の冠名民族の場合，統計データはあくまで面的な行政単位ごとに集計されるからである．

表9.12をみて欲しい．これは15〜64歳の男女の北方少数民族就労者を対象にした職業分布である．最も数が多いのは「農牧業・狩猟・林業」従事者の23.2%，第2位が「教育」で22.5%，第3位に「保健医療」で9.4%となっている．本節でいうところの狩猟・牧畜にかかわるのは，さらに「漁業・養殖業」「食品加工産業」を加えたものであり，その合計は33.8%となる．この3割代の数字をどう評価するかは注意を要する．というのも，この統計の母集団は先に算出した約24万人ではなく，北方少数民族がある程度まとまって優先的に居住している区域（以下では，「北方先住少数民族集住領域」）の人口だからである．いうなれば先住民の多い農村部の集計なのだ．そこで3割を超える程度の割合だということである．

表9.12で興味深いのは，「教育」と「保健・医療」，さらに「電気・ガス・水道」「交通・コミュニケーション」「公務」「公共サービス」という定住化を伴うソ連近代化諸政策によって導入された公的な職業の割合は52.6%と過半数を超えることである．先の農牧林漁業と合わせると8割以上に達する．旧国営農場が一元的に管轄下においた農業（漁業）生産部門とそれ以外の公共サービス部門によって大半が占められているという職業構造は，旧ソ連全体の農村構造の典型だった．詳しくは後述するが，狩猟・牧畜を伝統的生業とする諸民族の多くは非定住型の生活様式をかつては送っており，現在シベリアでみられる農村集落での生活は，その多くが1950〜60年代に整備された比較的新しい居住様式なのである．

狩猟・牧畜を含む伝統的生業への北方先住少数民族の従事者が3割であるとはいえ，これはあくまで職業としての集計であることに注意する必要がある．狩猟・牧畜をしている先住民はプロだけではないのだ．筆者が民族誌調査を行っているシベリアのサハ共和国の場合，農村部に暮らす先住民の男性のほとんどは有給休暇を利用し，野生トナカイやビッグ・ホーンなどの大型獣猟あるいは河川の漁労活動を行っている．これは1日で終わるものから数日間，長い場合は数週間かけて山河に分け入り，宿営しながら実施される．そこで得られたものは食料として自家消費ないし贈与交換

や販売されている．この点で，ソ連式近代生活様式の中で定住しているといえども，彼らの狩猟・漁労など生業は，娯楽という側面も備えた重要経済活動であることも指摘しておこう．

### c. ロシアの先住民法と諸権利

先住民がまとまってかつ優先的に暮らしている面的領域を政府が認定するという考え方は，国民全体の平等性という観点からすると，一見奇妙に思えるかもしれない．とはいえ，多民族からなる社会において，先住民権利の概念や社会福祉政策の観点からすると，こうした認定を行うことは，政策のスムーズな遂行に寄与する一面ももっている．実際に，北方先住少数民族の「集住領域」という考え方は，ソ連時代末期の1987年には法律によって定められており，1993年には現行の連邦政府による決定「北方少数民族居住地区一覧」に引き継がれた[*1] (RFFSGS, 2005：562)．

この考え方の基盤は，ソ連時代からの民族統治原則「領域自治」の考え方にある．文化自治と対峙されるこの概念は，民族共和国や（民族）自治共和国などの（ソ連を構成する）国家，また（民族）自治管区などの地方行政区域に対して特定の民族名を冠したり，示唆するような行政区域の設置を正当化したからである．1930〜40年代にみられたがその後廃止された民族地区や民族村なども，ソ連崩壊後は復活している．

この考えは，連邦政府が先住民の権利概念を法的な意味で認めた「先住民の伝統的自然利用領域法」の基盤となっていると指摘することも可能だろう[*2]．これはトナカイ飼育や狩猟・漁労，さらに海獣狩猟などの伝統的生業に従事する先住民の権利を特別に認めようとするものである．彼らの生業は，広大な自然を必要とするが，そこは同時に石油や天然ガスなどの有用埋蔵資源や木材資源など経済開発地域と重なることがある．たとえば西シベリアのヤマル・ネネツ自治管区のネネツ人のトナカイ放牧地とパイプラインの問題，またロシア極東の沿海地方のウデへ人の狩猟区域と森林伐採の問題など枚挙に暇がない．そうした北方先住民がまとまって暮らし伝統的生業に従事してい

図9.8 「トナカイ牧夫の祭」に参加した晴れ着の森林ネネツ人の家族と装飾された家畜トナカイ（口絵20）
（ロシア，ヤマル・ネネツ自治管区プール地区，2008年3月撮影）

る場合，環境保護と合わせて，彼らの権利を保護するというのが法律の骨子である．国連をはじめとする国際的な先住民族権利基準に照らしての意義や，この法律に基づく実際の政策現場がどのようなものであるかは別の議論が必要だろう．とはいえ，この法律は生業活動が単なる経済行為だけではなく，文化的アイデンティティの保持と発展にも重要な要素であることを認めている（第4条）．そこではロシア連邦という多民族統治体制下において，「北方先住少数民族」の狩猟・牧畜を含む伝統的生業，具体的にはトナカイ飼育・狩猟（海獣狩猟含む）・漁労（第10条）が，単なる一般の農牧林水産業と異なる位置づけとなっていることも示しているからだ．

そのことは，シベリア先住民のもうひとつ冠名民族の狩猟・牧畜と比べるとわかりやすい．冠名民族の伝統的生業のうち狩猟は北方先住少数民族と共通しているが，牧畜はウシ，ウマ，ヒツジ，ヤギ，ラクダなどいわゆる内陸アジアとの文化史的系統に含まれるものである．これらの家畜生産

---

[*1] Pravitel'stvo Rossiskoi Federatsii Postanovlenie ot 11 ianvaria 1993g. N 22 〈O perechne raionov prozhivaniia malochislennykh narodov Severa〉(1993年10月7日および2000年1月23日改訂).

[*2] Rossiiskaia Federatsiia Federal'nyi zakon 〈O territoriiakh traditsionnogo prirodpol'zovaniia korennykh malochislennykh narodov Severa, Sibiri i Dal'nego Vostoka Rossiiskoi Federatsii〉(2001年5月11日公布)

は家畜トナカイ生産とは異なり，特別扱いはされていない．さらに冠名民族ごとの農牧林漁業統計もまた存在していない．あくまで彼らの生産活動は，複数の民族がそのまま集計された領域行政ごとに数値化されている．

これらの事実はシベリアの先住民として上述した2つの範疇を総合し分析しようとするときに，障害となって現れる．とりわけ東シベリアのサハ共和国やブリヤーチア共和国など，北方少数民族と冠名民族が混住して暮らしている地域において顕著である．というのも北方少数民族のデータには冠名民族が含まれておらず，逆に共和国のデータにおいてはたとえばサハ人とロシア人の社会経済的行動の差異は示すことが原理的にできないからである．

ちなみにサハ共和国のサハ人とロシア人比率は，それぞれ45.5%と41.2%である．またブリヤーチアではブリヤート人とロシア人はそれぞれ27.8%と67.8%である．逆にいえば，たとえばハバロフスク地方などロシア人の割合が90%近くに達し，ほかの冠名民族の割合が少ない行政区の場合，北方少数民族の統計データは，この地域のシベリア先住民生業活動の様相を示しうることになる (RFFSGS, 2004b : 96, 112, 114-115)．こうした状況は，本節が目的とする広い意味でのシベリア先住の諸民族全般の狩猟・牧畜経済にかかわる特徴を描写しようとする際に，顕著な問題となる．国家の中に包摂されてしまった民族集団の傾向と特徴を経済統計から読みとろうとするとき，その数値を編纂した国家の意図を超えた分析は極めて困難だからである．

### 9.3.4 伝統的生業経済の類型と文化史

筆者がシベリア先住民の狩猟・牧畜を，冠名民族と北方少数民族それぞれにではなく統合的に扱おうとするのは理由は2つある．第1に，これら2つの区別はソ連・ロシア民族政策の結果生じたものにすぎないからである．狩猟・牧畜の実践は，2つの先住民のカテゴリーいずれかに属するかによって機械的に区分けされるのではなく，農村をとりまく自然環境や社会経済的状況に応じる形で人々に選択されるものである．第2の理由は文化史的背景である．シベリアの狩猟・牧畜はさまざまな形態として営まれているが，それらは文化史の系統という観点からすると相互に関係している．さらにロシアの文化人類学の知見において，それらの生業形態は民族文化というよりも，むしろ環境に対する適応形態として理解されてきた．以下ではこの文化史的背景に触れることで，シベリアの狩猟・牧畜の具体像を提示したい．

人類学ではシベリア先住民の生業物質文化にかかわる類型として，①「タイガの狩猟」，②「北極海沿岸海獣狩猟」，③アムール川やエニセイ川，オビ川などの「大河川流域の漁労」，④小規模のトナカイ群を交通手段として利用しながら狩猟採集に依存する「タイガの狩猟・トナカイ飼育」，⑤「ツンドラのトナカイ牧畜」，最後に⑥南シベリアのテュルク系諸民族によるウシ・ウマ・ヒツジなど複合牧畜を中心とする「ステップおよび森林の牧畜と農耕」，が提示されている (Levin, 1958 : 5-12)．この内⑥は，モンゴルや中央アジアのステップ牧畜民との類似性および文化史的連関性がある．

文化史的な視点で描写すれば，そもそもシベリアにおける基層的生業文化とは，タイガやツンドラといった生態環境に依拠した狩猟採集および河川流域における漁労である．北極海沿岸域（特に北東シベリア）においては，6000～8000年前に特徴的な回転式銛という道具を利用する海獣狩猟と漁労を営む海洋資源利用適応が出現した．2000～3000年前になると，南シベリアのサヤン・アルタイ地域では，周辺のステップ牧畜民の影響を受け，トナカイが家畜化されるようになった．寒冷地適応した大型哺乳類の唯一の家畜化はその後，シベリア先住民の生活形態に多大な影響をもたらすこととなった．シベリアの大半において，交通手段（駄載・橇牽引・騎乗）確保を目的とする家畜トナカイという単一の家畜種群による放牧という生業形態が出現したからである．家畜としてのトナカイは乳よりもむしろ交通手段として，

狩猟採集漁労活動およびそれに必要な移動的な生活形態にとって重要な役割を果たした (佐々木, 1985; 北海道立北方民族博物館, 2006).

こうした家畜トナカイを軸にした生業複合は, 狩猟・漁労・トナカイ飼養の「北方の三位一体」とも呼ばれる. それは④の類型に典型的で, ①や③などの生業を副次的に組みあわせるからである. ②の海獣狩猟類型の場合は, ①から④と無関係にみえるがそうではない. なぜなら海岸部の生産物と内陸部の生産物は相互の住民集団にとって必要な交易の対象だったからである. 極北人類学の理論では, 内陸適応するか海洋適応するかは, 気候変動によって相互に反比例する増減関係にある回遊性の海洋資源と内陸の狩猟獣資源の量によって規定されていたともいわれている (Krupnik, 1993). この考え方に従うと, 家畜トナカイを飼育するか否かは, 野生トナカイ猟や河川での漁労の成否によるということになる. この説の1つの極は⑤のツンドラトナカイ牧畜類型の出現である. 18世紀における北半球の寒冷化と帝政ロシアの植民地化の影響を受けて, シベリアのツンドラの東と西の両端でほぼ同時期に④類型から⑤の肉生産を主目的とするトナカイ牧畜が出現した. トナカイ牧畜は19世紀を通じてツンドラ全体の諸民族に広まり, 20世紀初頭には森林ツンドラや山岳タイガなどに暮らす集団にも伝播した.

こうしてみると, 極寒のシベリアの環境において唯一の家畜であるトナカイの依存への有無を規準として, タイガ・ツンドラにそれぞれ「固有」な「狩猟・牧畜」が類型化されることがわかる. その一方, 複数種家畜を育成し, また周囲の農耕民とのかかわりを保持してきたステップの牧畜は, その起源上の連関性はともかく伝統的な意味でのシベリア北部の先住民とは関係ないようにみえる.

注意したいのは, これらの生業経済類型は, 民族集団ごとに適応可能であるというものではないことだ. 同一の集団にあっても暮らす環境に応じて異なる生業戦略を営まれることがあるからだ. 実際に, 東シベリアのサハ人は民族起源論的には南のステップ型の生業類型だったが, 現在分布するレナ川流域に北上するにつれ, かつて五畜 (ヒツジ・ヤギ・ラクダ・ウマ・ウシ) いた家畜依存をより減少させた. 現在はウシとウマ飼養を中心に, 農業と狩猟採集の複合となっている. サハ人の中には北極圏まで移動した集団があり, 彼らは周囲のツングース系集団などの影響を受け, ④そして⑤のトナカイ牧畜民化した. また同様にシベリア南部のステップ地帯に暮らすトゥバ系の人々の中には, 山岳地帯において「タイガの狩猟・トナカイ飼育民」という適応となった集団もいるのである.

確かにツンドラ・タイガ・北極海岸を中心とする生業適応とステップのそれとは大きな違いがある. とはいえ先住民は生態や政治経済などの影響の中でそれぞれ特有の生業経済を展開させてきた. それゆえにソ連時代に概念化された北方少数民族と冠名民族の生業形態に機械的に当てはめることは不適切である. 逆にいえば彼らがロシアの中の少数者・先住民であるがゆえにこそその生業を理解するには文化史の視点が有効となるのである.

### 9.3.5 社会主義体制下の近代化と農村構造

#### a. 農業集団化と「理性」による啓蒙

20世紀初頭のロシア革命以前にみられた伝統的な生業経済は, 社会主義時代の近代化政策に

**図 9.9** エヴェン人家族が飼養するトナカイ群 頭数把握のため群を一時的に囲いに入れる仕組みはソ連農業政策の中で導入された (ロシア・サハ共和国オイミャコン郡, 2007年3月撮影).

よって大きく変容した．それは文化・生活様式としての生業経済活動から，計画経済システム化に包摂された産業としての経済活動への変化だった．農業集団化の実施に伴い集団農場(コルホーズ)や国営農場(ソフホーズ)が各地に設けられ，先住民の多くは，その雇用労働者となったのである．前項で論じた①～⑤の生業経済類型の多くは，トナカイを肉畜として生産する畜産化あるいは漁業化された．狩猟については毛皮獣を対象とした罠猟が職業化されたほか，キツネなどの養殖も実施された．⑥の場合，農耕の比重がより大きくなり，ヒツジや牛馬などは乳および肉生産のための畜産化が進行した．

農業集団化とは，放牧地や漁猟区画，家畜や漁具・猟具などの生産手段の私的所有を認めず，それらを集団所有ないし国有化させた条件下での生産体制および住民の生活の基盤を構築しようとする政策である．その背後には人類社会の歴史とりわけ生産にかかわる1つの見方がある．長い歴史過程で形成された社会・労働組織と経済制度は，規模を拡大し複雑化する形で発展してきたが，それはその内部での財の再分配をめぐる仕組みの精緻化でもあった．社会主義政権が変革の対象としたのは，市場における自由な取引を基盤とする資本主義システムにおいて形成された搾取と社会経済的不平等だった．これに対し，人間の合理的理性によって計画可能な経済システムを構築することで搾取と不平等を克服しようとしたのである．

そうした理念は，歴史の中で形成された労働組織，そしてこれを再生産する家族・社会組織に対する政策的介入となって現れた．その1つが生産手段の私有の否定と富裕層の否定だった．シベリア先住民の間では数多くの家畜を保有する人間が「富農（クラーク）」の烙印を押され，家畜を没収されることとなった．もう1つは，宗教や信仰実践など非理性的とされた活動が否定され，合理的科学観に基づくとされた文化および厚生政策が実施されたことである．それはシベリア先住民の精神文化の基盤となっていたシャマニズムへの弾圧であり，同時に社会主義近代化を啓蒙するための教育および病院などの設置だった．

b. 行政村の設立と職業の多様化

シベリア先住民にとって農業集団化は，伝統的生業経済の一部の産業化であり，また労働を支える社会的組織・居住形態・社会システムの改変でもあった．従来の親族・地縁を基盤とする労働形態が，集団農場など企業的組織体を中心とするものにかわったこと，さらに周年移動・移牧という居住形態が定住化され，そこには学校・病院などが設けられた．とはいえ，当時の集団化は小規模な集団農場とこれにかかわる住民が暮らす小集落の設置にとどまり，社会的インフラの整備は十分なものではなかった．

これが変わるのは1950年代の集団農場の拡大と集落の統合政策によってである．人口2000～3000人程度の中規模な人口的行政村が建設され，先住民は強制的に定住させられた．たとえば，サハ人が暮らすメギノ・カンガル郡（サハ共和国内）の場合，1942年に600近く登録されていた集落は，1961年には55まで減少した．この影響は大きかった．というのも，集団化初期に設置された集落はもともと先住民が何らかの形で利用していた場所であり，定住化されても住民同士は互いに旧知の間柄だった．集団化の拡大と集落統合政策は，先住民の日常的な社交範囲を拡大するとともに，それまでにない規模で集落に整備された諸施設での雇用を生みだしたのだった．

先住民の多くは国営農場，村役場や学校，さらに発電所や森林伐採などの公共サービス機関で雇用され，給与を支給される労働者となった．もちろん，農村の主要な産業は，トナカイ畜産など第1次産業だったが，その経営母体の国営農場は，所長・会計係・運転手などの機能分化した職種を抱え，放牧地や漁場などで直接生産活動に従事する人々は職業的な牧夫，漁師という位置づけだった．トナカイ牧夫についていえば，1年の大半を家畜群の管理に費やす生活＝労働形態は維持された．しかし，宿営地は成人男性を中心とする職業牧夫によって構成される労働班単位で構成されるようになっていた．日本でいえば遠洋漁業の従事者が家族を町や村に残して年の大半を海原で過ごすと同じように，家族は農村で別に暮らすという

あり方と幾分共通するものである．こうした労働編成は狩猟・漁労でも同様だった．

トナカイ飼育や狩猟などに従事する北方少数民族は，一見遊牧しているようにみえるが，それはあくまで国営農場管理下のものだった．彼らの生業活動にかかわる自律的移動性は1960年代以降完全に喪失されたといえる．両親が集落を離れて放牧地や漁猟地にとどまりながら生産活動を行う場合，その子供は集落の寄宿学校に入れられ育てられるという状況も出現するようになった．このことは先住民次世代が民族語からロシア語の母語化という問題を発生させるとともに，伝統文化の継承が従来の日常生活を通してだけでなく，学校教育などを通して教えられる側面も出るようになった．

**c．近代化政策の評価と先住民の多様な経験の中の「社会主義」**

1930年代からの一連の近代化政策は，先住民の伝統的生活形態を破壊するものだった．とはいえ，社会主義システムが彼らにもたらしたのは，飢餓からの解放，保健衛生環境の改善，教育機会の増大と人口の増大，都市社会への流入という現象である．19世紀末の民族誌では，シベリアの各地で飢餓や疫病など先住民社会の危機がしばしば描かれている．こうした事態は，帝政ロシアの植民地支配に由来する側面もあったが，この状況を一変させたのは，ソ連政府の功績でもあった．少なくとも現在のシベリア先住民社会において，いわゆる第三世界の一部にみられるようないわゆる絶対貧困といった事態は存在していない．

かつてシベリア先住民に対するソ連の社会主義政策については，これを肯定的にとらえるか，批判的・否定的に分析するか，両極に分かれる傾向があった．とはいえ，1990年代以降，日本・欧米の民族誌調査・社会調査が実施されるようになってからは，先住民に対する社会主義政策が一枚岩にみえながらも地域によって多様な実施形態があり，住民によってもその評価がさまざまであることが知られるようになった．

特に近年の研究が明らかにしているのは，現在のシベリア先住民のほとんどは，社会主義時代のさまざまな政策を肯定的であれ否定的であれ，自らの経験として享受し内面化していることである．社会主義化政策とこれと両輪をなしたロシア（語）化という社会文化的状況を，シベリア先住民にとって外在的なものとみなし，彼らの本来の社会・文化をとらえようとするアプローチは現状理解へとはつながらないであろう．いくつかの事例研究（高倉．2000；吉田．2003）からは，狩猟・牧畜活動が，政策や法制度という点でソ連全体の形式的枠組みに一定の規制を受けつつも，独自の歴史を含む地域的な文脈の中で先住民自身が自律的な形で営んできたことを示している．

### 9.3.6　市場経済の中のシベリアの狩猟と牧畜

社会主義農業の一部門となった狩猟・牧畜は，ソ連崩壊以降どのように変容したのだろうか．最も決定的だったのは，国営農場システムの機能停止である．これは単に第1次産業への従事者だけでなく，農場が設置された村落部全体の社会経済・権力構造に大きな変化をもたらした．1950年代の「拡大と統合」政策によって，シベリアの先住民の農村部はおおむね1つの行政村につき，1つの国営農場（あるいはその支部）があり，これが村で最大の雇用機関という様相を呈していた．そこでの意思決定は，村役場と並んで村落コミュニティ全体の行方を左右するものとなっていた．というのも雇用の決定や労働配置，福祉厚生サービスの分配にまで及ぶものだったからである．

社会主義体制の崩壊は，地域社会という点からすると，生産計画・設備資金・給料などが国家から供給されなくなったことを意味している．そうしたポスト社会主義下の行政村コミュニティで進行したのは，かつてみられた従来のソフホーズ・役場を中心とする垂直的権力関係の，より水平的な権力関係への変化である．これは家畜を含め生産手段の私有化が進んだこと，さらに自営の農民や私的ビジネスが出現し，住民自身の意思決定な

**表9.13** 1950～2000年におけるサハ共和国の家畜トナカイ所有構造（MESR 2001：71）

|  | 1950 | 1975 | 1990 | 1992 | 1996 | 1998 | 2000 |
|---|---|---|---|---|---|---|---|
| トナカイ（1000頭） | 312.9 | 371.9 | 361.5 | 343.2 | 215.8 | 177.1 | 156.2 |
| 国営/集団農場および農業企業所有（1000頭） | 290.1 | 338 | 320.2 | 219.9 | 103.4 | 85.5 | 85.4 |
| 国営/集団農場および農業企業所有割合（%） | 92.7% | 90.9% | 88.6% | 64.1% | 47.9% | 48.3% | 54.7% |
| 住民による個人/私的所有所有（1000頭） | 22.8 | 33.9 | 41.3 | 47.4 | 41.4 | 31.6 | 29.2 |
| 住民による個人/私的所有割合（%） | 7.3% | 9.1% | 11.4% | 13.8% | 19.2% | 17.8% | 18.7% |
| 農民経営所有（1000頭） |  |  |  |  | 0.2 | 0.7 | 0.7 |
| 農民経営所有割合（%） |  |  |  |  | 0.1% | 0.4% | 0.4% |
| 氏族共同体所有（1000頭） |  |  |  | 75.9 | 70.8 | 59.3 | 40.9 |
| 氏族共同体所有割合（%） |  |  |  | 22.1% | 32.8% | 33.5% | 26.2% |

しには彼らの生活が立ちゆかなくなったためである．また家畜頭数全体を含む農業生産の規模は縮小した．これらは，シベリア先住民に対してだけというより，ロシア全体にわたって指摘できる傾向である．

最後に，北方少数民族のトナカイ飼育に焦点をあててその現状分析を行うことで，シベリアの狩猟・牧畜のまとめとしたい．まずロシア全体でみると，ソ連崩壊後から私有トナカイ数は増加したが，それは1995年までのわずかな期間で，その後1996～2000年の間には17%減少した．私有も含めたロシアの家畜トナカイ全体の頭数をみると，1991～2001年の間にその頭数はほぼ半分にまで減ったのである．なお2001年以降ロシア経済全体の安定化と呼応するように家畜数全体も緩やかに増加する傾向にある (Klokov, 2004)．

興味深いのは，トナカイの私有化が完全に自由化された後も，国営農場のような農業企業体は消滅しなかったことだ．これはトナカイ群れ管理という牧畜・畜産技術上の問題がかかわっている．トナカイは国営農場時代6～7人の職業牧夫の飼育班によって1000～2000頭もの群れ管理がされていた．私有トナカイはいわばソフホーズ所有の公トナカイの大規模群に混ぜて飼育されていた．集団的な技術労働なしに群れ管理は不可能だったため，家畜の私有化が進行しても，家族ごとに私有家畜群を放牧するという仕組みは一般化しなかったのである．

より明確な実態を紹介するため，サハ共和国に焦点をあてた表9.13をみて欲しい．これは，トナカイの1950～2000年にわたる頭数と所有構造である．これをみると社会主義時代であっても10～20%前後の私有が認められていたことがわかる．重要なのは，ロシア全体のトナカイ飼育業にもいえるが，1992年から2000年に至るまで家畜の所有の約半数は旧国営農場系企業であったことである．個人私有はばらつきがあるものの20%を超えていない．サハ共和国を含め現ロシアでは北方少数民族の生業対象とした第1次産業の経営単位として「氏族共同体」がある．これは9.3.3c項で紹介した「先住民の伝統的自然利用領域法」に対応する組織である．この単位の家畜飼育は，家畜固体の所有だけでなく，群れ管理自体も国営農場から分離した，という点で社会主義農業の崩壊の象徴でもある．とはいえ，その所有ですら20～30%前半の割合である．このことはサハ共和国においては旧国営農場系企業がトナカイ飼育に重要な役割を果たしていることを示している．その経営陣にかつての政治的な力はないにしても，農村コミュニティにおいて多様な職種を抱える雇用機関として一定の役割を担っている．

こうした地域事例の提示によって，9.3.3項で分析した狩猟・牧畜の統計データの意味や法制度や政策の背景をある程度うかがうことができる．たとえば北方少数民族就労者の伝統的生業への従事率が3割という数字の社会的意味は，旧国営農場や氏族共同体という経営単位の性質とその社会的評価，さらに労働技術などの諸要素がかかわっている．狩猟・牧畜は先住民全体の生活を支える職業・経済活動ではない．にもかかわらず，そしてそれゆえに，先住民の文化的アイデンティティの象徴として重要なのだといえる．

本節は，シベリアの狩猟・牧畜がいかなる民族集団によって担われ，その社会内部での生業活動のあり方と意義について，歴史・文化的背景をふまえて分析してきた．それは，ロシア国家の中での農業部門における産業化と生産体制構築の歴史，さらに民族的少数者としての先住民範疇に対する法・政策史などの制度的文脈の解明そのものでもあった．シベリアの狩猟・牧畜という地域研究上の問題対象は，単なる地域経済の分析であるというよりは，近代国家が包摂した非農耕的・非定住的な異民族集団の国民化と産業化にかかわる問題群であること，それは同時に近代国家と狩猟・牧畜という視角で地域間比較されるべき領域である——この主張をもって結びとしたい．

〔高倉浩樹〕

▶ 文　献

佐々木史郎（1985）：トナカイ飼育の歴史．民博通信，**30**，85-95.

高倉浩樹（2000）：社会主義の民族誌，東京都立大学出版会．

北海道立北方民族博物館編（2006）：環北太平洋の環境と文化，北海道大学出版会．

吉田　睦（2000）：ロシア連邦先住少数民族基本法の採択と先住少数民族をめぐる法的状況．斎藤晨二編：シベリアへのまなざしII．名古屋市立大学，pp.28-44.

吉田　睦（2003）：トナカイ牧畜民の食の文化・社会誌，彩流社．

Klokov, K. (2004): *Olenevodcheskoe khoziaistvo korennykh narodov Severa Rossii*, St. Petersburg, VVM.

Krupnik, I. (1993): *Arctic Adaptations: Native Whalers and Reindeer Herders of Northern Eurasia*, Hanover and London, University Press of New England.

Levin, M. and Potapov, L. eds. (1956): *Narody Sibiri*, Moscow, Nauka.

Levin, M. (1958): *Etnicheskaia antropologiia i problemy etnogeneza narodov Dal'nego Vostoka*, Moscow, Nauka.

MESR (Ministerstvo ekonomiki i prognozirovaniia RS (Ya)) (2001): *Sel'skoe khoziaistvo Respublika Sakha (Yakutia) za gody ekonomicheskikh reform* (1990-2000gg.), Yakutsk.

Pika, A. (1999): *Neotraditionalism in the Russian North: Indigenous Peoples and the Legacy of Perestroik*, Seattle and London, University of Washington Press.

RFFSGS (Russiskaia Federatsiia Federal'naia Sluzhba Gosdarstvennoi Statistiki) (2004a): *Chislennost' i rasmeshchenie naseleniia*, Tom 1, Moscow, IITs "Statistika Rossii".

RFFSGS (2004b): *Natsional'nyi sostav i vladenie iazykami, grazhdanstvo, kniga 1*, Tom 4, Moscow: IITs "Statistika Rossii".

RFFSGS (2005): *Korennye malochislennye narody Rossiiskoi Federatsii*, Tom 13, Moscow: IITs "Statistika Rossii".

# 9.4 モンゴルの遊牧経済

## 9.4.1 モンゴルの伝統的な遊牧

### a. ステップ

遊牧はステップで行われる．内陸アジアの東部を占め，モンゴル民族の主要な居住地であるモンゴル高原は，ステップが優勢である．現在，高原の北部にモンゴル国があり，南部に中国領内モンゴル自治区がある．周辺にも，中国の東北三省の内モンゴル側の市・県や甘粛省の黄河以西の地，ロシアのブリヤート共和国などに，モンゴル族の住地がある．これらの周辺地域の多くもモンゴル高原の一部であり，その多くは植生上ステップに属し，遊牧民が活動していた．なお中国の青海省や新疆ウイグル自治区でもモンゴル族が遊牧を行ってきた．

モンゴル高原のステップは，北部のシベリアのタイガ帯，東部の日本海側の温帯林の内陸側に位置する森林ステップ帯，その内側の純ステップ帯，純ステップの内側の砂漠性ステップ帯が層状に分布し，最奥は砂漠帯である．層状の配列が歪んでいる場所には山岳が存在する．山は周辺より雨が多いので，森林ステップにタイガが，純ステップに森林ステップが，砂漠性ステップに純ステップが分布する状態となっているのである．アルタイ，ハンガイなどの高い山脈の最上部付近には，高山帯がみられる．内モンゴルの森林ステップは，大興安嶺沿い分布し，同嶺の南部から西方の陰山山脈まで連なっていたが，森林が漢人にひどく伐採されてしまい，往時の景観は失われてしまっている（図9.13）．

モンゴル人は，水草良好で樹木も多い山岳をハンガイ，水が乏しく短い草がまばらに生え，砂利の多い土地をゴビと称する．地域によっては，純ステップ中の，ホジル（khujir．ソーダ．家畜に不可欠）がにじみ出て，塩に強い草が生える低地もゴビと称され，よい牧地とされる．草のない砂漠はツゥル（tsöl）と称され，ゴビと区別される．ハンガイの草は密に生え丈も長いから家畜を多く

図9.10　ウマ（種馬）（モンゴル東部）

図9.11　ヤク（ハンガイ山脈）

図9.12　ラクダ（南ゴビ）

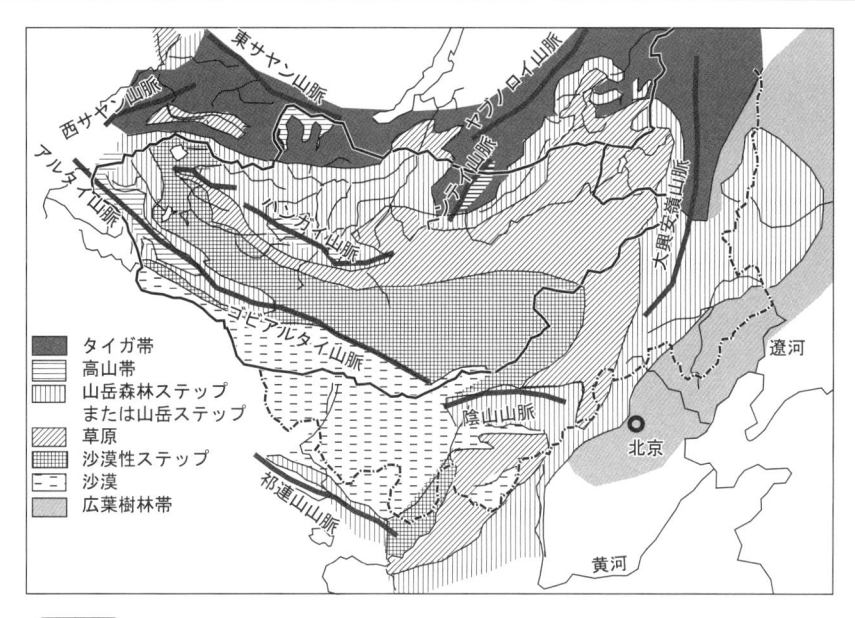

**図9.13** モンゴル高原のステップ（Geoglaficheskiy Atlas, Moskva, 1967などによる）

養える．ゴビの草はその点劣るが柔らかで養分に富む．モンゴル国では，同国の北部や西部の森林ステップや高山のある山岳地帯をハンガイ地帯，中部・南部の砂漠性ステップや砂漠をゴビ地帯と称する（吉田, 1980b; Dash, M. nar, 1966）．

### b. 遊牧対象の家畜

モンゴル（全モンゴルを指す）のステップでは，ヒツジ，ウマ，ウシ，ヤギ，ラクダの五畜が飼われてきた．ヒツジは，脂肪尾羊で体がスマートであり，日々動き回る遊牧に適応している．モンゴル人が「肉」といえばヒツジの肉を指す．またその毛は住居（ゲル）の骨組みを覆うフェルトの素材，毛皮は防寒用外套の素材となり，ヒツジは衣食住に不可欠である．だからどこでもよく飼われてきた．ウマは小ぶりで首も足も短く，山岳の走行に適応して後足に比べ前足が発達している（モンゴルは山岳・丘陵が多い）．ウマも交通や畜群の放牧，狩猟，戦争に足として必要だから，どこでもよく飼われてきた．

ヒツジとウマはステップへの適応性も高い．ヤギは山岳地帯に多く，粗食に耐えるので砂漠性ステップにも多いが，大胆なので臆病なヒツジを落ち着かせるために，ヒツジ群に3割ほど混ぜられる．そこでどこでもある程度は飼われてきた．ウシは，湿潤な土地に適するので森林ステップに多く，砂漠性ステップには少ない．ラクダはウシの逆である．モンゴル国では，ヤク（サルラグ（sarlag）という），ヤクとウシの交配種（ハイナグ（khaynag）という）がウシの3割を占めている．要するにモンゴルでは，ヒツジとウマは地域的偏りが少なく飼われ，基本家畜の立場にあった．このヒツジとウマのほか，森林ステップではウシが，ゴビ地帯ではヤギとラクダが，多く飼われてきた．純ステップはヒツジ，ウマ以外の家畜に関する特色がないのが特色である．つまりモンゴルの遊牧は家畜構成上，森林ステップ型，純ステップ型，砂漠性ステップ型に分けられるのである（吉田, 1980b）．

以上のように，モンゴルではどのステップでも何種類かの家畜が飼われてきた．飼育家畜の種類が多様なことは，地域の遊牧経済の安定に寄与する．伝染病や天災に対する抵抗力は家畜によって異なるから，数種類の家畜を飼育する方が，被害を緩和でき安全なのである．ただし以上は，あくまで家畜構成の地域的な特色であり，牧民個々の家の実情は別である．たとえば富裕戸の畜群を世話して暮らす牧民の家の家畜構成は，また別であ

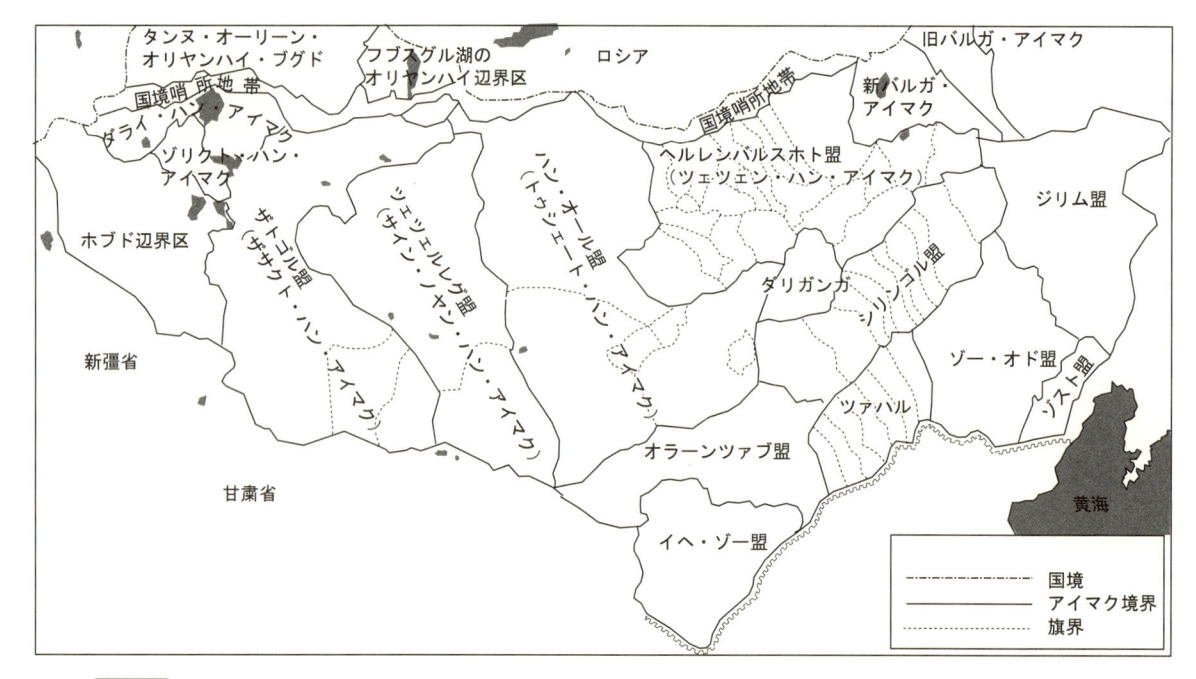

**図 9.14** 清朝統治下のモンゴル（モンゴル科学アカデミー歴史研究所・二木博史他訳, 1938, 付図 1 に基づく）

る．

モンゴルの遊牧は，ウマを多数飼って乗用に使い生産性を格段に高めてきた．牧夫 1 人が放牧できるヒツジは，徒歩では 150 〜 200 頭位だが，騎乗すると 500 頭以上でも可能であり (蒙古家畜管理法, 1936)，ウマは徒歩では放牧困難だが，騎乗すると 3, 4 人で 400 〜 500 頭位まで放牧可能とされる (Sambuu, J., 1945)．モンゴルを含む内陸アジアの遊牧は，騎馬の利点を最大限生かし，それが世界の遊牧の中で際立つ特色なので，騎馬遊牧と称されるべきものである．ウマの機動力は，狩猟にも役立った．まさにウマは，モンゴルの遊牧民の経済に不可欠であった (吉田, 1989)．

遊牧にとって去勢は重要である．種畜を残してほかの雄は去勢すると，雌をめぐる争いが抑えられるので，畜群は安定し放牧が容易になるし，家畜の品種の改善に役立つ．また去勢されたウマ・ウシ・ラクダは従順となり，乗用や荷物運搬に使いやすくなる．日用・軍用の乗馬は去勢馬なのである．また去勢畜は肉質がよくなる (吉田, 1989)．

### c. 遊牧方法

モンゴルの遊牧は，季節に合う牧地で，しかもよい草・水・ホジルが得られる牧地を選んで移動する．季節を無視して移動する牧民は少なかった．清代に旗制が布かれ旗界を越えることが禁じられた結果，広域を移動する本来の遊牧は姿を消したとする見解があるが，疑わしい．旗形をみると，半分程度は細長く，しかも地域ごとに大体同じ向きに並んでいる．例としてヘルレンバルスホト盟，シリンゴル盟，ツァハルにおける旗の形を，旗界を点線で区切って図に示してある．一方ゴビの旗は多くは細長くない．シリンゴル盟の最西部の旗やその西方の地域，すなわちハルオール盟，ツェツェレグ盟，ザトゴル盟の南部の，ゴビに位置する旗の形を図に示したが，みな不ぞろいである（図 9.14）．これは各旗の王公とその属民の，旗編成前の各旗の属するステップにおける四季の牧地とその間の移動の姿を反映したからである．そのあり方を無視して旗界を定めれば，王公・牧民は遊牧に支障を来たし反発したであろう．だから清代の旗領の形からは，旗施行前の牧地と移動の姿を知ることができるとみるべきである．

## 9.4 モンゴルの遊牧経済

　モンゴルの遊牧は一般に冬の牧地から春, 夏, 秋の牧地に移動して, 同じ冬の牧地に戻る (春と秋の牧地が不明確な地域もある). 冬営地はいわば拠点である. 春夏秋の牧地も割合一定していた. これは古い時代も同じであった (吉田, 1983b). モンゴルの冬は長く −30℃台に冷えるから, 冬営地が悪いと家畜は凍え, 瘦せ衰えて死ぬ. 日当たりがよく, 北風の当たらない暖かなキャンプ地と厳寒の日でも使える牧地のある冬営地を確保することが重要である. だが条件のよい冬営地は多くないので, 各家は同じ場所を毎冬利用せざるをえない. 実は春も厳しい. 青草が育つのは暖かい時期の 3, 4 カ月だけで, ほかの月は枯草が家畜の餌である. その枯草の養分が最も低下するのが春なのである. ゆえに暖かい時期に青草を家畜に存分に食わせ, 冬に入るまでに太りに太らせて得た体力で厳しい冬春を乗り切らせる. これがモンゴルの遊牧の要点となる (吉田, 1980a).

　季節の牧地をめぐる移動を季節的移動といい, モンゴルの遊牧の根幹をなす. これは地域の地勢によって類型化される. モンゴル国の場合, アルタイ山脈などのある西部山岳地帯では冬に暖かい山麓, 夏は涼しい高所で過ごし, その中間で春・秋を過ごす冬低夏高の上下移動を行う. 年に 10 回前後, 100〜300 km 移動する. ハンガイ山脈・ヘンテイ山脈以北の北部山岳地帯では降雪が多いので, 冬は風に吹かれて積雪の少ない牧地の得られる山岳上部で過ごし, 夏は風の通る広い谷間に下って過ごす冬高夏低の上下移動を行う. 高低差は小さい. 年に 4 回程度, 数 km〜十数 km 移動する. 東部の平原地帯では, 冬に南方で過ごし夏に涼しい北の牧地に移る冬南夏北の水平移動を行う. 移動の距離・回数ともに割合多い. ゴビは大きな盆地の集まりであり, 牧民は 1 つの盆地の中で暮らし, 冬には盆地外縁の丘陵・山岳に少し上り, 夏は盆地底の平原で過ごすなどの移動がみられる (吉田, 1984).

　内モンゴルの場合研究がなく, 季節的移動の全体を把握しがたい. 私の調査では, 大興安嶺の海側斜面では, 冬はその山麓や平原で過ごし, 夏は山にのぼる上下移動を行い, 移動の回数・距離は少なかった. ここは湿潤でウシが多い. 同嶺の内陸側はヒツジの飼育が盛んで, 移動の回数・距離とも多かった. フルン湖東に暮らすシネバルガ族でヒツジの多い家は, 湖東で夏を過ごした後, ボイル湖西の牧地まで 100 km 以上南下し, 中にはそのまま外モンゴルを通過してシリンゴル盟北部に至る者もいた. 彼らは年に 50 回以上移動し, 冬営地をもたなかった. 彼らは数多く移動すればするほど, 家畜は健康になり寒さにも強くなり, 畜舎も干草も冬営地も要らないと考えていた. この考え方は, 遊牧の本質を知る一つの鍵となると思われる (吉田, 2002). なお彼らのうちヒツジが少ない家は, 冬営地を使っていた (斉藤, 1938).

　季節的移動とは, キャンプ地と牧地を別のキャンプ地と牧地にとりかえる移動である. 家族・住居類・家畜も移る. つまり引越しである. 夏や秋の牧地に移ってから, 附近の別の牧地に移るのもこの方法による. ほかに, キャンプ地と牧地から, 家族の一部が簡便な住居や当座の生活用品をもち, 一部の家畜を連れて, 一時別の牧地に出て, 目的を達すればもとのところに戻るオトル (otor) という出張的移動もある. 禾本科牧草の穀粒が熟する頃, その群落のある牧地に家畜を入れて穀粒を食わせ, 尽きれば別の牧地に移り, その繰り返しで家畜を太らせる秋のオトル, 冬の牧地の草を長もちさせるために, 馬を別の遠い牧地に出す冬のオトル, 雪害から家畜を脱出させるオトルなどがある. 中にはヒツジの動くままに移動するオトルもある (吉田, 1983a). 近現代に定着牧畜が広まるに連れて, また遊牧民の定住性を強める政策の実施とともに, オトルの利用価値が高まってきている.

　ある牧地に入ると, キャンプ地を基点に日帰り放牧を行い, 牧地内の水と草とホジルを適切に与えて家畜を夏秋には太らせ, 冬春にはやせさせないよう努める.

　以上の移動法と日帰り放牧を組みあわせて営まれるのが遊牧であり, それを勤勉にそして巧みに行い, 家畜を太らせ, やせぬようにできればできるほど, 家畜は順調に増え, かつ肉・乳・毛・毛皮などの生産物を多く獲得できるのである. 同時

に，この移動を基本とする牧地の利用法は，牧地の退化を抑え，それを持続的に使うことを可能にしてきたのである．

#### d. 遊牧と天災

モンゴルの遊牧の脅威は，ガン（ghan）という干害とゾド（zud）という雪害・寒害であり，ひどいと家畜が多く死に牧民を困窮させる．春夏の交に雨が降らないと草は芽生えず，生えても育たない．降雨が遅れれば，家畜は青草を食う期間が短く，十分太れない．旱ばつが複数年続くと，被害は深刻となる．またハンガイ地帯では12～15 cm，純ステップでは8～10 cm，ゴビではわずか5～6 cmの積雪で，家畜は草を食いにくくなり，ゾドとなる．白いゾドという．寒さのゾド，鉄のゾドもある．鉄のゾドは，積雪が融けだした後に気温が急落して凍って起こる．家畜は氷の下の草を食えず飢える．厳しいゾドは申年に多い．申年のゾドという（吉田，1980a）．豊かな牧民が天災で突然困窮することも珍しくない．このため遊牧は不安定だと強調されることがある．

#### e. 狩猟と採集，農耕

狩猟は，遊牧と同じく動物を対象とする生業である．モンゴルでは，両者は同じ重要性をもち，遊牧民の経済の基本を形成していた．狩猟の獲物の肉を食えば，財産である家畜の減少を抑制できる．天災への抵抗力も増す．かつてモンゴルの森林や山岳にはシカ類，イノシシ，ヒグマ，ウサギ，鳥類，野生ヤギ，野生ヒツジなど，草原にはタルバガン（ステップ＝マーモット），ガゼル（羚羊）類，野生ロバ，野生ウマ，ウサギ，鳥類などが驚くほど豊かにいた．したがって遊牧民は，匈奴からモンゴルまで，牧畜と狩猟を生業としたと史料に書かれ，ルブルクに至ってはモンゴル帝国時代のモンゴル人は「食物の大部分を狩猟から得て」いるとさえ述べた．これに近い状態は，多分19世紀中頃まで続いたのであり，地域によっては20世紀後半まで続いた（吉田，1981，2004，2007b）．野生動物が激減して狩猟の経済上の価値が低下した現状から，往時のモンゴル人の遊牧・狩猟民として

の状態や経済力は推し量ることは危険である．

モンゴルでは干害・冷害が多く，これらの天災には家畜よりも農作物の方が弱い．加えて森林が乏しく山や丘陵の保水力が弱いので，雨が降ると洪水・山津波が起こりやすい（邢野，2001）．農耕は，天水農耕が可能な地域（モンゴル国北部，内モンゴル東部）と灌漑可能な一部の河川流域（モンゴル国の西部と北部，内モンゴルの西部の一部）に限られる．

内モンゴル東部の牧民の場合，天水を利用して糜子（ウルチキビ）と蕎麦（ソバ）を，冬か春の牧地の適所に播種して夏の牧地に出かけ，降霜前に戻って来て収穫するという，遊牧に妨げにならない省力に徹した耕法（ナマグタリヤ農耕と称される）で栽培して食糧の一部を補い，それで満足していた（吉田，2007a）．この類の農耕は大興安嶺を挟んだ西隣り（外モンゴル東端）にもあったし（阿子島・中村，2006；萩原，1999），ほかにもあった．

モンゴル国側の場合，麦，中でも大麦の栽培が主であったが，ここでも牧民が遊牧と同じ程度に本格的かつ積極的に行うことは，あったとしてもまれであったとみてよく，19世紀末・20世紀初めの頃，西部地域も含めて，農耕は経済上補助的な役割を担うにすぎなかったとされる（Tüükhiyn Khüreelen, 1987-1996）．本格的な農耕は，モンゴル帝国や清朝の時代に設けられた軍事基地や都城の居民への穀物供給の必要上，漢人など外部の農耕民を連れてきて行わせるのがふつうであったのであり，用済み後は大部分が放棄され，それがモンゴル牧民に重要な影響を及ぼしつづけることはなかった（マイスキー，1926）．

なお穀類のかわりに，禾本科植物の何種類かを採集したり，茶の代用となる植物（30種以上ある）を採集したりすることが盛んに行われてきた．果実は，すべて採集されたものであった．狩猟も含めて獲得経済は，モンゴル族にとって重要な意味をもってきたのである．

#### f. 遊牧生産物

遊牧生産物には，家畜そのものと，その肉，乳，毛，毛皮などがある．モンゴル人は，遊牧生産物

の肉や毛皮と並んで狩猟の獲物の肉や毛皮も利用していた．遊牧だけから得られる主なものとしては，乳製品と羊毛から製造されるフェルトなどがあげられる．

モンゴル人は，ゲルの骨組みや車，家具などを，モンゴル人木工から買ったが，ふつう遊牧生産物や茶が代価として支払われた．遊牧生産物のうち，家畜は対外的に商品価値をもったが，最も価値が高かったのはウマであった．また毛皮（野獣の毛皮を含む）と毛も価値をもった．遊牧民は，これらのものと交換して，外部の生活必需品や奢侈品を入手した．清朝の支配下に入る前において外部の品物を入手する重要な方法として掠奪・征服があったことを忘れてはいけない．

### 9.4.2 モンゴルにおける遊牧の変容

#### a. 内モンゴルの変化

モンゴルの遊牧の変容は，内モンゴルにおいて先行した．それは，清代における漢人の入植と開墾からはじまり，20世紀前半までに内モンゴルの経済を劇的に変化させた．

内モンゴルの開墾の契機は，清代雍正朝期にその東部南端のジョソト盟に漢人が入植したことにある．そこにやがて漢人農耕集落が多数出現し，それを治める県が置かれて盟からはずされた．牧地を失ったモンゴル人は，定着して農耕を受容し，村落を形成した．間もなく北隣のジョーオダ盟とジリム盟にも漢人が多数入植して県が置かれ，清末の1901年に「新政」がはじまると両盟に属する旗の土地は次々開墾地に指定され，また県が置かれて漢人の耕地と化し，ともに遼寧・吉林・黒竜江の東北三省に編入された．原住モンゴル人の多くが両盟の非開墾地に移ったが，そこにも，漢人と，1887年にジョソト盟・ジョーオダ盟南部で起こった金丹道暴動から逃れてきたモンゴル人が住んでいた（ブレンサイン，2003）．そしてそこに形成された漢人集住地にも新たに県や郷が置かれた．これらを東北三省に編入された部分と合わせると，内モンゴル東部の約3分の2は漢人居住地と化したとみてよい（図9.15）．人口増と耕地化の結果，牧地が狭くて遊牧が困難となったため，モンゴル人牧民は，一部を除いて定着牧畜に移行した．

定着牧畜段階では，住居は固定式に変わり，集落が形成され，五畜以外にブタやロバ・ラバ・ニワトリも飼われはじめる．牧地として集落附近の牧地と夏季の涼しい牧地を使い，後者には，年寄りなどを集落に残して出かける．集落に留守もいるし，本格的農耕を受容しやすくなる．そしてナマグタリヤ農耕のウルチキビ・ソバ以外にアワ・コウリャン・トウモロコシ・豆類・蔬菜なども漢人の耕法で栽培するようになれば，農耕の質的転換がなされたとみることができ，半農半牧段階に踏みこんだといえる．こうなると農耕に割く労力と時間が増え，飼育する家畜は減る．それに伴って家畜を，単独でまたは複数の家が共同で，集落の別の家に自家の家畜群の管理と放牧を委託し，その家の者たちが夏の牧地に出かける方法もとられるようになる．農期には集落周囲の耕地は，夏の牧地に出さない家畜の侵入から守られるが，収穫後にはすべての家畜の牧地となる．純農耕の段階になると，作物の種類はもっと増え，ヒツジが群れとして放牧されることはなくなり，牧畜は過去のものとなって有畜農業の段階に移る．乳製品もつくられなくなる．

大興安嶺西の内モンゴルの中部・西部にも，18世紀以後漢人の私墾が進展し，清末の新政開始とともに国家による開墾政策が大規模に実施された．そして長城の北側やオルドスの黄河流域のステップが開墾され，流入した漢人のために多数の県が設置された（安齋，1938-39）．ここでは，内モンゴル東部と異なって，大部分のモンゴル人は農耕と開墾地を避け，残されたステップに移って遊牧を維持した．農耕を受容し，純農耕や半農半牧に転じたのは，フフホト周辺のトメド旗やオルドスの一部のモンゴル人に限られた．

以上，20世紀半ばまでに内モンゴルには漢人集住地が各地に生まれ，その多くが内モンゴルに隣接する華北と東北地域の省に編入され，内モンゴルは縮小した．その内モンゴルにも多くの漢人

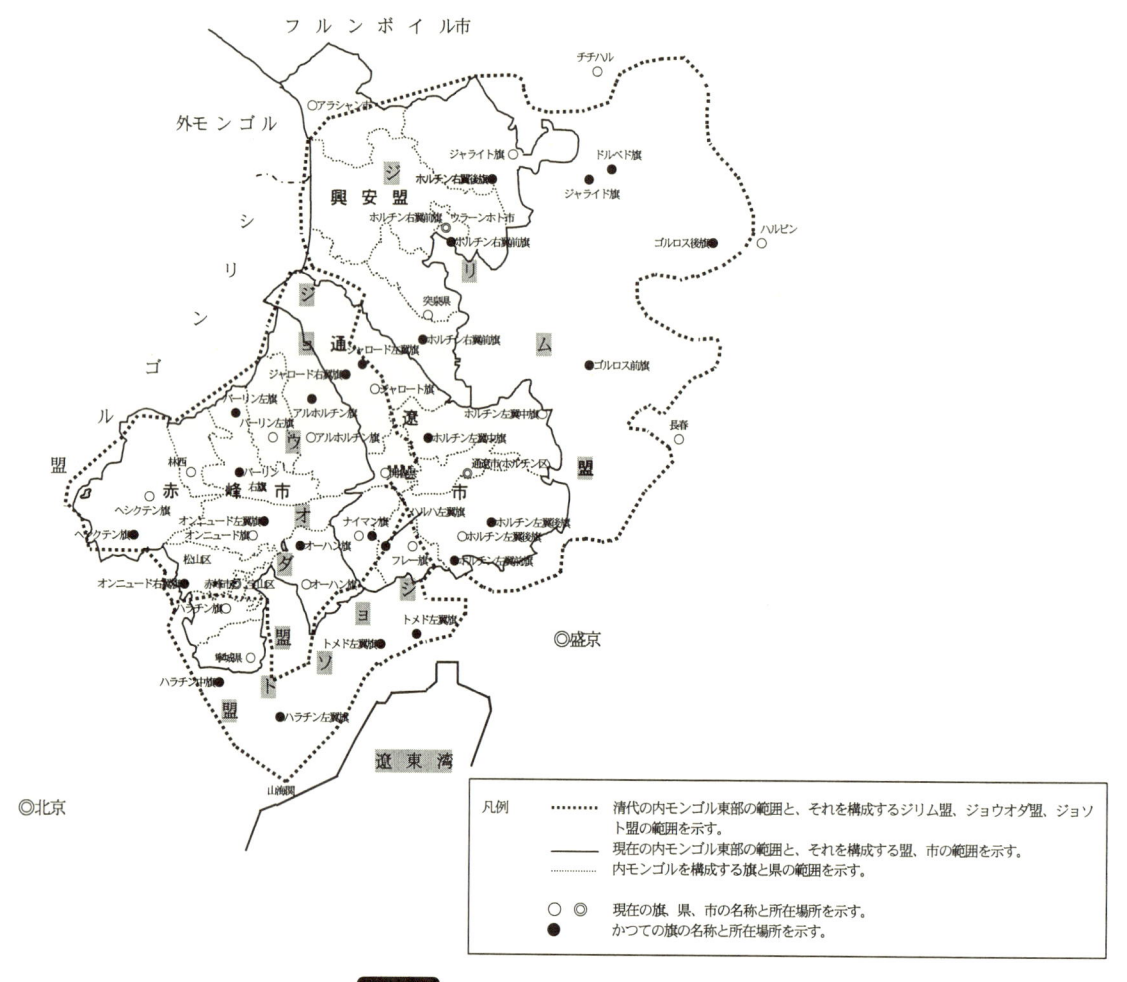

**図9.15** 清代および現代内モンゴル東部図

集住地が形成され，狭隘化したステップには定着牧畜や半農半牧，純農耕が出現し，遊牧は内モンゴルの奥地で行われる状態に変わった．モンゴル人の経済は大きく変貌した．モンゴル人と漢人の人口は，19世紀初めにすでにそれぞれ約130万人，約100万人と接近していたが，1912年には約88万人，約150万人と逆転しており，1982年には249万人，1628万人と大差がついた（内蒙古自治区統計局，2002）．

### b. 社会主義政策による遊牧の変化

外モンゴルには1921年にモンゴル人民共和国が，内モンゴルには1947年に内モンゴル自治区ができて社会主義を目指し，聖俗領主と富裕層の特権と富を削り，領主の属民や貧困層の解放・優遇政策を実施し，ともに1958〜59年に，牧畜生産と労働を集団化し，経済経営体として機能し，かつ行政組織も兼ねる牧農協同組合（内モンゴルでは牧区人民公社）を組織しおわった（モンゴル語の略称はネグデル（negdel））．同時に，モンゴル人民共和国では農耕可能地に穀物・野菜類を栽培する国営農場を，内モンゴルでは農業区と半農半牧区に農村人民公社を組織した．これらも行政組織と経済経営体を兼ねた．

モンゴル人民共和国と内モンゴルのネグデルの組織と機能は類似していた．ともにソム（村級行政単位）の規模であり，下に生産隊（ブリガド（brighad），ヘセグ（kheseg））が置かれ，各牧民

は生産隊に家畜を出資して隊員となり，集まった家畜を各生産隊は組織の財産として管理した．隊員は少しの家畜は私有できた．かつてはホト＝アイル（khot ayl，親族など数戸からなる遊牧共同体）が遊牧の単位として何種類かの家畜の群を放牧・管理し搾乳も行ったが，生産隊は複数家族からなる生産組織（ソーリ（suur'），ドゴイラン（dughuylan））に，種類や年齢に類別された畜群を飼育させ，夏秋には搾乳班を組織して生産隊の乳牛（出産した牝牛）を集めて搾乳させるという分業体制を組んだ．ただ草刈りや畜舎建造など，労働力を短期間に集中する必要がある作業には隊員に共同で当たらせた．牧民は生産隊から労働に応じた給料を受け取った（小貫，1985；吉田，2001）．ネグデルは成立後間もなく，人事も生産も党と国家機関の支配を受けて，実質，国家割当てのノルマを達成し，調達に応じる存在となり，協同組合としての自立性を失った（二木，1993など）．

ネグデル期に，獣医を配しての家畜衛生管理・伝染病対策，牧畜技師を配しての人工授精・品種改良，畜舎建造，トラクター・草刈機を配しての牧草刈取り・飼料作物栽培，牧地拡大のための井戸掘削などが行われた．品種改良は，メリノー羊，ホルスタイン牛，シンメンタール牛などによる在来種の改良によって，良質品種による良質で多量の羊毛の生産，そして定着放牧と舎飼いを組みあわせた大規模酪農を目指した．そのために遊牧とは異なる，西欧型の家畜飼育法（畜産）が必要となる．例えばメリノー羊による品種改良については，それが寒さに弱く足も弱く冬季の放牧が困難なので畜舎や干草・栽培飼料の用意も必要となり，そこでトラクターや草刈機が必要となる．大規模酪農にも，畜舎とトラクターなどを使った大量の干草と栽培飼料の用意が不可欠であり，ともに多額の投資を必要とした．また牧民の定住促進のため，家族を常設のキャンプ地にとどめ，牧夫のみオトルに出ることが奨められた．これはオトルの新活用法である．

モンゴル人民共和国のネグデルに対する評価は意見が割れている（二木，1993；小宮山，2003）．急伸した耕種農業や第2次・第3次産業に吸収されて牧民数が減少した中で，家畜数は2300万頭でほぼ横這い，食肉の生産や輸出の量は増加との統計数字を信じる限り一応評価できるが，ネグデル期末の1989年までに3倍増した人口210万人に見合う生産量になったかといえば疑問が残る（State statistical office of Mongolia, 1995など）．内モンゴルでは家畜は統計に一応基づいてみると，1958年の2400万頭から1964年の4000万頭に急増した後は，ネグデル解体時まで横這いであり（第1次産業人口は増えた）（内蒙古自治区統計局，2002），厳しい評価を避けられない．この理由の1つは政治の不安定であり，モンゴル人はこの点で特に苛酷な状態におかれたのである．

### c. 協同組合解体とその後のモンゴルの状況

ネグデルは，モンゴル人民共和国では1989年から改革されはじめ，1991年から民営化されあるいは解体された．内モンゴルでは1982年に解体された．ネグデル解体の際，組合員がネグデル結成時に出資した家畜は，供出時の条件などに基づいて組合員に戻されたり，一定基準に従って分配されたりした．ソーリなどは解体され，ネグデルと生産隊が備えていた行政の機能は，それぞれソムとバグまたはガチャーに戻された．モンゴル人民共和国も内モンゴルも計画経済から市場経済に移行し，1992年に前者はモンゴル国に変わった．

家畜数は，モンゴル国では，1988年の2312万頭が1999年に3357万頭へ急増した（その後3年連続の天災で2002年には2390万頭に減ったが，2004年に2800万頭に回復した）．この時期，第1次産業人口も大幅に増えた．内モンゴルでも，1981年の約3800万頭が2001年の6300万頭へと激増したとされる．これが実数に近いか否かは別にして，内モンゴル各地を歩くと家畜が非常に多いと実感される．第1次産業人口も増えたとされる．

ネグデル解体がモンゴル国の遊牧に及ぼした影響は少なくない．ソムに獣医や牧畜技師が欠けたり薬品や情報が不足したりして家畜の衛生管理や伝染病予防を十分に行えず，発生した伝染病に迅

速に対応できなくなり，大きな被害が出ている．品種改良も，組織的で持続的な管理が崩れたり放棄されたりして雑種が増えてしまった．機械汲み上げ井戸の半分近くが使用不能のまま放置され，広大な牧地が利用不能となっている．畜舎も壊れたままのものが増え，トラクター・草刈機を使って組織的に貯えていた干草や飼料作物も，トラクターなどがネグデル解体時に分散したり壊れて放棄されたりして収穫が減り，ゾドへの抵抗力を弱めている (吉田, 2001a; サイボルダ, 2005)．畜舎と飼料の問題が以上の状態のため，大規模酪農も機能していない．モンゴル国の牧民はいわば放任状態であり，往時に回帰したかのような遊牧を行っているということもできる (小宮山, 2003)．

**d. 協同組合解体とその後の内モンゴルの状況**

内モンゴルでは，ネグデル期初めの1959年から3年間，大躍進政策による深刻な被害が出た．牧畜地帯の損害はやや軽かったとされるが，救済のために貧窮漢人を受け入れた結果，漢人の居住地が広がり牧地にも影響が出た．1966年からの文化大革命では，ネグデルや生産隊は，指導者が追放されて，機能不全に陥り家畜も減少した．ネグデル解体後，ネグデル期の家畜衛生，品種改良，干草・栽培飼料の増加などの改革は受けつがれたといえる．

ネグデル後，改革が連続したが，最大の改革は，古来共用であった牧地や草刈場を小分けして，各戸に期限付きで占有権と使用権を認めたことである．その後分配された牧地・草刈場が他家の家畜が入らぬよう有刺鉄線などの柵で囲われ，今やステップ中，柵だらけである．この分配された牧地を季節で使い分けたり，区画に分けて取り替えて使ったりすることもされているが，牧地の共用を前提とする遊牧の基本的なあり方はここに失われ，私有牧地の利用を前提とする畜産と同類になった．しかも飼料作物（トウモロコシなど）の栽培が奨励されており，その栽培が，牧民が夏の牧地に出ることを抑止しがちである．なお柵をつくる資力のない家の牧地に他家の家畜が自由に入り込んで草原退化の原因となっている．

1980年代以後の政策は，ステップに負担を強い，草原の退化と砂漠化が深刻化してきた．そのためステップの保全と回復のためと称して，2003年から退牧還草（牧畜を退け草原を回復させる）政策が実施され，草が生えてから結実するまでの間放牧を休む（休牧），一定年数放牧を禁じる（禁牧），各家の牧地をいくつかに区分し，それを取り替えつつ放牧する（区画輪牧）という方法がとられてきた．そして禁牧の実施のために生態移民が考案された．これは，自家の所属するガチャー，ソムの牧地から引き離され，原則としてそれぞれ所属のソム政府所在地，旗政府所在地に移された牧民のことである．彼らは移住先で農耕したり，ウシを飼ったり，生活費をもらったりして暮らして牧地の回復をまつのだが，回復後故郷に戻れるとの保証はない (シンジルト, 2005)．退牧還草政策は，ヒツジの放牧を困難にしており，しかも牧民がヒツジを手放すよう命じられている地域もある．この状態は，今や内モンゴルではヒツジを基本家畜とするモンゴル古来の牧畜が，存亡の危機に陥っていることを意味する．

**e. 機械化・都市化・市場経済化の牧畜の現状と将来**

現在モンゴルの牧畜は，機械化・都市化・市場経済の影響下にある．車やオートバイの普及は，交通および運搬の手段としてのウマとラクダの必要性を低め，それらの数は減少した．

一方国際的なカシミヤの需要増の結果，ヤギの飼育数が急増し，牧民は現金収入を増やしている．今やヤギはヒツジの数を凌駕しているが，ヒツジの群れの中におけるヤギの割合が増え，またヤギの群れそのものが増えたことが牧地に及ぼしている影響について注意を払わなければならない．

モンゴル国では，戦後急増した都市住民への安定的な食糧供給が大きな課題である．その解決に貢献していた国営農場と国営大規模機械化農場が体制改革時に解体され，しかもその後ウランバートル等の都市人口が一段と増えたため，問題は深刻化している．激減した穀物の収穫は，いまだ回復していない．畜乳・乳製品さえも輸入に頼って

いる．牧畜生産物については打開策として，経営者の住居（固定住居）のかたわらに畜舎や家畜囲い，冬春季用の乾草や濃厚飼料の貯蔵所などを配置し，冬春季には舎飼いし，夏秋季に自然の牧地で放牧する（1,2度移動）形式の，定着牧畜を称してよい「集約型牧畜」が奨励されているが，その成功には穀物や飼料作物の収量を回復させ，さらに大幅に増やすことが不可欠となる．しかもそれを草原の荒廃を避けながら達成しなければならないが，これは至難の業である．

19世紀後半頃から，牧畜と牧畜社会は農耕と農耕社会より前の段階にあり遅れているとの考えが強まり，当時西欧で誕生した，農業から生まれ農業を基礎とする畜産と畜産技術が重視され，畜産と来歴も基盤も異にする遊牧は原始的・後進的と批判されつづけてきた．これに遊牧民の指導者も影響され，牧民も自信を失った．そしてネグデル期のモンゴルの諸策は畜産の影響下にあった．ネグデル解体後の中国での改革は内モンゴルの牧畜の畜産化を本格化し，遊牧の根幹である牧地の共同利用を廃し，牧民各戸に分けた牧地を使わせ，そこでの飼料栽培を強く奨励している．現在進行中の草原退化と砂漠化はこの諸策と関連があるが，それへの対策は牧民を牧地から引き離すというものである．その結果牧地が回復したとして，回復した牧地を次にどのように利用するのであろうか．遊牧こそはステップ環境の持続可能な利用法として確立され，長い伝統を維持してきたとの理解に立ち，遊牧の知恵に学ぶ必要があるが(吉田，2002, 2004)，このような主張は迂遠な改善策としか受け止められていない．モンゴル国でも，牧民への牧地分配策が主張され，内陸アジアの遊牧の最後の大きな砦であるモンゴル国の遊牧の将来も不明確となっている．この主張は最近ひかえめになっているようであるが，ともかくわれわれは，モンゴルの遊牧の歴史の最終段階に立っているのかもしれない． 〔吉田順一〕

▶ 文 献

阿子島功・中村篤志（2006）：モンゴル高原スージン平原の耕作跡について．山形大学歴史・地理・人類学論集，7，1-17．

安齋庫治（1938-39）：清末に於ける綏遠の開墾（1）～（3）．満鉄調査月報，18(12)，19(1・2)．

小貫雅男（1985）：遊牧社会の現代．青木書店．

小宮山博（2003）：モンゴル国畜産業の構造変化と開発戦略．経済研究（東京国際大学大学院経済研究科），6，1-19．

斉藤時輔（1938）：呼倫貝爾畜産事情．満鉄鉄道総局．

サイボルダ（2005）：モンゴルにおける牧畜の現状．小長谷有紀ほか編：モンゴル国における土地資源と遊牧民，pp.18-31．

シンジルト（2005）：中国西部辺境と「生態移民」．小長谷有紀ほか編：中国の環境政策——生態移民．昭和堂，pp.1-32．

スエー（2005）：鑲黄旗における生態移民の概要．小長谷有紀ほか編：中国の環境政策——生態移民．昭和堂，pp.77-96．

萩原守訳注（1999）：『トワンの教え』について——19世紀ハルハ・モンゴルにおける遊牧生活の教訓書．国立民族学博物館研究報告，別冊20，213-285．

二木博史（1993）：農業の基本構造と改革．青木信治編：変革下のモンゴル国経済，アジア経済研究所，pp.103-133．

ブレンサイン（2003）：近現代におけるモンゴル人農耕村落社会の形成．風間書房．

マイスキー（1926）：満鉄庶務部調査課編外蒙共和国，下，大阪毎日新聞社．

モンゴル科学アカデミー歴史研究所著，二木博史ほか訳（1938）：モンゴル史．恒文社．

吉田順一（1980a）：モンゴル遊牧の根底．モンゴル研究（日本モンゴル学会），11，39-49．

吉田順一（1980b）：北方遊牧社会の基礎的研究——モンゴルのステップと家畜．中国前近代史研究，雄山閣，pp.235-259．

吉田順一（1981）：モンゴル族の遊牧と狩猟——11～13世紀の時代．東洋史研究，40(3)，102-137．

吉田順一（1983a）：モンゴルの遊牧における移動の理由と種類について．早稲田大学文学研究科紀要，28，327-342．

吉田順一（1983b）：モンゴル帝国時代におけるモンゴル人の牧地と移動．護雅夫編：内陸アジア・西アジアの社会と文化，山川出版社，pp.233-253．

吉田順一（1984）：モンゴルの伝統的な遊牧の地域性．史滴，5，157-190．

吉田順一（1989）：遊牧民にとっての自然の領有．世界史への問い1，岩波書店，pp.175-197．

吉田順一（2001）：モンゴルの遊牧——体制改革後の現状．日本とモンゴル，103，11-20．

吉田順一（2002）：遊牧における移動と定着——モンゴル伝統遊牧の立場から．東北アジア研究センター叢書6，pp.79-95．

吉田順一（2004）：興安嶺南山地の経済構造——ハラトク

チンの経済の分析を手掛かりに．北東アジア研究，**7**，25-41．

吉田順一（2004）：游牧及其改革．内蒙古師範大学学報（哲学社会学版），**33**(6), 37-38（2001年の「《蒙古秘史》と蒙古文化国際学術討論会」での発表に基づく）．

吉田順一（2007a）：内モンゴルにおける伝統農耕と漢式農耕の受容．早稲田大学モンゴル研究所編：近現代内モンゴル東部の変容（アジア地域文化学叢書8），雄山閣，272-294．

吉田順一（2007b）：内モンゴル東部地域の経済構造．モンゴルの環境と変容する社会，東北アジア研究センター叢書27，171-186．

蒙古家畜管理法．善隣協会調査月報，**44**, 87-101（1936）．

邢　野（2001）：内蒙古自然災害通志，内蒙古人民出版社．

宋迺工（1987）：宋迺工主編中国人口——内蒙古分冊，中国財政経済出版社．

内蒙古自治区統計局（2002）：内蒙古統計年鑑2002，中国統計出版社．

Dash, M. nar（1966）：*Monghol orny bilcheeliyn mal mallaghaany argha turshlagha*, Ulaaanbaatar.

Sambuu, J., *Mal aǰu aqui deger_e ben yaγakiǰu aǰillaqu tuqai arad-tu ögkü sanaγulγ_a suryal*, Ulaγanbaγatur, 1945.

State statistical office of Mongolia（1995）：*Mongolian economy and society in 1994, Statistical Yearbook*, Ulaanbaatar.

Tüükhiyn khüreelen（1986-1996）：Shinjlekh ukhaany akademi tüükhiyn khüreelen, *Monghol ulsyn ugsaatny züy* Ⅰ-Ⅲ, 1987-1996.

# 9.5 中露，中蒙の国境貿易の実態

## 9.5.1 閉ざされた国境から交流へ

### a.「冷戦時代」の終焉と国境の開放

1980年代以降，東西冷戦構造の崩壊と同時に，東ヨーロッパや旧ソ連に属する国々では「民主革命」が発生し，共産党政権は次々と倒壊し，さらにソ連が崩壊するという大きな出来事が起こった．一方，独自の社会主義理念を主張した中国は，共産党の政治権力体制を維持しながら，国家運営の基本方針を大きく方向転換した．つまり，政治・イデオロギーの強調から経済発展を優先課題とする「改革開放」という国策への転換である．政治の自由と独立を優先課題とした旧ソ連圏の国々と異なり，中国政府は経済発展を妨げる政策，制度を改革すると同時に，工業生産規模の拡大，道路，建造物などのインフラ建設と環境整備の充実を推進し，先進国から資本，技術などの誘致（いわゆる「特区」の建設）と商品の輸出の拡大を図った．特に1990年代以降，政治，経済，文化，情報網の世界規模での拡大と浸透の影響を受けて，旧社会主義の国々と資本主義の国々，また旧社会主義圏内でも，ヒト，モノ，情報，資本が国境を越えて頻繁に往来するようになった．国家管理下にあった海外との貿易の主体は，次第に企業，地方政府，個人などに多様化し，さらに，国境によって分断された人々にも再会のチャンスが訪れ，国境を跨いだ地域間の交流も活発化した．

中国はユーラシア大陸の東端に位置し，14の国と国境を接している．開放政策が始まるまで，長い間，陸地の国境は領土問題，民族宗教問題や政治・イデオロギーの対立などから，「危険地帯」，防衛最前線であった．実際，中露，中印（インド），中越（ベトナム）の国境地帯では，軍事衝突が度々発生していた．しかし，経済を発展させるためには，国際関係，隣国関係を構築することが欠かせない条件である．つまり，良好な関係がなければ海外から資本，技術を導入することも，あるいは商品を国外へ輸出し，国内で不足する資源を国外から調達することも困難なのである．

1980年代半ば以降，中国と近隣諸国との国境に国境町（国境で設けられた関税口，あるいは貿易の窓口）が次々と建設され，国境を越えて，経済，文化の交流が活発化した．国境貿易（ここでは文化も含む広い意味で用いる）の拡大は国境沿いの地域社会に大きな影響を与え，人々の選択，対応は多様化しつつある．

### b. 中露・中蒙の国境貿易の再開

中国はロシアと4300km，モンゴル国と4373kmの国境を有している．近年，これらの国境に点在する国境町を拠点に，また国境を越えてつながる鉄道を中心に，さらに水路や空路なども通じて中露，中蒙間の国境貿易は急速に増えている．たとえば，中国側の統計によると2005年中露の国境貿易総額は291億ドルに達した[*1]．ロシアにとって中国は4番目の貿易相手国であり，中国にとってもロシアは10位以内に入る重要な貿易相手国である．また，中蒙間の貿易規模は中露ほど大きくないが，モンゴル国にとって中国は重要な貿易相手国であり，また多くの中国人がモンゴル国で投資（エネルギー開発を中心に），ビジネスなどを行っている．

近年中露，中蒙間の国境貿易が拡大している背景には，1980年代後半以降国家間の外交，政治レベルでの関係改善，長年課題だった「国境画定作業」（中露間の国境問題も含む）問題の解決，

---

[*1] 中露，中蒙間の国境貿易は1980年代から行われるようになったが，1980年代に関する正確なデータが得られにくいため比較できないが，たとえば1992年中露国境貿易の総額は約58億ドルで，2005年はそれの5倍以上に達していることがわかる．

図9.16 中露・中蒙の東部国境と主な国境町

図9.17 国境町満洲里の自動車専用の通関口
（2005年，筆者撮影）

また何よりも世界経済のグローバル化の中でエネルギー資源などをめぐる国際競争が高まり，安定した経済発展を継続させるため，地域間の経済協力関係が戦略的な意味をもつようになったと思われる．しかし，国境貿易を地域的に，主体的にみると，そこには歴史，地域性，文化（民族）などさまざまな要素が絡みあい，複雑で多様性を示しており，国家関係には収斂できない特徴を呈している．

この部分では，筆者の現地調査によって得られたデータを中心に[*1]，1980年代以降の中露，中蒙，特に東部中露国境貿易の実態[*2]を記述すると同時に，国境によって分断されたモンゴル人，ブリヤート人などが国境を越えて交流を再開した事例を通じて，国境，国境貿易がもたらす地域社会の変化に注目する．

### 9.5.2 中露，中蒙の国境貿易の現在

#### a.「冷たい国境」から「熱い国境」へ

16世紀以降，ロシアの東侵によって中露間で領土，国境をめぐって，しばしば武装衝突が起こり，長い間両国間で敵対，緊張関係が続いた．また，両国間で設けられた国境はモンゴル，カザフなど多くの民族，また地域社会を分断し，歴史的に形成された地域社会の生活，地域間の交流を閉し，自然との関係，生業にも大きな影響を与えた．特に，人々の移動は国境によって厳しく制限されるようになった．

20世紀に入って，ロシア，モンゴル国，中国で社会主義国家が樹立されてからも，国境問題，国境画定作業は完全な形で解決されないまま長く存在した[*3]．特に，1960年代初頭から1980年代半ばまで，イデオロギーの主張の違いによって，中国はソ連とソ連の影響下にあったモンゴル国と対立し，中露，中蒙間の国境が再び緊張状態に陥り，国境貿易はほとんど行なわれなくなり，民間人の交流は完全に禁止された[*4]．

---

[*1] 中国側に関する資料は，2004年7月後半から8月にかけて，筆者が内モンゴル自治区・エヴェンキ自治旗，満洲里，額爾古納市・室韋俄罗斯（ロシア）民族郷などで実施した現地調査によって得られたものである．ロシアについての資料は，2005年6月（1週間程度）と10月（1週間）に，ウランウデ，ブリヤート共和国・バウント・エヴェンキ自治地域，チタ州などで行った調査によるものである．また，筆者が暮らすクラスノヤルスク地方でも不定期的に調査を実施した．

[*2] 1991年ソ連が崩壊し，中国と国境を接していたカザフスタン，キルギス，タジキスタンが独立国家となったため，中ソ間で3000km以上あった西部国境はわずか54kmとなった．また，今中露の国境貿易はほとんど東部地域に集中しているため，本節で扱う中露国境貿易は東部地域に限られる．

[*3] ここでいう国境問題は主に中露間の国境問題を指す．中蒙の国境問題は1962年に締結された中蒙間の条約によってほとんど合意が得られていた．しかし，国境画定作業は，中露間だけではなく，中蒙間でもあまり進んでいなかった．

[*4] 1960年代から中露，中蒙間に設けられた国境は防衛最前線と化し，中露間で武装衝突事件も度々起きていた．たとえば，よく知られている武装衝突事件として1969年中露東部国境で起きたダマンスキー事件（中国では「珍宝島事件」）がある．

冒頭にも触れたように，中露，中蒙間の国境貿易が再開されたのは1980年代以降である．最初，人々は中国で生産された衣類，靴，日常製品などを鉄道などを利用してロシア，モンゴルに運び，コート，ブーツ，農薬，ロシア製自動車などさまざまな商品と交換する，いわゆる物々交換が国境貿易の主流だったといわれている．これは政治レベルで国家関係が改善されつつあったとはいえ，中露，中蒙間における国際的な金融システムの不在，また人々の生活状況が悪く，個人が所有する現金が非常に少なかったなどのことと関係していると考えられる．

1980年代から，物資が不足するロシア，モンゴル国で民主化運動が高まり，特に1991年ソ連崩壊後，混乱状態が社会全体に拡がり，多くの企業の生産停止，倒産を招き，物資不足状態がさらに深刻化し，その上社会主義システムの崩壊によって，今まで国によって保障された仕事（就職も含む）や福祉，生活も維持できなくなり，人々の生活環境が大きく変化した．しかし，一方，人々は国家の監視から解放され，移動の自由，さまざまな活動を行う自由が認められ，また国外への移動，外国人労働者の受け入れも進められるようになった．同じ時期に，中国では「改革開放」路線が進められ，たくさんの中国人が近隣諸国へビジネスや儲かるチャンスを求めて出稼ぎ，移住するようになった．

たとえば，1980年代後半から，モンゴル国，ロシアのハバロフスク地方，アムール州，沿海州，チタ州，ブリヤート共和国，イルクーツク州などの地域に出稼ぎに行く中国人が増えた．中国人が多く住むハバロフスク，チタ，ウランウデ，イルクーツク，クラスノヤルスクなど町では中国人のレストラン，市場が現れ，建築現場，農村，林業などいろいろなところで中国人が働くようになった．しかし，1993年ごろから1998年までにかけて，中国人の不法滞在者の問題，不良中国商品の問題，またロシアで民族主義の台頭，エリツィン政権の西寄り政策などが原因で中露国境貿易が冷え込んだ時期もあったといわれている（楊, 2005）．

しかし，エネルギー産業を軸にロシア経済の建

**図9.18** 木材を積んだ列車が中露国境を通過している（満洲里）（2004年，筆者撮影）

て直しを図るプーチン政権下では対中関係が強調された．一方，世界の工場化した中国では，石油，石炭，鉄，木材など自然資源の不足が深刻化し，これらの資源の海外への依存度が高まることなどを背景に，21世紀に入ってから中露国境貿易は再び拡大している．1990年代までと比べ，国境貿易の内容もエネルギー資源の輸入，観光（買い物観光），ビジネス，出稼ぎ，留学などを目的とする人々の往来，国境を挟んだ地域間の交流など多様化している．

### b. 中露地域間の国境貿易の実態とその影響

近年，中国の遼寧省，吉林省，黒龍江省，内モンゴル自治区東部などの地域とロシアの沿海州，ハバロフスク地方，ユダヤ自治州，アムール州，チタ州，ブリヤート共和国，イルクーツク州，クラスノヤルスク地方，サハ共和国など，つまり中露国境を接している，あるいは国境に近い地域間で，政府，企業，民間人などさまざまな主体による国境貿易がかつてない範囲と規模で行われている．たとえば，中国側では，かつて中露東部国境で認定された国境町は満洲里，綏芬河，黒河などしかなかったが，2005年現在吉林省，黒龍江省と内モンゴル自治区東部に設けられた国境町は30以上にのぼっている．また，国境貿易はエネルギー資源の供給，過剰な労働力の吸収（ロシアへのビジネス，出稼ぎなどを通じて），また観光，買い物に来るロシア人の大幅な増加などによって，地域経済に一定の影響を与えるようになって

いる．一方，ロシア側でも，チタ州，イルクーツク州，アムール州，ハバロフスク地方などへの中国人観光客の増加，また中国人が仕事などでロシア人を雇うことによって，さらに合弁企業の設立，共同出資でビジネスの拡大などさまざまな形で就職のチャンスが増え，また中国語人材市場が拡大するなどで，国際投資が非常に少なく経済状況が悪いシベリア，極東地域にとって地域間の国境貿易は無視できない存在となりつつある[*1]．

ロシア側の資料によると，ロシアには15万5000の村落があるが，そのうち1万3000の村落は完全に廃村となり，3万5000の村落の人口は10人に満たない状態にある．ロシアでは1991年に農村で私有化が進められ，それに伴い国からの援助金が大幅に減少した[*2]．また市場化によって農業には機械，肥料，流通などで大変な費用がかかるため，農村改革は進まず，逆に農村の生活水準と都市の生活水準との格差が大きく広がっているので，農村人口が都市へ流出する，アルコール中毒が蔓延するなど，モスクワ州など一部分の地域を除いてロシアの農村は危機的な状況にあるといえる．

一方，国営企業が集中する中国の東北地域では，改革が大きく遅れたため，多くの国営企業は赤字，倒産状態に陥り，また沿海地域と比べ外資系企業も非常に少ないため，出稼ぎに来た農村労働者を含めて多くの人口が職につくことができない状態が続いている．それで，親戚，同郷，知り合いなど個人のネットワークやロシアに労働者を派遣する会社などを通じてロシアに出稼ぎに行く中国人が増えている．

筆者はロシアのクラスノヤルスク地方のミヌシンスク地区，ブリヤート共和国のバウント・エヴェンキ族自治地方やチタ州のネルチンスク地区などで野菜，コムギ，ジャガイモなどを栽培する，あるいは木材関係の仕事に従事している中国人を多く見た．たとえば，チタ州のヒロク町の近くのロシア人が経営する中国向けの木材を輸出する会社で，20人以上の中国人が雇われている．またそのすぐ近くにブリヤート共和国側で，中国人が経営する木材を扱う会社で約50人の中国人が働いていた．これらの労働者の多くは黒龍江省，内モンゴル自治区，吉林省から来ているが，なかに中国内陸部から来た人もいる．ビザを取得するための費用や不法滞在となった場合の高い罰金など出稼ぎに来る人々にとって負担は決して低くないが，中国に比べて稼ぎやすいため，行く人が絶えない．一方，企業もほとんどなく，観光客もあまり来ないこの地域において，地元の住民（特に年金生活者）にとって，現金収入を得られるチャンスは非常に少ない．中国人が来て，家を借りたり，買い物するなどで地域の住民に現金を得るチャンスを提供している．

出稼ぎに来る中国人の中で，ロシア人女性と結婚する人もいる．たとえば，黒竜江省・伊春市出身の兄弟2人，Aさん（兄，33歳）とBさん（弟，28歳）は知り合いの紹介で1999年にチタ州・クラスノカメンスク市に来て，最初は知り合いの仕事の手伝いをしていたが，2000年から兄弟2人で中華料理の店を開き，2002年にAさんは店でウェイトレスとして働いていたロシア人女性と結婚した．2004年からAさんは店を弟に譲り，ネルチンスク地区で妻の両親が所有する土地と近所の土地を借りて，12人ほどの中国人を雇い，コムギ，ジャガイモ，野菜などを栽培し生計を立てている．

Aさんのようにロシア人女性と結婚する中国人男性はアムール州，ユダヤ自治州，チタ州などの地域で増えている．このような国際結婚が増加する背景には，出稼ぎや仕事などで来る中国人が増えていることや，ロシア人の男女比率の傾き（女性が男性より多い，特に農村地域ではその差はもっと大きい），および男性の飲酒問題などが考

---

[*1] 中国語人材市場に関しては，たとえば，筆者が勤めているクラスノヤルスク国立大学の外国語学部では，中国語を専攻する卒業生の9割以上が中国人の会社あるいは中国と経済関係を結んでいる会社に就職している．イルクーツクの外国語大学，国立大学，ウランウデの国立大学などでも状況は同じである．また，近年シベリアと極東地域の多くの大学で中国語を専攻する受験生が著しく増加している．受験生が増加した背景には，就職状況が好調，将来性があるなどの理由があげられている．

[*2] 数字は筆者が www.itar-tass.com や www.ria-novosti.ru などから検索したものである．

えられる.

　ネルチンスク地区は内モンゴル自治区の額爾古納市(エルグナ)と国境を接している.20世紀初頭,戦乱から逃れるため,ネルチンスク地区などから多くのロシア人が中露国境である額爾古納河（アムール川の上流）を渡って,今の額爾古納市（当時は三河地区）に避難した.1950年代中ソ間の協定によって,ほとんどの人はロシアに戻ったが,中国人男性と結婚したロシア人女性や子供たちは夫と一緒に中国に残ったのである.1960年代中ソ対立,さらに文化大革命運動によって,中国人とロシア人との結ばれた家庭の多くは政治被害,弾圧を受けた.1950年代まで,このような家庭の子供たちはほとんど民族登録上,「俄羅斯（ロシア）族」を選択していたが,1960年代から1980年代までは,政治被害を逃れるため,民族身分を漢族に変えたり,民族身分を偽ったりして生きなければならなかった.

　近年,額爾古納市は額爾古納河沿いに2つの国境町を設け,また額爾古納河を渡る橋を建設し,ネルチンスク地区やチタ州などと国境貿易を進めている.また,国境,ロシア民族文化（木造家屋,祭りなど）などを利用して観光業も進められている.このような国境沿い地域の開放,ロシアとの交流の推進などによって,中国のロシア族には民族身分を漢族からロシア族にかえる人が増え,またロシアにいる肉親を探す,ネルチンスクなどの地に出稼ぎに行く,あるいは国境貿易の仕事に従事するなどさまざまな変化がもたらされている.

　中国のロシア族の事例からわかるように,中露国境貿易の再開と拡大は,国境沿い地域に経済的な影響だけではなく,ほかの面でも影響を与えている.ここで特に強調したいのは,森林伐採,環境汚染による少数民族の生活に対する悪影響である.たとえば,エヴェンキ人はタイガの森でトナカイ飼育,狩猟などで生計を立てる人々である.ロシア連邦政府,地方政府が石油,天然ガス,木材などの輸出を拡大するため資源の豊富なシベリアで次々と大規模な開発を行っている.クラスノヤルスク地方,イルクーツク州,ブリヤート共和国に生活しているエヴェンキ人の土地も開発,森林伐採の現場となったため,トナカイの放牧地,猟場を失うなど,生業が打撃を受けている.また石油,天然ガスの開発で,川が汚染され,川の魚を食べることによって,病気に罹ったエヴェンキ人も少なくない(Сы Цинь Фу, 2005).

　また,中露の国境となっているアムール川,ウスリー川は,国境町の急増,綏芬河市,黒河市などの国境町で人口が急増したことによって,川の魚が大量に消費され,また住民や観光客が出すごみ,未処理の工業用水,住宅排水などが原因で川が汚染され,川の魚が激減している.魚の減少は代々漁業を生業として営んできたナナイ人に,生業の崩壊,生活の貧困化,伝統文化の危機などさまざまな問題をもたらしている.

　2005年11月,中国の吉林省の化学工場が爆発し,大量の汚染物質が松花江,アムール川に流れ,川が汚染される事件が起こった.調査が始まったばかりでその影響についての詳細は不明だが,2006年2月,筆者はハバロフスクでロシア人の研究者から,ハバロフスク市の東に位置するあるナナイの村で,河の魚が食べられなくなったため,ほとんどの村人の生活は大変困難な状況に陥ったという話を聞いた.ここで強調しておきたいのは,環境問題が発生した場合,まず先に影響を受けるのはその環境を直接利用する先住民である.

　しかし,ロシアや中国では開発や法制度の不備などにより環境汚染,破壊事故が多発しているにもかかわらず,その実態に関する報告や研究はほとんどなく,人々の関心も非常に薄い.また,被害者に対する救済,賠償制度,当事者に対する責任追及も大変不十分である.

　また,多くの研究や報告が指摘しているように,ロシアの極東地域の原生林は中国,日本,韓国などに輸出するため大量に伐採され,原生林の生態系に大きな影響が出ている.特に,1998年中国政府は森林面積が減少し,砂漠化,自然災害が頻発するなどの事態から森林伐採を全面的に禁止する「天保工程」（天然資源を保護するプロジェクト）を発動した.その後,海外から木材を輸入する量が大幅に増加している.ロシアは中国にとって最大の木材輸出国である.中国がロシアから大量の

木材を輸入することによって，今の状況をさらに深刻化させている[*1]．

ロシアでは，「不法移民」問題がマス・メディアを中心にとりあげられ，外国人襲撃事件（その中に中国人も多く含まれている）が西部ロシアで起こっている[*2]．これらの問題の発生はロシアにおける外国人労働者の増加，市場で多くの外国製商品が売られているという現実と無関係ではないが，むしろ，排他的なスラブ人優先主義の台頭などが象徴している今のロシアの社会的状況の1つの側面を反映しているといえる．また，中露間で経済交流だけが重視され，文化，相互理解を目的とする交流が欠けていることも原因の1つと思われる．

### 9.5.3　少数民族にとっての国境貿易

#### a.　国境を越えたモンゴル人同士の交流
　　　　──文化交流を中心に

近年，モンゴル国には，中国，韓国，日本などから進出する企業が増え，石油，鉄，銅などの資源の発掘，ビジネスを目的とする投資，生産などをめぐって国際競争がみられる．特に中国側は国境を接している地理的な条件，北京とウランバートルを結ぶ鉄道などを利用し，中蒙の経済関係の強化や国境貿易の拡大に力を入れている．中国の中でモンゴル国と最も積極的に国境貿易を行っているのはモンゴル国と国境を接している内モンゴル自治区である．中蒙間を結ぶ鉄道の税関口である中国側のエレンホト（中国語で「二連浩特」）とモンゴル側のジャミンウドは国境貿易の拠点として，観光，買い物，ビジネスのため往来する人々であふれ，国境貿易の拡大によって町自体も大きく変化している．また，ウランバートル市にはビジネス，観光，留学，仕事などさまざまな目的で内モンゴル自治区から来た漢族，モンゴル族などが住んでいる．内モンゴル自治区のフフホト市などにも，モンゴル国から来る人が年々増えている．さらに，中蒙国境線上8カ所以上（2004年）設けられた国境町を通じて，経済，観光，文化などを主な目的とするさらにローカルな（ほとんど旗（行政単位）レベル）交流も進められている．

中蒙国境を挟んで言葉，文化，宗教などを共有する多くのモンゴル人が暮らしている．中蒙国境貿易の再開はモンゴル人同士の交流の再開でもある．また，モンゴル人同士の交流は，経済を目的とする交流だけではなく，文化（言語や宗教などを含む広い意味での文化）を目的とする交流が幅広く行われている．

1980年代以降，中国のモンゴル人（主に内モンゴル自治区に住むモンゴル人）とモンゴル国の人々の間では，旧ソ連の影響を受けて中蒙間の対立によって長期にわたってほとんど中断された親族訪問，学術研究，留学，芸術，スポーツなどを目的とする交流が再開され，近年では，交流はさらにロシアのブリヤート共和国，トゥヴァ共和国へと広がりをみせ，交流内容も今までの交流内容に加え，さまざまな音楽・文化イベントの共同開催，僧侶，寺院間の交流，テレビ番組の共同作成など多種多様となっている．

2006年2月内モンゴル自治区テレビ局が主催した旧暦の正月を祝う番組で，モンゴル国，トゥヴァ共和国から招かれた歌手，芸術家が出演し，高い視聴率を獲得した．また，モンゴル国でも，モンゴル国のテレビ局が内モンゴル自治区のテレビ局と共同で番組を作成し，モンゴル国の人々の間で話題となった．このようなテレビ局間の交流は1990年代まで遡る．1995年内モンゴル自治区

---

[*1] 輸入された木材の中で違法手段によって伐採された木材が含まれるケースも少なくない．これはロシアの森林管理体制や横領（腐敗）などの問題と深く絡んでいる．

[*2] ここで注意していただきたいのは，ロシアに実際に存在するのは「不法滞在」の問題であり，ロシア政府は一貫して否定しているように「不法移民」問題，つまり，中国政府が計画的にロシアに移民させている問題は存在しないということである．「不法移民」問題がとりあげられる背景には，この問題がシベリア地域よりも極東地域で強調されることが多いことからもある程度わかるように，中露国境問題が絡んでいると思われる（詳しいことは岩下（2003）などの研究を参照されたい．また中蒙国境問題が今の国境貿易に投影した影についても同書を参照されたい）．極東地域で人口が減少しつづけているのに対して，中国の東北地域では1億人以上の人口を有し，経済も急速に成長している．この対比も人々の神経を刺激しているのではないかと思われる．

のテレビ局はモンゴル国の協力を得て，モンゴル国で中国，モンゴル国，ロシア，日本など10ヵ国以上の56チャンネルの番組を中継できる有線テレビ局（サンスル）の運営をスタートさせた．同テレビ局で1996年1月1日から中継が始まった内モンゴル自治区テレビ局のモンゴル語チャンネルは，今はモンゴル国の人々にとって，内モンゴル自治区に関する情報を知る重要なメディアの1つとなり，また同チャンネルで放送されるドラマ，歌，踊りなどの番組は大変人気を得ている．

このようなテレビ局間の交流の背景には，モンゴル国で国際化が進み，外国の情報，文化に関心を寄せる人口が増加していることに加えて，モンゴル国のテレビ局が少なく，資金不足などによってそのニーズに十分に応えられないことが挙げられる．一方，内モンゴル自治区では漢語チャンネルの影響や社会全体の漢語化によって，モンゴル語チャンネルの視聴率が低迷している．このように，双方は交流を通じてそれぞれが抱えている問題を克服したいという狙いがあるものと思われる．また，グローバル化の波の影響を受け，また中蒙関係の進展，経済関係の密接化などによって，国境の壁が薄くなり，さまざまな形でローカル文化の交流がしやすくなったことも考えられる．

中国のモンゴル人，さらに国境を越えてモンゴル国の人々，ロシアのブリヤート人，トゥヴァ人などの間ではチベット仏教が広く信仰されている．社会主義時代，これらの国々で仏教は国家によって弾圧された時期があったが，今は各地でのオボ祭（「オボ」祭とは丘や山の上に石などで聖壇をつくり，雨乞い，豊作を願うなどの宗教儀式をいう）の開催，壊された寺院の修復，新しい寺院の建造などからもわかるように仏教信仰は復活している．さらに，仏教は寺院間の交流，さまざまな行事，祭り，観光などを通じて国境を越えてモンゴル人同士の交流の一側面を担っている．たとえば，近年ロシアのブリヤート共和国の寺院（ダツァン）はモンゴル国や内モンゴル自治区の寺院との交流を行っている．1990年代からブリヤート共和国では仏教が復活し，ウランウデをはじめ各地で寺院が建てられている．しかし，長年仏教信仰が禁じられ，弾圧を受けたため，チベット語や古いモンゴル語で書かれた経典を読め，それに基づいて仏教活動を行えるラマ（僧侶）が大幅に不足している．それに比べて，モンゴル国や内モンゴル自治区では，宗教行事が行えるようになり，宗教活動が軌道に乗りはじめている寺院が増えている．

このような背景もあり，近年ブリヤート共和国の寺院復活支援のため，モンゴル国や内モンゴル自治区の寺院からラマ（僧侶）が派遣され，またブリヤート共和国の寺院は僧侶の弟子たちをモンゴル国の寺院で修業させるため派遣している[*1]．このほか有名な活仏（ゲゲン）が国境を越えて巡業し指導を行っている．信仰深い信者が国境を越えて有名な寺院，活仏やハイルハン（聖山）を参拝するなどさまざま形で宗教を通じての交流は少しずつではあるが広がりをみせている．

モンゴル語番組の国境を越えての放送，さまざまな文化イベントの共同開催，また文化，宗教，観光，留学などを目的とした交流は，1980年代以降モンゴル伝統文化の復活を目指した地域の動きと大きく関係しており，また伝統文化復興活動の広がり，展開を促していると考えられる．1980年代後半モンゴル国では民主化運動が広がり，独立，自由（ソ連から）と同時にモンゴル伝統文化の復活が運動の象徴となり，その一環として古いモンゴル文字を復活させる運動が展開された[*2]．内モンゴル自治区も学校で古いモンゴル語を教える教師，学者をモンゴル国に派遣し，支援した．最近ウランウデでも古いモンゴル文字は雑誌，新聞のタイトルをはじめ，町の甲板文字として，さらにさまざまなシンボルマークにデザインされて使われている．古いモンゴル文字はモンゴル国，

---

[*1] たとえば，2005年10月，筆者はウランウデ市の郊外にあるブリヤート共和国の最大の仏教寺院ダツァンを訪ね，そこで200人ほどの僧の弟子のうち20人以上はモンゴルの寺院で修業していることを知った．またモンゴルの寺院から派遣されてきたラマ（僧侶）が弟子たちの修業の指導など寺院の仕事を手伝っていると，寺院の関係者から聞いた．

[*2] 20世紀になってモンゴル国とブリヤート共和国では，旧ソ連の影響でキリル文字が導入された．内モンゴル自治区では古いモンゴル文字のままである．

ブリヤート共和国などでは伝統文化の象徴として再解釈され、また歴史、文化の共有、人々をつなぐ手段としての認識も国境を越えた交流を通じて広がりをみせている．

### b. 中国のブリヤート人のロシアへの移住

ブリヤート人はロシア、モンゴル国そして中国に居住地をもっている．ブリヤート人の多くはロシアに住んでおり、2002年の時点では44万5000人と推定されている(Л. Л. АБАЕВА, 2004)．モンゴル国では4万2000人のブリヤート人がウランバートルやドルン・アイムグ(東方県)などの地で暮らしている．中国のブリヤート人は7632人で、主に内モンゴル自治区のホロンバイル市・エヴェンキ族自治旗の錫尼河東ソム(村)、錫尼河西ソムや南屯(ナントン)などの地に住んでいる．

ブリヤート人がロシア、モンゴル国と中国をまたがって居住した背景には16世紀以降ロシアの東進と領土拡大、さらに20世紀入ってからの内戦、スターリン時代ソ連国内で実施された政策などと深く関係している．20世紀前半、一部分のブリヤート人(ロシアのチタ州のアガブリヤート自治管区の出身者が多い)は内戦、シベリア出兵による戦争と社会的混乱状態などを恐れて、モンゴル国の東部地域、中国の内モンゴル自治区のホロンバイル草原に移住した(阿比徳, 1985; Дашын, 2000)．移住後、故郷(ロシア)に戻ることができなくなったため、ブリヤート人はモンゴル国の国民、中国の国民としての生きる道を選択した[*1]．

ここでは、今までほとんどとりあげられたことがない中国に移住したブリヤート人が中露国境貿易の再開に伴い、ロシアに移住するようになった事例を紹介し、中露国境貿易のもう1つの側面に触れておきたい．

中国に移住したブリヤート人のほとんどは遊牧民であり、当時のホロンバイル地方政府の許可を得て、ほぼ今の居住地で「ブリヤート旗」という社会単位を形成し、遊牧生活を立て直した．1930年代から1945年まで彼らも地域の住民と同じ日本軍の支配下に置かれた．1947年内モンゴル自治区が成立し、その後ブリヤート人社会は共産党によって中国国家システムに統合された．1960年代まで、中国のブリヤート人はロシアのブリヤート人(親戚、友人など)と手紙などを通じて連絡をとりあっていたが、1960年代から1980年代半ばまで、中ソ対立によって、連絡は中断され、敵対国家であるソ連と関係があるという理由で多くのブリヤート人は政治的迫害を受けた．

1980年代以降、中露国家関係の改善、特に中露国境貿易の再開と拡大に伴い、中国のブリヤート人とロシアのブリヤート人との交流も再開され、多くの中国のブリヤート人はロシアのブリヤート共和国へ移住するようになった．2004年まで、約125世帯、300人以上の中国のブリヤート人がウランウデやチタ州アガブリヤート自治管区などに移住している．彼らは中国製商品を市場などで売る仕事をはじめ、民族料理店、モンゴル薬(薬草)や民族用品を売る店の経営、通訳、牧場でヒツジ、ウシなどを放牧するなどさまざまな仕事に従事し生計を立てている．

また、大半の人はロシアの永住権を取得しているが、ロシアの国籍を選択する人もいる．たとえば、筆者がウランウデで調査した9家族のうち、6家族の人は永住権を得るのみで暮らしているが、3家族の人は国籍を変えている．しかし、滞在の資格、形(たとえば長期、短期など)が異なっても、中国から移住したブリヤート人は「錫尼河人」という強い同郷意識をもっており、また情報交換、助けあいなど密接な関係も維持されている．さらに、ウランウデ市で移住者の同郷会を結成し、ブリヤート共和国政府の支援もあって、ウランウデ市の郊外に移住者専用の墓地をつくり、市から西へ約30km離れたところで「オボ」も建てた．2005年現在彼らはロシア人、ロシアのブリヤート人が大多数を占める主流社会の中で、言葉、文化、社会システムなどの壁を感じながら、1つの集団を形成し、独自のアイデンティティを強く維持しながら生活している．

最初の移住から最近の移住まですでに15年以上の時間が経っており、またブリヤート人が置か

---

[*1] 中国に移住してから、ごく少数ではあるが、ロシアに戻った人もいた．

れている社会的状況も国境両側問わず大きく変化しているため，移住の理由も変化していることは容易に想像がつく．しかし，ほとんどの中国人が経済目的でロシアに出稼ぎに行くのと異なり，ブリヤート人の多くは移住の理由に子供，あるいは孫の教育をあげている．筆者が調査した9家族の内7家族は子供，孫の教育のために来たと説明している．その背景には，中国のブリヤート人の多くはホロンバイル草原でウシ，ヒツジやウマなどを放牧して生活しているが，開発や草原の砂漠化によって，遊牧生活はさまざまな困難に直面しており，子供の教育費を払えない家庭が増えている．また，ブリヤート人の子供の多くはモンゴル語で教育を受けているが，内モンゴル自治区ではモンゴル語で大学や専門学校を卒業した学生が就職できない状況が深刻化している(思沁夫, 2004)．そのため，教育費があまりかからず，またロシア語などの勉強もできるので将来の選択肢も増えると考える人が多くなった．

国境を越えての交流やロシア・ブリヤート共和国への移住などで中国ブリヤート人社会に変化が生じつつある．ブリヤート人は長い間ブリヤート人同士の結婚，つまり民族内部婚という習慣を保ってきた．しかし，ロシアへの移住後生活環境，空間，生活スタイルの変化などによって，ほかの民族出身者と結婚するケースが増えている．また，幼い時親と一緒にブリヤート共和国に移住してきた子供や移住後生まれた子供たちの中には，自分の母語であるブリヤート・モンゴル語が話せず，生活習慣，価値観，アイデンティティ（帰属意識）なども変化し，世代間で緊張関係がみられることもある．

近年，仕事が見つけにくい，生活習慣が合わないなどの理由で故郷（中国）に戻る家族も現れている．また，観光ビザなどでロシアに行くことが以前と比べ容易になったため，最近ブリヤート共和国に移住する中国のブリヤート人が減少している．移住した人たちの多くも，ウランウデ市以外に，中国の海拉爾（ハイラル）市，南屯鎮などでも家をもち，中国側のブリヤート人社会と緊密な関係を維持しながら生活している．

ここでは中国のブリヤート人の移住を中心にみてきたが，近年，ブリヤート共和国，モンゴル国と中国のブリヤート人の間で国境を越えた交流も盛んに行われている．2年に1度開催される「アリトルガン祭」は，ロシア，モンゴル国と中国のブリヤート人が参加する国境を越えた民族の祭りである．祭りではブリヤート人の伝統スポーツ，民族衣装，歌などが披露され，国境を越えた人々の交流の場となっている．祭りからは忘れかけていた民族伝統文化の復活やブリヤート人としての民族意識の保持という意図が感じられる．

### 9.5.4 グローバル化・国境貿易・環境問題

1990年代からグローバル化の影響下で，世界の各地で人々は移民，出稼ぎ，ビジネスあるいは能力を伸ばすチャンスを求めて，国境を越えてトランスナショナルな移動を繰り広げている．中露，中蒙間の国境貿易を考えるとき，このようなより広い視点からみる必要があると感じる．たとえば，かつてこれらの国々では，人々の移動が厳しく制限され，精神，思想の自由も認められなかった．しかし，通信技術や移動手段の発達や海外企業の進出などによって，人々は海外の文化，生活などに関する情報を得やすくなり，またその影響もより多く受けるようになった．その結果，人々の意識はより「開放」的になりつつある．国境貿易もこのような人々の意識の変化と無縁ではない．また，国境貿易は世界経済の一体化の中で考える必要があると思われる．中露国境貿易の中で，木材の取引は年々増加している．しかし，輸入された木材は全部中国本土で消費されているわけではない．その一部分は割り箸（たとえば，日本で使われている割り箸の9割は中国から輸入している），家具，建築材料などの形で日本，アメリカ合衆国，ヨーロッパなどに輸出され，消費されている．

ここでは中露，中蒙間の国境貿易の実態を理解する上で必要と思われるポイントについてもう一度整理しておきたい．まず，国境沿いの地域が国境貿易により密接な関係を形成しつつある一方，

国境貿易の拡大は地域社会にさまざまな変化をもたらす要因の1つになっている．みてきたようにブリヤート人や中国のロシア族の事例などはそれを示しているが，地域的にみてもその傾向は明らかである．たとえば，1990年代まで，満洲里，綏芬河，黒河，エレンホトなどは地元の住民が大半を占める小さな町であったが，今は外来人口が多数を占め，国内外から企業が進出し，商業施設が林立する都市へと変化している．またカシミヤ産業はモンゴル国の重要産業の1つである．しかし，近年，中国人や中国の会社が遊牧民から高い値段で原料を買い集めることによって，モンゴル国の企業は原料不足に陥るなどの影響を受けている．次に，中露，中蒙間の国境貿易は商品の取引，出稼ぎ，ビジネスなど経済目的の交流が主流であるが，国境によって分断された民族同士の交流も国境貿易の重要な側面として注目されるべきである．さらに，中露，中蒙の国境貿易の拡大は，環境（特にシベリアや極東地域）に大きな影響を与える可能性がある．今後も自然環境を直接利用して生活している先住民たちの立場から考えることが非常に大切である．

### 9.5.5 今後への展望

今回は国境貿易をキーワードに，1980年代以降中露，中蒙の国境の実態をさまざまな主体を通して見てきた．また，国境を越えた経済，文化の交流から生み出された可能性と課題にも触れた．さらに，いくつかの事例の紹介，比較を通じて，国境沿いに暮らす人々の対応も見た．

2008年現在，北東アジア地域において，資本主義経済の影響は一層強くなり，国境を越えた情報，ヒト，モノ，文化などの往来も，かつてない範囲に及ぶようになり，その頻度と多様性も格段に増えている．その一方で，ナショナリズムが高揚し，国家管理監視体制が強化されているのも事実である．さまざまな要因，要素が交錯し，流動的で複雑な状況の下，少数民族たちはどのような選択，対応に迫られ，またどのように対応しようとしているのか．この問題については，さらに調査と研究を続ける必要がある．

また，グローバリゼーションを背景に，ローカルな歴史，文化，価値観，信仰などを再解釈する動きも見られる．しかも，その視点と主張は非常に多元的である．今後はこれらの動きを観察し，分析してみたいと考えている． 〔思沁夫〕

#### ▶文　献
阿比徳（1985）：布里特蒙古簡史，呼倫貝爾盟歴史研究会，海拉爾市新華印刷所．
石下明裕（2003）：中・ロ国境4000 km，角川書店．
伊豫谷登士翁（2001）：グローバリゼーションと移民，有新堂．
思沁夫（2004）：「蒙生」の就職について—内モンゴル大学の事例より—．中国21（愛知大学現代中国学会），**19**，151-166
ファシ・ジャンソ（1998）：シニ河のブリヤート人，エヴェンキ自治旗政協資料．**1**(23)，**2**(3)．
森林環境研究会（2006）：世界の森林はいま，朝日新聞社．
楊慶華（2002）：新時期的中露貿易構造・現状・問題与対策，黒竜江省信息中心，1-26
С.Дашын（S.Dashiin）(2000)：*Уржин Гармауев. Улаан-Удэ Бэлиг.*
Сы Цинь Фу（Si Qin Fu）(2005)：*Актуальность Изучения Культуры и Истории Эвенков на Современном Этапе. Nei Meng Gu E Wen ke Zu Yan Jiu Hui* pp.27-41.
Л. Л. Абаева（L.L.Abaeva），Н. Л. Жукоеская（2004）：*Буряты. Москва Наука*, pp.11.

## III 社会環境

# 第10章

# 社会・文化の変容

## 10.1 社会主義時代の文化政策と国家儀礼の創出

　近代国家の政策がその成員である住民に及ぼす影響というのは計り知れないものである．20世紀のシベリアの場合，社会主義体制という74年間の経験ゆえに，その度合いは類をみない．

　まず示すべきは，その広大さである．シベリアと称される地域の面積はおよそ1380万km²であり，日本の国土の36倍以上にあたる．そこに30以上の先住諸民族が，ロシア人やウクライナ人，アルメニア人といった移住者およびその子孫とともに，居住している．本節は，ソヴィエト社会主義体制下の文化政策が彼ら彼女らに与えた影響について理解を深める場である．

　ソ連の先住諸民族に対する文化政策全般についてここで概観するのは，もとより不可能である．本節では，南シベリアに住むブリヤート人を主な事例として，ソ連文化政策が儀礼や慣習にいかなる作用をもたらしたのかを考えることで，目的の一翼にかえたい．最初に，ソヴィエト社会主義とシベリア先住諸民族との関係を議論するにあたって不可欠と思われる，認識枠組を示し，その後に具体的な記述に進んでいくこととする．

### 10.1.1 ソヴィエト社会主義の政策とシベリア先住諸民族

　しばしばいわれるように，ロシア革命は複合革命であった．都市部の労働者の政治経済的要求に焦点をあてた都市革命，村落部における農民の土地に対する要望に配慮しようとした農村革命，そして帝政下の「植民地」体制で自治を求める周辺諸民族の同意を得ようとした民族革命である．また，世界初の社会主義革命は，同時に，精神革命であったともいえる．1920年代のロシア文化の前衛性ということだけでなく，科学的世界観に裏打ちされ，ソヴィエト社会主義体制を自ら担おうとする「新しい人間（novyi chelovek）」の創出という志向もまた，単に政体の奪取という革命の定義を大きく広げるものであり，このことは，一口に社会主義ブロックといえども革命の影響の深度という点で，ソ連と東ヨーロッパとを大きく隔てる点でもある．

　マルクス（K. Marx）が想定していたとは裏腹に，社会主義革命は，先進国の都市労働者階級にみられる矛盾の深化を通じてではなく，「辺境」のロシアで生じたわけであるが，このことの意味は，シベリアの先住諸民族にとってあまりに巨大であった．当時の議論のスタイルからすれば，旧帝政の領土にいる数ある諸民族の中で，「最も発展段階の遅れた」民族が集中していたのがシベリアだったからである．マルクス主義理論の構造の中で遊牧社会は一種のアポリアであったが，遊牧民が多く居住していたのも，中央アジアと並んでシベリアであった．

　こうしたことは，何も理論的な課題というだけ

でなかった．資本主義段階を経験していないとみなされた多くのシベリア諸民族が，前資本主義段階から社会主義へと「飛び級」しなければならないという体制の命題は，一挙に急激な社会改革を行うということであった．

こうして，政治・経済・文化といった社会のほとんどあらゆる領域において，社会主義化（現地の言葉でいえば「社会主義建設（stroitel'stvo sotsializma）」）が進められたのであり，このことは，文化政策が経済政策と切っても切れない関係にあったことを意味する．つまりシベリア諸民族にとって社会主義とは，単なる（単一の）○○政策とか○○状況とかいうものではなく，全般的な体制であり，生活様式であった．さらに，革命・内戦・スターリニズム・「大祖国戦争」・スターリン批判といった歴史のある種の不連続性は，総合的政策としての文化政策の不連続な側面も指しており，それぞれの時代において体制全体を生き抜かなければならなかったシベリア諸民族にとって，社会主義は，手放しに賞賛したり一刀両断に否定したりできるものではなかった(Grant, 1995)．村に電気が来て各家庭に有線ラジオが設置され，湯を電熱で沸かせるようになったというレベルから，寺院が破壊され，親族が粛正されるというレベルまで，生の全般にわたる存在のあり方としての社会主義がそこにあり，これこそ，ソ連の文化政策の特徴をなしていたと考えることができる．近代化の一変種としての社会主義とその文化政策としてもよい．

### 10.1.2 ソヴィエト文化政策における儀礼という問題

シベリア諸民族（ここでは主に村落部の住民を念頭に置いている）にとってソヴィエト文化政策——それも，上でみたような，生の全般にわたる包括的な政策とその環境——がもつ中身は，およそ次のようであった．

① 生活空間の集中化と機械化．主に1930年代の集団化（kollektivizatsiia）政策がこれにあたる．農民が散在して居住しているならば，できるだけ「効率よく」1カ所に集中して居住するようにする．遊牧民であれば，徐々に遊牧を減らして定住し，牧畜産業従事者へと職種を変化させる．生産器具の機械化は，生産力の向上のみならず，この集中化のためにも要請された．個々に散らばっている複数の鍬ではなく，1カ所に設置され保管されているトラクターやコンバインをイメージすればこのことはわかりやすい．なお，この集中化の過程は，集団化の時期に限定されるものではなく，その後も徐々に進められていった．

② 行政と政治の共産党化．ソ連全体の共産党の下位範疇として民族共和国ごとの共産党組織があり，またそれが細かく枝分かれして村レベルにまでその「細胞」を形成していく．この「細胞」を基点として数々のほかの領域（教育や文化など）の活動組織が連結していく．生活空間が集中化されれば，活動組織が統制されやすい．また，そこに学校や病院を設置する以上，次の③にも作用する．

③ 「社会主義文化」の建設．ソヴィエト社会主義体制を担う「新しい人間」を育成することであるが，民族共和国の場合，自分たちの民族の「国」としての共和国を形成・維持することも含まれ，この点，②と切り離せない．学校をはじめとする啓蒙教育機関を全国に張り巡らし，文字をもたない民族であれば，文字をつくり，文字が読めない住民に対しては識字教育を施す（「言語建設（iazykovoe stroitel'stvo）」ともいわれた）(渡邊, 2005a)．民族であることが要求され，ある民族に属しながら，ソヴィエト社会主義的国民であることも等しく要求される．

④ 社会主義的世界観の育成．以上①～③が「ハード」な側面とすれば，4点目はより「ソフト」な側面である．文字が読めるようになったら，マルクスやレーニンなどの「正統」を理解し，科学的な判断力でもって社会的環境を認識し，もし科学的判断からして「古い」ものや「悪い」ものが「残存」していれば，それを超克しなければならない．この場合，古くて悪いと判断されたものはほとんど宗教であり，ソヴィエト国民を超えかねないような民族主義であった．

ここで，体制にとっても住民にとっても，乗り

越えがたい課題が生じた．古くて悪いと判断される範疇の行為とは，民族的とか宗教的とか称されるものであったわけだが（本来，ソヴィエト儀礼論の脈絡では民族と宗教とを分けて論じなくてはいけないが，ここでは割愛する），その多くは儀礼とその執行制度（教会や寺院）とかかわっていたからである．

なぜ以上のことが無視できない課題となったのかについて理解するのはそう難しくない．1つに，儀礼的行動の大部分は，個々の無意識的ないしは半意識的な身体行為から形成されているからである．たとえば，十字を切るという行為をとればわかるように，切る瞬間，頭脳で何事かを思考し，判断し，意味づけを行ってそうするというよりは，「思わず」「いつの間にか」そうしていたという類の行為である．科学的な内省に基づいて，一夕に「廃止」できるようなものではない．2つに，科学や啓蒙的理性でもってしても制御できない生の領域がある．不慮の事故や死といった現象は，どんなに科学でもってしても「生じうる」という可能性を消し去れるものではないし，より正確にいえば，「生じうる」という個人的不安は常に残ったままである．この個人的不安への集団的・社会的対応という側面を宗教性――民族性と深い関係にある――が孕み，宗教と儀礼とが紙の裏表である以上，ソヴィエト体制は乗り越えがたい壁にぶつかったのである．「遅れた」，文字の読めない多くのシベリア諸民族にとっては尚更のことであった．

そこで――結果的にみて――ソ連が行ったのは，科学的世界観の育成やマルクス＝レーニン主義の徹底を図りながら，同時に，儀礼を廃止するのではなく，それを「更新」することであった．具体的には，すでにある儀礼の意味づけを変え，新たな儀礼をつくり，それでも「古さ」と「悪さ」を払拭しにくい場合は，できるだけ当該の儀礼の社会的側面を減らして個人的領域に「囲い込む」ことであった．

### 10.1.3 ソ連の儀礼政策

ソ連が展開した儀礼政策は，紆余曲折の道を歩まざるをえなかったが，大きくいって2つの段階を経ていた．1つは，社会主義体制にとって儀礼なるものがそもそも必要なのか，というラディカルな議論から始まり，結果的にはその必要性が認められ，革命の達成を祝う行事などが続いた1920，30年代である (Binns, 1979)．シベリア諸民族においては，同時期，上に記したような広範囲の社会変化を蒙っていた．

その後，ソヴィエト儀礼は，スターリンの個人崇拝――これも儀礼の一種といえなくもないが――や「大祖国戦争」（第2次世界大戦のソ連での呼び方）ゆえに，空白期間を過ごすことになったが，1950年代後半から60年代前半にかけ，第2のピークをみた (Lane, 1981; 渡邊, 1999)．儀礼政策を積極的に更新しなければならなかった背景に，戦争のため反宗教キャンペーンが中座していたこと，労働モラル，ひいては生産力の低下が懸念されたことがあった．反宗教キャンペーンが中座していたということは，日常生活に宗教的要素が「復活」していると判断されたということでもある．「復活」の背景に，数多くの死者を出し，想像を超える不安を生じさせた戦争があった．

#### a. 新社会主義儀礼大系

1960年代前半以降，大々的に展開された新しい儀礼大系――「新社会主義儀礼（novyi sotsialisticheskii obriad）」「非宗教的儀礼（nereligioznyi obriad）」あるいは単に「新儀礼（novyi obriad）」（以下，この言い方をとる）などと呼ばれる――は，1920，30年代の第1のピークとどう異なっていたのだろうか．ロシアの研究者グレーブキン（V.V.Glebkin）は，その著書『ソヴィエト文化における儀礼』(1998) の中で2点，違いを指摘している．

新しいタイプの通過儀礼の種類が増えたことと，儀礼の計画性が増したことである．後者の背景は，1960年代の状況が，革命の熱狂や自然発

**表10.1** 新社会主義儀礼大系（渡邊, 1999）

| 目的 | (1) 儀礼の形成とその典型的シナリオの執筆<br>(2) 儀礼の人々への伝播<br>(3) 儀礼の伝統への転化 |
|---|---|
| 範疇 | (i) 社会的・市民的儀礼：メーデー，革命記念日，戦勝記念日など．<br>(ii) 個人的・家族的儀礼：出産，婚姻，葬送など．<br>(iii) 個人的・市民的儀礼：入学式，身分証明書授与など． |
| 過程 | 古い伝統 → 改良された伝統＋新伝統 → 新伝統 |

生的な感情の発露が残っていた第1のピークと異なっていたこと，上述の事由ゆえはるかに意図的に新儀礼を広め，根づかせなければならなかったことを考えれば，納得しやすいだろう．さらに，私見では，新儀礼大系の特徴として，民際性（internatsional'zm）が強調されていた点もあげられるが，このことは通過儀礼の増大と関連しているので，まとめて解釈してみる．

日常の儀礼において宗教性と民族性が顕著になっているというソ連の観察は，ライフサイクルにおける数々の節目を祝ったり，感じ入ったりする文化的装置が，「古い」ものを多く残している，言い換えれば，人生や労働の個人的側面とかかわるような新しいソヴィエト的儀礼が不足している，ということであった．ある論者は，「市民的儀礼が，出産届・婚姻届・葬礼といった事務的作業によってしか成立していないゆえ，古い，すでに忘れられたかのようにみえる家族的・日常的儀礼の形に引き寄せられる傾向が観察できる」と記している（Tul'tseva, 1985）．

特に「伝統的な」婚姻儀礼が1950年代から60年代にかけて「復活」してきたという．そこで，より多く，回数を重ねて，人生の数々の節目をソヴィエト的儀礼で祝い，それでもって，宗教性を排除し，民族性をより「無害な」形に塗り替えることが要求されたのである．民族性の塗り替えとは，ある出来事があった場合（婚姻であれ，革命記念であれ），その「内容」は汎ソ連的に共通しているが，その「形式」は地域や民族の特徴に応じて決められるようにする，ということである．

たとえば，民族衣装を着て，民族料理を食すという行動は，「形式的に民族的」（スターリンの民族文化政策の基本的テーゼの一部）であるから，奨励されたのであった．

新儀礼の基本的枠組を示すと表10.1のようになる．「目的」とあるのは，新儀礼の発展過程である．儀礼を新しく，それも組織だった形で創出する．そうして計画された儀礼を実行し，広め，ついには「新伝統（novaya traditsiia）」と人々が受け止めるに至るまでが構想されている．「範疇」とは，その儀礼の細目であり，特質と規模に応じて分類されるものである．時に，「(ii) 個人的・家族的儀礼/(iii) 個人的・市民的儀礼」とは異なる分け方（「(ii) 勤労に関する儀礼/(iii) 家族・日常生活・季節に応じた儀礼」）もみられるが（Mironova et al., 1987），少なくとも (i) と (ii) (iii) とを大きく分けること，つまり，全国家的・汎国家的行事や出来事に絡む儀礼に，規模の面でも重要性の面でも大きな意義が与えられている点には変わりない．全国家的というのは，この範疇の儀礼がソ連全体にとって意味があり，汎国家的というのは，さらにその重要性が民族の枠を超えて認められるということである．民族性は (i) の範疇では可能な限り少なく見積もられ，(ii) と (iii) の範疇では「形式」的装飾として許容され，発展するものとされた．

表10.1にある「過程」は，字面の上では理解しやすいといえるが，その内実は単純ではない．儀礼の改革は，多くの場合，それまでに存在していた「古く」「悪い」要素を改編し，その上に「新しさ」を置く，という方式をとっていた．たとえば，「収穫の日（Den' urozhaia）」という，その名のとおり夏の終わりに村落部で農作物の収穫を祝う行事の創出は，まさにこの路線を行くものであった．この収穫祭は，ロシア共産党（RKP(b)）中央委員会で，「古い」慣習を「新しい」土壌で発展させると方向づけられたのである．1923年の夏の段階では，ロシア青年共産同盟（RKSM）中央委員会のイニシアチブの下，村落部の青年層が「収穫の日」の準備を始めた．最初のうちこの祭は，「りんご祭（spas iablochnyi）」，ないしは「キ

リスト顕栄祭（spas preobrazheniia, Preobrazhenie）」の日（旧暦の8月6日）に定められていた．これは，ロシア正教徒の祝日で，りんごなどの果物を聖水で清め，食す日であった (Tul'tseva, 1985). つまり，宗教的儀礼の日に合わせて新儀礼の日取りを決め，あたかも上から蓋を被せるかのようにして，「収穫の日」という「新しさ」でもって「古さ」を上書きしようとしていたのである．

### b. ライフコースと新儀礼との関係

1960年代以降，広範に展開されたのは，個人としての人生の節目（出産や婚姻など）のみならず，社会的個人（「勤労者」）としての節目を，「新しい人間」の通過儀礼のごとく，祝福することだった．この点をライフストーリーで記せば，およそ次のようになるだろう (Mironova et al., 1987).

① 人が生まれると，出産の儀礼が行われる．特に際立っているのは，出生届の提出・受理を祝祭化する点である．儀礼の代表者が両親に向かって，「我々の社会主義社会を前にして，神聖な義務，共産主義の完全な勝利のために闘う人間として育てる義務を忘れないでください」(Lane, 1981, pp. 68-74) と述べたりする．他方，親族が集まる私的空間では，それぞれの民族に従った慣習でもって出産が祝われる．② 次のステップとしてあるのは，ソ連時代，16歳になったら受け取る身分証明書 (passport) の契機である．氏名・生年月日・出生地・民族籍などが記されたこの証明書は，ソ連国民は常に携行しなければならないもので，これを儀礼的に受けとることは，ソ連国民になるための一種の通過儀礼であった．

③ 次に，男性であれば徴兵式，大学進学者であれば大学入学式があるが，④ それよりも多くの人が経験するのは，婚姻儀礼である．ここでも出生と同じく，公的機関での婚姻の手続きが儀礼化される．色とりどりのリボンがかけられ，着飾った人々が多く詰め寄せた役所や「文化の家 (dom kul'tury)」（ソ連版公民館）で，地方ソヴィエトの代表者が参列者を前に，「荘厳な結婚式を執り行う前に，次のことをみなさんに思いださせることをお許しください．ソヴィエトの家族とは，人生を一緒に歩んでいくことを決意した，互いに暖かく愛しあう人々の結合体です．それは我々の国家の最も重要な細胞なのです」(Lane, 1981, pp. 74-82) とスピーチすることで，ソヴィエト国家の成員であることが強調された．他方，親族や友人らが集まる私的空間では，「民族的」に，「伝統的」に祝われる．

ここで，「改良された伝統」と「新儀礼」がどのように組みあわされているのかを，少し詳しく，ブリヤート自治共和国のカバンスク郡の例でみてみたい．そこでの「新しい」婚姻儀礼は，祝福の前に文化の家へ花婿と花嫁を別々の車で連れていき，別々の部屋に通されることから始まる．その後，花婿は花嫁を連れてくるよう促されるが，花嫁は彼女の女友達にがっしりと守られている．花婿は，この女友達に「慰謝料」を払ったり贈り物をしたりしないと，花嫁を連れだすことができない．この例を報告している現地の民族誌家はこれをもって「古くからの婚姻の慣習のディテールがみられる」とし，「それを新儀礼に持ち込むことはまったく理にかなっている」という．この例にみられる花嫁探しのモメントは，革命以前から存在していた．花嫁を彼女の両親の家から「かっさらう」儀礼 (basaga khorgoduulka naadan) の変形という意味で，「民族的」「伝統的」といえるし，この種の花嫁探しのモメントが多くの民族に観察しうるという点では普遍的で，それゆえ「市民式」といえないこともないのである (渡邊, 1999).

結婚し，子供をもつようになったら，両親として出産儀礼を行うことになる．この後，個人に焦点をあてるような儀礼は，葬送儀礼である．私的な場で，民族的色彩を伴った葬礼が行われた後（ないしは行われる前），埋葬のとき墓地では，要職にある人物が故人の社会的業績を称え，そうすることで弔うという痛みをできるだけ和らげようとする．たとえば，「生は続きます．故人が成し遂げようとしていたことは，残されたままです．故人の行動は私たちの中に生きていて，その初心を私たちは完成させようとします．すべては人間の元に残されるのです」とスピーチされる (Lane, 1981).

一個人のライフコースでは，儀礼は以上であるが，前述したごとく，これでは新儀礼が少なすぎた．そこで「収穫の日」に代表される，さまざまな「○○の日」という儀礼が頻繁に行われるようになった．これは，「鉄道員の日」「牧夫の日」「運転手の日」「警察の日」といった具合に，ほぼすべての職種ごとに存在した．この場合でも，「形式」は「民族的」であることが望ましいとされた．たとえば，アムール河沿岸の先住民ナナイ人・ギリヤーク（ニヴフ）人・ウリチ人のところでは，「収穫の日」の一変種として「伝統的な」熊祭が行われた．旧来では秋に1度の熊信仰の儀礼であったが，新バージョンとして，8月の第1日曜日に行われるものとなった．勤労者が町を行進し，高い生産をあげた労働者には賞状や賞品が贈られた．同時に，民俗アンサンブルの公演があり，「民族的な」スポーツ（1人用の狩猟用橇の競争など）や綱引きが行われた (Tul'tseva, 1985)．

　また，ブリヤートが多く住むイルクーツク州ウスチ・オルダ民族管区の村で行われた「労働一族を祝う夕べ」という「新儀礼」の例（1970年代）は，以下のようなものであった．これはマルコフ家を祝う行事で，マルコフ家の成員は83人であり，そのうちの成人は全員この村のコルホーズで働いているような家族である（いわゆる拡大家族を念頭におけばよい）．この行事のシナリオは，文化の家の職員や州の文化課の専門職員が作成し，行事の組織にはコルホーズの執行部が積極的にかかわった．郡の文化課はデザイナー（oformitel'）を派遣し，会場設置を受けもった．同村の小中学生は，マルコフ家の家系図を系統樹の形でパネルに描きだし，また，夕べへの招待状の作成に携わった．会場となる文化の家では，「共産主義的作業班の行進曲」が演奏され，ロシアとブリヤートの民族衣装を着た若い女性たちが，最年長のN. A. マルコフに「パンと塩」（ロシア語の慣習的な表現で，「御馳走」を意味する）を贈り，そのほかのマルコフ家の人にはピオネール（ソヴィエト児童組織）が白いキクの花を贈った．大祖国戦争で戦死したマルコフ家の人に対し，黙禱の時間も設けられた．この後，芸術サークルのコンサートが披露された (Dashieva, 1980)．

　見落としてはならないのは，こうした「○○の日」儀礼がもちえた社会的効果である．上の例からもみてとれるように，確かに，高い生産力を示した労働者が祝福されるという側面に，あまりにも社会主義的と映る特徴，つまり市場社会においてとは異なる競争原理とされる「社会主義的競争（sotsial'sticheskoe sorevnovaniie）」が表象されるという新儀礼の一側面が存在する．しかし同時に，村人や職場の同僚が一同に介して同じ行動の場に参加するということでもって成立する協調行動を通じて，儀礼参加者が互いの存在を確認し，次の協調行動を予期させるネットワークをもつようになることの社会的意義は大きい(チウェ, 2003)．また，「○○の日」儀礼を通じて，公的な場面で世代間の意識的格差は緩和された (Tul'tseva, 1985)．もちろんそこに，世代間のギャップを超えて労働者が協調し，それでもってより高い生産性が可能になる職場環境を整えるべし，という当局的な判断があったことは間違いないが，「形式」の枠内とはいえ「民族的」で「伝統的」な文化表象も可能であった時空間は，一定の社会的連帯（親族であり，民族であり，ソヴィエト国民であり，社会主義的勤労者としての個人を複数結び付ける紐帯）の役割を果たしたのである．これは，包括的な政策としてのソヴィエト文化政策の顕著な特性の1つであった．

### c. 女性の地位向上と生活世界の客体化

　民族でありながら，「悪い」「古い」側面を切り落とし，「良い」伝統に根差しながら科学的世界観をもった個人として，「新しい社会主義的生活様式（novyi sotsial'sticheskii obraz zhizni）」に移行するには，儀礼という半意識的な行動に訴えかけるだけでなく，意識的学習にも頼るのは当然ともいえる．新しい活動領域をもつ個人を育てるべく，さまざまな啓蒙・教育施設が全国に張り巡らされたが，シベリアもその例外ではなかった．

　例外どころか，積極的に教育政策が展開されたのだが，その特徴を一口でいえば，生活世界を住民ができるだけ客観視するようにする，というこ

とになるだろう．「悪い」「宗教的な」世界観を自らそう判断して却下し，「良い」部分は「肯定的」「（良い意味で）民族的」「（良い意味で）伝統的」として残し，発展させなければならなかったからである．これは単なる観念の問題ではなく，実際に生きなければならない社会構造の問題でもあった．というのは，個人にかかわる儀礼の少なからぬ要素は，その儀礼が置かれている社会構造と無縁ではないからである．このことが最も先鋭的に表れたのは，シベリアの諸民族のように「遅れた」発展段階における女性の地位をめぐってのことである．婚姻儀礼に際し，婚資（婚姻のとき花婿側の親族から花嫁側の親族に渡される金銭や物品）という制度が持続していれば，それは「女性をあたかも買うかのごとき悪い過去」と解釈され，廃絶すべき文化の「残存」となる．

女性に焦点をあてた文化政策は，婚資をまず法律で禁止し，従属的地位のシンボルを捨てるよう促すところから，始まった．1925年2月，ソ連中央執行委員会幹部会アピールが公表され，その中で東方諸民族は，「法律によって婚資支払いが罰せられる．婚資を伴う結婚や多妻のために女性をさらうことは，長年にわたる女性の抑圧のなごりであり，女性の文化的・政治的発展にとって障害となっている」と判定された (Basaeva, 1974)．直後の5月，第4回全露中央執行委員会（VTsIK）第3会期決定で，ロシア刑法に，ブリヤート・モンゴル自治共和国を念頭においた第4章が補足された．その中の第230条は次のように定めている．「ブリヤート・モンゴル社会主義自治共和国の先住民の慣習によって，新郎・その両親・両親や氏族員の親戚，新婦の親戚が家畜や金銭，そのほかの財産で納め，新婦の意志に反して当の新郎に新婦を与える債務関係を打ち立てる婚資支払い（新婦の購入）については，これを罰し，自由剥奪あるいは1年間の強制労働とする．同じ罰則により，犯罪行為の共犯である私人・公人を罰する．婚資の受領は，同じ罰則とそのほかに，婚資と同等の罰金で罰する」(Randalov, 1967)．その後，1937年，共和国憲法が制定され，そこでも第89条で男女平等がうたわれ，婚資はさらに禁止されることに

なった (Khaptaev, ed., 1959)．

女性の隷属状態の象徴とみなされたものの撤廃は，さまざまな機会をとらえて進められた．1920年代，あるブリヤート女性がその様子をこう書き記している．「婚資とその象徴トーバ(tuiba)一掃：ある会議にて，結婚しているブリヤート女性らはトーバを取り去った．トーバとは小さい金属製の飾り物で，それで髪をとどめる．結婚したブリヤート女性はぎゅっと髪を編んで2つのお下げにし，その先端を縄でしばり，両耳の後ろをトーバで飾る．トーバが意味するのは，自分の支配者・主人である夫への完全な，無条件の帰属なのである．婚資の歴史とその本質に関する（また別の）会議の後，ブリヤート女性らは婚資の象徴であるトーバを取り去り，婚資との闘争を会合の決議で表明している．金のトーバを彼女らは隣の郡の幼稚園に，参加者の嵐のような拍手喝采の下，提供している」(Rabotnitsa, 1924)．

上の引用にある「会議」とは，ソ連が1920年代以降全国に建築していく「文化的諸設備（kul'-turnyie uchrezhdeniia）」で行われる類のものである．そこで行われたことは，マルクス＝レーニン主義に関する講習会といった政治思想教育のレベルから，効率のよい洗濯の仕方や性教育といった日常生活のレベルまで，ソ連における生の大部分を占める内容の行事であった．こうした設備でまず何よりも展開させなければならなかったのは，シベリア先住諸民族の場合は特に，識字教育であった．ブリヤート自治共和国の場合，1920年代初頭での識字率は15.3％であったが，1937年には90％に達するテンポで，識字教育が施された (渡邊, 2005)．

「古い」「宗教的」な文化要素を超克するといっても，それをただ否定すればいいというわけではなかった．「個人の精神的・道徳的発達(dukhovno-nravstvennoe razvitie lichnosti)」のためには，新儀礼だけでなく，数々の学習や余暇が必要であると考えられていた．学校や病院だけにとどまらない文化的諸設備の建設が広範囲になされ，そこで営まれる文化活動への積極的な参加が奨励された．ブリヤート自治共和国では，1959年にクラ

**図10.1** 郷土研究の成果（ロシア連邦ブリヤート共和国セレンガ郡ノヨホン村，1997 筆者撮影）

ブが608カ所，図書館が367カ所，博物館が3カ所，映画館が582カ所存在していたが，1980年にもなると，順に，721カ所，590カ所，4カ所，797カ所に増加した (Asalkhanov et al., 1983). 芸術サークルの数も飛躍的な増加を示し，1947/48年の段階で合計549（内訳は演劇サークルが273，合唱サークルが131，舞踏サークルが72，音楽サークルが73）であったのが，その10年後には，1468（順に，415，561，343，149）に至った (Maksanov, 1962).

クラブや博物館で住民が，ソヴィエトのイデオロギー教育を受け入れるだけの，受動的な存在だったと想定することは誤りである．住民は，能動的な，自己をとりまく世界に関して学習し，その「良い」伝統を発見して民族かつソ連国民となろうとする者，として措定されており，実際に，この構想は大きな影響力を住民の認識に及ぼしたといえる．ソ連全土で，その活動の活発度において時代の濃淡はあるにせよ，繰り広げられた文化政策に，「郷土研究（kraivedenie）」というのがある．これは，住民自ら，自分たちの住む郷土（krai）——村から共和国までが想定されている——について調べ，記録し，記憶していこうとする文化運動であり，学校の生徒にとってみれば学習活動であった．ソ連初期におけるブリヤート・モンゴル自治共和国南部の事例をみてみると，およそ次のごとくである．1924年から5年間，そこでは，自然科学の教師ミフノ（P. S. Mikhno）の監督のもと児童サークルが結成されていた．当初，9人の児童が参加した．最初のテーマは動植物の資料を収集し，研究することであった．サークルは鳥類学・動物学・植物学などの部門と，農村経済にダメージを与える害虫の研究部門とに分かれていた．児童らは特別な日誌を手にして調査し，データを集めて行った．自然科学志向のサークルではあったが，「郷土の歴史，民族誌などの諸問題」にも携わったらしい．自ら雑誌を発行し，2年間で12号まで出版された．内容はロシア人やブリヤート人の子供の遊技というものもあったという (渡邊, 2005a).

このような，郷土研究/学習の成果は，並行して建設が進められた学校や博物館に保管されるようになり，後の世代がそれを「民族」の「伝統」として知覚することとなった（図10.1）．住民は自分たちの歴史や地理，社会に関する（アマチュア）研究者の役割を引き受けた．生活世界をこうして観察者の目で見，あたかも民族誌家のごとく書き止めていくことで，自分たちの「民族」や「伝統」を認知し，それらの記憶を引き継ぐのだが，その認知のフォーマットをソヴィエト文化政策が規定していた，ということである (渡邊, 1999, 2000, 2005a). 社会主義体制が崩壊した現在，シベリア先住諸民族が抱える文化の問題とは，民族や伝統が起動しうるマザーボード自体が崩壊してしまい，新しい認知枠組みが形成されていないというところにある (Grant, 1995; 佐々木, 2001; 渡邊, 2005b).

本節で記したような儀礼政策にみられる特徴を，過度に「ソヴィエト的」「社会主義的」と解釈するのは妥当ではない．近代社会が世俗化したという一般的なテーゼは，容易には主張しえないのであって，近代化の過程で宗教，少なくとも死への態度を決めてくれるような観念体系の問題は，そうたやすくは解決されない．アメリカとソ連における価値を比較検討した社会学者ホランダーは，「死を『うまくあつかえない』ことが，2つの（＝両国の）価値体系の重要な類似点である」と述べている (1977).

シベリアを中心にみた場合，ソ連時代の文化政策は，一般にその言葉でもって内容がイメージさ

れるところの近代化政策と，切り離しにくい．ブリヤート人やヤクート（サハ）人が，ソ連時代，人口1000人あたりにおける高等教育就学者率で，ソ連の全民族の中から上位に入りつづけていたという事実は，彼ら彼女らがそれだけソ連社会の中核に浸透しうる存在で，ソヴィエト的近代化の受益者としての側面をもっていたということである．近代の両義性というのは，こういうことを指すのであろう． 〔渡邊日日〕

### ▶ 文　献

佐々木史郎（2001）：近現代のアムール川下流域と樺太における民族分類の変遷．国立民族学博物館研究報告，**26**(1)，1-78.

チウェ，M.S.-Y. 著，安田 雪訳（2003）：儀式は何の役に立つか――ゲーム理論のレッスン，新曜社．

ホランダー，P. 著，寺谷弘壬・渡辺良智（訳）(1977)：アメリカ人とソビエト人――社会学的比較，紀伊国屋書店．

渡邊日日（1999）：ソヴィエト民族文化の形成とその効果：『民族』学的知識から知識の人類学へ．望月哲男・宇山智彦編：旧ソ連・東欧諸国の20世紀文化を考える，北海道大学スラブ研究センター，pp.1-31.

渡邊日日（2005a）：文字を学び，知識を積んで，『郷土』を知ろう――ソヴィエト期南シベリアに於ける文化政策としての『文化建設』について．文化人類学，**69**(4)，497-519.

渡邊日日（2005b）：多民族社会における学校・言語・知識．山下晋司・福島真人編：現代人類学のプラクシス――科学技術時代をみる視座，有斐閣，pp.255-266.

Asalkhanov, I.A. et al. (1983): *Ocherki istorii Buriatskoi ASSR perioda razvitogo sotsializma*. Nauka.

Basaeva, K.D. (1974): *Preobrazovaniia v semeino-brachnykh otnosheniiakh buriat (po materialam Alarskogo i Ol'khonskogo raionov Irkutskoi oblasti)*, Buriatskoe knizhnoe izdatel'stvo.

Binns, C.A.P. (1979): The changing face of power: Revolution and accommodation in the development of the Soviet ceremonial system, Part 1. *Man* (n. s.), **14**, 585-606.

Dashieva, N.D. (1980): Iz opyta raboty po bnedreniiu novykh obriadov. In Basaeva, K.D. ed.: *Byt buriat u nastoiashchem i proshlom*, ION BF SO AN SSSR, pp.128-131.

Glebkin, V.V. (1998): *Ritual v sovetskoi kul'ture*. Ianus-K.

Grant, B. (1995): *In the Soviet House of Culture: A Century of Perestroikas*. Princeton University Press.

Khaptaev, P.T. ed. (1959): *Istoriia buriatskoi ASSR*, tom. 2. Buriatskoe knizhnoe izdatel'stvo.

Lane, C. (1983): *The Rites of Rulers: Rituals in Industrial Society — The Soviet Case*. Cambridge University Press.

Maksanov, S.A. (1962): O razvitii khudozhestvennoi samodeiatel'nosti trudiashchikhsia buriatskoi ASSR v poslevoennye gody (1946-1958). *Kratkie soobshcheniia BKNII SO AN SSSR*, **4**, 59-67.

Mironova, S.F. et al. (1987): *Vekhi zhiznennogo puti (metodicheskie sovety i rekomendatsii po provedeniiu novykh prazdnikov i obriadov)*, Buriatskoe knizhnoe izdatel'stvo.

Rabotitsa [仮名] (1924): Kartinki iz zhizni Buriatii i rabota sredi buriatskikh zhenshchin. *Nash put' (ezhemesiachnyi zhurnal Dal'biuro TsK RKP)*, **5**(19), 70-75.

Randalov. Iu.B. (1967): *Sotsialisticheskoe preobrazovanie khoziaistva, byta i kul'tury buriatskogo ulusa za gody sovetskoi vlasti (1917-1961 gg.): opyt istoriko-etnograficheskogo issledovaniia*, Buriatskoe knizhnoe izdatel'stvo.

Tul'tseva, L.A. (1985): *Sovremennye prazdniki i obriady narodov SSSR*, Nauka.

Watanabe, H. (2000): Having Lived the Culture the Soviet Way: On Aspects of the Socialist Modernisation among the Selenga Buriats. *Interdisciplinary Cultural Studies*, The University of Tokyo, **5**, 134-150.

## 10.2 エスニック・マイノリティの覚醒，伝統文化への傾斜
―社会主義・多民族統治・国民国家をめぐって―

シベリア（ロシア），モンゴル，そして中国東北部など東北アジア地域内に存在する近代国家の領域では，20世紀の大半を社会主義国家が覆ってきた．1980年代以降，従来の社会主義体制が大きく変貌を遂げ，現在に至っている．ロシアやモンゴルにみられるように，国家イデオロギーや政治経済システムとしての社会主義を放棄した場合もあるし，中国のように依然として一党独裁と社会主義理念を国家の原則として維持している場合もある．とはいえ，20世紀末から21世紀初頭にかけて，これら領域全体を特徴づけるのは，市場経済化や民主化などの進展であった．本節が焦点をあてるのは，そうした政治経済制度の移行とこれに基づく東北アジア地域の国際関係の変動という文脈の中で生起した民族にかかわる現象である．

通俗的な理解では，ソ連・中国の民族政策はその字義どおりの正当性の主張とは裏腹に，ロシア人や漢族などマジョリティによる異民族統治の手段でしかなく，「民族解放」とはほど遠かったとされる．20世紀末の両国家における市場経済化・民主化の浸透は，政治経済システムそれ自体の再構築を巻き込む過程であったがゆえに，かつて安定したかにみえたエスニック・マジョリティとマイノリティの間の関係を揺るがすこととなった．その結果，ソ連の解体は「反植民地主義」であり「民族自決」につながるとみなされ (デュークほか, 1995, pp.65-70)，もう一方の中国は周縁部でのエスノ・ナショナリズムを抱えつつも，これを乗り越え，猛烈に国民国家としての「完善性」を希求している (毛利, 1998, pp.295-305) と位置づけられる．

本節は，このような一般的理解の図式をふまえつつも，そこで対立・緊張・友好などの形で顕在化する民族にかかわる現象をより正確に把握し，その特徴について論じようとするものである．いいかえれば，マジョリティとマイノリティの関係は固定化され一元的に対立するものではなく，より複雑な地域的政治文化の文脈の中にあることを示したいのである．

ユーラシア大陸の北部の大半が含まれる東北アジア地域において，多民族・多言語状況が展開するという事態は，その広域性を考慮すれば，ある意味で当然である．むしろこの地域の特徴は中国とロシアという広大な面積を有し歴史的に帝国支配を行ってきた政治単位を構成するマジョリティが，人口規模・言語を含む文化伝統といった点で複数のエスニック・マイノリティを圧倒する社会構造と政治体制をつくりあげてきたという点にある．ソ連・中国いずれの社会主義体制も，帝国主義を打倒し民族自決や植民地解放を掲げるイデオロギーを主張して成立した．しかし「解放」が何を意味するかは別として，結果として社会主義イデオロギーとそこで構築されてきた政治体制は，多民族統治を積極的に正当化する仕組みをつくりあげようとしてきた．換言すれば，東北アジア地域における20世紀初頭から前半にかけての「民族解放」は，ソ連や中華人民共和国の国民統合原理と，ある種の不協和音を奏でながらも，親和的に共鳴する関係を構築しえたのである．

両者に共通する際だった民族政策は，いずれも日本語で「民族籍」と訳しうる「制度化されたエスニシティ」を設定したことである．このいわば公定された「民族」の制定にかかわる政治・社会文化的の影響については数多くの分析がされてきた (塩川, 2004; シンジルト, 2003; 毛利, 1998; Brubaker, 1996; Martin, 2001)．多くの研究者の論考においては，この「民族」の人工性や政治性が批判的に分析されつつも，全体としてみれば両国家の国民統合において一定の役割を果たしてきたことも評価されている．一般的な意味において，近代国家と個人の間の社会統合を支えるのは，親族組織・地域共同体や市民組織，職場や行政機構，さらにマスメディ

アなどのさまざまな媒体である．ソ連＝ロシア，中国もこの点で変わりはない．ただ，これらの諸「媒体」の性質を理解するのに，制度化されたエスニテシティが両国家において重要な意味をもっている——この点がソ連・中国という国家が支配した領域の特徴なのである．

本節が明らかにしようとするのは，東北アジア地域において1980年代から21世紀初頭にかけて顕在化したエスニシティにかかわる社会文化的現象を理解するための文脈である．3つの国家のうちロシア＝ソ連の全般的状況をふまえながら，シベリアのとりわけサハ人の事例に焦点をあて，エスニック・マイノリティの覚醒と伝統文化への傾斜という一連の現象がいかなる形で展開したのか明らかにしたい．その上で，多民族統治と社会主義体制の結合とその変動という文脈の中で出現するエスニシティの特徴について明らかにする．

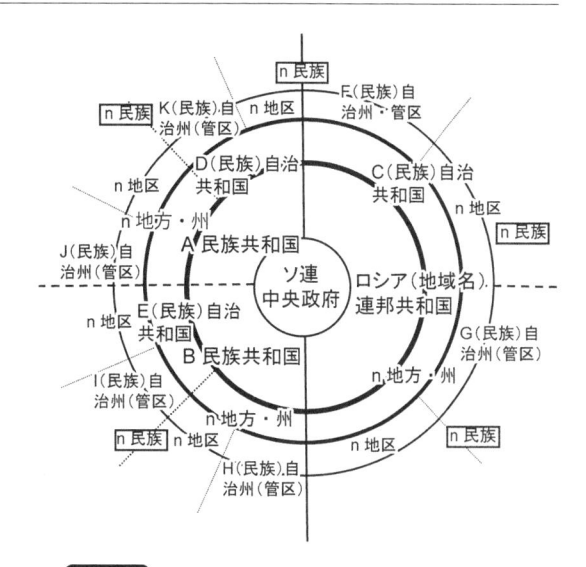

**図10.2** ソ連邦における行政と民族の階層概念図
大文字アルファベットは民族自決を形式的に享受した複数の特定民族が存在していることを示しており，「n民族」はそれ以外の諸民族一般を示す．半円右のロシア連邦共和国の「ロシア」は地域名称であって民族名称ではないことに注意する必要がある．

### 10.2.1 帝国としてのソ連の解体

#### a. ソ連の解体の形式

ソ連崩壊のプロセスにおいて決定的な契機となったのは，1991年12月にロシア連邦共和国がソヴィエト連邦から離脱したことである．もちろんバルト3国の離脱＝独立をはじめとして，ウクライナやカザフスタンなどの連邦構成共和国の動向も重要だったが，ソ連が崩壊した直接の原因は，ソ連を構成する最大の人口と面積をもつロシア連邦共和国がソ連から独立し，ロシア連邦となったことだった．

ソ連は極めて中央集権的政治構造をもった国家であったが，法的にはロシア連邦共和国をはじめとする15の共和国が同盟を結ぶ形で成立した国家連合であった．15の共和国の内部には，通常の地方行政単位と並存して「自治共和国」が存在していた．こうした構造は帝政ロシア政府を倒したソ連政府がその内部の諸民族の自決権を認めたためであり，と同時にそれらの領土を統合することで「帝政ロシアの版図を維持する」という矛盾する課題を引き受けたためだった (Martin, 2001, p.1)．

ソ連崩壊と民族主義の過程は，この制度的枠組みを基盤にして進行した．エスニテシティの顕在化は，ソ連構成共和国の主要民族，自治共和国の主要民族，さらにそれ以外の民族から生起したのである．

一見するとさまざまな範疇のマイノリティとしての諸民族がソ連体制と対峙するという形にみえ，既存の国家からの分離独立を主張するエスノ・ナショナリズムのようにみえる．とはいえ，その対立の軸は，単にソ連の最大マジョリティのロシア人を基点に生じるというより，ソ連と民族構成共和国，共和国と自治共和国，自治共和国とそれ以外の民族といった複雑な様相を呈している．それゆえにこの現象は，マトリョーシカ・ナショナリズムとも呼ばれた (Taras, 1993)．入れ子式に大から小への人形が詰まったロシアの民芸品のごとく，エスニシティの対立が複合的に噴出したからであった．

#### b. 複数のネーションを束ねる帝国としてのソ連

これらの現象を理解する上で重要なのは，ソ連

の国家の性質とその主権を担う国民の性質である．ソ連が，資本主義国家に対する社会主義国家であったことはいうまでもない．問題はむしろ現代世界を覆う「国民国家」——ネーションと政治の結びつきに国家主権の正統性をおく国家——だったのか否かという点である．

多民族国家という点でいえば，アメリカ合衆国やオーストラリアをはじめとしてソ連・中国以外にも当然，数多く存在している．たとえばアメリカ合衆国において，その存在は○○系集団などとして称されるが，それらが公的な集団範疇として国家に認証される形で，主権在民の「民」に含まれることはない．いわば主権の担い手という観点からみたとき，さまざまなエスニシティが存在したとしても形式的には等しく1つのネーション＝国民となることが想定されているからである[*1]．これに対し，ソ連はその憲法上，複数のネーション（＝主権の担い手）からなる国家として位置づけられていた点が最大の特徴である．かつてこの問題は，社会主義法理論に基づく国家としてのソ連の性質として特に着目されなかった．ソ連における主権概念はプロレタリアート独裁に根拠をおき，「ブルジョワ国家」の国民主権（人民主権）とは一線を画するという法理論上の形式的性質によって説明可能とされたからである．しかし，ソ連解体前後から，政治学・社会学・人類学などの分野では，ソ連がいかなる点で国民国家でなかったのかを積極的に分析する動向が出現した．ソ連とその崩壊後の政治体制にみられる多民族統治の政策と理論，統治される側の表象や実践活動に着目することによって，いわばソ連の帝国的性質の解明が行われたのだった．

そもそもソ連は，制度化されたエスニシティを国民の帰属性として国家構成原理の重要な柱にし，そのエスニシティに基づく政治的共同体＝ネーションの複合体として国家が成り立っていた(Brubaker, 1996, pp.28-29)．こうした性格を決定づけた大きな史的出来事は，1923年の第12回ソ連共産党大会の決議である．ソ連国家内部にネーションという形を支援することが中央国家の一元性と矛盾しないという方針を決定し，制度化したエスニシティの民族としての領土，民族言語，民族幹部，民族文化の発展・育成を試みたからである(Martin, 2001, p.9)．

これはソ連史上「土着化」政策として知られる．その後いくつかの方針の紆余曲折はあるものの，ソ連全体の民族政策および国家と民族の関係を理解する上で決定的な意義をもっている．重要なことは，これらの「支援」つまり民族自決はマイノリティである非ロシア人に対してのみ実施されたということである．結果として，ソ連はかつて存在しなかった非ロシア人の国家を建設し，その強化を体系的に推し進めたことになる．

とはいえそれらの国家に実質的な政治経済的な権力委譲がされたわけではなく，中央集権体制がその特徴であったことはいうまでもない．さらに，重要なのは，ここでいう中央国家とはあくまでも共産党権力を指しており，ロシア人全体を指すことではなかったことである(Martin, 2001, pp.14-19)．15の共和国の1つだったロシア連邦共和国がソ連から独立するというのは，このような文脈の一部なのである．当然ながら，ロシア連邦共和国以外の旧ソ連構成共和国のネーション形成は，ソ連時代に行われたということになる．民族感情を部分的に利用し，ソ連愛国主義へと連ねる目的があったとはいえ，ネーションはあくまで国全体でなく，共和国・自治共和国ごとに形成された．この意味で第2次世界大戦後のアジア・アフリカの独立におけるネーション建設と，ソ連崩壊後の独立国家におけるネーション建設は異なる文脈にあることに注意する必要がある(塩川, 2004, p.vii, 63, 104)．

20世紀末に顕在化したソ連における民族問題の性質は，ソ連民族政策と密接なかかわりをもっている．その最大の特徴は，マイノリティのエスニシティを自覚する集団に対して積極的な国家支援が存在し，限定的であるにせよ「国家主権」す

---

[*1] アメリカ合衆国やカナダなどかつてイギリスを宗主国として独立した国家において，当該国家内の先住民がその国家とは別の主権を担うネーションとみなされる場合が，法理論・政治的運動などの文脈において存在する．この問題についてはロシアの先住民問題を理解する上でも興味深いが，枚数の都合上本節では扱わない．

ら認められたネーションが存在していたという事実である．いいかえれば，中央国家の政治権力とその正当性を説明するイデオロギーに，当該国家が公認したエスニシティとその集団が組み込まれるという形式的構造が存在したことである．

### 10.2.2 民族の階層性と文化・アイデンティティ

#### a. 形式性と階層性

制度化されたエスニシティはソ連時代の社会文化的空間に暮らす住民にとって2つのレベルでその存在を実感できるものであった．第1に個人レベルである．ソ連市民に発行される国内パスポート（国内の移動を管理する目的）において，個人情報の1つとして民族籍を記載する必要があったからである[*1]．その選択は両親など血縁的帰属において規定されてものであった．第2に前項で言及した「民族自決」にかかわる政治文化的システムにかかわるものである．その典型的様相は，連邦構成共和国に冠せられた民族をあげればよい．彼らは民族としての領土（＝共和国）をもち，民族語による教育のほか，法令や行政文書の作成が可能であり，政治的指導者や様々な組織・機関の役職において民族幹部が存在し，さらに音楽・文学・衣装などの民族文化の支える劇場や教育機関が整備されたからである．

ソ連中央政府は個人レベルとシステムのレベルはそれぞれ別個の目的で「制度化されたエスニシティ」を導入したが，結果として両者は有機的な連関性をもった．ソ連国民である特定の個人からすると，国内パスポートで自己のものとして認知される民族籍における「民族」は，「民族自決」を理念とするソ連の諸政策およびそれらをもとに制度化された日常的社会的空間において確認されるという仕組みが存在していたことになる．

重要なのは，このうち後者において階層性が存在したことである．それは，国家＝ネーションを

---

[*1] 国内パスポート制が制定されたのは1932年で，主に農村から都市部への移動を制限することを目的としていた．発行対象は主に都市部住民に限定されていたが，1974年以降全ソ連国民に配布された．

形成できる民族（制度化されたエスニシティ）なのか，そうではないのかという区分である．ロシア語のナーツィヤとナロードノスチの区分はこれに対応するものだが，いいかえれば前者はネーションであり，後者はネーションに達していない民族的集団概念といえる．ある研究者はこの2つの区分を指して前者を「領域的・政治的レベルの民族」（共和国と自治共和国の冠名民族），後者を「超領域的・文化的レベルの民族」（それ以外）と指摘している (Brubaker, 1996, p.36)．

個人の法的帰属性としての民族籍には階層性はないが，「民族自決」を保証する制度的領域（政治および文化）においてはさまざまな政策的・制度的違いがとられたのである．その結果，民族間の結婚によって生まれた子供の民族籍の決定は，その時々のシステムの方向性に左右されることとなった．と同時に，先ほど提示したマトリョーシカ・ナショナリズムが発生するのは，こうした階層的な民族区分を1つの要因とするのである．

#### b. 民族起源論と民族政策

20世紀末の旧ソ連における民族をめぐる現象は，紛争として出現する対立の側面だけでなかった．当然のことながら，その過程の中で民族的アイデンティティを強化するさまざまな試みがなされた．対立の現場でみられる暴力やこれを支える組織，その原因となる経済的権益や差別行為，感情といったものは対立という現象を理解する上で重要な事象である．とはいえ，その地域的特徴や国家という文脈の中での特徴を理解するには，エスニシティが住民の集団的行為に動員される際の形式やその歴史的背景に着目する方がわかりやすい．民族的アイデンティティの強化に着目するのはそのためである．そしてそれらの一連の出来事・行為を理解するのに，重要なのがソ連民族政策における「支援」のもつ性質であり，さらにこれをある種，学問的に背後から支えたソヴィエト民族学（ソ連の文化人類学）である．

民族アイデンティティの強化という現象において民族および民族文化の起源をより古く遡り，伝統性を強調するというあり方は比較的よくあるパ

ターンである．旧ソ連においてもこの点は同様である．問題は，この「強調」過程に，民族政策と人類学的知識が深く関与している点である．民族復興を掲げる政治家・活動家にとって参照されたのはソヴィエト民族学で蓄積されてきた民族起源論にかかわる知識とその方法であった．民族起源論は純粋に学術的な研究対象であったが，同時にそれは民族政策の実施と不可分の関係にあった．この学術的進展は，当該民族の故地を含む歴史的経緯を明らかにし，それはその民族の「共和国」の行政領域確定と結びついたからである．民族自治の単位は国家＝ネーションとして認定される連邦構成共和国と自治共和国，それ以外の自治州と自治管区などに区分される．つまり高い地位にある行政単位は，アカデミー・出版社・雑誌・新聞といったいわば研究資源において独自の手段を手に入れることができ，地位が下がるごとにその資源の数は減少したのである (Shnirelman, 1996, pp.1-6, 50-58)．

行政的階層構造と民族起源論研究の結びつきに象徴されるように，ソヴィエト民族誌学の成果は民族統治管理にも重要な役割を果たしていた．本源的アプローチによって構成されるソヴィエト民族誌学の記述は何よりも国家が統治の対象とすべき民族の境界を固定化させることに寄与したからである．

### c. ソヴィエト民族学と民族文化の発展

ソ連多民族統治体制とソヴィエト民族学の関係を理解するのに重要なのは，1925年のスターリン・テーゼ「内容において社会主義的，形式において民族的な文化」である．これは先に言及したソ連の民族政策における基本原理である複数のネーションと一元的な中央国家の並存をいいかえたものであるといえる．より精確にいえば，ネーションという政治の単位ではなく，「文化」の次元においてであるが，一見矛盾する両者の関係を理解するのにこのスターリン・テーゼは多くの示唆が含まれている．

ソ連内の複数の民族文化は国家の単一性と調和すべきという主張は，「文化の複数性は『形式』において，単一性は『内容』において表象されること」であり，「民族文化は全面的に廃止されたり同化されたりするのではなく，その『形式』性の枠内で発展すべき事象」(渡邊, 1999, p.5) ということなのだ．スターリン・テーゼにおいて複数の民族文化は階級文化＝プロレタリア文化に吸収され廃止されるわけではない．むしろプロレタリア文化は民族文化に「内容」を与え，一方民族文化はプロレリア文化に「形式」を与えるという相互作用をせよ，という遂行的命題なのである．

民族文化の形式性に貢献するのはもちろんソヴィエト民族誌学にほかならない．そこにおいて社会構造や政治体制といった領域は主たるテーマとはならず，物質文化・生業・信仰体系・民俗芸術が中心課題だった．というのは，それらの成果は社会主義国家の文化統治の内容である郷土研究や博物館・文化施設を彩る形式と直結していたからである．さらに重要なのは，形式として可視化された民族文化が数量化の対象でもあったことだ．学校の設置・非識字者の減少に並んで図書館や郷土資料館などの文化施設の増加は社会主義文化の発展とみなされ，その度合いは一律の基準で比較されたのである (渡邊, 1999; Kelly et al., 1998, p.10)．

このような民族文化の発展イデオロギーは，文化・芸術政策に結晶化した．ソ連の諸民族共和国のネーション建設と音楽などの舞台芸術の関係はまさにその形式と内容をめぐる点で象徴的なものだったといえる．ソ連体制下では，民族音楽文化の構築は，巨大ダム建設に匹敵するほど重要なものとみなされ，民族自治の地位に応じた同じ速度の文化発展が要求されたからである．たとえばソ連構成民族共和国においては，民族オペラ劇場の建設とそこでの上演目録制作が求められ，一方自治共和国ではオペラ劇場は求められなかったものの，民俗歌謡の演奏目録全集の作成が必要とされた．モスクワ指導の民族共和国の文化発展という前提の下，真正な民族文化の発展として中央から文化が輸出され，各共和国の民族知識人はそれらを自らの文化発展として受けとめ積極的にかかわったのである (Frolova-Walker, 1998)．

同様なことは国家中央，地方都市部，地方農村

部と階層的に設置された民族誌資料・考古資料を展示する博物館のあり方においても指摘できる．特に人類学者によってなされた民族誌資料の民族分類は学術研究であると同時に，それは制度化されたエスニシティの固定化に寄与するもう1つのあり方だった(佐々木，2003)．

民族政策とこれを背面から支えるソヴィエト民族学の成果の連携という条件を背景としながら，「民族文化」は住民のアイデンティティの確定にまで及ぶものだったのである．

### 10.2.3 東シベリアのサハ人

#### a. 共和国格上げと民族政治の文脈

以上，ソ連崩壊前後にみられる顕在化したエスニシティ現象の歴史的背景とソ連民族政策に由来する社会文化的文脈を論じてきた．こうした視座をふまえながら，より具体的な状況，サハ人と彼らの共和国（ソ連時代は自治共和国）を中心に検討してみよう．

サハ人は北極圏を含むレナ川を中心とするシベリア東部に広範囲に居住する民族集団である．テュルク系言語集団としては最も北に暮らす人々である．サハ語はモンゴル語由来の語彙も多くもち，また内陸アジアや中央アジアにみられるような英雄叙事詩オロンホが知られている．伝統的生業は牛馬飼育と狩猟の複合であり，宗教的にはシャマニズムとロシア正教のシンクレティズムといった特徴がある．いわばモンゴルや中央アジアなどの南方ステップ文化との共通性，そして1897年の統計において22万の人口を抱えていた点が，ほかのエヴェンキやエヴェン，ユカギールなど「北方少数民族」と総称される先住民との大きな違いである[*1]．

サハ人の民族名称はロシア語でヤクート人となるが，ソ連時代にはこれが冠せられた自治共和国があった（首都はヤクーツク市）．1989年のソ連最後の国勢調査ではサハ人は36万人（33％），ロシア人は55万人（50％）であったが，この民族別人口構成は，1980年代後半から顕在化するサハの民族主義を理解する上で重要な背景となる．ヤクーチア（ヤクート自治共和国＝サハ共和国全体を指す）ではダイヤモンドと金，天然ガスといった天然資源が豊富に埋蔵されているが，1950～60年代以降開発のためにロシア人をはじめとするスラブ系住民が入植し，そうした地域にはサハ人も含めてシベリア先住民の居住はほとんど認められなかったのである(勝木，1996, p.20)．

サハ人の自治共和国で1980年代後半に主張された政治課題は，自治共和国から共和国への格上げだった．民族自決の制度的階層を上昇することによって，天然資源の経済的権利の獲得を目指したからである．1990年には国家主権宣言，1991年には大統領制を導入し，さらに翌年独自の憲法を制定するという展開をみせたが，その政治路線のさらなる展開にブレーキをかけたのは，自治共和国内部のロシア人の動向だった．サハがロシアから分離独立するならば，自分たちはサハから分離するという主張がされたのである．またエヴェンキやエヴェン，ユカギールなどの北方少数民族の知識人からもサハ人を中心とする民族主義に対する反発が強くみられた(高倉，2000, 11章)．このような事態は，まさにマトリョーシカ・ナショナリズムの典型を示している．

この時期のサハ人の民族主義は，ソ連時代末期の旧来型政治エリートが強い指導的役割を果たしつつも，在野の知識人を中心とする社会文化運動がこれを補完する形で展開した．在野の社会運動は分離独立やロシア人の排除などの主張を行うものからより柔軟な主張まで幅広く展開したが，そうした運動が大衆運動として成長し，全国（ソ連・ロシア連邦）組織の運動体や政党と競合しうるような形にまではならなかった．当然，そこから輩出した政治指導者が政治的実権を握るという事態にまで進展もしなかった(Ignat'eva, 1999, p.109)．

むしろ，サハ人の民族主義をめぐる政治過程で重要だったのは，1989年に自治共和国最高会議幹部会議長，その後共和国（ロシア連邦内）の初代大統領に選ばれたミハイル・ニコラエフを中心

---

[*1] 「北方少数民族」概念については，本巻の9.3節を参考．

とする旧来からの政治エリートであった．ある研究者によれば，ソ連解体とその後の独立諸国の政治過程は，在野の民族主義指導者による人民戦線型運動が政権をとった型（例えば，バルト３国やグルジアなど）と旧来型のエリートによる官僚的民族主義の促進と開発独裁的政治の型（中央アジアやベラルーシ等）の２類型に大きく分けることができるという (塩川, 2004, pp.89-96)．この分類にしたがうなら，サハの事例は後者である．

彼らの場合，民族知識人による在野の社会文化運動は一般市民の積極的参与を生みだすようなものにまでは発展しなかった．自治共和国から共和国への格上げという政治課題は，旧来型エリートによる自らの領域に埋蔵される天然資源の権益の増大交渉とその実現による経済的自立という課題に置き換えられ，ソ連＝ロシアからの分離独立やロシア人排外などの急進的主張は，政治エリートらによって採択されることはなかったのである．

### b. 在野の知識人による民俗「宗教」創設の取り組み

在野の民族知識人の主張は，共和国の文化政策や国家アイデンティティの確立にさまざまな影響を与えてきた．90年代には，サハ人の間ではその伝統的信仰シャマニズムへの関心が高まった．その背景には，当然ながらソ連時代の宗教政策の反動という文脈がある．さらには，帝政ロシア時代末期までには多くのサハ人はロシア正教の洗礼を受けており，シャマニズムへの関心は自らの伝統や非ロシア的な民族性を希求する文脈なのでもあった．

このような思潮の展開に影響を与えたのはペレストロイカ以降ヤクーチアで活発化した民間の文化復興団体の活動とそれらを支援した共和国政府の意向である．たとえば，1990年4月29日の自治共和国最高会議幹部会で設立が承認された「民俗医療協会」（代表ウラジミール・A・コンダコフ）がある．団体の設置目的は，ロシア正教会とソ連政府によって植えつけられたシャマニズムに対する偏見を解消するためであり，シャマンによる治癒の方法と伝統を研究し，それを実践していくことにある．

1992年には共和国文化省主催で国際シャマニズム会議がヤクーツクで開催され，民族医療協会によってシャマン養成のトレーニングが制度化された (Balzer, 1993, pp.146-148, 158)．1990年ヤクーツク市に文化専門学校が設立された．これはもともと郷土博物館や「文化の家」——ソ連式の「民族文化」の発展を推進するとともに図書館や劇場などを備えた公共文化施設——で働く専門家を養成するための学校であるが，その中に民族文化部があり，そこではシャマンとしての儀礼や舞踊なども教えられている．毎年6月末には，馬乳酒祭というサハの伝統的祝祭が共和国内の都市部・農村部で行政によって開催されるが，この学校の卒業生はそこで祈禱儀礼を行っている．

サハの伝統文化復興を試みる民族知識人によって設立された団体の１つ「クト・シュル」によると，その中心的思想として掲げたのが「アイー教義」（Ajyy uoeregge）というものだった．アイーとはサハ語で創造性あるいは善の本質，善霊といった意味である．サハの伝統的世界観では，世界は上の世界・中の世界・下の世界に分かれるが，これらの世界を形づくり，とりわけ中の世界に住む人や家畜・野生動植物を創造したのがアイーである．それゆえに人々はシャマンを媒介とする馬乳酒祭や種々の儀礼を通じて，アイーを畏れ敬わなくてはならないのである (Pesterev, 2000, pp.36-39)．こうした考え方はこれまでも人類学者による宗教的世界観や儀礼研究の中で指摘されてきた．1980〜90年代にこうした運動を指導した民族知識人たちの理念が興味深いのは，彼らがそれらを「アイー」という創造神の名称で総括し，教義としての体系化を試みている点である．彼らによると1930年代のサハ民族知識人R.クラコフスキー[*1]による宗教・哲学的研究が「アイー教義」確立の基礎となっているという．

クト・シュルの研究によると，サハの伝統的信仰の起源は古代テュルク諸民族における天をカミとして祀るテングリ信仰に由来し，またチベット

---

[*1] スターリン時代に弾圧粛正されたサハ民族知識人の位置づけについては拙稿（高倉，2005）を参照．

図10.3　サハ共和国紋章

図10.4　サハ共和国紋章のモデルとなったシシキノ村岩壁画（出典：A.P. Okladnikov, A.P. (1970)：Yakutia. Montreal & London：McGill-Queen's University Press, p.315）

のボン教や日本の神道との類似性が指摘されている．アイー教義において重要なのは儀礼であり，それゆえ神聖なアイーへの感謝を捧げるため年に1度のウヒャフを執り行うことの重要性があらためて提示されたのだった．こうした背景の中で1990年にヤクーツク市ではじめてウヒャフが開催され，その翌年にはクト・シュルやサハ・ケスキレ，金のセルゲなどによる政府への働きかけによって，共和国の国民祝日となった（現在は日曜日に開催）．さらに当時の大統領ニコラエフは馬乳酒祭を共和国の新しいシンボルと位置づけたのである．

民族医療協会とクト・シュルの活動の思想的基盤を与えたコンダコフとアファナーシエフは，サハの文化復興運動においてその後大きな影響を与えた．その思想的世界観を背景につくられた団体「イテゲル Iteggel」（信仰）」という意味のこの団体の目的は，民族宗教「アイー教義」を唯一の正典として創設し，認知させることだった．1995年からは年1回の「ヤクートの信仰」会議を開催するともに，「アイーへの道（Ajyy suola）」という名称の新聞の発行している．また1996年4月に設立された哲学思潮センター「輝く道（Syrdyk aartyk）」では自らの活動目的に，アイーをモチーフにしたコンプレクスの建設，アイー教義の普及，アイーの掟の完全な体系化の検討などを掲げている（Nikolaev and Vasil'ev, 2000, pp.255-257, 259-261）．

こうしてみてくると，在野の知識人の宗教復興運動は，人々の日常的信仰実践にかかわるものというよりは，イデオロギー構築を目指したものであるといえる．その中で彼らのシャマニズム・イデオロギーの根幹になっているのは，宗教学や民族学による学術的成果である．さらにその組織形成もふくめて，行事や施設建設という共和国政府の文化事業と密接な関係をもちながら展開する点が特徴であるといえよう．これは，いうなればかつてソ連の公的空間から排除された宗教＝精神文化という「民族文化」をさまざまなレベルの「民族幹部」が取り戻す＝再構築しようとする過程にみえる．民族宗教創設の試みは政府が支持しなかったものの，馬乳酒祭の全国化は支援するというように，共和国の実権を握る政治エリートは場合を分けながら，在野の知識人のイデオロギーを取り入れたのだった．

サハ共和国国章として採択された図案（図10.3）もまたそうした文脈にある．国章の意匠は彼らの故地であるバイカル湖東岸のレナ川上流の考古学遺跡シシキノ村岸壁画（図10.4）からとられた．軍旗をもつウマにまたがった騎士であるが，これがサハ人の祖先であるというのは，ソ連時代の考古学・民族学者オクラドニコフの見解に依拠するものである．1994年に共和国国会が

発行した国旗と国章に関する小冊子では，そのことをふまえた上で，軍旗に関するオクラドニコフの解釈——軍旗は種族の統一とその権力および国家の起源——をサハの国家の起源に重ねあわせている．ソヴィエト民族学の知のあり方がソ連民族政策を経験した諸民族のアイデンティティ形成に深く関与するという文脈は，ソ連崩壊後においても垣間みることができるのである．

## 10.2.4 結論と展望

本節は，東北アジア地域の20世紀末から21世紀初頭のエスニック・マイノリティの覚醒と伝統文化への傾斜という具体的社会現象とそれが出現する歴史・社会的文脈を明らかにすることを試みるものであった．具体的にはシベリアに焦点をあて，ここを国家領域においた旧ソ連＝ロシアの民族政策とその影響の特徴の性格づけを行ってきた．

マイノリティという概念はあくまで相対的なものであり，国家におけるマジョリティという概念抜きにして焦点をあてることは難しい．またここで付けられた「エスニック」という形容詞も同様である．所与の国家の社会・文化・経済政策において，エスニック＝民族的な領域がどのように位置づけられているか，そしてその位置づけを当該国家の下で暮らす人々はどのように受けとめているか，これらについて一定の見通しなくして理解することは困難だからである．特定の国家の歴史・社会的背景をふまえた「エスニック・マイノリティ」概念の生成の条件を明確にすることによって，彼らの「覚醒」と「伝統文化の傾斜」が当該の住民にとってどのような意味をもっているのかはじめて理解することが可能となるのである．

シベリアのエスニック・マイノリティ，特にサハ人の事例は，旧ソ連体制においてつくられた「制度化されたエスニシティ」を自らの民族的覚醒の根幹にすえつつ，ソ連民族政策で形成された「民族幹部」による「民族文化」の希求という形で，「伝統文化の傾斜」が進んでいるとまとめることができるだろう．さらにこの現象が，いわゆる住民の親族・地縁的なまとまり，あるいは職場や何らかの目的を共有するアソシエーションという形で住民自らが積極的に動員「する」または「される」という現象だったわけではなく，ソヴィエト民族学などの学術的情報を重要な柱として，行政の文化政策事業と密接なかかわりの中で展開したという点も重要な特徴であるといえる．いわば「上からの」「官製」民族運動とでもいうべきこうした特徴は，シベリアにおいて「自治共和国」建設という「民族自決」政策の対象以外であったマイノリティいわゆる「北方少数民族」についても類似した傾向があると指摘することが可能である（佐々木，2003）．

最後に，このシベリアの特徴が東北アジア地域の中でどのように位置づけられるか展望を述べたい．それは，ロシアと同様に多民族統治と社会主義イデオロギーを国家の正統性の根幹に据えた中国との比較に関する見通しである．筆者の考えでは，20世紀末から21世紀初頭のロシアと中国双方における民族をめぐる現象は，構造的に類似した関係である．それは，両国家において，中央国家の政治権力とその正統を説明するイデオロギーに，当該国家が公認したエスニシティとその集団が組み込まれるという帝国としての形式構造が存在するからである．またソ連＝ロシアでみられた民族学的知識が制度化されたエスニシティの固定化と住民のアイデンティティ形成に大きな影響をもっている点は，中国における民族識別と民族学者の関係に置き換えればよい（毛利，1998, pp.63-66）．

さらに，興味深いのは，21世紀初頭の現在，両国家は「帝国」から「国民国家」化を猛烈に志向し実践していることである．中国の国民国家志向は，その建国初期からあったと指摘されるが，1950年代の「民族識別」政策によって特徴づけられる時代と，1980年代以降の「中華民族多元一体論」の展開に則した「国民国家」化は別個の文脈で分析した方が好ましいと筆者には思われる．一方のロシアは，ソ連崩壊以降，国内パスポートにおける民族籍記載の廃止，民族自治制度を有

名無実化する連邦管区制の導入・共和国を含めた自治体の首長の任命制の導入など，多民族統治を積極的に打ちだすよりは，ロシア人の「国民国家」化を進めるようになった．

とはいえ，確かに両者の間の相違も存在する．たとえば，ソ連にみられた民族の階層性は中国に存在しなかった．また民族自決はあくまで対外的に行使されるものであって，主権ネーションの複合体という概念は中国では否定されている．さらに，複数のネーションが「接近・融合」することであらたなネーションが生まれるという「ソヴィエト民族」という概念は，1970年代のソ連に政府によって提示され結果としてその確立は失敗した．一方，中国において類似したレトリックで特徴づけられる「中華民族」概念は，ソ連とは異なりいくつかの反論もふまえながらも一定のリアリティをもって受けとめられている．その起源は20世紀初頭の民国期に遡るものであり，そこにソ連の「植民地解放」イデオロギーの影響を受けたと指摘する議論もあるが，むしろ第2次世界大戦中の「抗日」戦争の中で確立されたといわれている（横山，2005, p.88; シンジルト，2003, pp.38-39）.

こうした違いは確かに存在する．特に歴史的背景も含めた国家自身による自己像という観点からすると，両者の相違の意味は小さくない．とはいえ，両国家の国民統合と多民族統治という文脈においてエスニック・マイノリティが生成・存在していく過程に着目するならば，むしろ共通の構造を認めることが重要であろう．すなわち，エスニックな意味におけるマイノリティを積極的に支援することによって中央国家のもつ政治権力の正当性を説明するという仕組み=イデオロギーを両国家は必要とする／したということである．

もちろん，その共通性は現在のロシアと中国における「国民国家」化の位相が異なりはじめたことにあるように，今後も永続的に続くとは限らない．いいかえれば，共通性を認めるには，社会主義・多民族統治そして複数マイノリティからみてマジョリティとほぼ同一視可能な民族が圧倒的な存在として歴史的に存在したという3つが必要条件だともいえる．本節は中国側の事例分析をしたわけではなく，ここで述べてきた共通性に関する指摘は，あくまで仮説の次元にとどまっている．とはいえ，こうした問題提起それ自体が，3つの国家にまたがる東北アジア地域におけるエスニック・マイノリティが生成されていく状況をどう理解すべきなのか，その理論的視座を提示し，比較研究を始めることに連なると筆者は考えるのである．
〔高倉浩樹〕

### ▶ 文 献

勝木英夫（1996）：自立・非核の共和国，サハ．ユーラシア研究，11, 16-22.

佐々木史郎（2003）：ロシア極東地方の先住民のエスニシティと文化表象．瀬川昌久編文化のディスプレイ，風響社，pp.49-64.

塩川伸明（2004）：民族と言語（多民族国家ソ連の興亡I），岩波書店．

シンジルト（2003）：民族の語りの文法：中国青海省モンゴル族の日常・紛争・教育．風響社．

高倉浩樹（2000）：社会主義の民族誌——トナカイ飼育の風景．東京都立大学出版会．

高倉浩樹（2005）：1920-30年代におけるサハの知識人と民族学的研究——ロシア人類学史における断章．東北アジア研究，9, 37-58.

デュークほか（1995）：ロシア・ナショナリズムと隠されていた諸民族——ソ連邦解体と民族の解放．明石書店．

毛利和子（1998）：周縁からの中国：民族問題と国家．東京大学出版会．

横山広子（2005）：雲南省における葬礼改革．瀬川昌久編「中国研究」の可能性と課題．東北大学東北アジア研究センター，pp.84-108.

渡邊日日（1999）：ソビエト民族文化の形成とその効果．旧ソ連・東欧諸国の二〇世紀文化を考える．北海道大学スラブ研究センター，pp.1-31.

Balzer, M. (1993): Two Urban Shamans. In Marcus, G.E. ed.: *Perilous State*, Chicago & London: The University Press of Chicago.

Brubaker, R. (1996): *Nationalism Reframed: Nationhood and the National Question in the New Europe*, Cambrdige: Cambridge University Press.

Frolova-Walker, M. (1998): National in Form, Socialist in Content: Musical nation-building in the Soviet republics. *Journal of American Musicological Society*, 51(2), 331-371.

Ignat'eva, V. (2000): Transformatsia politicheskoi elity. In *Respublika Sakha (Yakutiia), Put' k suverenitetu*, Yakutsk, pp.69-109.

Kelly, C., Pilkington, H. and Volkov, V. (1998): Introduction: Why cultural studies? In Kelly, C. and Shepherd, D. eds.: *Russian Cultural Studies: An Introduction*, Oxford University Press, pp.1-17.

Martin, T. (2001): *The Affirmative Action Empire : Nations and Nationalism in the Soviet Union, 1923-1939*, Ithaca & London : Cornell University Press.

Nikolaev, A. and Vasil'ev, B. (2000): Religioznyi fakro v mezhetnicheskikh otnosheniiakh. In *Etnosotsial'noe razvitie Respubliki Sakha (Yakutiia)*, Novosibirsk : Nauka, pp.239-269.

Pesterev, V. (2000): *Stranitsy istorii Yakutii*, Yakutsk.

Shnirelman, V. (1996): *Who Gets the Past? Competition for Ancestors among Non-Russian Intellecuals in Russia*, Baltimore & London : The John Hopkins University Press.

Taras, R. (1993): Conclusion : Making Sense of Matrioshka Nationalism. In Bremmer, I. and Taras, R. eds. : *Nations and Politics in the Soviet Successor States*, Cambridge : Cambridge University Press, pp.513-538.

# IV

## 総括・資料

# VI 総括・資料

# A. 東北アジア地域のパースペクティヴ

## A.1 地域概念としての東北アジア

本巻では，自然環境・歴史環境・社会環境の3つのパースペクティヴから東北アジアを叙述した．これら3つの環境は，地域の諸国や住民の活動を通じて構成され，また地域を規定する要因であり，また解決されるべき課題群の所在する場として考えられている．したがって，自然環境・歴史環境・社会環境は，単なる自然・歴史・社会と同義ではない．

### A.1.1 東北アジアの各「環境」

#### a. 自然環境

第Ⅰ部「東北アジアの自然環境」に収録された自然環境にかかわる諸論文は，単に東北アジアの領域的空間における自然の概観のみを意図するものではなく，人間がその活動においてさまざまなかかわりを取り結ぶものとして自然を取り扱う．それは単なる人間活動の背景ではなく，生産の場であり対象でもあるものとして，また人間活動の結果として改変を受け，それが逆に人間活動に新たな条件づけを与えるものとして，要するに人間的領野において考えられている．それは人間にとっての課題群としての自然にほかならない．第Ⅰ部において，環境変動や，森林火災・砂漠化・温暖化といったいわゆる環境問題，あるいは開発の問題を論じた章を収録した理由はここにある．つまりここでの自然環境とは，人間活動のフィジカルな領域，自然のヒューマニスティックな領域にほかならない．

#### b. 歴史環境と社会環境

しかし自然環境にかかわる問題群は，直ちに東北アジアという地域区分を必然的に要求するものではない．東北アジアという地域を概念として成立させるものは，むしろその歴史と社会に属する課題群である．したがって地域の自然環境とは，単なる地球大の自然の東北アジア部分における事例群を意味するものではなく，地域の歴史・社会的文脈によって決定される東北アジア地域固有の自然をめぐる課題群である．

地域における社会構造は，地域の自然環境に根ざした生産・文化を伴っており，両者は不可分の関係にある．そのようなものとして，ツンドラやタイガのトナカイ牧畜やモンゴル草原の遊牧をあげることができる．本書で論じられる環境変動や植生は人の活動を規定し，また人の活動が自然環境を変化させる．変化した自然は，たとえば砂漠化のように住民の生産に大きく影響するばかりでなく，地域の潜在的な緊張要因（民族対立，経済的格差，地域格差など）を顕在化させるのである．金・銀・銅・ウランなど，豊富な地下資源をもつ東北アジアは，その開発にかかわって人間活動が脆弱な自然環境に先鋭な問題を惹起しやすい地方

図A.1

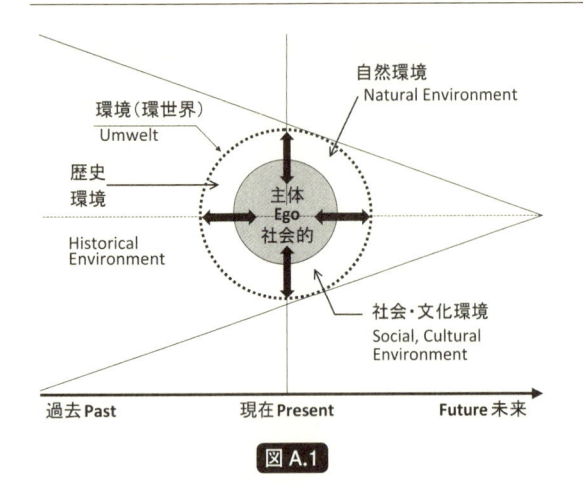

環境（環世界）Umwelt
歴史環境 Historical Environment
自然環境 Natural Environment
主体 Ego 社会的
社会・文化環境 Social, Cultural Environment
過去 Past　現在 Present　Future 未来

でもある．

　社会は，長い歴史的経緯の中で方向づけられている．歴史環境が意味するものは，人々の脳裏に沈殿する過去の記憶にとどまるものではなく，社会（したがって社会が構成する自然環境）の展開を方向づけるベクトルであるといえる．いかなる社会も，歴史の方向づけから自由に自らを組織編成することはできない．かかる意味において歴史は現在を規定しており，人間活動における環境の構成要素の1つである．現在の時点から社会の歩みの方向を遡ることによって，その社会がもつ歴史環境の内容が明らかになるのである．そして地域とは，このような諸環境が具現する空間的場＝環世界であるといえよう．

#### c. 課題群としての地域

　かかる意味での地域は，ふつう考えられるような，何らかの文化的共通性によって実体として見出される対象ではない．それは当該社会を規定するものとして人間活動によって創りだされる自然・歴史・社会の3つの環境の総体，すなわち環世界の空間的場として，また課題群としてあるばかりでなく，地域住民・国家・民族などの主体そのものを構成するものとして存在する（図A.1）．

　このように考えると，地域が多様であることは，何ら地域概念を構築する上での障害とはならない．むしろあらゆる地域は多様な文化要素を抱えているのである．それが全体として相互に規定しあいながら，ある方向へ展開していく課題群として地域を構成することができるであろう．

### A.1.2　「東北アジア地域」をめぐる諸論点

　それでは，このようなものとして地域を考えるとき，我々は東北アジアをいかなる地域として構築しようとするのだろうか．まず具象的な言い方をすれば，本巻で扱われる東北アジアは，国でいえばロシア連邦のシベリアと極東，中華人民共和国の北部および東北部，それにモンゴル国という，文化的多様性とは対照的にわずか3つの国家によって構成される．ここで東北アジアを考える視点として，次の諸点に注意を喚起したい．

#### a. 北東アジア地域概念との関係

　まず既成の「北東アジア Northeast Asia」地域概念との関係に注意したい．北東アジアという地域概念は，朝鮮半島を中心として，ロシア極東，日本，中国東北部を含むユーラシア大陸の東北角，極東地域を指し，西北太平洋における冷戦構造下をめぐる問題群を指す地域概念だった．しかし本巻では，ロシアのシベリア・極東，中国東北部，モンゴル高原を叙述の空間的な対象としつつ，そのアクターとして，地域住民・社会とともに，ヨーロッパ・ロシア，日本，中国，韓国が意識されている．

　近年，東北アジアないし北東アジアを研究対象とする地域研究機関がいくつか出現している[*1]．それはかつての極東問題を越えて，東北アジアの名のもとに中国・ロシア・モンゴル・朝鮮半島を含む広域を視野に入れた研究を必要とする新しい状況が生まれたことを示す．本巻の構成は，かかる動向をも意識したものとなっている（宇野・増田，2000；岡・高倉，2002）．

---

[*1] 我が国では東北大学東北アジア研究センター，島根県立大学北東アジア研究センター，立命館大学東北アジア研究センターなどがあり，また中国には吉林大学東北亜研究院が設置されている．

**b. 歴史的視野**

本巻では歴史的な視野を17世紀を起点として設定している．17世紀には，大清国（ダイチン・グルン）の成立とロシアのシベリア・極東支配の確立によって，東北アジアが2つの帝国統治下に置かれ，現在の政治地図の基盤が形成された．そして19世紀末から20世紀の前半には，ロシアと中国の2大帝国に加えて日本が，第3の当事者として参加した（三上・神田，1989）．本巻では，大清国とロシアの帝国統治を東北アジア地域形成の淵源として強く意識している．

**c. 前近代の帝国統治の意義**

次の論点は，ロシア・中国の帝国統治の近代的国民国家への再編・再統合過程としての20世紀の東北アジア地域史が地域に刻印したアンヴィヴァレンツな様相である．それは，300年にわたる露清の帝国支配の複合的な統治構造下で維持された地域の文化的多様性と，帝国の解体再編のプロセスにおける民族的覚醒，近代国民国家への転化の間の継承・相反関係への着目である．

たとえば中国では，清代の八旗・藩部・内地の3つの統治枠組みが，民族へと読みかえられ，自立への動きを示した．日本やロシアの進出も，その文脈に寄り添う形で，これを利用しながら展開した．唯一新たに独立を達成したモンゴルの存在は，このような歴史的文脈の中にある（岡，2009）．

帝国による統合は，一方で住民構成における多数派住民の拡大の媒体となった．特に漢族のモンゴル高原・中国東北部への移住は，20世紀に入って民族問題を惹起し，日本・ロシアの進出に口実を与えたが，一方で漢族を主体とする中国の国家統合に実質的根拠を与えた．これにより東北アジアは周縁化し，帝国の辺境統治策は少数民族政策へと転化する．

**d. 民族の問題**

第二次世界大戦後の東北アジアは，再び中国とソ連の2大国へと再編された．両国とも，基本的には清朝とロシアの帝国統治の領域的枠組みを継承しているが，帝国統治を清算し，国民国家として新たな統合を追求している．中国の人類学者費孝通の「多元一体」論や「中華民族」言説の盛行は，かかる統合の理論的表象である．しかし，中国で今でも時折噴出する民族問題や，社会主義崩壊後のシベリアにおける民族伝統の復興現象は，そのプロセスが必ずしも完成していないことを示している（瀬川，2005）．

民族をめぐる問題は，民族アイデンティティーの基盤として意識される文化要素の対抗関係として表象されることが多い．たとえば内モンゴルでは，漢人らしさ（Chineseness）の象徴としての農耕文化と，モンゴル人らしさ（Mongolness）の象徴としての遊牧文化が対比され，農耕民化したモンゴル人は，モンゴル人らしさを失ったものとして，ネガティヴな存在として位置づけられる（Bulag, 2004）．この対抗関係が，草原の開発や，その結果としての砂漠化などの環境問題をめぐる評価軸としても用いられ，議論は文明論的な様相を帯びる．

**e. 東北アジアにおける国家統治の伝統**

東北アジア地域には独自の国家統治（ガバナンス）の伝統と論理が存在した．中国史上における五胡十六国・北魏以来，遼・金・元・清などの「中国王朝」は，東北アジアのモンゴル高原や中国東北部に由来する国家である．そして本巻が歴史的視野として設定する17世紀から20世紀初頭には，満洲族を建国者とする清朝の帝国統治が成立していた．東北アジアにおける清朝の帝国統治は，中国王朝の辺疆統治というよりは，北アジア国家としての満洲＝清朝の統治の核心部分を形成している．

要するに，東北アジアに分布する民族がもつ独自の歴史的経験の文脈において地域をとらえることが意味をもつということである．東北アジアは，歴史的には遊牧民と狩猟民の世界であった．重要なのは，それが生産文化の固有性や，単なる辺境住民のエスニシティの問題にとどまらない統治の歴史を有している点にある．この政治性こそが，東北アジアという文脈において歴史の展開をみる意味を与える．モンゴル高原の遊牧民は，最初の

遊牧民国家匈奴の出現以来，大規模な政治統合を繰り返した歴史をもつ．13世紀初頭にチンギス・ハーンが建国した大モンゴル帝国はその最たるものである．

一方，中国東北部の狩猟民や農耕民も，ジュシェン族の金をはじめとして中国本土の一部をも支配する強大な国家を生みだした．本巻の叙述の出発点となる清朝は，まさにこのジュシェン系のマンジュ（満洲）が打ち立てた帝国であった．したがって東北アジアにはそれ自体の国家統治（ガヴァナンス）の伝統と論理が存在する．それが東北アジア帝国としての清朝の国家構造を決定するとともに，その解体と再編のプロセスにも方向づけを与えている．近代の民族分離運動もその延長線上にあり，中国の「少数民族」の文化的な特質に矮小化することのできない歴史性を有するといえよう．

### f. 東北アジアとロシア・中国・チベット

そして帝国解体とその後の過程では，むしろ主要なアクターとなったロシア人や漢人の存在をどのように扱うかが問題となる．

東北アジアが，北部シベリア・極東においてロシアの一部を構成したという事実は，ヨーロッパ・ロシアからの人の流れを生みだした．そもそも17世紀のロシア人によるシベリア征服自体が毛皮を求める武装商人やコサック，農業移民の移住を伴ったが，ソ連時代にもスターリン体制のもとでの大規模な植民と開発が行われた．その結果，ロシア極東・シベリアではヨーロッパ系の住民が多数派を構成するに至る．したがって，東北アジアは，ヨーロッパ（ロシア）の文化が及ぶ地域，つまりヨーロッパ文化圏としての側面をもっている．

同様のことは，清朝の支配領域となった地域における漢人の役割にも当てはまる．東北アジアは，漢文化圏としての側面ももつのである．中国における歴史叙述が北方民族と漢民族の歴史的関係を，中国文明内部の民族関係として位置づけるのは，国家統合の歴史的正当化の論理にほかならないとしても，この地域が中国文明の枠組みで語りうる歴史的経緯を有していることをも示している．そこではロシアや漢が，先住民に対する文化的啓蒙者としての役割をあてがわれている．これは満洲や内モンゴルで日本人が自認した役割にも当てはまる図式である．したがってそれは，近代性（モダニティー）の問題であり，植民地統治とも結びつく論点である．

20世紀の東北アジア史において，かかる近代化の文脈は，ロシア人や漢人住民の存在にとどまらず，先住民社会においてもすでに内在する問題としてある．だから東北アジア先住民のエスニックな文化表象にのみ視点を合わせることは，ロシアや漢によって表象される近代性の問題を捨象することに繋がりかねず，東北アジアを視座とする地域理解を矮小化することになる．

同時に看過できないのがチベットの存在である．チベットは内外モンゴルや満洲の一部に普及したチベット仏教の中心地として，精神的な重みをもっている．その教圏は，ロシアのブリヤートやカルムィクにまで及ぶ．清朝統治期に由来する東北アジアにおけるチベット仏教の文化史的意味は，中国やロシアの大文明とは異なるもう1つの文化圏の存在を示唆する．

つまり，ヨーロッパ（ロシア）・漢・チベットなどは，東北アジア地域理解において他者ではありえないということである．したがって東北アジアの視座からそれらをいかにして論じることが可能かが問題となる．

### g. 近代化と社会主義

20世紀東北アジアの近代化において，植民地統治や社会主義が大きな役割を担ったことは，贅言を要しないところであろう．中国・ロシア（ソ連）・モンゴルのいずれにおいても，社会主義が近代をもたらした．近代を超えようとした社会主義にとってはアイロニカルなことに，体制は封建的な社会構造を解体したものの，資本主義を超えるだけの新しい社会や世界観を確立するに至らないまま後退している．むしろ，資本主義下においても想定されるような近代的な社会を実現したことにその歴史的役割があったとさえいえるのではないだろうか．

とはいえ，中国で改革開放が進み，ソ連が崩壊したことによって，東北アジアは大きな転機を迎えた．市場経済への移行が進むことによって，中・露・蒙3国はあらゆる分野で関係を深めつつある．また冷戦時代の西側諸国，特に日本・韓国・ドイツ・アメリカ合衆国などのこの地域への関与の度合いが急速に増しつつある．これに伴い国境を越えた物と人間の移動がますます活発になっている．そのような中で，国境を挟む現場の住民たちや，国境によって分断されていた民族の交流も進展している．

### h. 社会主義の解体・変容と東北アジア

そして最後に注意するべきは，特に1990年代のソ連圏社会主義体制の崩壊によって生じた東北アジアの政治的変動が，地域にもたらしつつある歴史的意味である．

独自の歴史の流れの中で現前する東北アジアは，やはり独自の課題群として浮かび上がりつつある．上述のようにこの地域は，近代の国民国家形成と帝国を継承した巨大国家の多民族統治，そして社会主義による経済的・社会文化的近代化という歴史を共有する．その特質が，東北アジア地域と隣接する東アジアや国際社会との関係を大きく規定しているといえるだろう．振り返って考えるに，1910年代の東北アジアは，中国とロシアの両帝国が滅亡し，中国は帝国主義諸国による分割の危機にあり，その間に事実上独立したモンゴルが生まれていた．シベリアでは革命と内戦が始まり，欧米・日本の干渉を経て，ソ連社会主義が成立した．

一方，1990年代以後の東北アジアをみると，中国とロシアは社会主義から資本主義・市場経済への移行過程にある．社会主義の崩壊は，再び欧米・日本の資本の流入をもたらしたが，中国・ロシア・モンゴルの国家的独立はすでにゆるぎなく，外国資本の導入にまつわる不安は，国家の独立・保全というよりは経済運営の枠の中にある．20世紀の東北アジアの歴史が，「帝国統治の解体→植民地主義的世界資本主義体制への組み込み→独立保全と結びついた社会主義体制・西側との分断→社会主義崩壊による資本主義体制への再統合，そしてロシア・中国の両大国の統治」と展開してきたとすれば，20世紀の東北アジアは1つの歴史展開のプロセスを終えたということができよう．

そして現在，東北アジアは再び中・露の2つの大国統治と欧米・日本などによる周辺からの関与という状況を取り戻したかにみえる．増田祐二は，現今の世界経済システムの動向を，グローバル化・多様性・超域化の3点に整理している (増田, 2002)．特に中国は，増田 (2003) によれば「地域のもっている内発力が，外部からの力を活用することで生かされている」ことによって，劇的な発展を示している．しかし興味深いことに，中露両国と日本・韓国との国境をまたいだ地域経済圏を基盤とする「共同体」構築の構想が思わしい進展をみない一方で，2001年に中露と中央アジア諸国が安全保障にかかわる調整機構として組織された上海協力機構 (Shanghai Cooperation Organisation) にみられるように，この両国を中心として一定の緊張をはらみながらも調整可能な多国間協議の枠組みが形成されつつある．それは両者の西側世界に対する相対的自立性が確保されつつあることを示す．中国とロシアを中心として，東北アジアの諸課題は再び地域を構成する枠組みとして浮上しつつあるのである．

## A.2 本巻の構成

かかる視点に立ちつつ，我々は本巻を3つの部分によって構成した．

第Ⅰ部では人間活動の基盤であると同時にそれによって規定され，構成される自然環境の側面か

ら東北アジアの課題群を考察した．ここでは第1章で気象観測や海氷・植生分布などの視点から地域の環境を概観した上で，第2章では自然環境の変動状況を花粉分析と湖底堆積物分析の知見から論じ，温暖化の中での永久凍土融解と森林火災による温暖化効果ガス放出の状況がとりあげられた．第3章では開発により発生する環境問題を，農業開発・牧畜とかかわる砂漠化・黄砂・ゾド（モンゴルの雪害），石油・天然ガス開発によるツンドラの荒廃，さらに核実験による放射能汚染を論じた．

第Ⅱ部では歴史的文脈における地域社会の課題群を歴史環境として論じた．ここでは，近代東北アジアの地域変容の前提であり，変容プロセスのマトリクスともなった前近代帝国統治の問題から出発し，植民地支配や社会主義による近代化の諸側面，ヨーロッパ・中国・チベットなどの文化的意義，その到達点としての現在の状況を論じた．

第Ⅲ部では，現代東北アジアの社会・文化・経済的状況を扱った．ここでは，地域の複雑多様な言語・民族状況を俯瞰的に整理した上で，地域経済の変容と日本・ロシア・中国などの関与，牧畜・狩猟など地域の生産構造の変化，文化政策の動向を事例的に論じた．

以下，各章での考察から得られた東北アジア地域の理解を総括してみたい．

## A.2.1 自然環境としての「東北アジア」（第Ⅰ部）

自然環境における「東北アジア」の領域は比較的明確である．南限を北緯40度，西限を東経90度で区切られた北東ユーラシア大陸とその縁海といってほぼ間違いない．世界最大のユーラシア大陸の北東部というロケーションは，気候的には冬は厳寒で夏はそれなりに暑い，したがって気温の年較差は著しく大きいということになる．雨は夏に集中するがそれほど多くはなく，水は不足している．特に冬は乾燥するが，ただし雪は解けないまま地表を薄く覆っているという状況が，この広大な領域にほぼ共通して存在する．

### a. 自然環境概説

1.1節「モンゴルの気象観測」（宮崎　真）はこうした気候的特徴を過不足なく備えたモンゴル国の貴重な気象観測のデータである．1月は南部で$-15℃$，北部で$-35℃$と南北差が大きいが，7月はほぼ一様に$15℃$で年降水量は70～330 mm．生育期間は5月中旬から9月中旬しかないが，それでも四季がある．降水量の年々変動はかなり大きく，7月の降水量が8月の葉面積指数と高い相関をもつ．草原にとっては年降水量よりも6～7月の降水量が重要というのは，毎日の観測によって得た体験に裏打ちされた事実である．

大きなスケールの植生分布は気候のほぼ忠実な反映である．1.3節「極東ロシアの植生分布」（沖津　進）をみると，そのことがよくわかる．$5℃$以上の気温の積算値（暖かさの指数）が冷温帯や亜寒帯など植生の第1近似ならば，第2近似は気温の年較差（大陸度指数）である．年較差はシベリアの中心では最大$53.5℃$に達し，北千島では$15.8℃$にしかならない．大陸域は冬の寒さを反映して永久凍土が発達する．春の気温上昇に対し地表の融解が遅れる春，そして気温がかなり上がる夏の乾燥が著しいため，それに耐える落葉針葉樹（グイマツ）しか生育できない．以上の理由で極東ロシアの内陸部ではグイマツ（明るいタイガ）が広く分布し，落葉広葉樹から常緑針葉樹への交代が一般的なヨーロッパや北アメリカの冷温帯・亜寒帯とは大きく異なっている．

1.2節「オホーツク海と海氷」（大島慶一郎）ではオホーツク海の特異性がよくわかる．冬の風上には極寒のシベリアがあり，しかもアムール川などが淡水を補給するため北西沿岸域が緯度の割に極端に凍りやすい．これが春から夏にかけて巨大な冷源となってオホーツク海高気圧を涵養することは広く知られている．さらに凍らなかった冷たく重い高密度水は酸素と鉄分を溶かしこみながら北太平洋の中層水を形成，生物生産と漁業資源量に大きく貢献している．

近年の温暖化によってオホーツク海の結氷量が減少していることから，その影響も心配される．またサハリン島東岸を南下する東樺太海流は，対

馬海流の3倍の流量を有し，海水を運ぶだけでなく，オホーツク文化圏の形成の一翼を担い，油田からの油流出やアムール川上流からの汚染物質到来の可能性は傾聴に値する．

#### b. 自然環境変動

過去の自然環境の復元にとって花粉分析は有力である．2.1節「花粉分析からみた環境変遷」（五十嵐八枝子）では北東シベリア4地点と極東ロシア5地点の花粉分析結果から，約6万年の自然環境変遷史が明らかにされている．最終氷期はズイリヤン亜氷期（7.4～6万年前）とサルタン亜氷期（2.74～1.24万年前）に分かれ，間にカルギンスキー亜間氷期を挟む．シベリアでは最終氷期に氷床は発達しなかったが山岳氷河が形成され，低地でも極地ツンドラ・ステップが発達した．当時のツンドラ・ステップは牧草になる草が多く（マンモスステップ），マンモス動物群の生活を支えていたとみられる．最終氷期にはシベリア・サハリン・北海道はつながっており，マンモスが北海道へも渡来していたことは2万年前の化石から明らかである．氷期が終わり，特に8000年前あたりから温暖化し，シベリアはグイマツを主体とする現在に近い植生に移行した．

バイカル湖は世界最古の湖で3000万年以上にわたる堆積の場であった．湖上から掘削されたコアサンプルによって約3万年間の湖水と集水域植生の変化をまとめたものが，2.2節「バイカル湖」（箕浦幸治・酒井孝幸）である．約2万年前を中心とする最終氷期にはコアサンプル中に花粉化石は極めて少なく，重い窒素の比率も高く，集水域はツンドラあるいは高山性砂礫地が拡がり，湖も貧栄養状態であった．1.2万年前頃から花粉の個体数は急激に増加する．その主体はマツ属でタイガ林の進出を意味する．現在に近い状態になったのは7500年前と考えられる．著者たちは2万～1.75万年前のヤナギ属の繁殖に注目している．温度的には最終氷期最盛期直後であるが，日射量の増大によって凍結土壌が融解し湿潤化したと推察している．ヤナギ属はその後の温暖化の時期には乾燥化によって減少している．一般に温暖化が本格化すると降水量も増大するが，寒冷なシベリア地域では土壌の凍結融解を介して，寒暖の交代期には乾湿が独特の様相を展開する例として注目される．

2.3節「シベリアの森林火災と地球温暖化」（福田正己・高橋邦秀）は現在の温暖化がシベリアの森林に及ぼす影響を活写している．温暖化は本来「暖かさ」の足りないこの地域の森林（タイガ）にとって追い風のように考えられているかもしれないが，現況は否である．シベリアの厚い永久凍土とタイガは共生関係にある．凍土は水を通さないので上層1mに降水が保持されているために少ない降水量でもタイガが維持できる．凍土にとって温暖化は脅威であるが，タイガが日射を遮ってくれるうちは，その影響が現れにくい．その共生関係を壊すものが森林火災である．温暖化による乾燥化とシベリアの開発行為によって森林火災は増加している．森林火災は燃焼によって多量の炭酸ガスを放出するだけでなく，火災後の残存有機物などの分解により，燃焼時の2倍の炭酸ガスが放出される．さらに火災による凍土の融解で地表面の陥没が発生し，湖沼（アラス）が形成される．これが融解を進行させるばかりか，凍土に閉じ込められていたメタンと嫌気環境下で新たに発生したメタンが大気に放出されることになる．シベリアの森林火災を放置することは地球温暖化にとって由々しき事態を招くのである．

#### c. 開発と環境問題

アジアの内陸には広大な乾燥域が拡がり，いずれも近年急速な土地被覆変化が生じているが，3.1節「砂漠化」（篠田雅人）では中国北東部からモンゴル国に焦点をあてて解説している．モンゴル国では国土の82％が自然草地で農地は1％にすぎないが，内モンゴル自治区ではそれらが60％と7％になる．内モンゴル自治区の人口密度はモンゴル国の13倍で，漢族が79％を占める．漢族の多くは農業に従事し，近年，移住農民によって草地から農地への転用が進んだ．こうした背景があって中国北部（内モンゴル）では比較的降水量に恵まれた北東部でも草原の退行が問題になっ

ている．モンゴル国でも過放牧の影響はみられるが，年々の乾湿変動が大きく人為の影響は相対的に小さい．また黄河中流域の黄土高原では水食（降雨による表土流失）の影響が大きい．

黄砂は日本人にとって春の風物詩であったが，近年の増加は風上地域の砂漠化を連想させる．3.2節「黄砂」（甲斐憲次）では黄砂の定義に始まり，日本・韓国・中国の発生状況が詳述されている．黄砂は中国の乾燥地域で低気圧活動によって砂塵嵐が発生し，上空の偏西風がそれを運んできて経験する．したがって日韓中の発生数の傾向は必ずしも一致しないが，2000年頃からの増加傾向は一致しており，発生機構，影響など多方面からの研究が活発化している．発生機構に関しても，低気圧活動・偏西風波動などの気象現象は年々の変動が大きく，砂塵嵐の発生には年々の乾湿変動と長期にわたる人為による土地被覆変化の影響があり，タイムスケールも因子も多様である．影響の研究も酸性雨中和効果や呼吸器障害など多様な取り組みが開始されている．学際研究，国際協力を必要とする分野である．

3.3節「モンゴル国の自然災害ゾド」（森永由紀）も学際的課題である．ゾドとは放牧家畜の大量死につながる寒候季の寒雪害を指す．モンゴル国では1999/2000年以降3年連続のゾドにより家畜頭数が29％も減少した．草原が雪に覆われて起こる白いゾド，融解後再凍結した氷に覆われる鉄のゾド，過放牧で草が不足して起こる蹄のゾドなどいくつもの類型がある．共通点は放牧家畜にとって最も体力が低下する冬から春にかけての厳しい天候による大量死であり，前年の夏から秋に旱ばつなどで十分な栄養が摂取できなかった場合に起こりやすい．その意味で前年からの家畜の状態のモニタリング，草の状態の予測，春先の悪天の予報など中期から短期に至る，牧養技術から気象学までの科学技術の連携が必要とされる．

人間活動が自然環境に与える影響は，開発や軍事にかかわる局面において最も顕著である．そのありさまからは，環境破壊が単なる開発技術上の問題ではなく，現代の社会が存立する原理的なレベルにかかわっているということが顕著に理解できる．

3.4節「石油・天然ガス開発とツンドラの荒廃」（吉田　睦）は，世界有数の埋蔵量を有するロシアの石油・天然ガス開発をめぐる問題を，西シベリアを中心に論じている．石油・天然ガス開発は，ツンドラの脆弱な自然環境の中で展開されるとき，環境への影響が大きい．同論文によれば，すでにツンドラ全体の8.3％の土地が荒廃に帰したという．さらに開発自体がもつ先住少数民族の伝統生業たるトナカイ牧畜への影響が論じられる．そこでは，トナカイ遊牧民の生活域を縮小し，牧地を北方へと偏倚させることから，生業構造やトナカイに影響が及ぶことが推測される一方，過放牧の問題を惹起していることが論じられている．政府や企業が行う環境保護施策の効果的な実施が求められるが，伝統文化や先住民族の立場を開発側がいかに共有できるか，両者の原理的な接点を見出しうるか否かが問われよう．

国家の安全保障や経済開発が地域の自然に刻印したもう1つの問題として放射能汚染をあげることができる．3.5節「シベリアの放射能汚染」（斎藤晨二）は，地域の住民の生活基盤に蓄積された放射能の脅威を論じている．さしあたって顕著な健康被害は防がれているとしても，トナカイゴケやこれを摂取するトナカイの肉に蓄積された核実験による放射能の存在は，人々の生活のすぐかたわらにおける脅威の存在を不気味に示している．そこでは環境破壊が日常としてある．同論文はまた，放射性物質の管理の不備がもたらすであろう危険についても指摘している．このような科学技術の負の側面と地域住民の日常の中での鋭い交叉は，「辺境」にしばしばみられる事象であるだけに，そのような犠牲を必然とする近代のあり方に強い疑問を提示するものである．

## A.2.2　歴史環境としての「東北アジア」（第Ⅱ部）

### a.　帝国の統治

東北アジアの歴史を論じる第Ⅱ部では，まず4章において地域の起点としてのロシアと清の帝国

統治の特質を論じ，5章で近代における展開を扱った．そして6章では地域における多様な文化を，地域を構成するより大きな文化圏の複合的構造としてとらえる．

17世紀から20世紀初頭の東北アジア史を特徴づける帝国統治の問題は，第4章を構成する2つの論文，4.1節「帝政期ロシアのシベリア統治」（吉田　睦）と4.2節「清朝の満洲・モンゴル統治」（岡　洋樹）において論じられている．そこに共通してみられる特徴は，先住民をいくつかの行政的カテゴリーに分類し，異なる統治方法を当てはめるという統治の技術である．このような階層化され，質的に区別された住民統治は，ロシアにおいては「定住民」「遊牧民」「漂白民」の3者であった．

清朝の場合，農耕民としての漢と遊牧民としてのモンゴルの区分は常に意識されていたし，満洲も，支配エリートとして，八旗駐屯地に居住して周辺の住民とは区別された社会的・行政的カテゴリーを形成した．住民の文化的多様性を国家統治の原則とする露清の2大帝国の300年に及ぶ統治が，東北アジア地域における文化的多様性を維持させたことは間違いない．しかしまさにそのことが，続く20世紀の民族と国民国家の時代において，分離・対立抗争の基盤となっていくのである．

### b. 近代化と社会主義

東北アジアの近代は，産業開発と資源収奪の時代でもある．第5章ではシベリアと内外モンゴルの近代化にかかわる問題をとりあげる．5.1節「社会主義時代の極東・シベリア」（寺山恭輔）では，社会主義時代における急激な極東・シベリア開発の様相が明らかにされる．豊富な天然資源をもつ極東・シベリアは，ソ連の工業開発において原料供給基地でありかつ生産基地として巨大な役割を果たした．ソ連崩壊後の現在も，外国資本も加わりつつ，依然その意義は大きい．寺山も指摘するように，かかる急激な開発は，先住民社会に大きな変化をもたらし，かつ犠牲を強いるものであった．かかる開発の論理に対して，現地住民の文化的自己主張は何を意味しうるのであろうか．

20世紀の東北アジアにおける多様な社会の民族・国家への統合の過程は，モンゴルを事例として，5.2節「モンゴルの近代」（生駒雅則）と5.3節「日本の満洲・内モンゴル支配」（広川佐保）において論じられる．近代を迎えたモンゴルは，清朝の外藩としての統治区分から，急速に民族として脱皮しつつ，政治的独立と民族の統合を模索する．しかし日本とロシア・ソ連，そして中国の間に介在するモンゴルの独立への苦闘は，政治的分断と伝統文化の強圧的否定に直面した．

ロシア・ソ連の影響下におかれた外モンゴル（ボグド・ハーン政府・モンゴル人民共和国）と，日本の進出対象となり，中国の支配下に残された内モンゴルは，分断のもとで，清朝統治下で形成された社会・統治構造の清算と，近代化を経験したのである．そこではいずれも，外部からの近代性の「注入」が，内在的な近代化の試みをはるかに凌駕する強制力をもってなされた．清代から引き継がれた王公制度や仏教信仰の解体は，外側からの民族独立・統合の否定と表裏の関係にあった．かかるモンゴルの経験は，近代というものが弱小民族においてもつ意味を端的に示しているといえるだろう．

近代的な開発が国家統合と不可分の関係にあることは，5.4節「現代の中国東北」（上野稔弘）が中国東北部を例として活写している．大慶油田開発や長春での自動車生産，屯田による農業開発などの中国東北地方の開発は，辺境における国家統合の確立を目的としたものであった．このような統合努力は，民族に関しては一連の「少数民族」における「区域自治」制度の確立となって現れた．自治制度の整備が国家統合を第1の動機としていたことは，この問題を考える上で示唆に富んでいる．また社会主義国同士の対立や，文化大革命などが民族文化への抑圧となって現れた．また市場経済化が生みだす人口流動や環境問題も，民族区域自治に新たな課題を生みだしていることが知られる．

### c. 歴史環境としての文化圏

6章では，東北アジアにおける重層的な文化圏

の構造を扱う．東北アジアを論じるとき，文化的影響という点で歴史上重要な役割を果たしてきたのがチベット，特にその仏教の伝播である．6.1節「チベット仏教世界からみた満洲王朝・清」(石濱裕美子)は，中国を統治した最後の王朝国家である清朝のもう1つの側面を開示している．清朝は，チベット仏教を国家統治理念としてチベットやモンゴルを統治したが，それは清朝国家論において単なる辺疆統治技術の範囲を超えた中心的な意義を有していた．清朝が有していたこの側面を理解することなくして，モンゴルやチベットをめぐる近代の問題群を十全に理解することは不可能である．清朝の満洲政権としての側面は，ラサやシガツェと並んで首都盛京や北京をも一中心とする仏教世界の歴史の流れの中にある．

しかし帝国の統治や続く近代がもつ広域性は，一方で東北アジアに新たな人の流れを生み，別の多様性を付与することになった．

人の移動のもう1つの局面は，漢人の移動にかかわる．すでに清末から，国家が組織する農業移民として，ある場合には流民として，またある場合には商業民として，多数の漢人がモンゴルや満洲族の故地に流れ込んだ．これらの移民は，東北アジアの旧清朝支配下の地域の「中華世界」の一部としての認識に実体を与えている．6.2節「中国文化圏としての東北アジア」(華立)は，中国の歴史・地理認識の面から東北アジアを論じている．歴史上，中国は万里の長城を境として北方の遊牧民や狩猟民と深いつながりを保ってきた．そのつながりのあり方は，常に平和なものばかりではなかったし，遊牧民による中原への侵入は中国の歴史書において日常的なエピソードに属する．重要なのは，対立面をも含めた中国と北方民族の関係全体が，中華世界を構成したとする世界観の近代的意味である．華立論文が述べているように，このような世界観は，清代以降に急速に進んだ漢人の北方への移住植民によって新たな説得力が与えられた．それは，現代中国の国家統合の歴史的枠組みにもなっているのである．

現代中国の国家統合は，費孝通の「多元一体」論にみられるように，多元性から出発した統合への歴史的プロセスとして定式化される．6.4節「中国が語りはじめた遊牧文明」(楊海英)は，この多元の一翼を占めるものとして公認された「遊牧文明」言説に，モンゴル人論者が主張する「遊牧文明」とは異なる政策的な「欺瞞性」をみる．文化を評価する言説は，それが誰によって主張されるのかによって意味を変えてしまう．ここにもう1つの問題の所在が示唆されている．

一方シベリアでは，すでに帝政期から極東・シベリアにはロシア人をはじめとするヨーロッパ系住民が移住し，先住民を少数者に転落させた．これによりシベリア極東はヨーロッパ文化圏としての側面を獲得する．この問題は6.3節「ヨーロッパ文化圏としての東北アジア」(伊賀上菜穂)において活写されている．東北アジア地域におけるヨーロッパは他者ではなく，すでに地域の伝統的文化の一翼を担う存在としてある．

遊牧のモンゴルや，チベットの歴史的役割，そして中国東北が直面する課題群は，中国の「多元」性を指摘するだけではすまされない状況があることを物語る．この問題は，次の第Ⅲ部において，より具体的に論じられることになる．

### A.2.3 社会環境としての「東北アジア」(第Ⅲ部)

第Ⅲ部は，東北アジアの現在を扱う．それは，第Ⅱ部で俯瞰した歴史的方向性の中で具現化した20世紀最後の四半世紀における地域状況の劇的な変化の様相を示す．

#### a.「東北アジア」地域の複合的構造

7章「東北アジア地域の複合的構造」では，言語と民族という2つの側面から地域の今を照射する．

7.1節「東北アジアの言語」(風間伸次郎)は，地域の言語分布をストイックに記述しながら，国家と言語の関係に深淵な展望を与えてくれるだろう．言語が民族の文化やエスニシティーの核心に存在するものであるとすれば，言語的多様性は，地域が内包する課題の分布図にほかならない．か

くも多様な言語分布を有する地域における大国支配の継続という問題は，この地域の特質を示すものといえる．

多民族が構成する東北アジアの姿は，7.2節「多民族国家の構造」（柳澤　明）において歴史・文化の側面から再構成される．ここでは，17世紀以後の清朝による統治下での中国東北の民族構成の淵源が回顧される．清朝時代の中国東北は，満洲の八旗制度による統治構造が組織されていた．この地方の民族構成は，清朝のヌルハチ（〜1626）・ホンタイジ（1626〜43）期に「徙民」によって移住させられ，各地の駐防八旗に編成された人々や，後に移住してきたモンゴル系などの集団，内地から移住した民人（漢人），八旗に所属した漢人（漢軍旗人）を淵源をとしている．

これらの人々は，ニル（佐領）に編成され，それぞれ「民族」名称が付与された．重要なことは，清代に八旗において「民族」名称を付与された諸集団が，現在の中国東北の民族形成の基礎となっているという指摘である．これは中国東北に限ったことではなく，モンゴルやチベットなどにおいても認められるところであるが，東北アジアの基盤を形成する上で清朝の帝国統治の果たした役割は極めて大きいことがここでも確認される．

すでに上野論文においても論じられたように，清代から民国初めにかけての時期に形成された東北アジアの基本情勢は，20世紀のこの地域の歴史展開を根底から規定したのであり，現在に至ってもなお，大きな影響を与えつづけている．地域の今を理解する上で，歴史を認識することの重要性は論を待たない．

### b.　国際関係

8章では地域の国際関係を論じる．

20世紀最後の四半世紀，1978年にはじまる中国の改革・開放政策と1990年代のソ連社会主義圏の崩壊，市場経済の導入は，グローバル化の進展と相まって，東北アジアを劇的に変貌させた．課題群としての東北アジアは，この局面において最も顕著である．

ここでは，ロシアとモンゴルについて，民主化後の国際関係の動向を扱う．ソ連社会主義圏を構成した両国を取り上げるのは，社会主義ブロックの崩壊に伴う地政学的な位置づけにおけるアジアの意味が最も激しく変化したからである．

8.1節「ロシアのアジア太平洋地域戦略」（藤本和貴夫）は，社会主義体制崩壊後のロシアのユーラシア主義に基づく太平洋国家としてのアジア・太平洋地域への参入戦略が論じられる．同地域へのロシアの参入は，東北アジア地域概念を成立せしめる最大の要因である．特に日本との関係が思わしく進展しない中で中国とロシアの調整機構が形成され，これに周辺諸国が参加する過程は，東北アジアに政治的な実体を付与するものといえる．ロシアのユーラシア東北部への登場は17世紀に遡るし，近代においても日本とともにこの地域で重要なアクターであったことにかわりはない．

しかし冷戦と中ソ対立の半世紀が過ぎ去った今，ロシアをその一員として認めることなしに東北アジアを論じることの意味はない．この傾向は，今後も進展すると思われるし，我が国もこれに無関心ではいられない．ロシアを含むこの地域の全体を俯瞰することが可能な地域研究が望まれる理由でもある．そのような中で，コラムとして掲げた勝木英夫による「サハ人：禿げない人びとの困苦と夢」にうかがわれるような日本への期待はサハ人のみにはとどまらない全地域的な傾向であろう．

ロシアの再登場と同様に興味深いのがモンゴルをめぐる動向である．社会主義時代のモンゴルは，アジアの国家というよりは，ソ連・東ヨーロッパに連なる東側ブロックの一員であった．しかしコメコンの崩壊は，同国の将来を否応なくアジアと結びつけた．中国・日本・韓国との政治・経済分野での関係改善は，モンゴルのアジア国家としての再定義とグローバル経済への接続を実現した．8.2節「モンゴルをめぐる国際関係」（前川　愛）は，民主化後のモンゴルの国際関係を中心に，地域におけるモンゴルの位置づけの変化を論じている．民主化前のモンゴルは，ソ連とその衛星諸国を中心として対外関係を構築した．したがってモ

ンゴルにおける社会主義の崩壊と民主化は，アジア最初のそれであるというよりは，ソ連・東ヨーロッパ圏最後のそれだったのである．

このようなモンゴルの対外関係は，民主化後劇的に変化した．中国との関係改善のみならず，日本・韓国，さらにアメリカ合衆国・西ヨーロッパとも外交関係を樹立し，この国の対外関係は一挙に多角化した．アメリカ合衆国との関係は，近年におけるモンゴル軍のイラク派兵にも示されるように，中露2大国に挟まれた同国にとって戦略的な意味をもつ．日本は，モンゴル最大の援助国であるが，民間投資は中国・韓国に大きく遅れをとっている．民間部門での日本の出遅れをあたかも補填するかのように，韓国はモンゴルへの援助・投資を活発化している．

一方でモンゴルやシベリアにおける中国の経済的地位の増大が，地域に新たな課題を出現せしめている点にも注目する必要があろう．モンゴルにとって，アジア太平洋圏との結びつきは，古くて新しい課題である中国との関係をどのように構想するかという問題を再び提起するであろう．同様の問題は，シベリア・極東においても見いだしうる．経済統合が生みだす人の流れが，発展した中国から周辺のモンゴル・シベリアへと向かうとき，再び政治的緊張が生じるかもしれない．そのとき，地域への関与を深める日本は，これにどのように対応するべきなのか，将来的なビジョンが求められている．

### c. 経済とグローバリゼーション

9章は，東北アジア諸国の近年の動向を経済面から論じた．

9.1節「市場経済化」（栗林純夫）は，中国とモンゴルを事例として，社会主義計画経済から市場経済への移行過程を論じている．この両国は，いろいろな意味で対照的な移行プロセスをたどっている．栗林は，「計画と市場は，ある程度まで代替可能かつ共存可能なもの」であるという事実を受け入れたか否かという違いが，ソ連の改革と中国のそれを分けたとする．1990年代の民主化後のモンゴルにおける移行プロセスにおいても，計画経済体制を一挙に廃止した点においても，民主主義体制を実現した点においても，モンゴルは中国と対照的である．両国の経験の違いに，我々は東北アジアが内包する課題の1つを見いだすことができよう．

モンゴルを含む旧ソ連圏社会主義諸国と中国・北朝鮮など，東アジアの社会主義国家は，歴史的にも，文化的にも，まったく異なる背景を有している．ソ連の衛星国としての70年に及ぶモンゴルの歴史は，同国の位置づけをヨーロッパに結びつけていたといえる．モンゴルの民主化は，アジアにおける社会主義体制崩壊プロセスの先端にではなく，ソ連・東ヨーロッパにおけるそれの末端にあったのである．中国とモンゴル・ロシアの国境は，アジアとヨーロッパの文化的境界としての意味をもっている．だから，両者の対照的な経験は，ユーラシア東部を2つに分ける文化的境界線の所在を示すものであり，1990年代以後の動向は，かかる境界の消滅と，モンゴルのアジア・太平洋地域への統合の始まりを示唆しているのである．

9.2節「日本の対モンゴル支援」（窪田新一）は，モンゴルにおける民主化の過程で日本の支援が果たした役割とその意義を要領よく示してくれる．アメリカ合衆国と協調した支援国会合や，ODAによる援助など，社会主義体制崩壊後のモンゴルの安定に日本が果たした役割は極めて大きい．援助の実質的効果については他の援助対象国についてもいえることかもしれないが，モンゴルの場合それが親日感情に結びついていることが特徴である．アジア・太平洋国家としてのモンゴルの自己再定義は，日本や韓国との援助交流を通じて実現された面があるように思われる．これが日本とモンゴルの民間の経済交流へと結びつくかどうか，そのときにモンゴル人の日本人に対する好意的な感情が維持されていくのかどうかが課題であろう．

社会主義体制崩壊後のシベリア先住民社会の変化は，9.3節「シベリアの狩猟・牧畜をめぐる歴史と現代ロシア」（高倉浩樹）において論じられる．高倉は，まずシベリアにおける牧畜民を統計上の

データから算出することの困難を指摘しながら，「冠名民族と北方少数民族」という2つのカテゴリーにまたがる狩猟・牧畜民の諸カテゴリーを提示する．その上で，彼らが経験した社会主義体制下の集団経営と定住化の意義，市場経済下においてもトナカイ飼育の技術的要請によって維持されている農業企業体の現状が論じられる．そこで提示されるのは，今日のシベリアの牧畜民が社会主義的近代化によって達成された地平を基盤としているという事実である．我々は，先住民社会の今を考えるときに，非歴史的な幻想を棄てなければならない．そこに素朴な「反近代」は存在しないのである．

9.4節「モンゴルの遊牧経済」（吉田順一）は，モンゴル国と中国内モンゴルにおける遊牧生産を比較しつつ，その地方差・共通点を詳細に確認していく．その上で，遊牧民が行っていた粗放な農耕や，18世紀以後の本格的な農耕化の過程，さらに社会主義時代および近年の状況を論じている．吉田は，モンゴル国においても，内モンゴルにおいても，「遊牧の歴史の最終段階に立っているのかもしれない」という．モンゴル人にとっての遊牧とは，民族の自己意識に大きな位置を占めており，その消滅は，民族の危機でもある．モンゴルにおける近代化が，定着民への変容を意味するとすれば，そこに我々は近代なるものの文化的由来を見出すことになろう．またそこにはポスト近代が主唱する「環境保護」が，産業文明のしわ寄せを遊牧民に押しつける構図がある．

ソ連圏の崩壊と中国における開放政策の進展は，イデオロギー対立を脱色しながら，国境地帯においてダイナミックな人の行き来を生じさせている．9.5節「中露，中蒙の国境貿易の実態」（思沁夫）は，中国東北部とシベリア・極東の経済格差や人口差を背景に，国境貿易が中国側からロシア側へ，またその逆の人の移動を活性化させていることを示してくれる．そしてこの論文が明示するもう1つの重要な論点は，かかる人の行き来が，国境によって分断されていた民族の交流をも勢いづかせているという事実である．経済の自由化とグローバル化に伴う人の往来は，今も厳然と存在する国家の枠組みからしみだすように進み，分断と対立に彩られた近代東北アジアの様相を確実に変えつつあるのである．

冷戦終了に伴う経済的交流の活発化は，国家を超える人と物の動きを生みだしたが，それは地域の国家・経済・社会の各位相においていかなる役割を果たしていくのだろうか．経済の拡大と社会の変容は，国家とそれを支える民族・エスニシティーのあり方をも変化させるだろう．それは，統合の象徴としての伝統にかかわる表象の問題として現れる．

### d. 社会・文化の変容

10章「社会・文化の変容」では，社会主義体制のもとでの東北アジアにおける近代化と伝統文化の関係の問題が扱われる．多民族を包含する帝国統治を継承したソ連（ロシア）と中国の国家統合は，先住民や「少数民族」を体制内部に制度化することを大きな課題とした．

まず10.1節「社会主義時代の文化政策と国家儀礼の創出」（渡邊日日）は，ソ連のシベリア・ブリヤートを事例にその伝統文化が社会主義社会建設の「形式」としていかに位置づけられ，超克されようとしたのかが論じられる．モンゴルも含む旧ソ連圏諸国にも共有された社会主義的近代化と民族文化の関係は，両者の排他的な対抗関係の図式ではとらえきれない．社会主義の「民族的」な側面は，その民族のあり方自体が社会主義的近代性を基盤としてもっていることに注意が必要なのである．体制崩壊後の民族文化のあり方は，単なる伝統の復活ではない．渡邊の「社会主義体制が崩壊した現在，シベリア先住諸民族が抱える文化の問題とは，民族や伝統が機動しうるマザーボード自体が崩壊してしまい，新しい認知枠組みが形成されていないという処にある」という指摘は，東北アジアの民族文化の現在を考察する上で極めて重要な論点を言い当てている．

それゆえにこそ民族は，「伝統的」なあり方を新しい体制下のエスニシティーとして転位させることによって正当性を確保してきたのである．だから民族文化を社会主義体制（近代化）と対抗的

にのみ捉えることはできないわけである．

10.2節「エスニック・マイノリティの覚醒，伝統文化への傾斜」(高倉浩樹)は，旧ソ連におけるネーション(民族)形成が，国家的支援のもとで制度化されたエスニシティーによる「ネーションの複合体」の建設として進められ，この過程にソヴィエト民族学が深く関与し，「国家が統治の対象とすべき民族の境界を固定化させることに寄与した」ことを確認する．その上で，サハ(ヤクーチア)におけるマトリョーシカ・ナショナリズムが，ソ連末期の政治エリートの指導のもとで進められたがゆえに分離独立のような急進性をもたなかったことが論じられる．また民族知識人によるシャマニズムの伝統文化としての復興の状況について，それが学術的研究を利用しつつ，「人々の日常的信仰にかかわるものというよりは，イデオロギー構築を目指したもの」であることが明らかにされる．

21世紀初頭の今日，環境破壊という新たな次元の課題群が地域を覆いはじめている．砂漠化にせよ温暖化にせよ，その展開は，地域の歴史的文脈と社会・文化の様態に規定されながら問題化するであろう．

### A.2.4　結び：課題群としての東北アジア

本巻で「東北アジア」として取り上げた地域は，実のところ東アジア(中国・朝鮮半島・日本)地域と密接不可分の関係にある．本シリーズでは別に「東アジア」の巻が立てられているので，東アジアプロパーの問題についてはそちらに譲るが，本来は本巻の対象地域と東アジアを合わせて「東北アジア」と呼ぶべきところである．それゆえ本巻でも「東アジア」とのかかわりを強く意識した内容にするよう配慮したことは，前述したとおりである．

本巻の諸章を一見して明らかなように，東北アジアを構成する課題群の多くが「東アジア」地域やヨーロッパ・ロシアなどと深く結びつき，その辺境としての特徴を有している．しかしその一方で，この地域は東アジアをも含めたユーラシアの東部の20世紀の歴史展開において極めて重要な役割を果たしたことも忘れてはならない事実である．それゆえこの地域に視座をおいてみると，近代アジアの歴史展開の多面性をより明らかにすることができるのだともいえるだろう．

我が国にとっても，東北アジアの重要性はますます高まるものと思われる．黄砂・砂漠化・温暖化などの環境問題の多くがこの地域に集中的に現れることは第Ⅰ部の諸章から明らかであるし，第Ⅱ部・第Ⅲ部でみたような地域の歴史的経緯と社会・文化的多様性が国境を越えた問題の解決を困難にしている面もあるだろう．

かかる多様な課題群の存在は，東北アジアを地域として研究することの重要性を示すものである．地域をそこで共有されると考えられる何らかの文化的指標によって設定することがよく行われる．「漢字文化圏」とか「儒教文化圏」とかいったものがそれである．しかしいかなる地域といえども必ず社会・文化的多様性を有するものであり，実体主義的な地域設定には説明に無理が生じやすい．ましてやそこから共同体の構築を展望することは難しいであろう．むしろ地域が共有するのは，その多様性に由来する課題群なのだといえる．

本巻で論じた地域の様々な課題群の重要性は，そのまま東北アジアを地域として考えることの有効性を示すものであるといえる．多様な課題群に関する知見を統合した地域像の創出とその共有が求められるところである．

本巻で論じられた自然・歴史・社会の3つの環境にかかわる課題群の存在から導きだされる東北アジアの地域理解とはどのようなものであろうか．

17世紀以後，東北アジアに成立した清朝とロシアの帝国統治は，様々な文化要素をもつ多様な社会構造に立脚していた．遊牧・狩猟・農耕といった地域の自然環境に密着した社会のモザイクは，近代東北アジアの文化的基盤を作りだした．しかし，やがて多様性は帝国統治の崩壊の過程で桎梏へと転化する．それは20世紀に始まる地域の近代化が，国民国家の確立と国内における文化

的均質さを要求したからである．巨大国家統治を維持した中国とソ連においては，帝国統治の文化的多様性を「多民族」の連合へと変容させることで正当性を主張した．同時に近代的民族の出現は，個々の民族において民族国家建設を目指す動きをも生みだし，ここに「民族問題」が出現する．20世紀初頭における帝政ロシアや，同世紀前半の日本の進出は，前近代の帝国統治解体・変容のプロセスと表裏をなして行われた．今もくすぶる「民族問題」の存在は，20世紀を通じて巨大国家統治を維持した中国とロシアにおける統合プロセスが完了していないことを示すとはいえ，すでに国家の解体を展望しうるほどに深刻な問題ではないようにみえる．そして今東北アジアは，ふたたび中国とロシアを中心としてこれに日本・韓国，あるいは先進諸国が経済的に関与する配置を取り戻した．

東北アジアの近代は，開発の時代でもある．農耕開発や資源開発の進展や，これを支える国民としての教育の普及は，民族と近代国民国家の形成と表裏一体の関係にある．中国・ロシアにおける社会主義建設は，その政治的表現であったとさえ思われる．ことが近代化と開発にかかわるという点において，中国の経済発展とソ連圏社会主義の終焉，市場経済化による世界経済との結合は，20世紀の歴史的プロセスと東北アジアの今とを連続した相においてとらえることを可能とする．その結果が，資源開発や人口移動がもたらす経済の発展と自然環境の破壊である．皮肉なことに，人口の流動化や自然環境問題は，解決・調整されるべき課題群として，東北アジア地域の諸国により共有されつつある．自然環境をめぐる危機は，先住民の伝統文化や生業の維持の問題から，黄砂や大気汚染などの国境を越えた地域大の環境問題に至るまで，さまざまな領域において意識されるようになった．

今，自然・歴史・社会の3つの環境を統合的にとらえることが，東北アジア地域理解において不可欠の作業となりつつある．それは，自然環境の人間化を昂進させてきた近代が東北アジアにおいて生みだした状況を反映している．それが課題群として地域大の規模で共有される状況を考えるとき，東北アジアという地域概念の意義は高まりつつあるといえるのではないだろうか．

〔岡　洋樹・境田清隆・佐々木史郎〕

▶ **文　献**

宇野重昭・増田祐司編（2000）：北東アジア地域研究序説，国際書院．

岡　洋樹（2009）：内なる他者＝周辺民族の自己認識のなかの「中国」．東北アジア研究シリーズ⑩，東北大学東北アジア研究センター．

岡　洋樹・高倉浩樹編（2002）：東北アジア地域論の可能性．東北アジア研究シリーズ④，東北大学東北アジア研究センター．

岡　洋樹・高倉浩樹・上野稔弘編（2004）：東北アジアにおける民族と政治．東北アジア研究シリーズ⑤，東北大学東北アジア研究センター．

瀬川昌久編（2005）：「中国研究」の可能性と課題．東北アジア研究シリーズ⑥，東北大学東北アジア研究センター．

増田祐二（2002）：世界経済システムにおける北東アジア経済．北東アジア研究，No.3, pp.1-18.

増田祐二（2003）：北東アジアの地域協力関係の展望―地域連携のイノベーションに向けて―，北東アジア研究，No.5, pp.5-18.

三上次男・神田信夫編（1989）：東北アジアの民族と歴史，民族の世界史 3，山川出版社．

Bulag, Uradyn E.（2004）：Inner Mongolia：The dialectics of colonization and ethnicity building. M. Rossabi (ed.), *Governing China's Multiethnic Frontiers*, Seattle and London, pp.84-116.

## VI 総括・資料

# B. 参考図書

ここでは参考図書として，東北アジアを取り上げた日本語の単行本（翻訳書を含む）を掲げた．本書内で文献として掲げられたものを含めて，大きく「総論」と「各国論」とに分け，さらにそれぞれで分類した．各パートでは著者名50音順で配列してある．書名に「東北（北東）アジア」と銘打った書籍はさほど多くはないが，下記以外でも，各地域ごとにさまざまな書籍や研究報告書が出ているので，ぜひ参考にされたい．

### 東北アジア総論

**概論**

宇野重昭・増田祐司編（2000）：北東アジア地域研究序説，国際書院．
宇野重昭・増田祐司編（2002）：北東アジア世界の形成と展開，日本評論社．
岡　洋樹・高倉浩樹（2002）：東北アジア地域論の可能性―歴史学・言語学・人類学・政治経済学からの視座―　東北アジア研究シリーズ④，東北大学東北アジア研究センター．
環日本海学会編（2006）：北東アジア事典―環日本海圏の政治・経済・社会・歴史・文化・環境―，国際書院．
環日本海経済研究所（1996）：北東アジア：21世紀のフロンティア　北東アジア経済白書，毎日新聞社．
徐　勝・松野周治・夏　剛編（2003）：東北アジア時代への提言―戦争の危機から平和構築へ―，平凡社．
総合研究開発機構（2005）：北東アジアのグランドデザイン―共同発展に向けた機能的アプローチ―，総合研究開発機構．
福井県立大学北東アジア研究会編（1998）：北東アジアの未来像―21世紀の環日本海―，新評論．
北東アジアのグランドデザイン研究会編（2003）：北東アジアのグランドデザイン―発展と共生へのシナリオ―，日本経済評論社．
増田祐司編（2001）：21世紀の北東アジアと世界，国際書院．
増田祐司編（2004）：21世紀北東アジア世界の展望―グローバル時代の社会経済システムの構築―，日本経済評論社．
溝口雄三ほか編（1993）：アジアから考える1　交錯するアジア，東京大学出版会．

**自然・環境問題**

青田昌秋（1993）：白い海，凍る海――オホーツク海のふしぎ――，東海大学出版会．
伊東浩司編（1987）：北海道の植生，北海道大学図書刊行会．
沖津　進（2002）：北方植生の生態学，古今書院．
環日本海経済研究所編（2007）：北東アジア環境協力に向けた新しいダイナミズム―京都メカニズム（CDM/JI）を活用した地域協力―，エリナ・ブックレット Vol.5．
甲斐憲次（2007）：黄砂の科学，成山堂書店．
福田正己（1996）：極北シベリア，岩波新書．
福田正己・小疇　尚・野上道男編（1984）：寒冷地域の自然環境，北海道大学図書刊行会．
福田正己・香内　晃・高橋修平著（1997）：極地の科学―地球環境センサーからの警告―，北海道大学図書刊行会．
吉田　睦（2003）：トナカイ牧畜民の食の文化・社会誌―西シベリア・ツンドラ・ネネツの生業と食の比較文化―，彩流社．

**政治・国際関係**

愛知大学国際問題研究所（2006）：21世紀における北東アジアの国際関係，東方書店．
『アリエス』編集部編，姜尚中（2005）：姜尚中にきいてみた！　東北アジア・ナショナリズム問答，講談社文庫．
大西康雄編（1993）：冷戦後の北東アジア――新たな相互関係の模索，アジア経済研究所．
岡　洋樹・高倉浩樹・上野稔弘編（2004）：東北アジアにおける民族と政治　東北アジア研究シリーズ⑤，東北大学東北アジア研究センター．
姜尚中（2001）：東北アジア共同の家をめざして，平凡社．

内藤光博・古川　純編（2005）：東北アジアの法と政治，専修大学出版局．

松野周治・徐　勝・夏　剛編（2006）：東北アジア共同体への道，文眞堂．

和田春樹（2003）：東北アジア共同の家―新地域主義宣言―，平凡社．

## 経済・開発

宇野重昭編（2002）：北東アジア研究と開発研究，国際書院．

宇野重昭・増田祐司編（2002）：21世紀北東アジアの地域発展，日本評論社．

梅津和郎編（1994）：北東アジアの経済発展と貿易，晃洋書房．

梅津和郎・中津孝司（2007）：北東アジアの危機と新成長戦略，晃洋書房．

蝦名保彦（1991）：東北アジア地域協力と日本―冷戦終焉と経済発展をめざして―，明石書店．

大阪経済法科大学・延辺大学編（2000）：東北アジアにおける経済開発と環境保全，大阪経済法科大学出版部．

大津定美（2005）：北東アジアにおける国際労働移動と地域経済開発，ミネルヴァ書房．

坂田幹男・本多健吉・凌星光編（2000）：北東アジア経済入門，れんが書房新社．

坂田幹男（2001）：北東アジア経済論：経済交流圏の全体像，ミネルヴァ書房．

嶋倉民生編（1992）：東北アジア経済圏の胎動―東西接近の新フロンティア―，アジアの経済圏シリーズ2，アジア経済研究所．

日本経済調査協議会（1987）：北東アジア経済圏―現状とそのあるべき方向―，日本経済調査協議会．

本多健吉，凌星光，韓義泳，坂田幹男（1995）：北東アジア経済圏の形成―環日本海経済交流―，新評論．

増田祐司編（2004）：北東アジアにおける社会経済システムのガバナンス，島根県立大学北東アジア地域のガバナンス研究会．

丁士晟ほか編（1996）：図們江開発構想―北東アジアの新しい経済拠点―，創知社．

## 民族・文化・歴史

池上二良（2004）：北方言語叢考，北海道大学図書刊行会．

岡　洋樹（2009）：内なる他者＝周辺民族の自己認識のなかの「中国」，東北アジア研究シリーズ⑩，東北大学東北アジア研究センター．

神田信夫他編（1989）：民族の世界史3　東北アジアの民族と歴史，山川出版社．

小貫雅男（1985）：遊牧社会の現代，青木書店．

煎本　孝編（2002）：東北アジア諸民族の文化動態，北海道大学図書刊行会．

高倉浩樹（2000）：社会主義の民族誌，東京都立大学出版会．

高倉浩樹・佐々木史郎編（2008）：ポスト社会主義人類学の射程，国立民族学博物館．

津曲敏郎編著（2003）：北のことばフィールド・ノート［18の言語と文化］，北海道大学図書刊行会．

藤井一二（2006）：北東アジアの交流と経済・文化―金沢星稜大学共同研究報告―，桂書房．

前川　要編（2007）：北東アジア交流史研究―古代と中世―，塙書房．

松井　健（2001）：遊牧という文化―移動の生活戦略―，吉川弘文館．

三上次男・神田信夫編（1989）：東北アジアの民族と歴史，民族の世界史3，山川出版社．

宮岡伯人（1992）：北の言語：類型と歴史，三省堂．

吉田　睦（2003）：トナカイ牧畜民の食の文化・社会誌，彩流社．

## そのほか

朝倉有子・上越教育大学東アジア研究会編（2002）：歴史表象としての東アジア―歴史研究と歴史教育との対話―，清文堂．

石下明裕（2003）：中・ロ国境4000キロ，角川書店．

浜口裕子（1996）：日本統治と東アジア社会―植民地期朝鮮と満洲の比較研究―，勁草書房．

北海道立北方民族博物館（2006）：環太平洋の環境と文化，北海道大学出版会．

## 各国・各地域論

### 中　国

石橋秀雄編（1995）：清代中国の諸問題，山川出版社．

江夏由樹ほか編（2005）：近代中国東北地域史研究の新視角，山川出版社．

岡部牧夫（1978）：満州国，三省堂．

岸本美緒他編（2004）：東アジアの中の中国史，放送大学教育振興会．

栗林純夫・高橋　宏・菱田雅晴編著（1994）：中国の経済社会発展―成長制約要因の克服は可能か―，人と文化社．

栗林純夫・高橋　宏編著（1998）：中国における持続的成長の可能性（東アジア研究叢書2），人と文化社．

小長谷有紀ほか編（2005）：中国の環境政策―生態移民―，昭和堂．

小峰和夫（1999）：満洲―起源・殖民・覇権―，御茶の水書房．

阪倉篤秀（2004）：長城の中国史―中華vs遊牧　六千キロの攻防―，講談社．

瀬川昌久（2005）：「中国研究」の可能性と課題，東北アジア研究シリーズ⑥，東北大学東北アジア研究センター．

鄭雅英（1999）：中国朝鮮族の民族関係，現代中国研究叢書37，アジア政経学会．

西村成雄（1996）：張学良―日中の覇権と「満洲」―，岩波書店．

広川佐保（2005）：蒙地奉上―「満洲国」の土地政策―，汲古書院．

松浦　茂（2006）：清朝のアムール政策と少数民族，京都大学学術出版会．

神田信夫ほか編（1996）：世界歴史大系　中国史4―明〜清―，山川出版社．

吉野正敏（1997）：中国の沙漠化，大明堂．

## モンゴル

青木信治編（1993）：変革下のモンゴル経済，アジア経済研究所．
アンビス，ルイ著，吉田順一・安斎和雄訳（1975）：ジンギスカン─征服者の生涯─，白水社（文庫クセジュ）．
生駒雅則（2004）：モンゴル民族の近現代史，東洋書店（ユーラシア・ブックレット No.69）．
磯野富士子（1974）：モンゴル革命，中央公論社．
梅棹忠夫（1990）：梅棹忠夫著作集　第二巻　モンゴル研究，中央公論社．
岡　洋樹（2007）：清代モンゴル盟旗制度の研究，東方書店．
金岡秀郎（2000）：モンゴルを知るための60章，明石書店．
小貫雅男（1993）：世界現代史4　モンゴル現代史，山川出版社．
小長谷有紀（1997）：アジア読本　モンゴル，河出書房新社．
小長谷有紀・楊海英編（1998）：草原の遊牧文明──大モンゴル展に寄せて，財団法人千里文化財団．
田中克彦（1974）：草原の革命家たち，中央公論社（増補改訂版1990年）．
ドムチョクドンロプ著，森　久男訳（1995）：徳王自伝，岩波書店．
バトバヤル，Ts. 著，芦村　京・田中克彦訳（2002）：モンゴル現代史，明石書店．
ブレンサイン，ボルジギン（2003）：近現代におけるモンゴル人農耕村落社会の形成，風間書房
松川　節（1998）：図説モンゴル歴史紀行』河出書房新社．
森　久男（2000）：徳王の研究，創土社．
モンゴル科学アカデミー編，二木博史ほか訳（1988）：モンゴル史（全2巻）恒文社．
モンゴル研究会（2000）：続・新生モンゴル─市場経済移行期の光と影─，JETRO．
和光大学モンゴル学術調査団（1999）：変容するモンゴル世界，新幹社．
楊海英・新間　聡（1995）：チンギス・ハーンの末裔─現代中国を生きた王女スチンカンル─，草思社．
楊海英・雲　廣編（2006）：内モンゴル自治区フフホト市シレート・ジョー寺の古文書─ダー・ラマ＝ワンチュクのコレクション─，風響社．

## ロシア・旧ソ連

伊東孝之・林　忠行編（1999）：ポスト冷戦時代のロシア外交，有信堂．
岩下明裕編（2007）：上海協力機構──日米欧とのパートナーシップは可能か，北海道大学スラブ研究センター．
植田　樹（2000）：コサックのロシア─戦う民族主義の先兵─，中央公論新社．
木村英亮・山本　敏（1979）：ソ連現代史Ⅱ　中央アジア・シベリア，山川出版社．
小森吾一（2004）：ロシアの石油・天然ガス（ユーラシア・ブックレット67），東洋書店．

斉藤元秀（2004）：ロシアの外交政策，勁草書房．
阪本秀昭・伊賀上菜穂（2007）：旧「満州」ロシア人村の人々─ロマノフカ村の古儀式派教徒─，東洋書店．（ユーラシア・ブックレット No.103）
塩川伸明（2004）：民族と言語　多民族国家ソ連の興亡1，岩波書店．
塩原俊彦（2005）：ロシア経済の真実，東洋経済新報社．
ダリンスキー，A.V. 編，小俣利男（訳）（1997）：ロシア─ソ連解体後の地誌─，大明堂．
暉俊義ほか編（1942）：白系露人の営農と生活，大阪屋号書店．
中村喜和（1990）：聖なるロシアを求めて，平凡社．
中村喜和（2002）：武器を焼け─ロシアの平和主義者たちの軌跡─，山川出版社．
藤本和貴夫・加藤一夫編（1991）：ソ連・東欧の体制変動─ドキュメント1988-1991─，インパクト出版会．
藤本和貴夫・松原広志編著（1999）：ロシア近現代史─ピョートル大帝から現代まで─，ミネルヴァ書房．
藤山一雄（1942）：ロマノフカ村，財団法人満洲移住協会．
ペスコフ，ワシーリー著，河野万里子訳（1995）：アガーフィアの森，新潮社．
ポクロフスキイ，N.N. 著，平木紋太訳，坂内徳明・栗生沢猛夫・安井亮平編（1995）：ロシア　聖とカオス─文化・歴史論叢─，彩流社．
ホランダー，P. 著，寺谷弘壬・渡辺良智訳（1977）：アメリカ人とソビエト人──社会学的比較，紀伊國屋書店．
西山克典（2002）：ロシア革命と東方辺境地域─「帝国」秩序からの自立を求めて─，北海道大学図書刊行会．
望月哲男・宇山智彦編（1999）：旧ソ連・東欧諸国の20世紀文化を考える，北海道大学スラブ研究センター．
本村真澄（2005）：石油大国ロシアの復活，アジア経済研究所．
森永貴子（2008）：ロシアの拡大と毛皮交易，彩流社．

### 極東ロシア・シベリア

相田重夫（1966）：シベリア流刑史，中公新書．
アルセーニエフ著，長谷川四郎訳（1965）：デルスウ・ウザーラ，平凡社．
加藤九祚（1994）：シベリアの歴史，紀伊國屋書店．
ケナン，ジョージ著，左近　毅訳（1996）：シベリアと流刑制度Ⅰ／Ⅱ，法政大学出版局．
阪本秀昭（1998）：帝政末期シベリアの農村共同体，ミネルヴァ書房．
シチェグロフ著，吉村柳里編訳（1975）：シベリア年代史，日本公論社．
チェーホフ著，中村　融訳（1953）：サハリン島（上）（下），岩波書店．
チェーホフ著，中村白葉訳（1954）：シベリアの旅，新潮社．
中京大学社会科学研究所ロシア研究部会編（2005）：東シベリアの歴史と文化，成文堂．
中京大学社会科学研究所ロシア研究部会編（2000）：西シベリアの歴史と社会─トムスクを中心に─』，成文堂．

平川　新監修（2004）：ロシア史料にみる 18 〜 19 世紀の日露関係　第 1 集，東北アジア研究センター叢書第 15 号，東北大学東北アジア研究センター．

フェドルチューク，セルゲイ，P. 著，日本ユーラシア協会北海道連合会サハリン研究会監修，板橋政樹訳（2004）：樺太に生きたロシア人―故郷と国家のはざまで―，ナウカ．

フォーシス，ジェームス著，森本和男訳（1998）：シベリア先住民の歴史―ロシアの北方アジア植民地 1581-1990 ―，彩流社．

福田新生（1942）：北満のロシヤ人部落，多摩書房．

ロシア科学アカデミー極東支部歴史・考古・民族学研究所編，村上昌敬訳（2003）：ロシア沿海地方の歴史―ロシア沿海地方高校歴史教科書―，明石書店．

# C. 研究参考情報

本書で扱った「東北アジア」とは，ロシア，モンゴル国，中国の三カ国（の一部）のみで構成される．それゆえ，「各国別のデータ」だけからでは，東北アジアの姿を把握するのは困難である．一方，「はじめに」などでも指摘したように，東アジアとのかかわりも含めた研究は近年盛んになっており，その情報や研究の蓄積はめざましいものがある．以下では，こうした研究の蓄積や各種を参照できる国内の学術雑誌・研究機関などを紹介する．

## 学術雑誌

### 全　般

東北アジア研究：東北大学東北アジア研究センターの機関紙．文系・理系をふくめた同センターの研究成果が掲載されている．年1回刊行．

北東アジア研究：2001年創刊．島根県立大学北東アジア地域研究センターの機関誌．北東アジアの経済・政治・社会・歴史などに関する研究論文が掲載されている．年1回刊行．

北東アジア地域研究：福井県立大学に事務局を置く北東アジア学会（旧名は環日本海学会）の機関誌．1995年創刊．社会科学・人文科学・自然科学の論文が掲載されるが，経済関連の論文が多い．

北東アジア文化研究：1995年創刊．鳥取短期大学北東アジア文化総合研究所の機関誌．日本，中国，韓国を中心として主に文系分野の研究論文が掲載されている．

スラブ研究：北海道大学スラブ研究センターの機関誌．ロシアをはじめ，旧ソ連圏を構成した国々に関する学術論文が掲載されている．

ユーラシア研究：1993年創刊．ユーラシア研究所編．ロシアの動向に関する論文や最新情報がわかりやすくまとめられている雑誌．

Far Eastern Studies：富山大学極東地域研究センターが刊行する英文学術雑誌．経済・社会・環境を視点とする論文を掲載．収録論文は，同センターのホームページで読むことができる．

### 歴　史

満族史研究：前近代の満洲や清朝の歴史を中心とした論文を掲載している．『満族史研究通信』として1991年に創刊されたが，2002年から現在の名前になった．年1回刊行．

近現代東北アジア地域史研究会 NEWS LETTER：近現代の中国東北部の歴史を中心として，モンゴル史など周辺の歴史に関する研究論文も掲載している．年1回刊行．

内陸アジア史研究：日本における内陸アジア研究を代表する内陸アジア史学会の機関誌．主に歴史関係の論文が掲載されている．年1回刊行．

日本モンゴル学会紀要：モンゴルの言語・文化・歴史の専門家が集まる日本モンゴル学会の機関誌．年1回刊行．

### 経　済

ERINA REPORT：1994年創刊．環日本海経済研究所（ERINA）が刊行する機関誌．毎年5～6冊刊行される．毎号特集を組んで東北アジア経済を中心として最新の動向を伝える．

ロシア・ユーラシア経済：1959年創刊．ユーラシア研究所編．政治・法律・社会などの社会科学に関する論文を掲載．月刊．

アジア経済：独立行政法人日本貿易振興機構（ジェトロ）アジア経済研究所の機関誌．アジア諸国に関する経済・社会・歴史などに関する論文が掲載される．

### 言語・文学

アジア・アフリカ言語文化研究：東京外国語大学アジア・アフリカ言語文化研究所の機関誌．アジア・アフリカにかかわる研究論文を掲載している．

ユーラシア言語文化論集：1998年創刊．千葉大学文学部ユーラシア言語文化論講座が刊行する機関誌．年1回刊行．ユーラシアの言語・文学・宗教など文化に関する論文を掲載．

**データブック・事典**

北東アジア経済データブック 2008：環日本海経済研究所が刊行する北東アジア（中国・ロシア・モンゴル・韓国・北朝鮮）の経済動向に関するデータ集．

北東アジア事典～環日本海圏の政治・経済・社会・歴史・文化・環境～：環日本海学会（現北東アジア学会）編，2006 年．東北アジアの政治・経済・社会について知るには便利な工具書．

## 国内の関連研究機関

独立行政法人日本貿易振興機構（ジェトロ）アジア経済研究所：日本の開発途上国研究の一大拠点．1958 年に財団法人アジア経済研究所として設立．98 年からジェトロと統合．アジア動向データベースや『アジア動向年報』などの刊行物がある．http://www.ide.go.jp/Japanese/index.html

環日本海経済研究所（ERINA）：1993 年創設．北東アジアの経済情報の収集・調査・研究による北東アジア経済圏の発展に貢献することを目指して活発な活動を展開．経済動向に関する調査研究成果は，ホームページ上で公開されている．http://www.erina.or.jp/

鳥取大学北東アジア文化総合研究所：1994 年設立．環日本海地域を中心とした北東アジアの歴史・文化・自然を研究．機関誌『北東アジア文化研究』を刊行．http://www.cygnus.ac.jp/local/asia.html

東北大学東北アジア研究センター：1996 年に設立された「東北アジア」を掲げる研究センターとしては最初のもの．文系と理系の研究者による学際的研究を行っている．ロシア，モンゴル，中国，韓国などと研究協力を推進．ホームページ上で東北アジアの衛星画像を公開している．http://www.cneas.tohoku.ac.jp/

島根県立大学北東アジア研究センター：2000 年に設立された北東アジア地域研究のセンター．人文・社会科学・自然科学による統合的・俯瞰的アプローチを掲げている．http://www.u-shimane.ac.jp/near/main.html

富山大学極東地域研究センター：2001 年に設置．極東を中心に北東アジアの経済・社会・環境の総合的地域研究を行う．特に経済を中心としている．中国・ロシア・韓国の研究機関と北東アジア学術ネットワークを作り，研究会，ワークショップ，セミナーなどを開催．http://www3.u-toyama.ac.jp/cfes/indexJP.html

立命館大学衣笠総合研究機構東北アジア地域研究センター：2005 年に設立．日・中・韓・露の地域経済協力に関する研究を行う．http://www.ritsumei.jp/research/c05_01_08_j.html

大阪産業大学アジア共同体研究センター：2005 年に設立．アジアの経済統合にかかわる研究を行う．極東ロシア，中国の東北 3 省，韓国，北朝鮮，モンゴルを対象にした北東アジア経済圏研究グループが組織されている．http://www.eco.osaka-sandai.ac.jp/ACRC/index.html

ユーラシア研究所：ロシアなどのユーラシア諸国の総合的研究を行う会員制による民間研究所．月刊誌『ロシア・ユーラシア経済　研究と資料』『ユーラシア研究』『ユーラシア・ブックレット』などを刊行．http://www.t3.rim.or.jp/~yuken/

北東アジア学会：1994 年に環日本海学会として設立．2007 年に名称を北東アジア学会に変更．日本海周辺諸国・地域にかかわる社会科学・人文科学・自然科学にかかわる問題を研究．学会誌『北東アジア地域研究』を刊行．http://www.s.fpu.ac.jp/anears/index.html

# 索　引

## 事　項　索　引

### 欧　字

9.11事件　263

AWS　6
CALIPSO　88
COMECON　271, 287, 293
IRI　293
KOICA　277
LAI　7
MODIS　62, 79, 84
NATO　263
　　──の東方への拡大　259
NEP　59, 142, 149
NOAA　56
NOAA AVHRR　62
NPIW　12
NPP　59
ODA　270, 293
TOMS　88
WMO　72
WTO　180

### ア

アイシンギオロ氏　131, 132, 133
アイヌ　253
アイヌ語　236
赤い帝国主義　157
亜寒帯　20, 24
亜寒帯循環　15
亜寒帯針葉樹林帯　32
亜寒帯ツンドラ帯　20, 26
アジア太平洋経済協力会議（APEC）　261
アジアモンスーン　43
暖かさの指数　29
アタマン　214
セミョーノフ，アタマン　214
アバ　248
油流出　18
アマガエフ　156
アマナート　122
アムルサナー伝説　150
アラス　61
アリトルガン　333

アルタイ　251
アルタイ諸言語（「アルタイ型」言語）　231, 241
アルダルハン・ナンソ　187
アルベード　6
アレウト族　126
アワ　319
アンモーソフ　269

### イ

硫黄酸化物放出量　81
貽穀　206
イシャーエフ　260
イスラム教　278
異族人（イノロデツ）　210
一層楼　137
夷狄　198
井戸　322
イフ・ジョー盟　167
移民　125
移民実辺　136, 206, 225
異民族統治　344
異民族統治規約　127
イリ帰牧　150
イルクーツク声明　265
インサイダー取引　291
インジャンナシ　137

### ウ

ウイグル人　221
ウィルタ　→　オロキ
ヴォルガ・ウラル油田　146
ヴォーロク　119
ウクライナ人　208
内ザサグ　135
内モンゴル　222　→　内（ない）蒙古
内モンゴル人民革命党　155, 178
　ウランバートル特別会議　156
　創立大会　155
ウデヘ　253
ウラジオストク演説　255
ウラル語族　231
ウラン　292
ウランフ（烏蘭夫）　158, 178
ウリチ（オリチ）　253, 340

ウリヤンハイ　245
ウルチキビ　319
ウーレト　245
ウンゲルン白軍　154

### エ

エアロゾル（指数）　80, 88
映画館　342
永久凍土　27, 33, 101
　　──の融解　60
永久凍土地帯　31
英語　279
営口開港　206
衛所制　199
衛星国化　157
栄養塩類　46
永楽帝　198
エヴェン（エウェン）　252, 349
エヴェンキ（エヴェンキー，エウェンキー）　123, 174, 250, 349
エカテリーナ2世　127
易幟　207
エスキモー・アリュート語族　231
エスニシティ　345
エゾマツ-トウシラベ/トドマツ林　21, 24
エリツィン　256, 257, 259-261, 264, 265
エルデネト銅山　272
エルマーク・チモフェーエヴィッチ　121, 208
沿岸域　21, 22, 29
沿岸ポリニヤ　12
鉛直循環　44
エンフバヤル　159, 293
塩類化（塩類集積）　65, 83

### オ

オイラド（オイラト，オイラート）　133
黄土　69
オゴタイ・ハーン　186
オチルバト　159
オトロ　93, 317, 321
小渕恵三　265
オブラスニキ（オブラスニク）　128, 210
オブラスニーチェストヴォ　128

オホーツク文化圏　18
オボ祭　331
親潮　15
オラーンチャブ　167
オリチ　→　ウリチ
額魯特蒙古（オールト・モンゴル）　135
オルホン碑文　237
オロキ（ウイルタ）　252
オロチ　253
オロンチョン（オロチェン，オロンチョ，オロチョン）　174, 249, 252
音韻対応　239
温室効果ガス　61

## カ

外延的発展　282
開墾　319
蓋山林　225
海獣狩猟　308
海水中の酸素　15
海水中の鉄分　15
階層　211
ガイダール　257
外藩　134, 138, 139
外藩王公　134
海氷　10
　　——の南限　10
海氷生成　12
回部　134
海部俊樹　256
開放蒙地　165
海面気圧　3
外蒙古喀爾喀　135
海洋　21, 24, 29
　　——の中深層循環　13
海洋生態系　10
海流　13
夏季植生指数分布　55
郭道甫（メルセー）　156
獲得経済　318
囲い込み　292
過耕作　64, 71
風下低気圧　83
カザフ　176
カシミヤ　292, 322, 334
ガスプロム　99
家畜構成　292
家畜私有制限　288
家畜トナカイ　103
ガチャー　321
活動層　27
カトリック教徒　215
金井章二　167
花粉化石群集　48
花粉組成図　34
花粉分析　31
窩棚　200

過放牧　64, 71, 104
カムチャダール　126, 218
カメンシチク　211
カルィム　211
カルギンスキー亜間氷期　34
カルムイク　150
川奈会談　261
ガン　318
干害　318
寒害　318
灌漑農業　83
環境破壊　101
環境変遷　31
環境問題　101, 329
寒極　11, 31
漢軍　245
雁行　202
韓国国際協力団　277
ガンジー，インデラ　264
漢人　245　→　漢族
完新世　50
乾性沈着　87
官荘　244
乾燥地　64
乾燥度指数　64
漢族　344　→　漢人
寒極　31
関東軍　164
干ばつ　66, 92
干ばつ・ゾド早期警戒システム　97
灌木　31
灌木ツンドラ　32
冠名民族　303
寒冷地適応　301

## キ

旗界　316
帰化城六庁　202
気候温暖化　50
気候形成　18
気候傾度　20
気象衛星画像　76
旗人　131
旗制　316
季節海氷域　10
季節的移動　317
北太平洋沿岸狩猟採集民文化圏　236
北太平洋中層水　12
旗地　201
契丹　224, 237
軌道要素　50
糜子（ウルチキビ）　318
羈縻衛　199
旗民交産　201
旗（八旗）・民（民人）二重支配体制　200
旗民分治　205

金正日　265
金大中　265
キヤカラ　252
キャフタ協定　152, 163
急進的改革　288
休牧　322
羌　197
凝結核　87
共産党　336, 338
匈奴　197, 222
郷土研究　342
強風　85
京幇　204
極相林　24
極北人類学　309
去勢　226, 316
キリ　253
キリスト教　276
ギリヤーク　→　ニヴヒ
キルギス　245
儀礼　337
キレン　252
金　292
金永昌（アルタンオチル）　156
近代化　343
金丹道　138
金丹道暴動　319
錦熱蒙地　165
禁牧　322
禁猟区　107

## ク

クイェ　252
グイマツ-ハイマツ林　21, 25
区画輪牧　322
屈折（言語）　241
クヤラ　249
クラスト化　69
クラスノシチョーコフ　142
グラースノスチ（情報公開）　148
クラスノヤルスク演説　255
クラスノヤルスク合意　265
クラブ　341
クレイノヴィッチ　236
グレーブキン　337
黒潮　16
グワルチャ　245
軍事関係　278
軍戸　199

## ケ

計画経済　321
経済改革論争　282
経済相互援助会議　271
形態的手法　240
系統関係　236
毛皮　211

# 索　引

羯　197
結氷　17
ケル・サカル　245
ケルジャク　213
県　319
言語学　301
言語系統　303
言語建設　336
言語類型　240
元盛魁　204
ゲンデン　157
乾隆帝　194

## コ

古アジア諸語　231
小泉純一郎　266
郷　319
興安局　164
興安省　157, 164
高塩分水　12
黄河文化　224
高灌木ツンドラ　32
康熙帝　192
光合成　45
黄砂　71
　　——の組成　76
耕作放棄地　84
黄砂予報　86
皇産　161
鉱山　209
高山帯　314
高山ツンドラ　25
構造湖　42
江沢民　179, 255, 259
膠着（言語）　240
郷鎮企業　286
後氷期　42
孝文帝　197
口北三庁　202
高密度水　12
興蒙委員会　168
公有　287
コウリャン　319
5ヵ年計画　144
胡漢融合　197
古気候復元　42
古儀式派教徒　208
胡錦濤　263
国営農場　→　ソフホーズ
国際関係　344
国勢調査　302
国内パスポート　347
黒風　74, 76
国民国家　353
国民主権　346
国民政府　163
五胡　197

コサック（カザーク）　121, 208
　アムール軍団　214
　ウスリー軍団　214
　ザバイカル軍団　214
　シベリア軍団　214
古参住民（スタロジール）　208
コーズイレフ　257
戸籍整理　201
五族協和　164
古第三紀始新世　42
コチ　119
故地　235
五畜　92, 309
国境画定作業　325
国共合作　155
国境貿易　325, 333
固定・半固定砂丘　69
古典的計画原理　282
コナラ-イヌシデ2次林　23
ゴビ　314, 317
コメコン　→　COMECON
孤立（言語）　241
ゴリド　→　ナーナイ
コルチャーク　141
ゴルバチョフ　254, 255, 257
コルホーズ（協同組合農場）　103, 340
ゴルロス　243
婚姻儀礼　339
混血　213
婚資　341

## サ

最終需要的（基礎）産業　284
最終氷期　34, 42
最終氷期最盛期　46
最大光合成速度　27
最適計画法　283
ザヴォード，ネルチンスキー　215
サキャパンディタ　186
搾乳　226
砂塵暴（砂塵嵐，沙塵暴）　72, 76, 222
砂塵嵐発生頻度　82
砂地（沙地）　68
察南自治政府　167
砂漠　3
砂漠化　64, 71, 77, 84, 322, 323
砂漠化対処条約　64
砂漠化地図　65
砂漠ステップ　3
砂漠性ステップ　314
砂漠帯　314
サハ人　268, 308, 345
サハラダスト　88
サハリン油田　18
サハルチャ　243
サマギール　253
サルタン亜氷期　34

山岳域　3
山岳氷河　34, 50
産業政策　284
産業連関表　284
三姓　250
酸性雨　81
山西幇（商人）　137, 204
三中全会　282

## シ

ジェブツンダムバ・ホトクト　135, 150
使鹿部　250
識字教育　336, 341
資源　279
資源開発　101
市場経済　275, 292, 321, 322
市場経済化　282
自然保護区　107
自治共和国　307
七姓　252
實勝寺　187
湿性沈着　87
視程　72
自動気象観測装置　6
シナゴーグ　217
シネバルガ族　317
シビリャク　210
シベリア高気圧　3, 43
シベリアタイガ　55
シベリア地方主義　210
シベリア鉄道　140, 147
シベリア分離主義　128
シベリア・北方先住少数民族　119
シベリア北方林　55
シボ　245
徙民　243
社会主義　270, 320, 335
社会主義建設　336
社会主義市場経済論　291
社会主義的競争　340
社会主義の生活様式　340
借地養民　132, 202
ジャサク　161
シャマニズム　310
ジャムツァラーノ　153
ジャライド　243
ジャー・ラマ　152
ジャラン　248
上海協力機構（SCO）　263
シャンバラ伝説　151
獣医　321
十月革命　140, 148
宗教　278, 336
宗教政策　350
集水域　50
柔然　198
従属部表示型言語　241

集団農場　310
集約型牧畜　323
重力流　77
粛清追悼記念館　159
ジュシェン（女真）　131, 238
受洗異邦人　211
ジュチェル　244
出産の儀礼　339
朱徳海　178
シュメラリ　157
樹木の過剰採取　64
主要部表示型言語　241
狩猟　318
狩猟遊牧文化　224
ジュンガル部（ジューンガル，ズーンガル）　192, 245
純ステップ　314
順治帝　186, 188
純農耕　320
昇温トレンド　14
焼鍋　200
蒋介石　156, 164
招墾　206
少数民族　220, 225, 301
昌図庁　203
蒸発散量　7, 8
消費者選択　284
照票　203
商品経済　283
常緑針葉樹（林）　24, 29
ジョーオダ盟（ジョーウダ）　164
徐樹錚　153
職業牧夫　312
植生指数　55
植生劣化　64, 66
殖民実辺策　151
食物網　50
女真文字　239
女性　341
ジリム盟　164
飼料作物栽培　321
シリンゴル　167
知床自然遺産　18
清　316
辛亥革命　152, 162
新儀礼　337
シンクレティズム　211
新経済政策　142
新憲法　288
人工衛星　12
針広混交林（帯）　23, 31
人工授精　321
新社会主義儀礼　337
岑春煊　206
新政（策）　138, 151, 319
新第三紀　42
新転換政策　157

新伝統　338
晋北自治政府　167
新満洲　249
人民革命党　155
人民公社　286
人民主権　346
シンメンタール牛　321
森林火災　55
森林ステップ　3, 314
森林帯　31
森林ツンドラ帯　31, 101
森林伐採　71, 101

### ス

水食　68
ズイリヤンカ亜氷期　34
数値シミュレーション　78
数値モデル　79
スターリン　143, 269, 338
スターリン・テーゼ　348
スターリン体制　149
ステップ　3, 48, 301, 314
ステップ気候　7
ステップ草原　3
ストロング，A.R.　156
スフバートル　153
スラブ系　301

### セ

西岸境界流　16
生業経済　303
盛京五部　205
盛京四塔四寺　188
生産隊（ブリガド）　320
政治粛清被害者追悼記念日　159
製造業　271
生態移民　322
生態系純生産　59
生態的性質　26
生態文明　226
青天白日旗　207
征服王朝　224
生物気候帯　20
生物制限元素　46
世界遺産　10
世界気象機関（WMO）　72
積雪　6
石炭　292
責任生産制　284
石油・天然ガス開発　99
雪害　289, 318
絶滅の危機に瀕した言語　235
セミョーノフの「大モンゴル国」会議　153
ゼムストヴォ　140
セメイスキー　213
先駆種　29

戦時共産主義　142
先住諸民族　335
先住民　303
　──の文化的アイデンティティ　312
潜熱　17
潜熱輸送量　7
鮮卑　197
戦略的パートナーシップ　259

### ソ

ソヴィエト民族学　303, 347
送金　276
草原退化　323
草原の国　292
草原の退化　322
草原文化　224
葬送儀礼　339
相同　25
草本類　31
藻類マット　45
蔬菜　319
ソ朝友好相互援助条約　256
ゾド　66, 91, 292, 318, 322
　ガラスの──　95
　黒い──　96
　白い──　95
　鉄の──　95
　蹄の──　95
外ザサグ　135
外蒙自治取消　153
蕎麦（ソバ）　318
ソフホーズ（国営農場）　103, 306, 320, 322
蘇秉琦　221
ソム　320, 321
ソ蒙相互援助条約　177
ソーリ　321
ゾリック　159
ソ連民族政策　352
ソロン　243

### タ

第1次産業　321
第1次世界大戦　140
耐陰性　27
タイガ　48, 123, 301, 314
　明るい──　32
　暗い──　33
大学入学式　339
タイガ森林　3
タイガ帯　31, 32
大気汚染　101
大気浮遊粒子状物質　88
大規模酪農　321
第3次産業　321
対象活用　241
大盛魁　204

第2次産業　172, 321
第2次朝鮮半島（核）危機　265, 266
退農還林　74
退牧還草　322
大モンゴル　156
対モンゴル支援国会合　297
大躍進政策　283, 322
太陽照射量　50
太陽放射　46
太陽放射量　6
大陸域　21, 26
大陸型落葉広葉樹林　22
大陸高気圧　48
大陸度指数　21
ダウール（ダグール）　244, 245
多角的外交　298
拓跋部　198
ダグール　→　ダウール
ダケカンバ林　21, 24
ダストストーム　71
タタール　121
脱北者　182
多年氷域　10
ダフール　174
タブン　245
多民族統治　353
ダムディンスルン　152
ダムバドルジ　154
ダヤン・ハーン　187
ダライ・ラマ　135
ダンザン　153
タンヌ・ウリヤンハイ　157

## チ

地衣類　25, 31
チェコスロヴァキア軍団　141
チェチェン紛争　262
地下資源　292
地球温暖化　13, 48, 55, 74
地球環境　102
畜産　321, 323
地圏システム　51
地籍整理事業　165
地中伝達熱量　60
地表面熱水収支　8
チベット　134
チベット仏教　135, 186, 331
地方自治制度　140
チャハル　132
中華（世界）　196, 225
中華皇帝　186
中華文明　220, 224
中華民族　220, 221, 225, 227
中華民族多元一体格局　220, 227
中間財的（基礎）産業　284
中国脅威論　260
中国語人材市場　328

中ソ関係　255
中ソ協定　155
中ソ共同コミュニュケ　255
中ソ東部国境協定　255
中東鉄道　144, 206
中貧栄養湖　44
中露共同宣言　257, 259
チュクチ　126
チュルク語族　232
チョイバルサン　153, 157, 287
超海洋域　21, 25, 29
張学良　163, 207
長江文化　224
張作霖　163, 207
張之洞　138
長春庁　203
チョウセンゴヨウ　23
チョウセンゴヨウ-落葉広葉樹混交林　21, 23
朝鮮戦争　171
朝鮮族　174
徴兵式　339
チンギス・ハーン　130, 274

## ツ

『ツァガーン＝トゥーフ』（白史）　187
ツェデンバル　159, 177, 287
ツェレンドラム　159
ツェレンドルジ　155
対馬暖流　16
ツングース（系）　244, 301
ツングース語族　233
ツンドラ　48, 123, 301
　典型的な──　32
ツンドラ帯　31

## テ

氏　197
定着氷　11
定着牧畜　320
低木性ヒース群落　21, 25
出稼ぎ　275
デジニョフ, S.I.　123
テレングト　245
天安門事件　255, 290
天義徳　204
天水農耕　318
天然資源　271
天保工程　329
転輪聖王（マンジュシュリ・ハン）　187, 192

## ト

銅　292
トヴァ人民共和国　157
東夷伝　240
トゥヴァ　251

冬営地　316, 317
東京宣言　260, 266
ドゥゲルスレン　296
統語原理　241
東三省　161
東三省総督　205
投資権利書　288
鄧小平　179
銅精鉱　288
トウヒ属　24
動物生態系　42
トウモロコシ　319
ドゥルベド（ドゥルベト，ドルベド，トルベート）　243, 245
徳王（デムチクドンロブ）　157, 167
独ソ戦争　145
ドゴイラン（運動）　138, 152, 321
都市　322
都市化　322
都市改革　285
都市戸籍　285
都市社会　302
土壌呼吸量　59
土壌湿潤度　4
土壌侵食　64
土壌水分量　7
土壌劣化地図　65
土地使用権　286
土地制度　286
土地調査事業　165
土着化　346
トナカイゴケ　109, 113
トナカイ飼育　109, 307, 329
トナカイ肉　113
トナカイ牧畜（民）　103, 309
トルグート　150
ドルベド（トルベート）　→　ドゥルベド

## ナ

内属蒙古　133
内蒙古　135　→　内（うち）モンゴル
内蒙古国民党　155
内蒙古自治運動連合会　158
内蒙古人民解放委員会　158
内蒙古人民自治政府　158
ナズドラチェンコ　260, 262
ナーツィヤ　347
ナーナイ（ゴリド，ナナイ）　253, 329, 340
ナマグタリヤ農耕　318
ナロードノスチ　347

## ニ

ニヴヒ（ギリヤーク，ニヴフ）　252, 340
二階層二重構造　286
二月革命　140

尼港事件　147
二酸化炭素放出　58
21カ条要求　161
日露行動計画　266
日照時間　29
日ソ共同声明　256
日ソ共同宣言　266
乳製品　322
ニル　244
人間活動　85

**ヌ**

ヌルハチ　130, 186, 187

**ネ**

ネギダール　253
ネグデル　320, 321
ネグデル解体　321
ネーション　345
熱収支　12
ネップ　→　NEP
熱輸送　17
ネネツ　109, 110, 122, 301
ネルチンスク条約　124, 245

**ノ**

農業　209
農業集団化（政策）　143, 310
農耕社会　223
農村居民委員会　287
農村戸籍　285
農村人民公社　320
農牧業共同組合　289
盧泰愚　255
ノリリスク　148

**ハ**

梅雨前線　3
バイオマス純生産量　59
バイカルアザラシ　42
バイカル・アムール鉄道　145
買売城（売買城）　137, 204
パイプライン　101, 262, 266
ハイマツ帯　26
バガバンディ　159
バグ　321
白雲梯　156
白傘盖仏信仰　194
白水境（ベロヴォジエ）　213
パクパ　186
薄氷域　12
博物館　342
バクー油田　99, 147
橋本・エリツィン・プラン　261
橋本龍太郎　261
八姓　250
八旗漢軍　131

八旗組織　243
八旗駐防　132
八旗満洲　131
八旗蒙古　131
バトムンフ　287
馬乳酒祭　350
ハバロフ　123
バム　145
バヤンダラ盟　167
バルガ　132, 245
ハルハ　150, 245
ハルハ・オイラート（オイラト，オイラド）同盟　150
反右派闘争　170
バンザロフ，ドルジ　215
板昇　202
汎針広混交林　32
ハンティ族　122
反党同盟　172
ハンドドルジ　152
半農半牧　320
藩部　162
汎モンゴル主義　153
汎ラマ教主義　152
万里の長城　196

**ヒ**

ピオネール　340
非開放蒙地　165
日帰り放牧　317
東樺太海流　11
　　──の流量　16
東シベリア植生分布図　47
東シベリア・太平洋石油パイプライン　269
費孝通　220, 227
非公有　287
比湿　6
非宗教的儀礼　337
ピストンコア　46
額魯特蒙古　135
ヒツジ　319
ヒメカンバ　25
氷山　11
氷楔（アイスウェッジ）　35
表層土壌水分量　8
漂流・拡散予測　18
漂流ブイ　16
ビラル　252
品種改良　321

**フ**

フィヤカ　252
馮玉祥　155
封禁地　161
風衝矮性低木群落　25
風食　68, 85

風速　6
フエノスカンジナビア氷床　33
布教　278
複数政党制　288
福明泰（ボヤンゲレル）　156
浮塵　72
プーチン　261, 263, 264, 266
仏教　278
　　──に基づく政治　187
物質循環　18, 52
ブッシュ　263
武帝　197
ブハーリン　156
フビライ・ハーン　186
フフ・ソドル（青史演義）　137
不法就労　274
プリコフスキー，コンスタンチン　262, 265
プリマコフ　264
ブリヤート人　122, 150, 308, 326, 332, 335
ブリヤート民族委員会　153
ブリヤート民族革命委員会　153
フリン　188
フルシチョフ　147, 148, 176, 218
ブルジョワ国家　346
フルハ　243
ブルハニズム　212
フルン四部　243
ブレジネフ　148
プロレタリアート独裁　346
フロン　44
文化史　301
文化大革命　170, 177, 283, 322
文化的諸設備　341
文化の家　339
文化復興　350
文化変容　277
分離派教徒（ラスコリニク）　212

**ヘ**

平和目的の（地下）核爆発　111, 113
北京一塔二寺　190
北京条約　252
北京政府　163
ヘジェ　252
ヘセグ　320
ベラルーシ人　208
ペレストロイカ　148
ベロクリニーツァ派　214
辺境の危機　205
偏西風（帯）　43, 72
辺民　249

**ホ**

母音調和　240
貿易風　88

索　引

法王　187
封禁　201
俸餉　247
奉天軍閥　207
奉天府　200
放牧地　3
亡命者　218
北槎聞略　268
北西海岸インディアン　236
牧草刈取り　321
牧畜気象観測点　93
牧地　322
牧畜業　271
牧畜経済　226
北狄伝　240
ボグド・ハーン制「モンゴル国」　151
牧農協同組合　320
牧養力　66, 98
北虜　198
ポグロム　217
ホジェン　174
ホジル　314, 316, 317
ポターニン，G.N.　128
蛍石　292
北極圏　31
牧区人民公社　320
北方委員会　149
北方先住少数民族　303
北方民族　224
北方領土（問題）　257, 265
ボドー　153
ホト＝アイル　321
ホブド・アルタイ分治　150
ポヤルコフ　123
ポーランド反乱　215
ボリシェヴィキ（化）　140, 155
ボリソフ　154
ボリャーク　213
ボルジギン氏　133
ホルスタイン牛　321
ホルチン部　243
ホンタイジ　131, 187

マ

マイクロ波放射計　13
馬市　199
マイノリティ　225, 344
マクサルジャブ　154
マジョリティ　344
マネギル　252
豆類　319
満洲　130, 186, 245, 274
満洲事変　144, 149, 157, 161
マンジュ五部　243
マンジュシュリ・ハン（文殊菩薩皇帝）　186
満族　250

満蒙開発方策　165

ミ

南満洲鉄道株式会社　161
身分証明書　339
ミレニアム生態系評価　65
ミンガト　245
民主化　270
民族意識　302
民族間衝突　222
民族幹部　347
民族間紛争　222
民族起源論　348
民族共和国　307
民族区域自治　158
民族区域自治法　180, 183
民族語　311
民族識別　352
民族自決　303, 344
民族主義　274
民族政策　303
民族籍　344
民族範疇　302
民地　201
民典旗地　201

ム

無機栄養プランクトン　44
無僧派（無司祭派）　213

メ

盟旗制　202
盟旗制度　134
メタンガス　61
メリノー羊　321

モ

毛遠新　177
蒙旗建設隊　169
蒙疆連合委員会　167
蒙古　249　→　モンゴル
蒙古自治邦　169
蒙古優待条例　163
蒙古連合自治政府　157, 167
蒙古連盟自治政府　161
蒙政部　164
蒙租　161
蒙地　161
蒙地開墾　206
蒙地奉上　166
蒙恬　197
モリブデン　292
森喜朗　265
モンゴリナラ-ヤエガワカンバ林　21, 22
モンゴル　174, 226, 243, 301, 314, 326
モンゴル革命青年同盟　154
モンゴル語族　232

モンゴル人民党　153
　　──東方部　156
モンゴル西部辺境人民政府　154
モンゴル文年代記　137
モンゴル民主党　159
モンゴル民主同盟　159
モンゴル文字　331
モンスーン　72

ヤ

ヤクート（サハ）人　122, 268, 343
ヤサーク（ヤサク，毛皮税）　122, 209, 244
ヤサシヌイ（ヤサク納税民）　211
ヤドリンツェフ，M.N.　128, 210
山かげ低気圧　83
ヤルタ協定　158

ユ

有畜農業　319
遊牧　66, 91, 220, 227, 292, 314, 320
遊牧社会　223
遊牧生産物　318
遊牧文化　223
遊牧文明　220, 223, 225, 226
遊牧民　221, 222, 226, 271, 314
ユカギール　349
ユグラ　119
ユダヤ人　208
ユネスコ　213
ユーラシア国家　257
ユルブチェノ・タホモ油田　146

ヨ

揚砂　72
陽樹　24
容僧派（司祭派）　213

ラ

ライダー　79
ラヴロフ　264
落葉広葉樹（林）　22, 29
落葉針葉樹　27, 32
落葉性北方針葉樹林　47
ラムート　252
藍藻　45

リ

李丹山（マンダルト）　156
理藩院　135
流動砂丘　69
流氷　10
遼東招民開墾令　200
遼東都指揮使司　199
領土問題　265
旅蒙商　203
臨界風速　87

林胡　196
臨時土地制度調査会　165
リンチノ　153

**ル**

ルイスクロフ　155
ルクオイル　104
流刑　127, 217
ルター派教徒　215

**レ**

冷温帯　20

冷温帯広葉樹　32
礼拝堂派　213
レーニン　142
連邦管区（制）　262, 353

**ロ**

労働人口　277
楼煩　196
蘆溝橋事件　167
ロシア革命　140, 152, 335
ロシア刑法　341
ロシア正教　210, 349

ロシア人　344
ロシヤニン　210
露中宣言　152
露中善隣友好協力条約　262
露中東部国境補充協定　263
6ヵ国協議　265
露蒙協定　152
ローレンタイド氷床　33

**ワ**

矮性低木　25
ワルカ　243

## 地 名 索 引

### 欧　字

CIS（独立国家共同体）諸国　100, 256, 261

### ア　行

アカデミア湖嶺　44
アカデムゴロドク　147
アガブリャート自治管区　332
アクリニン　38
アチンスク　148
アバカン　148
網走　14
アムジェルマ　110
アムール川　11, 119, 144, 148, 231, 243, 263
アムール州　327
アメリカ　218
アメリカ合衆国　257, 259, 261, 273, 293
アリューシャン列島　25, 126
アルグン川　252
アルタイ　245, 314
アルタイ山脈　83, 317
アルタイ地方　212
アルダン　115
アルート湖　34
アンガラ川　43, 148

イガルカ　146
イギリス　279
イヘ・フレー　204
イラク　279
イルクーツク　140, 141, 144, 146, 148
イルクーツク県　212
イルクーツク州　327
陰山山脈　314
インジギルカ川　232
インド　255, 259, 263

ヴァイガチ島　110
ヴィリュイ川　111, 148
ヴェルフネウディンスク　142
ヴォルガ・ウラル地方　99
ヴォルクタ　146
ウクライナ　345
ウスチ-ボルシェレスク　40
ウズベキスタン　263
ウスリー川　263
内モンゴル　74, 318
内モンゴル自治区　65, 150, 220, 224, 327
ウブルハンガイ県アルベイヘール市　7
ウラジオストク　21, 144, 215, 254, 264, 266
ウラル山脈　119, 301

ウラン・ウデ　142, 327
ウランバートル　277, 292
ウルップ水道　16
ウレンゴイ　146

永吉　249
エヴェンキ族自治旗　332
エニセイ川　44, 122, 144, 147, 232, 252
エニセイ県　208
額爾古納（エルグナ）　329
エレンホト（二連浩特）　330
沿アムール・ウスリー地方　208
沿海州　301, 327
沿海地方　23, 243, 260
燕山山脈　224

黄土高原　69
オーストラリア　218
オデッサ　215
オビ川　122, 144, 146, 147
オホーツク海　10, 21, 122, 252, 301
オムスク　127, 141, 147
オルガ　21
オルドス　319

### カ　行

開原　249
海城　249
蓋平　249
カザフ　301
カザフスタン　263, 345
河西回廊　76, 82
河套　196
カナダ　273, 293
華北平原　82
カムチャッカ地方　211
カムチャッカ半島　21, 24, 232, 301
カラ海　103
樺太　→　サハリン
賀蘭山　197
韓国　→　大韓民国
カンスク　148

キエフ　216
帰化城　→　フフホト
義渠　196
キジ湖　239
北アジア　226
北太平洋　12
北千島　21
北朝鮮　→　朝鮮民主主義人民共和国
ギダン半島　105
吉林（船廠）　244
吉林（省）　171, 243, 327

喜峰口　200
極東共和国　142
極東地域　256, 266
極東ロシア　20, 301
　　──の植生変遷史　38
キルガニック　39
キルギス　263
金　238
錦　249
錦州　245
金州　248

クズネック　146
クズネック盆地　144, 147
クズバス　144, 146, 147
クラスノヤルスク　142, 146, 148, 261, 327
グルスキー泥炭地　38

ケメロヴォ　144, 147
ケルジェネツ　213

小泉岳　26
興安省　157
興安盟　171
後金国　→　清
広寧　249
コエ　38
黒龍江（璦琿）　245
黒龍江（省）　171, 245, 327
黒龍江省富裕県三家子村　248
五台山　192
ゴビ（砂漠，地帯）　55, 71, 74, 78, 82, 297, 315
古北口　202
コミ共和国　102
コミ民族管区　110
コムスターク　37
コムソモリスクナアムーレ　144
コリマ川　232
コリャーク自治管区　104
崑崙山脈　79

### サ　行

札幌　55, 84
ザバイカル州　212, 217
サハ共和国（ヤクーチア）　104, 111, 148, 308
サハリン（樺太）島　16, 24, 104, 146, 147, 234, 249, 301
サハリン大陸棚　100
ザポリヤルノエ　146
サヤン（地方）　148, 233
サレハルト　146

## 索引

山海関　198
三姓　250

錫尼河　332
シビル・ハーン国　121, 208
シベリア　119, 256, 266, 301, 335, 344
シホテアリニ山脈（シホテ・アリン地方, 中華人民共和国）　24, 233
シムシル島　21
ジャミンウド　330
シャンタル諸島　24
ジュンガル（ズーンガル）王国　150
ジュンガル（ズーンガル）砂漠　69
松花江　238, 244
小興安嶺　234
承徳　249
襄平　197
ジョーオダ盟　319
ジョソト盟　319
ジリム盟　319
シリンゴール盟　317
シルカ川　252
知床　10
清　131, 186, 239, 274, 319
新疆　238
新疆ウイグル自治区　221
瀋陽　251

綏遠城　202
スタノヴォイ山脈　252
スターリンスク　144
スルグト　146

盛京　188, 245
セイムチャン　21
盛楽　197
西遼河（シラムレン）　224, 243
赤峰　220
ゼーヤ川　148
セレンガ川　43
セレンゲ県バルンハラ村　4

ソヴィエト社会主義共和国連邦（ソ連）　256, 272
造陽　197
ソム　332

### タ　行

大韓民国（韓国）　71, 72, 87, 264, 275, 276
大慶　172
大興安嶺　197, 234, 244
大清国（ダイチン・グルン, ダイチン・ウルス）→ 清
大雪山　24, 25
泰寧　249
タクラマカン砂漠　69, 71, 78, 82

タジキスタン　263
ダリナヤ-プロスカヤ山　25
タリム盆地　78
ダルハン　296

チェコ　276
チェルニゴフ　216
チクシ　111
千島海峡　15
千島列島　10
チタ（州）　142, 263, 327
チチハル　245
チャプチャル・シベ自治県　238
中央アジア　277
中央シベリア　43
中華人民共和国（中国）　71, 74, 87, 259, 263, 273, 293
中国東北3省　171, 260
中国東北地方　22, 23, 231, 344
中・北千島　25
チュコトカ自治管区　104
チュメニ州　102, 146
張家口　202
朝鮮半島　22, 261, 278
朝鮮民主主義人民共和国（北朝鮮）　264, 276
長寧　249

通遼　171
ツルハンスク　144

鉄嶺　249
天山山脈　78, 237

トゥヴァ共和国　330
東北平原　82
図們江（トゥマンガン）　180
トゥメット（トゥメド）　202
十勝地方　23
独石口　202
トボリスク　127, 142
トボリスク県　208
トムスク　140, 147
トメド旗　319
ドルン・アイムグ（ドルノド・アイマグ）（東方県）　332
ドロンノール（多倫諾爾）　192, 203
　　──の会盟　193

### ナ　行

内陸アジア　314
名古屋　80
ナホトカ　144
ナルィム　144

西シベリア　99, 100
ニジネヴァルトフスク　146

日本　259, 292
　　──の対モンゴル支援　292
日本海　16, 301
ニングタ　244

寧遠　249
熱河（省）　164, 194
ネネツ　114
ネネツ民族管区　109
ネルチンスク　124, 328

ノヴァヤゼムリャ（群）島　109, 110
ノヴォクズネック　144, 147
ノヴォシビルスク　144, 147
ノヴォニコラエフスク　142
ノヴゴロド　119
ノリリスク　146
嫩江　234, 243

### ハ　行

ハイラル　183 → フルンバイル
バイカル湖　42, 123, 148, 237
バウント・エヴェンキ族自治地方　328
バクー　146
白海　103
ハバロフスク（地方）　23, 144, 148, 215, 263, 308, 327
パミール高原　79
ハリコフ　216
ハルビン　214, 263
バレンツ海　103
ハンガイ　314
ハンガイ山脈　317
ハンガイ地帯　315

東アジア中進諸国　284
東シベリア　25, 100, 231
東シベリア海　31
日高山脈　24
ピョンヤン　265
ビリビノ　111, 145
ビロビジャン　148, 217

ブトハ　164
フフホト（帰化城）　137, 193, 202, 203, 319
ブラゴヴェシチェンスク　215
ブラーツク　148
ブラヒンヤール　36
ブリヤート（ブリヤーチア）共和国（ブリヤート・モンゴル自治共和国）　153, 308, 327
フルン湖　317
フルンブイル（フルンボイル, ホロンバイル）（呼倫貝爾）　150, 164, 171, 234, 332

平城　197
北京　80, 190
ペチョラ盆地　146
ベドゥネ　245
ペトロパブロフスク-カムチャツキー　21
ベーリング（海，海峡）　126, 235, 301
ヘンテイ山脈　317

ボイル湖　317
奉天　245
北大荒　173
北東シベリア　31
　——の植生変遷史　34
牡丹江　250
北海　194
北海道　10, 22, 23, 24, 26
北極海　252
北方4島　256
ポルタヴァ　216
ホルチン砂地　68
ポロナイスク　21, 24
本州　23

## マ 行

マガダン　25, 144
マグニトゴルスク　144

マモントフ・カヤタ　35
マルイカン村　113
マルハ川　111
マンガゼヤ　122
満洲国　144

南千島　24
ミヌシンスク　148, 328
ミールヌイ　111, 148

メドヴェージェ　146
メルゲン　245

モギリョフ　216
モンゴル　43, 82, 245, 301, 314, 344
モンゴル高原　65, 222, 314
モンゴル国　65, 159, 270, 314
モンゴル国（ボグド・ハーン制）　151
モンゴル人民共和国　154, 270, 320
モンゴル帝国　318

## ヤ 行

ヤクーチア（ヤクーチヤ）　122, 268
ヤクーツク（市）　55, 111, 114, 122, 142, 148
ヤクート自治ソヴィエト社会主義共和国　268

ヤクート地方　211
ヤナ川　232
ヤブロボイ山脈　301
ヤマル・ネネツ自治管区　105
ヤマル半島　105, 146, 301
ヤンブルク　146

ユダヤ自治州　217
ユーラシア大陸　301

## ラ 行

楽浪郡　197
ラビトナンギ　146

遼　237
遼西　245
遼東平野　186
領内モンゴル自治区　314
遼寧省　171, 243, 327
遼陽　245
臨洮　196

レナ川　111, 122, 147, 148, 232, 268

ロシア　273, 293, 301
ロシア極北地域　99

**編集者略歴**

岡　洋樹（おか　ひろき）
1959年　東京都に生まれる
1991年　早稲田大学大学院文学研究科
　　　　後期博士課程単位取得退学
現　在　東北大学東北アジア研究セ
　　　　ンター教授
　　　　博士（文学）

境田清隆（さかいだ　きよたか）
1951年　大阪府に生まれる
1980年　東北大学大学院理学研究科
　　　　博士課程中途退学
現　在　東北大学大学院環境科学研
　　　　究科教授
　　　　博士（理学）

佐々木史郎（ささき　しろう）
1957年　東京都に生まれる
1985年　東京大学大学院社会学研究科
　　　　博士課程中退
現　在　国立民族学博物館研究戦略
　　　　センター教授
　　　　学術博士

---

朝倉世界地理講座　—大地と人間の物語—　2
**東北アジア**　　　　　　定価は外函に表示

2009年11月15日　初版第1刷

編集者　岡　　洋　樹
　　　　境　田　清　隆
　　　　佐々木　史　郎
発行者　朝　倉　邦　造
発行所　株式会社　朝倉書店
　　　　東京都新宿区新小川町6-29
　　　　郵便番号　162-8707
　　　　電話　03（3260）0141
　　　　FAX　03（3260）0180
　　　　http://www.asakura.co.jp

〈検印省略〉

© 2009〈無断複写・転載を禁ず〉　　教文堂・渡辺製本

ISBN 978-4-254-16792-4　C 3325　　Printed in Japan

● 新しい時代の地理学像構築に向けて ●

# 朝倉世界地理講座
― 大地と人間の物語 ―
《全15巻》

立川武蔵・安田喜憲【監修】
B5判　各400〜500頁　函入上製

既存の「地理」の枠組みにこだわらず，文化人類学・自然人類学・社会学・考古学・歴史学・宗教学・経済学・政治学・環境学など幅広い分野からの描出を試みる．

**1 東アジア**
大森博雄・小島麗逸・元木　靖・山田勝芳編

**2 東北アジア**
岡　洋樹・境田清隆・佐々木史郎編
404 頁

**3 東南アジア**
春山成子・藤巻正己・野間晴雄編
464 頁　本体 17000 円

**4 南アジア**
海津正倫・杉本良男・立川武蔵編

**5 中央アジア**
帯谷知可・北川誠一・相馬秀廣編
[第 11 回配本]

**6 西アジア**
後藤　明・木村喜博・安田喜憲編
[第 8 回配本]

**7 地中海ヨーロッパ**
竹中克行・山辺規子・周藤芳幸編
[第 9 回配本]

**8 大西洋ヨーロッパ**
小泉武栄・手塚　章・長谷川孝治編

**9 中央・北ヨーロッパ**
葛野浩昭・平川一臣・山本健兒編

**10 東ヨーロッパ・ロシア**
加賀美雅弘・木村　汎編
440 頁　本体 16000 円

**11 アフリカ I**
池谷和信・佐藤廉也・武内進一編
448 頁　本体 16000 円

**12 アフリカ II**
池谷和信・武内進一・佐藤廉也編
464 頁　本体 16000 円

**13 アメリカ・カナダ**
小塩和人・岸上伸啓編
432 頁　本体 16000 円

**14 ラテンアメリカ**
坂井正人・鈴木　紀・松本栄次編
496 頁　本体 18000 円

**15 オセアニア**
片山一道・熊谷圭知編
[第 10 回配本]

上記価格（税別）は 2009 年 10 月現在